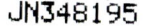

포토샵 CC

장경숙 지음

초보자를 위한 기초에서 실무 활용까지
포토샵 CC

발행일 2016년 8월 10일
인쇄일 2016년 6월 27일

지은이 장경숙
발행인 박영일
책임편집 이해욱

편집진행 신민정, 염병문
공급처 (주)시대고시기획
출판등록 제 10-1521호
주소 서울시 마포구 큰우물로 75(도화동 538) 성지B/D 6F
전화 1600-3600
팩스 02-701-8823
홈페이지 www.sidaegosi.com

ISBN 979-11-254-2450-5(13000)
가격 23,000원

* 저자와의 협의에 의해 인지를 생략합니다.
* 이 책은 저작권법에 의해 보호를 받는 저작물이므로, 동영상 제작 및 무단전재와 복제를 금합니다.
* 잘못된 책은 구입하신 서점에서 바꾸어 드립니다.

머리말

포토샵은 일반인부터 전문가까지 사용하는 대중적인 프로그램으로 자리 잡아가면서 사진, 페인팅, 인쇄, 웹, 3D, 모바일 영역까지 포함하여 컴퓨터 그래픽 분야에서 가장 많이 활용되고 있습니다. 다양한 수요에 따라 버전이 업그레이드될 때마다 폭넓게 사용할 수 있도록 기능이 확장되고 있을 뿐만 아니라 디테일하게 세분화, 전문화되어 가고 있습니다. 확실히 초기 버전에 비하면 실로 방대해졌습니다. 처음 입문자가 포토샵을 습득하기에는 초창기 때보다는 확실히 더 어려워진 것은 사실입니다.

이에 필자는 십수 년 동안 강단에서 직접 학생들과 교류하며, 10 여권이 넘는 집필 경험을 토대로 어떻게 하면 보다 쉽고 간결하게 기본 개념을 이해하고 습득한 후, 응용까지 할 수 있을까를 고민하며 1년 동안 이 책을 준비하였습니다.

이 책은 포토샵 초보자부터 어느 정도 다뤄 본 경험이 있으나 정립이 필요한 입문자를 대상으로 제대로 된 지식을 전달하기 위한 입문+활용서로 다음과 같은 특징을 가지고 있습니다.

- 모든 과정을 Section으로 분류하여 찾기 쉽고, 보기 쉬우며, 한눈에 들어오는 내용으로 구성하였습니다.
- 기능의 도입부는 이론을 정립하였고, 정립한 이론을 토대로 따라하기 예제를 구성하여 꼭 알아야 할 부분은 실습을 진행하고 이해하게 구성하였습니다.
- 각 장의 마무리는 DIY(Do It Yourself) 예제를 준비하여 스스로 테스트해볼 수 있게 준비하였습니다.
- 스페셜 섹션(Special Section)을 준비하여 기능에서 좀 더 확장된 개념으로 알아두었으면 하는 응용이나 소개하고 싶은 사이트, 팁 등을 정리하였습니다.

1장은 시작 단계로 포토샵의 구성과 명칭, 기본 사용법을 소개합니다. 2장은 선택과 편집으로 포토샵 작업에서 가장 근간이 되는 기능으로 구성되어 있습니다. 3장과 4장은 리터칭과 페인팅으로 이미지를 수정하고 드로잉하는 기능으로 구성되어 있고, 5장에서는 이미지를 편리하게 관리할 수 있는 레이어를 소개합니다. 6장, 7장은 보정과 색상 모드&채널로 구성하여 비트맵 이미지로서의 충실한 기능을 소개하고 있습니다. 8장은 벡터 기능으로 문자, 패스, 셰이프 기능들을 다른 책에서 보지 못한 풍부하고 충실한 예제들로 구성하고 있습니다. 9장은 필터 기능을 총망라하여 모든 옵션을 설명하고, 10장은 자동화 기능과 동영상 편집, 3D 필수 기능만 요약 정리하였습니다. 11장은 실무 활용 예제로 실무적인 내용과 종합적인 응용력을 배울 수 있는 예제로 구성하였습니다.

이 책이 나오기까지 도와주신 분들이 많습니다. 여러모로 많은 배려를 해주시는 부천대학교 교수님들과 학생들, 중앙대학교 첨단 영상대학원 교수님들과 석·박사 선배 후배들, 사진을 제공해준 (주)아이키니 박서진 이사님, 김영문 후배, 이 책이 무사히 나오기까지 성심을 다해 기획과 진행을 맡아주신 신민정 과장님, 염병문 팀장님께 감사드립니다. 새벽까지 책을 붙들고 씨름하는 큰딸을 보고 이젠 책은 그만 쓰라며 건강을 염려하시는 사랑하는 부모님과 내 말이면 껌뻑 죽어 항상 양보하는 착한 동생들 덕에 편안히 책을 마무리 할 수 있었습니다. 모쪼록 지면으로나마 인연이 되어 소통을 하고 있는 독자분들 모두 감사합니다.

Photoshop Gallery

그림을 그리듯 선택하기

툴을 활용한 유머러스한 이미지 만들기

카메라 초점을 이용하여 선택하기

도장 찍듯이 복제 이미지 찍어내기

역동적으로 인물의 동작 뒤틀기

피사체를 그대로 두고 배경 확장하기

디자인된 외부 브러시 가져오기

밑그림을 이용한 드로잉 작업하기

레이어 이미지로 오려낸 듯 합성하기

합성 이미지 만들기

그레이스케일로 단순화 이미지 만들기

색상 대치하기

다이내믹한 사진으로 변신하기

알파 채널을 이용하여 붓선 만들기

Photoshop Gallery

문자 왜곡하여 타이포그래피 만들기　　　　　　　　　　문자 배치 활용하기

패스를 활용한 문자 만들기　　　　　　　　　　패스를 활용하여 복제 변형하기

셰이프 다양하게 사용하기　　　　　　　　　　입체감 있는 3D 문자 만들기

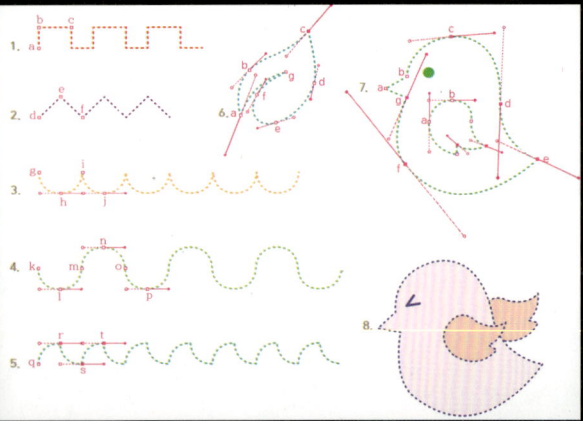

직선, 곡선 패스 연습하기　　　　　　　　　　셰이프 등록하고 적용하기

캐릭터 엠블럼 만들기

비사실적인 사과폰 일러스트레이션 만들기　　스마트폰 달력 배경 만들기　　CD & DVD 재킷 만들기

화장품 광고 만들기

이 책의 구성

- **SECTION** : 각각의 독립된 예제를 따라 할 수 있게 구성하였습니다. 필요한 부분만 찾아 바로 작업할 수 있습니다.

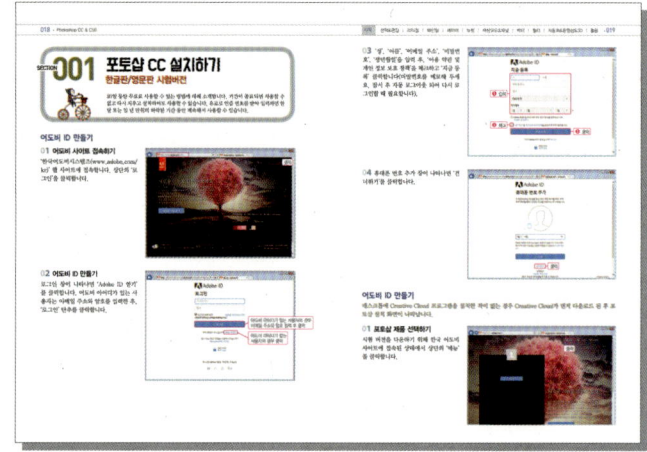

- **준비파일** : 책의 내용을 따라하기 위해 준비한 예제파일입니다.

- **완성파일** : 작업을 완성한 예제파일로 직접 따라한 예제와 비교해 볼 수 있습니다.

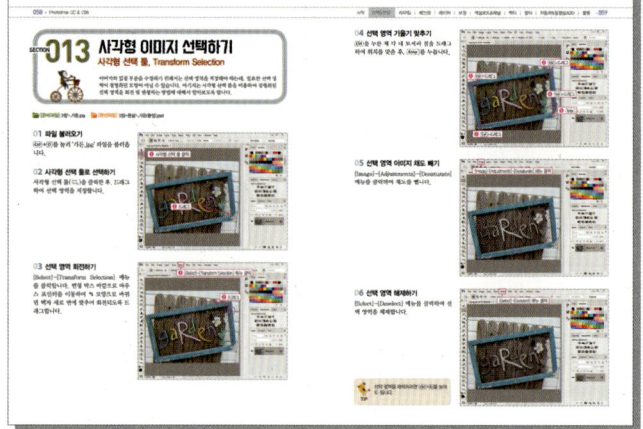

- **따라하기 번호** : 그림에 차례대로 따라하기 내용을 표시하여 쉽게 작업할 수 있게 구성하였습니다.

- **TIP** : 따라하는 과정에서 알아두면 유익한 내용을 넣었습니다.

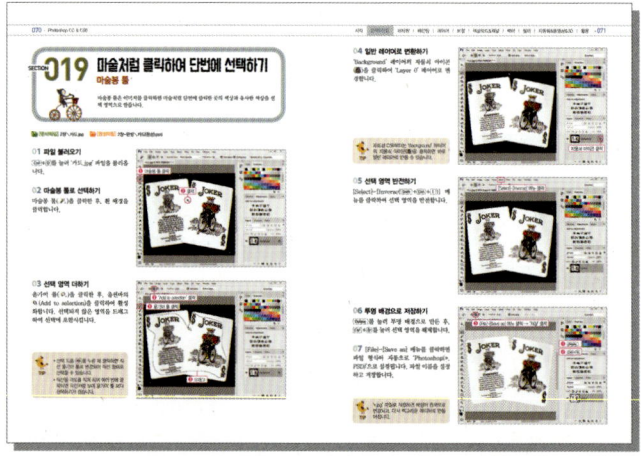

이 책의 구성 · **09**

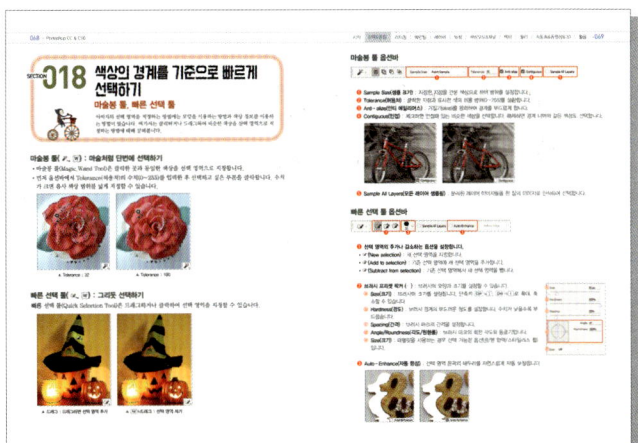

● **옵션 설명** : 포토샵 메뉴의 기능에 포함된 옵션들을 설명합니다.

● **SPECIAL SECTION** : 작업 과정에 다루지 못한 중요한 정보를 자세히 알려줍니다.

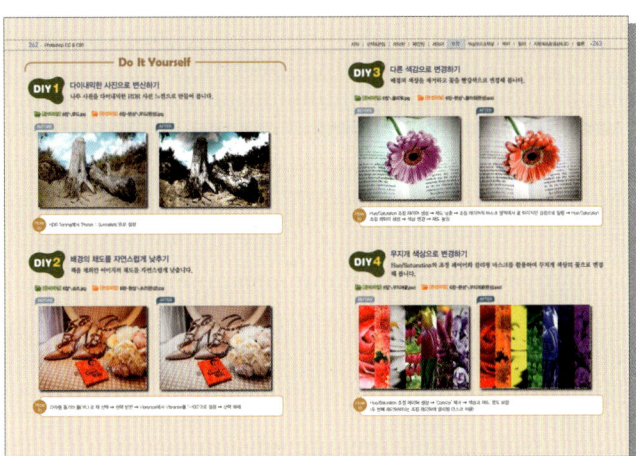

● **DIY(DO IT YOURSELF)** : 작업했던 과정을 복습해 볼 수 있도록 학습예제를 제공합니다.

예제 파일 다운로드 방법

1. 인터넷을 실행하여 시대인 홈페이지(www.sdedu.co.kr/book)에 접속하고 [로그인]을 합니다.
   * 회원이 아닌 경우, [회원가입]을 클릭하여 가입한 후, 로그인합니다.

2. 화면 아래쪽의 [빠른 서비스]의 [자료실]을 클릭하고 [프로그램 자료실]을 클릭합니다.

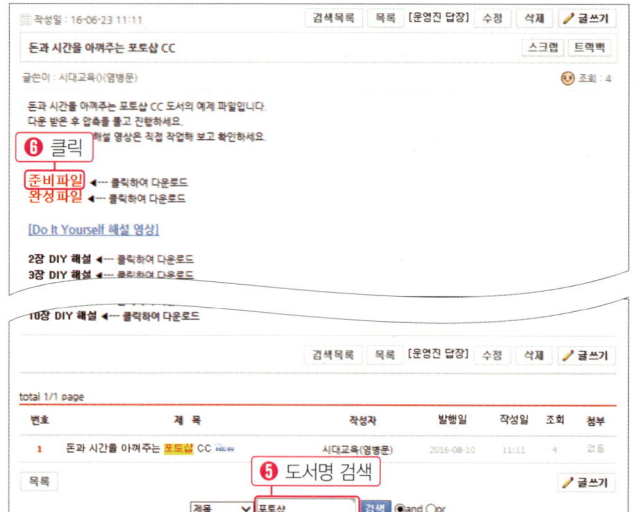

3. 목록에서 학습에 필요한 도서를 찾아 클릭하고(검색란을 이용하면 목록을 줄일 수 있습니다), 자료실 페이지에서 '준비파일'을 클릭합니다. 창이 나타나면 다운로드 버튼을 클릭합니다.

4. 다시 창이 나타나면 [다운로드] 버튼을 클릭하여 사용자 컴퓨터에 저장하고 압축을 해제한 후, 연습을 시작합니다(다른 파일도 같은 방법으로 저장합니다).

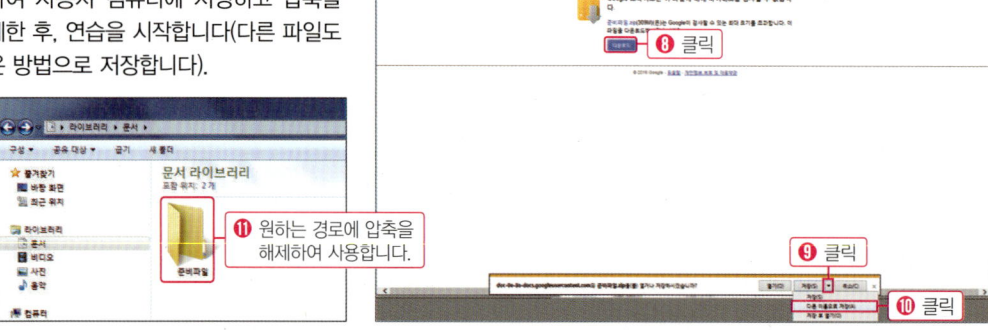

CHAPTER 01 포토샵의 시작

SECTION 001	포토샵 CC 설치하기 : 한글판/영문판 시험버전	18
SECTION 002	포토샵의 새 기능 살펴보기 `CS6` `CC`	24
SECTION 003	포토샵 구성 살펴보기 : 작업 화면	31
SECTION 004	툴 패널 살펴보기 : 툴 패널	32
SECTION 005	그룹별 툴의 기능 살펴보기 : 툴 패널	33
SECTION 006	툴과 메뉴를 돕는 패널 살펴보기 : 패널	37
SECTION 007	새 파일 만들고 저장하기, 불러오고 종료하기 : New, Save, Open, Exit	39
SECTION 008	포토샵의 툴과 패널 사용법 알아보기 : 툴과 패널	43
SECTION 009	새 파일 만들고 저장하기, 불러오기 : New, Save, Open, Close	45
SECTION 010	이미지 확대, 축소, 이동하여 보기 : 돋보기 툴, 손바닥 툴	48
● SPECIAL SECTION 포토샵으로 저장할 수 있는 파일 포맷(Format)		51

CHAPTER 02 이미지 선택과 편집

[선택]

SECTION 011	모양으로 선택하기 : 도형 선택 툴, 선 선택 툴, 올가미 툴	54
SECTION 012	이미지의 위치 변경하기 : 이동 툴	56
SECTION 013	사각형 이미지 선택하기 : 사각형 선택 툴, Transform Selection	58
SECTION 014	원형 이미지 선택하기 : 돋보기 툴, 원형 선택 툴	60
SECTION 015	자유롭게 선택하여 복제하기 : 올가미 툴, 이동 툴, Free Transform, History 패널	62
SECTION 016	각진 이미지 선택하기 : 다각형 올가미 툴, Save Selection, Load Selection	64
SECTION 017	대비가 강한 이미지 자동 선택하기 : 자석 올가미 툴, Paste into, Free Transform	66
SECTION 018	색상의 경계를 기준으로 빠르게 선택하기 : 마술봉 툴, 빠른 선택 툴	68
SECTION 019	마술처럼 클릭하여 단번에 선택하기 : 마술봉 툴	70
SECTION 020	그림을 그리듯 선택하기 : 빠른 선택 툴, Refine Edge	72
SECTION 021	퀵 마스크 기능 이해하기 : 퀵 마스크 모드, 표준 모드	75
SECTION 022	브러시로 칠하여 선택하기 : 퀵 마스크 모드, Save Selection	76
SECTION 023	색상으로 구분하여 선택 범위 지정하기 : Color Range `CS6`	78
SECTION 024	카메라 초점을 이용하여 선택하기 : Focus Area, 자르기 툴 `CC`	80
● SPECIAL SECTION Select(선택) 메뉴 살펴보기		82

[선택]

SECTION 025	필요한 부분만 잘라내기 : 자르기 툴, 원근 자르기 툴 `CS6`	84
SECTION 026	이미지 변형하기 : Free Transform, Transform	86
SECTION 027	역동적으로 인물의 동작 뒤틀기 : Puppet Warp	88
SECTION 028	원근 시점 변경하기 : Persfective Warp `CC`	90
SECTION 029	이미지의 크기와 캔버스 크기 변경하기 : Image Size, Canvas Size `CC`	92
SECTION 030	캔버스 확장하고 이미지 붙이기 : Canvas Size	94
SECTION 031	피사체를 그대로 두고 배경 확장하기 : Content-Aware Scale	96

[DIY 1] 이목구비를 과장되게 확대하여 캐리커처 만들기		98
[DIY 2] 복제하여 한 쌍의 고양이 만들기		98
[DIY 3] 선택 툴을 활용한 유머러스한 이미지 만들기		99
[DIY 4] 피사체를 제외한 자연스러운 배경으로 확장하기		99

CHAPTER 03
감쪽같은 복원, 복제 그리고 리터칭

SECTION 032	불필요한 요소 제거하여 이미지 복원하기 : 스폿 힐링 브러시 툴 / 힐링 브러시 툴	102
SECTION 033	손상된 이미지 복원하기 : 패치 툴 / 레드 아이 툴	104
SECTION 034	감쪽같이 피부 잡티, 주름 제거하기 : 스폿 힐링 브러시 툴 / 힐링 브러시 툴 / 패치 툴	106
SECTION 035	내용 인식하여 위치 이동하며 복원하기 : 콘텐츠 인식 이동 툴 `CS6`	109
SECTION 036	배경은 그대로, 이미지만 이동하기 : 콘텐츠 인식 이동 툴, Expand `CS6`	110
SECTION 037	소스를 이용하여 복제하기 : 도장 툴 / 패턴 도장 툴	113
SECTION 038	도장 찍듯이 복제 이미지 찍어내기 : 도장 툴	115
SECTION 039	드래그하며 원본 이미지로 되돌리기 : 히스토리 브러시 툴 / 아트 히스토리 브러시 툴	118
SECTION 040	과거로 되돌리는 브러시 : 히스토리 브러시 툴 / 아트 히스토리 브러시 툴 / History 패널	119
SECTION 041	드래그하며 이미지 보정하기 : 블러 툴 / 샤픈 툴 / 손가락 툴 / 닷지 툴 / 번 툴 / 스펀지 툴	122
SECTION 042	이미지를 흐릿, 선명하게 드래그하며 보정하기 : 블러 툴 / 샤픈 툴 / 닷지 툴 / 스펀지 툴	125
SECTION 043	색상을 빼고 어둡게 드래그하기 : 스펀지 툴/ 번 툴	127
[DIY 1] 잡티와 주름 제거하여 동안 이미지 만들기		129
[DIY 2] 채도와 선명도를 조절하여 인물 부각시키기		129

CHAPTER 04
브러시가 이끄는 대로 페인팅

SECTION 044	다양한 방법의 색상 선택하기 : 툴 패널, Color 패널, Swatches 패널, Color Picker 대화상자, 스포이트 툴	132
SECTION 045	이미지에서 색상 추출하고 색상 등록하기 : 스포이트 툴	134
SECTION 046	단번에 색상, 패턴 채우기 : 페인트 통 툴, Fill	136
SECTION 047	패턴 등록하고 적용하기 : Define Pattern	137
● SPECIAL SECTION 다양한 방법으로 패턴 만들기		140
SECTION 048	점진적으로 변화되는 색상 채우기 : 그레이디언트 툴	142
SECTION 049	반사광이 빛나는 보석 배경 만들기 : 그레이디언트 툴	144
SECTION 050	페인팅 세계로의 초대 : 브러시 툴, 연필 툴	147
SECTION 051	더 강력해진 페인팅의 세계 : 컬러 리플레이스먼트 툴, 혼합 브러시 툴	149
SECTION 052	브러시의 섬세한 옵션, 브러시 패널 알아보기 : Brush 패널	150
SECTION 053	불필요한 부분 지우기 : 지우개 툴, 백그라운드 지우개 툴, 매직 지우개 툴	155
SECTION 054	밑그림을 이용한 드로잉 작업하기 : 브러시 툴, 지우개 툴, Brush 패널	158
SECTION 055	디자인된 외부 브러시 가져오기 : 브러시 플러그인	164
● SPECIAL SECTION 무료 다운로드 사이트 소개		168
SECTION 056	나만의 브러시 등록하고 적용하기 : Define Brush Preset	170
[DIY 1] 호랑이와 까치의 선화 이미지 색 입히기		175
[DIY 2] 민낯 얼굴에 색조 화장하기		175

CHAPTER 05
따로 있어 편리한 레이어

SECTION 057	층층이 분리된 레이어 이해하기 : Layer 구조와 Layers 패널	178
SECTION 058	속성이 다른 레이어 종류 알아보기 : 배경 레이어, 보정 레이어, 문자 레이어, 셰이프 레이어, 스마트 오브젝트 레이어	180
SECTION 059	레이어 기본 다루기 1 : 레이어 선택, 레이어 이동, 레이어 생성	182
SECTION 060	레이어 기본 다루기 2 : 레이어 분리, 레이어 복제, 레이어 다중 선택, 레이어 병합	186

목차 • 013

SECTION 061 마스크 종류 알아보기 : 레이어 마스크, 벡터 마스크, 클리핑 마스크　190
SECTION 062 점점 사라지는 그림자 만들기 : 레이어 마스크　191
SECTION 063 아래 레이어 이미지로 오려 낸 듯 합성하기 : 클리핑 마스크,
　　　　　　 레이어 마스크　195
● SPECIAL SECTION 빠르게 합성하는 블렌드 모드　198
SECTION 064 입체적인 효과 만들기 : Styles 패널, Layer Style 대화상자　203
SECTION 065 문자와 이미지에 입체 효과 주기 : Styles 패널, Layer Style 대화상자　207
SECTION 066 합성 이미지 만들기 : 블렌드 모드, 스마트 오브젝트, 벡터 마스크　210
SECTION 067 정렬과 간격 정렬 : Align, Distribute　214
SECTION 068 넓은 풍경의 파노라마 사진 만들기 : Auto-Align Layers,
　　　　　　 Auto Blend Layers　215
● SPECIAL SECTION 레이어 수가 많아 복잡할 때 쉽게 관리하는 방법 CC　218

[DIY 1] 4가지 맛 도넛 만들기　221
[DIY 2] 봄, 여름, 가을, 겨울 문자 디자인하기　221

CHAPTER 06
이미지 보정

SECTION 069 다양한 방법의 명암 보정하기 : [Image]-[Adjustments] 메뉴　224
SECTION 070 섀도 톤을 추가하여 보정하기 : Levels　228
SECTION 071 커브와 노출을 조정하여 선명하게 보정하기 : Curves, Exposure　230
SECTION 072 페일 톤 이미지 만들기 : Brightness/Contrast, Levels　232
● SPECIAL SECTION [Adjustments]와 [Adjustment Layer] 알아보기　234
SECTION 073 색상 보정하기 : [Image]-[Adjustments] 메뉴　236
SECTION 074 생동감 있는 인물 사진 만들기 : Vibrance　240
SECTION 075 전혀 다른 색상으로 변경하기 : Hue/Saturation　242
SECTION 076 배경을 흑백 이미지로 변경하기 : Black & White　244
SECTION 077 쉽고 빠르게 색상 변경하기 : [Image]-[Adjustments] 메뉴　246
SECTION 078 특별한 느낌, 특별한 방법으로 색상 변경하기 :
　　　　　　 [Image]-[Adjustments] 메뉴　248
SECTION 079 다이나믹 HDR 이미지 만들기 : Gradient Map, HDR Toning　251
SECTION 080 섀도와 하이라이트 보정하기 : Shadows/Highlights　254
SECTION 081 같은 색상 톤으로 매치하기: Match Color　256
SECTION 082 색상 대치하기: Replace Color, Channel Mixer　258

[DIY 1] 다이나믹한 사진으로 변신　262
[DIY 2] 배경의 채도를 자연스럽게 낮추기　262
[DIY 3] 다른 색감으로 변경하기　263
[DIY 4] 무지개 색상으로 변경하기　263

CHAPTER 07
생동감 있는 이미지 다중 모드와 채널

[색상모드]
SECTION 083 색상 모드 이해하기 : Color 모드　266
SECTION 084 스크린톤 이미지 만들기 : Grayscale 모드, Bitmap 모드　269
SECTION 085 그레이스케일로 단순화 이미지 만들기 : Grayscale 모드　272
SECTION 086 다중 색조 듀오톤 이미지 만들기 : Duotone 모드　275

[채널 다루기]
SECTION 087 색상과 선택 영역을 저장하는 채널 : Channels 패널　278
SECTION 088 색상으로 분리된 색상 채널로 보정하기 : RGB 색상 채널　280
SECTION 089 알파 채널을 이용하여 붓선 만들기 : 알파 채널　283

[DIY 1] 흑백의 포스터 이미지 만들기		288
[DIY 2] 블루 색상 이미지 만들기		288
[DIY 3] 비트맵 이미지 만들기		289
[DIY 4] 홀로그램 이미지 만들기		289

CHAPTER 08 확대해도 깨지지 않는 벡터 방식 활용하기

[문자 다루기]

SECTION 090 문자 입력 살펴보기 : 문자 툴		292
SECTION 091 문자 및 문단 패널 살펴보기 : Character 패널, Paragraph 패널		295
SECTION 092 문자 왜곡하여 타이포그래피 만들기 : Wrap Text		296
SECTION 093 문자 배치 활용하기 : Character 패널		302
● SPECIAL SECTION 비트맵과 벡터 방식의 이해		306
SECTION 094 패스를 활용한 문자 만들기 : Path 문자, Character 패널, Character Styles 패널 CC		308
● SPECIAL SECTION 어도비에서 제공하는 Typekit(타입킷)의 글꼴 사용하기 CC		313

[펜 다루기]

SECTION 095 패스의 모든 것 : 펜 툴, 패스 선택 툴, Paths 패널		314
SECTION 096 직선, 곡선 패스 연습하기 : 펜 툴, Paths 패널		318
SECTION 097 패스를 선택 영역으로 만들어 합성하기 : 펜 툴, Paths 패널, 레이어 마스크		323
SECTION 098 패스의 활용하여 복제 변형하기 : Path 복제, Brush 패널		328
● SPECIAL SECTION 패스의 유용한 기능		334

[셰이프 다루기]

SECTION 099 기본적인 도형이 모여 있는 모양 도구 : 셰이프 툴, Shape 패널		335
SECTION 100 셰이프 등록하고 적용하기 : Define Custom Shape		338
SECTION 101 셰이프 다양하게 사용하기 : 문자 툴, 셰이프 툴		342
SECTION 102 셰이프 모서리와 테두리 점선 만들기 : Dynamic Round Corners, Shape Stroke Type CC		347
[DIY 1] 패스를 따라 흐르는 문자 디자인하기		351
[DIY 2] 패스를 활용한 크리스마스 트리 만들기		351

CHAPTER 09 초간단 특별한 변신! 필터!

SECTION 103 Filter(필터) 메뉴 살펴보기		354
SECTION 104 미리 보면서 여러 필터 한 번에 적용하기 : Filter Gallery		356
SECTION 105 회화적인 그림으로 변신하기 : Filter Gallery – Artistic		357
SECTION 106 여러 개의 필터 효과 동시에 적용하기 : Filter Gallery – Artistic, Convert for Smart Filters		360
SECTION 107 붓 터치 그림으로 변신 : Filter Gallery – Brush Strokes		362
SECTION 108 왜곡된 그림으로 변신 : Filter Gallery – Distort		364
SECTION 109 스케치 그림으로 변신 : Filter Gallery – Sketch		365
SECTION 110 텍스처 그림으로 변신 : Filter Gallery – Texture		368
SECTION 111 굴곡 보정하기 : Adaptive Wide Angle CS6		369
SECTION 112 볼록 렌즈로 촬영한 사진 교정하기 : Adaptive Wide Angle CS6		370
SECTION 113 카메라 ROW 파일 보정 : Camera Row Filter CC		372
SECTION 114 디헤이즈를 이용하여 안개 제거하기 : Camera Row Filter CC		382
SECTION 115 왜곡된 렌즈 효과 교정하기 : Lens Correction		384

SECTION 116	기울어진 앵글 변경하기 : Lens Correction	385
SECTION 117	픽셀 밀어 유동화하기 : Liquify	387
SECTION 118	가상으로 몸매 성형해보기 : Liquify	388
SECTION 119	원근감 있는 사진 합성하기 : Vanishing Point	390
SECTION 120	큐브에 입체적 사진 합성하기 : Vanishing Point	391
SECTION 121	아웃포커스처럼 흐릿하게 만들기 : Blur	394
SECTION 122	다양한 방향성의 블러 만들기 : Blur Gallery `CS6` `CC`	396
SECTION 123	이미지 왜곡하여 변형하기 : Distort	398
SECTION 124	이미지 잡티 추가/제거하기 : Noise	400
SECTION 125	픽셀의 재조합으로 새 이미지 만들기 : Pixelate	401
SECTION 126	공간에 필터주기 : Render	403
SECTION 127	또렷하고 선명한 사진 만들기 : Sharpen `CC`	404
SECTION 128	독특한 이미지 스타일 만들기 : Stylize	406
SECTION 129	그 밖의 필터 적용하기 : Other	408

[DIY 1] 회화적인 이미지 만들기	410
[DIY 2] 비오는 이미지 만들기	410
[DIY 3] 패턴을 이용한 일러스트 이미지 만들기	411
[DIY 4] 블러를 이용한 역동적인 이미지 만들기	411

CHAPTER 10 그 밖의 포토샵 고급 스킬

[자동화]
SECTION 130	액션과 배치 살펴보기 : Action 패널, Batch 대화상자	414
SECTION 131	액션과 배치를 이용하여 회화적인 이미지 만들기 : Action 패널, Batch 대화상자	416
SECTION 132	여러 파일을 한 번에 불러오고 한 번에 저장하기 : Load Files into Stack, Layers to Files	421

[동영상]
SECTION 133	포토샵으로 동영상 편집하기 : Timeline 패널	435
SECTION 134	트윈 방식의 GIF 동영상 만들기 : Frame Animation Timeline 패널	427
SECTION 135	동영상 편집하고 보정하기 : Video Timeline 패널	430
SECTION 136	정지 화상을 동영상으로 만들고 편집하기 : Video Timeline 패널	435

[3D]
SECTION 137	3D 환경 살펴보기 : 3D 패널, (3D) Properties 패널	440
SECTION 138	입체감 있는 3D 문자 만들기 : 3D 패널	442
SECTION 139	와인병에 라벨 적용하기 : Materials 패널, 3D Paint Properties 패널	445

[DIY 1] 액션을 이용하여 액자 이미지 만들기	452
[DIY 2] 장면 전환 효과주기	452
[DIY 3] 여러 파일을 한 번에 불러오고 한 번에 저장하기	453
[DIY 4] 동영상 이미지 색감 보정하기	453

CHAPTER 11 실무 활용

- **실무 활용 001** 캐릭터 엠블럼 만들기 — 456
- **실무 활용 002** CD&DVD 재킷 만들기 — 468
- **실무 활용 003** 화장품 광고 만들기 — 478
- **실무 활용 004** 스마트폰 달력 배경 만들기 — 486
- **실무 활용 005** 비사실적인 사과폰 일러스트레이션 작품 만들기 — 492

★ **Photoshop** 단축키

Adobe Photoshop CC & CS6

CHAPTER 01

포토샵의 시작

포토샵이 어떤 모습의 인터페이스로 구성되어 있는지 살펴봅니다. 툴과 패널들의 명칭과 대략적인 기능에 대해 알아보고 간단한 예제를 따라하면서 기본적인 툴을 다루는 방법이나 패널을 다루는 법, 문서 다루는 법에 대하여 공부하도록 합니다.

SECTION 001 포토샵 CC 설치하기
한글판/영문판 시험버전

30일 동안 무료로 사용할 수 있는 방법에 대해 소개합니다. 기간이 종료되면 사용할 수 없고 다시 지우고 설치하여도 사용할 수 없습니다. 유료로 인증 번호를 받아 입력하면 한 달 또는 일 년 단위의 허락된 기간 동안 계속해서 사용할 수 있습니다.

어도비 ID 만들기

01 어도비 사이트 접속하기

'한국어도비시스템즈(www.adobe.com/kr)' 웹 사이트에 접속합니다. 상단의 '로그인'을 클릭합니다.

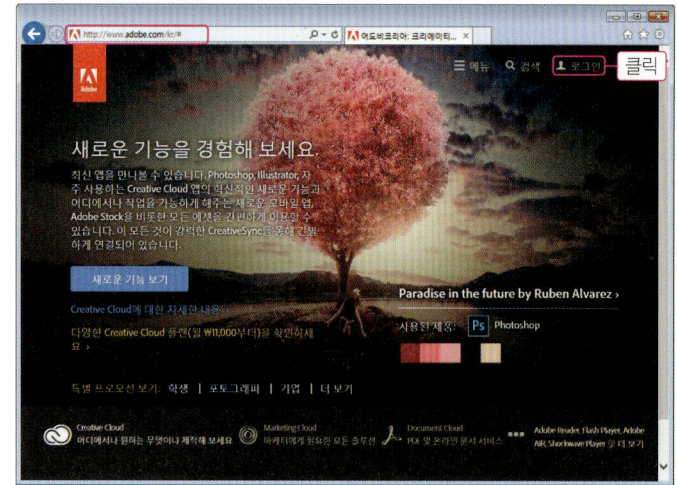

02 어도비 ID 만들기

로그인 창이 나타나면 'Adobe ID 얻기'를 클릭합니다. 어도비 아이디가 있는 사용자는 이메일 주소와 암호를 입력한 후, '로그인' 단추를 클릭합니다.

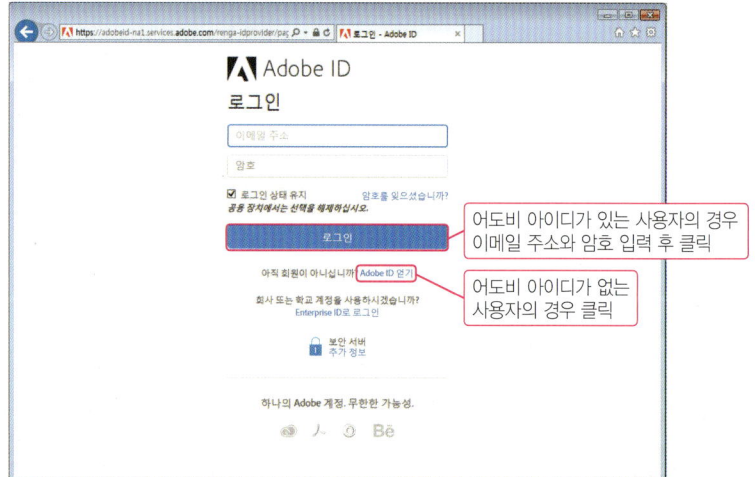

03 '성', '이름', '이메일 주소', '비밀번호', '생년월일'을 입력 후, '이용 약관 및 개인 정보 보호 정책'을 체크하고 '지금 등록' 클릭합니다(비밀번호를 메모해 두세요. 잠시 후 자동 로그아웃 되어 다시 로그인할 때 필요합니다).

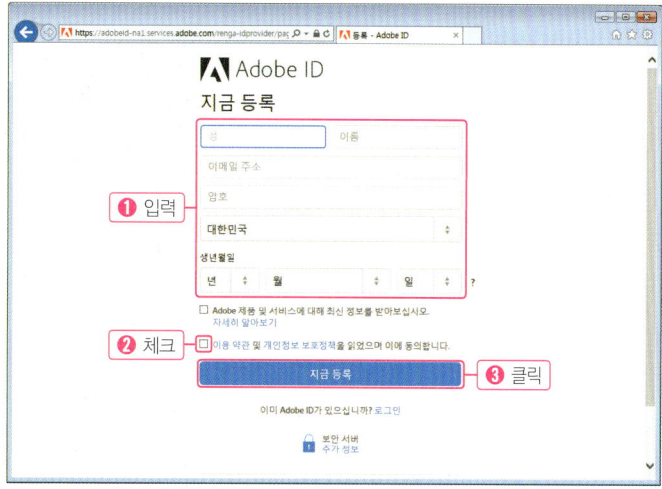

04 휴대폰 번호 추가 창이 나타나면 '건너뛰기'를 클릭합니다.

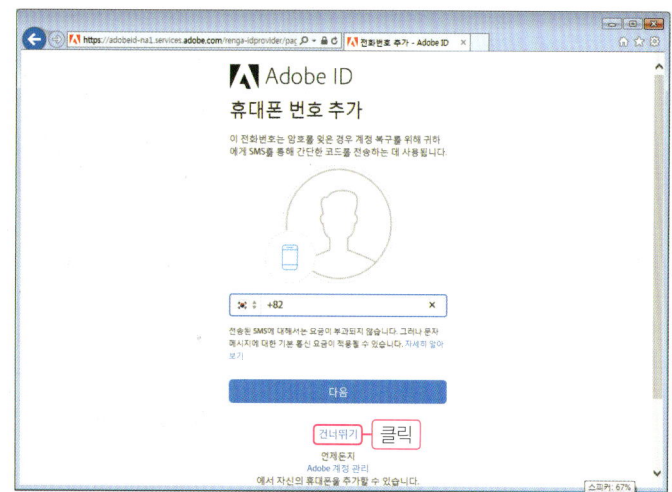

포토샵 설치 준비하기

데스크톱에 Creative Cloud 프로그램을 설치한 적이 없는 경우 Creative Cloud가 먼저 다운로드 된 후 포토샵 설치 화면이 나타납니다.

01 포토샵 제품 선택하기

시험 버전을 다운하기 위해 한국 어도비 사이트에 접속된 상태에서 상단의 '메뉴'를 클릭합니다.

02 제품 창이 나타나면 'Photoshop'을 클릭합니다.

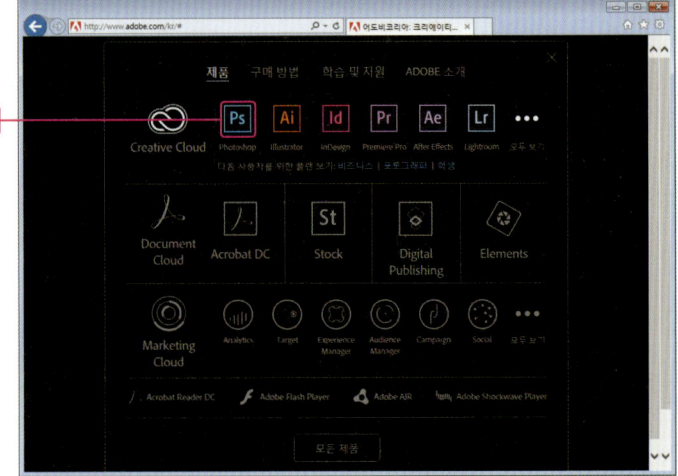

03 창이 바뀌면 '무료 시험 버전'을 클릭합니다.

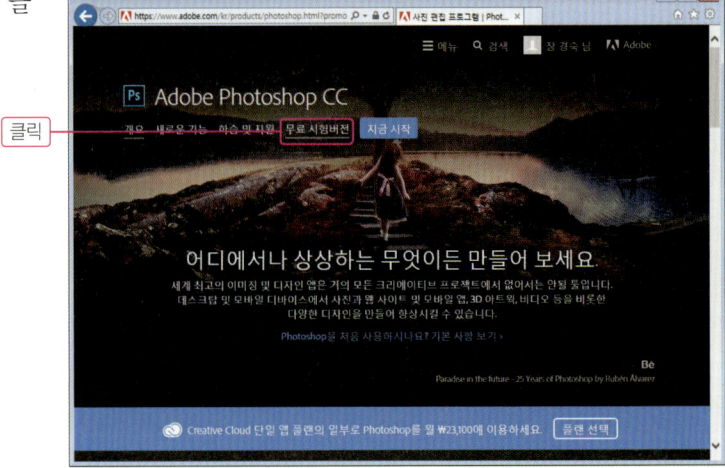

04 창이 바뀌면 '초보자', '숙련자'중 선택하고 '계속' 버튼을 클릭합니다.

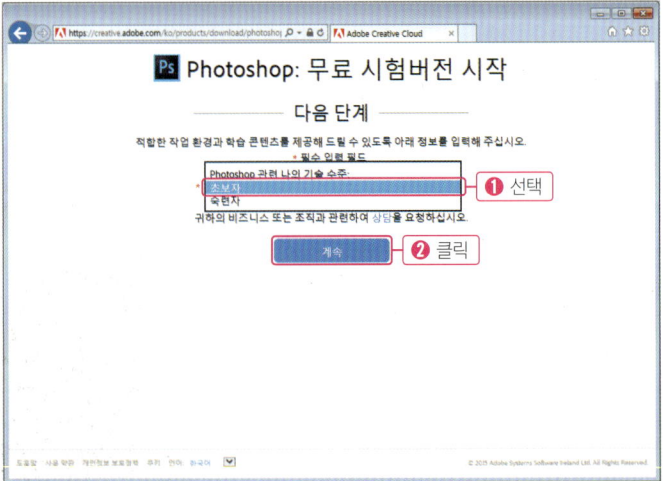

05 하단에 Creative Cloud 프로그램을 실행할 것인지 묻는 창이 나타나면 '실행' 버튼을 클릭합니다.

06 다운로드 진행 창이 나타나면서 잠시 후 바탕화면에 어도비 Creative Cloud (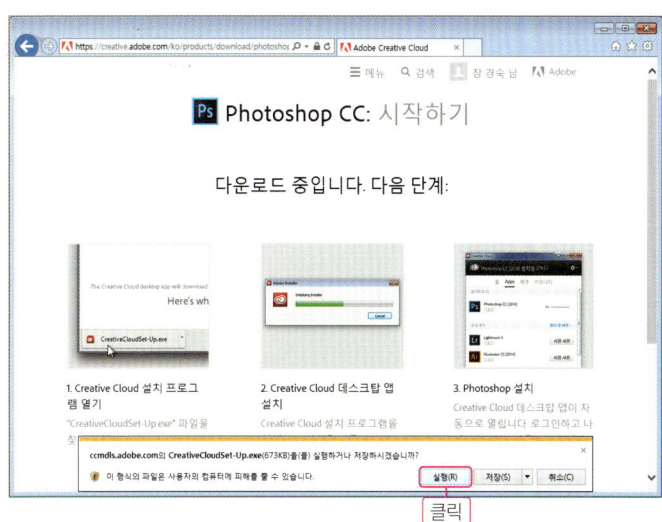) 아이콘이 생성됩니다.

포토샵 한글판/영문판 설치하기

01 Creative Cloud 시작하기
로그인 창이 나타나면 가입한 '메일 주소'와 '비밀번호'를 입력하고 '로그인' 버튼을 클릭합니다.

02 Creative Cloud 시작 창이 나타나면 '계속' 버튼을 클릭합니다.

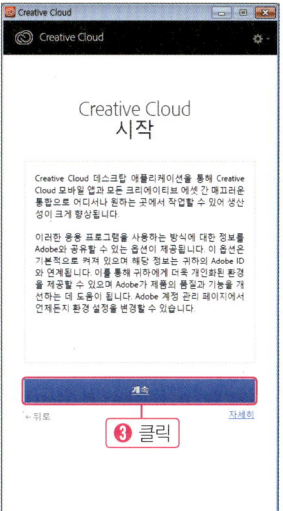

03 한글판 설치 중단하기
앱 창이 나타나면 시험 사용 가능한 프로그램 목록을 볼 수 있습니다. 기본적으로 한글판이 설치되므로 설치가 진행되면 ⊗을 클릭하여 설치를 중단합니다.

04 환경 설정 보기
⚙를 클릭한 후, '환경 설정'을 선택합니다.

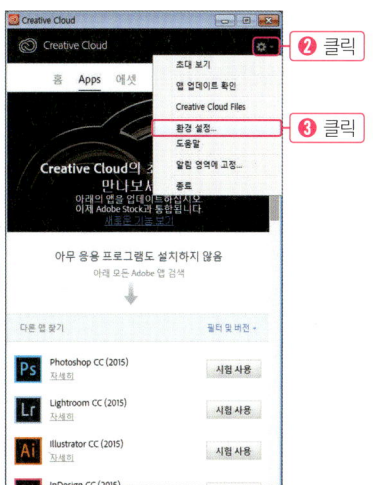

05 영문판 선택하기

Creative Cloud의 Apps에서 '앱 언어'를 'English(International)'로 선택하고 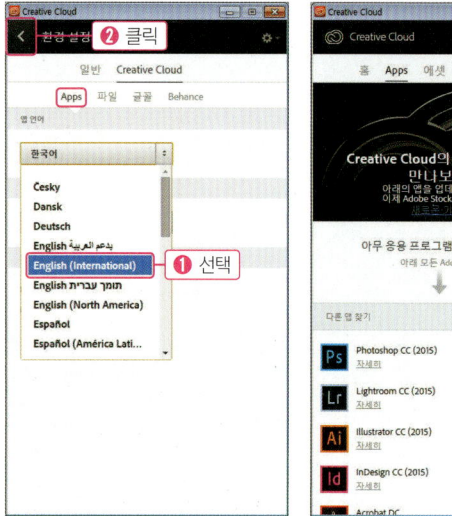 를 클릭하여 되돌아갑니다.

06 시험 사용 설치하기

Photoshop CC(2015) '시험 사용' 버튼을 클릭합니다.

07 'Sign In' 버튼을 클릭합니다.

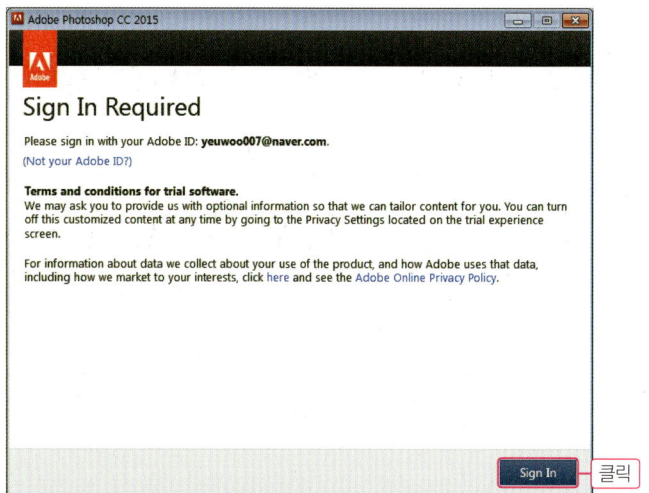

08 30일 동안 사용할 수 있다는 내용이 나타나면 'Start Trial' 버튼을 클릭합니다. 정품 인증을 받고 싶으면 'Licence This Software' 버튼을 클릭합니다.

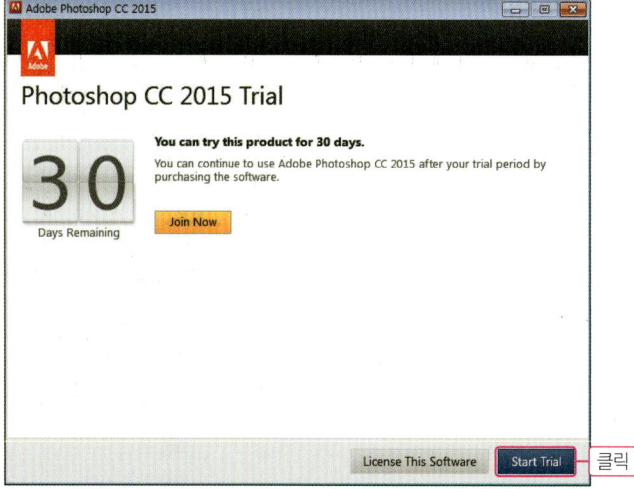

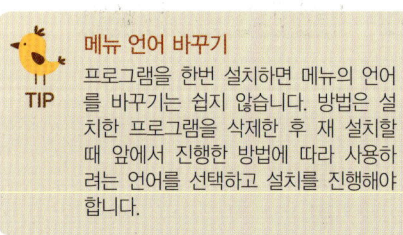

TIP 메뉴 언어 바꾸기
프로그램을 한번 설치하면 메뉴의 언어를 바꾸기는 쉽지 않습니다. 방법은 설치한 프로그램을 삭제한 후 재 설치할 때 앞에서 진행한 방법에 따라 사용하려는 언어를 선택하고 설치를 진행해야 합니다.

작업 환경 설정하기

01 Essentials로 작업 환경 변경하기

포토샵 실행 화면이 나타난 후, 화면 중앙에는 시험 버전 실행 일수와 기존 파일을 불러오거나 새 파일을 만들 수 있는 메뉴들이 나타납니다.

02 작업 환경을 설정하기 위해 옵션바에서 'Start'를 'Essentials'로 변경합니다.

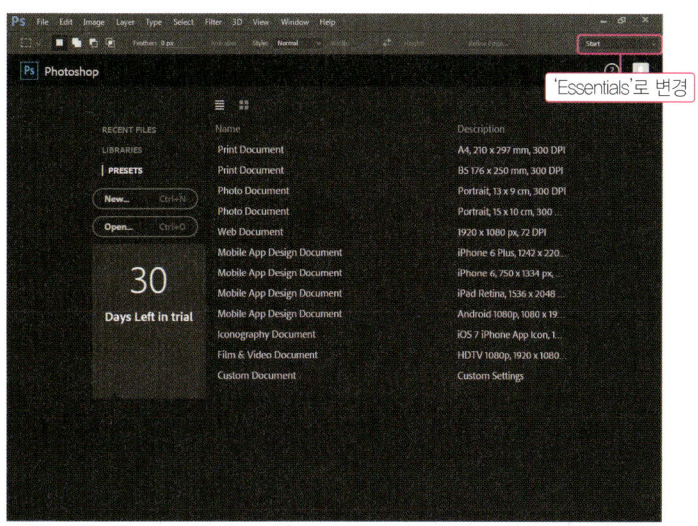

03 포토샵의 화면 색상 변경하기

종이로 출력되는 인쇄 색상을 감안했을 때 밝은 회색이 가독성이 있기 때문에 포토샵 화면의 배경을 변경하도록 하겠습니다. [Edit]-[Preferences]-[Interface] 메뉴를 클릭합니다.

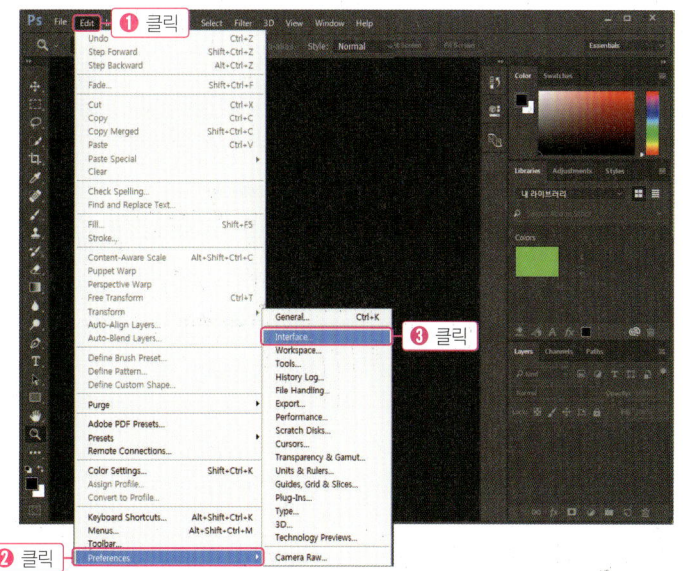

04 Color Theme에서 제일 밝은 회색을 클릭하고 'OK' 버튼을 클릭합니다.

> **TIP 포토샵 초기화**
> 시작 단추()를 클릭하고 Ctrl + Alt + Shift 를 누른 채 포토샵 실행 아이콘(Ps)을 잠시 누릅니다. 다음과 같은 대화 상자가 나타나면 'Yes' 버튼을 클릭합니다.

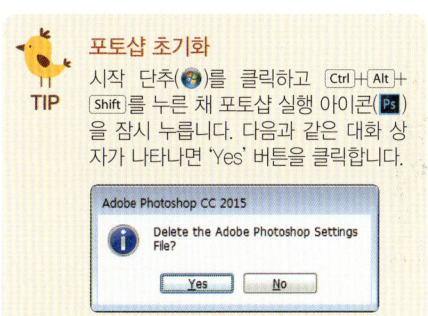

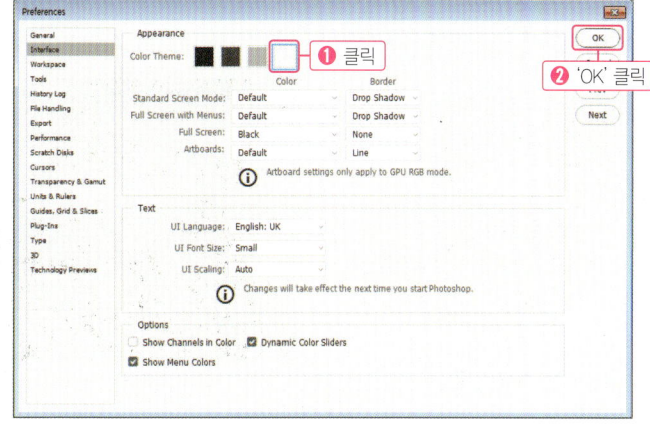

포토샵의 새 기능 살펴보기

포토샵 CC 버전과 포토샵 CS6 버전의 신기능과 어느 점이 업그레이드 되었는지 알아보겠습니다.

포토샵 CC 신기능

■ 더욱 긴밀하게 통합된 Photoshop – Creative Cloud 서비스와 Behance 통합

이제 포토샵 CC는 Creative Cloud를 통해 제공되며 모든 최신 업데이트와 클라우드 저장 기능을 사용하여 모바일, 데스크톱 등 여러 컴퓨터에서 파일을 효율적으로 구성할 수 있으며 라이브러리를 공유할 수 있습니다. 한 번 편집으로 연결된 에셋을 통해 어디에서나 업데이트 가능하며, Behance와의 통합으로 작품을 공유하고 전 세계 크리에이티브 디자이너들의 작품을 감상하고 감각을 키울 수 있으며 신속한 피드백을 얻을 수 있습니다.

▲ 어도비 클라우드와 포토샵의 동기화

▲ 에셋 창

■ 빠른 반응의 드로잉하기 – Adobe Mercury Graphics Engine

머큐리엔진(Mercury Graphics Engine) 성능 향상으로 픽셀 유동화(Liquify) 기능, Puppet Warp 기능, 변형(Transform) 기능, 조명 효과(Lighting Effects), 복원 기능, 브러시 기능이 CS6에서보다 속도가 더 빠르게 작동하며 끊김 현상 없이 매끄럽게 나타납니다.

▲ 브러시 향상

▲ 픽셀의 유동화

■ 어도비 Typekit(타입킷)의 글꼴 사용하기와 빠른 글꼴 찾기

- 크리에이티브 클라우드에서 제공하는 Typekit의 다양한 폰트를 선택해서 포토샵 이외의 다른 프로그램에서도 사용할 수 있습니다. 사용 용도에 따라 유료, 무료가 제공됩니다.
- 글꼴을 즐겨 찾기로 하여 필요한 글꼴을 빠르게 찾을 수 있습니다. Serif 또는 Sans Serif와 같이 유형별로 또는 비슷한 서체별로 글꼴을 필터링 할 수 있습니다.

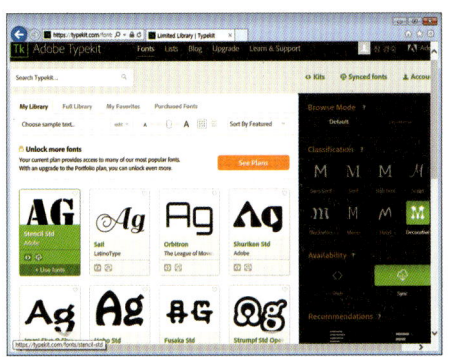
▲ Typekit 사이트

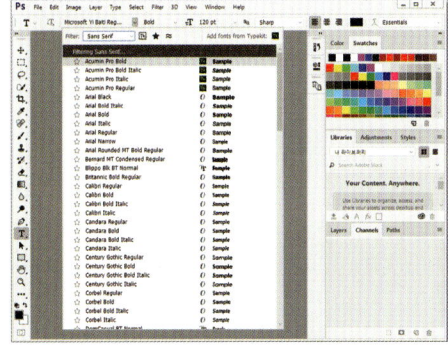
▲ Sans Serift 글꼴 선택

■ Artboard(아트 보드) 작업

일러스트레이터에 있던 Artboard 기능이 포토샵에도 추가되었습니다. 스마트폰, 태블릿 PC 등의 해상도에 맞춰 한 화면에 여러 작업을 다양하게 또는 동시에 하나의 통합된 포토샵 파일로 디자인할 수 있습니다.

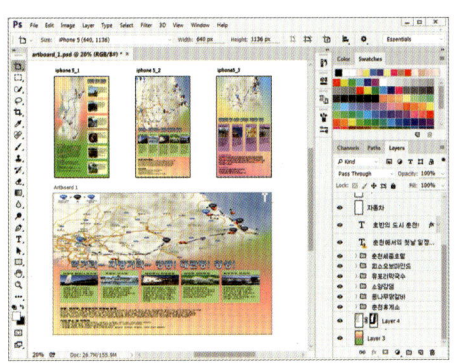
▲ 대지 작업 이미지

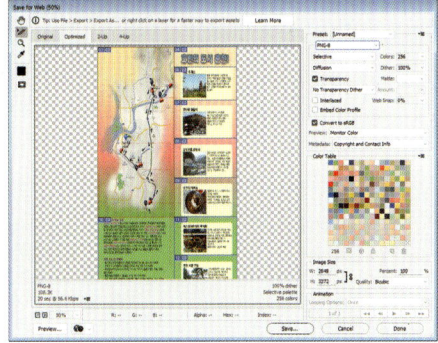
▲ 이미지를 잘라내어 Save for Web 저장

■ 툴 모음 사용자 정의

툴바 편집 툴(...)을 클릭하여 나타나는 대화상자에서 툴의 그룹을 직접 드래그하여 재설정하고 저장, 공유할 수 있습니다.

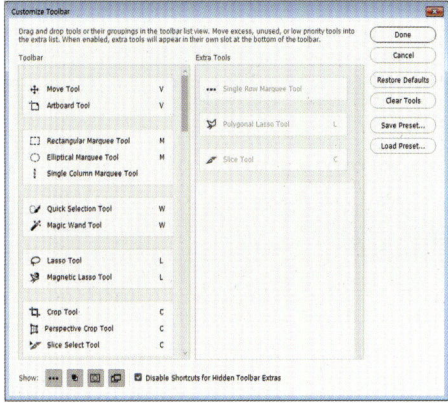

■ 원근 시점 변경하기 – Perspective Warp

이미지의 특정 부분의 원근감을 유연하게 조정할 수 있습니다. 망원 사진 샷을 광각 사진 샷으로, 광각 사진 샷을 망원 사진 샷으로 개체를 보는 방향을 변경하여 다양한 소실점 또는 카메라 위치를 통해 이미지를 생성할 수 있습니다.

▲ 원근 이미지

▲ [Edit]-[Perspective Warp] 메뉴 설정

■ 편집 가능한 도형 편집 기능 – Properties 패널

Properties 패널을 이용하여 셰이프의 위치, 크기, 형태를 직관적으로 변경할 수 있게 되었으며, 네 모서리를 각각 다르게 편집할 수 있게 되었습니다. 테두리의 실선, 점선의 위치, 모양도 다양하게 디자인할 수 있습니다.

▲ 모서리의 둥글기를 다르게 적용

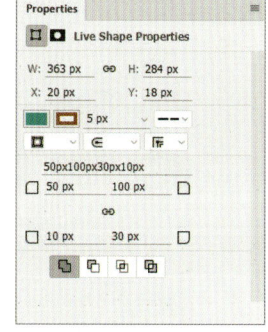
▲ Properties 패널

■ 지능적인 업샘플링 – Intelligent Upsampling(Image Size)

저해상도 비트맵 이미지를 확대하여 크기를 변경하여도 노이즈를 만들지 않고 선명도를 유지하며 대형 크기로도 확대할 수 있게 되었습니다.

▲ 확대 이미지

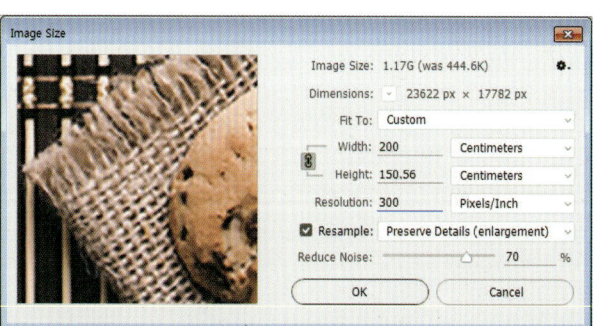
▲ [Image]-[Image Size] 메뉴 실행

■ Camera Raw 9 및 레이어 지원

Camera Raw에서 편집한 내용을 Photoshop 내의 모든 레이어나 파일에 필터로 적용한 다음 원하는 방식으로 향상시킬 수 있습니다. 또한 새로운 Adobe Camera Raw 9을 사용하면 보다 정밀하게 이미지를 복원하고 원근, 왜곡을 수정하며 비네팅, 안개 제거(Dehaze) 등도 가능해졌습니다.

▲ 안개 낀 이미지

▲ 안개가 제거된 보정 이미지

■ 새로워진 고급 선명 효과 – Smart Sharpen

이미지를 분석하여 노이즈, 후광을 최소화할 수 있고 선명도를 극대화하였으며, 풍부한 질감과 또렷한 가장자리 및 세부 묘사를 확인 할 수 있습니다.

▲ 흐린 이미지

▲ [Filter]-[Sharpen]-[Smart Sharpen] 메뉴 실행

■ 렌즈 효과를 극대화시키는 Blur Gallery 필터

다중 초점을 사진에 추가하고 각기 다른 초점의 크기, 모양, 흐린 정도 등을 설정할 수 있으며, 노이즈나 그레인을 추가하여 더 리얼한 블러 효과를 표현할 수 있게 되었습니다. Field Blur, Iris Blur, Tilt-Shift Blur에서 Path Blur, Spin Blur가 추가되어 블러의 종류가 다양해졌습니다.

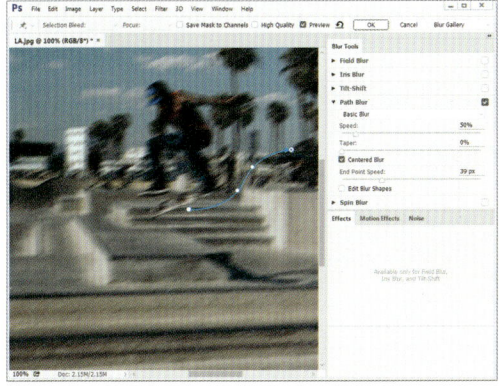
▲ [Filter]-[Blur Gallery]-[Path Blur] 메뉴 실행

▲ [Filter]-[Blur Gallery]-[Spin Blur] 메뉴 실행

■ 카메라 흔들림 감소 – Shake Reduction

느린 셔터 속도로 인한 초점이 흔들린 사진, 카메라의 움직임으로 사용할 수 없을 것 같은 사진의 샷을 복구할 수 있습니다. 흔들린 궤도를 분석하여 흔들림 감소 기능을 통해 초점을 맞춰 복구하며 선명도를 줍니다.

▲ 흔들린 초점 이미지　　　　▲ 초점 보정 후 이미지

■ 초점 마스크 – Focus Area

사진 이미지의 초점을 탐지하여 피사체와 배경의 선택 영역을 지정하는 기능으로 자동 마스크까지 저장할 수 있습니다.

 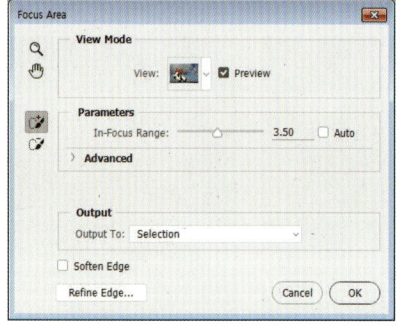

▲ 피사체와 배경이 분리된 이미지　　　　▲ [Select]-[Focus Area] 메뉴 실행

■ 향상된 레이어 구성 요소

Layers 패널의 특정 레이어만 검색하여 필터링하는 기능이 추가되었고, 레이어 스타일의 중첩 기능의 보완, Isolate Layers 기능으로 일부 레이어에서 작업이 이루어지는 기능 등 전체적인 레이어 구성 요소가 개선되고 추가되었습니다.

 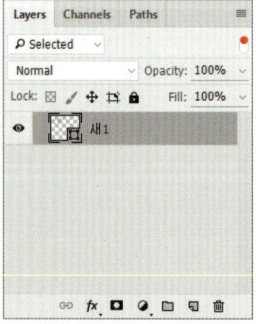

▲ 해당 레이어만 선택한 이미지　　　　▲ Isolate Layers 활성

포토샵 CS6 신기능

■ 피부 톤 선택 및 표면 감지

Color Range는 이미지 안에서 지정한 색상 범위를 선택 영역으로 지정하며, 피부 톤을 선택하여 색상을 추출하여 선택 영역으로 지정하는 옵션이 추가되었습니다.

▲ 원본 이미지

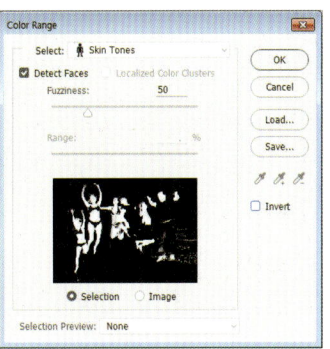
▲ [Select]-[Color Range] 메뉴 실행

■ 콘텐츠 인식 이동 툴(Content-Aware Move Tool)

콘텐츠 인식 이동 툴 기능은 이미지를 자르고 복사해서 붙여 넣고 도장 툴이나 힐링 브러시 툴을 사용한 것 같은 결과를 얻을 수 있습니다. 콘텐츠 인식 이동 툴은 빠르게 이미지 작업을 진행할 때 사용합니다.

▲ 이동 할 이미지 선택

▲ 콘텐츠 인식 이동 툴(✄) 실행

■ 굴곡 보정하기(Adaptive Wide Angle)

광각 렌즈나 어안 렌즈(Fish Eye Lens)를 사용하여 찍은 사진은 굴곡이 심해 왜곡된 사진이 나타나곤 하는데, 패스를 이용하여 손쉽게 구부러진 부분을 펼 수 있습니다.

▲ 왜곡된 이미지

▲ [Filter]-[Adaptive Wide Angle] 메뉴 실행

■ 회전해서 잘라주는 Crop Tool

새롭게 향상 된 자르기 툴은 결과를 예측할 수 있도록 더욱 시각화되었으며, 기울어져 찍힌 사진을 Straighten 기능으로 수평 및 수직을 손쉽게 바로 잡을 수 있는 기능이 추가되었습니다. 또한 원근을 조정하며 이미지를 자르거나 이미지 자르기 설정 중 종횡비와 해상도를 제어할 수 있습니다

▲ 자르기 툴 옵션바의 Straighten 실행 　　　　▲ 적용 후 이미지

■ 벡터 점선 기능의 추가

벡터 레이어(Vector layer) 기능이 확장되었습니다. 도형을 만들 때 이미지 창을 클릭하면 세부적인 옵션을 설정할 수 있어 다양한 모양을 만들 수 있습니다. 도형을 만든 후 [Fill]과 [Stroke] 설정이 가능해졌으며 Stroke는 선의 굵기, 위치, 모서리 모양, 그레이디언트 선, 패턴 선 등을 설정하고 점선을 만들 수 있습니다. 여러 개의 패스를 만든 셰이프 레이어에서 패스의 순서를 변경하거나 정렬, 배분 할 수 있습니다.

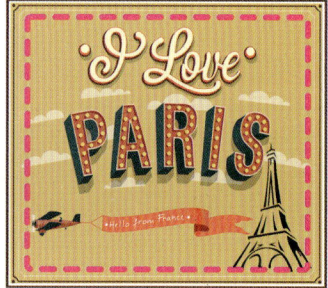

▲ 그레이디언트 선 생성　　　　▲ 점선 생성

■ 3D 기능

캔버스의 장면 편집을 제공하는 단순화된 인터페이스를 통해 직관적으로 3D 아트워크를 만들 수 있습니다. 그림자를 적절한 위치로 손쉽게 끌어오고 3D 개체를 애니메이션 할 수 있습니다.

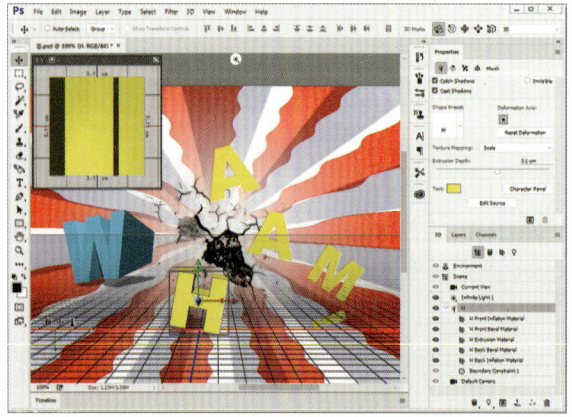

▲ 3D 개체를 직관적으로 이미지 창이나 3D 패널에서 선택　　　　▲ 3D 개체 애니메이션 실행

시작 | 선택&편집 | 리터칭 | 페인팅 | 레이어 | 보정 | 색상모드&채널 | 벡터 | 필터 | 자동화&동영상&3D | 활용   · 031

SECTION 003 포토샵 구성 살펴보기
작업 화면

포토샵에서 이미지를 불러 왔을 때의 화면입니다. 어떤 모습의 인터페이스로 구성되어 있는지 명칭은 어떤지 알아보겠습니다.

■ 포토샵의 전체 화면 구성 살펴보기

왼쪽에는 툴 패널, 위쪽에는 메뉴, 메뉴 아래는 각 툴을 선택했을 때 옵션이고, 오른쪽은 작업할 때 돕는 패널로 구성되어 있습니다.

❶ **메뉴 표시줄** : 포토샵에서 여러 가지 명령을 실행할 수 있는 메뉴들을 기능별로 모아 놓은 곳입니다.
❷ **옵션바** : 선택한 툴에 대한 세부적인 옵션 사항을 설정하는 곳입니다.
❸ **툴 패널** : 여러 가지 기능을 가진 툴을 아이콘 형태로 모아 놓은 곳입니다. '툴박스' 또는 '도구 상자'라고도 부릅니다.
❹ **파일 이름 탭** : 현재 불러온 파일의 이름, 화면 배율, 색상 모드 등의 정보와 닫기 버튼을 표시합니다.
❺ **이미지 창** : 이미지가 표시되는 곳입니다.
❻ **상태 표시줄** : 화면 배율을 설정하고 현재 작업 정보를 표시하는 상태 표시줄입니다.
❼ **창 조절 버튼** : 포토샵의 창을 최소화, 최대화, 닫기 역할을 하는 버튼입니다.
❽ **작업 환경 설정 버튼** : 작업 용도의 설정에 따라 패널의 위치가 변경되며, 사용자의 작업 스타일에 맞는 패널 구성을 설정하여 사용할 수 있습니다. 이 책에서는 기본적으로 'Essentials'로 설정합니다.
❾ **패널 그룹** : 작업을 위한 기능들을 패널 형태로 제공합니다. 패널은 [Window] 메뉴에서 불러올 수 있습니다.

SECTION 004 툴 패널 살펴보기
툴 패널

각 툴은 주요 기능의 특징을 알아보기 쉽게 아이콘 모양으로 디자인 되어 있습니다. 툴 위에 마우스 포인터를 가져가면 이름 및 영문 단축키가 툴 팁으로 나타나고 클릭하면 선택됩니다. 각 툴의 명칭을 알아보겠습니다.

■ 툴 패널 살펴보기

툴은 비슷한 기능을 하는 툴끼리 묶여 있으며 이미지를 선택하는 선택 툴과 편집 툴, 그리기 툴과 리터칭 툴, 벡터 툴과 문자 툴, 보기 툴과 색상 선택 툴로 구분할 수 있습니다.

선택 툴과 편집 툴
- 이동 툴/아트보드 툴
- 사각형 선택 툴/원형 선택 툴/가로선 선택 툴/세로선 선택 툴 [M]
- 올가미 툴/다각형 올가미 툴/자석 올가미 툴 [L]
- 빠른 선택 툴/마술봉 툴 [W]
- 자르기 툴/원근 자르기 툴/분할 툴/분할 선택 툴 [C]
- 스포이트 툴/3D 스포이트 툴/색상 샘플러 툴/자 툴/주석 툴/계산 툴 [I]
- 스폿 힐링 브러시 툴/힐링 브러시 툴/패치 툴/콘텐츠 인식 이동 툴/레드 아이 툴 [J]

그리기 툴과 리터칭 툴
- 브러시 툴/연필 툴/컬러 리플레이스먼트 툴/혼합 브러시 툴 [B]
- 도장 툴/패턴 도장 툴 [S]
- 히스토리 브러시 툴/아트 히스토리 브러시 툴 [Y]
- 지우개 툴/백그라운드 지우개 툴/매직 지우개 툴 [E]
- 그레이디언트 툴/페인트통 툴/3D 재료 드롭 툴 [G]
- 블러 툴/샤픈 툴/손가락 툴
- 닷지 툴/번 툴/스펀지 툴 [O]

벡터 툴과 문자 툴
- 펜 툴/프리폼 펜 툴/앵커 포인트 추가 툴/앵커 포인트 삭제 툴/포인트 전환 툴 [P]
- 가로쓰기 툴/세로쓰기 툴/세로쓰기 선택 영역 문자 툴/가로쓰기 선택 영역 문자 툴 [T]
- 패스 선택 툴/직접 선택 툴 [A]
- 사각형 툴/둥근 사각형 툴/원형 툴/다각형 툴/선 툴/사용자 셰이프 툴 [U]

보기 툴과 색상 선택 툴
- 손바닥 툴/회전 보기 툴 [H]
- 돋보기 툴 [Z]
- 툴바 편집 툴
- 기본 색상 설정 [D] 전경색/배경색 전환 [X]
- 전경색/배경색
- 표준 모드/퀵마스크 모드 [Q]
- 표준 스크린 모드/풀 스크린 메뉴 모드/풀 스크린 모드 [F]

SECTION 005 그룹별 툴의 기능 살펴보기
툴 패널

툴 패널에는 보이는 툴 외에도 비슷한 기능을 하는 숨은 툴도 그룹지어 있습니다. 각각 툴들이 어떤 기능을 하는지 살펴봅니다.

■ 툴의 기능 살펴보기

 툴 패널을 살펴보면 툴 아이콘 오른쪽 아래에 작은 삼각 표시(◢)가 있습니다. 이 표시는 숨은 툴이 있다는 표시이며, 툴을 잠시 클릭하고 있으면 확장되어 비슷한 기능을 하는 숨은 툴들이 나타납니다.

1. 이동 툴

❶ 이동 툴(✥., Move Tool) : 선택한 이미지나 가이드를 이동할 때 사용합니다.
❷ 아트보드 툴(ㄅ., Artboard Tool) : 모바일 화면을 디자인할 때 유용한 대지 작업에 사용합니다.

2. 선택 툴

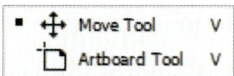

❶ 사각형 선택 툴(▭., Rectangular Marquee Tool) : 사각형 모양으로 선택 영역을 지정합니다.
❷ 원형 선택 툴(○., Elliptical Marquee Tool) : 원형 모양으로 선택 영역을 지정합니다.
❸ 가로선 선택 툴(┄., Single Row Marquee Tool) : 가로로 1픽셀의 선택 영역을 지정합니다.
❹ 세로선 선택 툴(┋., Single Column Marquee Tool) : 세로로 1픽셀의 선택 영역을 지정합니다.

3. 올가미 툴

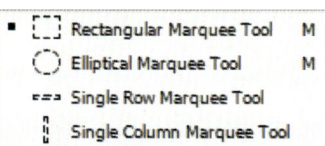

❶ 올가미 툴(○., Lasso Tool) : 자유로운 곡선 모양으로 드래그하여 선택 영역을 지정합니다.
❷ 다각형 올가미 툴(⊿., Polygonal Lasso Tool) : 다각형의 직선 모양으로 클릭하여 선택 영역을 지정합니다.
❸ 자석 올가미 툴(⊰., Magnetic Lasso Tool) : 이미지의 색상 경계를 따라 이동하면서 선택 영역을 지정합니다.

4. 빠른 선택 툴

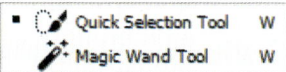

❶ 빠른 선택 툴(⌇., Quick Selection Tool) : 브러시 툴처럼 드로잉하면서 선택 영역을 지정합니다.
❷ 마술봉 툴(✶., Magic Wand Tool) : 클릭한 지점과 비슷한 색상 범위를 자동으로 선택 영역으로 지정합니다.

5. 자르기 툴

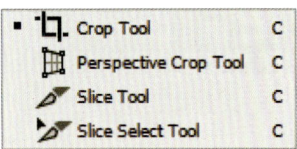

❶ 자르기 툴(, Crop Tool) : 필요 없는 이미지의 일부를 자릅니다.
❷ 원근 자르기 툴(, Perspective Crop Tool) : 투시 이미지를 교정하면서 자릅니다.
❸ 분할 툴(, Slice Tool) : 웹용 이미지를 만들기 위해 이미지 영역을 분할합니다.
❹ 분할 선택 툴(, Slice Select Tool) : 분할 툴로 분할된 이미지를 선택할 때 사용합니다.

6. 정밀 작업 툴

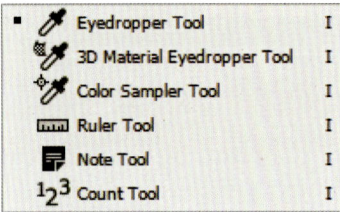

❶ 스포이트 툴(, Eyedropper Tool) : 이미지에서 색상을 추출합니다.
❷ 3D 스포이트 툴(, 3D Material Eyedropper Tool) : 3D 효과에 나오는 재질을 추출할 때 사용합니다.
❸ 색상 샘플러 툴(, Color Sampler Tool) : 최대 4개의 색상 샘플을 저장할 수 있습니다.
❹ 자 툴(, Ruler Tool) : 이미지의 정확한 길이, 위치, 각도를 측정합니다.
❺ 주석 툴(, Note Tool) : 이미지에 메모를 삽입합니다.
❻ 계산 툴(, Count Tool) : 이미지에 개수를 세고 번호를 입력합니다.

7. 리터칭 툴

❶ 스폿 힐링 브러시 툴(, Spot Healing Brush Tool) : 마우스로 클릭하거나 드래그하여 작은 점 같은 잡티를 수정합니다.
❷ 힐링 브러시 툴(, Healing Brush Tool) : 복사한 부분의 질감으로 잡티와 상처를 복원합니다.
❸ 패치 툴(, Patch Tool) : 선택 영역을 이용하여 이미지를 복원합니다.
❹ 콘텐츠 인식 이동 툴(, Content-Aware Move Tool) : 이미지를 이동시키면 빈 공간을 자연스럽게 채웁니다.
❺ 레드 아이 툴(, Red Eye Tool) : 적목 현상을 제거합니다.

8. 브러시 툴

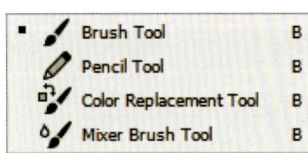

❶ 브러시 툴(, Brush Tool) : 브러시 모양과 색상을 지정하여 그립니다.
❷ 연필 툴(, Pencil Tool) : 연필처럼 선명한 선으로 그립니다.
❸ 컬러 리플레이스먼트 툴(, Color Replacement Tool) : 선택한 색상을 다른 색상으로 변경하며 그립니다.
❹ 혼합 브러시 툴(, Mixer Brush Tool) : 이미지를 회화적인 붓 터치로 표현하며 그립니다.

9. 도장 툴

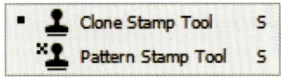

❶ 도장 툴(, Clone Stamp Tool) : 도장처럼 이미지를 복제합니다.
❷ 패턴 도장 툴(, Pattern Stamp Tool) : 이미지를 패턴으로 복제합니다.

10. 복원 툴

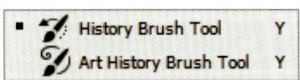

❶ 히스토리 브러시 툴(, History Brush Tool) : 브러시로 드래그한 영역을 원본 이미지로 복구합니다.
❷ 아트 히스토리 브러시 툴(, Art History Brush Tool) : 원본 이미지로 복구할 때 회화적인 붓 터치를 적용합니다.

11. 지우개 툴

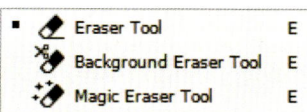

❶ 지우개 툴(, Eraser Tool) : 배경색 또는 투명 배경으로 지울 수 있습니다.
❷ 백그라운드 지우개 툴(, Background Eraser Tool) : 이미지의 일부 영역을 투명하게 지웁니다.
❸ 매직 지우개 툴(, Magic Eraser Tool) : 같은 색상 범위의 이미지를 단번에 투명하게 지웁니다.

12. 페인팅 툴

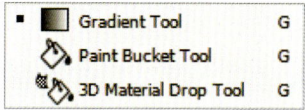

❶ 그레이디언트 툴(, Gradient Tool) : 두 가지 이상의 색상을 혼합하여 점진적으로 표현합니다.
❷ 페인트통 툴(, Paint Bucket Tool) : 전경색이나 패턴으로 단번에 채색합니다.
❸ 3D 재료 드롭 툴(, 3D Material Drop Tool) : 3D 오브젝트의 표면에 다양한 질감을 채웁니다.

13. 선명도 수정 툴

❶ 블러 툴(, Blur Tool) : 이미지가 물방울이 번지듯 흐리게 표현합니다.
❷ 샤픈 툴(, Sharpen Tool) : 이미지를 또렷하고 선명하게 표현합니다.
❸ 손가락 툴(, Smudge Tool) : 이미지를 손가락으로 문지르듯 번지게 연장합니다.

14. 명암 및 채도 수정 툴

❶ 닷지 툴(, Dodge Tool) : 드래그한 곳의 노출을 조정한 듯 이미지를 밝게 표현합니다.
❷ 번 툴(, Burn Tool) : 드래그한 곳의 노출을 조정한 듯 이미지를 어둡게 표현합니다.
❸ 스펀지 툴(, Sponge Tool) : 드래그한 곳의 채도를 상승시키거나 낮추어 흑백으로 표현합니다.

15. 펜 툴

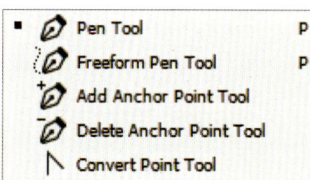

❶ 펜 툴(, Pen Tool) : 패스를 만들어 벡터 이미지로 만듭니다.
❷ 프리폼 펜 툴(, Freeform Pen Tool) : 자유롭게 드래그하여 패스를 만듭니다.
❸ 앵커 포인트 추가 툴(, Add Anchor Point Tool) : 패스를 수정하기 위해 기준점을 추가합니다.
❹ 앵커 포인트 삭제 툴(, Delete Anchor Point Tool) : 패스의 기준점을 삭제합니다.
❺ 포인트 전환 툴(, Convert Point Tool) : 패스의 방향을 변경합니다.

16. 문자 툴

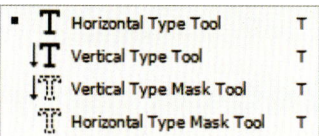

❶ 가로쓰기 문자 툴(, Horizontal Type Tool) : 가로 방향으로 문자를 입력합니다.
❷ 세로쓰기 문자 툴(, Vertical Type Tool) : 세로 방향으로 문자를 입력합니다.
❸ 세로쓰기 선택 영역 문자 툴(, Vertical Type Mask Tool) : 입력한 세로 방향 문자를 선택 영역으로 지정합니다.
❹ 가로쓰기 선택 영역 문자 툴(, Horizontal Type Mask Tool) : 입력한 가로 방향 문자를 선택 영역으로 지정합니다.

17. 패스 선택 툴

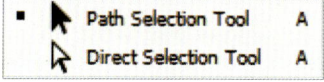

❶ 패스 선택 툴(, Path Selection Tool) : 패스 전체를 선택합니다.
❷ 직접 선택 툴(, Direct Selection Tool) : 패스를 부분적으로 선택하거나 이동합니다.

18. 도형 툴

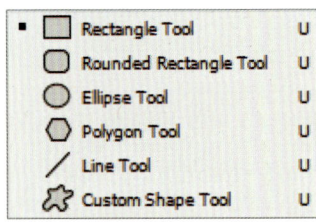

- ❶ 사각형 툴(, Rectangle Tool) : 사각형을 그립니다.
- ❷ 둥근 사각형 툴(, Rounded Rectangle Tool) : 모서리가 둥근 사각형을 그립니다.
- ❸ 원형 툴(, Ellipse Tool) : 원형을 그립니다.
- ❹ 다각형 툴(, Polygon Tool) : 다각형을 그립니다.
- ❺ 선 툴(, Line Tool) : 선이나 화살표를 그립니다.
- ❻ 사용자 셰이프 툴(, Custom Shape Tool) : 제공된 다양한 도형을 그립니다.

19. 화면 보기 툴

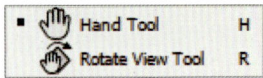

- ❶ 손바닥 툴(, Hand Tool) : 이미지 확대 시 보이지 않는 부분을 이동하여 표시합니다.
- ❷ 회전 보기 툴(, Rotate View Tool) : 기울어진 이미지를 돌려 바로 잡습니다.

20. 돋보기 툴

- ❶ 돋보기 툴(, Zoom Tool) : 화면 배율을 확대하거나 축소할 때 사용합니다.

21. 툴바 편집 툴

- ❶ 툴바 편집 툴(, Edit Toolbar) : 자주 사용하는 툴의 위치를 이동합니다.

22. 전경색과 배경색

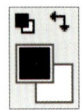

- ❶ 기본 색상 설정(, Default Foreground and Background Colors) : 기본 설정인 전경색을 검정색으로, 배경색을 흰색으로 지정합니다.
- ❷ 전경색/배경색 전환(, Switch Foreground and Background Colors) : 전경색과 배경색의 색상을 서로 바꿉니다.
- ❸ 전경색(, Set Foreground Color) : 채색 툴이나 페인팅 툴로 칠하는 전경색을 지정합니다.
- ❹ 배경색(, Set Background Color) : Background 레이어를 지웠을 때나 캔버스를 확장했을 때 채워지는 색을 지정합니다.

23. 표준 모드와 퀵마스크 모드

- ❶ 표준 모드(, Standard Mode)/퀵마스크 모드(, Quick Mask Mode) : 클릭할 때마다 표준 모드( )와 퀵마스크 모드( )를 전환합니다. 퀵마스크 모드로 바뀌면 선택 영역을 만들 수 있습니다.

24. 스크린 모드

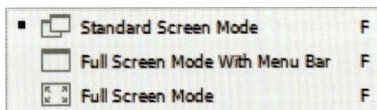

- ❶ 표준 스크린 모드(, Standard Screen Mode) : 표준 스크린 모드입니다.
- ❷ 풀 스크린 메뉴 모드(, Full Screen Mode With Menu Bar) : 배경이 회색인 풀 스크린 모드입니다. 메뉴 표시줄과 옵션바, 툴 패널 및 각종 패널들이 보입니다.
- ❸ 풀 스크린 모드(, Full Screen Mode) : 이미지 창만 보이며, 배경이 검정색인 풀 스크린 모드입니다. 메뉴 표시줄과 옵션바, 툴 패널 및 각종 패널들이 보이지 않습니다. Esc 를 누르면 표준 스크린 모드로 돌아옵니다.

TIP
- Tab 을 누르면 툴 패널을 숨길 수 있습니다. 다시 Tab 을 누르면 툴 패널이 나타납니다.
- Shift + Tab 을 누르면 툴 패널을 제외하고 패널 그룹을 숨길 수 있습니다. 다시 Shift + Tab 을 누르면 나타납니다.

SECTION 006 툴과 메뉴를 돕는 패널 살펴보기
패널

패널은 툴과 메뉴를 이용한 이미지 작업을 돕는 기능으로, 기능별로 패널을 분리하여 제공하고 있으며, 툴을 선택하거나 메뉴를 선택하면 해당 패널의 옵션을 사용할 수 있도록 활성화됩니다. 각 패널들이 어떤 역할을 하는지 살펴봅니다.

■ 패널의 주요 기능 살펴보기

작업에 필요한 패널이 보이지 않을 경우에는 [Window] 메뉴에서 패널 이름을 체크하여 불러와 사용할 수 있습니다.

1. Adjustments(◐) 패널
이미지 보정 기능을 레이어 형태로 따로 적용합니다.

2. Actions(▶) 패널
작업 과정을 녹화하여 반복된 작업을 할 때 사용합니다.

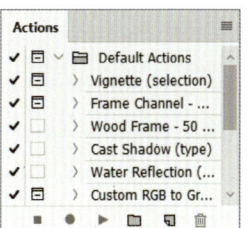

3. 3D(◉) 패널
3D 오브젝트의 효과를 설정합니다.

4. Brush(🖌) 패널
브러시의 모양 및 크기 등 다양한 옵션을 설정합니다.

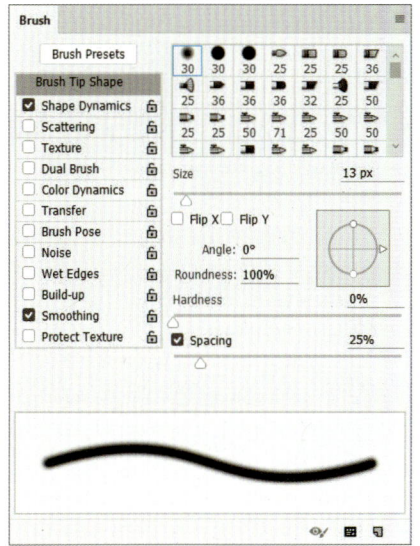

5. Brush Presets( ) 패널

브러시 샘플을 제공하며 브러시의 모양과 크기를 설정하여 저장합니다.

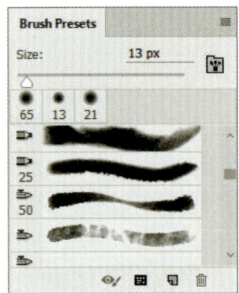

7. Character( ) 패널

문자의 모양, 크기, 색상 등 문자 속성을 설정합니다.

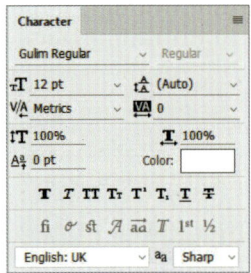

9. Character Styles( ) 패널

모양, 크기 등 문자의 속성 스타일을 저장하여 일관된 문자 속성을 지정할 때 사용합니다.

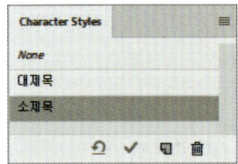

11. Device Preview( ) 패널

디바이스에서 보기 전에 미리보기 하여 봅니다 (Windows 8 이상에서 실행됩니다).

6. Channels( ) 패널

색상 정보를 확인하거나 선택 영역을 저장하고 관리합니다.

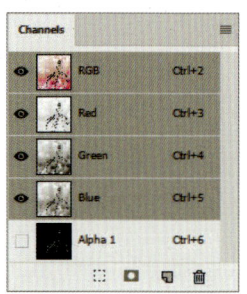

8. Clone Source( ) 패널

도장 툴을 이용하여 복제할 때 이미지의 정보를 기록하고 관리합니다.

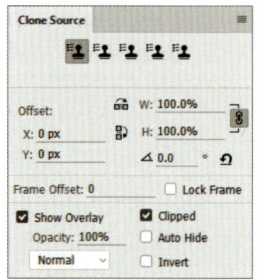

10. Color( ) 패널

전경색과 배경색을 지정하고 색상 정보를 설정합니다.

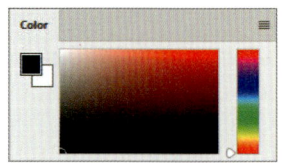

12. Glyphs( ) 패널

글꼴에 등록되지 않은 글리프 문자를 선택하여 사용할 수 있습니다.

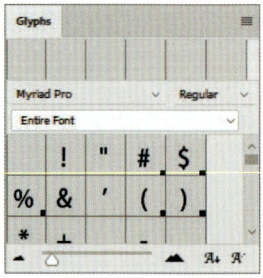

13. Histogram( ) 패널

이미지의 색상과 톤의 분포를 히스토그램 그래프로 표시합니다.

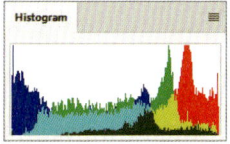

15. Info( ) 패널

이미지에서 마우스 포인터가 위치한 곳의 색상, 위치, 각도의 정보를 기록합니다.

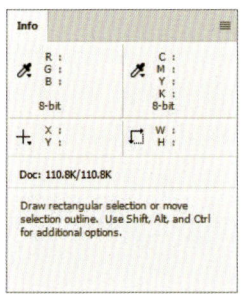

17. Layers( ) 패널

이미지를 다양한 여러 층으로 관리하고 효과를 적용합니다.

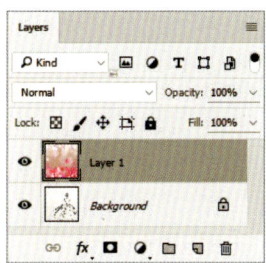

19. Measurement Log( ) 패널

자 툴이나 색상 샘플러 툴 등의 측정한 정보를 기록합니다.

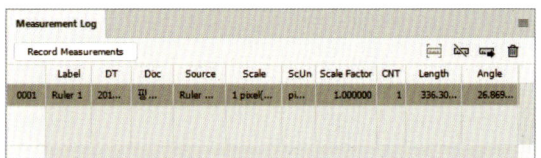

14. History( ) 패널

작업 과정을 단계별로 기록하고, 이전 작업으로 되돌릴 수 있습니다.

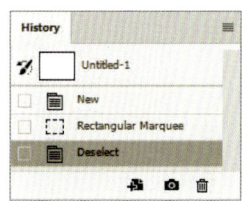

16. Layer Comps( ) 패널

레이어 조합을 변경하여 여러 가지 시안 작업을 저장합니다.

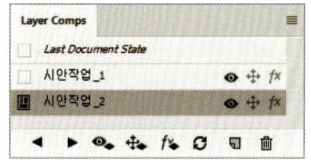

18. Libraries( ) 패널

라이브러리 항목을 크리에이티브 클라우드와 동기화하여 데스크톱, 모바일 앱 어디에서나 사용 가능합니다.

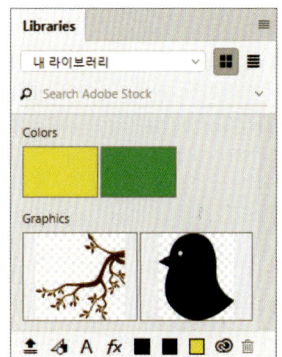

20. Navigator( ) 패널

화면 배율을 확대하거나 축소하고, 이미지 보기를 설정할 수 있습니다.

21. Notes( ) 패널
전달할 메모를 기록합니다.

23. Paragraph Styles( ) 패널
문자와 문단 속성을 저장합니다.

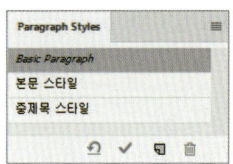

25. Properties( ) 패널
해당 툴에 대해 옵션이나 속성을 세밀하게 지정합니다.

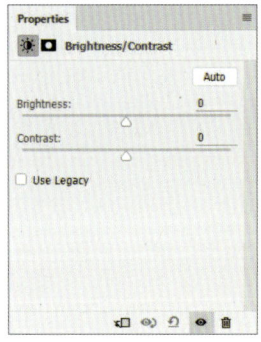

27. Swatches( ) 패널
자주 사용하는 색상을 견본처럼 모아 놓고 사용할 수 있습니다.

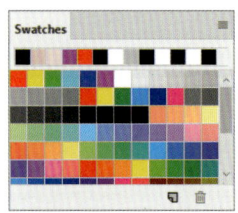

29. Timeline( ) 패널
간단한 동영상 이미지를 제작합니다.

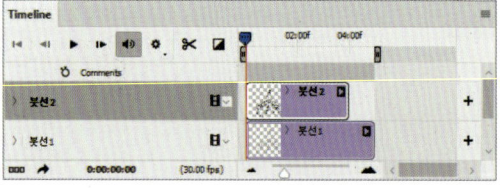

22. Paragraph(¶) 패널
입력한 글자의 문단 속성을 설정합니다.

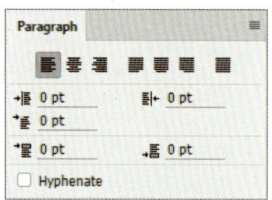

24. Paths( ) 패널
벡터 속성을 가진 패스를 저장하고 관리합니다.

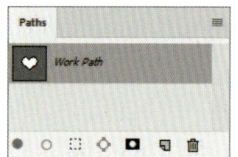

26. Styles( ) 패널
선택한 이미지에 레이어 스타일을 적용하거나 작업한 스타일 효과를 저장합니다.

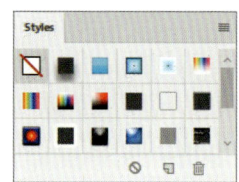

28. Tool Presets( ) 패널
자주 사용하는 툴의 옵션을 저장하여 사용할 수 있습니다.

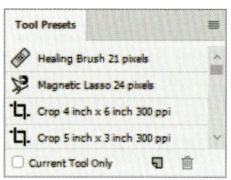

SECTION 007 새 파일 만들고 저장하기, 불러오고 종료하기
New, Save, Open, Exit

포토샵에서 새 문서를 만들고 저장하고 파일을 불러오는 방법, 종료하는 방법에 대해 알아보겠습니다.

■ **새 파일 만들기 : New**

[File]-[New(Ctrl+N)] 메뉴를 클릭하여 새 문서를 만들 수 있습니다. 빠른 작업을 위해 자주 사용하는 기능은 단축키로 외워 사용하면 편리합니다.

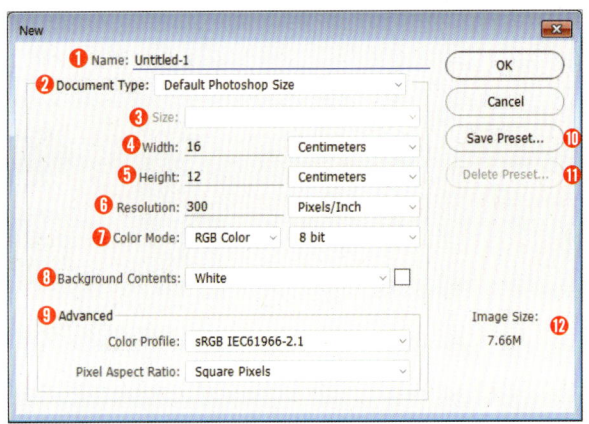

❶ **Name** : 새로운 파일의 이름을 설정합니다.
❷ **Document Type** : 작업 용도에 맞는 크기와 해상도의 프리셋이 제공됩니다. 일반 용지, 사진, 모바일, 웹, 필름과 비디오 작업의 도큐먼트 크기를 선택할 수 있습니다.
❸ **Size** : Document Type 옵션 사용 시 활성화되며 창의 크기를 지정합니다.
❹ **Width** : 가로 크기를 설정합니다.
❺ **Height** : 세로 크기를 설정합니다.
❻ **Resolution** : 해상도를 설정합니다(웹용 이미지는 72 Pixels/inch, 인쇄용 이미지는 150~300 Pixels/inch).
❼ **Color Mode** : 색상 모드를 설정합니다. 기본 RGB를 선택합니다.
❽ **Background Contents** : 새 문서의 배경 색상을 지정합니다.
('Background Color'는 툴 패널의 배경색과 같은 색상으로 채우고, 'Transparent'는 체크 모양이 표시된 투명 배경으로 채웁니다).

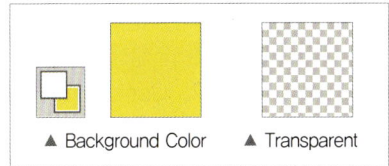
▲ Background Color   ▲ Transparent

❾ **Advanced** : 고급 옵션을 설정합니다.
❿ **Save Preset** : 대화상자에서 설정한 내용을 프리셋으로 저장합니다.
⓫ **Delete Preset** : 저장한 프리셋을 삭제합니다.
⓬ **Image Size** : 파일 크기를 표시합니다.

■ 파일 불러오기 : Open

[File]-[Open(Ctrl+O)] 메뉴를 클릭한 후, 대화상자가 나타나면 경로를 따라 파일을 지정하여 이미지를 불러올 수 있습니다.

■ 파일 저장하기 : Save, Save As

- [File]-[Save(Ctrl+S)] 메뉴를 클릭하여 작업한 이미지를 저장할 수 있습니다.
- [File]-[Save As(Shift+Ctrl+S)] 메뉴를 클릭하여 저장한 이미지를 다른 파일 이름, 다른 파일 형식으로 저장할 수 있습니다.

■ 프로그램 종료하기 : Exit

[File]-[Exit(Ctrl+Q)] 메뉴를 클릭하여 프로그램을 종료할 수 있습니다. 만약 작업 중이던 이미지를 저장하지 않았다면 저장할지에 대한 대화상자가 나타나고 'Yes' 버튼을 누릅니다. 한 번도 저장하지 않고 'Yes' 버튼을 클릭할 경우 '다른 이름으로 저장' 대화상자가 나타나서 저장할 수 있습니다. 'No' 버튼을 클릭할 경우 작업한 파일이 사라질 수 있으니 주의하고, 'Cancel' 버튼을 클릭할 경우 경고 대화상자가 취소되어 사라집니다.

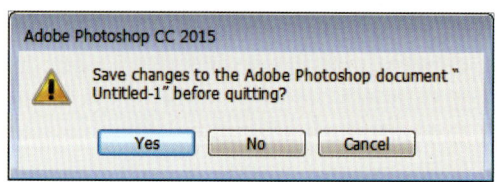

SECTION 008 포토샵의 툴과 패널 사용법 알아보기

툴과 패널

툴을 선택하는 방법과 숨은 툴을 선택하는 방법에 대하여 알아보고, 패널을 선택하여 활성화하는 방법, 패널을 초기값으로 되돌리는 방법에 대하여 실습해 보겠습니다.

01 툴 선택하기

툴 패널에서 직접 툴을 클릭하면 해당 툴이 활성화 됩니다.

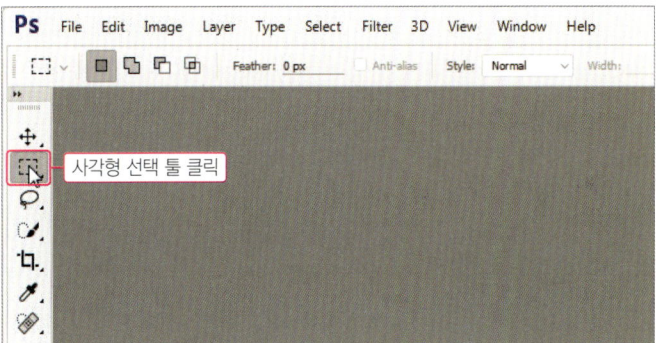

02 숨은 툴 선택하기

사각형 선택 툴(□.)을 누른 채 잠시 있으면 확장되어 숨은 툴들이 보이며 이때 원형 선택 툴(○.)을 클릭합니다.

> **TIP** 툴 패널에서 보이는 툴은 바로 클릭하면 선택되지만, 숨은 툴을 선택하려면 클릭하고 바로 마우스에서 손을 떼지 말고 잠시 누른 채 기다려야 숨은 툴이 나타납니다.

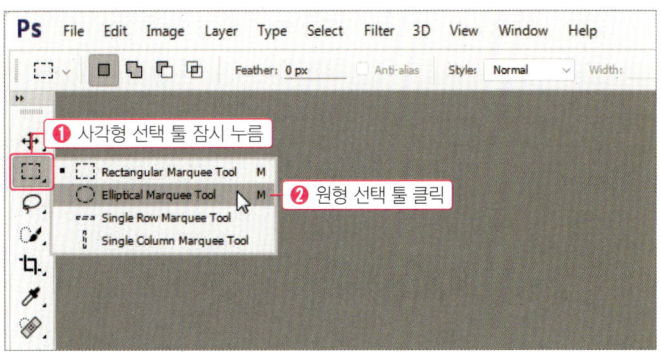

03

원형 선택 툴(○.)이 선택되어 활성화된 모습입니다. 상단의 옵션바도 자동으로 원형 선택 툴에 대한 옵션으로 활성화 되었습니다.

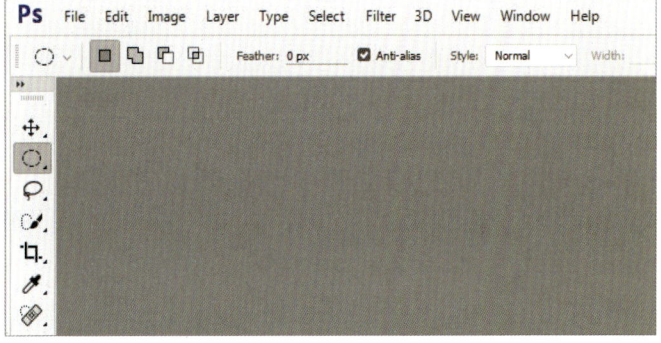

04 Swatches 패널 활성화하기

숨어 있는 Swatches 패널의 탭을 클릭하여 활성화합니다.

05 패널 이동하기

Swatches 패널의 탭 부분을 포토샵 창의 중앙으로 드래그합니다.

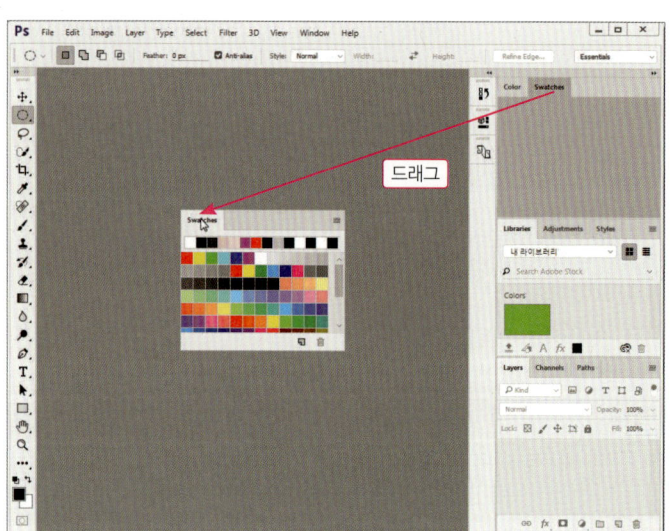

06 패널 초기값으로 설정하기

[Window]-[Workspace]-[Reset Essentials] 메뉴를 클릭하면 패널이 초기값으로 설정됩니다.

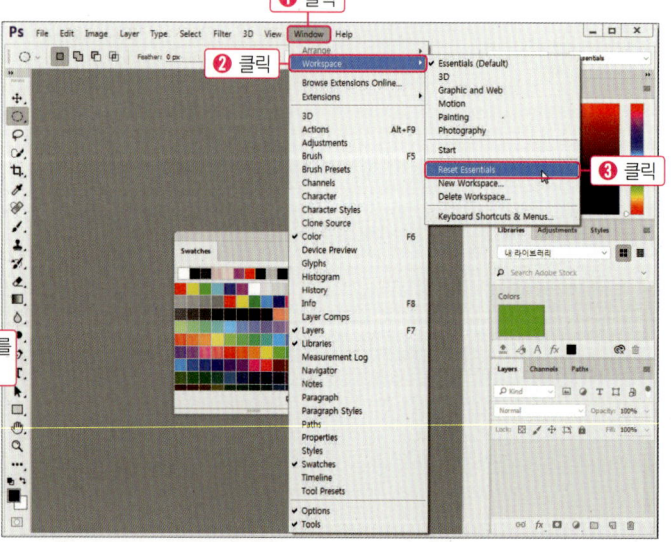

TIP 옵션바 초기값으로 설정하기

옵션바에서 툴 아이콘이나 툴 프리 셋( ) 버튼을 마우스 오른쪽 버튼으로 클릭하면 나타나는 메뉴에서 선택합니다.

현재 선택한 툴의 옵션바를 초기값으로 변경
모든 툴 옵션바를 초기값으로 변경
마우스 오른쪽 버튼으로 클릭

SECTION 009 새 파일 만들고 저장하기, 불러오기
New, Save, Open, Close

새로운 이미지를 만들기 위해서 새로운 파일을 만드는 방법, 저장하는 방법을 실습해 봅니다. 또한 저장한 이미지를 불러오는 방법과 종료하는 방법에 대해서도 실습해 보도록 합니다.

01 새 문서 만들기

포토샵을 실행하고 [File]-[New] 메뉴를 클릭합니다.

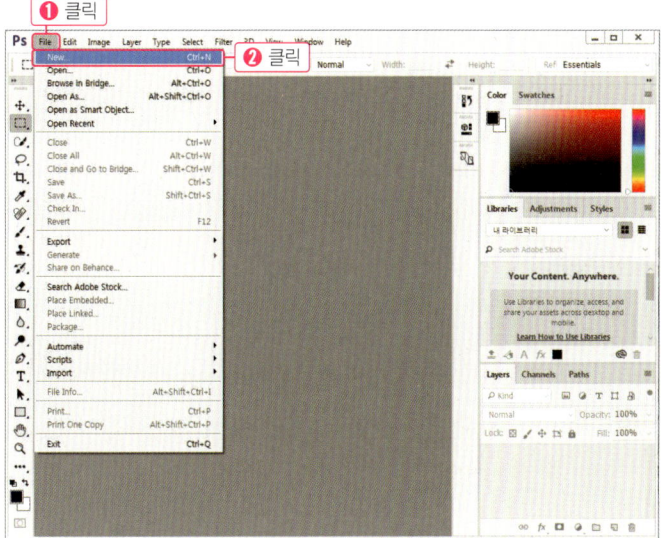

02 New 대화상자가 나타나면 Name은 '작업1', Width는 '640pixels', Height는 '480pixels', Resolution은 '72pixels/inch'로 입력하고, Color Mode는 'RGB Color', Background Contents는 'White'를 설정한 후 'OK' 버튼을 클릭합니다.

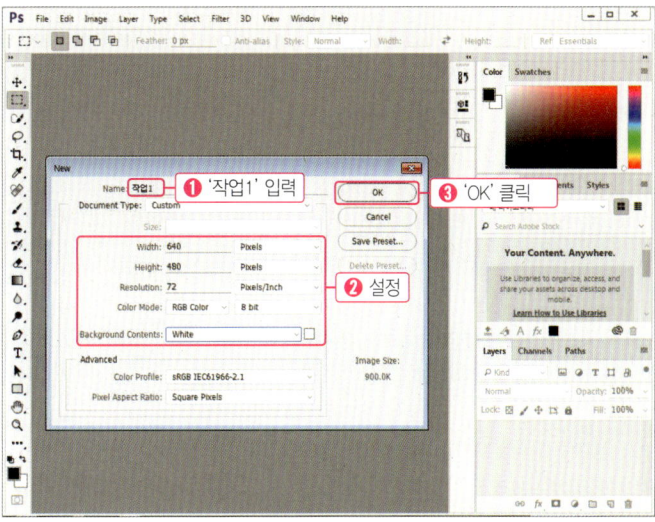

03 작업하기

새 문서가 만들어지면 툴 패널에서 브러시 툴(🖌)을 클릭한 후, 'Love'라고 드래그하며 칠합니다.
만약 실수를 하였다면 Ctrl+Z를 눌러 전 단계로 되돌리고 다시 칠합니다.

04 파일 저장하기

[File]-[Save As] 메뉴를 클릭합니다.

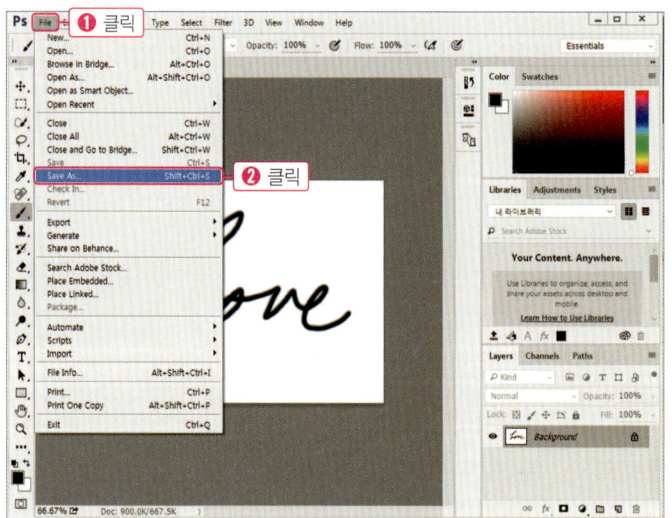

05 다른 이름으로 저장 대화상자가 나타나면 저장할 위치를 확인 한 후, 파일명을 '작업'으로 입력합니다. 파일 형식은 'JPEG'로 설정하고 '저장' 버튼을 클릭합니다. JPEG Options 대화상자가 나타나면 Quality를 '11'로 설정하고 'OK' 버튼을 클릭합니다.

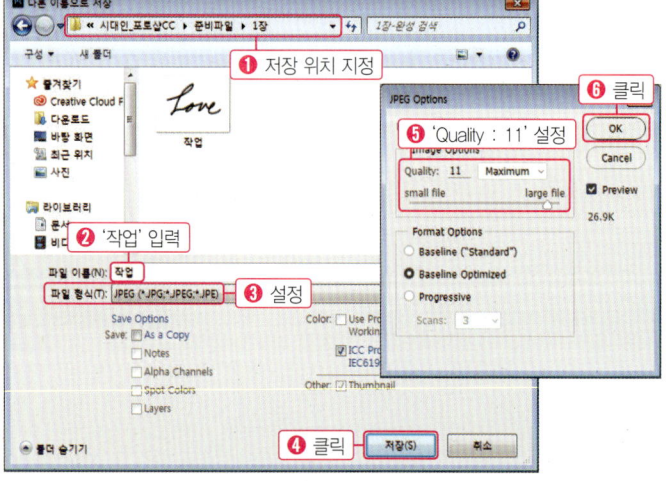

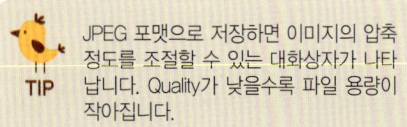
TIP: JPEG 포맷으로 저장하면 이미지의 압축 정도를 조절할 수 있는 대화상자가 나타납니다. Quality가 낮을수록 파일 용량이 작아집니다.

06 파일 불러오기

[File]-[Open] 메뉴를 클릭합니다.

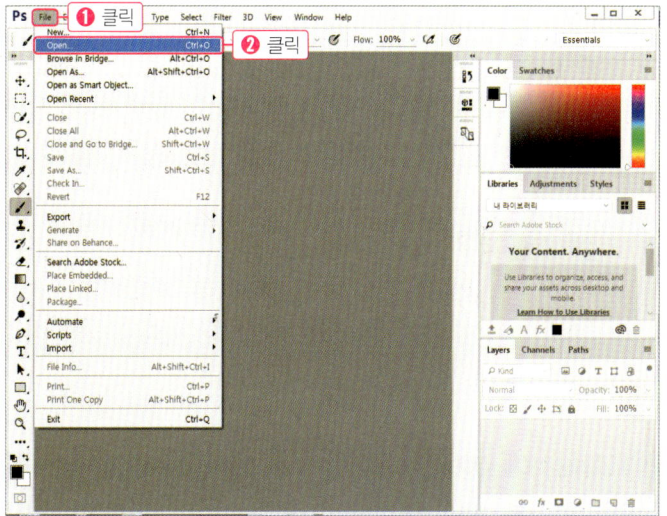

07

열기 대화상자가 나타나면 저장한 위치에서 '작업' 파일을 선택하고 '열기' 버튼을 클릭하여 이미지를 불러옵니다.

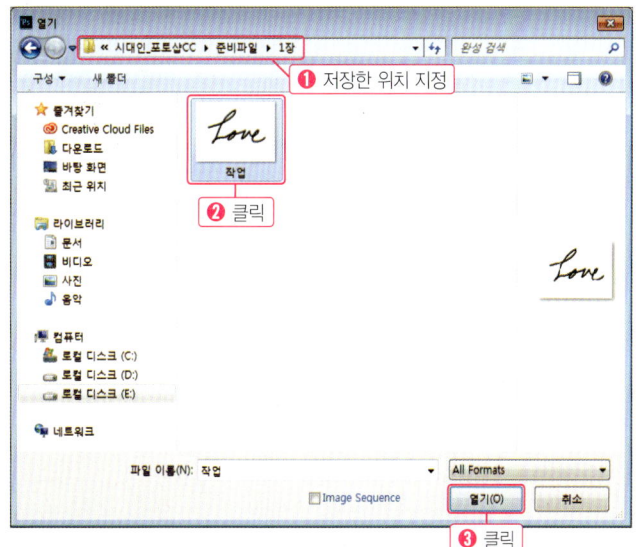

08 파일 닫기

'작업.jpg' 탭의 닫기(×) 버튼을 클릭하여 닫습니다([File]-[Close] 메뉴를 클릭하여도 파일이 닫힙니다).

SECTION 010 이미지 확대, 축소, 이동하여 보기
돋보기 툴, 손바닥 툴

포토샵에서 이미지를 확대하거나 축소하여 보는 방법에 대하여 알아보겠습니다. 또한 이미지를 확대하여 보이지 않는 곳은 이미지를 이동해 나타나도록 해봅니다.

[준비파일] 1장\보드.jpg

01 확대하여 보기
Ctrl+O를 눌러 '보드.jpg' 파일을 불러옵니다.

02 툴 패널에서 돋보기 툴( )을 클릭한 후, 이미지를 클릭하면 이미지의 배율이 확대되어 크게 보입니다. 클릭할수록 확대되어 보입니다.

03 축소하여 보기
Alt를 누른 채 클릭하면 배율을 축소할 수 있습니다.

> TIP 상태 표시줄에 화면 배율을 직접 입력하여 설정할 수 있습니다.

04 1:1로 보기

옵션바의 '100%' 버튼을 클릭하면 100%로 이미지를 확인할 수 있습니다.

05 드래그하여 확대/축소하기

돋보기 툴( )을 클릭한 후, 안쪽으로 드래그하면 축소되며, 바깥쪽으로 드래그하면 확대됩니다.

06

옵션바의 'Scrubby Zoom'을 해제하고 드래그하면 가이드선이 보이면서 부분적으로 확대할 수 있습니다.

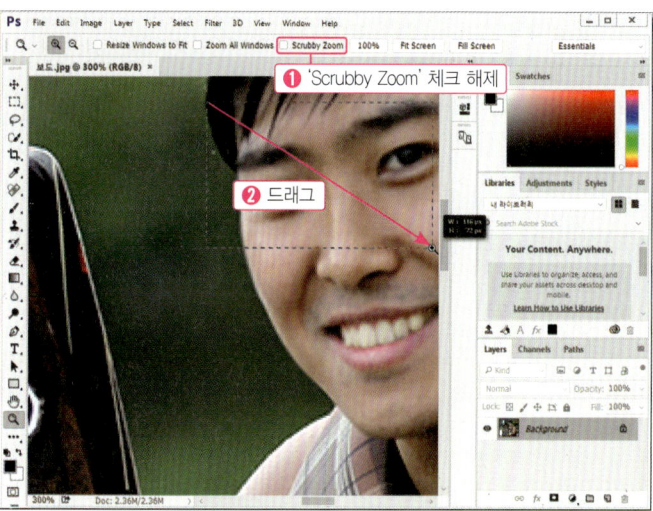

07 보이지 않는 화면 이동하기

손바닥 툴()을 클릭한 후, 이미지에 대고 드래그하면 이동되어 보이지 않았던 곳을 볼 수 있습니다.

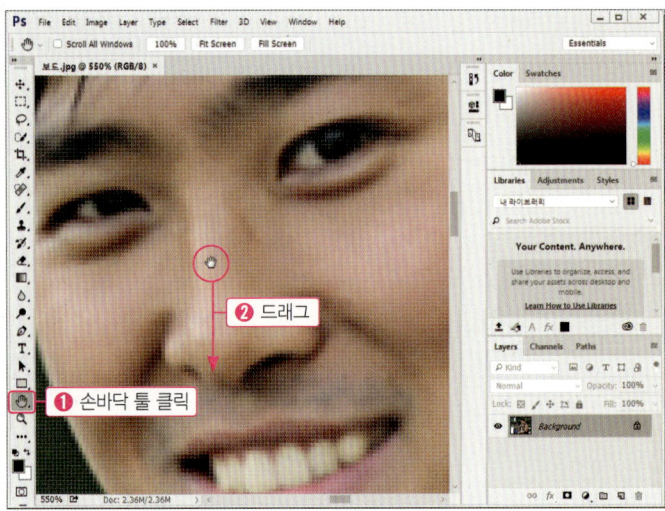

08 회전하여 보기

회전 보기 툴()을 클릭한 후, 드래그하면 회전됩니다.

> **TIP** 옵션바의 'Reset View'를 클릭하면 회전되지 않은 상태로 되돌아갑니다.

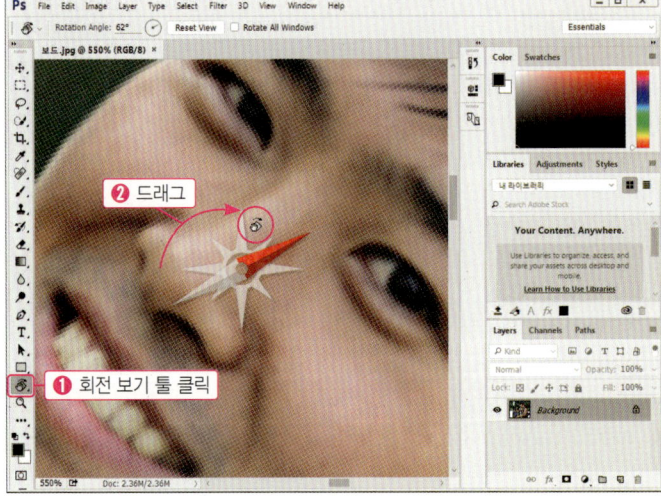

09 화면에 모두 보기

돋보기 툴(🔍)을 선택한 후, 옵션바의 'Fit Screen'을 클릭하면 화면에 이미지가 모두 보입니다.

> **TIP** 회전 보기 툴(🧭 , Rotate View Tool) 설정
>
> [Edit]-[Preferences]-[Performance ([Ctrl]+[K])] 대화상자가 나타나면 Graphics Processor Settings의 'Use Graphics Processor'를 체크한 후, 포토샵을 닫고 재실행하면 환경설정이 재설정됩니다. 'Use Graphics Processor'가 비활성화 된다면 OpenGL을 지원하지 않거나 드라이버가 지원하지 않는 낮은 사양이며 그렇지 않다면 그래픽 드라이버를 업데이트하고 다시 실행해봅니다.

SPECIAL SECTION: 포토샵으로 저장할 수 있는 파일 포맷 (Format)

포토샵은 상당히 많은 파일 포맷을 지원하고 있어 타 프로그램과의 원활한 호환성을 가지고 있습니다. 이미지 작업이 끝나면 [File]-[Save]나 [File]-[Save as] 명령으로 파일 포맷을 설정할 수 있는데 이미지의 모드나 특성에 맞게 포맷을 설정하여 파일을 관리합니다.

📢 PHOTOSHOP(*.PSD; *.PDD)

포토샵 파일의 초기 파일 포맷으로 레이어, 패스, 알파 채널을 그대로 유지하고 이미지의 손상 없이 자동으로 파일 크기를 압축하여 저장합니다. 주로 이미지 작업의 중간 단계로 사용되며 최종적으로는 이미지의 사용 목적(인쇄, 웹용, 멀티미디어 등)에 따라 다른 포맷을 사용합니다.

📢 JPEG(*.JPG, *.JPEG *.JPE)

뛰어난 압축률로 웹에서 가장 많이 사용하는 포맷입니다. 압축률을 조정하여 사용할 수 있는데 압축률이 높을수록 파일 용량은 작아지지만 이미지 품질이 떨어집니다.

📢 CompuServe GIF(*.GIF)

GIF(Graphic Interchange format)는 웹용 이미지 포맷에 많이 사용됩니다. 애니메이션을 지원하며 투명 영역을 저장할 수 있고 압축 비율은 좋은 편이나 256컬러(8비트)밖에 지원하지 않습니다.

📢 Photoshop EPS(*.EPS)

EPS(Encapsulated PostScript)는 벡터 이미지나 비트맵 이미지에서 사용할 수 있는 포맷으로, 일러스트레이터(Illustrator), 페이지메이커(Pagemaker), 쿽익스프레스(QuarkXpress) 등의 편집 프로그램으로 파일을 보낼 때 사용됩니다. 인쇄용으로 사용하기 때문에 CMYK 모드로 변환하고 저장합니다.

📢 Photoshop DCS1.0(*.EPS) / Photoshop DCS2.0(*.EPS)

DCS(Desktop Color Separations)는 CMYK 이미지를 EPS 포맷으로 저장하는 경우 4개의 분판 파일과 1개의 마스터 파일로 저장합니다. DCS2.0 포맷은 스팟 채널을 포함할 수 있어 별색 이미지에 사용합니다.

📢 BMP(*.BMP, *.RLE, *.DIB)

DOS와 윈도 호환용 컴퓨터를 위한 비트맵 포맷으로 PC에서 사용되는 기본적인 그래픽 포맷입니다. 저장할 때 나타나는 옵션 대화상자에서 운영체제에 따라 Window나 OS/2 포맷인지를 설정합니다. 이미지의 심도는 32비트까지 설정할 수 있으며, 채널과 레이어는 저장할 수 없습니다.

📢 TIFF(*.TIF, *.TIFF)

TIFF(Tagged Image File Format)는 EPS와 마찬가지로 편집 프로그램에서 사용하기 위해 개발되었습니다. 매킨토시와 IBM PC, 워크스테이션 등의 이미지 파일 저장용으로 많이 사용하며, 거의 모든 그래픽 소프트웨어가 이 포맷을 지원합니다.

📢 PNG(*.PNG)

PNG(Portable Network Graphic)는 GIF처럼 투명 이미지를 만들 수 있고, 8비트로도 JPEG처럼 24비트로도 저장할 수 있습니다. 이미지의 손상이 없고 압축률도 좋은 편입니다.

📢 Photoshop PDF(*.PDF, *.PDP)

Photoshop PDF(Portable Document Format)는 어도비사의 아크로뱃(Adobe Acrobat)이라는 전자문서 작성 프로그램을 지원하기 위한 포맷으로 운영체제에 상관없이 문서를 읽을 수 있도록 해줍니다. PDF 이미지는 아크로뱃 리더로 읽을 수 있고 출력시에 벡터 방식으로 출력되기 때문에 선명한 결과물을 얻을 수 있습니다.

Adobe Photoshop CC & CS6

CHAPTER 02

이미지 선택과 편집

포토샵에서 이미지를 다루다 보면 이미지 전체를 수정하는 것보다 이미지의 일부분만을 수정하거나 편집할 때가 많습니다. 이번 장에서는 이미지에서 원하는 부분만을 골라서 선택하고 편집하는 방법을 익혀봅니다.

SECTION 011 모양으로 선택하기
도형 선택 툴, 선 선택 툴, 올가미 툴

이미지의 선택 영역을 지정하는 방법에는 모양을 이용하는 방법과 색상 정보를 이용하는 방법이 있습니다. 여기서는 원이나 사각형 등과 같은 정해진 모양으로 지정하는 방법과 자유롭게 모양을 지정하는 방법에 대해 알아봅니다.

도형 선택 툴 : 사각형 선택 툴(, M), 원형 선택 툴(, M)

- 사각형 선택 툴(Rectangular Marquee Tool) : 사각형의 선택 영역을 지정합니다.
- 원형 선택 툴(Elliptican Marquee Tool) : 원형의 선택 영역을 지정합니다.

▲ 사각형 선택 툴로 드래그　　▲ 원형 선택 툴로 드래그

> **TIP**
> **선택 영역 설정 관련 알아두기**
> - Shift 를 누른 채 드래그하면 가로와 세로 길이가 동일한 모양이 만들어집니다.
> - Alt 를 누른 채 드래그하면 시작점을 중앙점으로 삼아 중앙부터 모양이 지정됩니다.
> - 선택을 해제하려면 Ctrl + D 를 누릅니다.

선 선택 툴 : 가로선 선택 툴( ), 세로선 선택 툴( )

- 가로선 선택 툴(Single Row Marquee Tool) : 1 픽셀의 줄을 선택 영역으로 지정합니다.
- 세로선 선택 툴(Single Column Marquee Tool) : 1 픽셀의 열을 선택 영역으로 지정합니다.

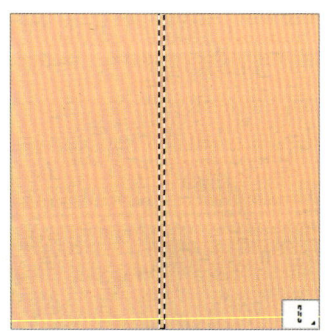

▲ 가로선 선택 툴로 클릭　　▲ 세로선 선택 툴로 클릭

올가미 툴 : 올가미 툴(, L), 다각형 올가미 툴(, L), 자석 올가미 툴(, L)

- **올가미 툴(Lasso Tool)** : 마우스를 드래그하여 자유롭게 모양을 만드는 툴로, 마우스를 누른 상태에서 한 번에 선택해야 하기 때문에 이미지를 섬세하게 선택하기는 어렵습니다. 대략적으로 선택할 때 사용합니다.
- **다각형 올가미 툴(Polygonal Lasso Tool)** : 각진 이미지를 선택할 때 효율적이며, 선택 도중 Backspace 나 Delete 를 누르면 세그먼트가 차례대로 지워지고 Esc 를 누르면 모두 지워집니다.
- **자석 올가미 툴(Magnetic Lasso Tool)** : 이미지 색상의 명도 차이를 이용해서 지정하므로, 대비가 심한 곳에서 유용합니다. 이미지의 경계선을 따라 마우스를 이동하면 자석처럼 자동으로 추적하면서 선택됩니다.

▲ 올가미 툴로 모양을 따라 드래그

▲ 다각형 올가미 툴로 꼭짓점을 클릭하면서 이동

▲ 자석 올가미 툴로 시작점을 클릭하고 경계선을 따라 이동

선택 툴 옵션바 : 원형 선택 툴

❶ **선택 영역을 추가하거나 감소하는 옵션을 설정합니다.**
- ▫ (New selection) : 새 선택 영역을 지정합니다.
- ▫ (Add to selection) : 기존 선택 영역에 새 선택 영역을 추가합니다(Shift +드래그).
- ▫ (Subtract from selection) : 기존 선택 영역에서 새 선택 영역을 뺍니다(Alt +드래그).
- ▫ (Intersect with selection) : 기존 선택 영역과 새 선택 영역의 공통된 부분만 선택합니다(Shift + Alt +드래그).

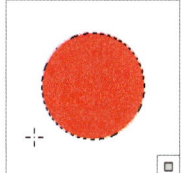 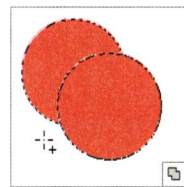 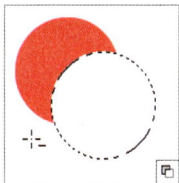 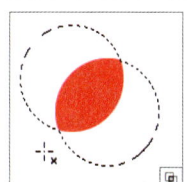

❷ **Feather(페더)** : 선택 영역의 경계를 부드럽게 선택하며, 수치가 높을수록 경계면이 부드럽게 선택됩니다.
❸ **Anti-alias(안티 에일리어스)** : 경계의 부드럽기 기능의 사용 여부를 체크합니다.

❹ **Style(스타일)** : 선택 영역의 크기를 자유롭게 / 비율에 맞게 / 크기를 고정하여 선택할 수 있습니다.
❺ **Refine Edge(가장자리 다듬기)** : 세부 옵션을 설정하여 선택 영역의 경계 부분을 다듬을 수 있습니다.

SECTION 012 이미지의 위치 변경하기
이동 툴

이동 툴은 이미지의 이동 또는 복제, 다른 이미지 파일과 합성하는 등의 작업을 할 때 사용합니다. 이동 툴을 이용한 다양한 편집 방법에 대해 알아봅니다.

이동 툴(⊕ , V) : 위치 이동하기

- 이동 툴(Move Tool)은 이미지를 이동하거나 안내선(가이드)을 이동할 때 사용합니다.
- Alt 를 누른 채 드래그하면 선택한 이미지가 이동된 위치에 복제되고, Shift 를 누른 채 드래그하면 수직/수평으로 이동할 수 있습니다.

배경 레이어에서 이동

Background(배경) 레이어에서 선택 툴로 선택 영역을 지정한 후 이동 툴(⊕)로 드래그하면, 이동하고 남은 자리는 배경색으로 채워집니다.

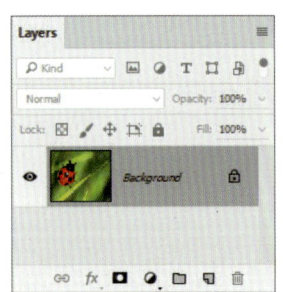

▲ 배경 레이어에서 선택

▲ 이동 툴(⊕)로 드래그 : 선택 이미지 이동

▲ 선택 툴로 드래그 : 선택 영역 이동

일반 레이어에서 이동

일반 레이어에서 선택 이미지가 레이어로 분리되어 있으면, 선택 영역을 지정하지 않고 해당 레이어를 선택한 후 이동하면 됩니다.

▲ 일반 레이어에서 선택

▲ 드래그 : 배경과 분리되어 있어 자유롭게 이동됨

▲ Alt 를 누른 채 드래그 : 복제됨

파일 간의 이동

이미지를 선택하고 다른 파일로 드래그하여 이동할 수 있습니다.

▲ 이동 툴(✢.)을 이용해 다른 파일로 드래그

안내선(가이드)의 생성 및 이동, 삭제

- 정밀한 작업을 위해서 [View]-[Rulers] 메뉴를 클릭하여 체크하면 눈금자가 생성됩니다. 이동 툴(✢.)로 눈금자에서 이미지 창으로 드래그하면 안내선(가이드)이 나타납니다.
- 이동 툴(✢.)로 안내선(가이드)을 드래그하면 위치를 이동할 수 있습니다. 이때 이미지 밖으로 드래그하면 사라집니다.

▲ 가로 눈금자에서 이동 툴(✢.)로 드래그   ▲ 세로 눈금자에서 이동 툴(✢.)로 드래그

이동 툴 옵션바

❶ Auto-Select(자동 선택) : 마우스를 클릭할 때 자동으로 인식할 대상을 설정합니다.
❷ Show Transform Controls(변형 컨트롤 표시) : 이미지를 변형할 수 있도록 변형 박스를 표시합니다.
❸ Align(정렬) : 두 개 이상의 레이어를 선택했을 때만 활성화되며, 선택된 방법을 기준으로 위치를 정렬합니다.
❹ Distribute(간격 정렬) : 세 개 이상의 레이어를 선택했을 때만 활성화되며, 선택된 방법을 기준으로 간격을 정렬합니다.
❺ Auto-Align Layers(자동 레이어 정렬) : 두 장 이상의 파노라마 사진을 이어붙일 경우 자동으로 연결합니다.
❻ 3D 오브젝트는 그대로 두고 카메라를 이동(보기 시점)합니다.
- (Orbit the 3D Camera) : 카메라가 앞뒤로 회전합니다.
- (Roll the 3D Camera) : 카메라가 좌우로 회전합니다.
- (Pan the 3D Camera) : 카메라가 X, Y축으로 이동합니다.
- (Slide the 3D Camera) : 카메라가 Z축으로 이동합니다.
- (Zoom the 3D Camera) : 카메라의 줌을 조절합니다.

SECTION 013 사각형 이미지 선택하기
사각형 선택 툴, Transform Selection

이미지의 일정 부분을 수정하기 위해서는 선택 영역을 지정해야 하는데, 필요한 선택 영역이 정형화된 모양이 아닐 수 있습니다. 여기서는 사각형 선택 툴을 이용하여 정형화된 선택 영역을 회전 및 변형하는 방법에 대해서 알아보도록 합니다.

📁 [준비파일] 2장\가든.jpg   📁 [완성파일] 2장-완성\가든(완성).psd

01 파일 불러오기

Ctrl+O를 눌러 '가든.jpg' 파일을 불러옵니다.

02 사각형 선택 툴로 선택하기

사각형 선택 툴( )을 클릭한 후, 드래그하여 선택 영역을 지정합니다.

03 선택 영역 회전하기

[Select]-[Transform Selection] 메뉴를 클릭합니다. 변형 박스 바깥으로 마우스 포인터를 이동하여 ↰ 모양으로 바뀌면 액자 세로 면에 맞추어 회전되도록 드래그합니다.

04 선택 영역 기울기 맞추기

Ctrl을 누른 채 각 네 모서리 점을 드래그하여 위치를 맞춘 후, Enter를 누릅니다.

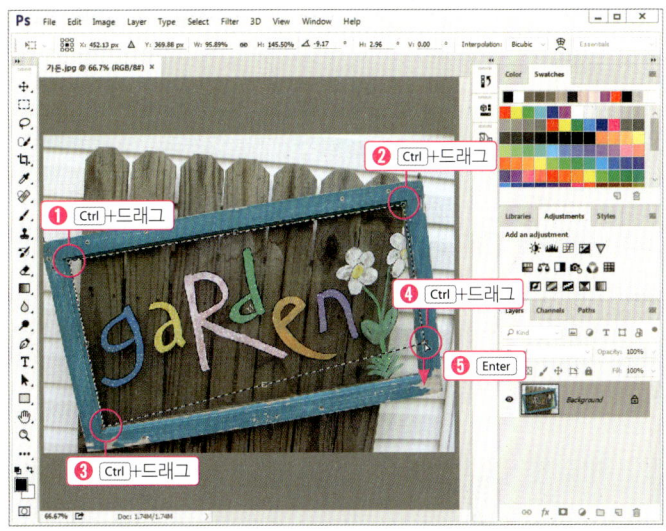

05 선택 영역 이미지 채도 빼기

[Image]-[Adjustments]-[Desaturate] 메뉴를 클릭하여 채도를 뺍니다.

06 선택 영역 해제하기

[Select]-[Deselect] 메뉴를 클릭하여 선택 영역을 해제합니다.

TIP 선택 영역을 해제하려면 Ctrl+D를 눌러도 됩니다.

SECTION 014 원형 이미지 선택하기
돋보기 툴, 원형 선택 툴

사각형 선택 툴이나 원형 선택 툴로 선택 영역을 지정하는 경우, 시작 지점이 선택 영역의 왼쪽 모서리점이 됩니다. 여기서는 원형 선택 툴을 이용하여 시작 지점을 중심점으로 하여 정원 형태의 선택 영역을 만드는 방법에 대해 알아봅니다.

[준비파일] 2장\돋보기.jpg [완성파일] 2장-완성\돋보기(완성).psd

01 파일 불러오기
Ctrl+O를 눌러 '돋보기.jpg' 파일을 불러옵니다.

02 이미지 확대하기
세밀한 작업을 위해 돋보기 툴( )을 클릭합니다. 옵션바에서 'Scrubby Zoom'의 체크를 해제한 후, 드래그하여 이미지를 확대합니다.

03 원형 선택 툴 선택하기
사각형 선택 툴( )을 잠시 누르고 있으면 나타나는 확장 툴 중에 원형 선택 툴( )을 클릭합니다.

04 중심에서부터 선택 영역 지정하기

돋보기 원 안의 중심으로 마우스 포인터를 이동한 후, Alt+Shift를 누른 채 드래그하여 선택 영역을 지정합니다.

TIP
- Alt를 누른 채 드래그하면 시작점을 중심점으로 삼아 선택 영역을 지정할 수 있습니다.
- Shift를 누른 채 드래그하면 1:1 비율로 지정할 수 있습니다.

05 선택 영역 이동하여 맞추기

선택 영역 안쪽으로 마우스 포인터를 이동한 후, 모습으로 바뀌면 드래그하여 위치를 맞춥니다.

TIP
선택 영역이 잘 만들어지지 않았다면 선택 영역을 해제하고 다시 드래그합니다. 선택 영역 해제 단축키는 Ctrl+D입니다.

06 복제 레이어 만들고 블렌딩 효과 주기

[Layer]-[New]-[Layer via Copy(Ctrl+J)] 메뉴를 클릭하여 선택 영역을 레이어로 복제합니다. 'Layer 1' 레이어의 블렌드 모드는 'Color Dodge'로 변경하여 밝게 합니다.

TIP
Ctrl+0을 누르면 화면에 맞추어 전체 이미지를 표시합니다.

SECTION 015 자유롭게 선택하여 복제하기
올가미 툴, 이동 툴, Free Transform, History 패널

맨 앞의 갈매를 올가미 툴로 대강 선택하여 위쪽에 복제해 보도록 하겠습니다. 이동할 곳의 배경과 비슷한 색상이므로 페더를 주어 선택하고 이동하면 자연스럽게 합성할 수 있습니다.

📁 **[준비파일]** 2장\갈매기.jpg   📁 **[완성파일]** 2장-완성\갈매기(완성).psd

01 파일 불러오기

Ctrl+O를 눌러 '갈매기.jpg' 파일을 불러옵니다.

02 올가미 툴로 선택하기

올가미 툴()을 클릭한 후, 선택 영역을 부드럽게 하기 위해 옵션바에서 Feather를 '10px'로 설정합니다. 갈매기 외곽을 따라 드래그합니다.

> **TIP** 선택 영역 지정 후, 페더를 더 적용하려면 [Select]-[Modify]-[Feather] 메뉴를 클릭합니다.

03 선택 이미지 이동하기

이동 툴(➕)을 클릭하고 위쪽으로 드래그합니다. 이때 이동하고 남은 영역은 배경색으로 채워집니다.

04 명령 취소하여 되돌아가기

패널 그룹에서 (History) 버튼을 클릭해 History 패널을 표시합니다. 실행한 명령들이 순서대로 나열되어 있습니다. 한 단계 뒤 목록을 클릭하여 바로 뒷단계(갈매기가 선택된 상태)로 되돌립니다.

> **TIP — 되돌리기 바로 가기 키**
> - Ctrl + Z : 직전 단계로 되돌림
> - Shift + Ctrl + Z : 단계적으로 되돌림
> - Alt + Ctrl + Z : 되돌아간 것을 단계적으로 취소함

05 선택 이미지 복제하기

갈매기가 선택된 상태에서 Ctrl + J 를 눌러 'Layer 1' 레이어를 생성합니다. 이동 툴()이 선택된 상태에서 위쪽으로 드래그합니다.

06 크기 및 위치 조정하기

[Edit]-[Free Transform(Ctrl + T)] 메뉴를 클릭합니다. 변형 박스가 나타나면 마우스 포인터를 모서리로 이동한 후, ↘로 바뀌면 Shift 를 누른 채 안쪽으로 드래그합니다.

07
변형 박스 안으로 마우스 포인터를 이동한 후, ▶로 바뀌면 드래그하여 적당한 위치로 이동하고, Enter 를 누릅니다.

> **TIP** 변형 박스의 크기 조절점을 Shift 를 누른 채 드래그하면 비율을 유지한 채 크기를 변형할 수 있습니다.

SECTION 016 각진 이미지 선택하기
다각형 올가미 툴, Save Selection, Load Selection

다각형 이미지를 선택하는 방법과 선택한 영역을 저장하는 방법, 저장한 선택 영역을 불러오는 방법에 대해 알아보도록 합니다. 선택 영역을 저장해 놓고 필요할 때 마다 불러와서 사용하면 편리합니다.

[준비파일] 2장\빈티지.jpg   [완성파일] 2장-완성\빈티지(완성).psd

01 파일 불러오기

Ctrl+O를 눌러 '빈티지.jpg' 파일을 불러옵니다.

02 다각형 올가미 툴로 선택하기

다각형 올가미 툴()을 클릭한 후, 이미지의 모양을 따라 각각의 꼭짓점을 클릭합니다. 시작 지점으로 되돌아오면 마우스 포인터가 로 변경됩니다. 이때 클릭하여 완성합니다.

> **TIP**
> - 중간에 실수를 하면 Delete를 눌러 세그먼트 선을 제거할 수 있습니다.
> - Esc를 누르면 작업을 취소할 수 있습니다.

03 선택 영역 저장하기

[Select]-[Save Selection] 메뉴를 클릭한 다음 Save Selection 대화상자가 나타나면 Name을 '라벨'이라고 입력한 후 'OK' 버튼을 클릭합니다. Ctrl+D를 눌러 선택 영역을 해제합니다.

04 색상 반전하기

[Image]-[Adjustments]-[Invert(Ctrl +I)] 메뉴를 클릭하여 색상을 반전합니다.

05 저장한 선택 영역 불러오기

[Select]-[Load Selection] 메뉴를 클릭하여 Load Selection 대화상자가 나타나면 Channel이 '라벨'인 것을 확인하고 'OK' 버튼을 클릭합니다.

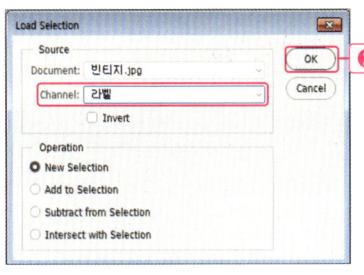

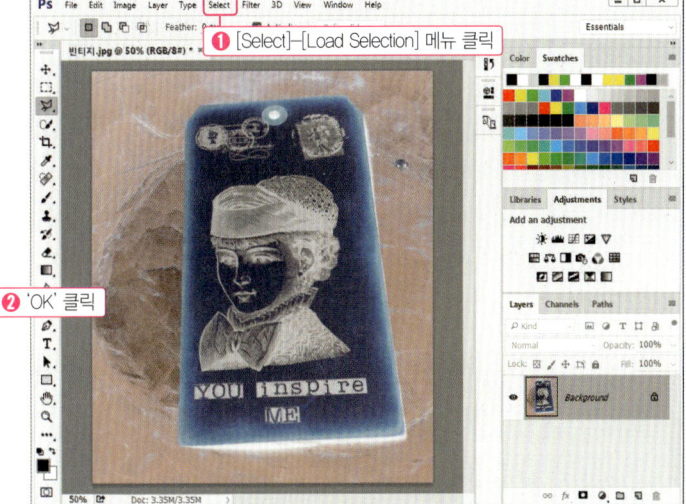

06 색상 반전하기

선택 영역이 지정된 상태에서 Ctrl+I를 누르면 선택 영역의 이미지가 다시 반전되어 원래 이미지로 되돌아옵니다. Ctrl+D를 눌러 선택 영역을 해제합니다.

SECTION 017 대비가 강한 이미지 자동 선택하기
자석 올가미 툴, Paste into, Free Transform

자석 올가미 툴로 선택 영역을 만든 후, 다른 이미지를 불러와서 선택 영역 안으로 붙여 넣는 방법에 대해 실습해 보겠습니다.

[준비파일] 2장\스마일.jpg, 통닭.jpg   **[완성파일]** 2장-완성\스마일(완성).psd

01 파일 불러오기

Ctrl+O를 눌러 '통닭.jpg', '스마일.jpg' 파일을 불러옵니다.

02 자석 올가미 툴로 선택하기

자석 올가미 툴( )을 클릭한 다음 안경알의 윤곽 부분을 따라 클릭하며 이동합니다. 자동으로 세그먼트가 생성되며, 시작 지점으로 돌아와 시작점을 클릭하면 선택 영역이 완성됩니다.

> **TIP** Caps Lock 을 누르면 마우스 포인터의 모습이 둥근 브러시 영역(⊙)으로 보입니다. 둥근 영역 안에서 대비가 심한 곳을 윤곽으로 감지합니다.

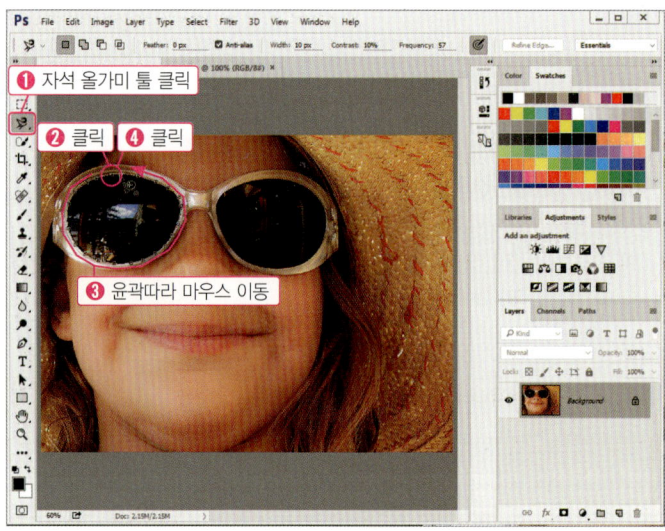

03 선택 영역 추가하기

옵션바의 (Add to selection)을 클릭한 후, 다른 쪽 안경알도 02와 같은 방법으로 선택합니다.

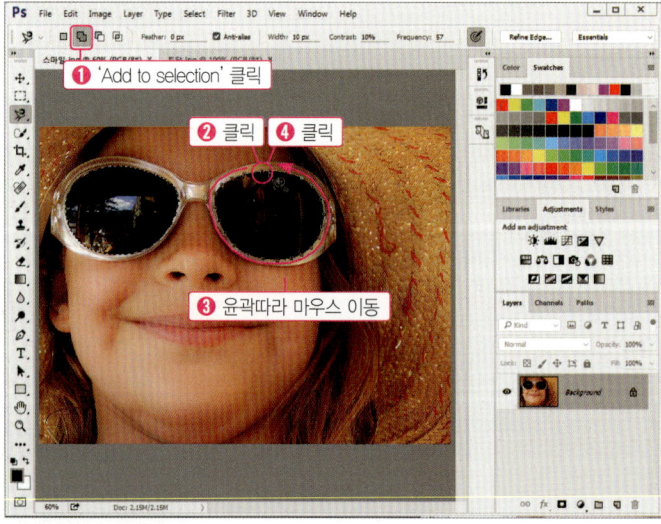

04 전체 선택하여 복사하기

'통닭.jpg' 탭을 클릭하여 활성화한 후, [Select]-[All(Ctrl+A)] 메뉴를 클릭하여 전체 이미지를 선택합니다.

05
[Edit]-[Copy(Ctrl+C)] 메뉴를 클릭하여 클립보드에 복사합니다.

06 복사한 이미지 붙여넣기

'스마일.jpg' 탭을 클릭하여 활성화한 후, [Edit]-[Paste Special]-[Paste into (Alt+Shift+Ctrl+V)] 메뉴를 클릭하여 이미지를 붙여 넣습니다.

07 크기 및 위치 조정하기

Ctrl+T(Free Transform)를 누른 후, 변형 박스가 나타나면 모서리 점을 Shift를 누른 채 안쪽으로 드래그하여 크기를 줄입니다. 여백이 보이지 않게 위치를 조절한 후 Enter를 누릅니다.

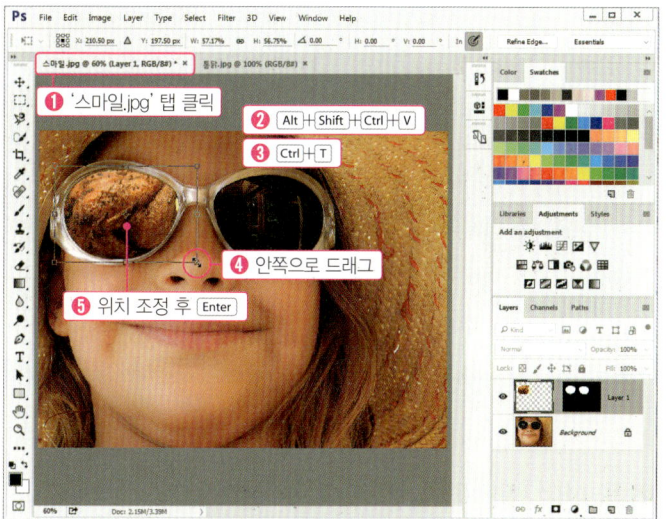

08 이미지 복사하여 이동하기

이동 툴( )을 클릭한 후, Alt를 누른 채 통닭 이미지를 오른쪽으로 드래그하여 복사합니다.

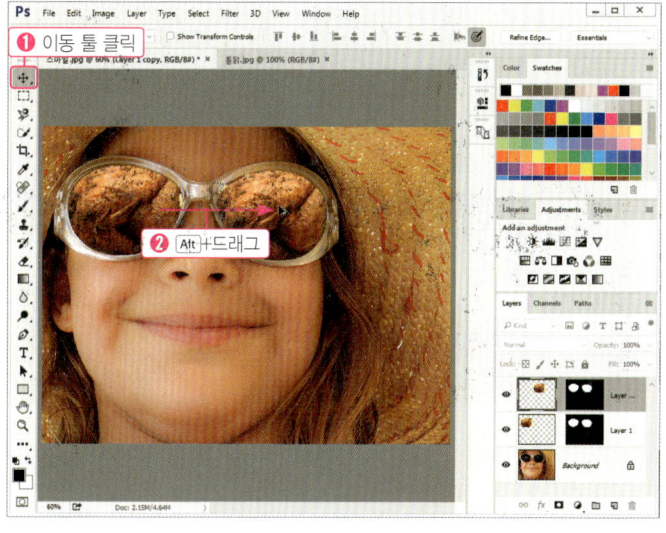

SECTION 018 색상의 경계를 기준으로 빠르게 선택하기

마술봉 툴, 빠른 선택 툴

이미지의 선택 영역을 지정하는 방법에는 모양을 이용하는 방법과 색상 정보를 이용하는 방법이 있습니다. 여기서는 클릭하거나 드래그하여 비슷한 색상을 선택 영역으로 지정하는 방법에 대해 살펴봅니다.

마술봉 툴(, W) : 마술처럼 단번에 선택하기

- 마술봉 툴(Magic Wand Tool)은 클릭한 곳과 동일한 색상을 선택 영역으로 지정합니다.
- 먼저 옵션바에서 Tolerance(허용치)의 수치(0~255)를 입력한 후 선택하고 싶은 부분을 클릭합니다. 수치가 크면 유사 색상 범위를 넓게 지정할 수 있습니다.

▲ Tolerance : 32

▲ Tolerance : 100

빠른 선택 툴(, W) : 그리듯 선택하기

빠른 선택 툴(Quick Selection Tool)은 드래그하거나 클릭하여 선택 영역을 지정할 수 있습니다.

▲ 드래그 : 드래그하면 선택 영역 추가

▲ Alt +드래그 : 선택 영역 제거

마술봉 툴 옵션바

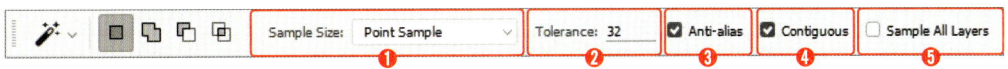

❶ **Sample Size(샘플 크기)** : 지정한 지점을 견본 색상으로 하여 범위를 설정합니다.
❷ **Tolerance(허용치)** : 클릭한 지점과 유사한 색의 허용 범위(0~255)를 설정합니다.
❸ **Anti-alias(안티 에일리어스)** : 거칠기(alias)를 완화하여 경계를 부드럽게 합니다.
❹ **Contiguous(인접)** : 체크하면 인접해 있는 비슷한 색상을 선택합니다. 해제하면 경계 너머의 같은 색상도 선택합니다.

❺ **Sample All Layers(모든 레이어 샘플링)** : 분리된 레이어 이미지들을 한 장의 이미지로 인식하여 선택합니다.

빠른 선택 툴 옵션바

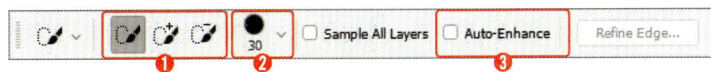

❶ **선택 영역의 추가나 감소하는 옵션을 설정합니다.**
- (New selection) : 새 선택 영역을 지정합니다.
- (Add to selection) : 기존 선택 영역에 새 선택 영역을 추가합니다.
- (Subtract from selection) : 기존 선택 영역에서 새 선택 영역을 뺍니다.

❷ **브러시 프리셋 픽커 ( )** : 브러시의 모양과 크기를 설정할 수 있습니다.

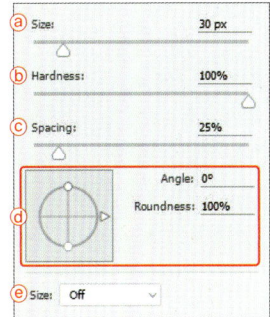

ⓐ **Size(크기)** : 브러시의 크기를 설정합니다. 단축키 Ctrl+[], Ctrl+[]로 확대, 축소할 수 있습니다.
ⓑ **Hardness(경도)** : 브러시 경계의 부드러운 정도를 설정합니다. 수치가 낮을수록 부드럽습니다.
ⓒ **Spacing(간격)** : 브러시 마크의 간격을 설정합니다.
ⓓ **Angle/Roundness(각도/원형률)** : 브러시 마크의 회전 각도와 둥글기입니다.
ⓔ **Size(크기)** : 태블릿을 사용하는 경우 선택 가능한 옵션(끔/펜 압력/스타일러스 휠)입니다.

❸ **Auto-Enhance(자동 향상)** : 선택 영역 윤곽의 테두리를 자연스럽게 자동 보정합니다.

SECTION 019 마술처럼 클릭하여 단번에 선택하기
마술봉 툴

마술봉 툴은 이미지를 클릭하면 마술처럼 단번에 클릭한 곳의 색상과 유사한 색상을 선택 영역으로 만듭니다.

[준비파일] 2장\카드.jpg   [완성파일] 2장-완성\카드(완성).psd

01 파일 불러오기

Ctrl+O를 눌러 '카드.jpg' 파일을 불러옵니다.

02 마술봉 툴로 선택하기

마술봉 툴(🪄)을 클릭한 후, 흰 배경을 클릭합니다.

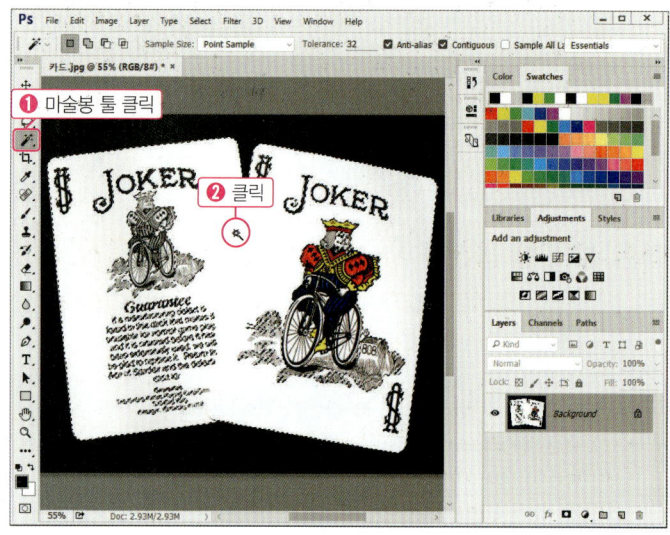

03 선택 영역 더하기

올가미 툴(🔾)을 클릭한 후, 옵션바의 (Add to selection)을 클릭하여 활성화합니다. 선택되지 않은 영역을 드래그하여 선택에 포함시킵니다.

TIP
- 선택 도중 Alt 를 누른 채 클릭하면 직선 올가미 툴로 변경되어 직선 형태로 선택할 수 있습니다.
- 직선을 각도를 작게 하여 여러 번에 클릭하면 곡선처럼 보여 올가미 툴 보다 선택하기가 쉽습니다.

04 일반 레이어로 변환하기

'Background' 레이어의 자물쇠 아이콘()을 클릭하여 'Layer 0' 레이어로 변경합니다.

> **TIP** 포토샵 CS6부터는 'Background' 레이어의 자물쇠 아이콘(🔒)을 클릭하면 바로 일반 레이어로 만들 수 있습니다.

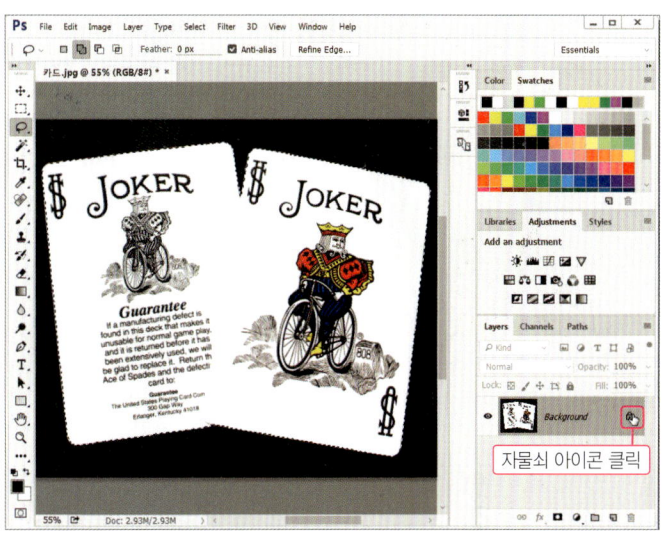

05 선택 영역 반전하기

[Select]-[Inverse(Shift+Ctrl+I)] 메뉴를 클릭하여 선택 영역을 반전합니다.

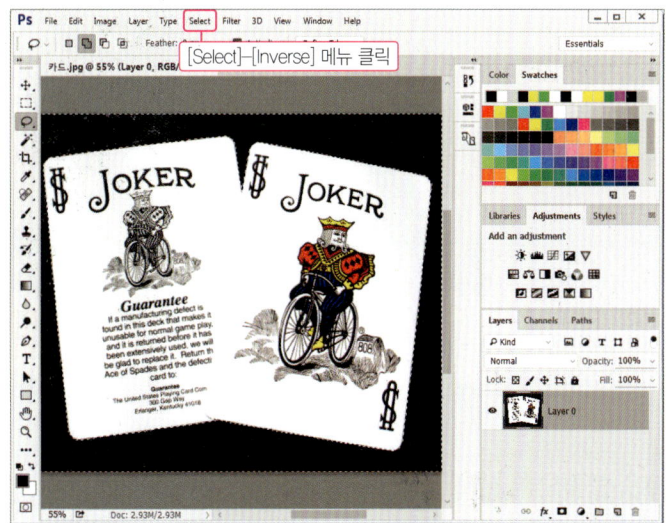

06 투명 배경으로 저장하기

Delete를 눌러 투명 배경으로 만든 후, Ctrl+D를 눌러 선택 영역을 해제합니다.

07 [File]-[Save as] 메뉴를 클릭하면 파일 형식이 자동으로 'Photoshop(*.PSD)'으로 설정됩니다. 파일 이름을 설정하고 저장합니다.

> **TIP** '*.jpg' 파일로 저장하면 배경이 흰색으로 변경되고, 다시 백그라운 레이어로 만들어집니다.

SECTION 020 그림을 그리듯 선택하기
빠른 선택 툴, Refine Edge

빠른 선택 툴은 브러시처럼 그림을 그리듯이 선택 영역을 지정할 수 있습니다. 선택한 영역은 Refine Edge 기능을 이용하여 섬세하게 머리카락을 선택해 보도록 합니다.

[준비파일] 2장\소녀.psd   [완성파일] 2장-완성\소녀(완성).psd

01 파일 불러오기
Ctrl+O를 눌러 '소녀.psd' 파일을 불러옵니다.

02 빠른 선택 툴로 선택하기
빠른 선택 툴( )을 클릭하고, 그림 그리듯 소녀를 드래그합니다.

03 불필요한 선택 영역 제외하기
옵션바의 'Subtract from selection'( )을 클릭하여 활성화한 후, 불필요한 선택 영역은 드래그하여 선택 영역을 뺍니다.

04 Refine Edge 대화상자 불러오기
옵션바의 Refine Edge... 를 클릭합니다.

05 'Refine Edge' 대화상자에서 보기 모드 변경하기

Refine Edge 대화상자가 나타나면 View Mode를 클릭하여 'On Layers'로 설정합니다.

06 'Refine Edge'에서 선택 영역 변경하기

Radius를 '2'로 설정하여 범위를 확장하고, (Refine Radius Tool, 반경 다듬기 툴)이 선택된 상태에서 머리카락의 가장자리를 드래그하여 끊어진 머리카락을 보이게 합니다.

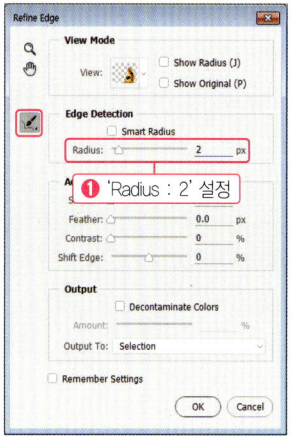

TIP
- (Refine Radius Tool, 반경 다듬기 툴) : 감지 영역을 확장합니다.
- (Erase Refinements Tool, 다듬기 지우기 툴) : 원래 가장자리로 복원합니다.

07 'Refine Edge'에서 선택 경계 축소하기

(Erase Refinements Tool, 다듬기 지우기 툴)을 선택하고 불필요한 부분은 드래그하여 지웁니다. Shift Edge에 '-20'을 설정하여 머리카락 영역을 축소합니다.

08 'Refine Edge'에서 결과 내보내기

Output To를 'New Layer'로 설정하고 'OK' 버튼을 클릭합니다.

09 Layers 패널에서 'Layer 1' 레이어의 눈 아이콘()이 꺼지고, 'Layer 1 Copy' 레이어가 생성됩니다.

10 머리카락에 남은 검은 픽셀 제거하기

[Layer]-[Matting]-[Remove Black Matte] 메뉴를 클릭하여 블랙 매트를 제거합니다.

 TIP
- 이미지 경계의 불필요한 흰색 픽셀을 제거하고 싶으면 [Remove White Matte] 메뉴를 클릭합니다.
- [Defringe] 메뉴는 색상을 구분하지 않고 불필요한 남은 픽셀을 제거합니다.

TIP Refine Edge(가장자리 다듬기) 대화상자 살펴보기

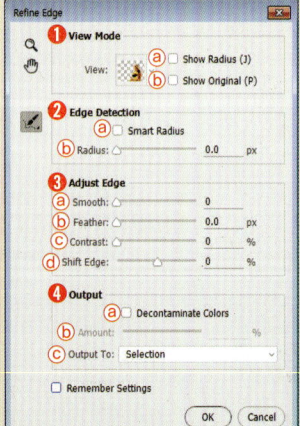

❶ **View Mode(보기 모드)**
  ⓐ **Show Radius(반경 표시)** : 가장자리 다듬기가 적용된 반경을 표시합니다.
  ⓑ **Show Original(원본 표시)** : 원래 선택 항목을 표시합니다.
❷ **Edge Detection(가장자리 감지)**
  ⓐ **Smart Radius(고급 반경)** : 가장자리 영역을 세밀하게 조절합니다.
  ⓑ **Radius(반경)** : 가장자리 반경을 조절합니다.
❸ **Adjust Edge(가장자리 조정)**
  ⓐ **Smooth(매끄럽게)** : 가장자리를 매끄럽게 합니다.
  ⓑ **Feather(페더)** : 가장자리를 부드럽게 퍼지게 만듭니다.
  ⓒ **Contrast(대비)** : 가장자리의 대비를 선명하게 조절합니다.
  ⓓ **Shift Edge(가장자리 이동)** : 경계에서 확장하거나 축소합니다.
❹ **Output(출력)**
  ⓐ **Decontaminate Colors(색상 정화)** : 선택 영역의 가장자리를 주변 색상으로 채웁니다.
  ⓑ **Amount(양)** : 선택 영역의 가장자리에 대체할 색상 양을 조절합니다.
  ⓒ **Output To(출력 위치)** : 다듬어진 선택 영역의 결과를 설정합니다. 선택 영역, 레이어 마스크, 레이어 마스크가 있는 새 레이어, 새 문서, 레이어 마스크를 가진 새 문서로 설정할 수 있습니다.

퀵 마스크 기능 이해하기
퀵 마스크 모드, 표준 모드

퀵 마스크 모드는 브러시 칠을 통해 선택 영역을 지정하며 브러시의 농담에 의해 선택 영역이 지정됩니다. 선택 영역이 완성되면 표준 모드로 되돌아온 후, 선택 영역을 저장 ([Select]-[Save Selection])하면 편리합니다.

Quick Mask 이해하기

- 툴 패널 하단의 표준 모드(▣) 버튼을 클릭하면 퀵 마스크 모드(▣)로 변경되며, 파일 이름 탭을 살펴보면 'Quick Mask' 모드임을 확인할 수 있습니다.
- 퀵 마스크 모드에서는 칠을 하면 기본적으로 빨간색으로 칠해지지만 선택 영역을 표시하는 임의의 색상이며, 실제 색상이 아닙니다.
- 퀵 마스크 모드(▣) 버튼이나 표준 모드(▣) 버튼을 더블 클릭하면 Quick Mask Options 대화상자가 나타납니다.

Quick Mask Options 대화상자

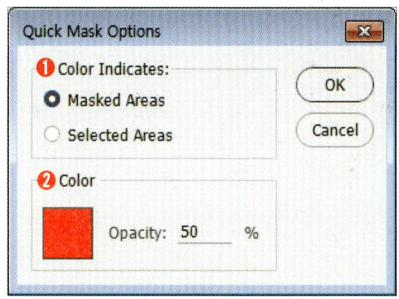

❶ **Color Indicates(색상 표시 내용)** : 선택 영역을 표시할 색을 설정합니다.
  ⓐ **Masked Areas(마스크 영역)** : 마스크 영역은 칠 영역을 제외하여 선택 범위가 만들어집니다.
  ⓑ **Selected Areas(선택 영역)** : 선택 영역은 칠 영역이 선택 범위로 만들어집니다.

▲ Masked Areas에서 선택 후 표준 모드로 전환   ▲ Selected Areas에서 선택 후 표준 모드로 전환

❷ 브러시의 색상과 불투명도를 지정할 수 있습니다.

TIP 퀵 마스크 모드에서 검정색을 칠할 때 Opacity를 50%까지 칠하면 표준 모드에서 반짝이는 선택 영역으로 보입니다. 49% 이하는 선택 영역으로 보이지는 않습니다. 확인을 위해 Delete 를 누르면 49%의 옅은 선택만큼 연하게 지워집니다.

SECTION 022 브러시로 칠하여 선택하기
퀵 마스크 모드, Save Selection

퀵 마스크 기능은 보통 브러시를 이용하여 칠한 부분과 칠하지 않은 부분을 구분하여 선택 영역을 만듭니다. 퀵 마스크 기능을 이용하여 선택 영역을 만들어 보고 어렵게 선택한 만큼 저장하여 다시 불러와 사용할 수 있도록 합니다.

📁 **[준비파일]** 2장＼스파이더맨.jpg   📁 **[완성파일]** 2장-완성＼스파이더맨(완성).jpg

01 파일 불러오기
Ctrl+O를 눌러 '스파이더맨.jpg' 파일을 불러옵니다.

02 스파이더맨 선택 영역 지정하기
빠른 선택 툴( )로 스파이더맨 이미지를 드래그하여 선택합니다.

03 퀵 마스크 모드 적용하기
표준 모드( ) 버튼을 클릭해 퀵 마스크 모드로 전환합니다. 빨간 마스크 색상과 메인 이미지의 색상이 같아 선택 영역을 구별하기 어려워 마스크 색상을 변경하겠습니다.

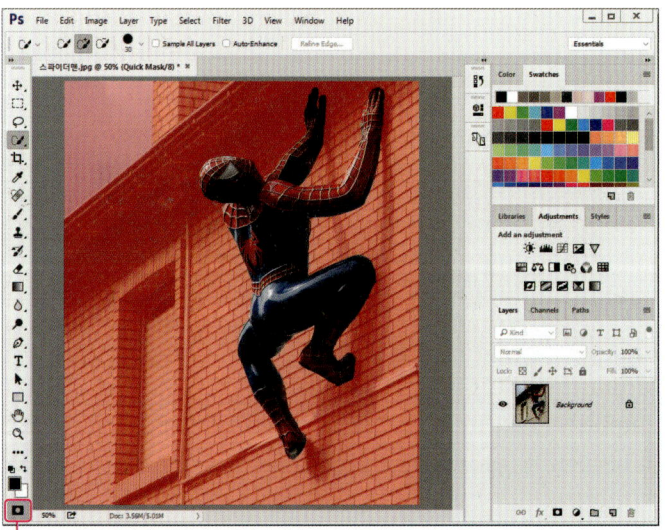

04 퀵 마스크 색상 변경하기

퀵 마스크 모드(圖) 버튼을 더블 클릭합니다. Quick Mask Options 대화상자가 나타나면 'Selected Areas'를 클릭하고 Color를 클릭합니다. Color Picker 대화상자가 나타나면 노란색('ffff00')을 설정하고 'OK' 버튼을 클릭합니다. 다시 Quick Mask Options 대화상자가 나타나면 'OK' 버튼을 클릭합니다.

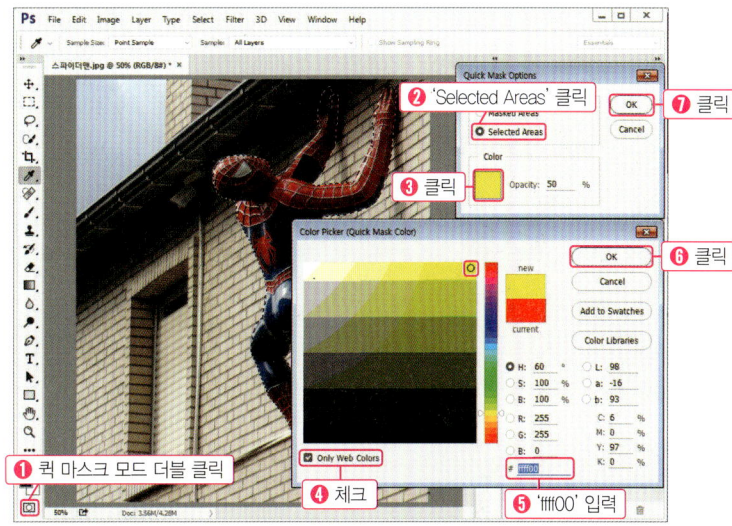

05 퀵 마스크 모드에서 선택 영역 지정하기

표준 모드(圖) 버튼을 클릭하여 퀵 마스크 모드로 다시 전환합니다.

06 브러시 툴(✎)을 클릭한 후, 옵션바에서 브러시 프리셋 픽커(∨)를 클릭하여 가장자리가 딱딱한 브러시를 선택합니다. 전경색이 검은색인 상태에서 드래그하면 선택 영역이 더해지고, 지우개 툴(✎)로 드래그하면 선택 영역이 제외됩니다.

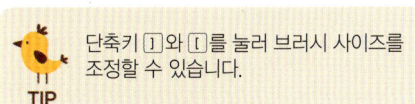

단축키 []와 []를 눌러 브러시 사이즈를 조정할 수 있습니다.

07 선택 영역 저장하기

퀵 마스크 모드(圖) 버튼을 클릭하여 표준 모드로 돌아옵니다.

08 [Select]-[Save Selection] 메뉴를 클릭하여 Save Selection 대화상자가 나타나면 Name을 '맨'이라고 입력하고 'OK' 버튼을 클릭합니다.

SECTION 023

색상으로 구분하여 선택 범위 지정하기
Color Range

CS6

[Select]-[Color Range] 메뉴는 이미지 안에서 색상을 추출하여 선택 영역을 지정하는 기능입니다. 지정한 색상 영역을 확장 축소할 수 있으며, 색상을 추가하거나 뺄 수 있습니다.

📁 **[준비파일]** 2장\아이들.jpg   📁 **[완성파일]** 2장-완성\아이들.jpg

01 파일 불러오기

Ctrl + O를 눌러 '아이들.jpg' 파일을 불러옵니다.

02 Color Range(색상 범위)로 선택 영역 지정하기

[Select]-[Color Range] 메뉴를 클릭합니다. 대화상자가 나타나면 이미지 창에서 튤립의 빨간 부분을 클릭합니다.

TIP
- Color Range 대화상자에서 'Selection'이 설정되어 있으면 흰색으로 선택 영역의 범위를 표시합니다.
- Select 메뉴는 색상별로 선택을 추출하며 'Skin Tones'를 설정하면 피부톤을 인식하여 선택할 수 있습니다.

03 Color Range에서 선택 영역 추가하기

'Add to Sample'()을 선택하고 진한 빨강을 클릭하여 선택 영역을 추가합니다. Fuzziness(허용량)를 '200'으로 설정하여 선택 영역을 더 확장합니다.

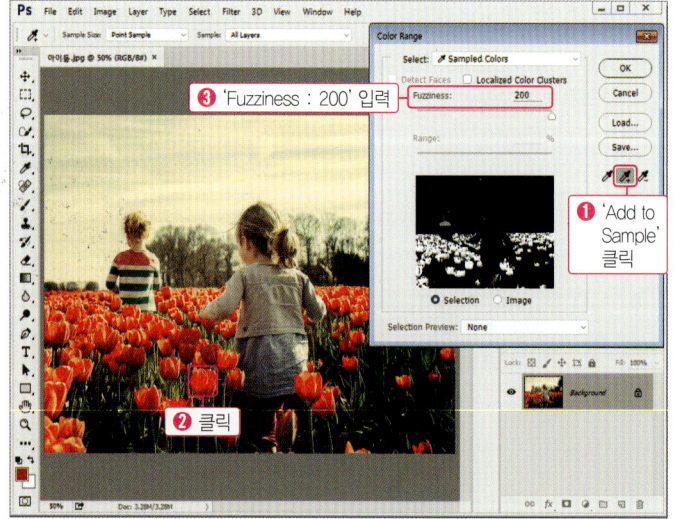

TIP
(Subtract from Sample)는 색상을 클릭하면 선택 영역에서 클릭한 색상을 제외합니다.

04 선택 영역 제외하기

올가미 툴( )을 클릭한 후, 옵션바에서 Subtract from selection( )을 선택하고 튤립 외에 선택된 영역을 드래그하여 제외시킵니다.

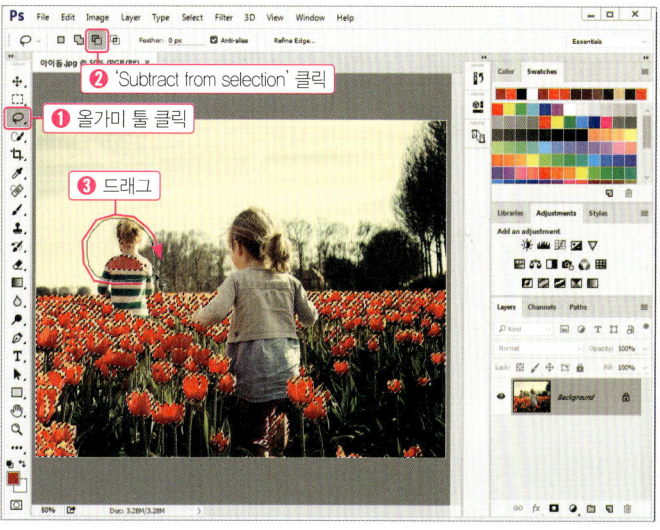

05 선택 영역 감추기

[View]-[Extras] 메뉴를 클릭하거나 Ctrl +H를 눌러 선택 영역을 감춥니다. 선택 영역이 안보일 뿐이지 선택 영역은 지정된 상태입니다.

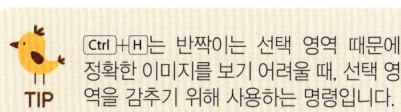

TIP Ctrl+H는 반짝이는 선택 영역 때문에 정확한 이미지를 보기 어려울 때, 선택 영역을 감추기 위해 사용하는 명령입니다.

06 Hue/Saturation로 색상 변경하기

[Image]-[Adjustments]-[Hue/Saturation] 메뉴를 클릭합니다. Hue/Saturation 대화상자가 나타나면 Hue(색조)를 '+50', Saturation(채도)를 '+30'으로 설정하고 'OK' 버튼을 클릭합니다. Ctrl+D를 눌러 선택 영역을 해제합니다.

SECTION 024 카메라 초점을 이용하여 선택하기
Focus Area, 자르기 툴

포커스 에어리어는 사진 이미지의 초점을 탐지하여 선택 영역을 지정하는 기능입니다. 아웃포커스로 촬영되어 피사체와 배경의 구분이 명확한 사진일수록 선택 영역 지정이 수월합니다.

📁 [준비파일] 2장\운동화.jpg, 해변가.jpg   📁 [완성파일] 2장-완성\운동화(완성).psd

01 파일 불러오기
Ctrl+O를 눌러 '운동화.jpg' 파일을 불러옵니다.

02 Focus Area로 선택 영역 지정하기
[Select]-[Focus Area] 메뉴를 클릭합니다. Focus Area 대화상자가 나타나고, 자동으로 이미지를 분석하여 선택 영역을 만듭니다. View Mode를 'Marching Ants'로 설정합니다.

> **TIP**
> - In-Focus Range : 'Auto'를 체크하면 이미지에 따라 자동 설정됩니다. 수동으로 조정할 수 있습니다.
> - Image Noise Level : 이미지에 노이즈가 많은 경우 사용합니다. 노이즈가 많을수록 큰 수치를 적용하여 사용합니다.

03 선택 영역 편집하기
옵션바의 브러시 크기를 '5'로 설정한 후, 선택 영역을 추가할 부분은 드래그하고 삭제할 부분은 Alt를 누른 채 드래그합니다.

04 결과 내보내기
Output To를 'Layer Mask'로 설정하고 'OK' 버튼을 클릭합니다.

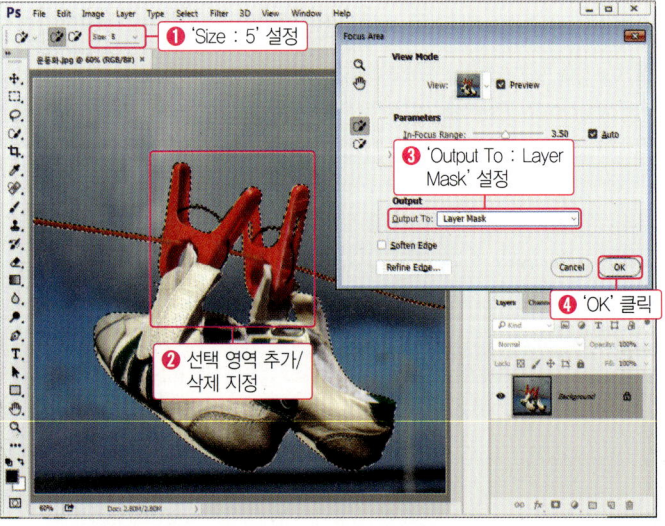

> **TIP**
> Layer Mask란 Layer 패널의 레이어 옆에 생성되며 이미지를 보이지 않게 합니다. 검은색 영역은 마스크 처리되어 보이지 않게 하고 흰색 영역은 보입니다.

05 한 파일에 파일 불러오기

[File]-[Place Embedded] 메뉴를 클릭한 다음 대화상자가 나타나면 '해변가.jpg' 파일을 선택하고 'Place' 버튼을 클릭합니다. 이미지가 들어오고 '해변가' 레이어가 생성됩니다. Enter 를 눌러 삽입을 완료합니다.

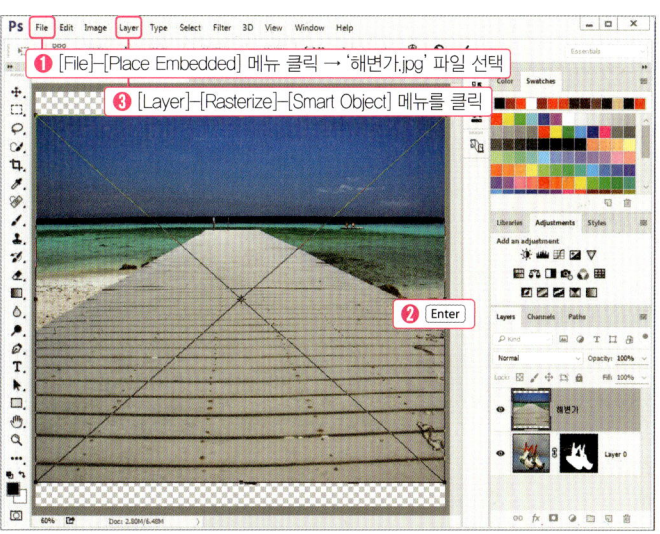

06 원본 파일 연결 해제하기

원본 파일과 연결되었으므로 [Layer]-[Rasterize]-[Smart Object] 메뉴를 클릭하여 링크를 해제합니다.

07 레이어 순서 이동하기

[Layer]-[Arrange]-[Send Backward](Ctrl + [ )] 메뉴를 클릭하여 '해변가' 레이어를 'Layer 0' 레이어 아래로 이동합니다.

TIP 직접 레이어를 드래그하여 아래로 내려 이동해도 됩니다.

08 필요 없는 외곽 잘라내기

자르기 툴()을 클릭한 후, 조절점을 드래그하여 잘라 낼 영역을 지정하고 Enter 를 누릅니다.

Select(선택) 메뉴 살펴보기

- 선택과 관련된 메뉴는 Select 메뉴에 집중되어 있으며, 선택 툴과 연계하여 사용하면 편리합니다.
- Select 메뉴는 주로 현재 선택되어 있는 영역을 수정하는 명령으로, 다음과 같은 하위 명령이 포함되어 있습니다.

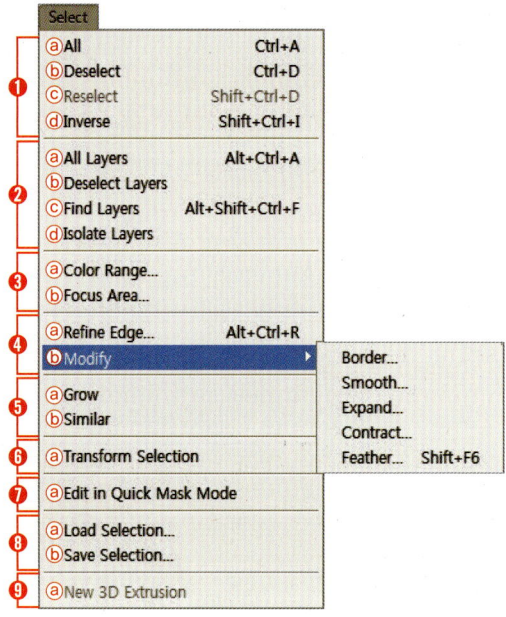

❶ 이미지를 선택하는 명령
  ⓐ All(모두) : 이미지 전체를 선택합니다.
  ⓑ Deselect(선택 해제) : 현재 선택되어 있는 상태를 취소합니다.
  ⓒ Reselect(다시 선택) : 취소한 선택 영역을 다시 선택합니다.
  ⓓ Inverse(반전) : 선택 범위를 반전하여 선택합니다.

❷ 레이어를 선택하는 명령
  ⓐ All Layers(모든 레이어) : 모든 레이어를 선택하여 활성화합니다.
  ⓑ Deselect Layers(레이어 선택 해제) : 선택된 레이어를 해제합니다.
  ⓒ Find Layers(레이어 찾기) : 레이어 이름으로 레이어를 선택합니다.
  ⓓ Isolate Layers(레이어 제한) : 레이어를 제한하여 선택합니다.

❸ 색상과 카메라 심도로 선택하는 명령
  ⓐ Color Range(색상 범위) : 색상으로 구분하여 선택할 수 있습니다. 선택 영역을 색상에 따라 구분할 수 있고, 미리 보기 창을 통해 선택 영역을 확인하면서 Fuzziness와 스포이트를 이용해 더 세밀하게 선택할 수 있습니다.
  ⓑ Focus Area(초점 영역) : 카메라 심도가 깊은 이미지를 선택할 때 유리합니다.

❹ 선택한 영역을 수정하는 명령
- ⓐ **Refine Edge(가장자리 다듬기)** : 털이나 머리카락 같은 선택 영역의 가장자리를 세밀하게 다듬습니다.
- ⓑ **Modify(수정)** : 선택 영역의 경계를 따라 새로운 선택 영역을 만듭니다.
  - **Border(테두리)** : 선택 영역의 테두리를 만듭니다.
  - **Smooth(매끄럽게)** : 선택 영역의 모서리를 매끄럽게 합니다.
  - **Expand(확대)** : 선택 영역을 확대합니다.
  - **Contract(축소)** : 선택 영역을 축소합니다.
  - **Feather(페더)** : 선택한 영역의 부드러운 정도를 설정합니다.

▲ Border : 20px ▲ Smooth : 20px ▲ Expand : 20px ▲ Contract : 20px ▲ Feather : 20px 적용 후 삭제

❺ 선택한 영역을 확장하는 명령
- ⓐ **Grow(선택 영역 확장)** : 마술봉 툴( )의 Tolerance(허용치) 수치가 크면 선택 영역을 확장합니다.
- ⓑ **Similar(유사 영역 선택)** : 선택한 범위와 유사한 색상을 이미지 경계 너머까지 선택합니다. Tolerance의 영향을 받습니다.

▲ 마술봉 툴로 선택   ▲ Grow 메뉴 실행   ▲ Similar 메뉴 실행

❻ 선택한 영역을 변형하는 명령
- ⓐ **Transform Selection(선택 영역 변형)** : Transform 기능을 이용하여 반짝이는 선택 영역을 변형합니다.

❼ 퀵 마스크로 선택하는 명령
- ⓐ **Edit in Quick Mask Mode(빠른 마스크 모드로 편집)** : 체크하면 퀵 마스크 모드로 들어가 브러시로 칠하며 선택 범위를 지정할 수 있습니다.

❽ 선택한 영역을 저장하거나 불러오는 명령
- ⓐ **Load Selection(선택 영역 불러오기)** : 저장한 선택 영역을 불러옵니다.
- ⓑ **Save Selection(선택 영역 저장)** : 선택한 영역을 저장합니다.

❾ 3D로 만드는 명령
- ⓐ **New 3D Extrusion(3D의 두께 생성)** : 평면적인 2D 이미지에 두께를 생성하여 3D 이미지를 생성합니다.

SECTION 025 필요한 부분만 잘라내기
자르기 툴, 원근 자르기 툴

자르기 툴은 불필요한 이미지 영역을 잘라내어 필요한 부분만 남길 수 있습니다. 원근 자르기 툴은 기울어진 이미지를 바르게 자르거나 반대로 기울게 하거나 원근감 있게 잘라낼 때 사용합니다.

자르기 툴(ㅂ., C) : 가위로 자른 듯 잘라내기

- 자르기 툴(Crop Tool)은 이미지에서 필요한 부분만 잘라낼 때 사용합니다.
- 격자 박스가 생성되면 8개의 조절점을 드래그하여 확대, 축소, 회전한 후 Enter 를 눌러 실행합니다.
- 옵션바에서 미리 크기를 지정한 후 원하는 크기를 이미지 창에서 드래그하여 자를 수 있습니다.

▲ 원본 이미지

▲ 자르기 툴 선택 → 조절점 드래그

▲ Enter 를 눌러 실행

원근 자르기 툴(ㅂ., C) : 원근감 있게 잘라내기

- 원근 자르기 툴(Perspective Crop Tool)은 원근감이나 삐뚤어진 사진을 교정할 때 사용합니다.
- 격자 박스가 나타나면 조절점을 드래그하여 조정한 후 Enter 를 눌러 실행합니다.

▲ 원본 이미지

▲ 원근 자르기 툴 선택 →
드래그 → 조절점 드래그

▲ Enter 를 눌러 실행

자르기 툴 옵션바

❶ **Preset(사전 설정)** : 잘라낼 크기를 정하는 다양한 옵션이 제공됩니다.
❷ **Width/Height(가로/세로)** : 잘라낼 영역의 가로/세로 값을 설정합니다.
❸ **Clear(지우기)** : 입력된 값을 지웁니다.
❹ **Straighten(똑바르게 하기)** : 마우스를 이용하여 회전 각도를 지정하여 자릅니다.
❺ **Overlay options(오버레이 옵션)** : 자르기 영역의 유형을 설정합니다. 이미지를 자르기 전에 원하는 구도를 확인할 수 있습니다.

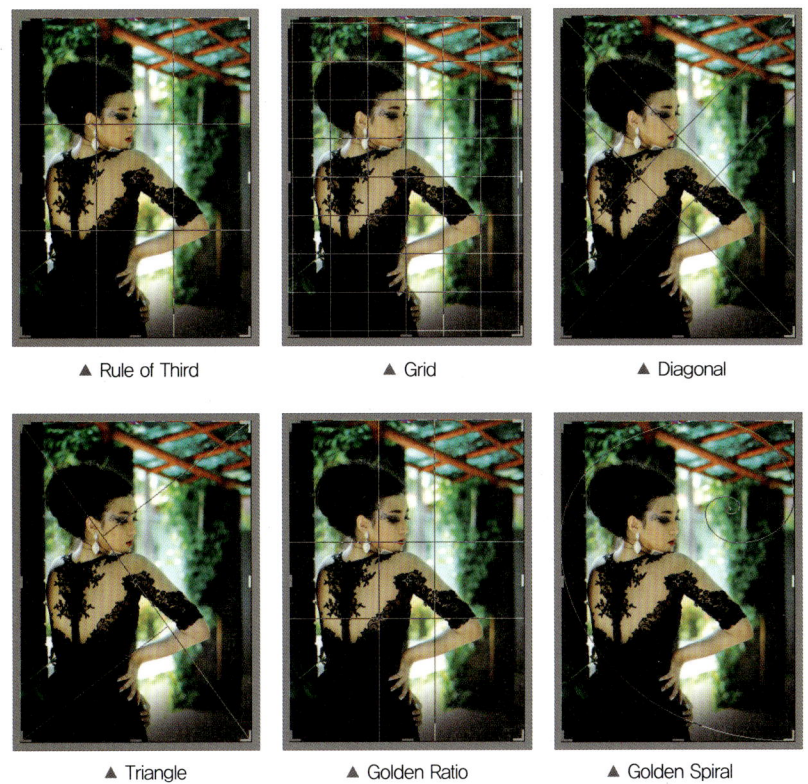

▲ Rule of Third   ▲ Grid   ▲ Diagonal

▲ Triangle   ▲ Golden Ratio   ▲ Golden Spiral

❻ **(Set additional Crop options)** : 자르기 옵션 설정을 추가로 지정합니다.
　ⓐ **Use Classic Mode** : 체크하면 이미지는 고정되고, 변형 박스를 이동하여 자를 크기 영역을 지정할 수 있습니다.
　ⓑ **Show Cropped Area** : 잘려나갈 부분을 미리 보여 줍니다.
　ⓒ **Auto Center Preview** : 자동으로 중앙을 보여 줍니다.
　ⓓ **Enable Crop Shield** : 잘려 나갈 영역이 흐리게 보입니다.

❼ **Delete Cropped Pixels(자른 픽셀 삭제)** : 체크한 후 자르면 선택한 이미지의 바깥 영역은 삭제됩니다. 그러나 해제한 후 자르면 가려 보일뿐 실제로 삭제된 것은 아닙니다. 이동 툴(✥)로 드래그하면 가려진 부분을 확인할 수 있습니다. 이 때 'Background' 레이어가 'Layer 0'으로 전환됩니다.

SECTION 026 이미지 변형하기
Free Transform, Transform

이미지의 크기 변경, 회전, 반사하려면 [Edit]-[Transform]의 하위 메뉴를 이용합니다. [Edit]-[Free Transform] 메뉴를 선택한 경우 Ctrl, Alt, Shift 와 같이 조절점을 이용하면 자유롭게 변형할 수 있습니다.

[Edit]-[Free Transform] 메뉴 살펴보기

- Ctrl+T 를 누르면 변형 박스가 나타납니다. 8개의 조절점을 드래그하여 크기를 변경할 수 있고, 조절점 바깥으로 마우스 포인터를 이동하면 회전 아이콘으로 변경되어 회전할 수 있습니다.
- Ctrl 을 누른 채 조절점을 드래그하면 왜곡 변형할 수 있습니다.
- Alt 를 누른 채 드래그하면 반대쪽도 같이 변형할 수 있습니다.
- Ctrl + Alt + Shift 를 누른 채 모서리 조절점을 드래그하면 사다리꼴로 변형할 수 있습니다.

TIP [Select]-[Transform Selection] 메뉴
이미지 영역이 아닌 반짝이는 선택 영역만 변형하려면 [Select]-[Transform Selection] 메뉴를 클릭합니다. 사용 방법은 동일합니다.

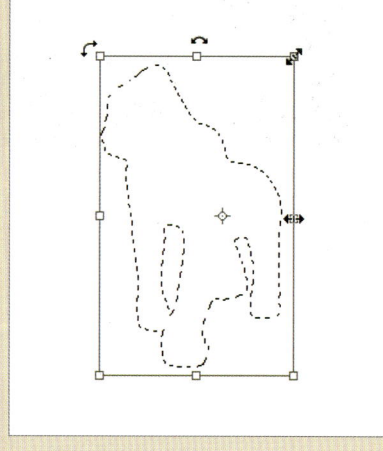

[Edit]-[Transform] 메뉴 살펴보기

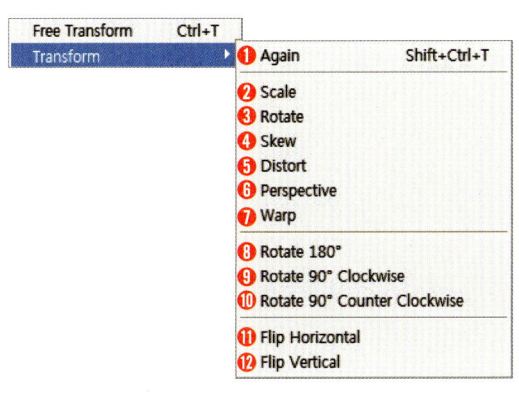

❶ **Again(반복)** : 이전에 실행한 Transform 기능을 반복 실행합니다.

❷ **Scale(비율)** : 크기를 비율로 조절합니다. Shift 를 누른 채 조절하면 비율을 유지, Alt 를 누른 채 조절하면 중심을 고정시키고 변형합니다.

❸ **Rotate(회전)** : 이미지를 회전합니다. Shift 를 누르면 15°씩 회전합니다.

❹ **Skew(기울이기)** : 이미지를 기울이며 변형합니다.

❺ **Distort(왜곡)** : 사방의 조절점을 자유롭게 조절하여 변형합니다.

❻ **Perspective(원근)** : 이미지를 원근감 있게 변형합니다.

❼ **Warp(뒤틀기)** : 구부림과 휘어짐을 자유롭게 변형합니다.

❽ **Rotate 180°** : 180°로 회전합니다.

❾ **Rotate 90° CW** : 시계 방향으로 90도 회전합니다.

❿ **Rotate 90° CCW** : 반시계 방향으로 90도 회전합니다.

⓫ **Flip Horizontal(가로로 뒤집기)** : 가로 대칭으로 뒤집어 줍니다.

⓬ **Flip Vertical(세로로 뒤집기)** : 세로 대칭으로 뒤집어 줍니다.

▲ ② Scale

▲ ③ Rotate

▲ ④ Skew

▲ ⑤ Distort

▲ ⑥ Perspective

▲ ⑦ Warp

▲ ⑧ Rotate 180°

▲ ⑨ Rotate 90° CW

▲ ⑪ Flip Horizontal

역동적으로 인물의 동작 뒤틀기
Puppet Warp

Puppet Warp(퍼펫 뒤틀기) 기능은 관절 부분을 기준으로 변형해 자연스러운 동작을 연출할 수 있습니다. 단, 너무 과한 동작은 이미지의 변형이 일어나므로 주의해야 합니다.

📁 [준비파일] 2장\댄서.psd   📁 [완성파일] 2장-완성\댄서(완성).psd

01 파일 불러오기

Ctrl+O를 눌러 '댄서.psd' 파일을 불러옵니다.

02 동작 변경하기

[Edit]-[Puppet Warp] 메뉴를 클릭합니다. 옵션바의 'Show Mesh'의 체크를 해제한 후 손목, 허리, 발목을 각각 클릭하여 고정점을 찍습니다.

 TIP Show Mesh(그물 보기)를 해제하면 그물로 가려진 얼굴을 보면서 변형할 수 있기 때문에 얼굴의 일그러짐을 최소화 할 수 있습니다.

03 손목의 고정점을 오른쪽 아래로 드래그하고 Enter를 누릅니다.

04 Layers 패널에서 '댄서2' 레이어를 클릭합니다. 같은 방법으로 같은 위치에 고정점을 찍고 손목의 고정점을 그림처럼 드래그한 후, Enter 를 누릅니다.

05 불투명도 조절하기

'댄서2' 레이어의 Opacity(불투명도)를 '60%'로 설정합니다.

07 '댄서1' 레이어를 클릭하여 활성화한 후, Opacity(불투명도)를 '40%'로 설정합니다.

SECTION 028 원근 시점 변경하기
Persfective Warp

Persfective Warp(원근 뒤틀기) 기능은 개체를 보는 방향을 유연하게 조정하여 원근을 소실점에 맞게 변형하는 기능입니다. 뒤로 누운 건물 이미지의 구도를 수정해 보겠습니다.

📁 [준비파일] 2장\하우스.jpg   📁 [완성파일] 2장-완성\하우스(완성).psd

01 파일 불러오기

Ctrl + O 를 눌러 '하우스.jpg' 파일을 불러옵니다.

02 Perspective Warp

[Edit]-[Perspective Warp] 메뉴를 클릭한 후, 이미지를 클릭하여 격자 박스를 만듭니다.

> **TIP** 컴퓨터 사양이 낮거나 그래픽 카드 성능이 낮은 컴퓨터는 Perspective Warp 메뉴가 비활성화 되어 사용할 수 없습니다.

03 원근 형태 조정하기

둥근 기준점을 드래그하여 집의 모서리에 맞춥니다.

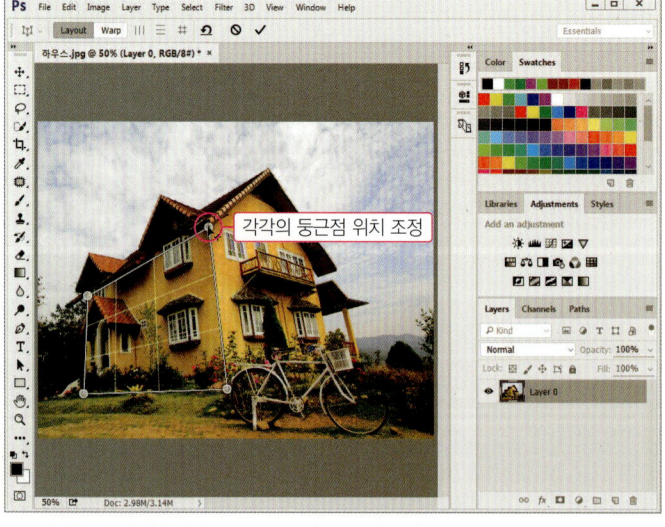

04 다시 이미지를 클릭하여 격자 박스를 하나 더 만든 후, 집의 다른 면의 모서리에 기준점을 맞춥니다.

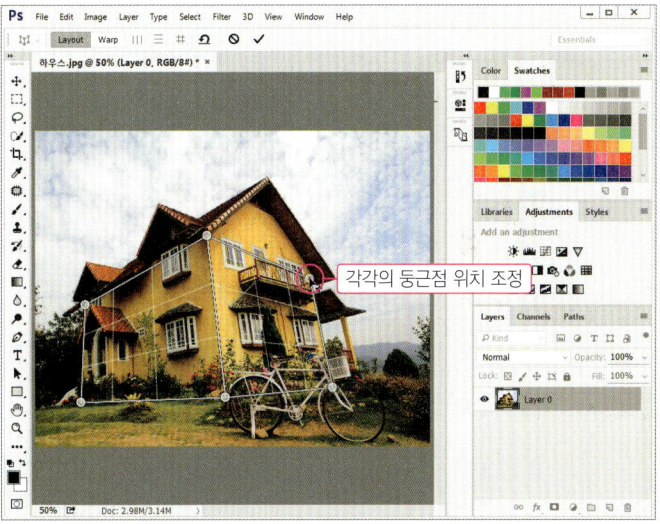

05 원근 형태 바로잡기

옵션바에서 Warp 을 클릭하여 선택하면 기준점의 색상이 검은색으로 바뀌고, 기준점이나 기준선을 이동하면 구도가 수정됩니다. Enter를 눌러 수정을 완료합니다.

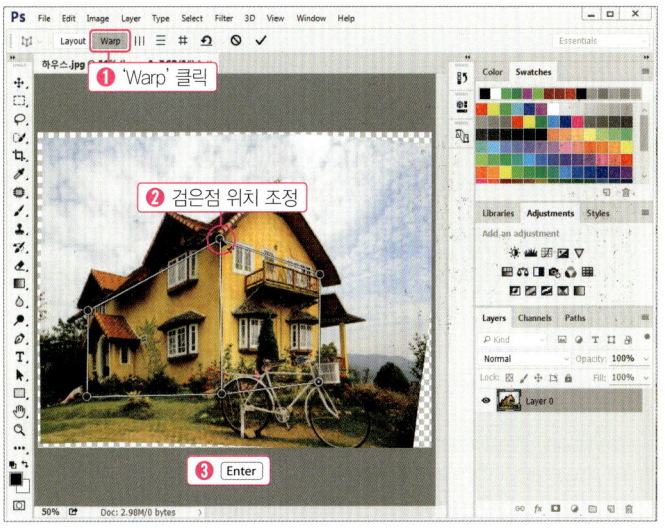

TIP
- Warp 버튼이 활성화 된 상태에서 사용합니다.
- ⋮⋮⋮ (수직) : 클릭하면 형태를 수직으로 수정할 수 있습니다.
- ≡ (수평) : 형태를 수평으로 수정할 수 있습니다.
- # (수직과 수평) : 형태를 수직과 수평으로 수정할 수 있습니다.

06 가장자리 정리하기

자르기 툴(⌐)을 클릭한 후, 드래그하여 잘라낼 영역을 설정한 후 Enter를 누릅니다.

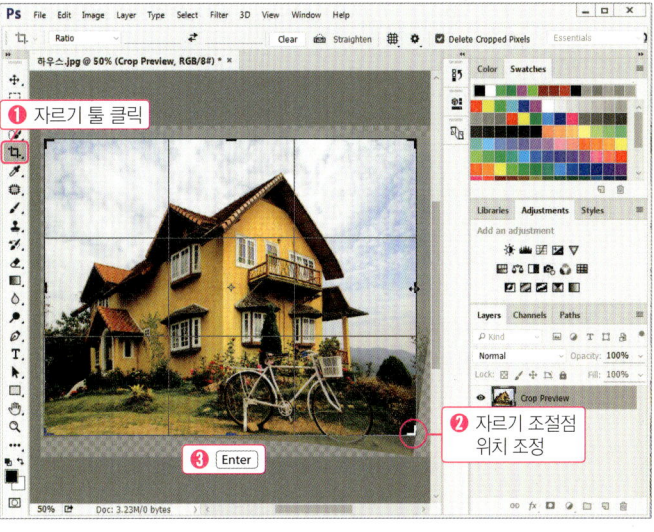

SECTION 029 이미지의 크기와 캔버스 크기 변경하기
Image Size, Canvas Size

이미지의 사용 목적에 따라 이미지의 크기와 해상도를 변경할 필요가 있는데 이미지 자체의 해상도와 크기를 변경하려면 Image Sized에서 조절하고, 이미지의 여백을 늘리는 경우는 Canvas Size 메뉴를 이용합니다.

Image Size 대화상자

이미지의 사용 목적에 따라 이미지의 크기와 해상도를 변경합니다.

웹용 이미지는 용량이 작은 저해상도(72ppi)로 설정하고, 출력용 이미지는 고해상도(300ppi)로 설정합니다. 획기적인 인텔리전트 업샘플링(Upsampling) 기술로 저해상도 이미지를 대형 광고판용으로 확대할 경우 생겨나는 노이즈를 억제하여 깨끗한 이미지를 얻을 수 있습니다.

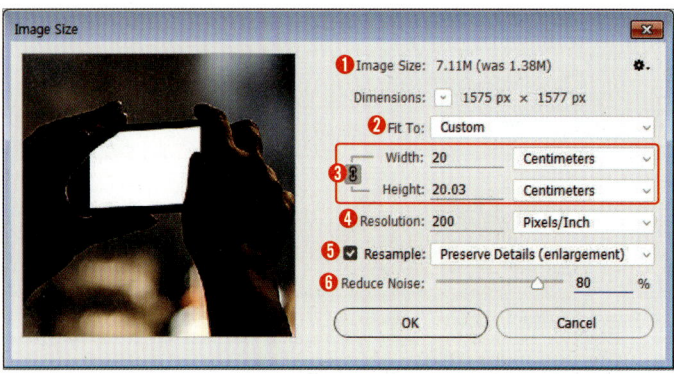

❶ **Image Size/Dimensions(이미지 크기, 면적)** : 이미지의 파일 크기/면적을 표시합니다.
❷ **Fit to(맞춤)** : 모니터 해상도, 인쇄용 해상도, 사진 해상도의 프리셋을 제공합니다.
❸ **Width/Height(가로/세로)** : 단위를 설정할 수 있고, 가로/세로 크기를 입력할 수 있습니다.
❹ **Resolution(해상도)** : 해상도를 설정할 수 있습니다.
❺ **Resample(리샘플링)** : 체크를 해제하면 파일 용량이 유지되며, 체크하면 파일의 용량이 변경됩니다. 포토샵 CC에서 향상된 기능으로 고해상도, 대형 크기로 확대시에도 이미지의 선명도를 유지할 수 있습니다.

ⓐ **Automatic** : 자동으로 픽셀을 채워 이미지를 확대합니다.
ⓑ **Preserve Details(enlargement, 확대)** : 세밀하게 이미지를 채워 확대합니다. 노이즈 감소를 설정할 수 있습니다.
ⓒ **Bicubic Smoother(enlargement, 확대)** : 픽셀을 계산하여 매끄럽게 확대합니다.
ⓓ **Bicubic Sharper(reduction, 축소)** : 픽셀을 계산하여 선명하게 표현하며 축소시 사용합니다.
ⓔ **Bicubic(smooth gradients, 매끄러운 그레이디언트)** : 픽셀을 계산하여 매끄럽게 확대합니다.
ⓕ **Nearest Neighbor(hard edges, 강한 경계)** : 픽셀의 주변 색상을 인식하여 채워 표현합니다.
ⓖ **Bilinear** : 픽셀의 양 선형을 계산하여 이미지를 채워 표현합니다.

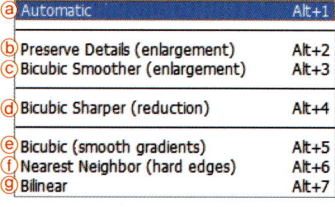

❻ **Reduce Noise** : Resample을 체크하고 Preserve Details (enlargement)로 설정시 활성화되며, 노이즈를 수동으로 설정할 수 있습니다.

Canvas Size 대화상자

이미지 자체의 크기는 그대로 두어 변경되지 않습니다. 크기를 확대하는 경우 여백이 확대되며, 축소하는 경우 이미지가 잘리는 결과가 나타납니다.

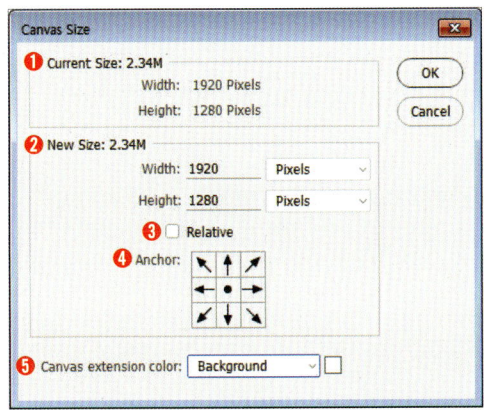

❶ **Current Size(현재 크기)** : 이미지의 파일 용량과 가로, 세로 크기를 표시합니다.
❷ **New Size(새로운 크기)** : 수치를 입력하여 캔버스의 가로, 세로 크기와 방향을 설정합니다.
❸ **Relative(상대치)** : 체크하면 기존 크기에 입력한 수치가 더해져 조정되고, 해제하면 입력한 수치대로 캔버스 크기가 변경됩니다.
❹ **Anchor(기준)** : 캔버스가 늘어날 방향을 설정합니다.
❺ **Canvas extension color(캔버스 확장 색상)** : 캔버스 크기가 조절되고 남은 여백의 색상을 설정합니다.

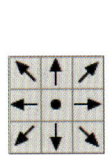    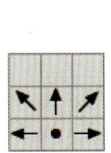 

▲ Anchor를 중앙 지정하고 확대한 이미지   ▲ Anchor를 하단으로 지정하고 확대한 이미지

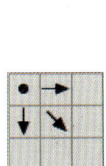    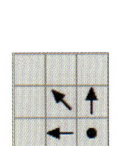 

▲ Anchor를 왼쪽 상단으로 지정하고 확대한 이미지   ▲ Anchor를 오른쪽 하단으로 지정하고 확대한 이미지

SECTION 030 캔버스 확장하고 이미지 붙이기
Canvas Size

이미지의 여백을 늘려 캔버스 크기를 확장하고 다른 이미지를 불러와 붙여보도록 합니다.

📁 [준비파일] 2장\한복1.jpg, 한복2.jpg 📁 [완성파일] 2장-완성\한복1.jpg(완성)

01 파일 불러오기

Ctrl+O를 눌러 '한복1.jpg' 파일을 불러옵니다.

02 캔버스 크기 확장하기

[Image]-[Canvas Size] 메뉴를 클릭합니다. [Canvas Size] 대화상자가 나타납니다.

03
Width의 단위를 Pixels를 설정한 후, Width를 '600'로 입력합니다. Anchor(기준)를 왼쪽 가운데로 선택하고 'OK' 버튼을 클릭합니다.

04 툴 패널의 배경색이 흰색인 상태이 므로 흰색 배경이 오른쪽으로 확장되었 습니다.

05 이미지 복사하기

Ctrl+O를 눌러 '한복2.jpg' 파일을 불러 옵니다. Ctrl+A를 눌러 전체 이미지를 선택한 후, Ctrl+C를 눌러 복사합니다.

06 이미지 붙이고 이동하기

'한복1.jpg'의 파일 이름 탭을 클릭하여 활성화한 후, Ctrl+V를 눌러 복사한 이 미지를 붙입니다.

07 이동 툴(✥.)을 클릭한 후, 복사하 여 붙인 이미지를 경계에 맞춰 드래그합 니다.

08 가려진 이미지를 보기 위해 Shift+ Tab을 눌러 패널을 가립니다. 만약 가려 진 패널을 다시 보려면 Tab을 누릅니다.

SECTION 031 피사체를 그대로 두고 배경 확장하기
Content-Aware Scale

Content-Aware Scale(내용 인식 비율) 기능은 이미지의 중요한 부분을 선택한 후, 그대로 보호하고 배경만을 늘리는 방법으로 실습을 통해 익혀보겠습니다.

📁 [준비파일] 2장\옆모습.psd   📁 [완성파일] 2장-완성\옆모습(완성).psd

01 파일 불러오기

Ctrl+O를 눌러 '옆모습.psd' 파일을 불러옵니다.

02 캔버스 크기 확장하기

[Image]-[Canvas Size] 메뉴를 클릭한 후, Canvas Size 대화상자가 나타나면 Anchor(기준)를 왼쪽 가운데로 선택한 후, Width(가로)를 '15'로 입력하고 'OK' 버튼을 클릭합니다.

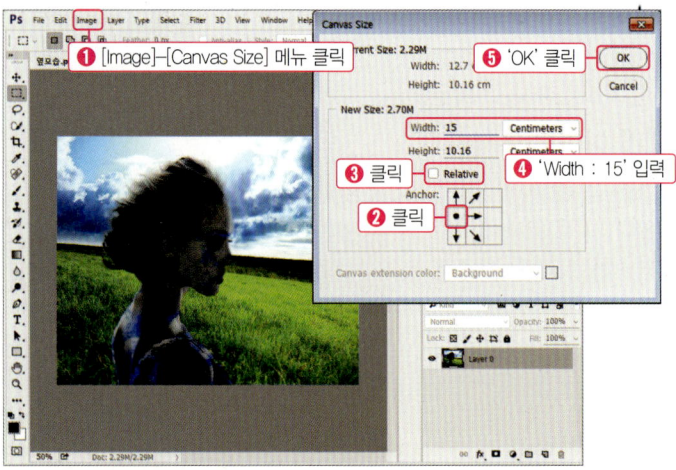

> **TIP**
> • Anchor를 변경하면 지시선의 방향이 변경되어 캔버스가 늘어날 방향을 미리 짐작할 수 있습니다.
> • Width를 '15'로 증가하여 설정했기 때문에 오른쪽 가로로만 늘어납니다.

03 여자 이미지 저장하기

사각형 선택 툴( )을 클릭한 후, 보호할 여자 이미지를 드래그하여 선택합니다.

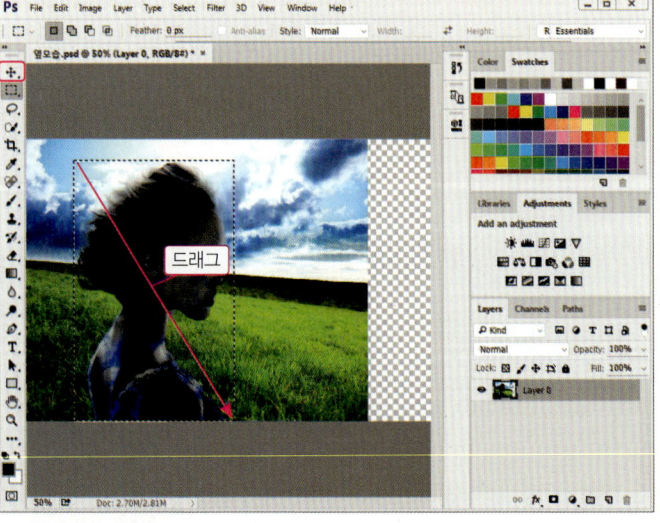

04 [Select]-[Save Selection] 메뉴를 클릭한 후, Save Selection 대화상자가 나타나면 Name에 '여자'라고 입력하고 'OK' 버튼을 클릭합니다.

05 Ctrl+D를 눌러 선택 영역을 해제합니다.

07 주변을 인식하여 배경 채우기

[Edit]-[Content-Aware Scale] 메뉴를 클릭하고, 옵션바에서 Protect는 '여자'를 설정한 후, (Protect skin tones)를 클릭합니다.

08 변형 박스의 오른쪽 중간 조절점을 오른쪽으로 드래그한 후, Enter 를 누릅니다.

Do It Yourself

 ### 이목구비를 과장되게 확대하여 캐리커처 만들기
인물의 입과 눈을 레이어로 복제하여 과장되게 변형해 봅니다.

 [준비파일] 2장\정현.jpg   [완성파일] 2장-완성\정현.(완성).psd

> **How to** 올가미 툴( ) 선택 ➡ 옵션바에서 Feather '10px' 설정 ➡ 입 주위 선택 ➡ [Layer]-[New]-[Layer via Copy] 메뉴 클릭 ➡ 'Layer 1' 레이어 생성 ➡ [Edit]-[Free Transform] 메뉴 클릭 ➡ 확대 ➡ [Edit]-[Transform]-[Wrap] 메뉴 클릭 ➡ 입 꼬리 조정 ➡ 같은 방법으로 Backgrand 레이어에서 눈 복사 및 크기 조정

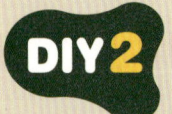 ### 복제하여 한 쌍의 고양이 만들기
고양이를 복사하여 다정한 한 쌍의 고양이를 만들어 봅니다.

 [준비파일] 2장\캣.jpg   [완성파일] 2장-완성\캣(완성).psd

> **How to** 빠른 선택 툴( ) 선택 ➡ 고양이 선택 ➡ 옵션바의 Refine Edge... 이용 ➡ Ctrl+J 를 눌러 복제 레이어 생성 ➡ Ctrl+T ➡ 변형 박스 조정 ➡ [Edit]-[Transform]-[Wrap] 메뉴 클릭 ➡ 부자연스러운 곳 조정 ➡ [Image]-[Adjustments]-[Hue/Saturation] 메뉴 클릭 ➡ 색상 변경

| 시작 | 선택&편집 | 리터칭 | 페인팅 | 레이어 | 보정 | 색상모드&채널 | 벡터 | 필터 | 자동화&동영상&3D | 활용 | •099 |

툴을 활용한 유머러스한 이미지 만들기

각 이미지를 선택하여 도로 이미지 위에 불러온 후, 크기를 변형하고 위치를 이동하여 재미난 이미지를 만들어 봅니다. '카메라.psd' 파일은 선택 영역이 저장 되었으니 불러와 사용합니다.

 [준비파일] 2장\기린.jpg, 도로.jpg , 왜건.png, 경비행기.jpg, 코끼리.jpg, 카메라.psd   [완성파일] 2장-완성\도로(완성).psd

BEFORE

AFTER

 기린 이미지만 선택 ➡ 이동 툴(✥) 선택 ➡ 기린 이미지를 도로 이미지로 이동 ➡ Ctrl + T ➡ 크기 변형 ➡ 기린 레이어 복제 ➡ 좌우 반전, 크기 변형 ➡ 왜건 이미지를 도로 이미지로 이동 ➡ 크기 변형 ➡ 경비행기 이미지만 선택하여 도로 이미지로 이동 ➡ 크기 변형 ➡ 코끼리의 얼굴 부분만 선택 ➡ 좌우 반전, 크기 변형, 회전 ➡ 인물 이미지만 선택하여 도로 이미지로 이동 ➡ 크기 변형

피사체를 제외한 자연스러운 배경으로 확장하기

세로로 캔버스 크기를 확장하여 피사체의 변형을 최소화하고 자연스럽게 배경을 늘려보도록 합니다.

 [준비파일] 2장\물놀이.psd   [완성파일] 2장-완성\물놀이.(완성).psd

BEFORE

AFTER

 [Image]–[Canvas Size] 메뉴 클릭 ➡ 높이 '5cm' 확장 ➡ 올가미 툴(⌒) 로 보호할 이미지 선택 ➡ [Select]–[Save Selection] 메뉴 클릭 ➡ 이름 저장 ➡ 선택 해제 ➡ [Edit]–[Content–Aware Scale] 메뉴 클릭 ➡ Protect에 저장한 이름 선택 ➡ 변형 박스 크기 확장

Adobe Photoshop CC & CS6

CHAPTER 03

감쪽같은 복원, 복제 그리고 리터칭

포토샵에서는 이미지를 복원, 복제, 리터칭하는 기능을 여러 가지 제공하고 있습니다. 점이나 먼지, 주름진 피부처럼 손상된 이미지를 쉽고 간단한 방법으로 복원, 복제하여 감쪽같은 이미지를 얻을 수 있고, 뿌옇고 흐린 이미지도 간단히 선명하게 보정할 수 있습니다.

SECTION 032 불필요한 요소 제거하여 이미지 복원하기

스폿 힐링 브러시 툴 / 힐링 브러시 툴

힐링 툴(Healing Tool)은 주변의 픽셀, 질감을 유동화하여 복구한다는 개념으로 손상된 곳을 치유, 회복한다는 개념으로 접근하면 됩니다.

스폿 힐링 브러시 툴(, J) : 주변 픽셀로 보정하기

스폿 힐링 브러시 툴(Spot Healing Brush Tool)은 점, 먼지 같은 작은 흠이나 손상된 곳을 클릭이나 드래그 하면 주변 픽셀의 질감으로 자동 보정합니다.

▲ 원본 : 점 클릭   ▲ 결과 : 주변 픽셀로 채워짐

힐링 브러시 툴(, J) : 소스를 지정하여 보정하기

힐링 브러시 툴(Healing Brush Tool)은 Alt 를 누른 채 클릭하여 채울 소스 이미지를 먼저 지정한 후, 손상된 곳을 드래그하여 소스 이미지로 보정합니다. 얼룩진 곳이나 주름진 피부에 브러시 크기를 조절하면서 사용합니다.

▲ 원본 : Alt +클릭   ▲ 결과 : 눈가의 주름 부분 드래그
(소스 이미지 기준 위치 지정)   (소스 이미지로 채워짐)

TIP
- 단축키]와 [를 눌러 브러시 사이즈를 조정할 수 있습니다.
- [Edit]–[Preferences]–[Cursors] 메뉴에서 'Nomal Brush Tip'을 설정하면 마우스 포인터가 브러시 크기 영역으로 보여 섬세하게 작업할 수 있습니다.

스폿 힐링 브러시 툴 옵션바

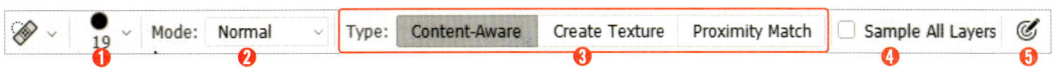

❶ **브러시 프리셋 픽커(ˇ)** : 브러시의 모양과 크기를 설정합니다.
❷ **Mode(모드)** : 합성 모드를 설정합니다.
❸ **Type(유형)** : 이미지 수정 방법을 설정합니다.
  • **Content-Aware(근접 일치)** : 클릭한 주위의 색상, 명암을 인식하여 자연스럽게 복원합니다.
  • **Create Texture(텍스처 만들기)** : 질감을 만들면서 복원합니다.
  • **Proximity Match(내용 인식)** : 클릭한 주위의 색상과 명암을 찾아 복원합니다.
❹ **Sample All Layers(모든 레이어 샘플링)** : 모든 레이어를 인식하여 복원 효과를 적용합니다.
❺ **(Pressure for Size)** : 태블릿으로 작업할 때 펜의 압력으로 브러시 크기를 조절합니다.

힐링 브러시 툴 옵션바

❶ **Source(소스)** : 이미지를 수정할 때 사용할 내용을 설정합니다.
  • **Sampled(샘플)** : Alt 를 눌러 기준 샘플을 설정한 후 이동하여 샘플 이미지로 복원합니다.
  • **Pattern(패턴)** : 패턴 이미지로 복원 효과를 적용할 수 있습니다.

❷ **Aligned(정렬)** : 체크하면 새로운 위치에서 다시 시작해도 이동된 거리를 계산하여 삽입된 샘플 이미지를 연장해 복제(단일 이미지)합니다. 체크 표시를 해제하면 마우스를 클릭할 때마다 기준 샘플이 새로 복제됩니다.
❸ **Sample(샘플)** : 복사할 레이어를 설정합니다.
  • **Current Layer(현재 레이어)** : 현재 활성화된 레이어로 설정합니다.
  • **Current & Below(현재 & 이하)** : 현재 레이어와 아래 레이어로 설정합니다.
  • **All Layers(모든 레이어)** : 모든 레이어로 설정합니다.
❹ **(Turn on to ignore adjustment layers when healing)** : 복구할 때 조정 레이어를 무시하려면 켭니다.
❺ **Diffusion(확산)** : 확산 정도를 조절합니다.

SECTION 033

손상된 이미지 복원하기
패치 툴 / 레드 아이 툴

패치 툴(Patch Tool)은 손상된 이미지를 선택하여 이동한 후, 주변 픽셀을 인식하여 자연스럽게 복원합니다. 레드 아이 툴(Red Eye Tool)은 적목 현상이 일어난 사진에 대해서 복원하는 툴입니다.

패치 툴(, J) : 선택 영역을 이동하여 보정하기

- 패치 툴(Patch Tool)은 복원할 곳을 선택한 후, 대체할 영역으로 이동하여 사용합니다.
- 옵션바에서 'Source(소스)'를 선택하면 선택한 곳이 이동한 곳의 이미지로 채워지고, 'Destination(대상)'을 선택하면 선택한 곳의 이미지로 이동한 곳을 채웁니다.

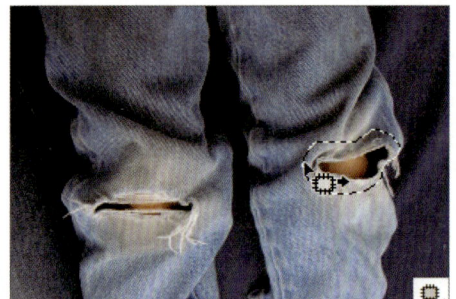

▲ 복원할 이미지 선택

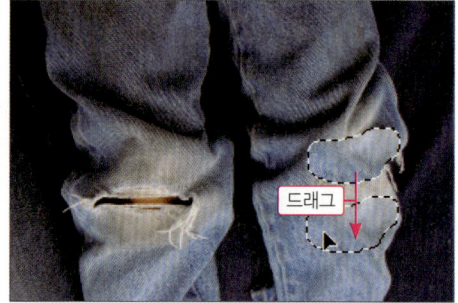

▲ Source가 선택된 상태에서 이동

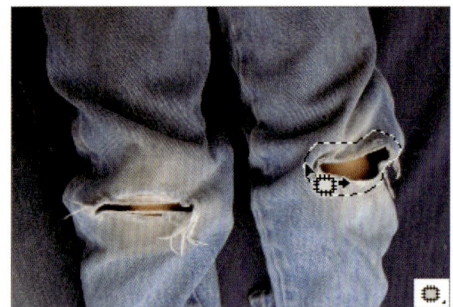

▲ 복원할 이미지 선택

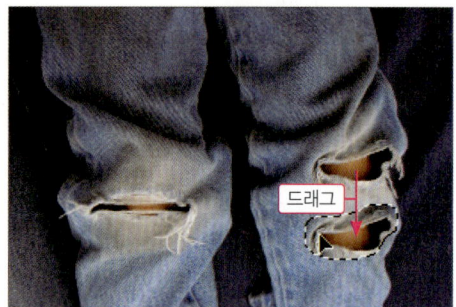

▲ Destination가 선택된 상태에서 이동

레드 아이 툴(, J) : 적목 현상 보정하기

레드 아이 툴(Red Eye Tool)은 어두운 곳에서 촬영한 사진에 자주 나타나는 적목 현상이 발생한 눈동자를 보정하는 툴로, 단번에 클릭이나 드래그로 보정할 수 있습니다.

▲ 어두운 곳에서 플래시로 인한 적목 현상 이미지

▲ 빨간 눈동자 주변을 드래그하여 보정

패치 툴 옵션바

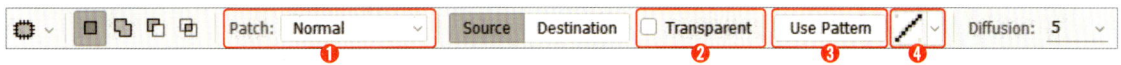

❶ **Patch(패치)** : 이미지 복사 방법을 선택합니다.
  • **Normal(노멀)** : 복사할 소스(Source 선택)로 사용하거나 복원 대상(Destination 선택)을 지정할 수 있습니다.
  • **Content-Aware(내용 인식)** : 원본 이미지와 소스 이미지를 혼합합니다.
❷ **Transparent(투명)** : 이미지를 복사할 때 투명도를 적용합니다.
❸ **Use Pattern(패턴 사용)** : 선택 영역을 지정하면 활성화되고, Use Pattern 을 클릭하면 패턴으로 적용합니다.
❹ **패턴 픽커( )** : 패턴의 종류를 선택합니다.

레드 아이 툴 옵션바

❶ **Pupil Size(눈동자 크기)** : 보정할 적목 현상 이미지의 눈동자 크기를 설정합니다.
❷ **Darken Amount(어둡게 할 양)** : 보정할 적목 현상 이미지의 눈동자를 어둡게 할 정도를 설정합니다.

SECTION 034 감쪽같이 피부 잡티, 주름 제거하기
스폿 힐링 브러시 툴 / 힐링 브러시 툴 / 패치 툴

스폿 힐링 브러시 툴이나 힐링 브러시 툴, 패치 툴을 활용하면 사진에 찍힌 불필요한 부분을 제거할 수 있습니다. 얼굴의 잡티, 주름진 곳 등에 사용하여 깨끗한 피부를 만들어 봅니다.

📁 [준비파일] 3장\주름.jpg   📁 [완성파일] 3장-완성\주름(완성).jpg

01 파일 불러오기
'주름.jpg' 파일을 불러옵니다.

02
돋보기 툴(🔍)을 클릭한 후, 옵션바에서 'Scrubby Zoom'을 해제하고 얼굴 부분을 드래그하여 확대합니다.

03 얼굴의 점 보정하기
스폿 힐링 브러시 툴(🖌)을 클릭한 후, 점이 있는 곳을 클릭합니다. 선택한 점이 사라진 것을 확인할 수 있습니다.

04 옵션바에서 브러시 프리셋 픽커(⌄)를 클릭하여 브러시 크기를 '15px'로 줄인 후, 다른 작은 점도 클릭하여 보정합니다.

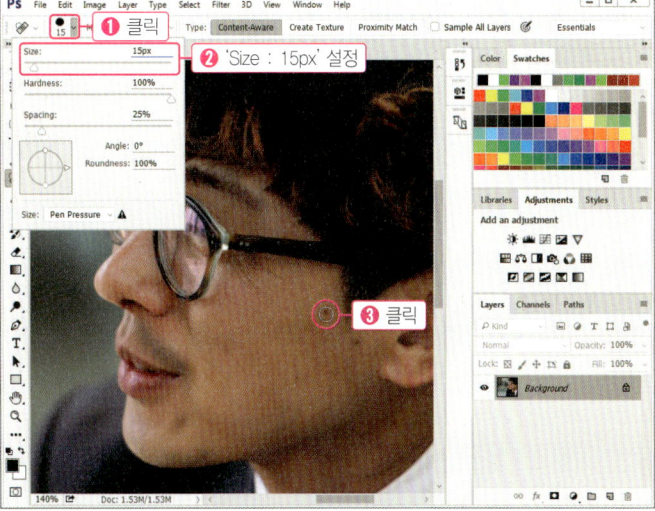

TIP 보정하려는 점보다 브러시 크기가 너무 크면 필요 없는 부분까지 수정이 되어 부자연스러워집니다. 수정하려는 점보다 약간 큰 브러시가 적당합니다.

05 소스 지정하여 보정하기

힐링 브러시 툴( )을 클릭한 후, Alt 를 누른 채 기준이 될 부분(소스 이미지)을 클릭합니다.

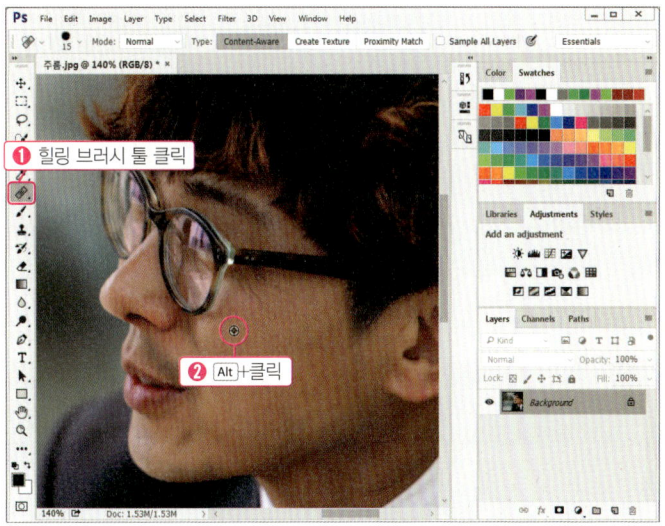

06 주름이 있는 눈 주위를 드래그합니다. 드래그하는 위치가 십자 표시 위치의 이미지로 채워지며 주름이 사라지는 것을 확인할 수 있습니다.

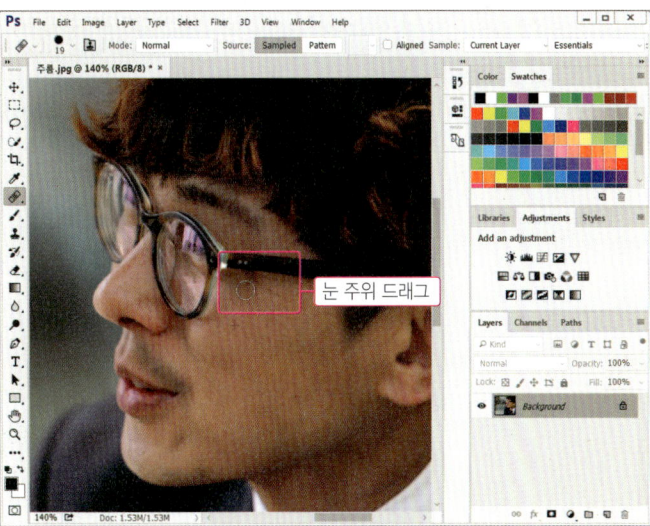

TIP 보정이 잘 안된다면 Ctrl + Z 를 눌러 이전 단계로 되돌리고 다시 Alt 를 누른 채 클릭하여 새 기준을 잡은 후 손상된 곳을 클릭하거나 드래그하여 보정합니다.

07 선택 영역을 이동하여 보정하기

패치 툴( )을 클릭하고 움푹 패인 입가 주위를 드래그합니다.

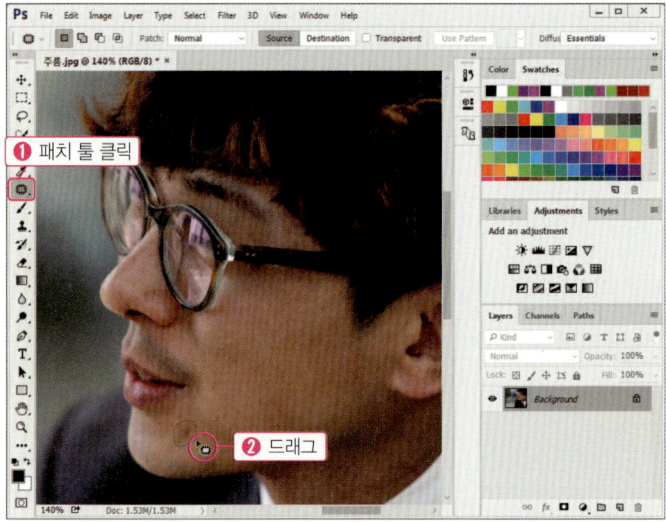

08 선택한 영역을 흠이 없는 부분으로 드래그합니다. 선택 영역 밖을 클릭하면 선택 영역이 해제됩니다.

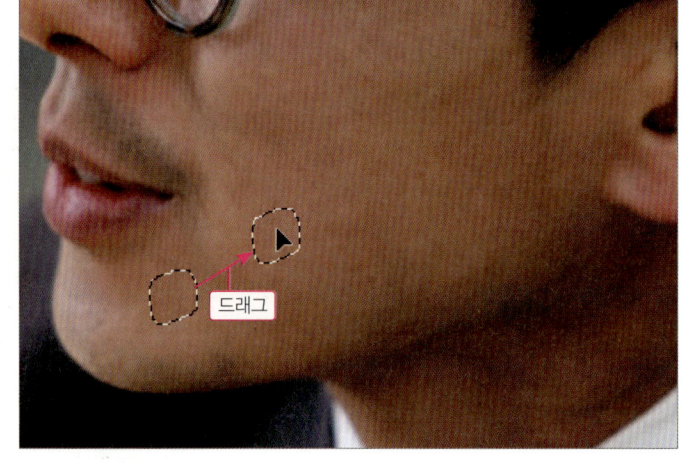

TIP 옵션바에서 'Destination(대상)'을 선택하고 드래그하면 선택 영역이 복제되어 흠이 하나 더 생깁니다. 이럴 때는 반대로 온전한 영역을 먼저 드래그하여 선택하고 흠이 있는 부분으로 드래그하여 보정합니다.

09 같은 방법으로 팔자 주름, 목 주위의 긴 주름도 보정해 봅니다.

10 Ctrl + D를 눌러 선택 영역을 해제합니다.

내용 인식하여 위치 이동하며 복원하기

CS6

콘텐츠 인식 이동 툴

콘텐츠 인식 이동 툴은 피사체의 위치를 바꾸고 싶을 때 이동과 동시에 자동 배경 채우기까지 가능한 기능입니다.

콘텐츠 인식 이동 툴(✕., J) : 이동하면서 남은 배경 보정하기

- 콘텐츠 인식 이동 툴(Content-Aware Move Tool)은 선택한 이미지를 이동하면 선택 이미지와 배경이 주변의 이미지를 인식하여 주변과 어울리게 자동 보정됩니다.
- 옵션바에서 'Move(이동)'가 선택된 상태에서 이동하면 원래 이미지 부분은 주변 배경으로 채워지고, 'Extend(연장)'가 선택된 상태에서 이동하면 선택 이미지가 복제됩니다.

▲ 이동할 이미지 선택

▲ Mode가 'Move'인 상태에서 이동 결과

▲ Mode가 'Extend'인 상태에서 이동 결과

콘텐츠 인식 이동 툴 옵션바

❶ **Mode(모드)** : 모드를 지정합니다.
  - **Move(이동)** : 선택한 이미지를 이동하고, 이동하고 남은 여백은 배경 이미지로 채웁니다.
  - **Extend(확장)** : 선택한 이미지를 이동하면 복제됩니다.

❷ **Structure(구조)** : 선택 영역 주변의 재조합 범위를 설정합니다.

❸ **Color(색상)** : 색상의 적용 정도를 설정합니다.

❹ **Sample All Layers(모든 레이어 샘플링)** : 레이어가 여러 개인 경우 모두 인식하여 적용합니다.

❺ **Transform On Drop(변형 박스 사용)** : 체크하면 변형 박스가 나타납니다.

SECTION 036 배경은 그대로, 이미지만 이동하기

콘텐츠 인식 이동 툴, Expand 메뉴

CS6

콘텐츠 인식 이동 툴(Content-Aware Move Tool)은 선택한 이미지와 이동하여 빈 배경 이미지를 주변의 이미지를 인식하여 자동으로 어울리게 보정합니다. 이동하려는 이미지의 선택 영역보다 크게 확장하여 선택하는 것이 유리합니다.

📁 **[준비파일]** 3장\파도.jpg   📁 **[완성파일]** 3장-완성\파도(완성).jpg

01 파일 불러오기
'파도.jpg' 파일을 불러옵니다.

02 돋보기 툴(🔍)을 클릭한 후, 왼쪽 팔 부분을 클릭합니다. 클릭한 곳을 기준으로 이미지가 확대됩니다.

03 이미지 선택하기
자석 올가미 툴(🔲)을 클릭한 후, 머리 부분을 클릭합니다. 시작점이 만들어지면 윤곽을 따라 이동한 후 다시 시작점으로 돌아와 클릭합니다.

TIP
- 세그먼트 선이 다른 방향으로 이동하면 원하는 지점을 직접 클릭합니다.
- Backspace 를 누를 때마다 세그먼트 선을 단계별로 지울 수 있습니다.

04 이동하여 남은 배경 보정하기

콘텐츠 인식 이동 툴( )을 클릭한 후, 이미지를 드래그합니다. 변형 박스가 나타나면 Enter 를 누릅니다.

05
이미지 손실이 심하므로 Ctrl + Z 를 눌러 바로 전 단계로 되돌아갑니다.

06
[Select]-[Modify]-[Expand] 메뉴를 클릭한 후, 대화상자에서 선택 영역을 '20' 픽셀 정도 확장합니다.

TIP 메인이 되는 여자 이미지의 손실은 복구하기가 까다롭기 때문에 메인 이미지의 선택 영역을 확장하여 선택하는 것이 유리합니다.

07
콘텐츠 인식 이동 툴( )을 클릭한 후, 이미지를 드래그합니다. 변형 박스의 조절점을 바깥으로 드래그하여 크기를 늘리고 Enter 를 누릅니다.

08 선택 영역 바깥을 클릭하거나 Ctrl+D를 눌러 선택 영역을 해제합니다.

 TIP 윤곽을 정확히 선택하고 이동했을 때 보다 확장하고 이동하면 배경은 훨씬 자연스러워 보이고 메인인 여자 이미지도 손상되지는 않았습니다. 이제 여자 이미지의 윤곽 부분에 배경이 따라 왔기 때문에 간단히 지워주는 작업을 하면 됩니다.

09 부자연스러운 곳 보정하기

지우개 툴( )을 클릭한 후, 옵션바의 'Erase to History'를 체크합니다. 지저분한 배경이 따라온 인물의 경계 부분을 드래그하여 지웁니다.

 TIP 'Erase to History'를 체크하면 처음 이미지를 불러왔을 때의 이미지로 지워지며 복원됩니다.

10 패치 툴( )을 클릭한 후, 부자연스러워 보이는 부분을 드래그하여 선택합니다. 선택 영역을 채울 이미지로 드래그하여 복구하고 작업이 끝나면 Ctrl+D를 눌러 선택 영역을 해제합니다.

SECTION 037 소스를 이용하여 복제하기
도장 툴 / 패턴 도장 툴

도장 툴은 힐링 브러시 툴과 사용 방법은 동일하고 기능도 유사합니다. 차이가 있다면 힐링 브러시 툴은 주변 질감을 인식하면서 복제하지만 도장 툴은 이미지를 정확히 복제한다는 점입니다. 도장 툴과 패턴으로 복제되는 패턴 도장 툴에 대해 알아보도록 합니다.

도장 툴(, S) : 쌍둥이처럼 그대로 복제하기

- 도장 툴(Clone Stamp Tool)은 마치 도장처럼 이미지를 그대로 복제하는 툴로, 브러시 크기에 영향을 받아 복제됩니다.
- 먼저 Alt 를 누른 채 클릭하여 소스로 지정한 후, 클릭하거나 드래그하면 지정된 소스의 복제 이미지가 생성됩니다.

▲ 소스 위치 : Alt +클릭

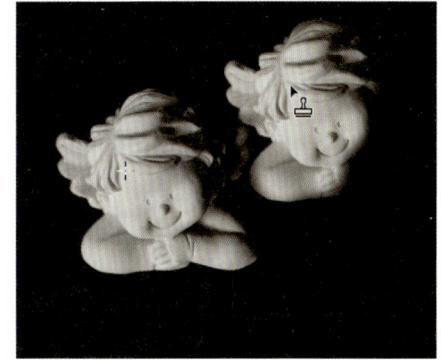

▲ 'Aligned' 체크된 상태로 드래그 : 단일 이미지 생성

- 옵션바에서 'Aligned'의 체크를 해제하면 소스 이미지의 복제물을 여러 개 생성할 수 있습니다.

▲ 'Aligned' 체크 해제 후 드래그 : 복수 이미지 생성

▲ Opacity '50%' 설정 : 반투명 복제

패턴 도장 툴(, S) : 패턴으로 등록한 이미지를 복제하기

- 패턴 도장 툴(Pattern Stamp Tool)은 사용하려는 패턴을 먼저 등록([Edit]-[Define Pattern])하고 옵션 바에서 패턴을 선택한 후, 드래그하면 패턴으로 채워집니다.
- 패턴을 정의할 때 Feather(페더)의 수치는 '0'으로 설정하고 사각형 선택 툴( )로 선택하고 패턴을 등록해야 합니다. 선택 영역을 지정하지 않으면 전체 이미지가 패턴으로 지정됩니다.

▲ ① 사각형 선택 툴( )로 선택

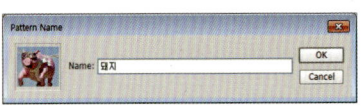
▲ ② [Edit]-[Define Pattern] 메뉴 클릭 : 패턴 등록

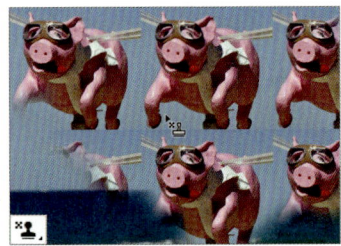
▲ ③ 옵션바에서 패턴을 선택 후 드래그

도장 툴 옵션바

❶ 브러시 프리셋 픽커( ) : 브러시의 크기와 모양을 설정할 수 있으며 다양한 브러시를 제공합니다.
❷ (Toggle the Brush panel) : Brush 패널과 Brush Presets 패널을 불러오거나 가립니다.
❸ (Toggle the Clone Source panel) : Clone Source 패널을 불러오거나 가립니다.
❹ Mode(모드) : 블렌드 모드를 설정합니다.
❺ Opacity(불투명도) : 복제될 이미지의 불투명도를 조절합니다.
❻ (Pressure for Opacity) : 태블릿으로 작업할 때 펜의 압력으로 브러시 색상의 불투명도를 조절합니다.
❼ Flow(흐름) : 브러시의 강약을 조절합니다. 수치가 클수록 색상이 진해집니다.
❽ (Airbrush-style) : 클릭하고 있으면 에어브러시처럼 계속해서 이미지가 분사되어 나타납니다.
❾ Aligned(정렬) : 체크하면 새로운 위치에서 다시 시작해도 이동된 거리를 계산하여 삽입된 소스 이미지를 연장해 복제(단일 이미지)합니다. 체크를 해제하면 마우스를 클릭할 때마다 처음 소스를 지정한 부분의 이미지에서 새로 시작되어 복제됩니다.
❿ Sample(샘플) : 복제 대상 레이어를 설정합니다.
  • Current Layer(현재 레이어) : 현재 레이어로 설정합니다.
  • Current & Below(현재 & 이하) : 현재 레이어와 아래쪽 레이어로 설정합니다.
  • All Layers(모든 레이어) : 모든 레이어로 설정합니다.
⓫ (Turn on to ignore adjustment layers when cloning) : 복제할 때 조정 레이어를 무시하려면 켭니다.
⓬ (Pressure for Size) : 태블릿으로 작업할 때 펜의 압력으로 브러시 크기를 조절합니다.

SECTION 038

도장 찍듯이 복제 이미지 찍어내기
도장 툴

도장 툴(Clone Stamp Tool)은 이미지를 도장을 찍듯이 그대로 복제하는 툴로, 동일한 이미지 창에서 뿐만 아니라 다른 창에서도 복제 기능이 활성화 됩니다. 'Aligned' 옵션이 설정된 상태에서 복제하면 클릭한 지점과 일정한 간격을 유지하면서 복제 됩니다.

📁 [준비파일] 3장\불독.jpg, 치타.jpg   📁 [완성파일] 3장-완성\불독(완성).psd

01 파일 불러오기
'불독.jpg', '치타.jpg' 파일을 불러옵니다.

02
[Window]-[Arrange]-[2-up Horzantal] 메뉴를 클릭하여 가로로 두 이미지 창이 보이게 합니다.

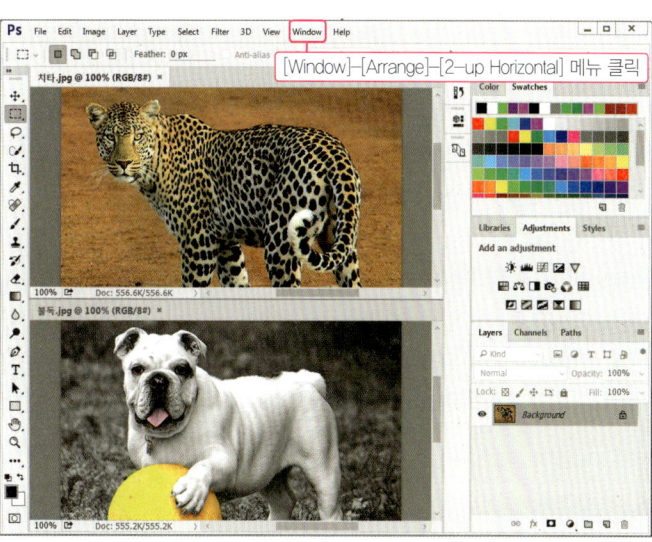

TIP 선택한 영역을 제외할 때는 Alt 를 누른 채 제외하고 싶은 부분을 클릭하거나 드래그합니다.

03 '불독' 이미지 선택하기
'불독.jpg' 탭을 클릭하여 활성화합니다. 빠른 선택 툴( )을 클릭한 후, 불독 이미지를 드래그하여 선택합니다.

04 새 레이어 생성하기

Layers 패널에서 Create a new layer (　) 버튼을 클릭하여 새 레이어를 만듭니다.

05 복제 이미지 만들기

'치타.jpg' 탭을 클릭하여 활성화합니다. 도장 툴(　)을 클릭한 후, 옵션바에서 'Aligned'의 체크를 해제합니다.

06 치타의 무늬를 Alt 를 누른 채 클릭하여 소스로 지정합니다.

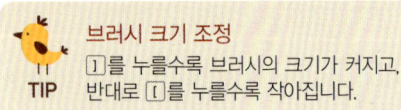

TIP 브러시 크기 조정
]를 누를수록 브러시의 크기가 커지고, 반대로 [를 누를수록 작아집니다.

07 '불독.jpg' 탭을 클릭하여 활성화한 후, 불독 이미지의 선택 영역 부분을 드래그하여 치타의 무늬(소스)로 채웁니다.

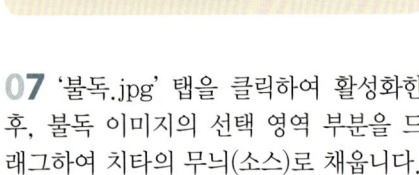

TIP 옵션바에서 'Aligned'를 체크를 해제하고 클릭하면 처음 클릭한 소스 지점의 이미지로 복제가 시작됩니다. 드래그하다 원하지 않는 이미지가 나타나면 멈추고 다시 그 위에 드래그하여 처음 이미지가 나타나도록 합니다.

08 블렌드 모드 설정하기

Layers 패널에서 블렌드 모드를 'Linear Light'로 설정합니다.

09 Ctrl+D를 눌러 선택 영역을 해제합니다.

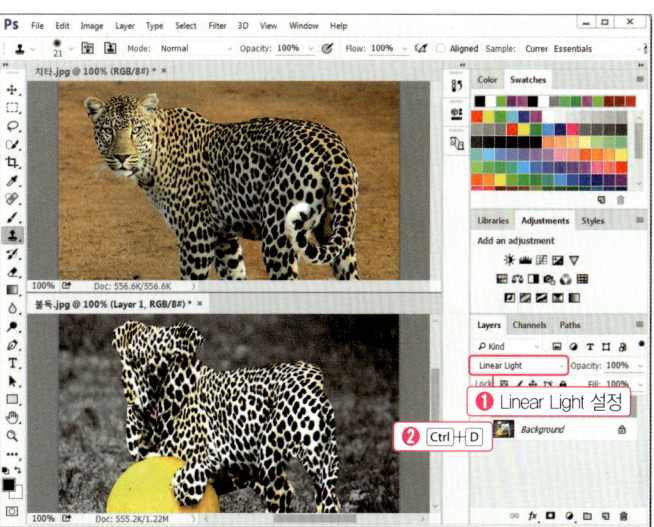

> **TIP** 블렌드 모드는 위 레이어 이미지와 아래 이미지를 어떤 방식으로 합성하여 나타나게 하는지에 대한 설정입니다. 주로 직관적으로 여러 모드를 변경하면서 가장 어울리는 설정을 하면 됩니다.

10 자연스럽게 손질하기

지우개 툴()을 클릭한 후, 옵션바에서 Opacity를 '20%'로 설정합니다. 'Erase to History'를 체크한 후, 불독의 얼굴이 보이도록 눈과 코, 입 주위를 드래그하여 얼룩 무늬를 지웁니다.

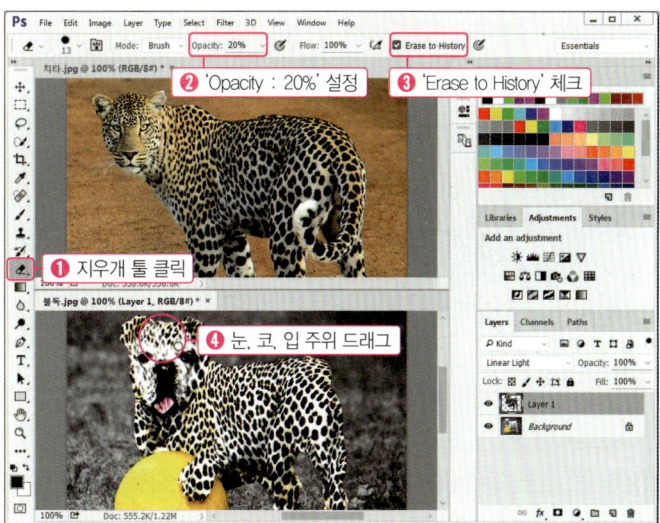

11 [Window]-[Arrange]-[Consolidate All to Tabs] 메뉴를 클릭합니다.

12 Layers 패널에서 'Layer 1' 레이어의 Opacity(불투명도)를 '70%'로 낮추어 배경 이미지가 조금 더 보이게 마무리합니다.

> **TIP** 'Consolidate All to Tabs' 기능은 분리되어 있는 이미지 창을 상단으로 도킹합니다.

SECTION 039 드래그하며 원본 이미지로 되돌리기

히스토리 브러시 툴 / 아트 히스토리 브러시 툴

히스토리 브러시와 아트 히스토리 브러시는 이미지의 원본이나 작업의 중간 단계를 Histoty 패널에 스냅 샷 형태로 저장해 놓고 필요할 때마다 드래그하여 되돌리는 기능입니다.

히스토리 브러시 툴(, Y) : 원본으로 되돌리기

- 히스토리 브러시 툴(Histoty Brush Tool)은 History 패널에 저장된 상태로 되돌리는 기능입니다.
- 해상도나 색상 모드가 변경되어 파일 용량이 변경되는 경우 히스토리 기능을 사용할 수 없습니다.
- [Edit]-[Fill] 메뉴를 클릭한 후, 나타난 대화상자에서 Contents의 설정값을 'History'로 설정해 되돌릴 수도 있습니다.

▲ 원본 이미지

▲ 드래그한 영역만 되돌림

▲ [Edit]-[Fill] 메뉴로 선택 영역을 되돌림

아트 히스토리 브러시 툴(, Y) : 회화적인 느낌으로 되돌리기

아트 히스토리 브러시 툴(Art Histoty Brush Tool)도 History 패널에 저장한 상태로 되돌리는 기능입니다. 동시에 옵션바의 'Style'에서 설정한 다양한 회화적인 느낌을 추가하면서 되돌립니다.

▲ Tight Short 설정

▲ Loose Curl Medium 설정

▲ Loose Curl 설정

SECTION 040 과거로 되돌리는 브러시

히스토리 브러시 툴 / 아트 히스토리 브러시 툴 / History 패널

히스토리 브러시 툴(Histoty Brush Tool)은 과거의 상태로 부분적으로 되돌리는 기능을 합니다. [Edit]-[Step Backward] 메뉴를 실행하면 전체 작업이 이전 단계로 되돌아갑니다.

📁 [준비파일] 3장\소공녀.jpg   📁 [완성파일] 3장-완성\소공녀(완성).jpg

01 파일 불러오기

'소공녀.jpg' 파일을 불러옵니다.

02
툴 패널에서 손바닥 툴(✋)을 더블 클릭하여 이미지가 화면에 꽉차게 합니다.

03 회색 이미지 만들기

[Image]-[Adjustments]-[Desaturate] ([Shift]+[Ctrl]+[U])] 메뉴를 클릭하여 회색 이미지를 적용합니다.

04
현재 이미지의 상태를 저장해 놓기 위해 History 패널에서 Create new snapshot(📷)을 클릭하여 'Snapshot 1'을 생성합니다.

05 윤곽선 추출하기

[Filter]-[Filter Gallery] 메뉴를 클릭한 후, 대화상자가 나타나면 'Glowing Edges'를 설정한 다음 옵션을 설정하고 'OK' 버튼을 클릭합니다.

[Glowing Edges 옵션]
- Edge Width : 1
- Edge Brightness : 6
- Smoothness : 5

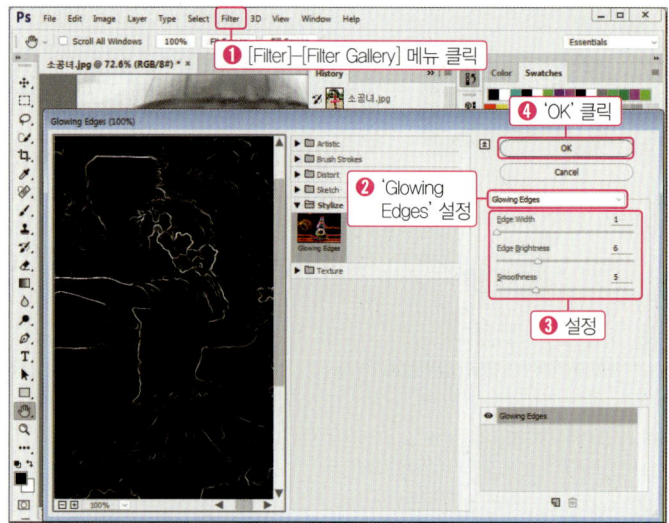

06 색상 반전하기

[Image]-[Adjustments]-[Invert](Ctrl+I)] 메뉴를 클릭하여 이미지를 반전합니다.

 TIP History 패널은 작업 단계를 저장해 놓은 패널이므로, History 단계 목록을 클릭하여 이전 단계로 작업을 되돌릴 수 있습니다.

07 블록 질감 만들기

[Filter]-[Filter Gallery] 메뉴를 클릭한 후, 'Texturizer'를 설정한 다음 옵션을 설정하고 블록 텍스처 질감을 주고 'OK' 버튼을 클릭합니다.

[Texturizer 옵션]
- Texture : Brick
- Scaling : 200%
- Relief : 7
- Light : Top Right

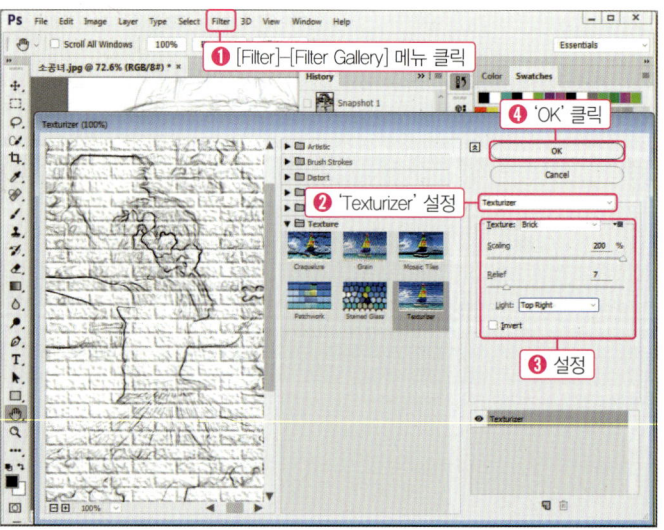

08 원본으로 되돌리기

히스토리 브러시 툴()을 클릭한 후, 옵션바에서 브러시 모양 'Soft Round', 크기 '100', Opacity를 '30%'로 설정합니다.

09
이미지를 드래그하여 처음 원본 상태로 연하게 되돌립니다. 덧칠하면 더 진하게 되돌릴 수 있습니다.

10
History 패널에서 'Snapshot 1' 스냅샷의 히스토리 브러시 아이콘(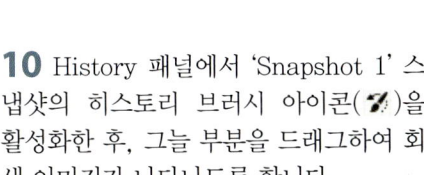)을 활성화한 후, 그늘 부분을 드래그하여 회색 이미지가 나타나도록 합니다.

> **TIP** History 패널에는 '소공녀.jpg'와 'Snapshot 1'의 이미지가 저장되어 있습니다. History 패널의 히스토리 브러시 아이콘이 활성화된 이미지로 히스토리 브러시를 이용하여 되돌릴 수 있습니다. 단, History 목록을 선택하면 전체 이미지가 되돌아가니 주의합니다.

11
History 패널에서 '소공녀.jpg' 스냅샷의 히스토리 브러시 아이콘( )을 활성화합니다.

12
툴 패널에서 아트 히스토리 브러시 툴( )을 클릭하고 옵션바에서 Mode를 'Saturation', Opacity를 '10%'로 설정한 후, 브러시 크기를 다양하게 설정하며 이미지에 드래그하여 채도를 높여 줍니다.

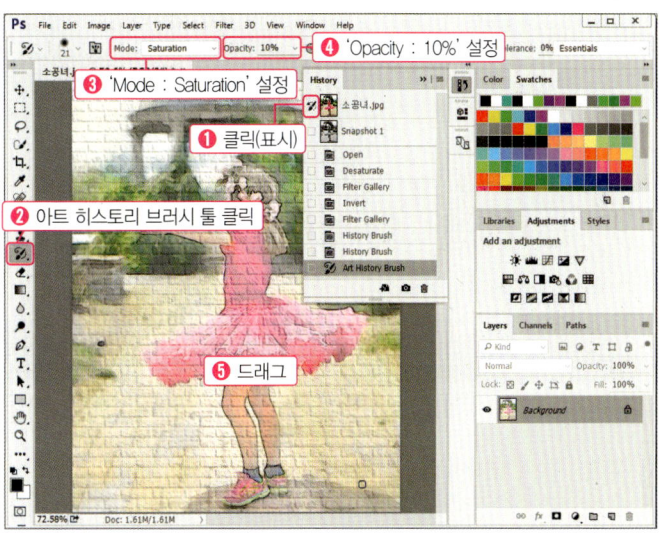

SECTION 041 드래그하며 이미지 보정하기
블러 툴 / 샤픈 툴 / 손가락 툴 / 닷지 툴 / 번 툴 / 스펀지 툴

리터칭 툴은 선명한 이미지를 흐리게, 흐린 이미지를 선명하게 보정하는 툴과 밝은 이미지를 어둡게, 어두운 이미지를 밝게 하는 툴로 구성되어 있습니다. 또한 이미지에 색상을 추가, 제거하고 밀어내는 툴이 있습니다.

블러 툴( ) : 흐리게 하기

- 블러 툴(Blur Tool)은 물방울이 떨어진 것처럼 흐리게 픽셀을 균등화합니다.
- 강조하고 싶지 않거나 흐리게 하고 싶은 경우 사용하며, 경계에 드래그하면 경계가 뭉개지며 흐려지고 면에 문지르면 톤을 고르게 할 수 있습니다.

▲ 원본 이미지

▲ 블러 툴( )로 드래그

샤픈 툴( ) : 선명하게 하기

- 샤픈 툴(Sharpen Tool)은 주로 면보다는 경계에 드래그하여 색의 대비를 더하여 이미지를 또렷하게 합니다.
- 사진의 초점이 맞지 않아 흐린 경우 사용하며 Strength(강도)는 수치가 높을수록 이미지에 적용 강도가 강해집니다.

▲ 원본 이미지

▲ 샤픈 툴( )로 드래그

손가락 툴( ) : 밀어 내기

손가락 툴(Smudge Tool)은 이미지의 픽셀을 연장하여 밀어 내는 기능을 합니다.

▲ 원본 이미지

▲ 손가락 툴( )로 드래그

닷지 툴(, O) : 밝게 하기

닷지 툴(Dodge Tool)은 이미지를 밝게 하거나 하이라이트를 줄 때 사용합니다.

▲ 원본 이미지

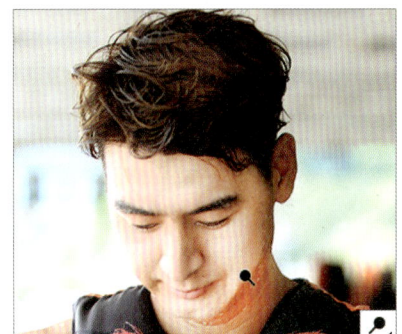
▲ 닷지 툴( )로 드래그

번 툴(, O) : 어둡게 하기

번 툴(Burn Tool)은 이미지를 어둡게 하거나 그림자를 줄 때 효과적입니다. Exposure(노출) 수치가 클수록 효과가 강해집니다.

▲ 원본 이미지

▲ 번 툴( )로 드래그

스펀지 툴(, O) : 채도 조절하기

스펀지 툴(Sponge Tool)은 옵션바의 Mode(모드) 설정에 따라 채도를 낮춰 회색 이미지로 만들거나 채도를 높여 색상이 진한 이미지를 만듭니다.

▲ 원본 이미지　　▲ 스펀지 툴( )로 드래그('Mode : Desaturate' 설정)

닷지 툴의 옵션바

❶ 브러시 프리셋 픽커( ) : 브러시의 크기와 모양을 설정할 수 있고, 다양한 브러시를 제공합니다.
❷ Range(범위) : 적용될 영역을 설정합니다.
  • Shadows(어두운 영역) : 어두운 영역을 선택합니다.
  • Midtones(중간 영역) : 중간 영역을 선택합니다.
  • Highlights(밝은 영역) : 밝은 영역을 선택합니다.
❸ Exposure(노출) : 밝아지는 정도를 설정합니다.
❹ Protect Tones(색조 보호) : 색조는 유지된 상태에서 조정합니다.

번 툴의 옵션바

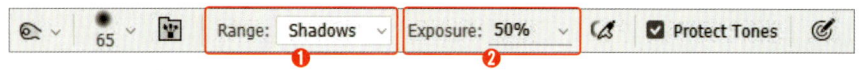

❶ Range(범위) : 적용될 영역을 설정합니다.
  • Shadows(어두운 영역) : 어두운 영역을 선택합니다.
  • Midtones(중간 영역) : 중간 영역을 선택합니다.
  • Highlights(밝은 영역) : 밝은 영역을 선택합니다.
❷ Exposure(노출) : 어두워지는 정도를 설정합니다.

스펀지 툴의 옵션바

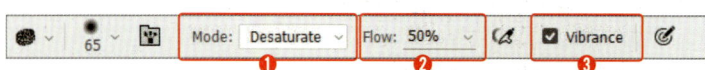

❶ Mode(모드) : 채도를 높이거나 감소시킬 수 있습니다.
  • Desaturate(채도 감소) : 채도를 낮추어 회색으로 만듭니다.
  • Saturate(채도 증가) : 채도를 높여 색상을 더합니다.
❷ Flow(흐름) : 브러시의 강약을 조절합니다. 수치가 클수록 색상이 진해집니다.
❸ Vibrance(활기) : 체크하면 과도한 채도의 손실을 막아줍니다.

| 시작 | 선택&편집 | 리터칭 | 페인팅 | 레이어 | 보정 | 색상모드&채널 | 벡터 | 필터 | 자동화&동영상&3D | 활용 | • 125

SECTION 042 이미지를 흐릿, 선명하게 드래그 하며 보정하기

블러 툴 / 샤픈 툴 / 닷지 툴 / 스펀지 툴

고양이의 중앙 부분은 또렷하게 보정하고, 외곽 부분은 흐리게 하여 이미지의 심도를 더 깊게 만들어 보고, 눈과 코끝의 색상을 더하여 색상을 강조해 보겠습니다.

📁 [준비파일] 3장\푸른눈.jpg   📁 [완성파일] 3장-완성\푸른눈(완성).jpg

01 파일 불러오기

'푸른눈.jpg' 파일을 불러옵니다.

02 흐리게 하기

블러 툴(△.)을 클릭한 후, 옵션바의 브러시 크기를 '150'으로 확대합니다. 외곽을 흐리게 나타나도록 여러 번 드래그합니다.

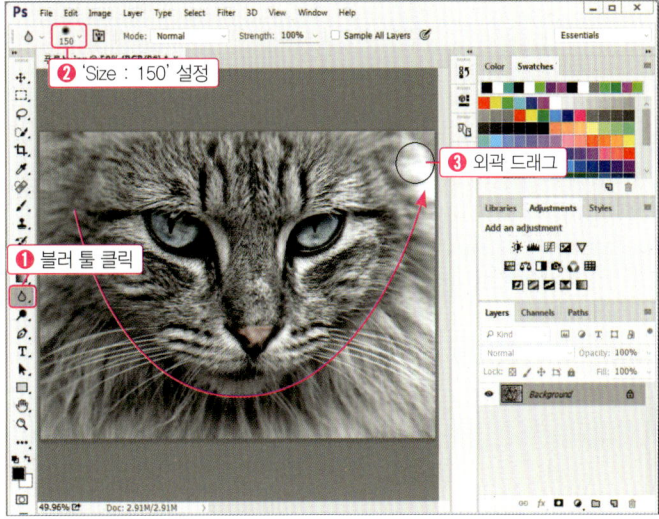

❶ 블러 툴 클릭
❷ 'Size : 150' 설정
❸ 외곽 드래그

03 또렷이 나타나게 하기

샤픈 툴(△.)을 클릭한 후, 옵션바의 브러시 크기를 '50'으로 축소합니다. 눈과 수염, 중앙의 털 등이 뚜렷하게 나타나도록 드래그합니다.

TIP 이미지 전체에 샤픈 효과를 적용하려면 [Filter]-[Sharpen]-[Smart Sharpen] 메뉴를 클릭합니다.

04 얼굴 밝게 하기

닷지 툴()을 클릭한 후, 옵션바의 브러시 크기를 '150'으로 확대하고 중앙 부분을 드래그하여 밝게 합니다.

04 눈, 코 채도 올리기

스펀지 툴(●.)을 클릭한 후, 옵션바의 브러시 크기를 '65'로 축소하고 Mode를 'Saturate'로 설정합니다. 눈동자와 코 윤곽 끝에 드래그하여 채도를 높입니다.

시작 | 선택&편집 | **리터칭** | 페인팅 | 레이어 | 보정 | 색상모드&채널 | 벡터 | 필터 | 자동화&동영상&3D | 활용 · 127

SECTION 043 색상을 빼고 어둡게 드래그하기
스펀지 툴 / 번 툴

이미지를 강조하는 방법 중 하나는 방향성을 제시하거나 색상의 대비를 주는 방법이 있는데 이번 예제에서는 방향성도 주고 배경의 색상을 빼거나 어둡게 하여 주가 되는 이미지를 강조해 보겠습니다.

📁 [준비파일] 3장\블러.jpg   📁 [완성파일] 3장-완성\블러(완성).jpg

01 파일 불러오기
'블러.jpg' 파일을 불러온 후, 이미지를 확대합니다.

02 이미지 선택하기
자석 올가미 툴( )을 클릭한 후, 머리 부분을 클릭하여 시작점을 만듭니다. 윤곽을 따라 이동한 후, 다시 시작점으로 돌아와 클릭합니다.

03 복제 레이어 생성하기
Ctrl + J 를 눌러 선택 영역을 'Layer 1'로 생성합니다.

04 툴 패널에서 손바닥 툴( )을 더블 클릭하여 전체 화면이 보이게 합니다.

TIP 기준점이 윤곽을 벗어나 다른 방향으로 가는 경우 직접 클릭하여 기준점을 만듭니다. Backspace 를 누르면 기준점이 삭제되어 다시 기준점을 추가할 수 있습니다.

05 배경에 블러 실행하기

'Background' 레이어를 선택한 후, [Filter]-[Blur]-[Radial Blur] 메뉴를 클릭하여 Amout를 '20'으로 설정하고 'OK' 버튼을 클릭하면, 원형의 속도감이 연출됩니다.

06 배경 색상 빼기

스펀지 툴( )을 클릭한 후, 옵션바의 브러시 크기를 '200', Mode를 'Desaturate'로 설정하고 블러를 적용한 바깥 부분을 드래그하여 채도를 낮춥니다.

07 배경 어둡게 하기

번 툴( )을 클릭한 후, 옵션바의 브러시 크기를 '200'으로 확대하고 블러를 적용한 바깥 부분을 드래그하여 어둡게 합니다.

Do It Yourself

잡티와 주름 제거하여 동안 이미지 만들기

인물의 잡티와 주름, 수염을 제거하여 깨끗한 피부를 만들어 보고 뒤쪽에 지나가는 행인은 지워봅니다.

[준비파일] 3장\복구.jpg   [완성파일] 3장-완성\복구(완성).jpg

BEFORE

AFTER

How to | 스팟 힐링 브러시 툴( )로 잡티와 점 제거 ➡ 힐링 브러시 툴( )이나 패치 툴( )로 주름 제거 ➡ 패치 툴( )로 배경 인물 제거

채도와 선명도를 조절하여 인물 부각시키기

인물은 색상을 주거나 선명하게 하여 부각시키고, 배경은 색상을 빼거나 흐리게 하여 피사체가 돋보이게 합니다.

[준비파일] 3장\옆모습.jpg   [완성파일] 3장-완성\옆모습(완성).jpg

BEFORE

AFTER

How to | 스펀지 툴( )로 머리카락, 입술 색상 추가, 뒤 배경은 색상 제거 ➡ 블러 툴( )로 피부 결 보정 ➡ 샤픈 툴( )로 머리카락 선명하게 보정

Adobe Photoshop CC & CS6

CHAPTER 04

브러시가 이끄는 대로 페인팅

캔버스에 새로 그림을 그리거나 스캔 받은 이미지에 덧칠할 수 있는 페인팅 기능은 기존의 사진을 리터칭하는 형식이 아니라 새롭게 그려내는 방식이므로 개인의 색상 선택 감각과 드로잉 실력이 확연히 드러나는 부분입니다.

SECTION 044 다양한 방법의 색상 선택하기

툴 패널, Color 패널, Swatches 패널,
Color Picker 대화상자, 스포이트 툴

페인팅 툴은 공통적으로 전경색으로 선택된 색상이 적용되므로, 색상을 선택하는 작업이 선행되어야 합니다. 색상을 선택하는 방법에는 툴 패널에서 선택하는 방법, Color 패널과 Swatches 패널에서 선택하는 방법, 스포이트 툴을 이용하여 이미지에서 직접 색상을 추출하는 방법이 있습니다.

툴 패널에서 색상 선택하기

'전경색(Foreground Color)'은 그림을 그리거나 글자를 입력하면 나타나는 색상입니다. '배경색(Background Color)'은 지우개 툴의 색상 또는 캔버스 크기를 확장하거나 이동 툴로 이미지를 이동한 후 빈 여백에 나타나는 색상입니다.

❶ 기본 색상 설정(D) : 클릭하면 초기값(전경색 '검은색', 배경색 '흰색')으로 설정됩니다.
❷ 전환 버튼(X) : 전경색과 배경색을 교체합니다.
❸ 전경색(Foreground Color) : 현재 선택된 전경 색상을 표시합니다. Alt + Delete 를 누르면 전경색으로 채울 수 있습니다.
❹ 배경색(Background Color) : 현재 선택된 배경 색상을 표시합니다. Ctrl + Delete 를 누르면 배경색으로 채울 수 있습니다.

Color 패널에서 색상 선택하기

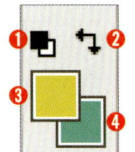
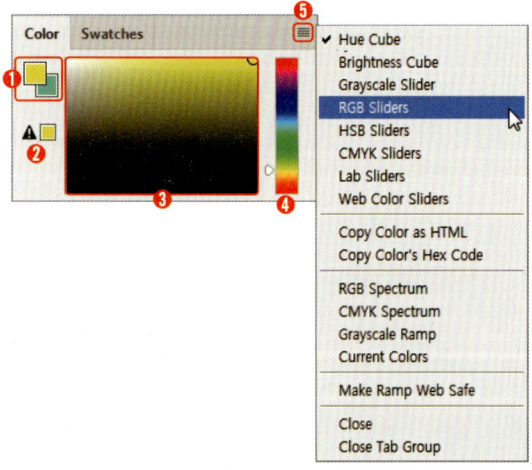

❶ 전경색과 배경색 : 현재 활성 중인 색상에는 흰색의 이중 테두리가 표시되며 변경한 색상이 적용됩니다.
❷ 인쇄 경고 표시 : 인쇄 가능한 색상 영역에서 벗어남을 경고합니다. 클릭하면 표시된 색상으로 변경됩니다.
❸ 색상 필드 : 클릭하여 색상을 선택합니다. 위로 갈수록(명도, Brightness) 색상이 밝아지고, 오른쪽으로 갈수록(채도, Saturation) 색상이 진해집니다.
❹ 색상 바 : 색상 바를 클릭하거나 삼각 슬라이더( )를 이동하여 색조를 찾습니다.
❺ 이미지의 최종 출력 매체에 따라 CMYK Sliders와 RGB Sliders 등 8가지 색상 체계의 슬라이더 형식의 Color 패널을 사용할 수 있습니다.

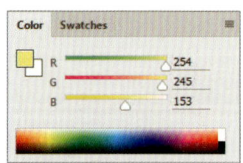

▲ RGB Sliders

Swatches 패널에서 색상 선택하기

색상을 클릭하면 툴 패널의 전경색으로 설정되고, Ctrl을 누른 채 클릭하면 배경색으로 설정됩니다.

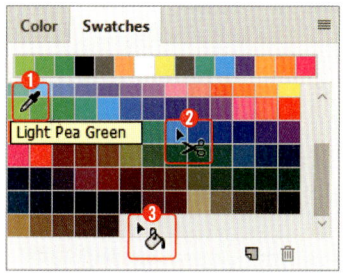

❶ **색상 추출** : 패널의 색상 위로 마우스 포인터를 이동하면 스포이트 툴로 변경되고, 색상 이름이 표시되며, 클릭하면 전경색으로 설정됩니다.

❷ **색상 삭제** : Alt 를 누른 채 색상 위로 마우스 포인터를 이동하면 가위 툴로 변경되고, 클릭하면 색상이 삭제됩니다.

❸ **색상 추가** : 빈 곳으로 마우스 포인터를 이동하면 페인트 통 툴로 변경되고, 클릭하면 색상을 추가할 수 있습니다.

Color Picker 대화상자에서 색상 선택하기

툴 패널의 전경색이나 배경색을 더블 클릭하여 불러낼 수 있습니다.

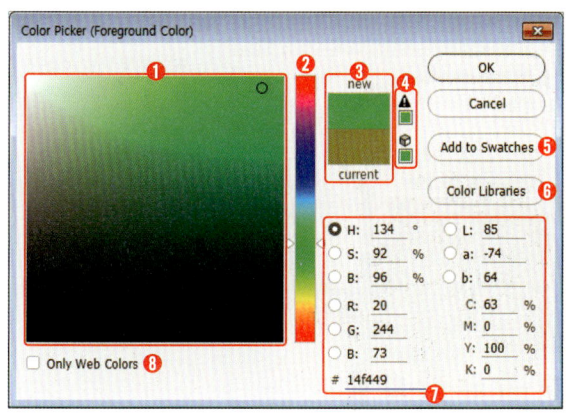

❶ **색상 필드** : 클릭하여 색상을 선택합니다.
❷ **색상(Hue) 바** : 색조를 찾습니다.
❸ **new/current** : 새로 조정된 색상(new)과 현재 설정되어 있는 색상(current)을 표시합니다.
❹ **경고 표시**
- ⚠ : 인쇄 가능한 색상 영역에서 벗어나 인쇄가 불가능함을 경고합니다. 클릭하면 인쇄할 수 있는 색상으로 변경해 줍니다.
- ⬢ : 웹에 적합한 색상이 아님을 경고합니다. 클릭하면 웹에서 표현할 수 있는 색상으로 변경해 줍니다.

❺ **Add to Swatches** : Swatches 패널에 저장합니다.
❻ **Color Libraries** : 별색을 지정할 수 있도록 컬러 차트들이 나타납니다.
❼ **색상 값** : 클릭한 지점의 색상 값이 HSB, RGB, Lab, CMYK, 16진수 숫자 값(# : HTML 코드에 사용됨) 등 다양한 색상 모델에서 어떻게 나타나는지 자동으로 표시합니다.
❽ **Only Web Colors** : 체크하면 웹에서만 표현되는 색을 표시합니다.

스포이트 툴로 전경색 추출하기

스포이트 툴(✎)로 이미지를 클릭하면 전경색으로 등록할 수 있습니다.

SECTION 045 이미지에서 색상 추출하고 색상 등록하기

스포이트 툴

스포이트 툴()을 이용하여 전경색을 추출해 Swatches 패널에 저장해 보겠습니다. 그리고 추출한 전경색으로 이미지를 칠해봅니다.

[준비파일] 4장\티팟.jpg   [완성파일] 4장-완성\티팟(완성).jpg

01 파일 불러오기
'티팟.jpg' 파일을 불러옵니다.

02 전경색 추출하여 저장하기
스포이트 툴( )로 꼭지 부분을 클릭합니다.

03 Swatches 패널의 빈 곳을 클릭합니다. Color Swatch Name 대화상자가 나타나면 'OK' 버튼을 클릭합니다.

04 Swatches 패널을 클릭하여 색상이 등록된 것을 확인합니다.

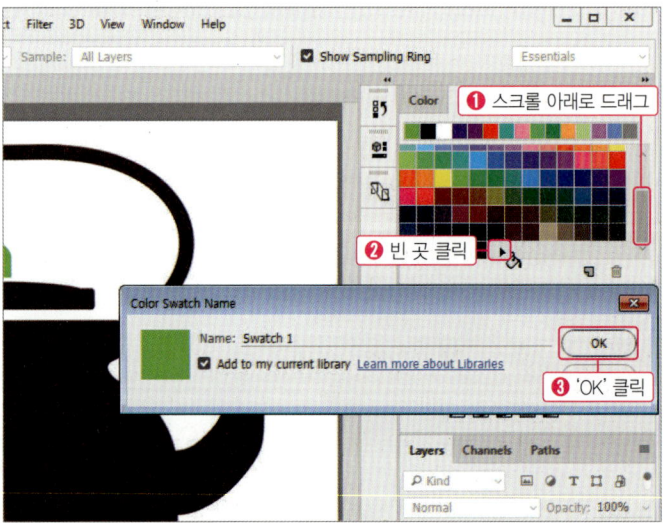

05 전경색 변경하기

툴 패널의 전경색을 클릭합니다. Color Picker 대화상자가 나타나면 색상 바를 드래그하여 색조를 찾고 색상 필드를 클릭하여 색상을 선택한 후, 'OK' 버튼을 클릭합니다.

06
툴 패널의 전경색이 변경된 것을 확인할 수 있습니다.

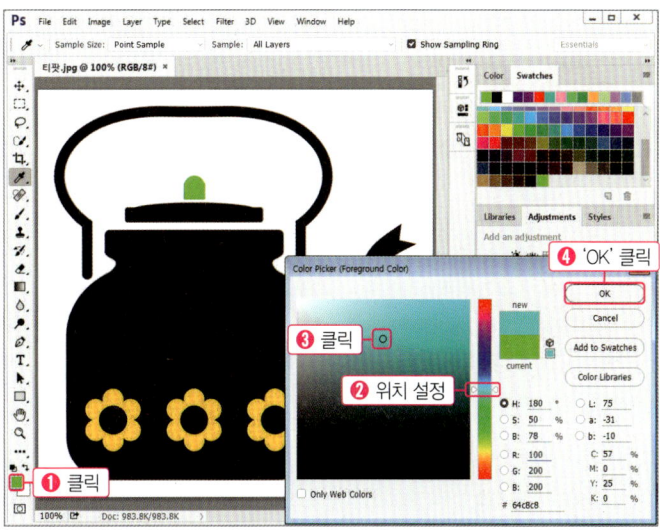

07 전경색으로 채우기

마술봉 툴()을 클릭한 후, 'Contiguous'의 체크를 해제하고 주전자를 클릭하여 선택 영역을 설정합니다.

08
[Alt]+[Delete]를 눌러 전경색으로 채웁니다.

> **TIP** 마술봉 툴( )의 옵션바에서 'Contiguous'를 해제하고 주전자를 클릭하면 선택 범위의 경계 넘어서까지 색상을 선택해주기 때문에 여러 번 클릭하지 않아도 한 번에 선택할 수 있습니다.

09 전경색으로 배경 채우기

배경(흰색)을 선택한 후, 색상을 변경해 봅니다.

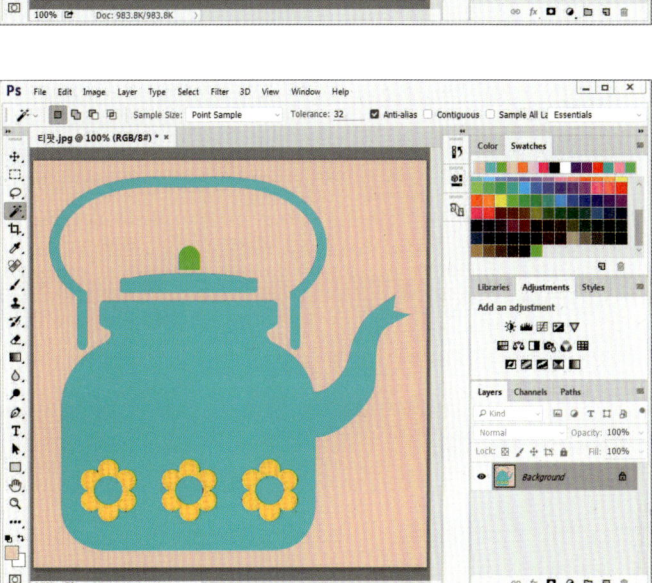

> **TIP** 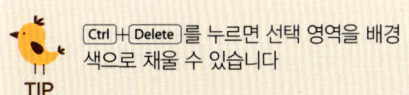를 누르면 선택 영역을 배경색으로 채울 수 있습니다

단번에 색상, 패턴 채우기
페인트통 툴, Fill

페인트통 툴은 특별히 선택 영역을 지정하지 않아도 클릭만으로 색상, 패턴을 채우는 툴입니다.

페인트통 툴(, G) : 페인트통 툴로 단번에 채우기

- 페인트통 툴(Paint Bucket Tool)은 클릭만 하면 전경색의 색상으로 칠하거나 패턴으로 채울 수 있습니다.
- 선택 영역을 설정하지 않아도 옵션바의 'Tolerance(허용치)'의 수치(0~255)에 따라 칠해지는 범위가 조절됩니다.

▲ 'Foreground'로 설정하고 클릭

▲ 'Pattern'으로 설정하고 클릭

Fill(칠) 대화상자(Shift + F5)

- [Edit]-[Fill] 메뉴를 선택하면 나타나는 대화상자에서 다양한 옵션을 설정하여 색상이나 이미지를 채울 수 있습니다.
- 선택 영역을 지정하면 선택 범위 안에 채워지지만 만약 선택 영역을 지정하지 않으면 전체 이미지에 채워집니다.

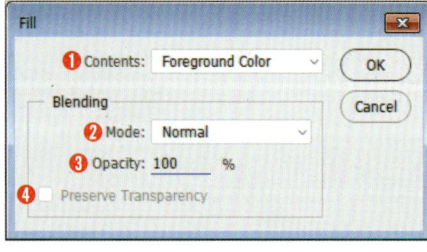

❶ **Contents(내용)** : 전경색, 배경색, 색상, 내용 인식, 패턴, 작업 내역, 검정색, 회색, 흰색으로 채울 수 있습니다.

❷ **Mode(모드)** : 선택한 색상과 이미지의 블렌드 모드를 설정하여 혼합합니다.

❸ **Opacity(불투명도)** : 채워질 색상의 불투명도를 설정합니다.

❹ **Preserve Transparency(투명도 유지)** : 체크하면 투명 영역은 보호하여 색상이 채워지지 않습니다.

SECTION **047** 패턴 등록하고 적용하기
Define Pattern

반복적인 패턴을 등록하는 방법과 적용하는 방법에 대하여 알아보겠습니다.

[준비파일] 4장\케이크.jpg   [완성파일] 4장-완성\케이크(완성).jpg

01 파일 불러오기

'케이크.jpg' 파일을 불러옵니다.

02 패턴 등록하기

[Edit]-[Define Pattern] 메뉴를 클릭합니다. Pattern Name 대화상자에 '케이크.jpg' 패턴 이름이 자동 설정되면 'OK' 버튼을 클릭합니다.

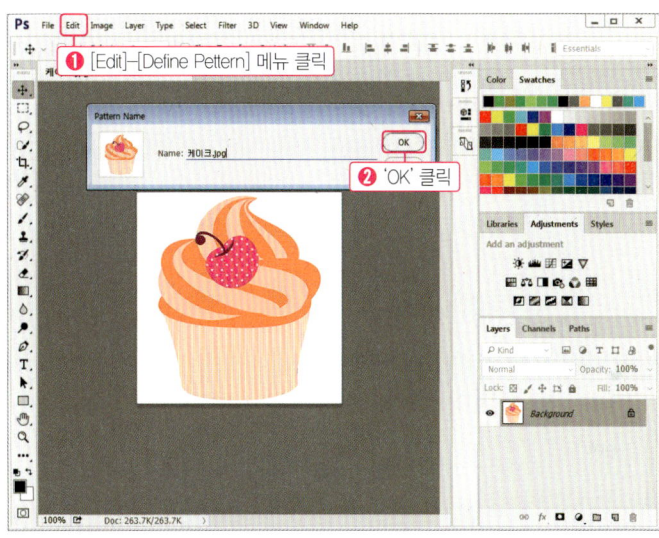

 TIP 이미지의 일부를 패턴으로 등록할 때는 사각형 선택 툴( )로 선택하고 옵션바의 Feather는 반드시 '0'으로 설정하고 선택해야 합니다.

03 패턴을 적용할 종이 만들기

Ctrl+N을 눌러 New 대화상자가 나타나면 Name을 '패턴'으로 입력합니다. 계속해서 Width를 '600Pixels', Height를 '600Pixels', Resolution을 '72Pixels/Inch', Background Contents를 'White'로 설정하고 'OK' 버튼을 클릭합니다.

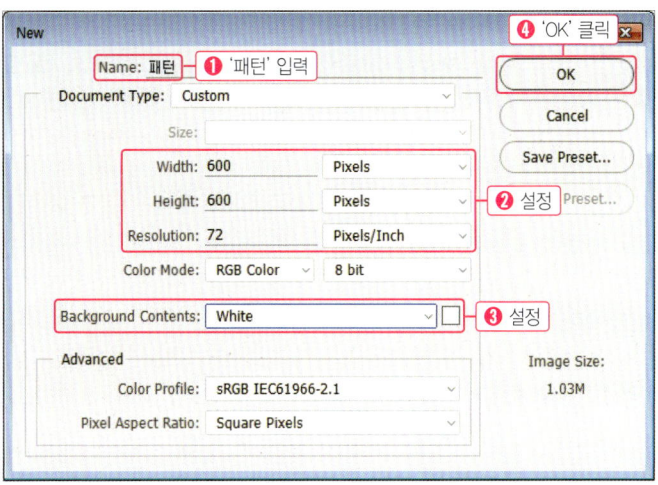

04 패턴 채우기

페인트통 툴( )을 클릭한 후, 옵션바에서 'Pattern'을 설정합니다. 패턴 픽커( )를 클릭하여 '케이크.jpg' 패턴을 선택합니다.

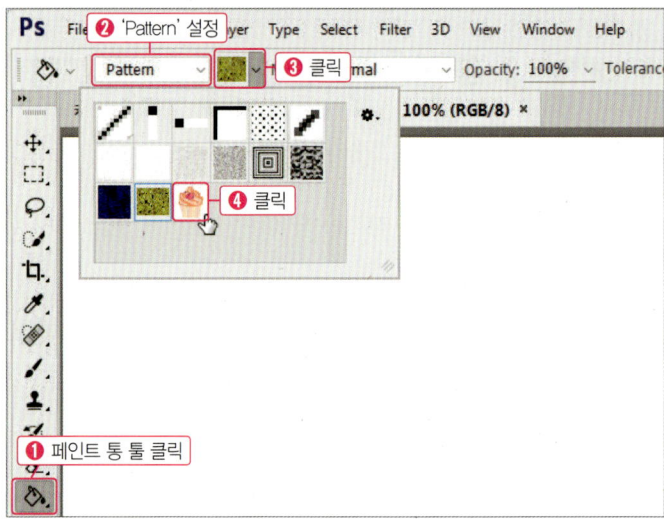

05 이미지 창을 클릭하면 패턴으로 채워집니다.

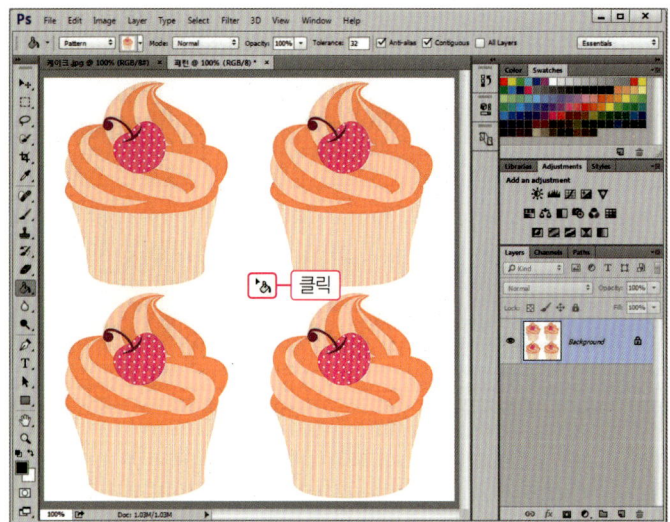

06 가이드선 만들기

[View]-[Rulers] 메뉴를 클릭하여 눈금자를 불러온 후, 눈금자를 마우스 오른쪽 버튼으로 클릭하여 단위를 'Centimeters'로 설정합니다.

07 위쪽 눈금자에서 아래로 드래그하여 중앙의 '10.3cm' 지점에 가이드 선을 생성합니다.

08 같은 방법으로 왼쪽 눈금자에서 오른쪽으로 드래그하여 중앙의 '10.3cm' 지점에 가이드 선을 생성합니다.

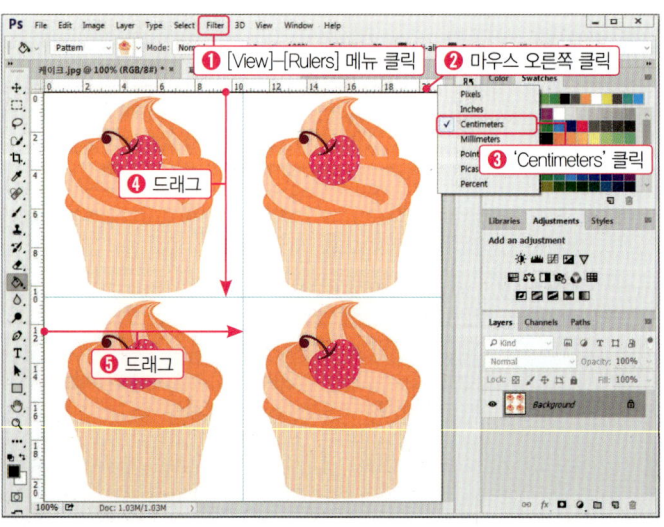

09 선택 영역 지정하기

사각형 선택 툴( )을 클릭한 후, 가이드 선까지 드래그하여 왼쪽 패턴 이미지를 선택합니다.

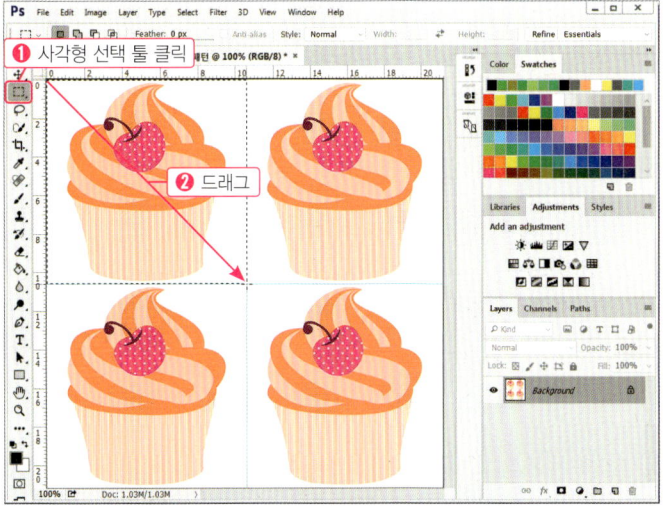

10 페인트통 툴로 색상 채우기

페인트통 툴( )을 클릭한 후, 옵션바에서 'Foreground'를 선택합니다.

11 Swatches 패널에서 붉은 계열의 색상을 클릭하고 왼쪽위 케이크 배경을 클릭하여 색상을 채웁니다.

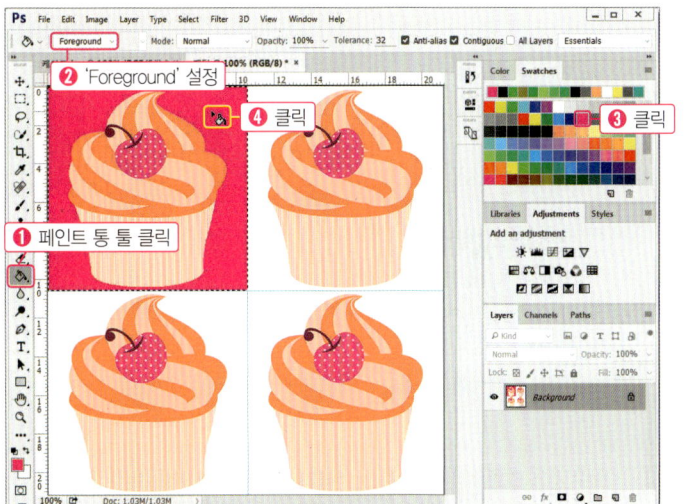

12 패턴에 다양한 색상 채우기

다른 패턴 이미지도 다양한 색상을 채워 완성합니다. 선택을 해제하려면 Ctrl+D를 누릅니다.

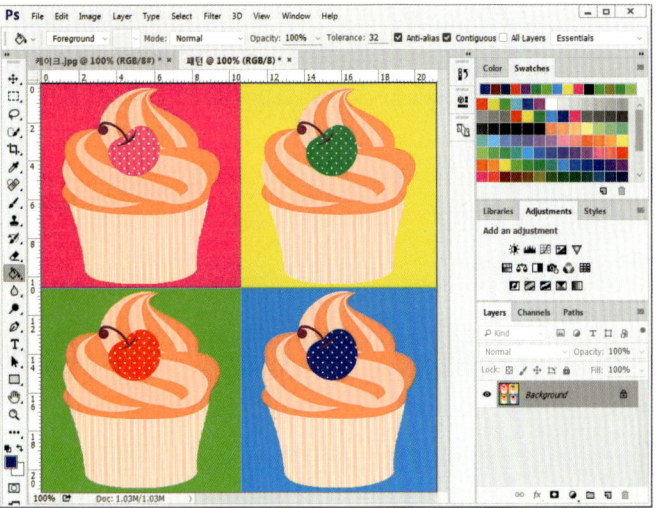

TIP 숨기기
- [View]-[Clear Guides] 메뉴를 클릭하면 가이드 선이 사라집니다.
- [View]-[Rulers] 메뉴를 다시 클릭하면 눈금자가 사라집니다. Ctrl+R을 눌러 눈금자를 표시하거나 숨길 수도 있습니다.

SPECIAL SECTION: 다양한 방법으로 패턴 만들기

이미지를 패턴으로 등록해 놓으면 반복적인 배경으로 활용할 때 유용합니다.
포토샵의 페인트통 툴( )이나 패턴 도장 툴( )을 이용하면 부분적으로도 패턴을 채울 수 있으며, [Layer]-[New Fill Layer]-[Pattern] 메뉴를 클릭하면 패턴의 크기를 조절할 수 있습니다.

이음새 없는 패턴 만들기

[준비파일] 4장\커피패턴.psd

01 가로, 세로가 '500px*500px'인 이미지를 준비하고 레이어를 복사하여 두 장을 겹칩니다.

02 [Filter]-[Other]-[Offset] 메뉴를 클릭하여 가로 방향, 세로 방향을 각각 '250 px'로 이동하고 'Wrap Around'를 실행합니다.

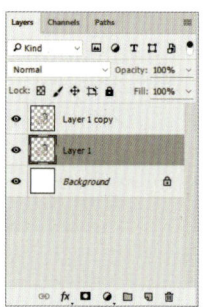

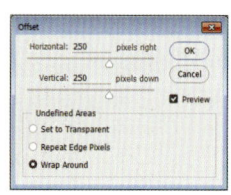

03 이음새를 표시나지 않게 하기 위해 아래 레이어의 하트 무늬를 올가미 툴( )로 선택한 후, 이동 툴( )로 Alt 를 누른 채 이동하여 복사하는 방법으로 빈 여백을 채웁니다.

04 빈 여백을 모두 채웠으면 선택을 해제하고 [Edit]-[Define Pattern] 메뉴를 클릭하여 패턴을 등록합니다.

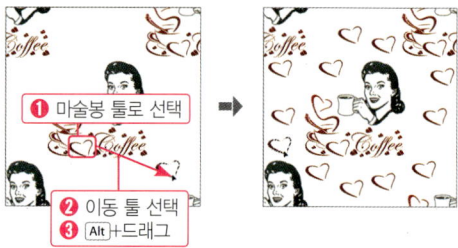

05 만든 패턴 보다 큰 종이를 생성한 후, 페인트통 툴( )을 활용하여 **04**에서 설정한 패턴으로 채웁니다.

스크립트 패턴으로 만들기

[준비파일] 4장\커피패턴.psd

[Edit]-[Fill] 메뉴를 클릭한 후, Fill 대화상자가 나타나면 Contents를 'Pattern'으로 설정하고 'Script'를 체크하면 6가지의 기하학적인 모양으로 패턴을 적용할 수 있습니다.

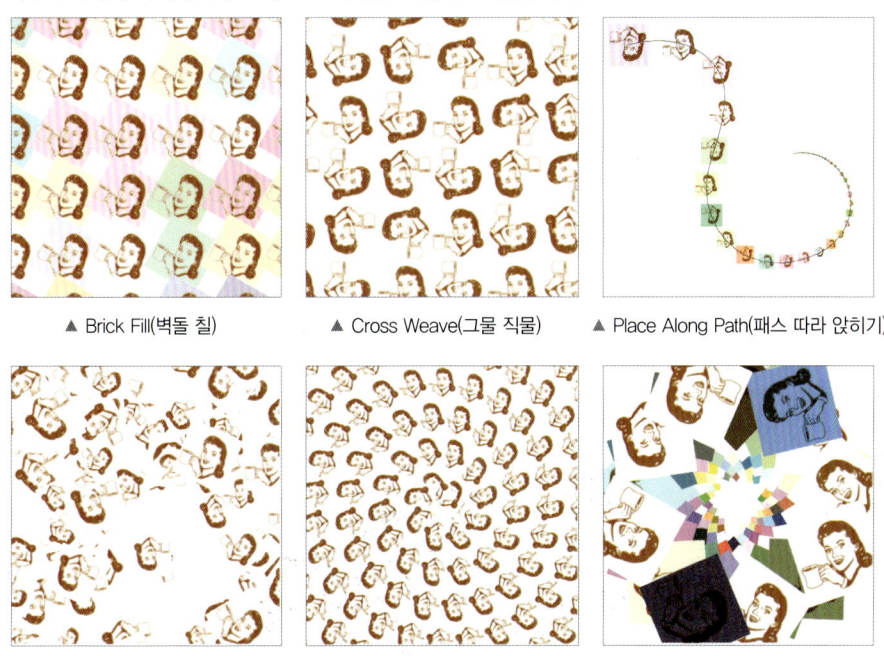

▲ Brick Fill(벽돌 칠)　　▲ Cross Weave(그물 직물)　　▲ Place Along Path(패스 따라 앉히기)

▲ Random Fill(임의 칠)　　▲ Spiral(나선형)　　▲ Symmetry Fill(대칭 칠하기)

체크 패턴 만들기

[준비파일] 4장\타탄패턴.psd, 버버리패턴.psd

씨실(가로)과 날실(세로)을 격자로 교차하여 만들고 레이어 블렌드 모드와 불투명도를 낮추어 교차 지점의 색상이 중첩되어 보이게 하여 만듭니다.

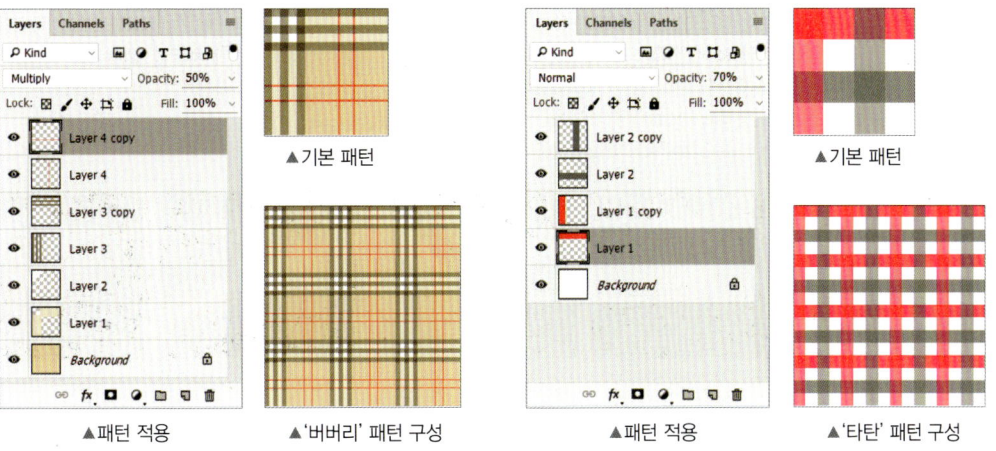

▲ 패턴 적용　　▲ '버버리' 패턴 구성　　▲ 패턴 적용　　▲ '타탄' 패턴 구성

SECTION 048 점진적으로 변화되는 색상 채우기
그레이디언트 툴

그레이디언트 툴은 원근감을 나타내는 이미지나 저녁노을, 그림자, 반사광처럼 점진적으로 변화하는 색상을 만들 때 주로 사용합니다.

그레이디언트 툴(▇, G) : 점진적인 색상 채우기

- 그레이디언트 툴(Gradient Tool)은 드래그한 위치, 길이, 각도의 영향으로 변화되는 색상이 채워집니다.
- 이미지 위에서 드래그하는 시작 지점이 그레이디언트 시작 색상이며, 끝나는 지점이 끝 색상이 되기 때문에 드래그 길이가 길면 색상이 서서히 변화하고 짧으면 급격히 변화하는 그레이디언트가 생성됩니다.

▲ 위에서 아래로 짧게 드래그

▲ 대각선으로 길게 드래그

그레이디언트 옵션바

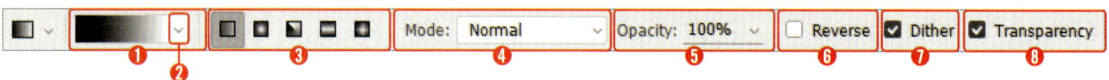

❶ ▇ (그레이디언트바) : 현재 선택된 그레이디언트가 표시되고, 그레이디언트바를 클릭하면 Gradient Editor 대화상자가 나타나 그레이디언트를 생성, 편집할 수 있습니다.

❷ ˇ (Gradient picker, 그레이디언트 픽커) : 제공되는 그레이디언트 목록이 나타납니다.

❸ 그레이디언트 형태 : 그레이디언트 형태를 지정할 수 있습니다.

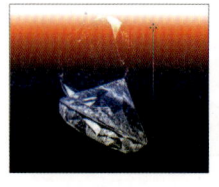
▲ 선형(Linear)

▲ 방사형(Radial)

▲ 각진(Angle)

▲ 반사(Reflected)

▲ 다이아몬드(Diamond)

❹ Mode(모드) : 배경색과 그레이디언트 색상의 블렌드 모드를 설정합니다.
❺ Opacity(불투명도) : 그레이디언트로 칠하는 색의 불투명도를 설정합니다.
❻ Reverse(반전) : 색상의 순서를 반대로(끝색에서 시작색으로) 변경합니다.
❼ Dither(디더) : 중간에 끊김 현상(밴딩 현상)이 적은 단계로 부드럽게 표현합니다.
❽ Transparency(투명도) : 그레이디언트의 투명도를 설정합니다.

Gradient Editor 대화상자

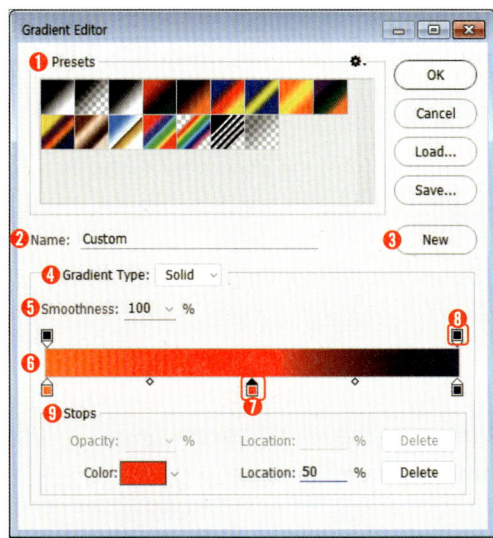

❶ **Presets(사전 설정)** : 기존의 그레이디언트와 새로 만든 그레이디언트가 저장되어 있습니다.
❷ **Name(이름)** : 선택한 그레이디언트의 이름이 표시됩니다. 새로운 이름을 설정할 수 있습니다.
❸ **New(새로 만들기)** : 새 그레이디언트를 만듭니다.
❹ **Gradient Type(그레이디언트 유형)** : 'Solid(단색)'와 띠 모양의 'Noise(노이즈)' 중 선택합니다.
❺ **Smoothness(매끄러움)** : 그레이디언트의 색 전환을 부드럽게 합니다.
❻ **그레이디언트바** : 현재 그레이디언트를 표시합니다.
❼ **Color Stop(색상 정지점)** : 해당 색상을 나타냅니다.
❽ **Opacity Stop(불투명도 정지점)** : 불투명도를 나타냅니다.
❾ **Stops(정지점)** : Color Stop을 선택하면 색상, 위치를 변경할 수 있고, Opacity Stop을 클릭하면 불투명도, 위치를 변경할 수 있습니다.

그레이디언트 만들기

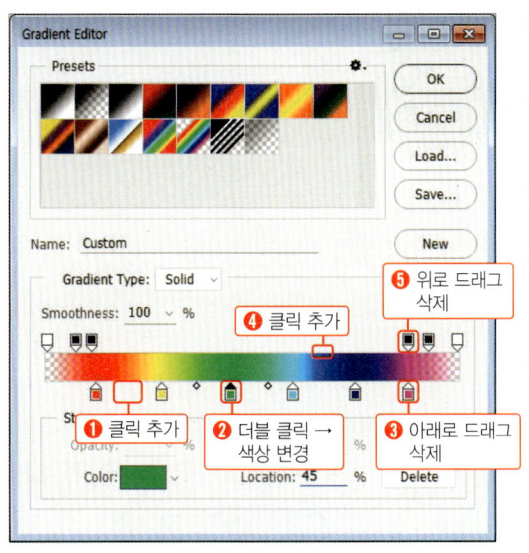

❶ **색상 추가하기** : 그레이디언트바의 아래쪽 빈 곳을 클릭하면 Color Stop이 추가되어 색상이 추가됩니다.
❷ **색상 변경하기** : Color Stop을 더블 클릭하여 색상을 변경할 수 있습니다. 또는 Color Stop을 클릭하면 활성화된 Stop 항목의 Color를 클릭해 변경합니다.
❸ **색상 삭제하기** : 그레이디언트바의 Color Stop을 아래로 드래그하면 삭제됩니다.
❹ **투명도 추가하기** : 그레이디언트바의 위쪽 빈 곳을 클릭하면 Opacity Stop이 추가됩니다. 활성화된 Stops 항목에서 Opacity(불투명도)와 Location(위치)을 설정할 수 있습니다.
❺ **투명도 삭제하기** : 그레이디언트바의 Opacity Stop을 위로 드래그하면 삭제됩니다.

SECTION 049 반사광이 빛나는 보석 배경 만들기
그레이디언트 툴

밋밋해 보일 수 있는 단조로운 배경을 여러 단계의 색상으로 표현될 수 있는 그레이디언트를 이용하여 꾸며 보겠습니다.

[준비파일] 4장\다이아.psd   [완성파일] 4장-완성\다이아(완성).psd

01 파일 불러오기
'다이아.psd' 파일을 불러옵니다.

02 그레이디언트 색상 설정하기
그레이디언트 툴(■)을 클릭한 후, 옵션 바에서 그레이디언트바를 클릭합니다.

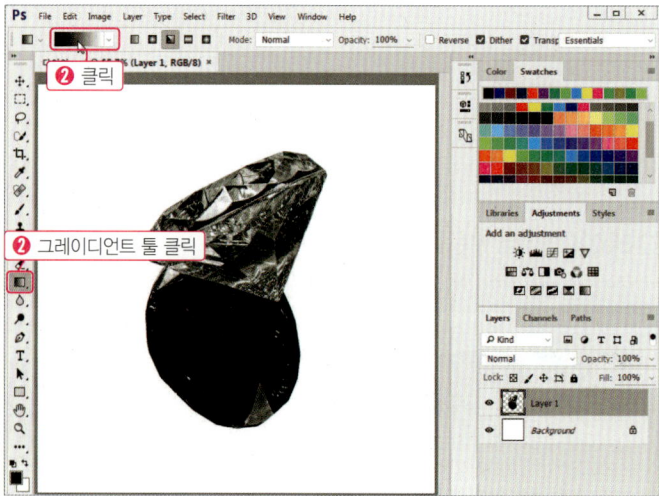

03 Gradient Editor 대화상자가 나타나면 그레이디언트바 하단의 Color Stop(색상 정지점)을 더블 클릭합니다.

04 Color Picker 대화상자가 나타나면 녹색을 클릭하고 'OK' 버튼을 클릭합니다.

05 Color Stop(색상 정지점)의 변경 색상을 확인하고 Location을 '30'으로 입력합니다.

 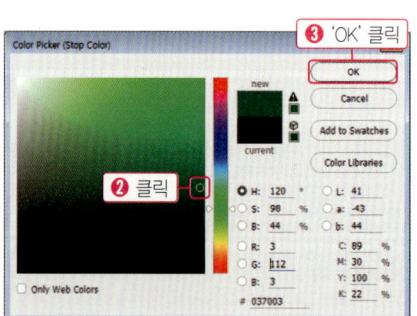 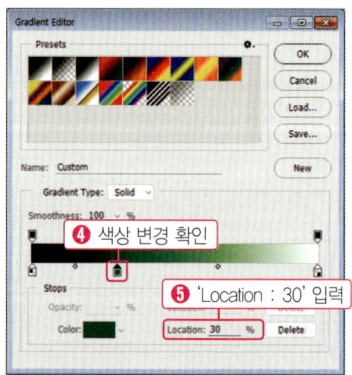

TIP 'New' 버튼을 클릭하면 Preset에 저장할 수 있고 'Save' 버튼을 클릭하면 그레이디언트 목록을 저장하여 공유할 수 있습니다.

06 그레이디언트바의 Color Stop(색상 정지점)을 클릭하고 Swatches 대화상자에서 보라색을 클릭합니다.

07 Color Stop(색상 정지점)의 변경 색상을 확인한 다음 Location을 '70'으로 입력하고 'OK' 버튼을 클릭하여 Gradient Editor 대화상자를 닫습니다.

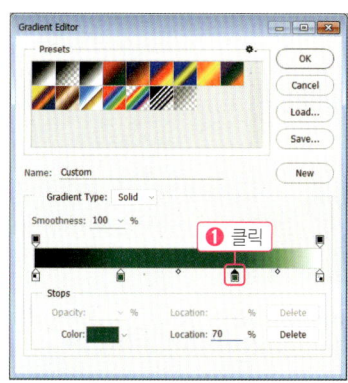

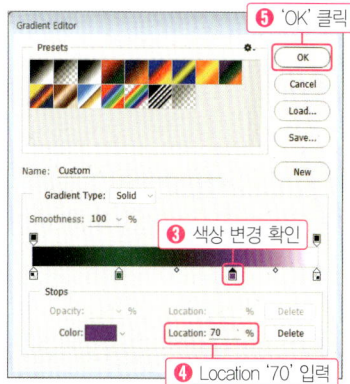

08 그레이디언트 적용하기

옵션바에서 원뿔 형태의 'Angle Gradient'를 클릭합니다. 중앙에서부터 대각선으로 드래그합니다.

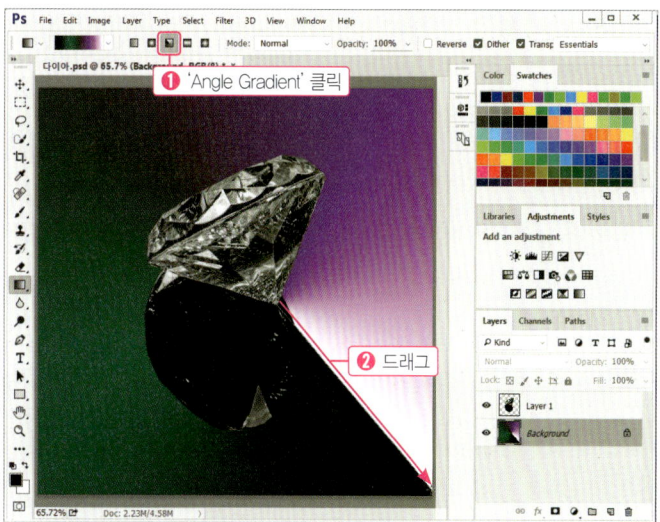

09 'Layer 1'의 블렌드 모드 변경하기

Layers 패널에서 'Layer 1' 레이어를 클릭하여 활성화한 후, 블렌드 모드를 'Linear Dodge(Add)'로 변경하여 밝게 변경합니다.

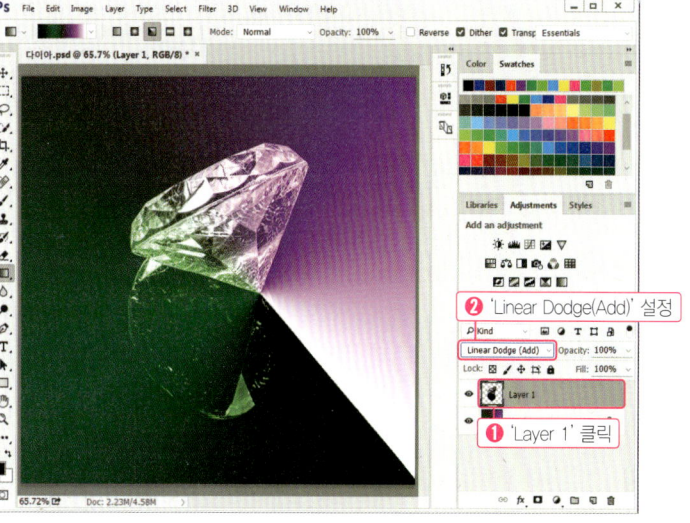

TIP 선형 닷지 블렌드 모드

Linear Dodge(Add) 블렌드 모드는 검은색을 제외한 색의 명도를 증가시킵니다.

* Layers 패널에 관한 설명은 [Chapter 05]에서 자세히 다룹니다.

10 'Background copy' 레이어 생성

Layers 패널에서 'Background' 레이어를 Create a new layer( ) 버튼으로 드래그하여 'Background copy' 레이어를 생성한 후, 이미지에서 드래그합니다.

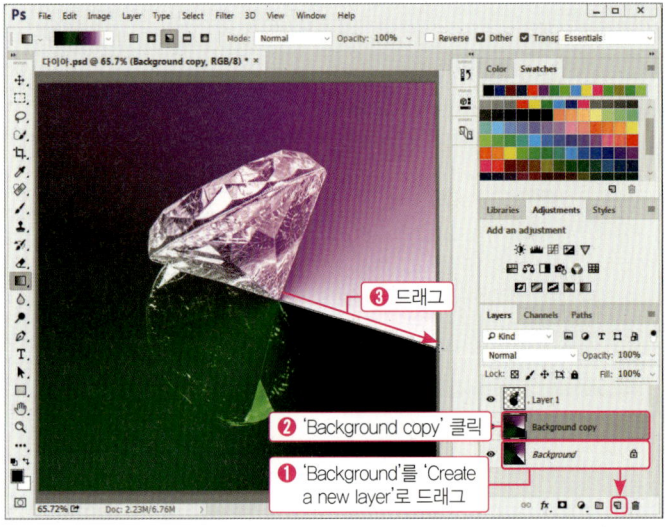

11 색조 변경하기

[Image]-[Adjustments]-[Hue/Saturation] 메뉴를 클릭하여 대화상자가 나타나면 Hue를 '-60'으로 설정하고 'OK' 버튼을 클릭합니다.

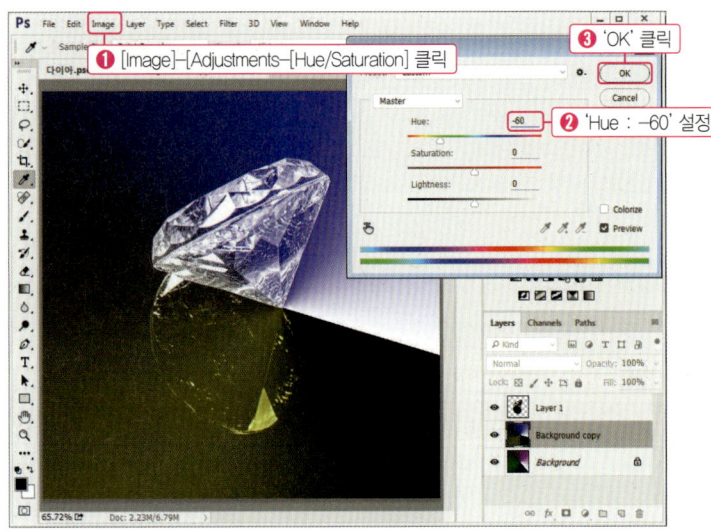

12 'Background copy' 레이어의 블렌드 모드를 'Linear Light'로 설정합니다.

TIP 선형 라이트 블렌드 모드
Linear Light 블렌드 모드는 위 레이어가 50% 회색보다 밝으면 명도가 높아지고, 어두우면 명도를 낮춥니다.

페인팅 세계로의 초대
브러시 툴, 연필 툴

브러시 툴과 연필 툴은 Brush 패널에서 다양한 브러시를 설정하거나 편집하여 사용할 수 있습니다. 자주 사용하는 브러시는 프리셋 픽커에 설정값을 저장해 놓으면 필요할 때마다 다시 설정하지 않아도 프리셋 픽커에서 클릭하여 사용할 수 있습니다.

브러시 툴(, B)과 연필 툴(, B) : 드래그하여 칠하기

- 브러시 툴(Brush Tool)은 수작업에서 사용하는 실제 브러시와 같은 기능을 담당하는 툴로, 선의 윤곽을 부드럽게 칠할 수 있습니다.
- 연필 툴(Pencil Tool)은 선의 윤곽이 에일리어스(Aliased)되기 때문에 거칠지만 픽셀 단위의 작업을 하는 픽셀 아트나 이모티콘을 그릴 때 유용합니다. 옵션바에서 'Auto Erase'를 체크하면 전경색으로 칠하다가 마우스를 떼고, 칠한 부분을 다시 칠하면 배경색으로 칠해집니다.

▲ 브러시 툴을 사용한 그림

▲ 연필 툴을 사용한 그림

연필 툴 옵션바

❶ **툴 프리셋 픽커** : 옵션을 설정하고 저장하여 편리하게 불러와 사용할 수 있습니다.
❷ **브러시 프리셋 픽커** : 브러시의 크기와 모양을 설정할 수 있으며 다양한 브러시를 제공합니다.
❸ **(Toggle the Brush panel)** : Brush 패널과 Brush Presets 패널을 불러오는 버튼입니다.
❹ **Mode(모드)** : 브러시의 색상과 배경 이미지와의 혼합 모드를 설정합니다.
❺ **Opacity(불투명도)** : 브러시 색상의 불투명도를 설정합니다.
❻ **(Pressure for Opacity)** : 태블릿으로 작업할 때 펜의 압력으로 브러시 색상의 불투명도를 조절합니다.
❼ **Auto Erase(자동 지우기)** : 연필 선이 지나간 자리를 다시 지나가면 배경색으로 칠해집니다.
❽ **(Pressure for Size)** : 태블릿으로 작업할 때 펜의 압력으로 브러시 크기를 조절합니다.

브러시 툴 옵션바

❶ **툴 프리셋 픽커** : 옵션을 설정하고 저장하여 편리하게 불러와 사용할 수 있습니다.

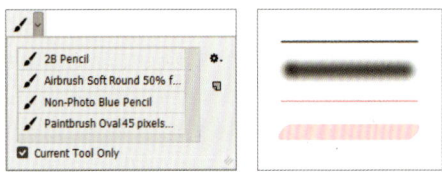

❷ **브러시 프리셋 픽커** : 브러시의 크기과 모양을 설정할 수 있으며 다양한 브러시를 제공합니다.

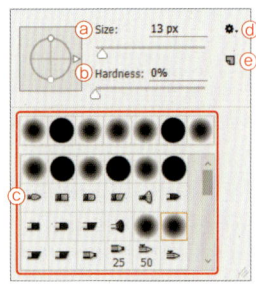

ⓐ **Size(크기)** : 브러시 마크 크기를 조절합니다.
ⓑ **Hardness(강도)** : 브러시 마크의 윤곽 강도를 조절합니다.
ⓒ **프리셋(사전 설정)** : 포토샵에서 제공되는 브러시의 기본 모양으로, 브러시 마크 아래 숫자는 픽셀 크기입니다.
ⓓ **(픽커 메뉴)** : 다른 브러시를 불러오거나 브러시의 표시 방법을 변경합니다.
ⓔ **(뉴 프리셋)** : 현재 브러시의 설정값을 새롭게 프리셋에 등록하여 저장할 수 있습니다.

❸ **(Toggle the Brush panel)** : Brush 패널과 Brush Presets 패널을 불러오는 버튼입니다. 포토샵에서 제공하는 기본 브러시 옵션을 변경하여 사용할 수 있습니다.

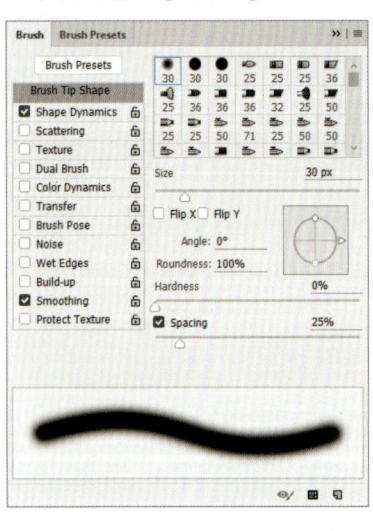 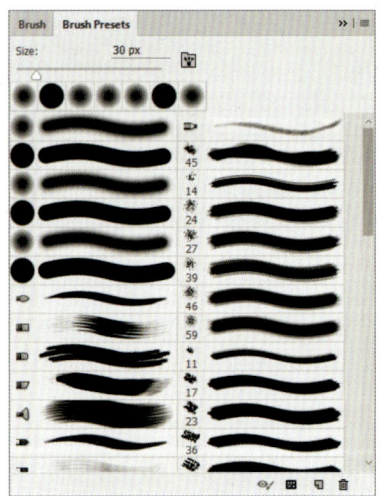

❹ **Mode(모드)** : 브러시의 색상과 배경 이미지와의 혼합 모드를 설정합니다.
❺ **Opacity(불투명도)** : 브러시 색상의 불투명도를 설정합니다.
❻ **(Pressure for Opacity)** : 태블릿으로 작업할 때 펜의 압력으로 브러시 색상의 불투명도를 조절합니다.
❼ **Flow(흐름)** : 브러시의 강약을 조절합니다. 수치가 클수록 색상이 진해집니다.
❽ **(Airbrush – style)** : 클릭하고 있으면 에어브러시처럼 계속해서 색상이 분사됩니다.
❾ **(Pressure for Size)** : 태블릿으로 작업할 때 펜의 압력으로 브러시 크기를 조절합니다.

더 강력해진 페인팅의 세계
컬러 리플레이스먼트 툴, 혼합 브러시 툴

컬러 리플레이스먼트 툴과 혼합 브러시 툴은 브러시 툴이 진화한 형태입니다. 좀 더 다양한 옵션을 제공하며 그림을 그리는 데 아쉬웠던 점이 강화된 툴들입니다.

컬러 리플레이스먼트 툴(, B)과 혼합 브러시 툴(, B) : 색상으로 칠하기

- 컬러 리플레이스먼트 툴(Color Replacement Tool)로 드래그하면 명도는 유지한 채 색상만 변경합니다.
- 혼합 브러시 툴(Mixer Brush Tool)은 브러시의 페인팅 색과 이미지 색이 섞이면서 칠해집니다.

▲ 컬러 리플레이스먼트 툴은 색상만 변경됨

▲ 혼합 브러시 툴은 회화적인 연출 가능

컬러 리플레이스먼트 툴 옵션바

❶ **Mode(모드)** : Hue(색조), Saturation(채도), Color(색상), Luminosity(광도)를 변경합니다.
❷ **Sampling(샘플링)** : 이미지의 적용 영역을 선택합니다.
  - (Contiguous, 계속) : 전체 이미지에 지속적으로 적용됩니다.
  - (Once, 한번) : 처음 클릭한 지점과 유사 색상의 영역에 적용됩니다.
  - (Background Swatch, 배경 색상 견본) : 툴 패널의 배경색과 유사한 색상에 적용됩니다.
❸ **Limits(제한)** : 이미지에 적용될 색상 범위를 선택합니다.
  - Discontiguous(인접하지 않음) : 인접하지 않은 영역도 포함합니다.
  - Contiguous(인접) : 인접한 영역을 포함합니다.
  - Find Edges(가장자리 찾기) : 윤곽을 더 뚜렷이 합니다.

혼합 브러시 툴 옵션바

❶ **소스 창** : 현재 사용되는 전경색이나 페인팅 소스를 보여주는 브러시 소스 창입니다. Alt 를 누른 채 이미지를 클릭하면 페인팅 소스가 새로 등록됩니다.
❷ **(Load the brush after each stroke)** : 드래그할 때마다 혼합을 한 후 나온 색상을 불러올지 설정합니다.
❸ **(Clear the brush after each stroke)** : 드래그하고 붓에 설정된 소스를 씻을지 그대로 사용할지를 설정합니다.
❹ **Custom(사용자 정의)** : 미리 조합하여 만들어 놓은 설정 옵션입니다.
❺ **Wet(축축함)** : 물의 양을 조절합니다.
❻ **Load(불러오기)** : 불러오는 페인팅 소스의 양 조절입니다.
❼ **Mix(혼합)** : 페인팅 소스와 배경 이미지와의 비율 조절로, 수치가 낮으면 페인팅 소스가 많이 나타납니다.

SECTION 052

브러시의 섬세한 옵션, 브러시 패널 알아보기

Brush 패널

Brush 패널은 브러시 툴, 연필 툴, 지우개 툴과 같은 페인팅에 관련된 툴이 적용하는 브러시 선의 크기, 길이, 모양, 각도, 불투명도 등 관련 옵션을 설정하는 패널입니다. 다양한 옵션을 제공하고 있어 어려워 보이지만 여러 번 칠하면서 테스트해보고, 옵션을 조절하면 원하는 브러시를 얻을 수 있을 것입니다.

Brush 패널

- 브러시 옵션바의 Toggle the Brush panel(📋) 버튼을 클릭하면 Brush 패널이 나타납니다. Brush Presets 패널에 저장되어 있는 브러시를 선택해 설정합니다.
- Brush Tip Shape 목록을 클릭해 설정을 변경할 수 있습니다.

Brush Tip Shape : 기본 브러시 모양 만들기

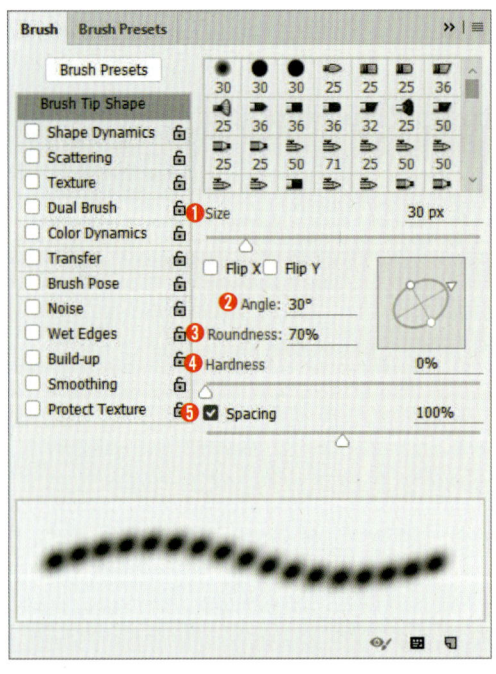

❶ **Size(크기)** : 브러시 마크의 크기를 조절하여 선의 두께를 조절합니다.

❷ **Angle(각도)** : 브러시 마크의 회전 각도를 조절합니다.

❸ **Roundness(원형률)** : 브러시 마크의 둥글기가 100%이면 정원이 되고 0%이면 직선이 됩니다.

❹ **Hardness(경도)** : 브러시 마크의 윤곽 경도를 조절합니다.

❺ **Spacing(간격)** : 브러시 마크의 간격을 조절합니다. 간격이 좁으면 선의 형태로 이어지고, 간격이 넓으면 브러시 마크가 나란히 보입니다.

▲ Size　　　　　　　▲ Angle과 Roundness

▲ Hardness　　　　　　▲ Spacing

Shape Dynamics : 브러시 모양 세밀하게 조절하기

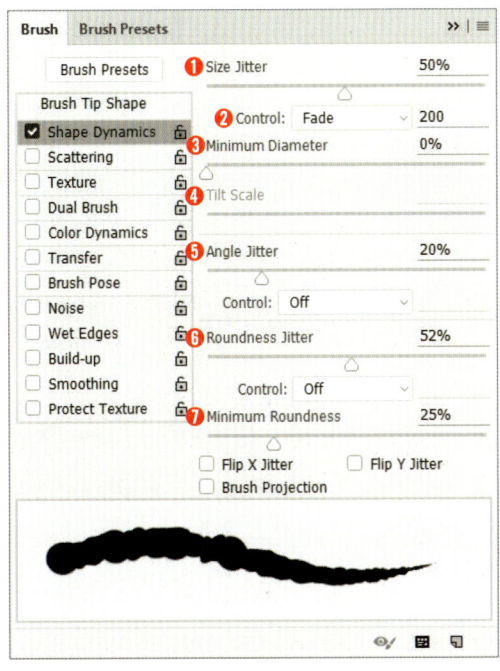

❶ **Size Jitter(크기 지터)** : 브러시 마크의 크기에 대한 파형(불규칙적으로 다양한 형태) 정도를 조절합니다.
❷ **Control(조절)** : Fade(브러시 선 끝의 사라짐)의 정도를 조절합니다.
❸ **Minimum Diameter(최소 크기)** : 브러시 마크의 최소 크기를 조절합니다.
❹ **Tilt Scale(기울기 크기)** : 태블릿 펜의 기울기에 따른 브러시 선을 조절합니다. 태블릿 펜을 사용할 때 활성화됩니다.
❺ **Angle Jitter(각도 지터)** : 브러시 마크의 각도가 다양하게 나타나게 할 것인지를 조절합니다.
❻ **Roundness Jitter(원형률 지터)** : 브러시 마크의 둥글기가 다양하게 나타나게 할 것인지를 조절합니다.
❼ **Minimum Roundness(최소 원형률)** : 브러시 마크의 둥글기의 최소 크기를 조절합니다.

Scatter : 브러시 흩어뿌리기

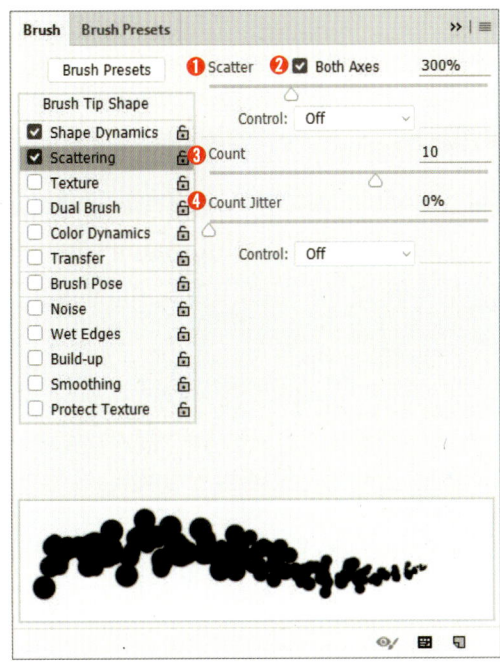

❶ **Scatter(분산)** : 브러시 마크의 분산(흩어진 정도)을 조절합니다.
❷ **Both Axes(양 축)** : 체크하면 양쪽이 비슷한 양으로 나타납니다.
❸ **Count(개수)** : 브러시 마크의 개수를 조절합니다. 수치가 클수록 밀도가 높아집니다.
❹ **Count Jitter(개수 지터)** : 브러시 마크의 다양성 개수를 조절합니다. 수치가 클수록 다양하게 나타납니다.

Texture : 브러시에 질감 넣기

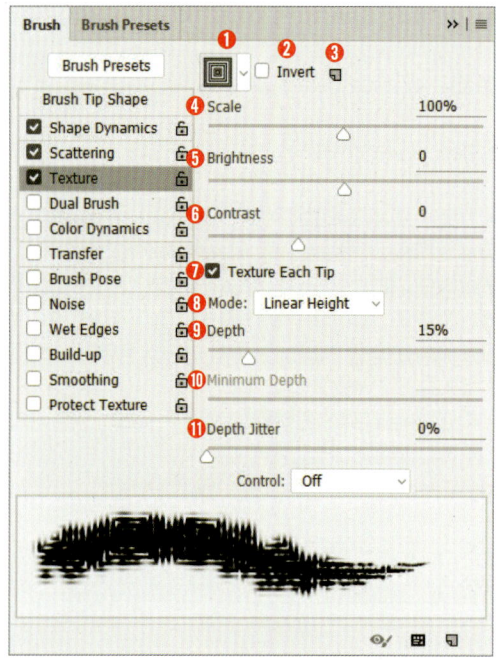

❶ 텍스처 : 텍스처로 사용할 질감의 패턴을 선택합니다.
❷ Invert(반전) : 체크하면 텍스처가 반전됩니다.
❸ Create(새 사전 설정 만들기) : 새로 만든 텍스처 질감을 등록합니다.
❹ Scale(크기) : 질감의 패턴 크기를 확대 축소합니다.
❺ Brightness(밝기) : 질감의 밝기를 조절합니다.
❻ Contrast(대비) : 질감의 대비를 조절합니다.
❼ Texture Each Tip(각 브러시 모양에 텍스처 사용) : 체크하면 세부적인 텍스처의 옵션이 활성화 됩니다.
❽ Mode(모드) : 브러시가 이미지에 칠해지는 혼합 모드를 설정합니다.
❾ Depth(깊이) : 텍스처 질감의 깊이감을 조절합니다.
❿ Minimum Depth(최소 깊이) : 텍스처 질감의 최소 깊이감을 조절합니다.
⓫ Depth Jitter(깊이 지터) : 텍스처 질감의 깊이감을 조절합니다. 수치가 클수록 변화가 많습니다.

Daul Brush : 브러시 안에 질감 넣어 이중 브러시 만들기

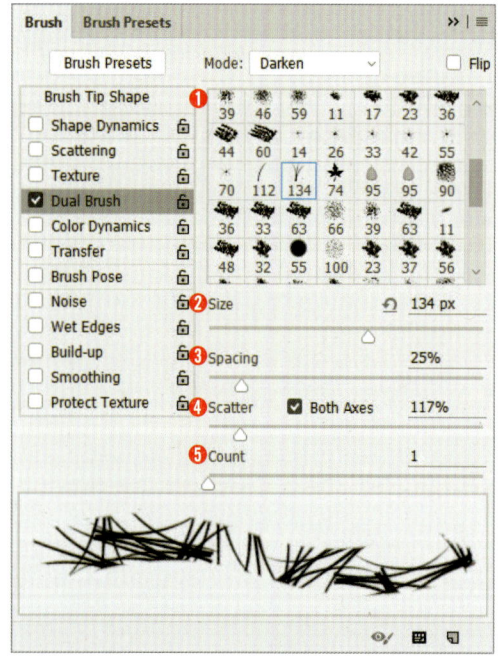

❶ Preset(사전 설정) : 새로 추가할 브러시를 선택합니다.
❷ Size(크기) : 추가할 브러시의 크기를 조절합니다.
❸ Spacing(간격) : 추가할 브러시 마크의 간격을 조절합니다.
❹ Scatter(분산) : 추가할 브러시의 분산 정도를 조절합니다.
❺ Count(개수) : 추사할 브러시의 뿌려지는 개수(밀도)를 조절합니다.

Color Dynamics : 브러시 선에 색상 넣기

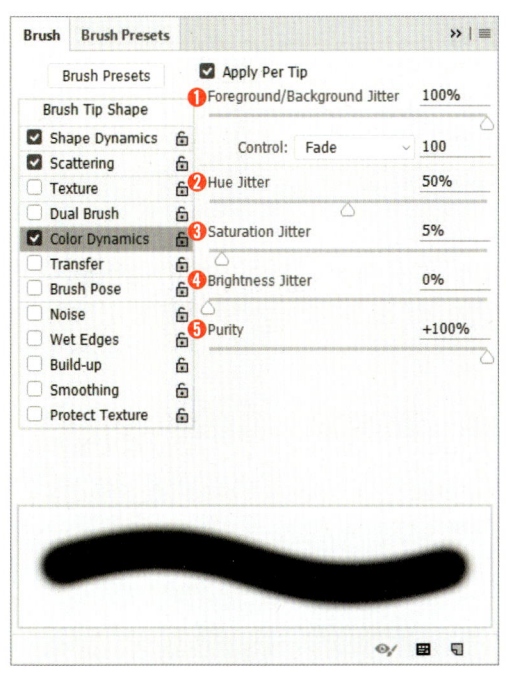

❶ Foreground/Background Jitter(전경/배경 지터) : 전경색과 배경색의 혼합 정도를 조절합니다. 수치가 낮으면 전경색이 많이 나타나고, 높으면 혼합색이 많이 나타납니다.
❷ Hue Jitter(색조 지터) : 색조의 다양성을 설정합니다.
❸ Saturation Jitter(채도 지터) : 채도의 다양성을 설정합니다.
❹ Brightness Jitter(밝기 지터) : 밝기의 다양성을 설정합니다.
❺ Purity(순도) : 색의 순수 정도를 설정합니다. 수치가 작을수록 순도가 낮아집니다.

Transfer : 투명 빈도수 조절하기

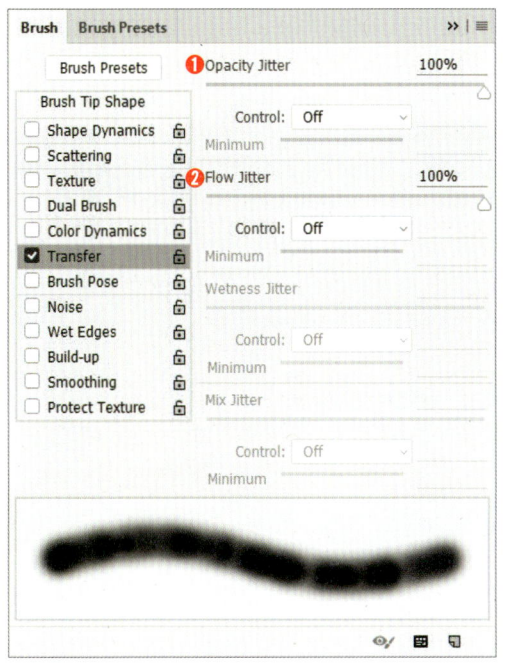

❶ Opacity Jitter(불투명도 지터) : 불투명하게 나타나는 빈도를 조절하며, 수치가 높을수록 투명합니다.
❷ Flow Jitter(흐름 지터) : 수치가 높을수록 색상이 있는 부분과 투명 부분이 많이 혼용됩니다.

Brush Pose : 브러시의 기울기 조절하기

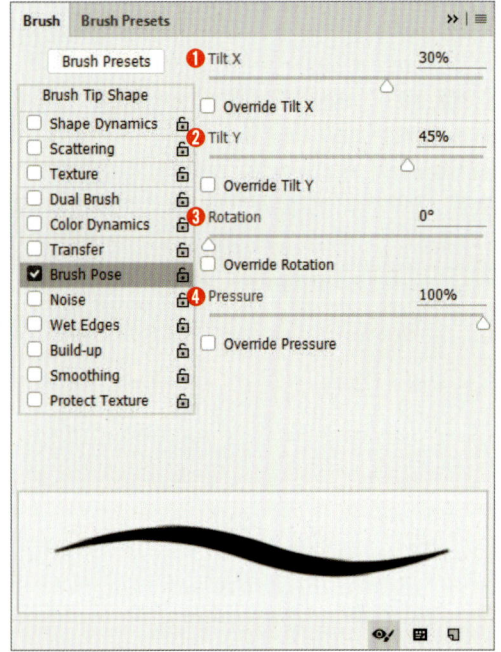

❶ Tilt X(기울기 X) : 브러시를 X 방향인 가로로 기울입니다.

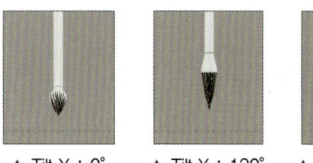

▲ Tilt X : 0°   ▲ Tilt X : 120°   ▲ Tilt X : 240°

❷ Tilt Y(기울기 Y) : 브러시를 Y 방향인 세로로 기울입니다.

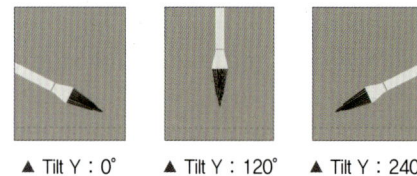

▲ Tilt Y : 0°   ▲ Tilt Y : 120°   ▲ Tilt Y : 240°

❸ Rotation(회전) : 브러시를 회전합니다.

▲ Rotation : 0°   ▲ Rotation : 120°   ▲ Rotation : 240°

❹ Pressure(압력) : 브러시의 누르는 강도를 조절합니다.

그 외 : 설정값은 따로 없으며 체크로 사용 유무만 허용합니다.

❶ Noise(노이즈) : 브러시의 선에 노이즈를 생성합니다.

❷ Wet Edges(젖은 가장자리) : 수채화 느낌으로 브러시의 선에 윤곽이 살짝 진하게 나타납니다.

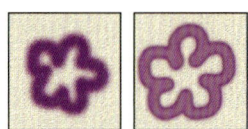

❸ Build-up(증가) : 에어브러시처럼 색상이 계속 분사됩니다.

❹ Smoothing(매끄럽게하기) : 체크하면 색상이 부드럽게 나옵니다.

❺ Protect Texture(텍스처 보호) : 체크하면 텍스처 패턴을 보호하며 색칠합니다.

불필요한 부분 지우기

지우개 툴, 백그라운드 지우개 툴, 매직 지우개 툴

지우개 툴은 이미지를 드래그한 대로 지우지만, 확장 툴인 백그라운드 지우개 툴과 매직 지우개 툴의 옵션을 이용하면 이미지에서 원하는 부분을 부드럽게 또는 단번에 지울 수 있습니다.

지우개 툴(, E) : 드래그하여 지우기

- 지우개 툴(Eraser Tool)은 이미지의 일부를 지울 때 사용하며 Background 레이어에서는 툴 패널의 배경색으로 칠해지며 이미지가 지워지고 일반 레이어에서는 투명으로 지웁니다.
- 옵션바의 Erase to History(작업 내역으로 지우기)를 체크하면 원본으로 되돌릴 수 있습니다.

▲ Background 레이어에 배경색으로 지워짐

▲ Erase to History를 체크하면 원본으로 되돌려짐

매직 지우개 툴(, E) : 클릭하여 지우기

매직 지우개 툴(Magic Eraser Tool)은 클릭한 지점을 Tolerance(허용치) 수치(0~255)의 영향으로 선택 영역이 지정되면서 동시에 투명하게 지웁니다.

▲ 'Tolerance : 32' 설정

▲ 'Tolerance : 100' 설정

백그라운드 지우개 툴(, E) : 투명으로 지우기

- 백그라운드 지우개 툴(Background Eraser Tool)은 Background 레이어에서 지울 때 자동으로 일반 레이어로 변경되며 투명으로 지워집니다.
- 드래그하는 동안 마우스 포인터의 색상과 유사한 색상을 브러시 마크 범위 안에서 지웁니다.
- 브러시의 적용 범위를 보면서 지우고 싶을 때는 [Preferences]-[Cursors] 메뉴에서 Nomal Brush Tip으로 체크하면 브러시 영역이 보여 지울 수 있는 범위를 예상할 수 있습니다.

▲ 지울 범위를 드래그

▲ 마우스 포인터 중앙의 색상을 인식하고 지워짐

지우개 툴 옵션바

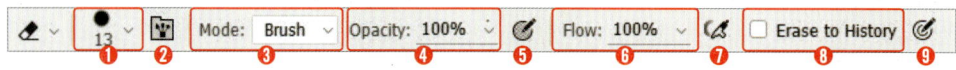

❶ 브러시 프리셋 픽커 : 지우개 툴의 크기와 모양을 설정할 수 있으며 다양한 브러시를 제공합니다.
❷ (Toggle the Brush panel) : Brush 패널과 Brush Presets 패널을 불러오거나 가립니다.
❸ Mode(모드) : Brush(브러시), Pencil(연필), Block(블럭) 중에서 선택한 후 각종 옵션을 설정합니다.

▲ Brush　　　▲ Pencil　　　▲ Block

❹ Opacity(불투명도) : 지우개 툴의 불투명도를 설정합니다.
❺ (Pressure for Opacity) : 태블릿으로 작업할 때 펜의 압력으로 지우개 툴의 불투명도를 조절합니다.
❻ Flow(흐름) : 브러시의 강약을 조절합니다. 수치가 클수록 색상이 진해집니다.
❼ (Airbrush-style) : 클릭하고 있으면 에어브러시처럼 계속해서 분사되며 지워집니다.
❽ Erase to History(작업 내역으로 지우기) : 체크하면 원본 이미지로 지울 수 있으며, History 패널의 스냅 샷으로 복원하면서 지웁니다.
❾ (Pressure for Size) : 태블릿으로 작업할 때 펜의 압력으로 지우개 툴의 크기를 조절합니다.

매직 지우개 툴 옵션바

❶ **Tolerance(허용치)** : 클릭한 지점과 유사한 색의 허용 범위(0~255)를 설정하여 지웁니다.
❷ **Anti-alias(안티 에일리어스)** : 거칠기(alias)를 완화하여 경계를 부드럽게 하여 지웁니다.
❸ **Contiguous(인접)** : 체크하면 인접해 있는 비슷한 색상을 선택하며, 해제하면 경계 너머의 같은 색상도 선택하여 지웁니다.
❹ **Sample All Layers(모든 레이어 샘플링)** : 분리된 레이어 이미지들을 한 장의 이미지로 인식하여 선택하여 지울 수 있습니다.
❺ **Opacity(불투명도)** : 수치 값으로 불투명하게 지워집니다.

백그라운드 지우개 툴 옵션바

❶ **Sampling(샘플링)**
- (Continuous, 계속) : 샘플 컬러(지울 색상)가 드래그하면서 변경됩니다. 여러 색상이 인접해 있을 때 유용합니다.
- (Once, 한번) : 처음 클릭한 지점의 색상과 유사 색상 영역만 지울 수 있으므로 단색 영역을 지울 때 유용합니다.
- (Background Swatch, 배경 색상 견본) : 툴 패널의 배경색과 유사한 색상 영역을 지웁니다.

❷ **Limits(제한)**
- Discontiguous(인접하지 않음) : 마우스 포인터의 중심점 색상과 유사 색상을 지웁니다. 색상 영역은 인접해 있지 않더라도 모두 지웁니다.
- Contiguous(인접) : 인접한 영역의 색상을 지웁니다.
- Find Edges(가장자리 찾기) : 경계는 남기고 지웁니다.

❸ **Tolerance(허용치)** : 허용 범위(1~100)를 설정합니다. 수치가 높을수록 많은 색상이 지워집니다.
❹ **Protect Foreground Color(전경색 보호)** : 전경색과 유사한 색상 영역은 지워지지 않도록 보호합니다.

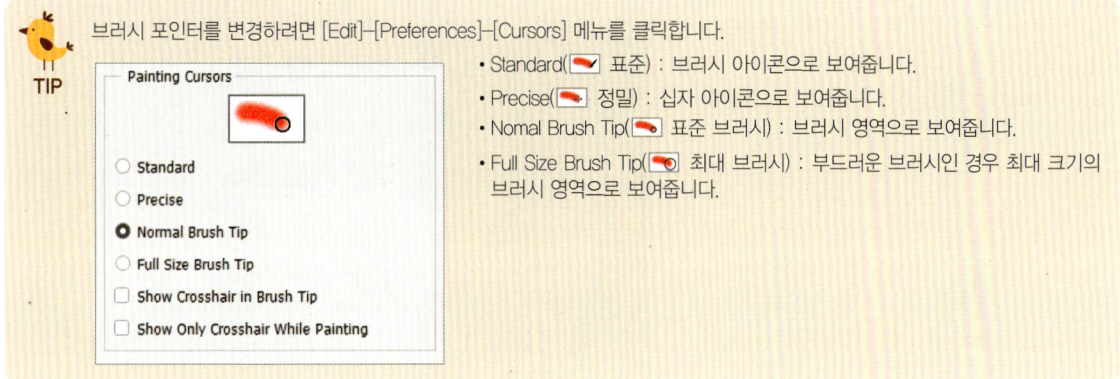

SECTION 054 밑그림을 이용한 드로잉 작업하기
브러시 툴, 지우개 툴, Brush 패널

사진의 불투명도를 낮추어 밑그림으로 이용하고 복사한 이미지의 윤곽을 필터로 추출합니다. 추출한 윤곽을 따라 붓선 느낌이 표현되도록 그려 보겠습니다.

📁 [준비파일] 4장\호연.psd 📁 [완성파일] 4장-완성\호연(완성).psd

01 파일 불러오기
'호연.psd' 파일을 불러옵니다.

02 Poster Edges 필터 적용하기
[Filter]-[Filter Gallery] 메뉴를 클릭합니다.

03
대화상자가 나타나면 'Poster Edges'를 설정합니다. Edge Thickness를 '1', Edge Intensity를 '1', Poster Edges를 '2'로 입력하고 'OK' 버튼을 클릭합니다.

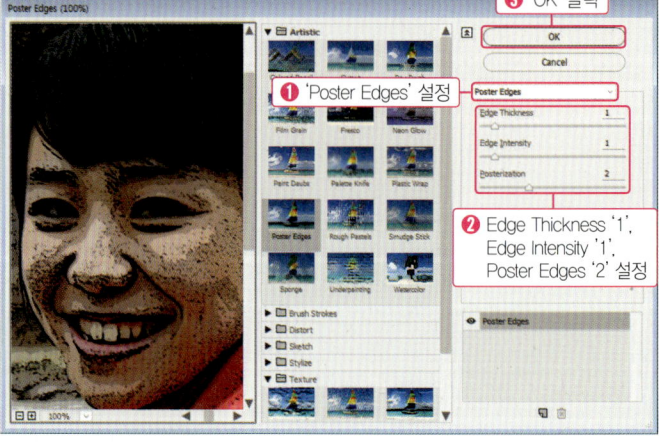

TIP: 'Poster Edges' 필터를 사용하면 이미지의 윤곽이 진해집니다.

04 '포스터에지' 레이어 불투명도 조정하기

Layers 패널에서 '포스터에지' 레이어의 Opacity를 '50%'로 설정하여 아래 이미지가 보이게 합니다.

05 '실선' 레이어 생성하기

Layers 패널의 Create a new layer( ) 버튼을 클릭하여 'Layer 1'을 생성합니다. 이름을 더블 클릭하여 '실선'이라고 입력하고 Enter 를 누릅니다.

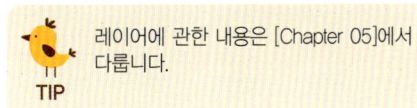

레이어에 관한 내용은 [Chapter 05]에서 다룹니다.

06 화면 확대하기

이미지 창의 왼쪽 하단에 '200%'를 입력하고 Spacebar 를 누르면 마우스 포인터가 손바닥 툴( ) 모양으로 변경됩니다. 얼굴 부분이 보이게 이미지를 드래그합니다.

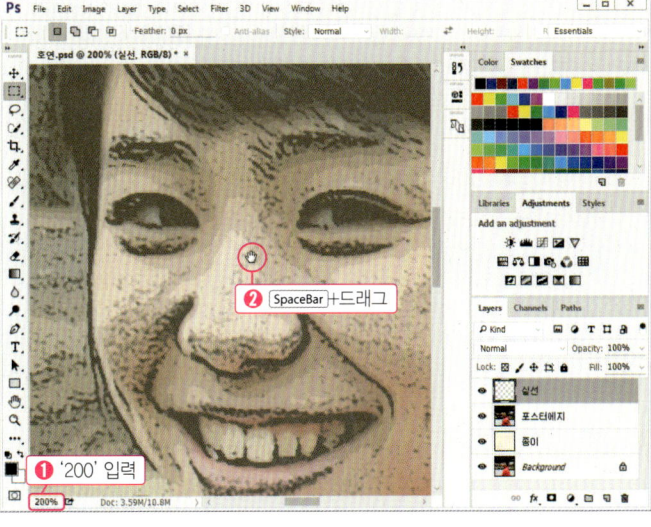

07 윤곽 그리기

브러시 툴( )을 클릭합니다. 옵션바에서 브러시 크기를 '5'로 설정한 후, 얼굴의 윤곽을 따라 드래그합니다.

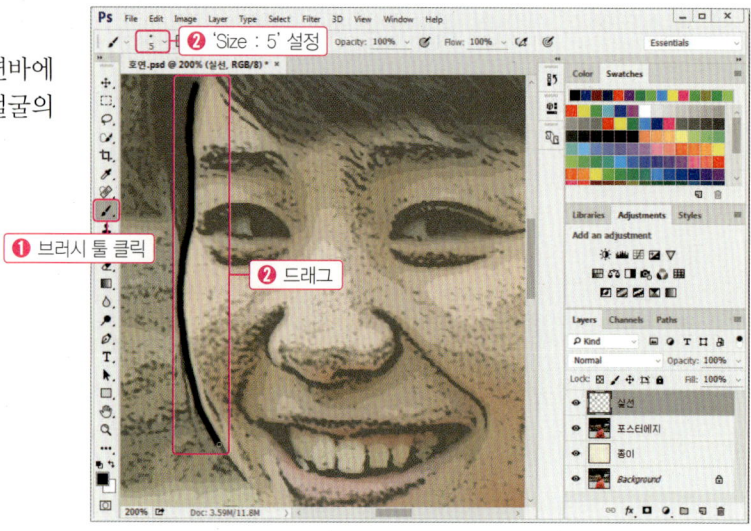

08

그리다가 실수를 하면 지우개 툴( )로 변경한 후 지웁니다.

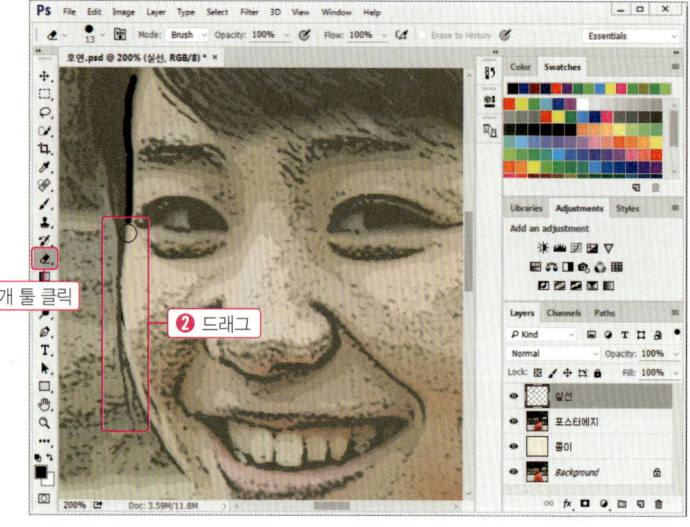

> **TIP** 지우개 툴과 브러시 툴을 단축키 E 와 B 로 변경하며 번갈아 사용하고, 이미지 이동시에는 Space Bar 를 누른 채 드래그 하여 작업하면 시간을 단축하며 그릴 수 있습니다.

09

브러시 툴( )과 지우개 툴( )을 활용하여 나머지 윤곽을 그립니다. 눈, 코, 입, 눈썹, 얼굴 주름, 박음선 등은 브러시 크기를 '3'으로 줄인 후 그립니다.

10

Ctrl + 0 을 눌러 전체 이미지를 표시합니다.

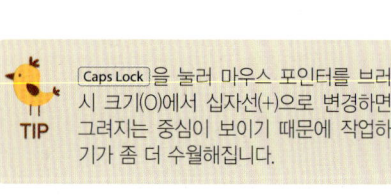

> **TIP** Caps Lock 을 눌러 마우스 포인터를 브러시 크기(O)에서 십자선(+)으로 변경하면 그려지는 중심이 보이기 때문에 작업하기가 좀 더 수월해집니다.

11 '붓선' 레이어 만들기

Layers 패널에서 Create a new layer (□) 버튼을 클릭하여 'Layer 1'을 생성합니다.

12 'Layer 1' 이름을 더블 클릭하여 '붓선'이라고 입력합니다.

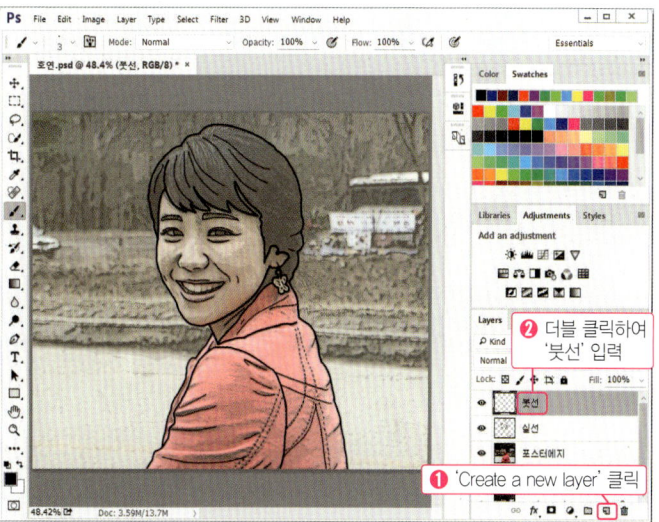

13 Brush 패널에서 브러시 설정하기

브러시 툴(✐)을 클릭한 후, 옵션바의 Toggle the Brush panel(⊞) 버튼을 클릭하여 Brush 패널을 불러옵니다. 'Brush Tip Shape' 목록을 클릭한 후, Size를 '20', Roundness를 '45%', Angle을 '45°', Hardness를 '0%'으로 설정합니다.

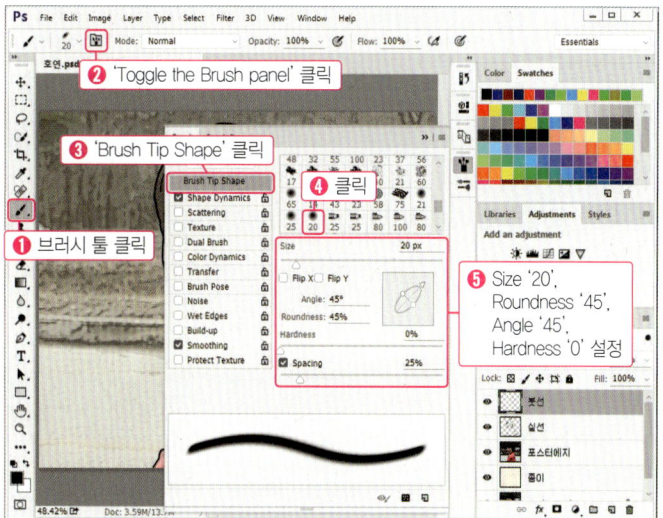

14 'Shape Dynamics' 목록을 클릭한 후, Control을 'Fade'로 선택하고 '200'으로 입력합니다.

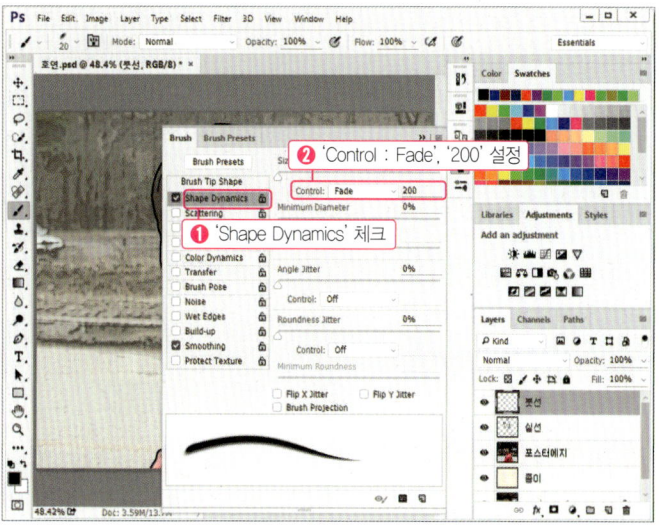

15 'Scattering' 목록과 'Texture' 목록을 클릭하여 체크합니다.

16 옵션바의 Toggle the Brush panel (🖼) 버튼을 클릭하고 Brush 패널을 닫습니다.

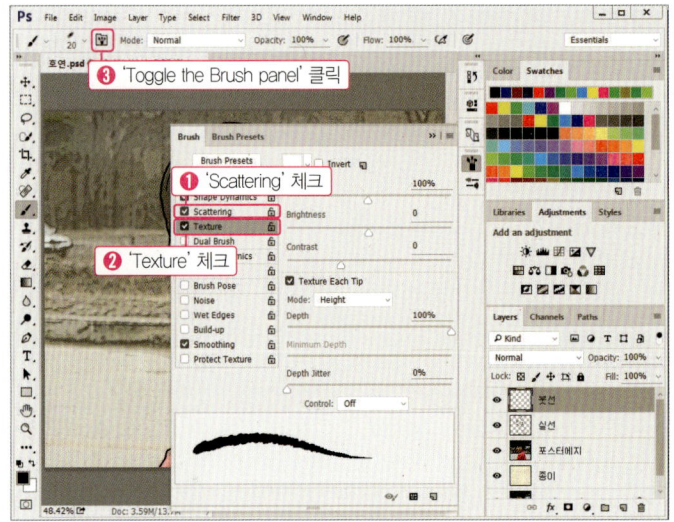

17 Ctrl+1을 눌러 100%로 이미지를 확대한 후, 굵은 선으로 표현하고 싶은 곳을 덧칠합니다.

18 [를 눌러 브러시 크기를 줄인 후, 얇은 선 위에도 덧칠하여 선의 굵기가 다양하게 보이도록 합니다.

19 Ctrl+0을 눌러 전체 이미지를 확인하면서 그려줍니다.

20 '실선' 레이어와 '포스터에지' 레이어의 눈 아이콘(👁)을 클릭하여 레이어 이미지를 숨긴 후 붓선을 확인합니다.

21 보이는 레이어를 새 레이어로 만들기

Ctrl + Alt + Shift + E 를 누르면, 현재 보이는 레이어 이미지가 하나의 새 레이어로 만들어집니다.

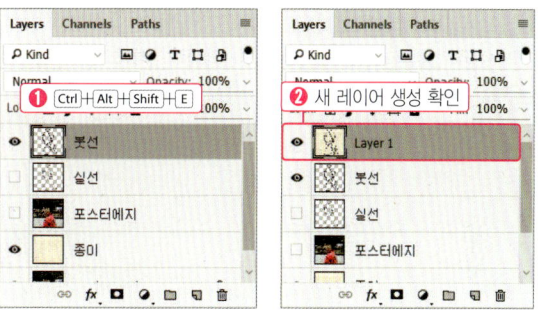

22 'Layer 1' 레이어의 이름 부분을 더블 클릭한 후, '완성'이라고 입력합니다.

SECTION 055 디자인된 외부 브러시 가져오기
브러시 플러그인

포토샵에서 제공하는 기본 브러시 외에도 외부 브러시를 제공하는 사이트들이 여러 곳 있습니다. 다운받은 외부 브러시를 불러와 배경으로 적용해 보겠습니다.

[준비파일] 4장\현경.psd, AJ_floral-swirl-brushes.abr, Leaves_and_butterflies_by_Lileya.abr [완성파일] 4장-완성\현경(완성).psd

01 파일 불러오기
'현경.psd' 파일을 불러옵니다.

02 브러시 툴( )을 클릭합니다.

03 브러시 소스 가져오기
옵션바의 브러시 프리셋 픽커( )를 클릭합니다. 버튼을 클릭하여 'Load Brush'를 선택합니다.

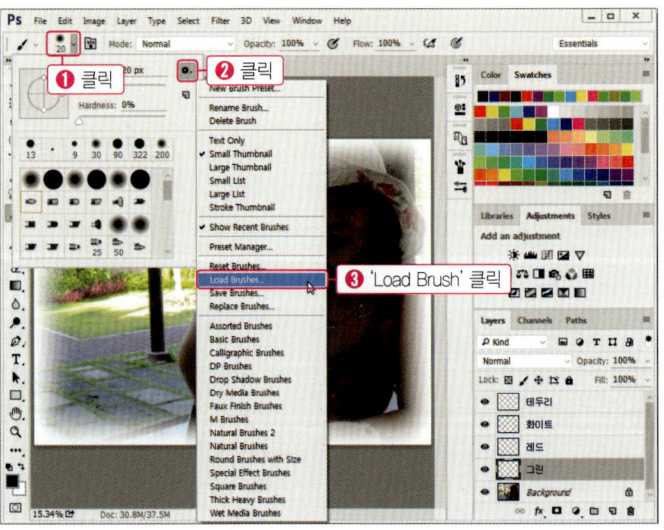

04 Load 대화상자가 나타나면 'AJ_floral-swirl-brush'를 찾아 선택하고 'Load' 버튼을 클릭합니다.

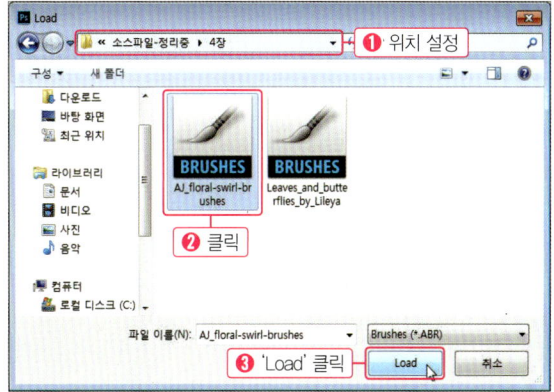

05 브러시 프리셋 픽커를 드래그하여 확장하면 하단에 브러시가 추가된 것을 확인할 수 있습니다.

06 같은 방법으로 'Load Brush'를 이용하여 'Leaves and butterflies_by_Lileya' 브러시도 추가합니다.

07 브러시로 꾸미기

프리셋에서 '2474(Kringel150.psd)' 브러시를 클릭합니다.

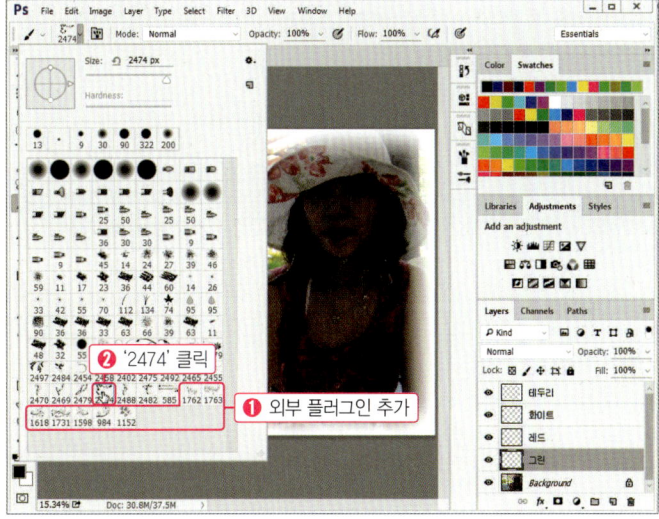

08 스포이트 툴( )을 클릭한 후 Sample Size를 '11 by 11 Average'로 설정합니다. 이미지에서 초록 색상을 클릭하면 전경색이 초록 색상으로 변경됩니다.

> **TIP** Sample Size의 숫자는 '가로*세로' 픽셀의 평균을 낸 색상을 추출합니다. 'Point Sample'로 설정하면 픽셀이 작아 원치 않는 색상이 선택되는 경우가 있습니다. 여러 픽셀의 평균 색상을 선택하는 것이 쉽게 원하는 색상을 선택할 수 있습니다.

09 옵션바에서 브러시 크기를 '2000'으로 변경한 후 브러시 마크를 삽입할 부분을 클릭합니다.

> **TIP** 브러시 모양이 보이지 않으면 Caps Lock 을 누릅니다.

10 Layers 패널에서 '레드' 레이어를 선택한 후 Swatches 패널에서 'CMYK Magenta' 색상을 클릭하여 전경색으로 설정합니다.

11 옵션바의 브러시 프리셋 픽커(⌄)를 클릭한 후, 프리셋에서 '2479(Aufgen-ommene Werkzeugspitze Nr1)' 브러시를 선택합니다.

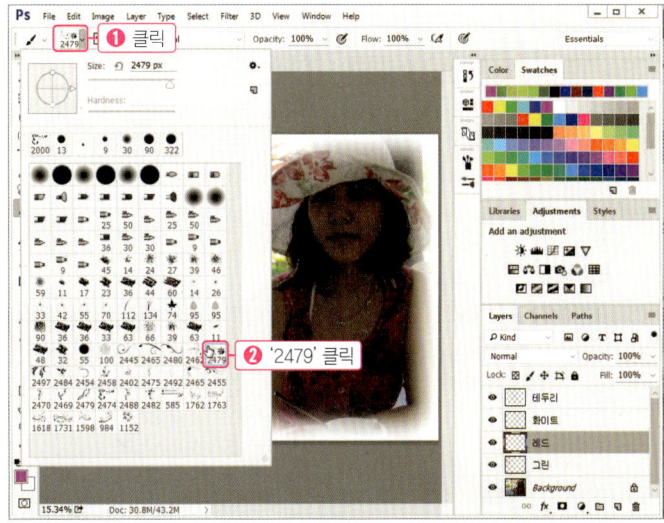

12 ⌈⌉를 눌러 크기를 '2000'으로 변경한 후, 브러시 마크를 삽입할 부분을 클릭합니다.

13 Layers 패널에서 '화이트' 레이어를 선택한 후, Swatches 패널에서 'White' 색상을 선택하여 다양한 브러시로 테두리를 꾸밉니다.

14 다른 레이어에도 브러시를 추가하여 테두리를 만들어 완성합니다.

무료 다운로드 사이트 소개

SPECIAL SECTION

브러시 다운로드 사이트

회원가입 절차 없이 포토샵 브러시와 패턴, 배경, 액션 등의 소스들을 무료로 다운로드 받을 수 있는 사이트 입니다.

http://www.brushlovers.com

별점을 도입하고 있어서 인기 많은 브러시를 확인할 수 있습니다.

http://www.chezplumeau.com

다양한 카테고리로 인해 빠른 검색이 가능합니다.

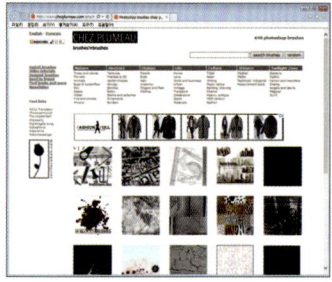

http://www.brusheezy.com

포토샵 버전에 따라 사용 가능한 브러시를 정렬하고 있습니다.

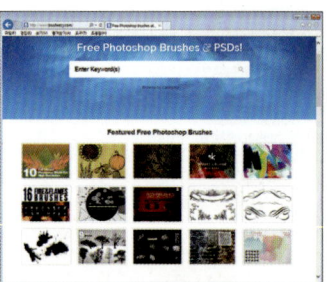

http://www.photoshopmosaic.com/Photoshop-brushes

모자이크 방식의 간단 명료한 탐색 기능을 제공합니다.

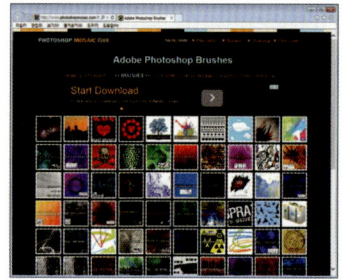

http://myphotoshopbrushes.com

고퀄리티의 브러시를 카테고리와 날짜로 검색이 가능합니다.

http://wowbrushes.com

심플한 포토샵 브러시를 무료로 제공하고 있습니다.

사진 다운로드 사이트

사진을 직접 촬영할 여건이 조성되지 않을 때 무료로 사진을 제공하는 사이트를 이용해 보기바랍니다.

📢 http://www.imagebase.net

개인은 물론 상업적 사용이 가능한 이미지를 찾기 쉽게 무료로 제공합니다.

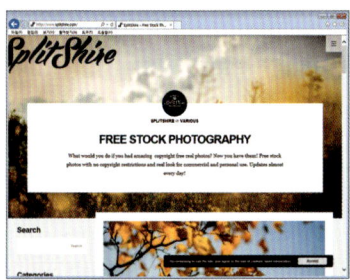

📢 http://pixabay.com

다운로드 할 때 암호 코드를 보이는 대로 입력하고 크기별로 다운로드 할 수 있습니다.

📢 http://www.pixels.com

인기 있는 사진으로도 검색하여 사용할 수 있습니다.

📢 http://www.splitshire.com

사진작가들의 고퀄리티 사진 모음을 무료로 제공합니다.

📢 https://unsplash.com

고해상도의 이미지를 10일 마다 무료로 제공하고 있습니다.

📢 https://www.iconfinder.com

많은 작가들이 아이콘 파일을 업로드하고 있는데 무료와 상업적 제한이 있는 파일이 있으니 주의합니다. No licensing filtering을 클릭하면 상업용으로 가능합니다.

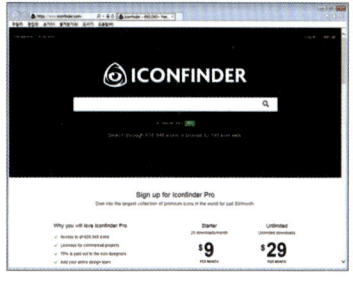

SECTION 056 나만의 브러시 등록하고 적용하기
Define Brush Preset

이미지를 브러시 마크로 등록하면 도장처럼 사용할 수 있습니다. 브러시를 활용하는 여러 가지 방법에 대하여 알아보겠습니다.

📁 **[준비파일]** 4장\병정.psd   📁 **[완성파일]** 4장-완성\병정(완성).psd

01 파일 불러오기
'병정.psd' 파일을 불러옵니다.

02 브러시 마크 등록하기
'Background' 레이어의 눈 아이콘()을 클릭해 보이지 않게 하고 [Edit]-[Define Brush Preset] 메뉴를 클릭합니다.

03 Brush Name 대화상자의 Name에 '병정.psd' 파일이라고 입력되어 있습니다. 'OK' 버튼을 클릭합니다.

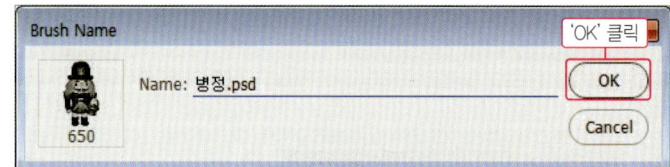

04 그림자 생성하기

브러시 툴( )을 클릭한 후, 브러시 프리셋 픽커( )를 클릭하여 등록한 '병정.psd'를 선택합니다.

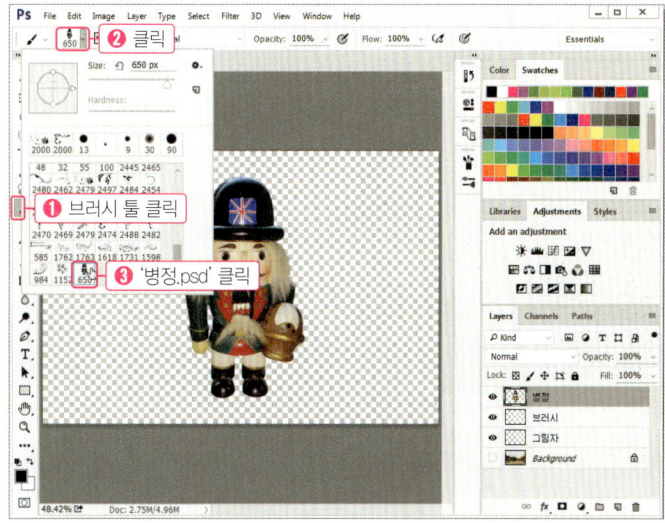

05

'Background' 레이어의 눈 아이콘( )을 클릭하여 배경 레이어가 보이게 합니다. '그림자' 레이어를 선택하고 전경색이 검은색인 상태에서 이미지 위에서 클릭합니다.

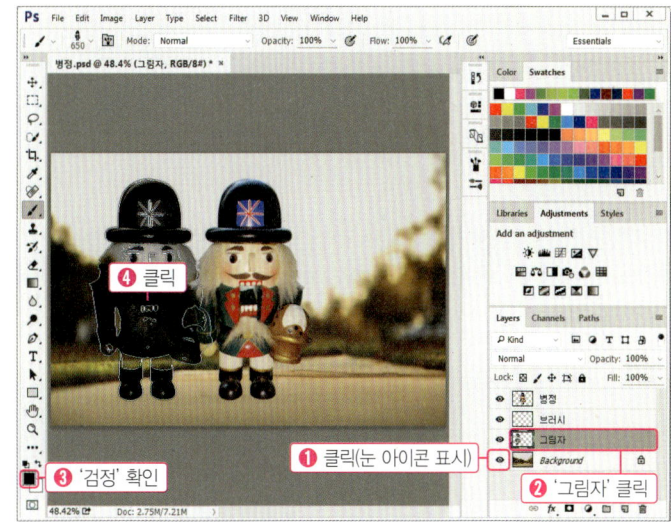

06 그림자 기울이기

Ctrl+T를 눌러 변형 박스가 나타나면 Ctrl을 누른 채 상단의 중간 기준점을 드래그하여 평행사변형으로 만듭니다.

07 변형 박스의 안쪽을 이동하여 신발에서부터 그림자가 생성되게 경계를 맞춥니다. 모서리 기준점을 Ctrl 을 누른 채 드래그하여 사다리꼴로 맞추고 Enter 를 누릅니다.

박스 위치 이동

기준점 위치 이동 : Ctrl+드래그

08 브러시 적용하기

'브러시' 레이어를 선택한 후, Swatches 패널에서 'Pure Blue Violet' 색상을 클릭합니다.

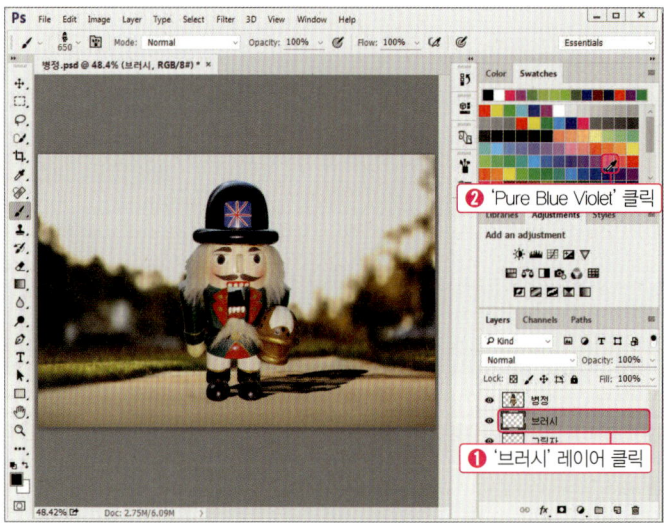

09]를 눌러 브러시 크기를 '800px'로 설정한 후, 이미지 위에서 클릭합니다.

10 [를 눌러 브러시 크기를 '500px'로 줄인 후, 보라색 계열 색상을 선택하고 이미지 위에서 클릭합니다.

11 [를 눌러 브러시 크기를 '300px'로 줄인 후, Opacity를 '60%'로 줄이고 이미지 위에서 클릭합니다.

12 브러시 라이브러리 등록하기
브러시 툴( ) 옵션바의 브러시 프리셋 피커를 클릭합니다. 버튼을 클릭하여 'Save Brushes'를 선택합니다.

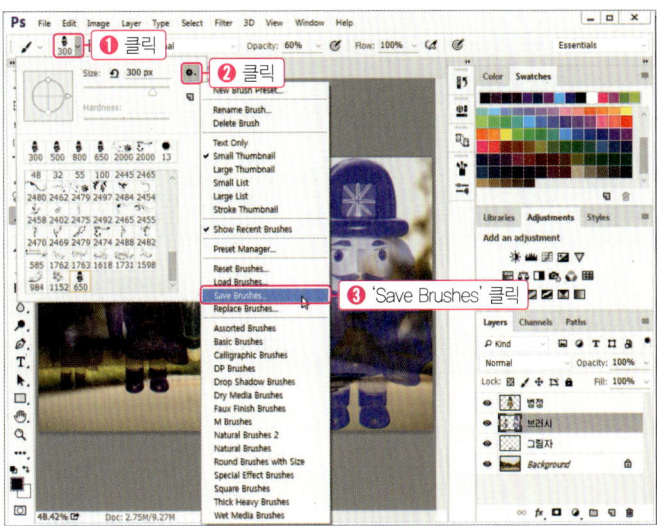

13 파일 이름을 'Toy_soldier'라고 입력하고 '저장' 버튼을 클릭합니다. 브러시를 파일로 저장하였기 때문에 'Toy_soldier' 브러시를 다른 컴퓨터에서도 공유하여 사용할 수 있습니다.

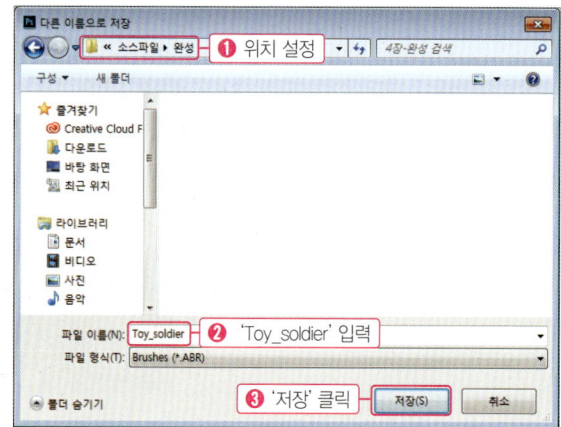

14 툴 프리셋 픽커 등록하기

툴 프리셋 픽커( )를 클릭한 후, 버튼을 클릭합니다. New Tool Preset 대화상자가 나타나면 'OK' 버튼을 클릭하고, 툴 프리셋 픽커( )를 누르면 언제든지 저장한 브러시를 사용할 수 있습니다.

15 브러시 기본 설정으로 되돌리기

옵션바의 브러시 프리셋 픽커( )를 클릭한 후 버튼을 클릭하여 'Reset Brushes'를 클릭합니다. 기본값 브러시로 되돌리겠냐는 메시지가 나타나면 'OK' 버튼을 클릭합니다.

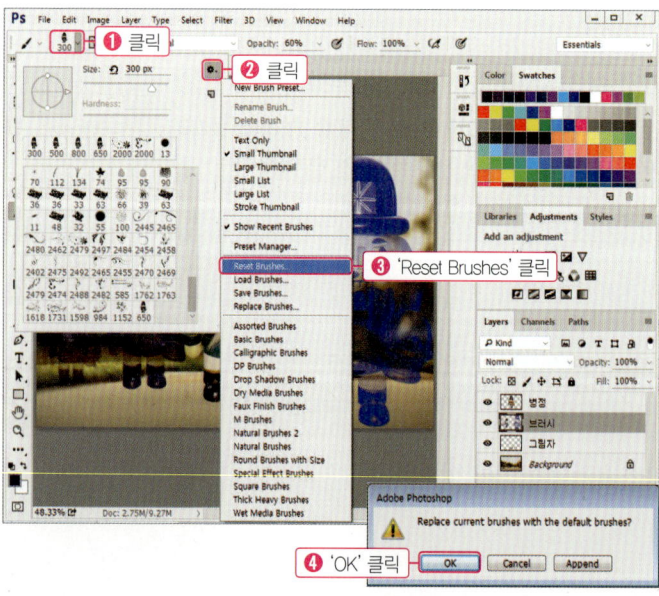

Do It Yourself

호랑이와 까치의 선화 이미지 색 입히기

호랑이와 까치의 선화 이미지를 본인의 취향대로 색칠하여 봅니다.

 TIP: '선 추출' 레이어는 그대로 두고 '밑그림' 레이어가 활성화된 상태에서 모든 작업이 이루어집니다.

[준비파일] 4장\호랑이.psd   [완성파일] 4장-완성\호랑이(완성).psd

BEFORE    AFTER

How to: 색상 선택 → 페인트통 툴( ) 선택 → 전경색 설정하여 이미지 클릭 → 그레이디언트 툴( ) 선택 → 옵션바에서 '방사형(Radial)' 설정 → 호랑이 얼굴 드래그 → 페인트통 툴( ) 선택 → 패턴(Water) 설정 → 배경 클릭

민낯 얼굴에 색조 화장하기

인물 사진에 화장을 하듯 채색을 해보겠습니다.

[준비파일] 4장\숙녀.jpg   [완성파일] 4장-완성\숙녀.psd(완성)

BEFORE    AFTER

 How to: 새 레이어(Layer 1) 생성 → 브러시 툴( ) 선택 → 옵션바에서 Mode 'Color', Opacity '5%' 설정 → 눈, 입술, 볼 채색 → 새 레이어(Layer 2) 생성 → 옵션바에서 Opacity '20%' 설정 → 머리카락에 부분적으로 채색 → 레이어의 블렌드 모드 설정(Color Dodge)

Adobe Photoshop CC & CS6

CHAPTER 05

따로 있어
편리한 레이어

레이어(Layer)는 '막' 또는 '층'을 의미합니다. 그 의미처럼 이미지를 속성에 따라 개별적으로 만들어 관리하면 수정이 쉬워집니다. 이런 레이어의 편리한 기능으로 인해 포토샵을 많이 사용한다고 해도 과언이 아닙니다. 이번 장에서는 레이어에 대해 알아보도록 합니다.

SECTION 057 층층이 분리된 레이어 이해하기
Layer 구조와 Layers 패널

이미지를 생성할 때 레이어로 분리하여 관리하면 레이아웃 변경이나 편집을 손쉽게 할 수 있습니다. 레이어의 기본 개념을 이해하고 Layers 패널의 구성에 대해 알아보겠습니다.

레이어(Layer)에 대한 이해

'레이어(Layer)'란 투명한 필름에 이미지가 얹어 있는 것으로, 여러 장의 레이어가 겹쳐 있을 때 투명한 필름 사이로 이미지가 보여 마치 한 장의 그림으로 보입니다. 하지만 레이어 이미지들은 하나가 아닌 여러 장의 레이어로 따로 분리되어 있기 때문에 수정, 편집이 편리합니다. 포토샵에서 투명한 레이어는 체크무늬로 표시되며, 이미지가 겹쳐 있을 때는 당연히 아래 레이어는 위의 레이어에 가려져 보이지 않습니다.

▲ 겹쳐 보이는 이미지

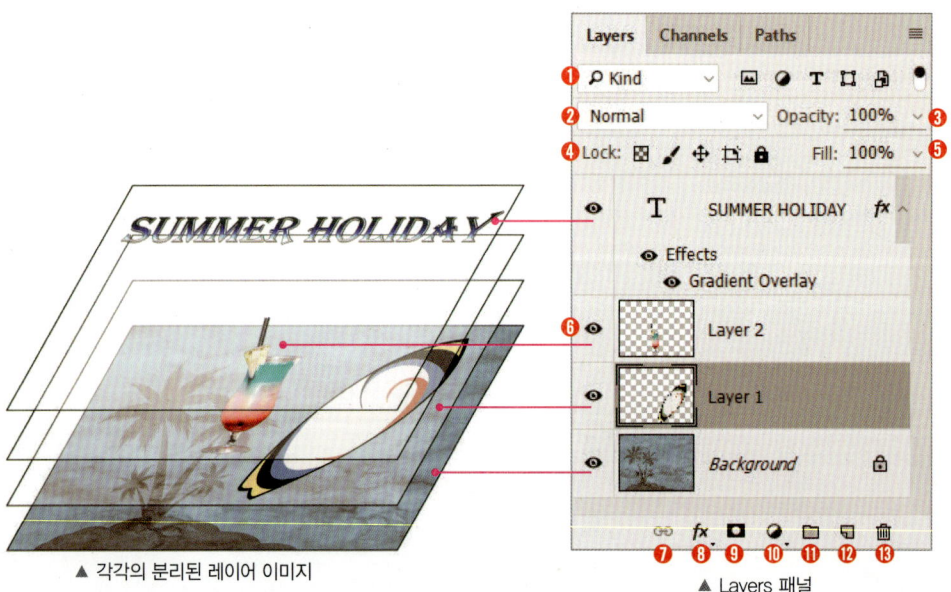

▲ 각각의 분리된 레이어 이미지 ▲ Layers 패널

Layers 패널 살펴보기

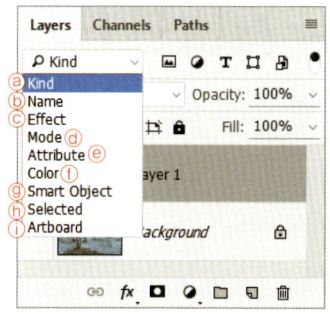

❶ 레이어 검색 : 검색한 레이어를 찾아 줍니다.

ⓐ Kind : 많은 레이어가 추가되었을 때 오른쪽의 아이콘을 클릭하여 레이어 종류를 검색(추출)합니다.

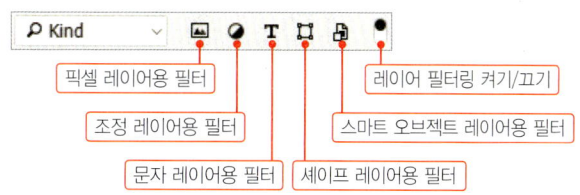

ⓑ Name : 레이어 이름으로 검색합니다.
ⓒ Effect : 레이어 스타일이 적용된 레이어를 검색합니다.
ⓓ Mode : 모드가 적용된 레이어를 검색합니다.
ⓔ Attribute : 레이어 속성에 따라 검색합니다.
ⓕ Color : 레이어 색상에 따라 검색합니다.
ⓖ Smart Object : 스마트 오브젝트를 검색합니다.
ⓗ Selected : 전체 이미지를 보면서 선택된 레이어에서만 작업을 합니다.
ⓘ Artboard : 대지 작업 이미지를 검색합니다.

❷ Blending Mode(블렌드 모드) : 선택한 레이어와 아래 레이어의 합성 방식을 선택합니다.
❸ Opacity(불투명도) : 레이어의 불투명도를 설정합니다.
❹ Lcok(잠그기) : 선택한 레이어에서 작업할 수 없도록 설정합니다.

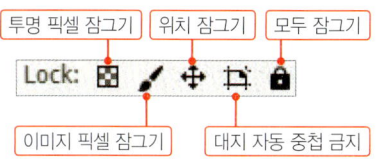

❺ Fill(칠) : 색상 영역의 불투명도를 조절합니다. Layer Style(레이어 스타일)을 적용한 경우 레이어 스타일은 그대로 두고, 이미지의 투명도만 조절합니다.
❻ ● (눈 아이콘) : 이미지를 표시하거나 숨깁니다.
❼ ∞ (Link layers) : 여러 레이어를 선택한 후 이 버튼을 클릭하면 레이어에 ∞ 아이콘이 생성되어 연결됩니다. 아이콘이 있는 레이어 중 하나를 선택한 후 이동하면 같이 이동됩니다.
❽ ƒx.(Add a layer style) : 레이어 스타일을 적용합니다.
❾ ▢ (Add a mask) : 레이어 마스크를 만듭니다. 마스크의 검은색 영역은 이미지를 가립니다.
❿ ◐.(Create new fill or adjustment layer) : 새 칠(단색, 그레이디언트, 패턴) 레이어 또는 조정 레이어를 만듭니다.
⓫ ▭ (Create a new group) : 폴더를 생성하여 레이어를 그룹으로 관리합니다.
⓬ ▯ (Create a new layer) : 클릭하면 새 레이어를 생성하고, 레이어를 이 버튼으로 드래그하면 복제 레이어가 생성됩니다.
⓭ 🗑 (Delete layer) : 선택된 레이어를 삭제합니다.

TIP 레이어에 관한 대부분의 메뉴는 Layers 패널에 단축키와 단축 버튼, 팝업 메뉴에 숨어 있기 때문에 패널을 중점적으로 이용하여 습득하면 편리합니다.

SECTION 058 속성이 다른 레이어 종류 알아보기

배경 레이어, 조정 레이어, 문자 레이어,
셰이프 레이어, 스마트 오브젝트 레이어

레이어는 각기 속성에 따라 일반 레이어, 배경 레이어, 조정 레이어, 문자 레이어 등으로 구분되며, 레이어들의 종류와 특징을 알아보겠습니다.

Background 레이어

- 'Background' 레이어는 포토샵에서 새로운 창을 만들거나 JPG 이미지를 불러오면 기본적으로 나타나는 레이어입니다.
- 이동을 하거나 레이어 스타일 효과를 적용하려면 잠겨 있기 때문에 일반 레이어로 전환한 후 작업해야 합니다. 일반 레이어로 전환하려면 자물쇠 모양의 아이콘(🔒)을 클릭합니다.

일반 레이어

- 픽셀 방식의 레이어로, 불투명도나 레이어 스타일, 조정 효과, 필터를 적용할 수 있습니다.
- 일반 레이어를 'Background' 레이어로 변경하려면 [Layer]-[New]-[Background From Layer] 메뉴를 클릭합니다.

 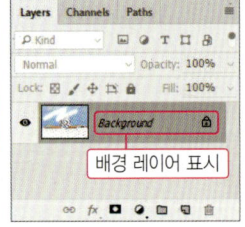  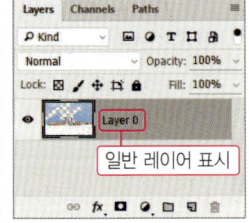

▲ 배경색으로 지워지는 Background 레이어   ▲ 투명으로 지워지는 일반 레이어

조정 레이어(Adjustment Layer)

- 보정이 적용된 효과만 따로 레이어로 분리되어 생성된 것이 조정 레이어입니다. 직접적으로 레이어에 적용 되지 않기 때문에 원본이 보존됩니다.
- 원본의 손상 없이 색상, 명도, 채도 등을 쉽게 변경하거나 제거하기 쉽습니다.

▲ 원본 이미지   ▲ 조정 레이어와 Properties 패널   ▲ 보정이 적용된 이미지

문자 레이어

- 문자 툴(T.)로 입력하면 자동으로 만들어집니다. 해당 레이어에 'T' 모양의 섬네일이 생성되어 문자 레이어임을 확인할 수 있습니다.
- 문자 레이어는 일반 레이어와 달리 벡터 속성을 갖고 있기 때문에 일반 레이어에 적용되는 메뉴(필터, 조정 명령)을 실행하려면 래스터라이즈(Rasterize)하거나 스마트 오브젝트로 전환해야 합니다.
- 일반 레이어로 변경하려면 [Layer]-[Rasterize]-[Type] 메뉴를 클릭합니다. 스마트 오브젝트로 전환하려면 [Layer]-[Smart Objects]-[Convert to Smart Object] 메뉴를 클릭합니다.

▲ 문자 레이어 적용 이미지

▲ 문자 레이어

셰이프 레이어(Shape Layer, 모양 레이어)

- 펜 툴(∅.)과 둥근 사각형 툴(▢.)을 이용하여 만들어지며, 레이어의 섬네일에 셰이프 레이어 아이콘(▢)이 표시되어 셰이프 레이어임을 확인할 수 있습니다.
- 셰이프 레이어는 일반 레이어처럼 칠과 테두리를 가지며, 동시에 문자 레이어처럼 벡터 속성을 갖고 있습니다.
- 패스로 이루어졌기 때문에 크기 변형을 하여도 이미지가 깨지지 않지만, 픽셀 명령이 적용되는 메뉴를 사용할 수 없습니다. 일반 레이어로 변경하려면 [Layer]-[Rasterize]-[Shape] 메뉴를 클릭합니다.

▲ 셰이프 레이어 적용 이미지

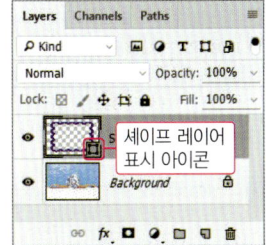
▲ 셰이프 레이어

스마트 오브젝트 레이어(Smart Object Layer, 고급 개체 레이어)

- 스마트 오브젝트 레이어는 외부 프로그램에서 작업한 파일의 속성을 유지한 채 가져올 수 있는 레이어입니다. 해당 레이어의 섬네일에 스마트 오브젝트 아이콘(▣)이 표시됩니다.
- [File]-[Place Embedded] 메뉴를 이용하여 외부에서 이미지를 가지고 옵니다. 원본의 속성을 유지할 수 있고, 벡터 이미지에 적용할 수 없었던 조정 메뉴와 필터 효과를 적용할 수 있습니다.
- 일반 레이어를 스마트 오브젝트로 전환하려면 [Layer]-[Smart Objects]-[Convert to Smart Object] 메뉴를 클릭합니다.

▲ 스마트 오브젝트 레이어 적용 이미지

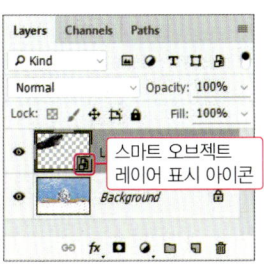
▲ 스마트 오브젝트 레이어

SECTION 059 레이어 기본 다루기 1
레이어 선택, 레이어 이동, 레이어 생성

레이어를 선택, 이동, 생성, 이름을 변경하는 등의 기본적인 레이어를 다루는 방법을 알아보겠습니다.

[준비파일] 5장\무인도.psd   [완성파일] 5장-완성\무인도(완성).psd

01 파일 불러오기
'무인도.psd' 파일을 불러옵니다.

02 이미지 위치 이동하기
'칵테일' 레이어를 클릭하여 활성화합니다.

03 이동 툴(⊕)을 클릭한 후, 이미지 창에서 칵테일 이미지를 중앙으로 드래그하여 이동합니다.

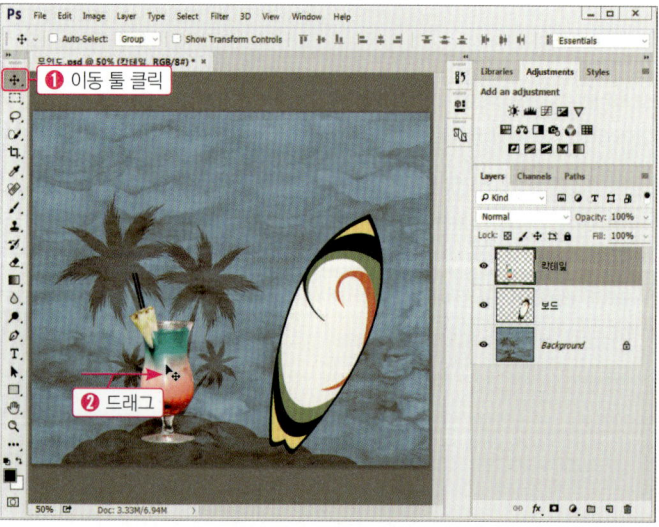

04 새 레이어 만들기

Layers 패널 하단의 Create a new layer( ) 버튼을 클릭하여 'Layer 1'을 생성합니다.

05 레이어 이름 변경하기

'Layer 1' 레이어의 이름을 더블 클릭한 후, '칵테일그림자'라고 입력하고 Enter 를 누릅니다.

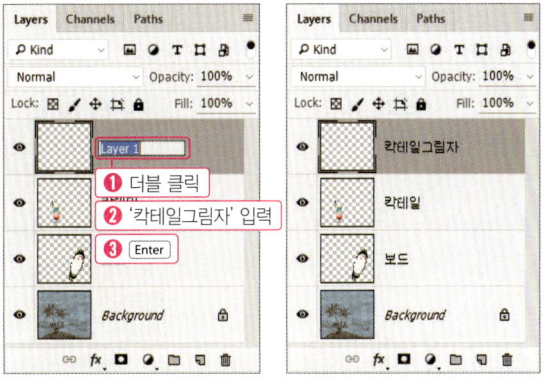

06 선택 영역 불러오기

'칵테일그림자' 레이어가 선택되어 있는 상태에서 Ctrl 을 누른 채 '칵테일' 레이어의 섬네일을 클릭합니다. 이미지의 윤곽을 따라 선택 영역이 지정됩니다.

07 전경색 채우기

전경색이 검은색인 상태에서 Ctrl + Delete 를 눌러 전경색으로 채웁니다.

08 선택 영역 해제하기

Ctrl + D 를 눌러 선택 영역을 해제합니다.

09 레이어 순서 변경하기

'칵테일그림자' 레이어를 '칵테일' 레이어 아래로 드래그하여 이동합니다.

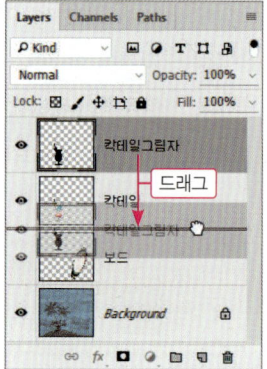 

10 그림자 크기 변형하기

Ctrl + T 를 눌러 변형 박스를 표시한 후, 상단 중앙의 조절점을 Ctrl 을 누른 채 오른쪽 아래로 드래그합니다. 적당한 모양으로 변형되면 Enter 를 눌러 적용합니다.

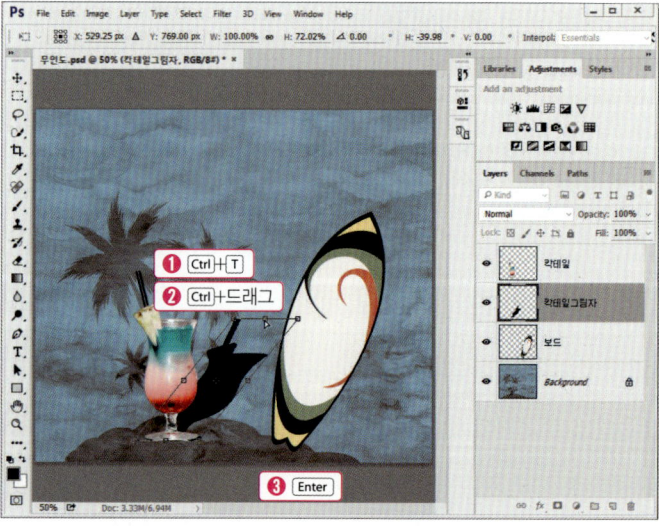

11 불투명도 조절하기

'칵테일그림자' 레이어가 선택되어 있는 상태에서 Opacity를 '35%'로 설정하여 흐리게 보이게 합니다.

12 링크 걸기

'칵테일그림자' 레이어가 선택된 상태에서 Ctrl 을 누른 채 '칵테일' 레이어를 선택합니다.

13
Layers 패널의 Link layers( ) 버튼을 클릭하여 선택한 레이어를 링크로 연결합니다.

 TIP 링크를 걸어놓으면 위치 이동시 어떤 레이어를 선택하더라도 하나처럼 연결되어 이동합니다.

14 '보드' 레이어 그림자 생성하고 링크 걸기

같은 방법으로 '보드' 레이어를 이용하여 그림자를 만들어 봅니다.

SECTION 060

레이어 기본 다루기 2
레이어 분리, 레이어 복제, 레이어 다중 선택, 레이어 병합

레이어 분리, 레이어 복제, 다중 선택, 레이어 병합하는 기능 등에 대해 알아보겠습니다.

[준비파일] 5장\무인도1.psd   [완성파일] 5장-완성\무인도1(완성).psd

01 파일 불러오기
'무인도1.psd' 파일을 불러옵니다

02 레이어 숨기기
'바람', '칵테일', '보드' 레이어의 눈 아이콘(👁)을 드래그하여 이미지를 숨깁니다.

03 이미지 분리하여 레이어 생성하기

마술봉 툴( )을 클릭하고 야자수를 클릭하여 선택 영역을 지정합니다. [Shift]를 누른 채 클릭하면 선택 영역을 추가할 수 있고, [Alt]를 누른 채 클릭하면 선택 영역을 제거할 수 있습니다.

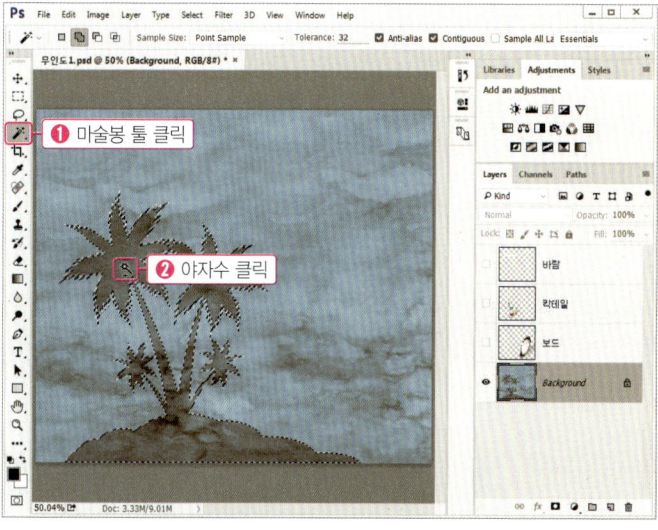

04
[Ctrl]+[J]를 누르면 선택 영역이 복제되면서 'Layer 1'이 생성된 것을 확인할 수 있습니다.

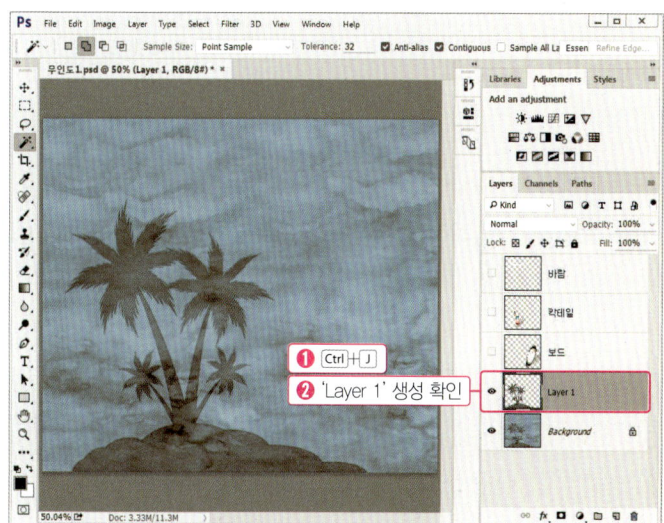

05 이동 툴( )을 클릭하고 왼쪽으로 이동합니다.

06 레이어 복제하기

이동 툴(♦.)이 선택된 상태에서 Ctrl을 누른 채 드래그하면 레이어가 복제됩니다. 'Layer 1 copy'이 레이어가 복제되었습니다.

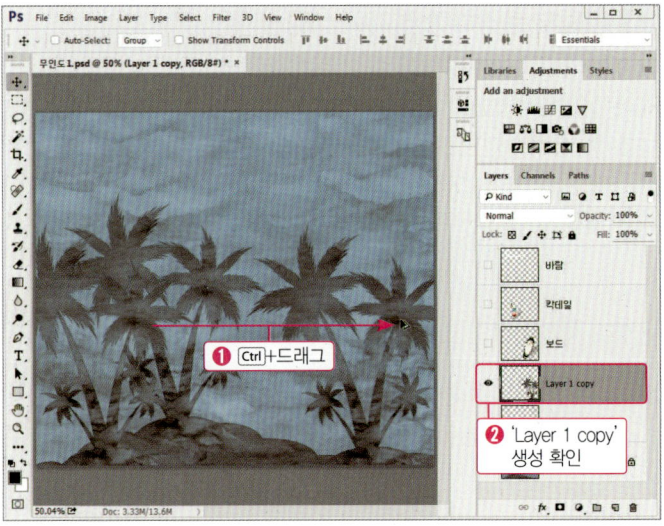

07

같은 방법으로 'Layer 1 copy 2'를 생성합니다.

08 레이어 다중 선택하기

'Layer 1 copy 2' 레이어가 선택된 상태에서 Shift를 누른 채 'Layer 1' 레이어를 클릭하여 다중 선택합니다.

09 선택한 레이어 합치기

Ctrl+E를 눌러 선택한 레이어를 합칩니다.

 TIP 레이어를 한 장으로 합치면 파일 용량은 줄지만 더 이상 수정하기 어렵습니다. 수정이 필요 없는 마지막 단계에서 대부분 파일을 하나로 합칩니다.

10 숨겨진 레이어 보여 주기

'바람', '칵테일', '보드' 레이어의 눈 아이콘(👁)도 각각 클릭하여 이미지를 보여줍니다.

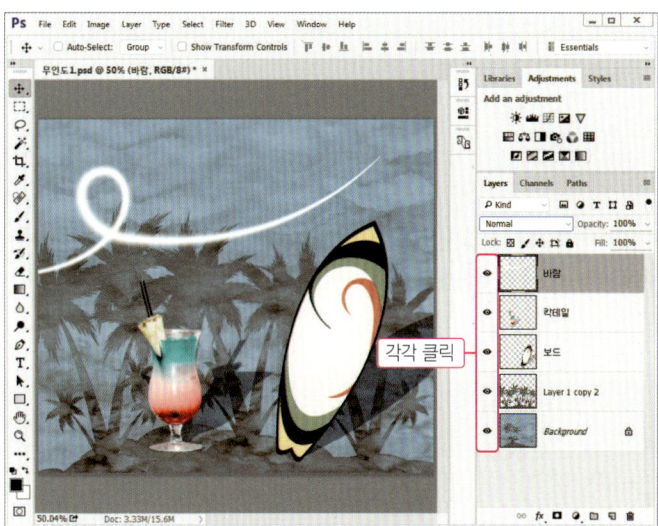

11 블렌드 모드 적용하기

'바람' 레이어의 블렌드 모드를 'Soft Light'로 변경하여 부드럽게 보이도록 합니다.

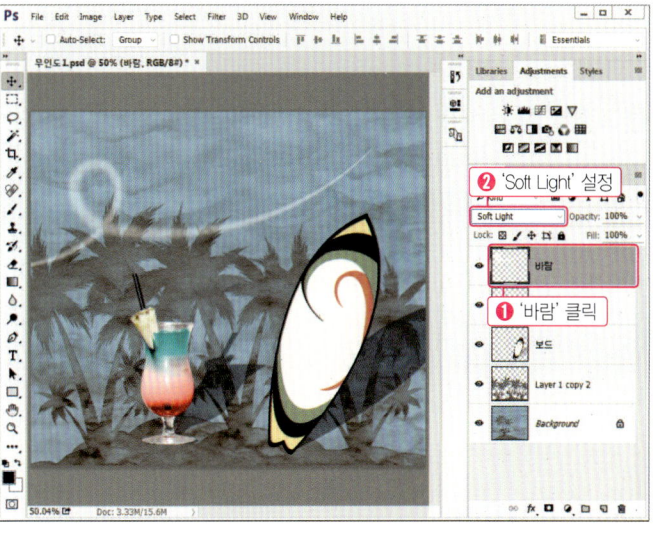

SECTION 061 마스크 종류 알아보기
레이어 마스크, 벡터 마스크, 클리핑 마스크

마스크 기능은 이미지의 일부를 가려 주는 역할을 하며, 합성 이미지를 만들 때 유용하게 사용됩니다. 마스크를 이해하고 종류별 특징을 알아보겠습니다.

레이어 마스크

- 레이어 마스크(Lask Mask)는 이미지의 일부를 가릴 때 주로 사용합니다.
- [Layer]-[Layer Mask]-[Reveal All] 메뉴를 클릭하여 레이어 마스크를 생성합니다. 검은색으로 칠한 부분은 가려지고 회색으로 칠한 부분은 회색 농도만큼 가려지며, 흰색으로 칠해진 부분은 이미지가 모두 보입니다.

▲ 레이어 이미지 + 레이어 마스크 = 보이는 레이어 이미지

벡터(Vector) 마스크

- 레이어 마스크와 같은 원리이지만, 브러시나 그레이디언트의 사용이 아닌 벡터 속성을 가진 펜 툴( )이나 도형 툴( )들을 이용해서 만든 마스크를 씌울 때 사용합니다.
- 벡터 마스크를 생성하려면 [Layer]-[Vector Mask]-[Reveal All] 메뉴를 클릭합니다.

▲ 레이어 이미지 + 벡터 마스크 = 보이는 레이어

클리핑(Clipping) 마스크

- '클리핑'은 '오려낸다'는 뜻으로, 레이어 이미지를 마스크로 이용하여 윤곽 형태로 이미지를 보이게 합니다. 레이어와 레이어 사이에 마스크를 씌울 때 사용합니다.
- 클리핑 마스크를 실행하려면 [Layer]-[Create Clipping Mask] 메뉴를 클릭하거나 레이어 사이의 경계를 Alt 를 누른 채 클릭합니다.

▲ 레이어 이미지 + 클리핑 마스크 = 보이는 레이어

SECTION 062 점점 사라지는 그림자 만들기
레이어 마스크

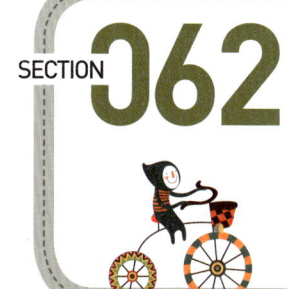

레이어 마스크는 레이어 이미지 옆에 생성되어 농도에 따라 같은 자리의 이미지를 가리는 역할을 합니다. 레이어 마스크를 이용하여 원근감 있는 그림자를 만들어 보겠습니다.

[준비파일] 5장\스트레칭.psd   [완성파일] 5장-완성\스트레칭(완성).psd

01 파일 불러오기
'스트레칭.psd' 파일 불러옵니다.

02 레이어 만들기
Layers 패널 하단의 Create a new layer( ) 버튼을 클릭하여 'Layer 2' 레이어를 생성합니다.

❶ 'Create a new layer' 클릭
❷ 'Layer 2' 생성 확인

03
'Layer 2' 레이어의 이름을 더블 클릭한 후, '왼쪽그림자'라고 입력합니다.

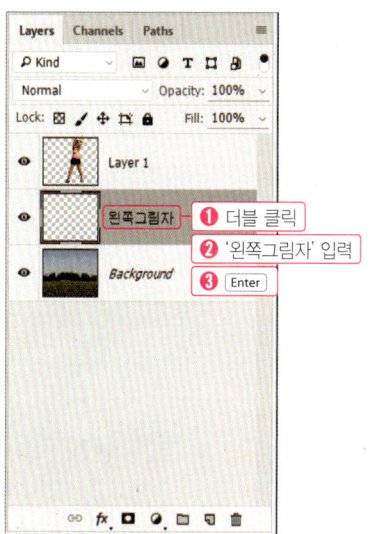

❶ 더블 클릭
❷ '왼쪽그림자' 입력
❸ Enter

04 선택 영역 불러오기

'왼쪽그림자' 레이어가 선택되어 있는 상태에서 Ctrl을 누른 채 'Layer 1' 레이어의 섬네일을 클릭합니다.

 TIP Ctrl을 누른 채 레이어의 섬네일을 클릭하면 이미지의 윤곽으로만 선택됩니다. 투명한 영역을 제외한 이미지 영역을 선택 영역으로 불러올 수 있습니다.

05 그림자 만들기

전경색이 검정색인 상태에서 Alt + Delete를 눌러 검은색 그림자를 만들고, Ctrl + T를 누릅니다.

06 변형 박스의 위쪽 중앙점을 Ctrl을 누른 채 왼쪽 아래로 드래그하여 기울입니다. 옵션바의 비율 H는 '25%', 기울이기의 높이 H는 '70°'로 설정하고 Enter를 누릅니다.

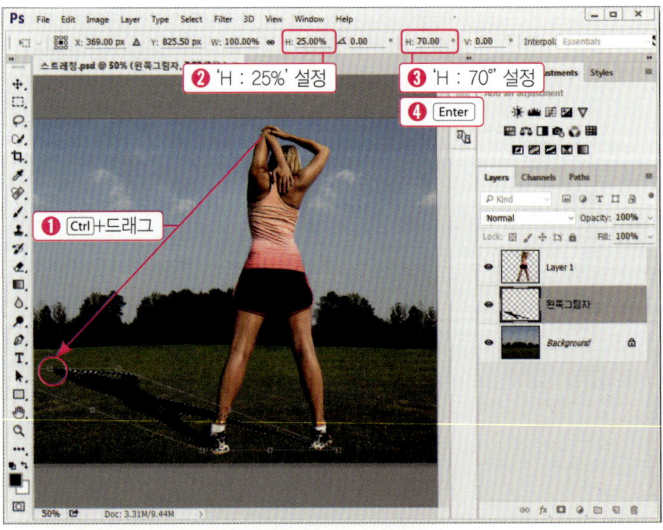

07 레이어 마스크 만들기

Ctrl+D를 눌러 선택 영역을 해제합니다. Layers 패널 하단의 Add a mask(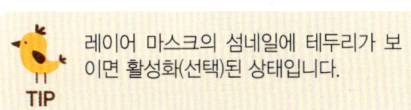) 버튼을 클릭하여 레이어 마스크를 생성합니다.

> **TIP** 레이어 마스크의 섬네일에 테두리가 보이면 활성화(선택)된 상태입니다.

08 레이어 마스크 적용하기

그레이디언트 툴(■.)을 클릭한 후, 위에서 아래로 드래그합니다. 레이어 마스크의 검은색 부분의 농도에 따라 그림자의 이미지가 가려져 보입니다.

09 오른쪽 그림자 생성하기

같은 방법으로 새 레이어를 생성하고, 레이어 마스크를 이용하여 오른쪽 그림자도 만들어 봅니다. 오른쪽 그림자의 옵션 바 비율 H는 '30%', 기울기의 높이 H는 '-50°'로 설정하였습니다.

TIP
일시적으로 마스크 가리기
- Shift 를 누른 채 'Layer 2'의 레이어 마스크 섬네일을 클릭하면 X 표시가 나타나고 마스크가 적용이 되지 않습니다.
- 가린 마스크를 다시 표시하려면 X 표시에서 Shift 를 누른 채 다시 클릭합니다.

10 그룹 레이어 생성하기

Shift 를 누른 채 '왼쪽 그림자' 레이어를 클릭하여 다중 선택합니다.

TIP
레이어 마스크 지우기
레이어 마스크를 지우려면 레이어 마스크를 휴지통으로 드래그합니다. 레이어에 마스크를 반영한 상태에서 지울 것인지(Apply), 취소할 것인지(Cancel), 반영하지 않고 지울 것인지(Delete)를 묻는 대화상자가 나타납니다.

11 Layers 패널 하단의 Create a new group( ) 버튼을 클릭하여 폴더 안으로 선택한 그림자 이미지를 넣어 관리합니다.

SECTION 063 아래 레이어 이미지로 오려 낸 듯 합성하기

클리핑 마스크, 레이어 마스크

레이어 클리핑 기능과 레이어 마스크 기능을 이용하여 합성 이미지를 만들어 보겠습니다.

[준비파일] 5장\사이보그.psd   [완성파일] 5장-완성\사이보그(완성).psd

01 파일 불러오기

'사이보그.psd' 파일을 불러옵니다.

02 클리핑 마스크 만들기 – 메뉴 활용

'차' 레이어가 선택된 상태에서 [Layer]-[Create Clipping Mask] 메뉴를 클릭합니다. '차' 레이어 아래에 있는 '로봇' 레이어의 이미지 영역 안으로만 이미지가 보입니다.

03 클리핑 마스크 만들기 – 단축키 활용

'Cyborg' 레이어를 선택한 상태에서 Alt + Ctrl + G 를 눌러 클리핑 마스크를 생성합니다.

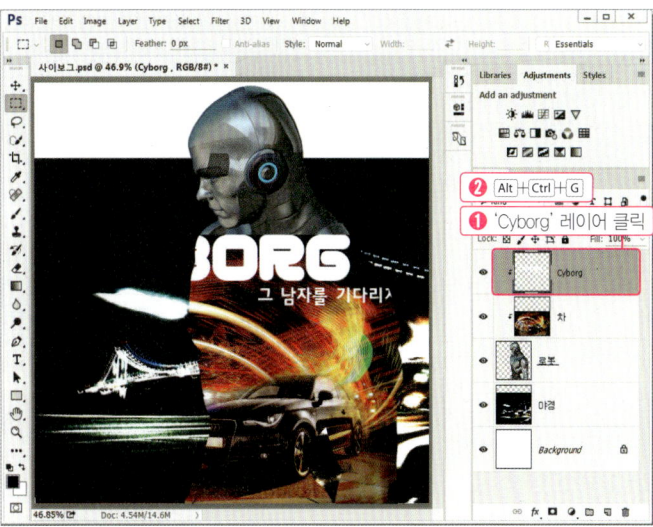

>
> **TIP** 클리핑 마스크를 만드는 또 다른 방법
> 두 레이어의 경계에 Alt 를 누른 채 마우스 포인터를 올려 놓으면 ↓□ 모양으로 바뀌는데, 이때 클릭하면 아래 놓인 이미지의 윤곽 안으로 위에 놓인 이미지가 나타납니다.

04 반전 문자 만들기

Ctrl+J를 눌러 'Cyborg copy' 레이어를 만듭니다.

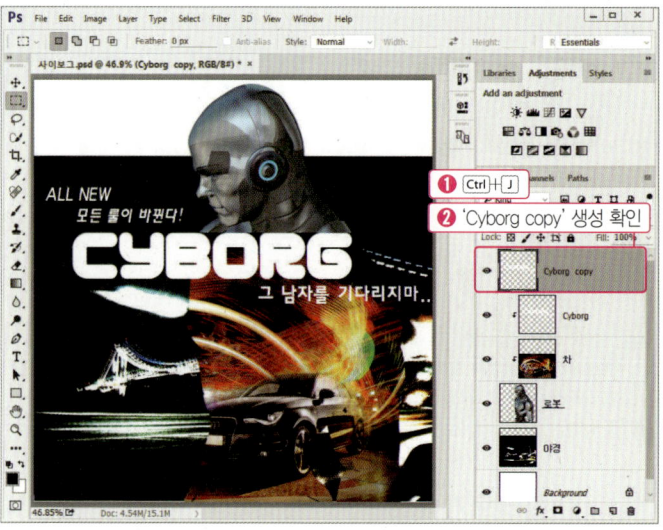

05

Ctrl+I를 눌러 색상을 반전합니다. 흰색이었던 'Cyborg copy' 레이어의 이미지 색상이 검은색으로 변경됩니다.

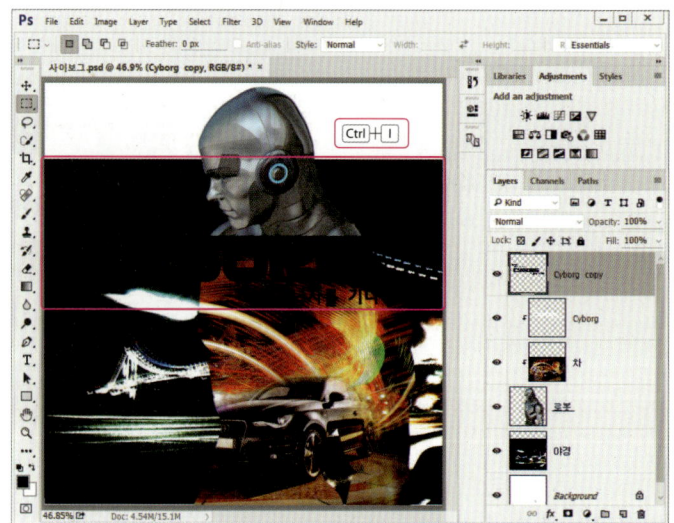

06

'Cyborg copy' 레이어를 드래그하여 '로봇' 레이어의 아래에 위치시킵니다.

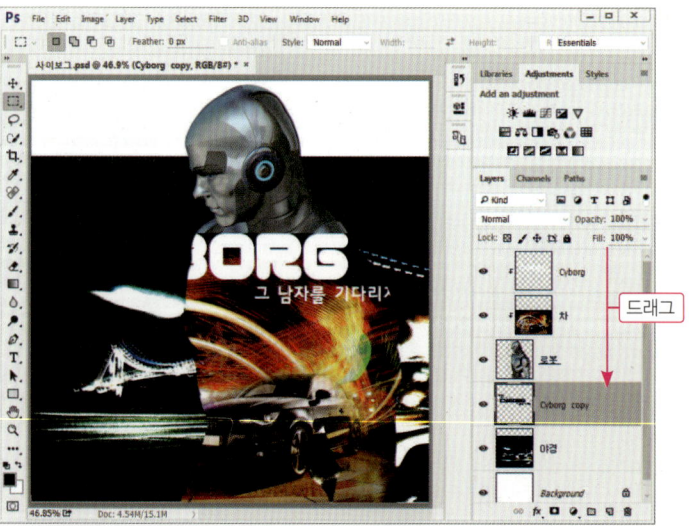

07 야경 이미지 점진적으로 나타내기

문자 색상이 검은색이라 배경과 겹쳐 잘 보이지 않습니다. '야경' 레이어가 선택된 상태에서 Layers 패널의 Add a mask (▢) 버튼을 클릭하여 레이어 마스크를 생성합니다.

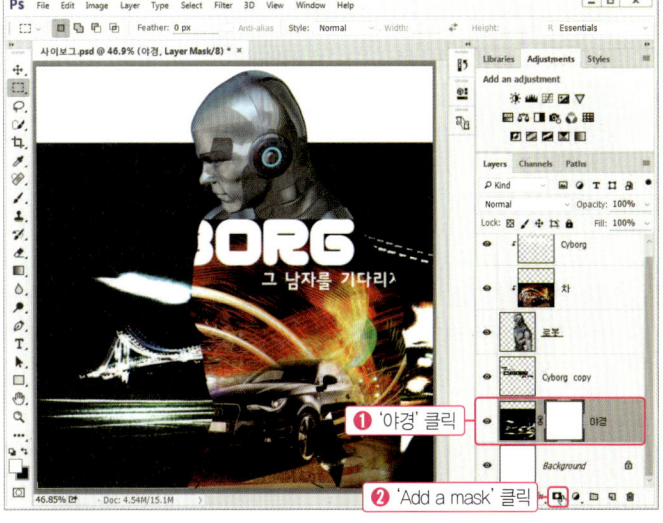

08
그레이디언트 툴(▇.)을 클릭한 후, 아래에서 위로 드래그합니다. 레이어 마스크의 검정 농도에 따라 야경 이미지가 점진적으로 가려져 'Background' 레이어의 흰색이 보입니다.

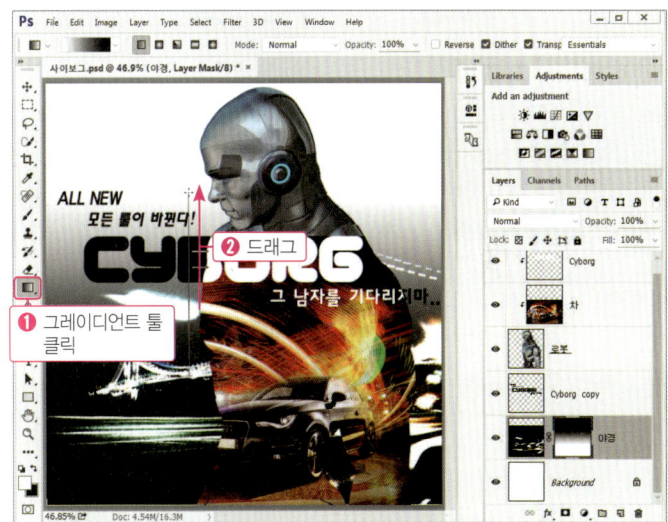

09 차 이미지 점진적으로 나타내기

'차' 클릭하여 활성화하고 같은 방법으로 레이어 마스크를 생성합니다.

10
'차' 레이어 마스크가 선택된 상태에서 브러시 툴(✐)을 클릭한 후, 옵션바에서 브러시 크기를 '500px'로 설정하고 칠하면 레이어 마스크의 검은색 영역은 가려져 보이지 않습니다.

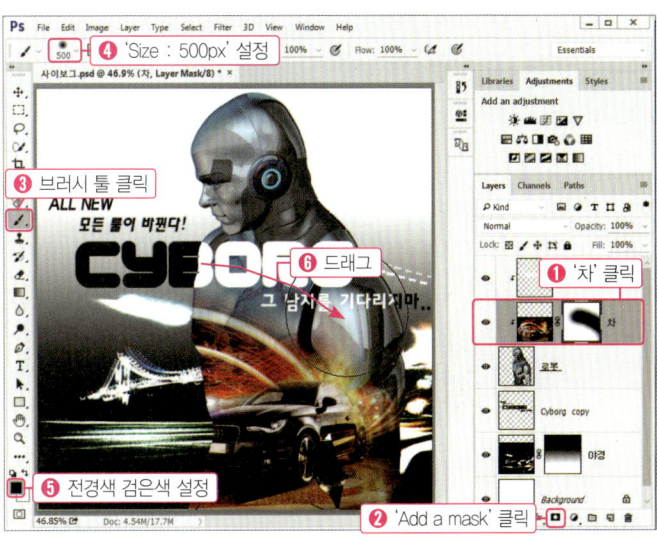

SPECIAL SECTION

빠르게 합성하는 블렌드 모드

블렌드 모드는 레이어 이미지를 겹쳐 놓고 명도, 채도, 색상 값을 변경하여 합성하는 방법으로 모드에 따라 독특한 결과물을 얻을 수 있습니다. 블렌드 모드를 변경하면서 어떤 결과 이미지가 생성되는지 알아봅니다.
블렌드 모드는 Layers 패널뿐만 아니라 브러시 툴( ), 그레이디언트 툴( ) 등의 옵션바에서 사용할 수 있습니다.

블렌드 모드(Blend Mode)

[준비파일] 5장\베이비독.psd

▲ 위쪽 레이어 이미지

▲ 아래쪽 레이어 이미지

▲ Layers 패널

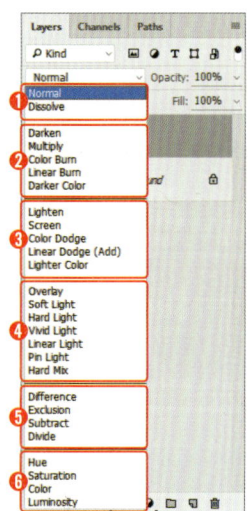

❶ 기본 : 이미지를 그대로 보여주거나 흩뿌립니다.
❷ 어둡기 : 전체적으로 어두워지는 모드입니다.
❸ 밝기 : 전체적으로 밝아지는 모드입니다.
❹ 명암 대비 : 명암 대비가 확실해지는 모드입니다.
❺ 보색 효과 : 보색 효과를 만드는 모드입니다.
❻ 색의 3속성 더하기 : 명도, 채도, 색상 값이 더해집니다.

◀ Layers 패널의 블렌드 목록

- Dissolve(디졸브) : 색상이 불규칙적으로 뿌려진 형태로 보이며, Opacity 값이 작을수록 뿌려지는 픽셀이 더 많아집니다.

- Darken(어둡게 하기) : 두 이미지에서 더 어두운 톤이 나타나며, 위에 있는 흰색은 무시합니다.

- Multiply(곱하기) : 이미지 위에 이미지가 곱해지기 때문에 항상 더 어두워 보이고, 밝은 영역은 투명감 있게 표시합니다. 미술용 도구인 마커를 사용한 것과 비슷합니다.

- Color Burn(색상 번) : 번 툴( )을 사용한 것처럼 이미지 위에 채도가 높고 어둡게 나타나며 흰색은 아무런 변화가 없습니다.

- Linear Burn(선형 번) : Multiply 모드와 비슷하지만, 채도와 대비가 더 강하게 표시됩니다.

- Darker Color(어두운 색상) : 두 이미지에서 더 어두운 톤이 나타나며, 색상은 그대로 표현합니다.

- Lighten(밝게 하기) : Darken 모드와 반대로 두 이미지에서 더 밝은 톤이 나타나고 검은색은 무시합니다.

- Screen(스크린) : Multiply 모드와 반대로 이미지의 색상을 반전 색으로 곱하기 때문에 항상 더 밝아집니다.

- Color Dodge(색상 닷지) : 닷지 툴( )처럼 채도와 밝기를 더 강하게 표현합니다.

- Linear Dodge Add(선형 닷지) : 검은색을 제외한 색의 명도를 증가시킵니다. Color Dodge 모드보다 전체적으로 밝게 표현합니다.

- Lighter Color(밝은 색상) : 두 이미지에서 더 밝은 색만 표현합니다.

- Overlay(오버레이) : 중간 톤보다 밝으면 Screen 모드처럼 표현되고, 어두우면 Multiply 모드처럼 표현되어 채도와 명도의 대비가 강하게 나타납니다.

- Soft Light(소프트 라이트) : Overlay 모드처럼 합성되지만, 채도와 대비가 더 낮고, 부드러운 확산 조명을 비추는 것과 유사합니다.

- Hard Light(하드 라이트) : Overlay 모드처럼 합성되지만, 채도와 대비가 더 높고, 강한 스포트라이트 조명을 비추는 것과 유사합니다.

- Vivid Light(선명한 라이트) : Hard Light 모드 보다 더 강하게 이미지를 표현합니다.

- Linear Light(선형 라이트) : 전체적으로 고르게 Hard Light를 표현합니다.

- Pin Light(핀 라이트) : 밝은 곳만 집중적으로 Hard Light 모드 처럼 표현합니다.

- Hard Mix(하드 혼합) : 모든 색상을 강렬한 색상 대비로 표현합니다.

- Difference(차이) : 밝은 영역의 이미지는 반전되어 나타나고, 어두우면 이미지가 그대로 나타납니다.

- Exclusion(제외) : Difference 모드와 유사하지만 좀 더 부드럽고, 명도 대비가 약합니다.

- Subtract(빼기) : 아래 이미지에서 위 이미지의 색상을 뺍니다.

- Divide(나누기) : 아래 이미지에서 위 이미지의 색상을 나눕니다.

- Hue(색조) : 위 이미지는 색상과 채도를 나타내고, 아래 이미지에는 광도를 나타냅니다.

- Saturation(채도) : 위 이미지는 채도만 나타내고, 아래 이미지는 흰색, 검은색, 50% 회색은 흑백 이미지로 나타납니다.

- Color(색상) : 위 이미지는 색상과 채도만 나타나고, 아래 이미지에는 명도만 남습니다.

- Luminosity(광도) : Color 모드와 반대로 위 이미지는 명도만 나타나고, 아래 이미지에는 색상과 채도만 나타납니다.

SECTION 064 입체적인 효과 만들기
Styles 패널, Layer Style 대화상자

Styles 패널은 레이어에 적용할 입체 효과를 스타일로 만들어 모아 놓은 곳이고, Layer Style 대화상자는 스타일을 새로 만들거나 편집하는 곳입니다.

Styles 패널

Styles 패널은 레이어에 특수한 효과(문자 효과, 버튼 효과, 이미지 효과, 텍스처 효과)를 쉽게 적용할 수 있도록 미리 설정된 값을 아이콘으로 제공하고 있습니다. 클릭 한번으로 레이어 이미지에 적용할 수 있으며, ⊠(Default Style(None)을 클릭해 적용한 스타일을 해제할 수 있습니다.

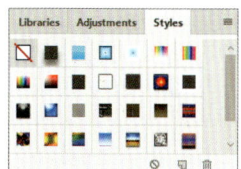

Layer Style 대화상자

Layers 패널 하단의 Add a layer style(*fx.*) 버튼을 클릭한 후, 목록에서 효과를 선택하면 Layer Style 대화상자가 나타납니다.

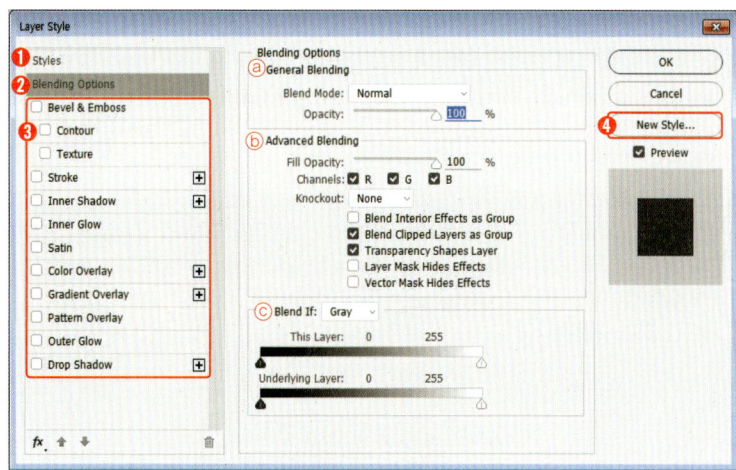

❶ **Styles(스타일)** : Styles 패널처럼 미리 설정된 스타일을 모아 놓은 곳입니다.
❷ **Blending Options(혼합 옵션)**
  ⓐ **General Blending(일반 혼합)** : 블렌드 모드, 불투명도를 설정할 수 있습니다.
  ⓑ **Advanced Blending(고급 혼합)** : 칠 영역의 불투명도, 채널, 녹아웃의 옵션을 설정할 수 있습니다.
  ⓒ **Blend If(혼합 조건)** : 항목에서 삼각 슬라이드를 조절하여 현재 레이어와 아래 위치한 레이어의 합성을 세밀하게 조절합니다.
❸ **효과 목록** : 입체적인 효과를 목록별로 나누어 놓은 곳으로 해당 효과 목록(효과 이름)을 클릭하면 세부 옵션을 조절할 수 있습니다. 해당 효과의 체크 박스(☑)만 클릭하면 기본값으로 적용됩니다. ⊞ 아이콘이 있는 효과는 레이어 스타일에 두 번 이상 적용할 수 있습니다.
❹ **New Style** : 옵션 사항을 조절한 후 'New Style' 버튼을 클릭하면 현재 설정값으로 스타일이 저장됩니다. Styles 패널에서 선택하여 사용할 수 있습니다.

Drop Shadow 효과 옵션 살펴보기

- 입체 효과 옵션은 비슷하므로 대표적으로 Drop Shadow 효과의 옵션을 통해 알아보도록 합니다.
- Layers 패널 하단의 Add a layer style(fx) 버튼을 클릭한 후, Drop Shadow를 클릭하면 옵션을 설정할 수 있습니다.
- 이미지의 경계 바깥쪽으로 그림자 효과를 적용하는 명령으로 그림자 색상, 불투명도, 각도, 길이 등을 설정할 수 있습니다.

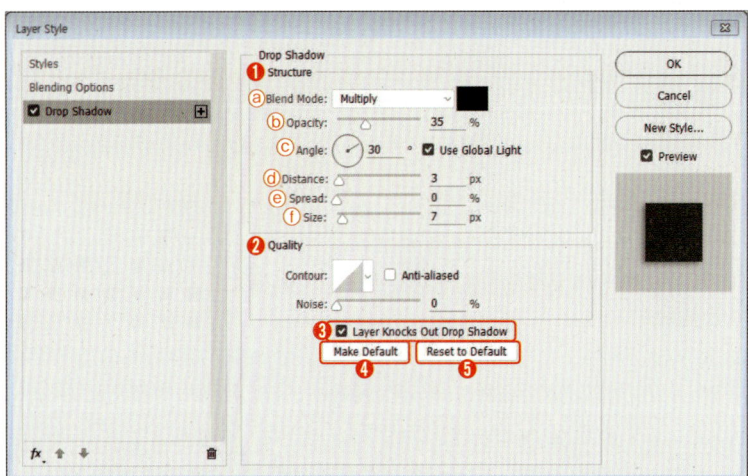

❶ Structure(구조)
  ⓐ Blend Mode(혼합 모드) : 그림자의 블렌드 모드, 즉 합성 모드를 설정하는 곳입니다.
  ⓑ Opacity(불투명도) : 그림자의 불투명도를 설정합니다.
  ⓒ Angle(각도) / Use Global Angle(전체 조명 사용) : 체크하면 전체 광원에 현재 각도를 적용합니다.
  ⓓ Distance(거리) : 그림자의 길이를 설정합니다.
  ⓔ Spread(스프레드) : 그림자 퍼짐의 강도로 값이 커질수록 그림자가 강하고 경계가 부자연스럽습니다.
  ⓕ Size(크기) : 그림자의 퍼짐 정도의 크기로 값이 클수록 경계가 흐립니다.

❷ Quality(품질)
  ⓐ Contour(윤곽선) : 그림자의 윤곽을 설정합니다.
  ⓑ Anti-aliased(안티-에일리어스) : 그림자 경계의 계단현상, 거칠기를 완화합니다.
  ⓒ Noise(노이즈) : 노이즈, 알갱이를 추가합니다.

❸ Layer Knocks Out Drop Shadow(레이어 녹아웃 그림자) : 투명 레이어에 사용하는 옵션으로 그림자 효과를 자연스럽게 흐리게 합니다.

❹ Make Default : 현재 설정값을 기본값으로 설정합니다.

❺ Reset to Default : 설정값을 변경하고 기본값으로 되돌립니다.

Layer Style 종류

① Bevel and Emboss(경사와 엠보스)
  - Outer Bevel(외부 경사)
이미지의 경계 바깥쪽으로 경사진 느낌으로 입체 효과를 줍니다.

② Bevel and Emboss(경사와 엠보스)
  - Inner Bevel(내부 경사)
이미지의 경계 안쪽으로 경사진 느낌으로 입체 효과를 줍니다.

③ Bevel and Emboss(경사와 엠보스)
   – Emboss(엠보스)

이미지가 경계의 안쪽과 바깥쪽으로 튀어나온 입체 효과를 줍니다.

④ Bevel and Emboss(경사와 엠보스)
   – Pillow Emboss(쿠션 엠보스)

쿠션처럼 경계의 안쪽과 바깥쪽에 올록볼록하게 튀어나온 효과를 줍니다.

⑤ Bevel and Emboss(경사와 엠보스)
   – Stroke Emboss(획 엠보스)

Stroke가 미리 설정되어야 활성화되고, 테두리에 엠보스를 설정할 수 있습니다.

⑥ Stroke(획)

이미지 경계에 테두리를 주는 효과로 테두리에 단색이나 그레이디언트, 패턴을 채울 수 있습니다.

⑦ Inner Shadow(내부 그림자)

이미지의 안쪽으로 그림자 효과를 주는 명령으로, 마치 종이를 오린 효과를 줍니다.

⑧ Inner Glow(내부 광선)

이미지의 안쪽으로 빛이 발산하는 효과를 줍니다.

⑨ Satin(새틴)
금속이나 비단천의 광택 효과를 내기 위하여 사용합니다.

⑩ Color Overlay(색상 오버레이)
레이어에 단일 색상으로 칠합니다.

⑪ Gradient Overlay(그레이디언트 오버레이)
이미지에 선택한 그레이디언트로 칠합니다.

⑫ Pattern Overlay(패턴 오버레이)
이미지에 선택한 패턴으로 칠합니다.

⑬ Outer Glow(외부 광선)
선택된 이미지의 주변으로 빛이 발광하는 효과를 줍니다.

⑭ Drop Shadow(그림자)
선택된 이미지의 뒤로 그림자 효과를 주는 명령으로 그림자 색상, 불투명도, 각도, 길이 등을 설정할 수 있습니다.

SECTION 065 문자와 이미지에 입체 효과 주기
Styles 패널, Layer Style 대화상자

문자 이미지에 레이어 스타일 효과를 적용하고 Styles 패널에 등록하는 방법에 대해 알아보겠습니다.

📂 [준비파일] 5장\릴렉스.psd   📂 [완성파일] 5장-완성\릴렉스(완성).psd

01 파일 불러오기

'릴렉스.psd' 파일을 불러옵니다.

02 레이어 스타일 적용하기

Layers 패널 하단의 Add a layer style () 버튼을 클릭하고 'Bevel Emboss'를 클릭합니다.

> **TIP** 사용자의 컴퓨터에 폰트가 설치되어 있지 않으면 글자가 다르게 변경되기 때문에 문자 레이어를 미리 [Layer]-[Rasterize]-[Type] 메뉴를 클릭하여 픽셀화 한 예제를 준비하였습니다.

03

Layer Style 대화상자가 나타나면 Style을 'Outer Bevel'로 설정한 후, Size는 '15px'로 설정합니다. 경계 바깥으로 입체 효과가 나타납니다.

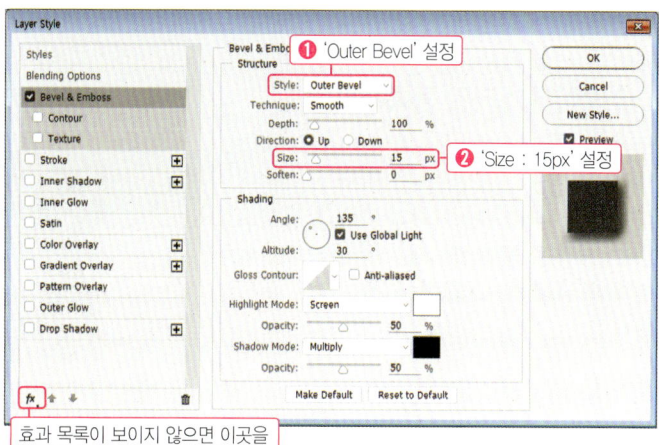

04 'Gradient Overlay' 목록을 클릭하여 Gradient 옵션 사항을 보이게 합니다. Gradient 프리셋 버튼(▼)을 클릭하여 'Chrome'을 선택한 후, 'Reverse'를 체크합니다.

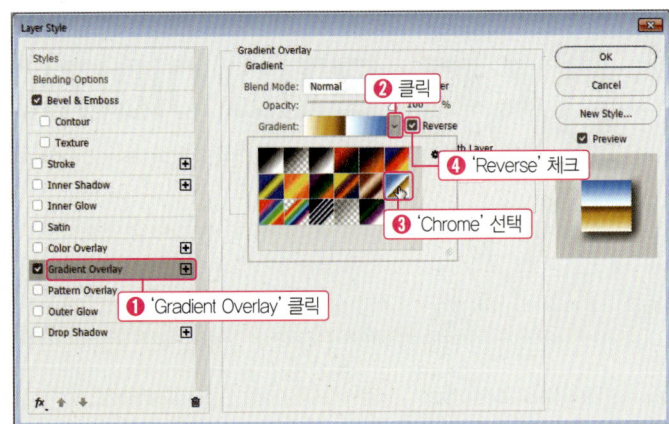

TIP 'Gradient Overlay'에 체크(☑)만 하면 기본값이 적용되며 옵션 사항은 보이지 않습니다.

05 'Stroke' 목록을 클릭하여 Stroke 옵션 사항이 보이게 합니다. Structure의 Size를 '3px', Position을 'Outside'로 설정합니다. Fill Type을 'Gradient'로 설정하여 테두리를 설정합니다. 'OK' 버튼을 클릭합니다.

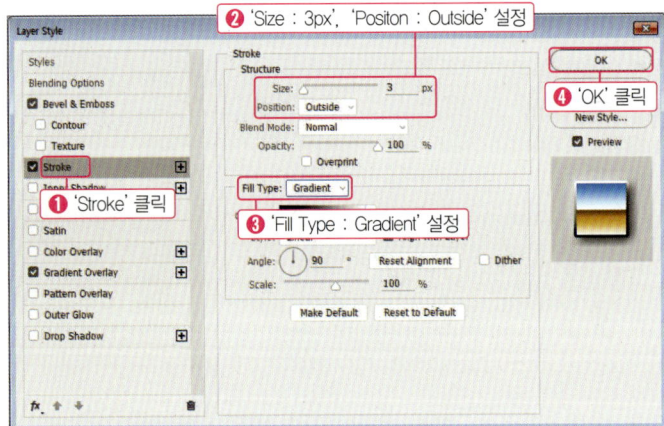

06 레이어 스타일 등록하기

Styles 패널의 Create a new Swatch (🔲) 버튼을 클릭합니다. New Style 대화상자가 나타나면 기본값으로 설정하고 'OK' 버튼을 클릭합니다. Styles 패널의 마지막 목록에 새 레이어 스타일이 등록됩니다.

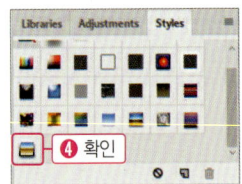

07 선택 영역 분리하기

올가미 툴( )을 클릭한 후, 모자를 드래그하여 선택합니다.

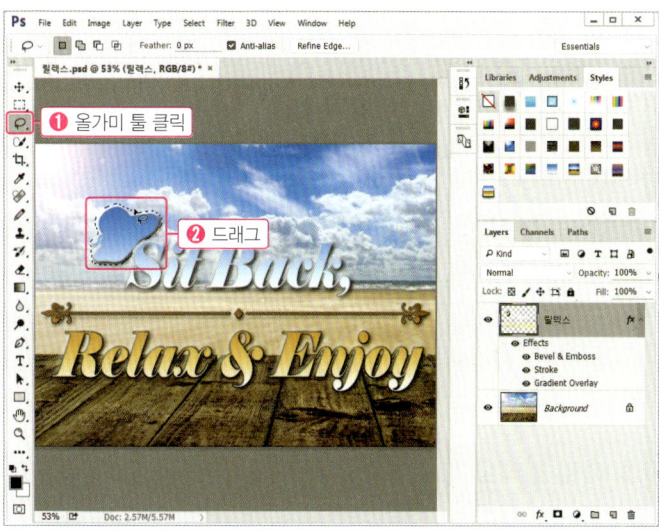

08

[Layer]-[New]-[Layer Via Cut] 메뉴를 실행하거나 Shift+Ctrl+J를 누릅니다. 선택 영역의 모자 이미지가 분리되어 'Layer 1' 레이어로 생성되었습니다.

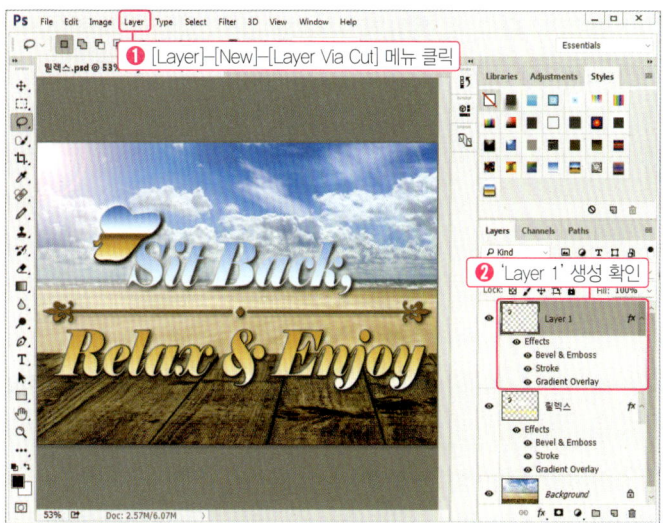

09 레이어 스타일 지우기

Styles 패널의 (Default Style(None))을 클릭합니다. 'Layer 1' 레이어의 레이어 스타일이 지워지고, 이미지의 창에는 원래 모자 이미지가 보입니다.

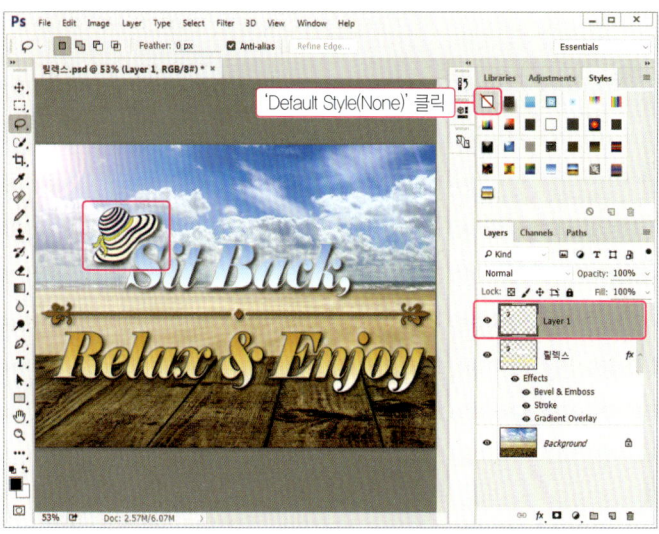

SECTION 066 합성 이미지 만들기
블렌드 모드, 스마트 오브젝트, 벡터 마스크

다양한 레이어 기능을 이용하여 합성 이미지를 만들어 보겠습니다.

[준비파일] 5장\딸기.psd, 디저트.jpg   [완성파일] 5장-완성\딸기(완성).psd

01 파일 불러오기
'딸기.psd' 파일을 불러옵니다.

02 블렌드 모드 설정하기
'딸기배경' 레이어의 블렌드 모드는 'Overlay', Opacity는 '50%'로 설정하여 이미지를 옅은 색조로 변경합니다.

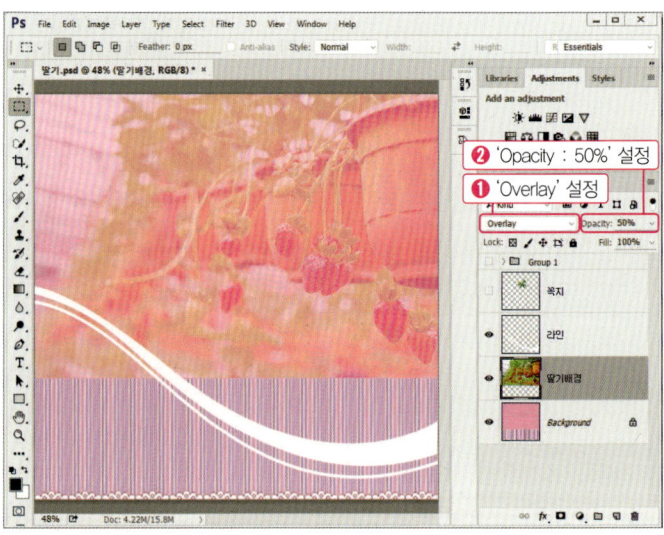

03
'라인' 레이어를 클릭한 후, 블렌드 모드를 'Soft Light'로 설정하여 부드럽게 색을 낮춥니다.

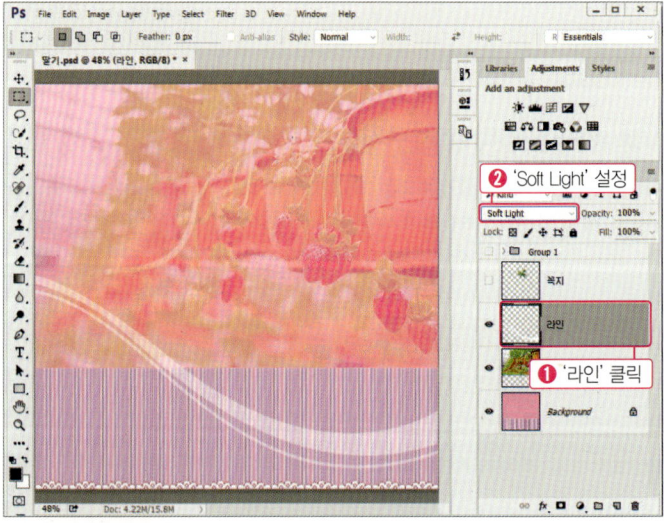

04 스마트 오브젝트 만들기

[File]-[Place Embedded] 메뉴를 클릭하여 '디저트.jpg' 파일을 불러옵니다.

05

Enter 를 누르거나 이미지를 더블 클릭합니다. Layers 패널의 '디저트' 레이어 섬네일에 스마트 오브젝트 아이콘(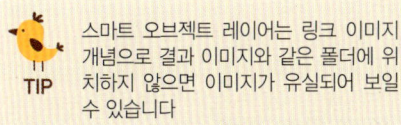)이 표시됩니다.

> **TIP** 스마트 오브젝트 레이어는 링크 이미지 개념으로 결과 이미지와 같은 폴더에 위치하지 않으면 이미지가 유실되어 보일 수 있습니다.

06 벡터 마스크 만들기

Paths 패널에서 'Path 1' 패스를 클릭하여 활성화하면 이미지에 패스가 나타납니다.

07 [Layer]-[Vector Mask]-[Current Path] 메뉴를 클릭하여 벡터 마스크를 생성하고 패스 안에만 디저트 이미지가 보이게 합니다.

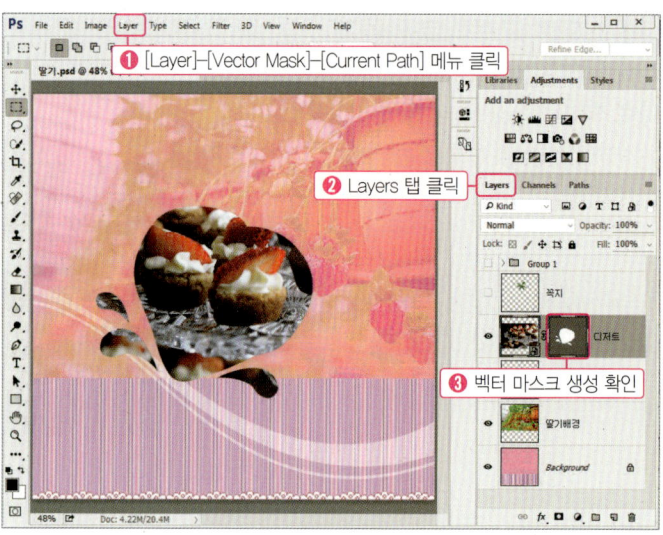

08 블렌드 모드 설정하기

Layers 패널에서 '디저트' 레이어의 블렌드 모드를 'Hard Light'로 설정하여 밝게 합니다.

09 가려진 레이어 보이고 블렌드 모드 설정하기

'꼭지' 레이어의 눈 아이콘( )을 클릭하고 '꼭지' 레이어를 클릭하여 활성화한 다음 블렌드 모드를 'Multiply'로 설정하여 반투명하게 보이게 합니다.

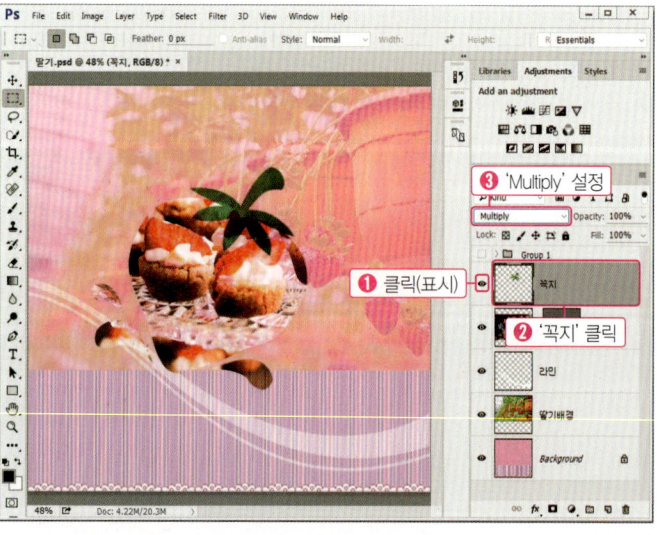

10 레이어 스타일 적용하기

'Group 1' 레이어의 눈 아이콘(👁)을 클릭한 후, 'Group 1' 레이어를 선택합니다. Styles 패널의 'Double Ring Glow'를 클릭하여 효과를 적용합니다.

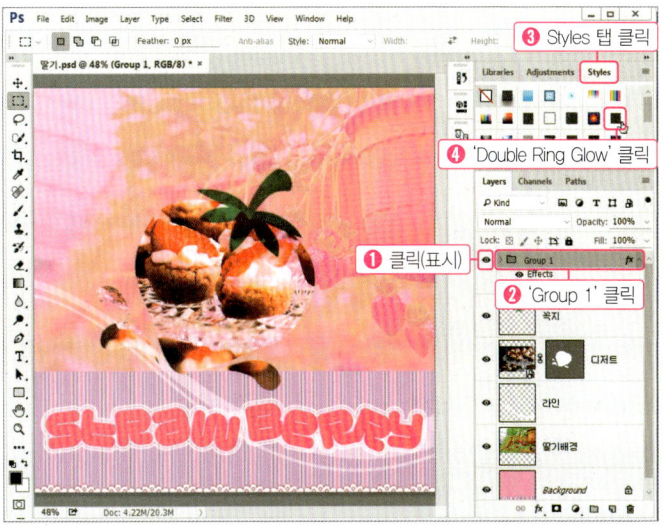

11 레이어 스타일 편집하기

'Group 1' 레이어의 'Outer Glow'를 더블 클릭합니다.

12 Layer Style 대화상자가 나타나면 Spread를 '30%', Range를 '50%'로 설정하고 'OK' 버튼을 클릭합니다.

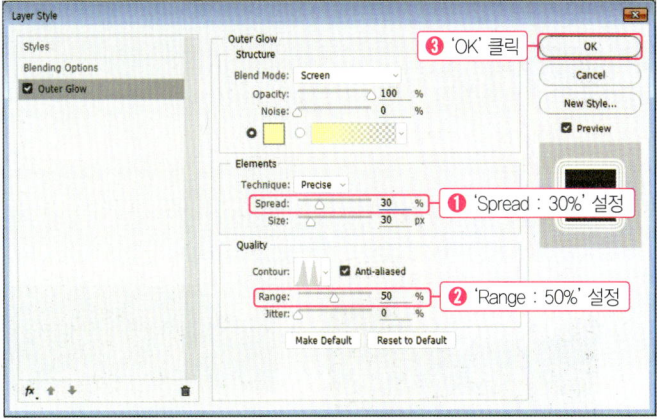

SECTION 067 정렬과 간격 정렬
Align, Distribute

버튼이나 아이콘 같은 이미지를 디자인하여 정렬하거나 여러 장의 레이어 사이의 간격을 정렬할 때 필요한 메뉴에 대해 살펴보겠습니다.

Align(정렬)과 Distribute(간격 정렬)

Layers 패널에서 여러 레이어를 다중 선택한 후, 이동 툴()의 옵션바에서 정렬과 간격 정렬 버튼을 확인할 수 있습니다.

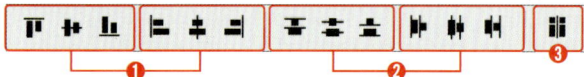

❶ **Align(정렬)** : 두 개 이상의 레이어를 선택하면 활성화됩니다. [Layer]-[Align] 메뉴와 동일합니다.
- (Align top edges) / (Align vertical centers) / (Align bottom edges) : 이미지의 상단, 가로 중앙, 하단 윤곽에 맞추어 정렬됩니다.
- (Align left edges) / (Align horizontal centers) / (Align right edges) : 이미지의 왼쪽, 세로 중앙, 오른쪽 윤곽에 맞추어 정렬됩니다.

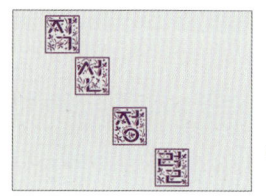 

▲ Align left Edges( ), 왼쪽 윤곽에 맞춰 정렬

❷ **Distribute(분포)** : 세 개 이상의 레이어를 선택하면 활성화됩니다. [Layer]-[Distribute] 메뉴와 동일합니다.
- (Distribute top edges) / (Distribute vertical centers) / (Distribute bottom edges) : 이미지의 상단, 가로 중앙, 하단 윤곽에 맞추어 간격 정렬됩니다.
- (Distribute left edges) / (Distribute horizontal centers) / (Distribute right edges) : 이미지의 왼쪽, 세로 중앙, 오른쪽 윤곽에 맞추어 간격 정렬됩니다.

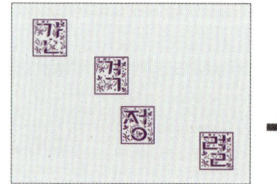 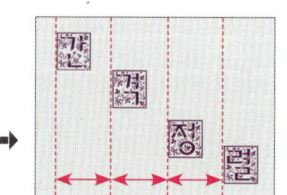

▲ Distribute left Edges( ), 왼쪽 윤곽에 맞춰 간격 정렬

❸ **Auto Align Layers (, 자동 정렬 레이어)** : 클릭하면 비슷한 앵글을 가진 사진 두 장을 동일한 색상과 일치점을 찾아 두 레이어가 정확하게 겹치도록 자동으로 연결시켜 주는 기능입니다.

SECTION 068 넓은 풍경의 파노라마 사진 만들기
Auto-Align Layers, Auto Blend Layers

멋진 와이드 풍경을 한 장의 사진으로 담고 싶을 때 사진을 연결하여 파노라마 사진을 만들어 봅니다. 사진이 겹쳐지는 부분이 최소 40% 이상은 되어야 파노라마 기능이 작동합니다.

📁 [준비파일] 5장\pa 폴더　　📁 [완성파일] 5장-완성\pa(완성).psd

01 Layers 패널에 레이어 이미지 자동으로 배치하기

[File]-[Scripts]-[Load Files into Stack] 메뉴를 클릭합니다.

02 Load Layers 대화상자가 나타나면 Use를 'Folder'로 설정하고 'Browse' 버튼을 클릭합니다. 경로를 따라 'pa' 폴더를 선택한 후, 'OK' 버튼을 클릭합니다.

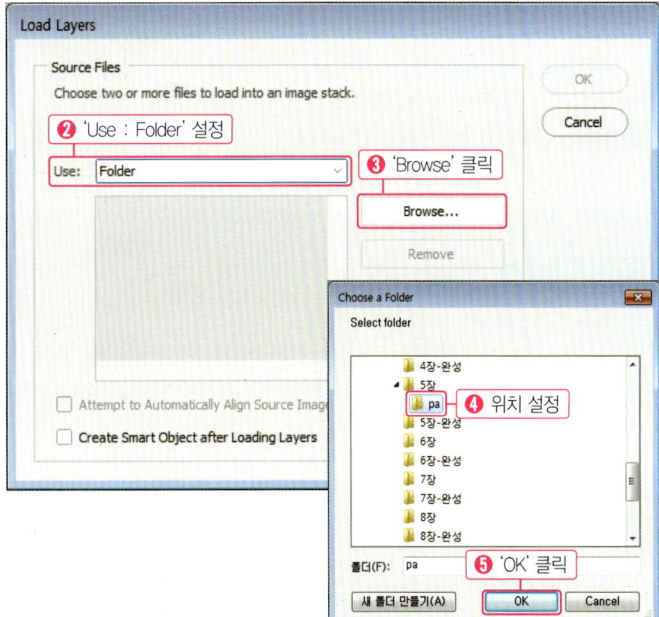

❶ [File]-[Scripts]-[Load Files into Stack] 메뉴 클릭
❷ 'Use : Folder' 설정
❸ 'Browse' 클릭
❹ 위치 설정
❺ 'OK' 클릭

03 Load Layers 대화상자에 폴더 안의 이미지가 모두 나타나면 'OK' 버튼을 클릭합니다. 잠시 기다리면 Layers 패널에 이미지가 자동으로 배치됩니다.

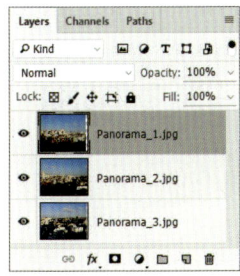

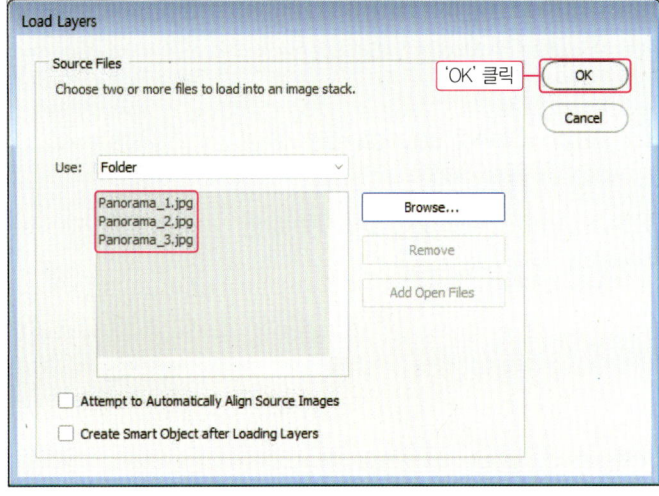

'OK' 클릭

04 Auto-Align Layers(자동 정렬 레이어) 실행하기

이동 툴( )을 클릭한 후, 'Panorama_1'이 선택된 상태에서 Shift 를 누른 채 'Panorama_3'을 클릭하여 레이어 전체를 선택하고 옵션바의 Auto Align Layers ( )버튼을 클릭합니다.

05
Auto-Align Layers 대화상자가 나타나면 'Perspective'를 클릭하고 'OK' 버튼을 클릭합니다.

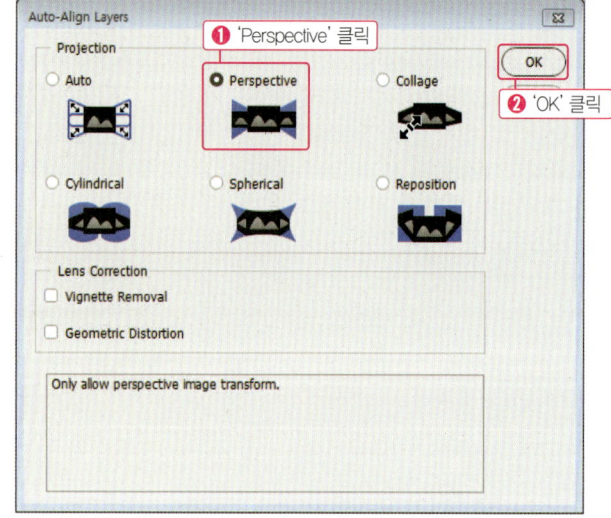

TIP
- 'Vignette Removal'을 체크하면 비네팅 현상으로 외곽이 어두워진 이미지를 교정합니다.
- 'Geometric Distortion'을 체크하면 기하학적으로 일그러진 곳을 교정합니다.

06 이미지가 자동으로 연결되었지만 이미지의 이음새가 부자연스럽습니다.

07 Auto-Blend Layers(자동 블렌드 레이어) 실행하기

[Edit]-[Auto-Blend Layers] 메뉴를 클릭합니다.

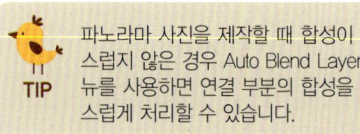

TIP 파노라마 사진을 제작할 때 합성이 자연스럽지 않은 경우 Auto Blend Layers 메뉴를 사용하면 연결 부분의 합성을 자연스럽게 처리할 수 있습니다.

08 Auto-Blend Layers 대화상자가 나타나면 'Panorama'를 클릭한 후, 'Seamless Tones and Colors'를 체크하고 'OK' 버튼을 클릭합니다.

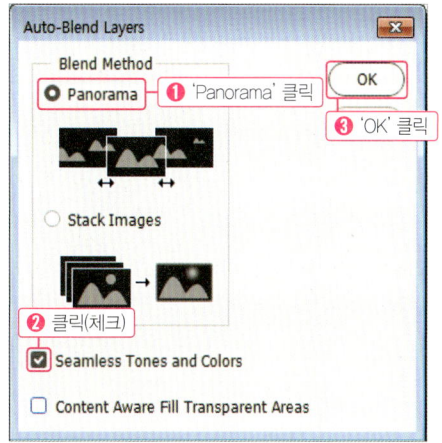

09 레이어 합치기

Ctrl+0을 클릭하여 이미지를 화면에 모두 보이게 합니다. Layers 패널에 레이어마다 레이어 마스크가 자동으로 생성된 것을 확인할 수 있습니다.

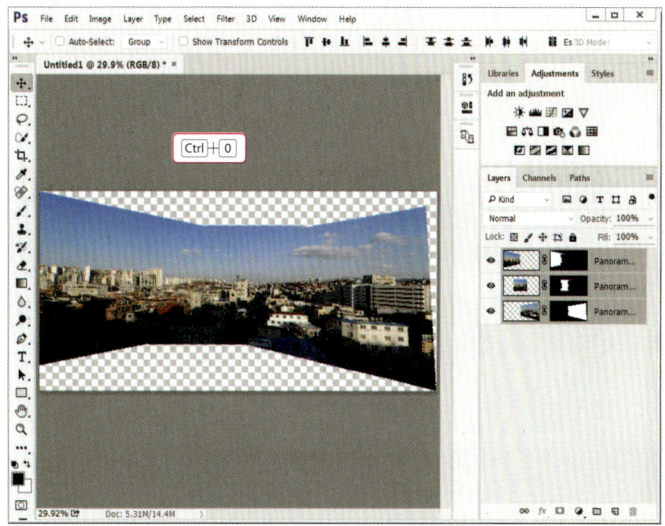

10 자르기 툴( )을 클릭한 후, 이미지에서 드래그하여 크기를 조절하고 Enter를 눌러 실행합니다.

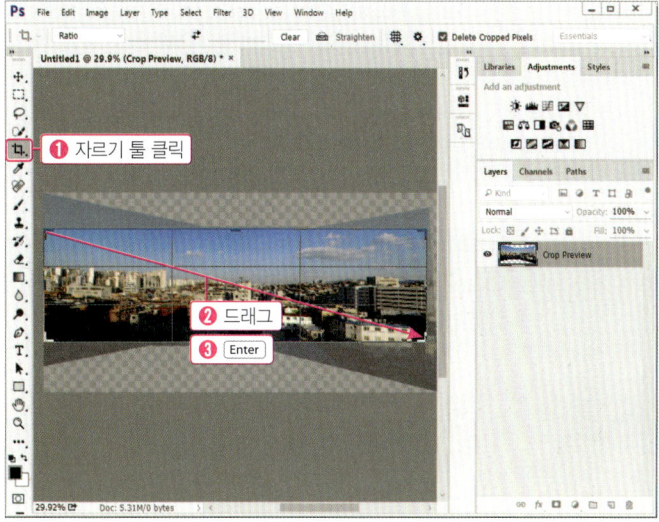

SPECIAL SECTION
레이어 수가 많아 복잡할 때 쉽게 관리하는 방법

복잡한 이미지를 합성하다 보면 레이어 수가 많아지고 어떤 레이어가 무슨 이미지를 담고 있는지 알아보기 어려워집니다. 이럴 때 레이어를 쉽게 관리하는 방법에 대해 알아보겠습니다.

🔶 그룹 레이어 만들기

📁 [준비파일] 5장\사슴.psd

복잡한 작업을 하다 보면 레이어 수가 많아지는 경우가 생깁니다. 이때 공통된 레이어는 그룹을 만들어 관리하면 편리합니다.

01 그룹으로 관리할 레이어를 [Shift]를 누른 채 모두 선택합니다.

02 Create a new group(📁) 버튼을 클릭하면 그룹 폴더 안으로 선택한 이미지들이 들어갑니다.

03 블렌드 모드를 'Multiply'로 변경하면 그룹에 속한 이미지가 한 번에 모두 적용됩니다.

▲ 그룹할 레이어 모두 선택 후 그룹화

▲ 그룹 레이어에 블렌드 모드 설정

🔶 이미지 창에서 레이어 빠르게 활성화하기

레이어를 Layers 패널에서 선택하지 않고 이미지 창에서 선택하여 활성화하면 빠르게 선택할 수 있습니다.

- **방법 1:** 대부분의 툴(패스 툴, 자르기 툴, 손바닥 툴 제외)이 선택된 상태에서 이미지 창에서 [Ctrl]을 누른 채 이미지를 클릭하면 Layers 패널의 해당 레이어 이미지가 활성화됩니다.
- **방법 2:** [Ctrl]을 누른 채 마우스 오른쪽 버튼을 클릭하면 클릭한 지점의 모든 레이어 목록이 나타납니다. 목록에서 선택하여 활성화 할 수 있습니다.

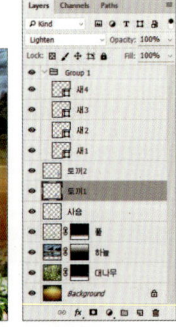
▲ [Ctrl]+클릭하면 해당 레이어가 활성화 됨

▲ [Ctrl]+마우스 오른쪽 클릭하면 레이어 목록이 나타남

📢 Isolate Layers로 선택하기

[Select]-[Isolate Layers] 메뉴를 클릭하면 모든 레이어의 이미지를 보면서 선택한 레이어에서만 수정을 할 수 있습니다. 이미지 창에는 모든 레이어의 이미지가 표시되지만, Layers 패널에는 선택한 레이어 목록만 표시됩니다.

01 Layers 패널에서 '사슴' 레이어를 선택한 후, [Select]-[Isolate Layers] 메뉴를 클릭합니다.

02 Layers 패널에 '사슴' 레이어만 표시됩니다. 상단의 🔴 버튼을 클릭하면 ⚫ 버튼으로 바뀌며 격리된 레이어들이 다시 표시됩니다.

📢 Isolate Layers로 셰이프 레이어 선택하기

패스 선택 툴(▶.)로 셰이프 레이어를 드래그하면 드래그한 영역에 닿은 셰이프 레이어는 모두 선택됩니다. 하지만 Isolate Layers 명령을 실행한 후, 패스 선택 툴(▶.)로 셰이프 레이어를 모두 드래그하면 해당 셰이프 레이어만 활성화됩니다.

01 패스 선택 툴(▶.)로 셰이프 레이어를 모두 드래그하면 전체가 선택됩니다.

02 '새1' 레이어 선택하고, [Select]-[Isolate Layers] 메뉴를 클릭합니다.

03 패스 선택 툴(▶.)로 셰이프 레이어를 모두 드래그하면 '새1'만 선택됩니다.

▲ 드래그 : 모두 선택됨

▲ 'Isolate Layers'가 활성화된 상태에서 드래그 : 해당 레이어만 선택됨

레이어 하나만 보기

레이어 수가 많아지면 눈 아이콘(👁)을 켜고 끄는 것도 번거로울 때가 있습니다. 이때 해당하는 이미지만 보려면 Alt 를 누른 채 눈 아이콘(👁)을 클릭합니다.

01 Alt 를 누른 채 '대나무' 레이어의 눈 아이콘(👁)을 클릭합니다.

02 이미지 창에 '대나무' 레이어의 눈 아이콘 이미지만 보입니다. Alt 를 누른 채 다시 '대나무' 레이어의 눈 아이콘(👁)을 클릭하면 모두 보입니다.

▲ Alt +'대나무' 레이어의 눈 아이콘(👁)을 클릭

▲ '대나무' 레이어의 눈 아이콘(👁)만 켜짐

레이어를 편집하지 못하게 잠그려면

레이어를 많이 만들고 이미지를 편집하다 보면 엉뚱한 레이어에서 작업을 하는 경우가 발생하기도 합니다. 이런 경우를 대비해 레이어에 잠금 설정을 해두면 실수를 줄일 수 있습니다.

01 '사슴' 레이어를 선택한 채 [Layer]-[Lock Layers] 메뉴를 클릭합니다. Lock All Linked Layers 대화상자에서 'Transparency'를 체크합니다.

02 브러시 툴(🖌)로 칠하면 투명한 곳은 칠해지지 않고, 사슴 이미지 안에만 칠해집니다.

▲ 'Transparency'를 체크

▲ '사슴' 이미지를 제외한 투명 영역은 칠해지지 않음

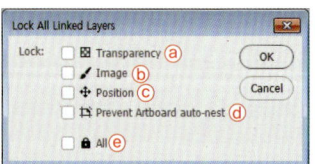

ⓐ ▦ **Transparency(투명도)** : 투명한 배경은 수정을 못하게 합니다.
ⓑ 🖌 **Image(이미지)** : 이미지에 픽셀 작업을 못하게 합니다.
ⓒ ✥ **Position(위치)** : 이미지를 이동하지 못하게 합니다.
ⓓ ▦ **Prevent Artboard auto-nest(대지 자동 중첩 금지)** : 대지 내부 및 외부의 자동 중첩을 방지합니다.
ⓔ 🔒 **All(모두)** : 모든 항목을 잠급니다.

Do It Yourself

 **4가지 맛 도넛 만들기**

레이어 마스크를 이용하여 4개의 도넛을 합성해 봅니다.

📁 **[준비파일]** 5장\도넛.psd   📁 **[완성파일]** 5장-완성\도넛(완성).psd

How to: 'Layer 1' 레이어의 눈 아이콘(●)클릭(표시) ➡ 'Layer 1' 레이어 선택 ➡ ▢ 클릭 ➡ 그레이디언트 툴(■,) ➡ 드래그(표시 영역 설정) ➡ 'Layer 2' 레이어 : 레이어 마스크와 그레이디언트 툴 활용 ➡ 'Layer 3' 레이어 : 레이어 마스크와 브러시 툴(✏) 활용

DIY 2 봄, 여름, 가을, 겨울 문자 디자인하기

클리핑 마스크를 이용하여 꽃 배경 이미지를 문자 안에 넣어봅니다.

📁 **[준비파일]** 5장\사계절.psd   📁 **[완성파일]** 5장-완성\사계절(완성).psd

How to: '벚꽃' 레이어의 눈 아이콘(●) 클릭 ➡ '벚꽃' 레이어 클릭 ➡ Alt + Ctrl + G : 클리핑 마스크 생성 ➡ '해바라기', '단풍', '겨울산' 레이어도 같은 방법 사용 ➡ 'Spring' 레이어 클릭 ➡ [Layer]-[Rasterize]-[Type] 메뉴 클릭 ➡ ⚡ 클릭 ➡ Layer Style 대화상자 : 크기 및 색상 설정 ➡ 'Summer', 'Fall', 'Winter' 레이어도 같은 방법으로 획(테두리선) 지정 ➡ '점프' 레이어 클릭 ➡ 블렌드 모드 'Overlay' 설정

Adobe Photoshop CC & CS6

CHAPTER 06

이미지 보정

포토샵에서 유용하게 사용하는 기능 중 하나가 이미지를 보정하는 기능입니다. 노출이 부족하여 어둡게 나온 사진을 밝게 보정한다거나 색감이 맘에 들지 않은 사진을 원하는 색감으로 변경하는 등의 작업을 손쉽게 변경할 수 있습니다.

SECTION  다양한 방법의 명암 보정하기
[Image]–[Adjustments] 메뉴

포토샵에서 주로 명암을 보정할 때 사용하는 기능들로 구성되어 있습니다. 각 기능들의 장단점과 차이점, 사용법을 익혀보도록 합니다.

Brightness/Contrast(명도/대비) : 명도/대비로 간단하게 보정하기

간단하게 밝기와 대비를 직관적으로 보정할 때 사용합니다. 다른 보정 기능처럼 특정 영역으로 세분화하여 보정하는 것이 아니라 이미지 전체의 밝기와 대비에 영향을 주기 때문에 간단하고 손쉽게 사용할 수 있는 반면 세세한 보정은 어렵습니다.

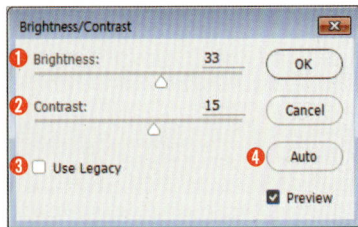

❶ **Brightness(명도)** : 슬라이더를 오른쪽으로 이동하면 밝아지고, 왼쪽으로 이동하면 어두워집니다.
❷ **Contrast(대비)** : 슬라이더를 오른쪽으로 이동하면 픽셀의 대비가 심해지고, 왼쪽으로 이동하면 대비가 약해져 중화 톤을 갖습니다.
❸ **Use Legacy(레거시 사용)** : 포토샵 CS3 이전 버전에서 사용하던 조절값으로 사용합니다.
❹ **Auto(자동)** : 자동 보정합니다.

▲ 원본 이미지

▲ 밝기와 대비가 보정된 이미지

TIP
모든 대화상자는 Alt 를 누르면 'Cancel' 버튼이 'Reset' 버튼으로 변경됩니다. 'Reset' 버튼을 클릭하면 초기값으로 재설정됩니다.

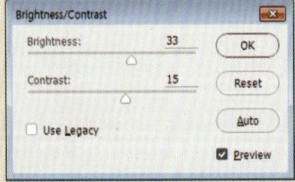

Levels(레벨, Ctrl + M) : 히스토그램으로 보정하기

히스토그램의 슬라이더(△)를 조절하면 이미지의 명도(Brightness)와 대비(Contrast), 색상을 변경할 수 있습니다. 선명한 이미지는 히스토그램 그래프가 하이라이트에서 섀도까지 전체에 골고루 퍼져 있습니다.

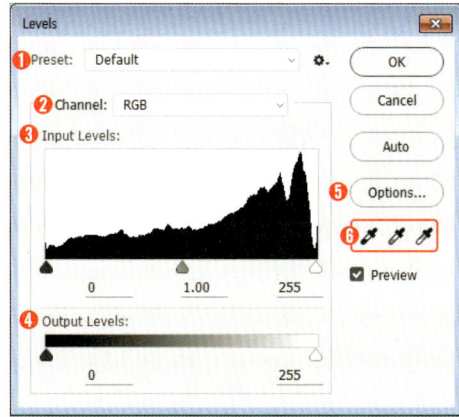

❶ **Preset(사전 설정)** : 사전 설정된 값을 적용하거나, 설정한 값을 저장하거나 불러옵니다.

❷ **Channel(채널)** : 명암이 아닌 색상으로 보정할 때 해당 채널(Red, Green, Blue)을 선택합니다.

❸ **Input Levels(입력 레벨)** : 히스토그램 그래프는 256 단계의 회색 음영 값을 표시합니다. 검은색 슬라이더(▲)는 '0'에 위치하며 가장 어두운색을 표시하고, 흰색 슬라이더(△)는 255에 위치하며 가장 밝은색을 표시합니다. 중간의 회색 슬라이더(△)는 1에 위치하며, 감마 보정을 위한 중간색을 표시합니다.

❹ **Output Levels(출력 레벨)** : 절대적 명도를 조절합니다. 흰색 슬라이더(△)를 왼쪽으로 이동하면 어두워지고 검은색 슬라이더(▲)를 오른쪽으로 이동하면 밝아집니다.

❺ **Options(옵션)** : 연산 방식에 의한 이미지를 보정할 수 있습니다

❻ **스포이트** : 각 스포이트로 이미지를 클릭하여 가장 어두운색(✒), 중간색(✒), 가장 밝은색(✒)을 설정할 수 있습니다.

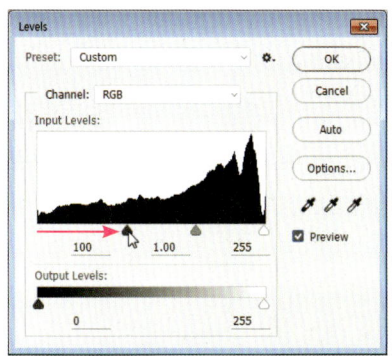

▲ 검은색 슬라이더를 오른쪽으로 이동

▲ 어두워진 이미지

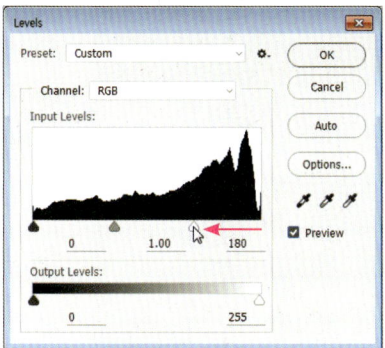

▲ 흰색 슬라이더를 왼쪽으로 이동

▲ 밝아진 이미지

Curves(곡선, Ctrl+M) : 커브로 보정하기

감마 곡선의 그래프를 변형하여 이미지의 명도와 대비를 조절할 수 있습니다. 그래프의 기본값인 45° 직선 모양을 볼록 곡선으로 변형하면 밝아지고, 오목 곡선으로 변형하면 어두워집니다. 연필로 자유롭게 드래그 하여 그래프를 수정하면 특별한 색상의 이미지를 만들 수 있습니다.

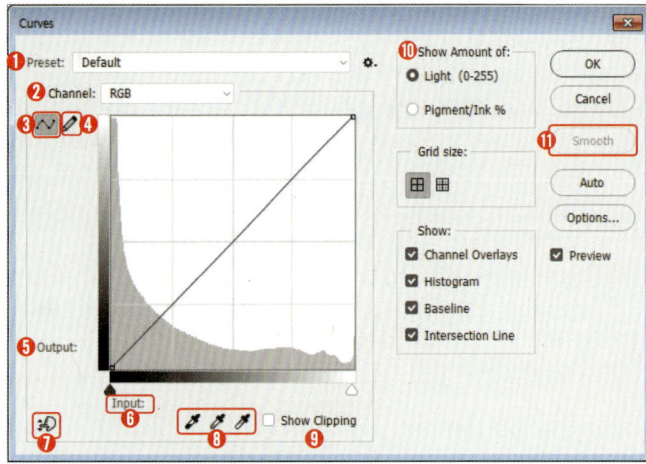

❶ **Preset(사전 설정)** : 포토샵에서 제공하는 세팅 값을 적용할 수 있습니다.
❷ **Channel(채널)** : 보정할 채널을 선택합니다.
❸ **(Edit points to modify the curve)** : 그래프 점을 편집하여 수정합니다.
❹ **(Draw to modify the curve)** : 연필로 드래그하여 커브를 수정합니다.
❺ **Output(출력)** : 세로의 Y축을 나타내며 전체 명도를 표시합니다.
❻ **Input(입력)** : 가로의 X축을 나타내며 원본 이미지의 명도를 표시합니다.
❼ **손가락** : 이미지 창에서 직접 클릭, 드래그하여 커브를 수정합니다.
❽ **스포이트** : 각각의 스포이트로 클릭한 이미지에 픽셀을 기준으로 가장 어두운색, 중간색, 가장 밝은색을 설정합니다.
❾ **Show Clipping(클리핑 표시)** : 체크하면 보정 중 노출이 과해 날아간 부분을 표시해줍니다.
❿ **Show Amount of(양 표시)** : 'Light'는 RGB 방식처럼 빛의 영역으로, 'Pigment/Ink %'는 CMYK 방식처럼 잉크 영역으로 표시합니다.
⓫ **Smooth(매끄럽게)** : 연필을 사용했을 때 활성화되며, 커브를 부드럽게 완화해 줍니다.

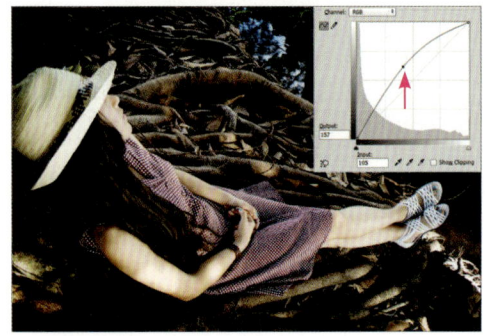

▲ 커브를 위로 드래그하여 밝게 보정

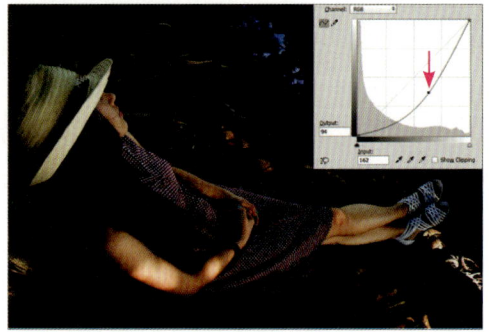

▲ 커브를 아래로 드래그하여 어둡게 보정

▲ S 모양으로 변형하여 선명하게 보정

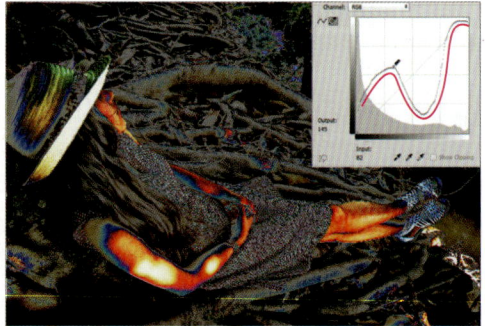

▲ 로 자유롭게 드래그한 이미지

Exposure(노출) : 노출을 사용하여 보정하기

노출이 부족하여 사진이 어둡게 나왔다거나 노출이 과하여 너무 밝게 나온 사진을 실제 촬영 시 노출 값을 적용하여 사용하는 것처럼 보정에 사용합니다.

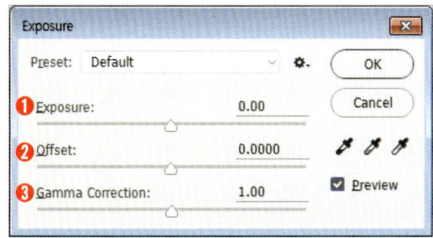

❶ **Exposure(노출)** : 빛의 노출 값을 조절합니다. 슬라이더를 오른쪽으로 이동하면 밝아지고 왼쪽으로 이동하면 어두워집니다.

❷ **Offset(오프셋)** : 역광 사진의 밝은 부분은 유지하고 어두운 영역만을 조정하고 싶을 때 사용합니다.

❸ **Gamma Correction(감마 교정)** : 명도와 대비를 설정합니다. 슬라이더를 오른쪽으로 이동하면 어두워지고 왼쪽으로 이동하면 밝아집니다.

▲ 원본 이미지

▲ Exposure를 '3'으로 설정했을 때

▲ Offset를 '-0.1'로 설정했을 때

▲ Gamma Correction을 '0.5'로 설정했을 때

SECTION 070 섀도 톤을 추가하여 보정하기
Levels

이미지가 뿌옇게 보이는 이미지를 조정 메뉴의 Levels와 조정 레이어의 Levels를 이용하여 선명하게 보정해 보겠습니다.

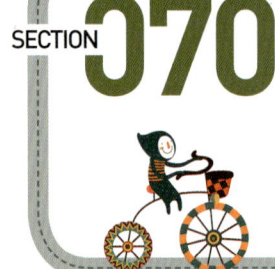

📁 [준비파일] 6장\카우.jpg   📁 [완성파일] 6장-완성\카우(완성).psd

01 파일 불러오기
'카우.jpg' 파일을 불러옵니다.

02 자동으로 보정하기
[Image]-[Adjustment]-[Levels] 메뉴를 클릭하여 Levels 대화상자를 불러옵니다.

03 빠르게 보정하기 위해 'Auto' 버튼을 클릭하여 자동 보정합니다. 자동으로 검은색 슬라이더(▲)와 회색 슬라이더(▲)가 오른쪽으로 약간 이동되었습니다.

04 섀도 톤 보정하기

Input의 검은색 슬라이더(▲)를 오른쪽으로 '85'까지 이동합니다. 가장 어두운 색의 기준이 변경되어 어두운 영역이 확대되어 이미지가 선명해집니다. 'OK' 버튼을 클릭합니다.

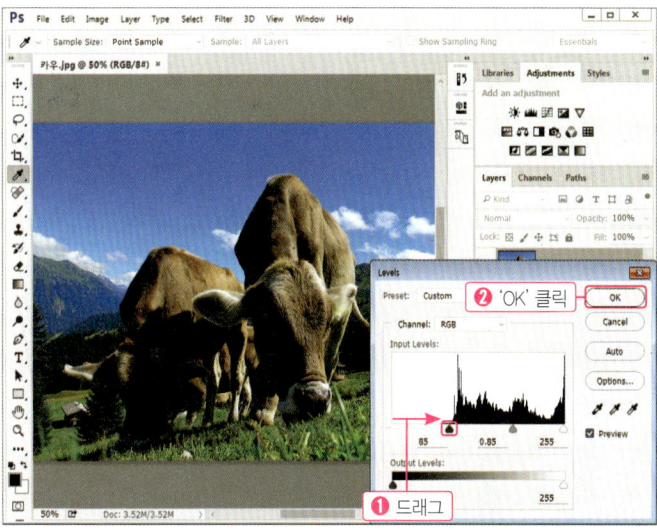

05 Properties 패널에서 중간 톤 보정하기

Adjustments 패널의 Levels(▨) 버튼을 클릭합니다. Properties 패널이 나타나면 회색 슬라이더(▲)를 오른쪽으로 '0.60'까지 이동하여 어두운 영역을 확장합니다. ≫를 클릭하여 Properties 패널을 닫습니다.

06 원하는 부분만 보정 적용하기

브러시 툴(✎)을 클릭한 후, 브러시 크기를 '100'으로 설정합니다. 조정 레이어의 마스크를 클릭하여 활성화한 상태에서 소 영역을 드래그하여 검은색으로 칠합니다. 검은색 영역의 보정 효과(05. 중간 톤 보정하기)가 취소된 것을 확인할 수 있습니다.

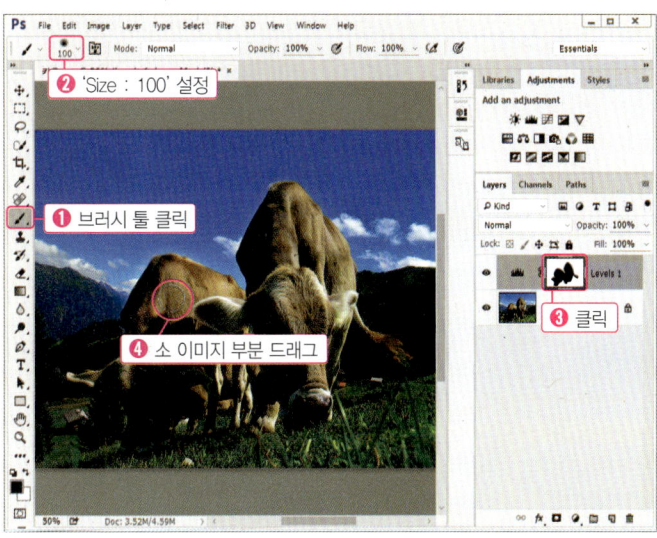

SECTION 071 커브와 노출을 조정하여 선명하게 보정하기

Curves, Exposure

칙칙하게 나온 사진을 커브를 이용하여 밝고 선명하게 보이도록 보정해 보겠습니다. 또 노출을 이용하여 어두운 부분을 밝게 보정해 봅니다.

[준비파일] 6장\나팔꽃.jpg   [완성파일] 6장-완성\나팔꽃(완성).psd

01 파일 불러오기

'나팔꽃.jpg' 파일을 불러옵니다.

02 스마트 오브젝트 만들기

[Filter]-[Convert for Smart Filters] 메뉴를 클릭합니다. 대화상자가 나타나면 'OK' 버튼을 클릭하여 스마트 오브젝트 레이어를 생성합니다.

> **TIP** 스마트 오브젝트 레이어는 원본을 보존하기 때문에 중간에 재수정하기 편리합니다. 그러나 파일 용량이 크기 때문에 마지막 단계에서는 레스터라이즈화 하여 파일 용량을 줄여 주는 것이 좋습니다.

03 커브 조절하기

[Image]-[Adjustments]-[Curves] 메뉴를 클릭하여 Curves 대화상자를 불러옵니다. 커브를 위로 드래그하여 밝게 보정합니다.

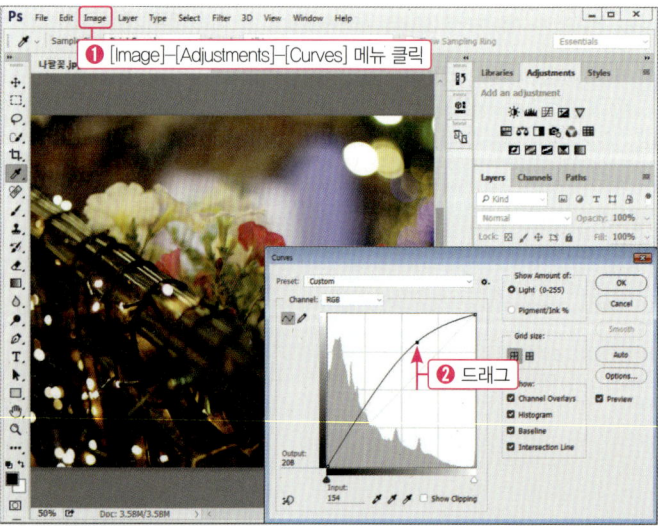

04 커브를 아래로 드래그하여 S 모양으로 만듭니다. 밝은 곳은 더 밝게, 어두운 곳은 더 어둡게 하여 대비가 뚜렷한 이미지가 생성되었습니다.

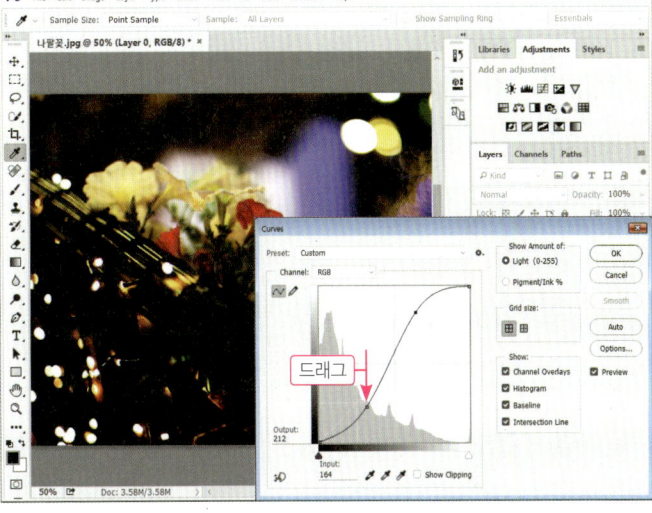

 TIP 커브를 S 모양으로 조절하면 선명한 이미지를 만들 수 있습니다.

05 커브를 위, 아래로 더 드래그하여 그림처럼 형태를 만듭니다. 대비가 더 뚜렷한 이미지가 생성되었습니다. 'OK' 버튼을 클릭합니다.

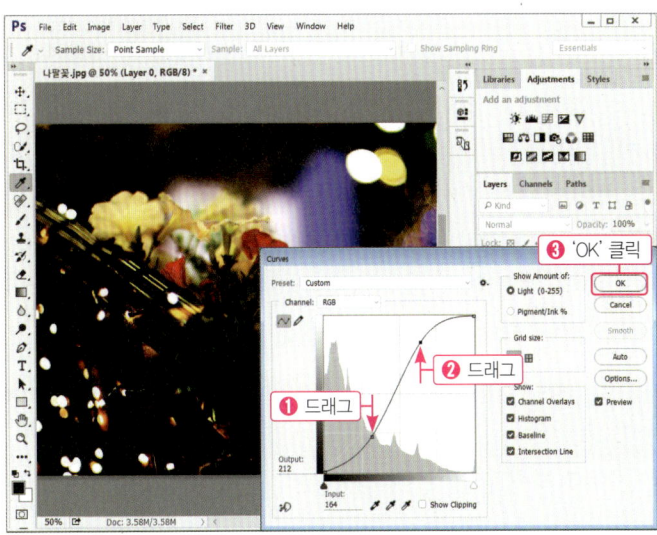

06 노출 조정하기

[Image]-[Adjustments]-[Exposure] 메뉴를 클릭한 후, Gamma Correction을 '1.5'로 설정하고 'OK' 버튼을 클릭합니다. 어두운 영역을 밝게 보정하였습니다.

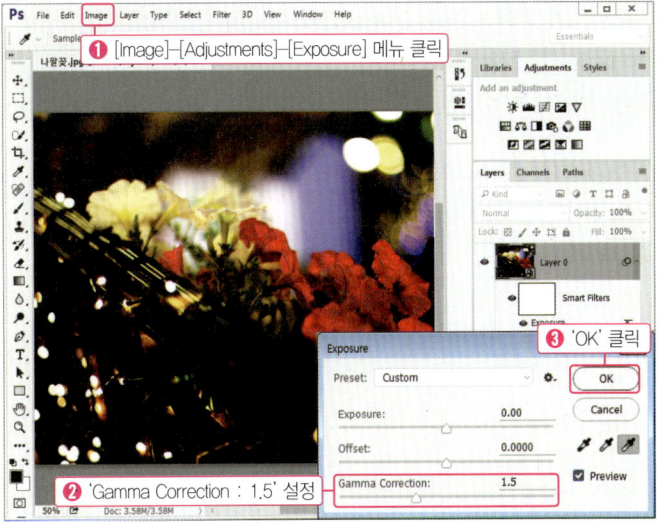

 TIP 스마트 오브젝트로 만들었으므로 눈 아이콘(👁)을 이용하여 Exposure와 Curves의 보정을 가릴 수 있습니다.

SECTION 072 페일 톤 이미지 만들기
Brightness/Contrast, Levels

'페일 톤'이란 이미지에 색상을 제거한 또는 흰색이 많이 섞인 연한 파스텔 톤 이미지를 말합니다. 따뜻한 봄 느낌의 화사하고 로맨틱한 페일 톤 이미지를 만들어 보겠습니다.

 [준비파일] 6장\페일.jpg   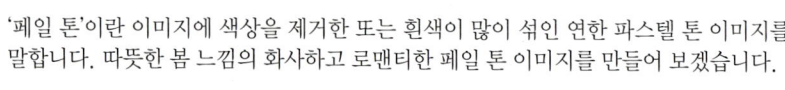 [완성파일] 6장-완성\페일(완성).psd

01 파일 불러오기

'페일.jpg' 파일을 불러옵니다.

02 이미지 명암을 밝게 하기

Adjustments 패널에서 Brightness/Contrast(☀) 버튼을 클릭합니다. Properties 패널이 나타나면 Brightness를 '150'으로 설정하고 Contrast를 '-50'으로 설정합니다.

❶ 'Brightness/Contrast' 클릭
❷ 'Brightness : 150' 설정
❸ 'Contrast : -50' 설정

 TIP Properties 패널이 그림을 가려 설명을 위해 드래그하여 분리하였습니다.

03 중간 톤 밝게 보정하기

Adjustments 패널에서 Levels( ) 버튼을 클릭합니다. 회색 슬라이더( )를 왼쪽으로 '2.0'까지 이동합니다. 중간 톤 영역이 확장되어 이미지가 밝아집니다. Output Levels의 검은색 슬라이더( )를 오른쪽으로 '50'까지 이동하여 이미지에 흰색을 추가합니다.

04 블루 색상 추가하기

'Blue' 채널을 선택하고, 회색 슬라이더( )를 왼쪽으로 '2.8'까지 이동하여 Blue 색상을 추가합니다. Properties 패널의 닫기를 클릭합니다.

05 페일 톤 이미지가 완성되었습니다.

[Adjustments]와 [Adjustment Layer] 알아보기

SPECIAL SECTION

이미지를 보정하는 명령에는 이미지에 직접적으로 적용하여 이미지 자체가 변경되는 조정 명령과 조정 레이어를 통해 보정된 값만 따로 보관하는 조정 레이어 명령으로 나눌 수 있습니다.

조정 메뉴

[Image]-[Adjustments] 메뉴를 이용한 조정 명령은 이미지에 직접적으로 적용하는 명령으로, 조정 명령 적용 후에는 수정이 어려우며 따로 레이어를 생성하지 않습니다.

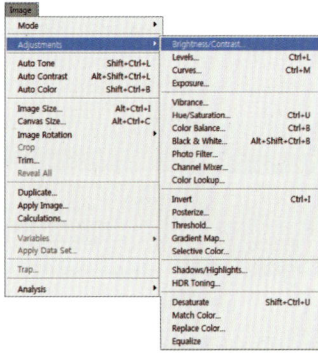  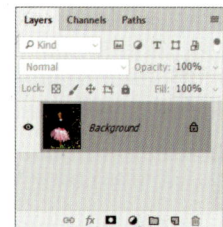

▲ 이미지 조정 메뉴　　▲ 이미지 조정 메뉴로 수정한 이미지　　▲ 기존 배경 레이어에서 보정됨

조정 레이어

- [Layer]-[New Adjustment Layer] 메뉴는 [Image]-[Adjustments] 메뉴의 조정 명령과 똑같은 명령 체계를 가지고 있지만, 보정되는 이미지를 레이어로 따로 생성하기 때문에 원본을 손상하지 않으며 수정 시 편리합니다.
- Adjustments 패널의 버튼이나 Layers 패널의 Create new fill or adjustment layer(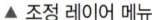) 버튼을 이용하여 조정 레이어를 생성할 수도 있습니다.

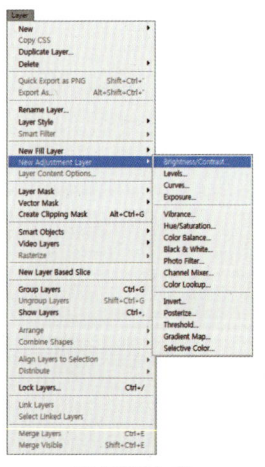  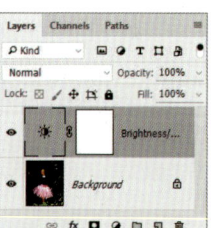

▲ 조정 레이어 메뉴　　▲ 조정 레이어로 수정한 이미지　　▲ 조정 레이어 생성

Adjustments(조정) 패널 살펴보기

Adjustments 패널의 각 버튼을 누르면 빠르게 조정 명령으로 이동됩니다.

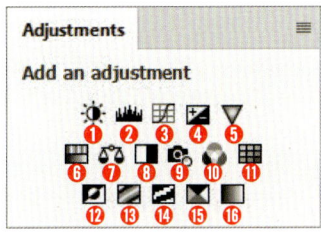

① ☀ (Brightness/Contrast) : 이미지의 명도와 대비를 조절합니다.
② ◫ (Levels) : 이미지의 명도, 색상 대비, 감마 등을 조절합니다.
③ ▨ (Curves) : 이미지의 명도, 색상, 감마 등을 커브로 조절합니다.
④ ▣ (Exposure) : 사진 촬영 시 부족하거나 과다한 노출 값을 조정합니다.
⑤ ▽ (Vibrance) : 이미지의 색상 손실을 최소화하면서 채도를 조절할 수 있습니다.
⑥ ▦ (Hue/Saturation) : 이미지의 색상, 명도, 채도를 조절합니다.
⑦ ⚖ (Color Balance) : 이미지 톤에 따른 색상의 밸런스를 조절합니다.
⑧ ◐ (Black & White) : 흑백 톤을 이미지의 색상 값에 따라 세밀하게 조절할 수 있습니다.
⑨ ◈ (Photo Filter) : 카메라 렌즈 앞에 장착하는 필터 효과를 선택하여 색상을 적용시킵니다.
⑩ ◉ (Channel Mixer) : 이미지의 각 채널을 조절하여 색상을 조정합니다.
⑪ ▦ (Color Lookup) : 이미지의 색상을 독특한 색감으로 바꿀 수 있습니다.
⑫ ◨ (Invert) : 이미지의 색상 값을 반대로 적용합니다.
⑬ ◪ (Posterize) : 이미지의 색상 단계를 원하는 수치를 입력하여 색상을 단순화합니다.
⑭ ◰ (Threshold) : 이미지의 색상을 흑백으로 변경합니다.
⑮ ◩ (Selective Color) : 이미지에 사용된 특정 색상을 선택하여 추가하거나 제거합니다.
⑯ ▦ (Gradient Map) : 그레이디언트를 이용하여 색상을 다양하게 변경합니다.

Properties(속성) 패널 살펴보기

Adjustments 패널의 조정 버튼이나 Layers 패널의 Create new fill or adjustment layer(◉) 버튼을 통해 명령을 선택하면 이동되는 설정 화면입니다.

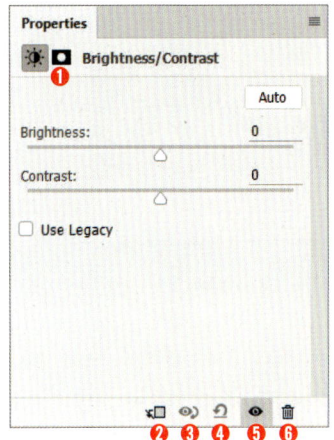

① ▢ (Masks) : 마스크의 밀도와 부드럽기 등 세밀한 옵션을 설정합니다.
② ▭ (This adjustment affects all layers below) : 클리핑 마스크가 적용됩니다.
③ ◉ (Press to view previous state) : 클릭하고 있는 동안 조정 레이어 적용이 해제됩니다.
④ ↺ (Reset to adjustment defaults) : 기본값으로 되돌립니다.
⑤ ◉ (Toggle layer visibility) : 조정 레이어의 눈 아이콘을 켜거나 끕니다.
⑥ 🗑 (Delete this adjustment layer) : 조정 레이어를 삭제합니다.

SECTION 073 색상 보정하기
[Image]-[Adjustments] 메뉴

Vibrance, Hue/Saturation, Color Balance, Channel Mixer 등은 이미지의 색상을 보정하거나 변경할 때 사용하는, 명령들입니다. 기능마다 차이점을 알아두고 사용법을 익혀보도록 합니다.

Vibrance(활기) : 자연스러운 채도 조절하기

Vibrance는 '생동감'이란 뜻으로, 자연스러운 채도를 유지하면서 색상을 추가할 때 사용합니다. 이미지의 색상 손실을 줄이며 채도를 올릴 수 있고, 채도가 낮은 부분을 기준으로 채도 조정이 이루어져 과하지 않은 채도를 만들 수 있습니다.

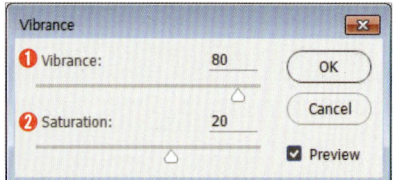

❶ **Vibrance(활기)** : 오른쪽으로 슬라이더를 이동하면 색상이 없는 이미지는 채도를 높이고 색상이 있는 이미지는 채도를 조금만 높입니다. 즉 상대적으로 채도를 조절합니다.

❷ **Saturation(채도)** : 모든 색상에서 동일하게 채도를 높이거나 낮춥니다.

▲ 원본 이미지

▲ Vibrance를 '80'으로 설정

▲ Vibrance를 '0'으로 설정

▲ Saturation을 '100'으로 설정

Hue/Saturation(색조/채도, Ctrl + U) : 전혀 다른 색상으로 변경하기

Hue/Saturation은 이미지의 색조, 채도, 밝기를 보정해 주는 명령으로, 단순히 이미지의 색감을 추가하거나 빼는 정도가 아닌 전혀 다른 색상으로 변경할 수 있습니다. 자주 사용하는 기능이며, 'Colorize(색상화)'를 체크하면 이미지를 분위기 있는 모노 톤으로 만들 수 있습니다.

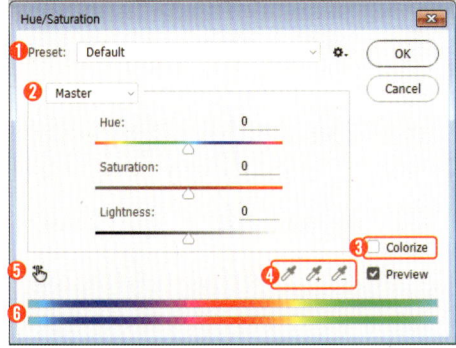

❶ **Preset(사전 설정)** : 사전 설정값으로 색상을 변경할 수 있습니다.
❷ **Master(마스터)** : 마스터 영역 또는 설정한 색상을 Hue(색조), Saturation(채도), Lightness(밝기)를 조절하여 변경할 수 있습니다.
❸ **Colorize(색상화)** : 체크하면 이미지를 모노 톤으로 만듭니다.
❹ **스포이트** : 이미지를 직접 클릭하여 수정할 색상을 선택합니다. (Add to Sample)로 클릭하면 색상 영역을 확장하고, (Subtract from Sample)로 클릭하면 색상 영역을 축소합니다. 'Master'가 아닌 경우 사용할 수 있습니다.
❺ : 클릭한 후 이미지 창을 드래그하면 선택한 색상 영역의 채도를 조절할 수 있습니다.
❻ **스펙트럼** : 위의 스펙트럼은 현재 색상이고, 아래의 스펙트럼은 변경될 색상입니다.

▲ 원본 이미지

▲ Hue '60'으로 변경

▲ 'Colorize' 체크

Color Balance(색상 균형, Ctrl + B) : 색상 밸런스 조절하기

각 슬라이더의 양 끝 쪽은 보색 관계의 색상입니다. 슬라이더를 조절하여 이미지가 가지고 있는 색상을 추가하거나 제거하는 원리인데, 각 색상마다 Shadow, Midtones, Highlight를 선택하여 조절합니다.

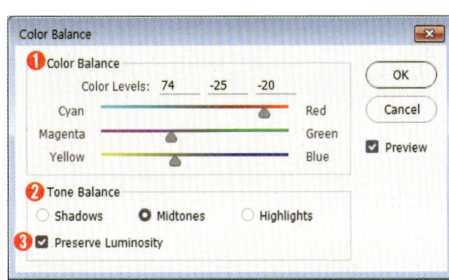

❶ **Color Balance(색상 균형)** : 슬라이더의 양쪽 끝의 색상은 보색 관계로, 슬라이더를 이동하여 색상을 더하거나 빼줍니다.
❷ **Tone Balance(색조 균형)** : 이미지에서 Shadows(어두운 영역), Midtones(중간 영역), Highlights(밝은 영역)를 선택하여 색상을 조절합니다.
❸ **Preserve Luminosity(광도 유지)** : 명암이 유지된 채 색상만 조절합니다.

▲ 원본 이미지

▲ 색상을 변경한 이미지

Black and White(흑백, Alt + Shift + Ctrl + B) : 원하는 색을 흑백으로 변경하기

컬러 이미지를 흑백 이미지로 전환할 때 사용하며, 원하는 색상에 검은색과 흰색을 지정하여 흑백 이미지를 만들 수 있습니다.

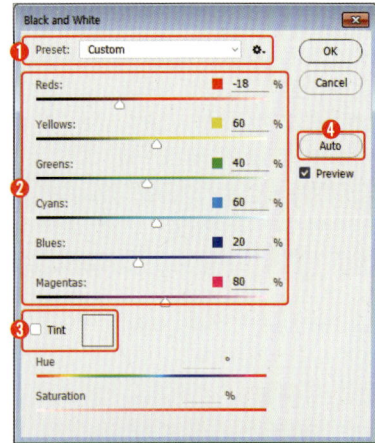

❶ **Preset(사전 설정)** : 포토샵에서 제공되는 12가지의 흑백 설정값입니다.
❷ **슬라이더** : 색상별로 흑백을 줄 수 있습니다.
❸ **Tint(색조)** : 체크하면 단일 색상을 추가할 수 있습니다.
❹ **Auto(자동)** : 자동으로 흑백 이미지를 만듭니다.

▲ 원본 이미지   ▲ 'Reds'를 검은색으로 변경한 이미지   ▲ 'Reds'를 흰색으로 변경한 이미지

Photo Filter(포토 필터) : 카메라 렌즈에 필터를 끼운 분위기 있는 사진 만들기

Photo Filter는 카메라 렌즈에 필터를 끼워 사진을 촬영한 효과를 만들기 위해서 여러 종류의 색상 필터를 제공합니다.

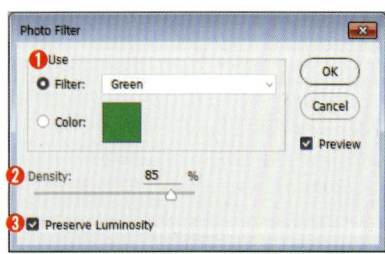

❶ **Use(사용)** : Filter를 선택하여 제공되는 색상을 선택하거나, Color(색상)를 클릭하여 선택할 수 있습니다.
❷ **Density(농도)** : 색상 강도를 설정합니다.
❸ **Preserve Luminosity(광도 유지)** : 필터 효과의 농도를 변경합니다.

▲ 원본 이미지   ▲ 'Greeen' 필터를 적용한 이미지

Channel Mixer(채널 혼합) : 각 채널 정보를 변경하여 색상 변경하기

색상 정보를 가지는 채널을 슬라이더바로 구성하여 해당 채널에 색상을 추가하거나 감소하는 원리로 보정하는 명령입니다.

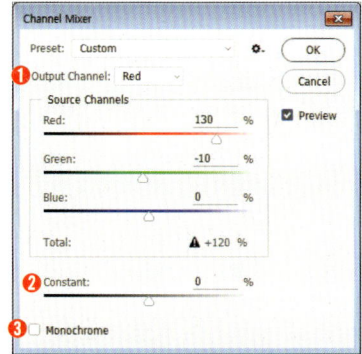

❶ **Output Channel(출력 채널)** : 수정할 채널을 선택하여 색상을 추가하거나 감소합니다.
❷ **Constant(대비)** : Output Channel에서 선택한 채널의 명암 대비를 조절합니다.
❸ **Monochrome(단색)** : 체크하면 이미지가 그레이스케일로 변경되고, 각 채널의 슬라이더를 이동하여 흑백 톤을 보정할 수 있습니다.

▲ 원본 이미지

▲ Output Channel을 'Red'로 설정하고 Red 추가

Color Lookup(색상 찾기) : 색상을 검색하여 분위기 있는 사진 만들기

필름 회사별로 제공되는 색상을 선택하여 느낌을 변경할 수 있습니다.

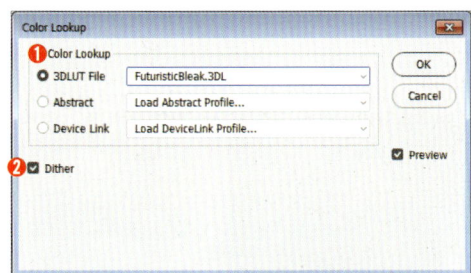

❶ **Color Lookup(색상 찾기)** : 필름 회사 별로 색상을 선택하여 이미지의 색상을 변경할 수 있습니다.
❷ **Dither(디더)** : 색상 경계를 완화하는 디더링의 설정입니다.

▲ 원본 이미지

▲ 3DLUT File에서 'FuturisticBleak.3DL'을 설정

SECTION 074 생동감 있는 인물 사진 만들기
Vibrance

Vibrance는 채도가 낮은 색상에 채도를 자연스럽게 높여주지만, 채도가 높은 색상에는 거의 영향을 주지 않습니다. 채도가 낮은 이미지의 색상을 변경할 수 있는 기능으로, 인물의 피부 표현 보정에도 많이 사용됩니다.

📁 [준비파일] 6장\레이디.jpg   📁 [완성파일] 6장-완성\레이디(완성).psd

01 파일 불러오기
'레이디.jpg' 파일을 불러옵니다.

02 Vibrance 적용하기
Adjustments 패널에서 Vibrance(▽) 버튼을 클릭합니다.

03
Vibrance의 Properties 패널이 나타나면 Saturation을 '100'으로 설정합니다. 전체적으로 채도가 과도하게 높아진 것을 확인할 수 있습니다.

04 `Ctrl`+`Z`를 눌러 전단계로 되돌아갑니다.

05 Vibrance를 '100'으로 설정합니다. 채도가 높은 곳은 배제하고 낮은 곳의 채도가 적당히 높아진 것을 확인할 수 있습니다.

06 부분적으로 보정 지우기

브러시 툴( )을 클릭한 후, 조정 레이어의 마스크 영역이 활성화된 상태에서 얼굴과 목 부분을 드래그하여 보정했던 색상을 지웁니다.

07 Masks( )를 클릭한 후, Feather를 '50px'로 설정하여 칠한 경계를 부드럽게 합니다.

SECTION 075 전혀 다른 색상으로 변경하기
Hue/Saturation

Hue/Saturation 기능은 색상과 채도, 명도를 조절하여 이미지의 색상을 전혀 다른 색상으로 변경하기에 편리합니다.

📁 [준비파일] 6장\바람개비.jpg   📁 [완성파일] 6장-완성\바람개비(완성).psd

01 파일 불러오기
'바람개비.jpg' 파일을 불러옵니다.

02 빠른 선택 툴()을 클릭한 후, 연두 색상 바람개비를 선택합니다.

03 Hue/Saturation 적용하기
[Image]-[Adjustments]-[Hue/Saturation] 메뉴를 클릭합니다. Hue/Saturation 대화상자에서 Hue를 '-70'으로 설정하여 연두 색상을 빨강 색상으로 전환하고, 'OK' 버튼을 클릭합니다.

04 Shift+Ctrl+I를 눌러 선택 영역을 반전합니다.

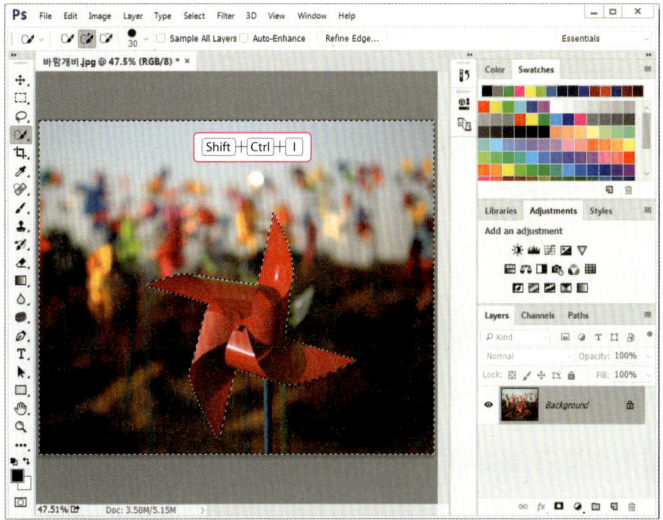

05 [Image]-[Adjustments]-[Hue/Saturation] 메뉴를 클릭합니다. Hue/Saturation 대화상자에서 Colorize를 체크하고 Hue를 '60', Saturation를 '20'으로 설정하고 'OK' 버튼을 클릭합니다.

06 Ctrl+D를 눌러 선택 영역을 해제합니다.

SECTION 076 배경을 흑백 이미지로 변경하기
Black & White

메인 이미지를 더욱 부각시키기 위해 배경의 색상을 제거하여 흑백 이미지로 변경해 보겠습니다.

[준비파일] 6장\걷기.jpg [완성파일] 6장-완성\걷기(완성).psd

01 파일을 불러오기
'걷기.jpg' 파일을 불러옵니다.

02 선택 영역 만들기
빠른 선택 툴( )을 클릭한 후, 옵션바에서 브러시 크기를 '20'으로 설정합니다. 클릭이나 드래그하여 청바지 영역을 선택합니다. Alt 를 누른 채 클릭하면 선택 영역에서 제외할 수 있습니다.

03 배경 선택하기
Shift + Ctrl + I 눌러 선택 영역을 반전합니다.

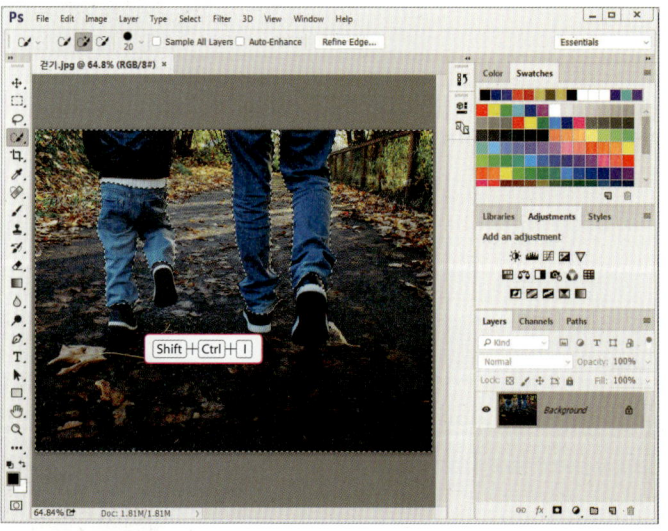

04 Black & White 적용하기

Adjustments 패널에서 Black & White (■) 버튼을 클릭합니다.

05 흑백을 더 명확하게 하기

Greens의 슬라이더를 오른쪽으로 드래그하여 '300'까지 이동합니다. Greens의 영역이 밝아집니다. Blues의 슬라이더를 왼쪽으로 이동하여 '−200'까지 이동합니다. Blues의 영역이 어두워집니다. Adjustments 패널을 닫거나 숨깁니다.

06 불투명도 낮춰 배경 색상 보이기

Layers 패널의 Opacity를 '60%'로 설정하여 원본 색상을 약간 복구합니다.

SECTION 077 쉽고 빠르게 색상 변경하기
[Image]-[Adjustments] 메뉴

[Image] 메뉴에는 대화상자가 없거나 간단한 대화상자가 있으며, 빠르고 간단하게 색상을 반전하거나 단순화, 균등화, 양극화하는 명령들에 대해 알아보겠습니다.

Invert(색상 반전, Ctrl+I)
이미지의 색상이 반전되어 검은색은 흰색으로, 흰색은 검은색으로 만듭니다. 색상은 보색으로 변경합니다.

▲ 반전 이미지

Posterize(포스터화)
색상을 단순화하여 이미지를 강하게 표현합니다. 5 이하의 값을 입력해야 색상 단계가 뚜렷한 포스터 느낌을 얻을 수 있습니다.

▲ Levels를 '4'로 설정

Threshold(양극화)
픽셀을 255단계의 명도로 구분하여 그래프로 나타냅니다. 128보다 높은 픽셀은 흰색으로, 낮으면 검은색으로 표현합니다.

▲ Levels를 '128'로 설정

Gradient Map(그레이디언트 맵)
명암이 있는 이미지를 그레이디언트 색상으로 대치하여 채웁니다.

▲ 청록색 그레이디언트로 대치한 이미지

Desaturate(채도 감소, Shift+Ctrl+U)
색상이 있는 이미지의 색상을 제거하는 명령입니다.

Equalize(균등화)
이미지의 톤을 균일화하는 명령으로, 주로 스캔한 이미지에 사용합니다. 명암 단계가 없는 이미지에는 효과가 없습니다.

▲ 채도를 뺀 이미지

▲ 톤을 고르게 균등화한 이미지

자동 보정 기능
대화상자 없이 단번에 톤, 대비, 색상으로 보정되는 기능입니다.
- Auto Tone(Shift+Ctrl+L) : 자동으로 톤을 보정합니다.
- Auto Contrast(Alt+Shift+Ctrl+L) : 자동으로 대비를 보정합니다.
- Auto Color(Shift+Ctrl+B) : 자동으로 최적의 색상을 찾아 보정합니다.

▲ 원본 이미지

▲ Auto Tone을 적용한 이미지

▲ Auto Contrast를 적용한 이미지

▲ Auto Color를 적용한 이미지

SECTION 078 특별한 느낌, 특별한 방법으로 색상 변경하기

[Image]-[Adjustments] 메뉴

이미지의 톤이나 색상을 분리하거나 재설정하여 이미지의 색상을 변경하는 방법에 대하여 알아보겠습니다.

HDR Toning(HDR 토닝)

HDR 사진 느낌으로 만들 수 있으며, 이미지 경계의 확산, 명도와 대비, 섀도와 하이라이트의 조절 등을 통해 다이내믹한 이미지를 만들거나 동화적 이미지를 만들 때 효과적이며 커브를 직접 드래그하여 특별한 느낌의 이미지를 만들 수 있습니다.

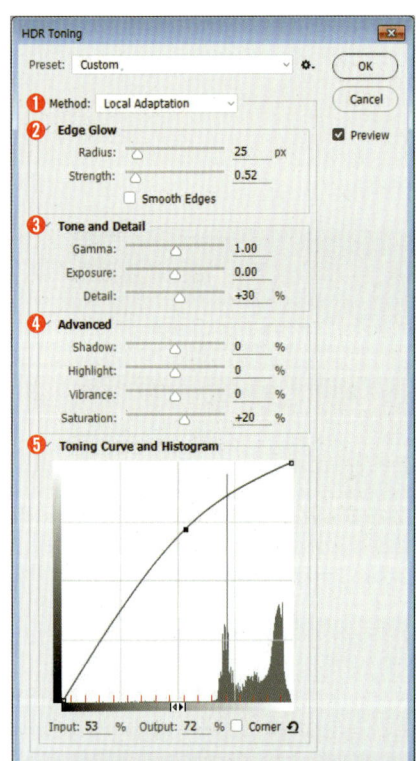

❶ Method(방법)
  ⓐ Local Adaptation(로컬 적용) : 옵션값을 설정하고 커브를 직접 조절할 수 있습니다.
  ⓑ Exposure and Gamma(노출 및 감마) : 이미지의 노출과 명암대비를 조절합니다.
  ⓒ Highlight Compression(밝은 영역 압축) : 밝기를 조절합니다.
  ⓓ Equalize Histogram(막대 그래프 균일화) : 톤을 균등화합니다.
❷ Edge Glow(가장자리 광선) : 경계를 밝게 합니다.
❸ Tone and Detail(톤 및 세부 묘사) : 감마, 노출, 세부 묘사를 조절합니다.
❹ Advanced(확장) : 섀도, 하이라이트, Vibance(활기), 채도를 조절합니다.
❺ Toning Curve and Histogram(토닝 곡선과 막대 그래프) : 곡선을 조절하여 HDR 이미지를 표현합니다.

▲ 원본 이미지

▲ Preset을 'More Saturated', 'Monochromatic Artistic', 'Surrealistic'로 설정한 이미지

Selective Color(색상 선택)

Colors에서 선택한 특정 색상 영역에서 Cyan, Magenta, Yellow, Black 슬라이더를 조절하여 이미지의 색상을 추가하거나 제거하는 기능입니다.

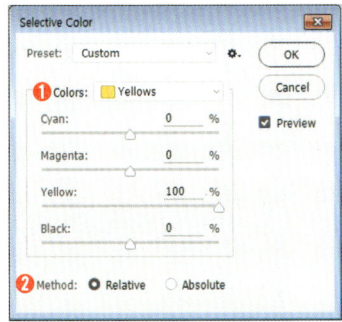

❶ **Colors(색상)** : Colors에서 수정할 색상을 선택하고 Cyan, Magenta, Yellow, Black을 조절하여 색상을 증가하거나 감소합니다.

❷ **Method(방법)** : Relative(상대치)는 원래 색상에서 상대적 비율에 의해 색상이 수정되고, Absolute(절대치)는 절대적 비율에 의해 색상이 수정됩니다.

▲ 원본 이미지 ▲ 'Yellows'를 추가한 이미지 ▲ 'Yellows'를 제거한 이미지

Shadows/Highlights(어두운 영역/밝은 영역)

이미지에서 노출이 과다하거나 부족한 영역이 있는 경우 어두운 부분/밝은 부분(Shadow/Highlight) 교정을 통해 전체적인 균형은 유지하면서 대비를 조정할 수 있습니다.

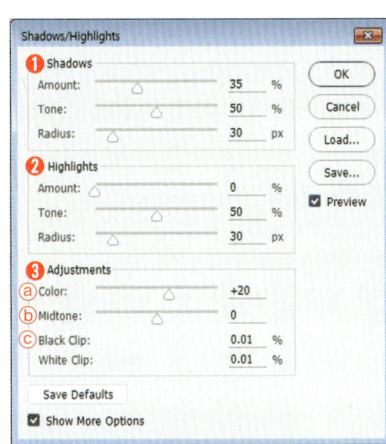

❶ **Shadows(어두운 영역)** : Amount(교정 양), Tone(색조), Radius(반경)로 어두운 영역의 톤을 밝게 조절할 수 있습니다.

❷ **Highlights(밝은 영역)** : 이미지에서 밝은 영역의 톤을 어둡게 조절할 수 있습니다.

❸ **Adjustments(조정)**
  ⓐ **Color(색상)** : 수치에 따라 채도가 증감합니다.
  ⓑ **Midtone(중간 톤)** : 중간 영역의 대비가 조절됩니다.
  ⓒ **Black Clip/White Clip(검은색 클립/흰색 클립)** : 검은색과 흰색을 기준으로 색상을 보정합니다.

▲ 원본 이미지 ▲ Shadows 영역을 밝게 한 이미지 ▲ Shadows 영역을 어둡게 한 이미지

Match Color(색상 일치)

소스 이미지의 색상 통계를 읽고 원본 이미지에 소스 이미지의 색상을 적용함으로써 다른 조명이나 환경에서 찍은 사진임에도 불구하고 비슷한 분위기의 사진, 즉 일관된 느낌의 사진을 만듭니다.

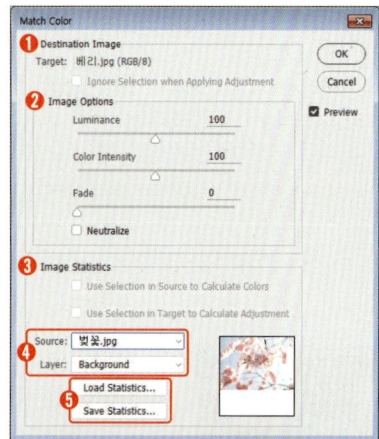

❶ **Destination Image(대상 이미지)** : 적용이 될 대상 이미지에 대한 설정입니다.
❷ **Image Options(이미지 옵션)** : Luminance(광도), Color Intensity(색상 강도), Fade(페이드), Neutralize(중화)를 조절합니다.
❸ **Image Statistics(이미지 통계)** : 소스 이미지의 적용 설정입니다.
❹ **Source / Layer** : 소스가 될 이미지나 레이어를 설정합니다.
❺ **Load Statistics / Save Statistics** : 설정값을 불러오거나 저장합니다.

▲ 원본 이미지

▲ 소스 이미지

▲ 결과 이미지

Replace Color(색상 대체)

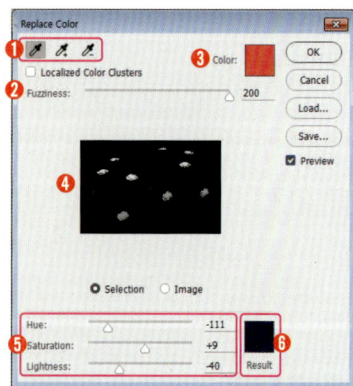

이미지의 특정 색상을 선택해 다른 색상으로 변경하는 명령입니다. 전체 이미지 색상을 변경하기보다는 특정 부분 색상을 변경할 때 사용합니다.

❶ **스포이트** : 이미지를 클릭하여 선택 색상을 설정합니다.
❷ **Fuzziness(허용량)** : 슬라이더를 조절하여 선택 영역을 확장하거나 축소합니다.
❸ **Color(색상)** : 선택한 색상이 보입니다.
❹ 미리보기 창을 통해 선택 영역을 확인할 수 있습니다. 단, Selection으로 설정되어야 선택 영역이 흰색으로 표시됩니다.
❺ 선택 영역의 Hue(색조), Saturation(채도), Lightness(밝기)를 조절합니다.
❻ **Result(결과)** : 조정한 색상이 보입니다.

▲ 원본 이미지

▲ 색상을 대체한 이미지

시작 | 선택&편집 | 리터칭 | 페인팅 | 레이어 | **보정** | 색상모드&채널 | 벡터 | 필터 | 자동화&동영상&3D | 활용 ・251

SECTION 079 다이나믹 HDR 이미지 만들기
Gradient Map, HDR Toning

그레이디언트 맵으로 이미지를 파란 계열로 재맵핑하고 HDR Toning을 이용하여 다이내믹한 느낌의 이미지를 연출해 보겠습니다.

📁 **[준비파일]** 6장\여름.jpg 📁 **[완성파일]** 6장-완성\여름(완성).psd

01 파일 불러오기

'여름.jpg' 파일을 불러온 후, 사진을 살펴봅니다. 톤이 전반적으로 고루 분포된 평범한 사진 이미지입니다.

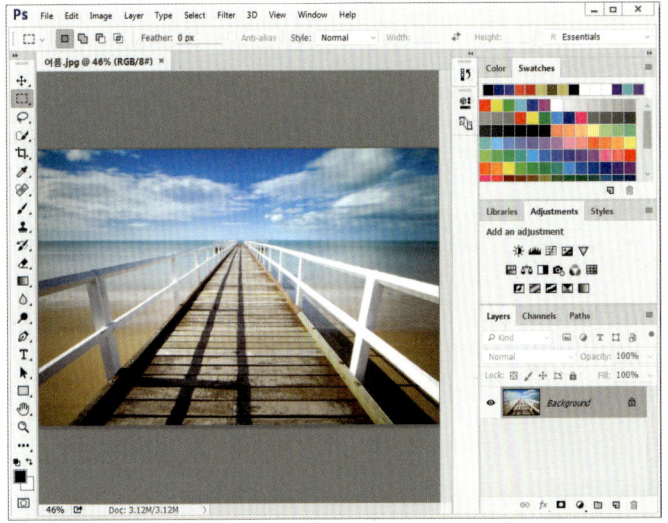

02 Gradient Map 적용하기

[Image]-[Adjustment]-[Gradient Map] 메뉴를 클릭하여 Gradient Map 대화상자가 나타나면 그레이디언트 바를 클릭합니다.

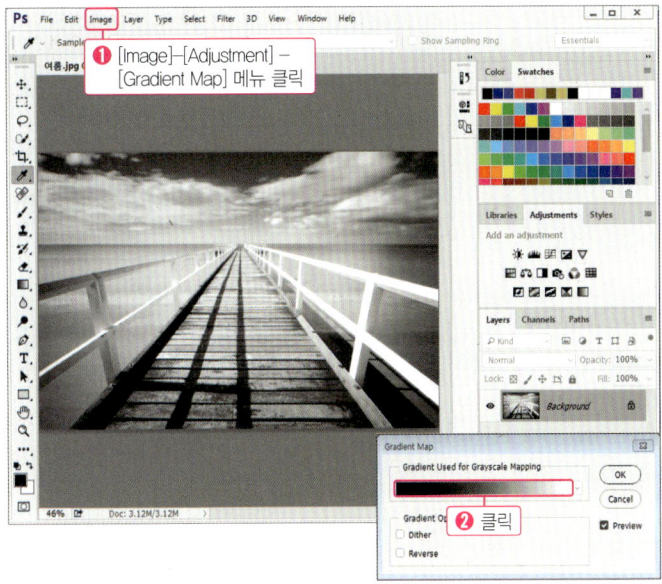

❶ [Image]-[Adjustment]-[Gradient Map] 메뉴 클릭

❷ 클릭

03 Gradient Editor 대화상자의 버튼을 클릭하고 'Photographic Toning'을 클릭합니다. 그레이디언트를 대치하겠느냐는 메시지가 나타나면 'Append' 버튼을 클릭하여 추가합니다.

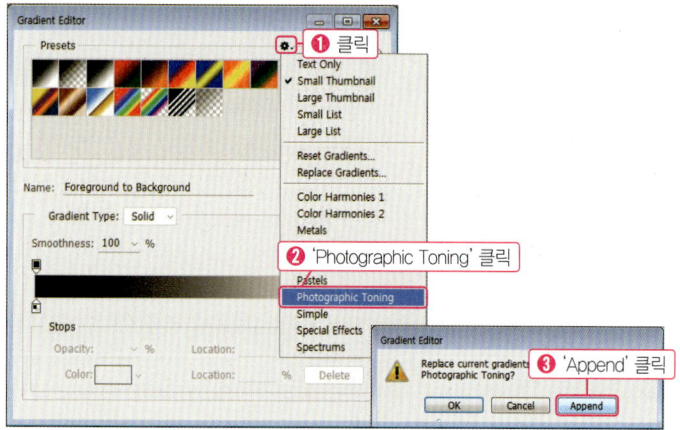

04 파란 계열에서 첫 번째 그레이디언트를 클릭하고 'OK' 버튼을 클릭합니다. Gradient Map 대화상자도 'OK' 버튼을 클릭합니다.

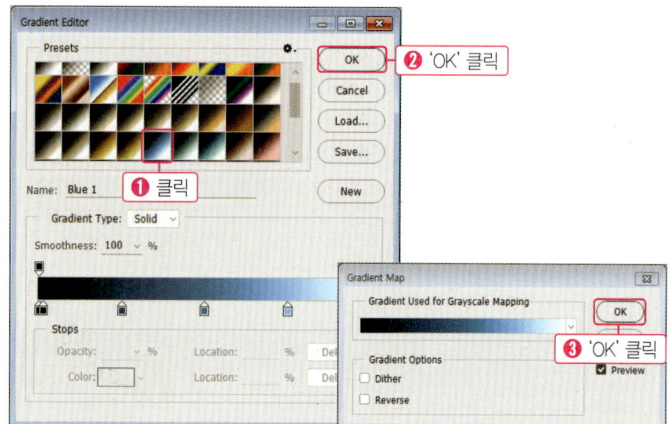

05 HDR Toning 적용하여 극적인 이미지 만들기

[Image]-[Adjustments]-[HDR Toning] 메뉴를 클릭하여 HDR Toning 대화상자가 나타나면 Preset에 'Scott5'를 설정하고 'OK' 버튼을 클릭합니다.

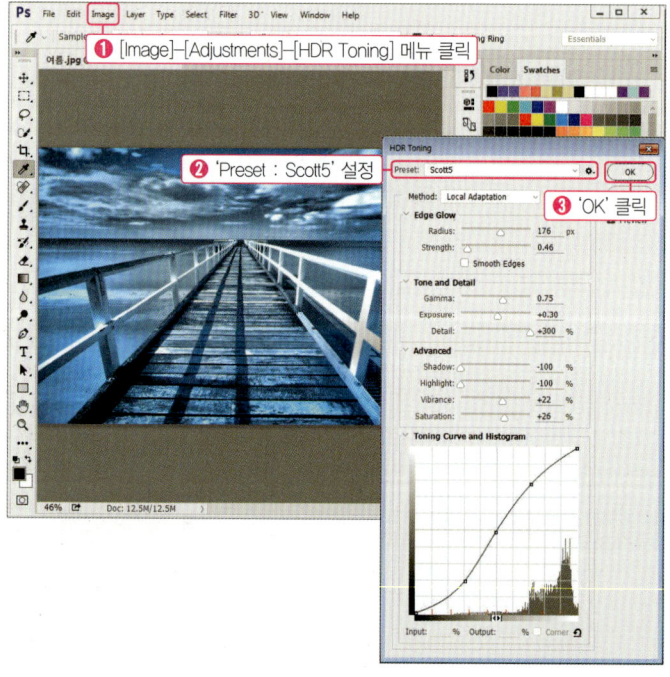

06 비네팅 효과주기

Layers 패널에서 Create a new layer (　) 버튼을 클릭하여 'Layer 1'을 만듭니다. 그레이디언트 툴(　)을 클릭하고 옵션바에서 그레이디언트바를 클릭합니다.

07 Presets 목록에서 검은색에서 투명으로 변경되는 두 번째 그레이디언트를 클릭하고, 흰색의 Opacity Stop(불투명도 정지점)을 왼쪽으로 드래그하고 Location을 '50'으로 설정한 다음 'OK' 버튼 클릭합니다.

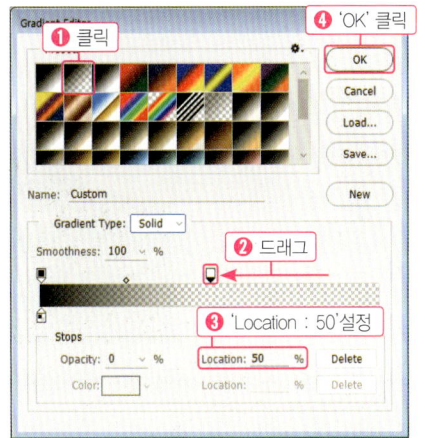

08 원형 그레이디언트(　)를 클릭한 후, 'Reverse'를 체크하고 중심부터 바깥 방향으로 드래그합니다.

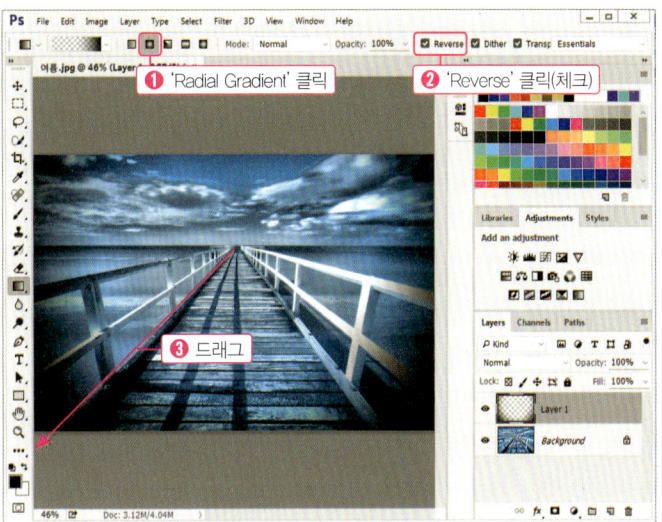

SECTION 080 섀도와 하이라이트 보정하기
Shadows/Highlights

Shadows/Highlights 메뉴는 노출이 부족하여 어두운 부분은 밝게 보정하거나 노출이 강해 밝은 부분은 어둡게 보정합니다.

[준비파일] 6장\건배.jpg   [완성파일] 6장-완성\건배(완성).jpg

01 파일 불러오기
'건배.jpg' 파일을 불러옵니다.

02 섀도 영역 밝게 하기
[Image]-[Adjustments]-[Shadows/Highlights] 메뉴를 클릭하여 Shadows/Highlights 대화상자가 나타나면 Shadows의 Amount를 '50%'로 설정하여 섀도 영역을 밝게 합니다.

❶ [Image]-[Adjustments]-[Shadows/Highlights] 메뉴 클릭
❷ 'Amount : 50%' 설정

03 'Show More Options'를 체크합니다. 대화상자가 확장되면 Shadows의 Tone을 '70%'으로 조절합니다.

04 Shadows의 Radius를 '200px'으로 설정하여 영역을 넓힙니다.

05 하이라이트 어둡게 하기

Highlights의 Amount를 '80%'으로 설정하여 하이라이트 영역을 어둡게 합니다. 'OK' 버튼을 클릭합니다.

SECTION 081 같은 색상 톤으로 매치하기
Match Color

Match Color는 서로 다른 분위기의 사진을 마치 같은 장소와 환경에서 찍은 사진처럼 분위기나 톤을 일치시킵니다.

📁 [준비파일] 6장\벚꽃.jpg, 원피스.jpg   📁 [완성파일] 6장-완성\원피스(완성).jpg

01 파일 불러오기

'벚꽃.jpg', '원피스.jpg' 파일을 불러옵니다.

02 Match Color 설정하기

'원피스.jpg' 파일이 활성화된 상태에서 [Image]-[Adjustments]-[Match Color] 메뉴를 클릭합니다. Match Color 대화상자가 나타나면 Source를 '벚꽃.jpg'로 설정합니다.

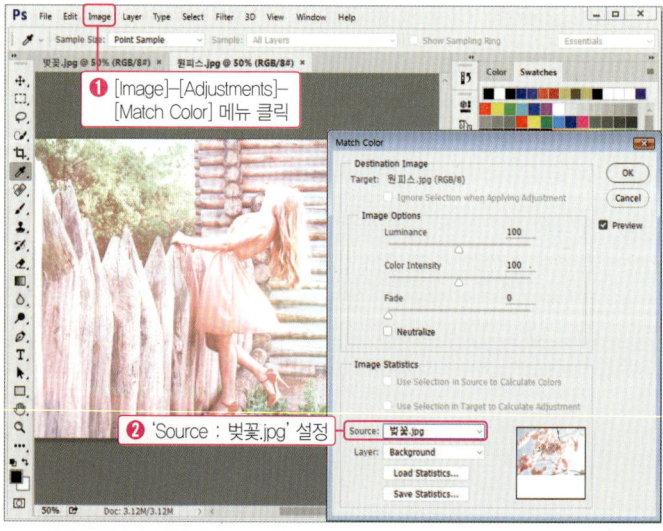

03 Luminance를 '50'으로 설정하여 광도를 낮춥니다.

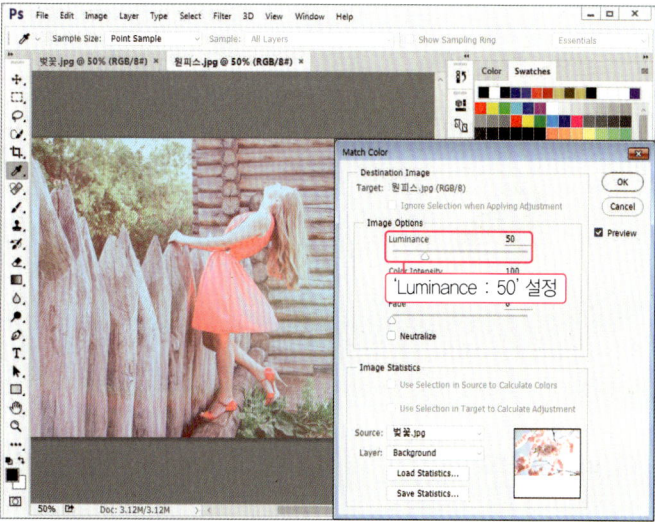

04 Color Intensity를 '70'으로 설정하여 채도를 낮춥니다.

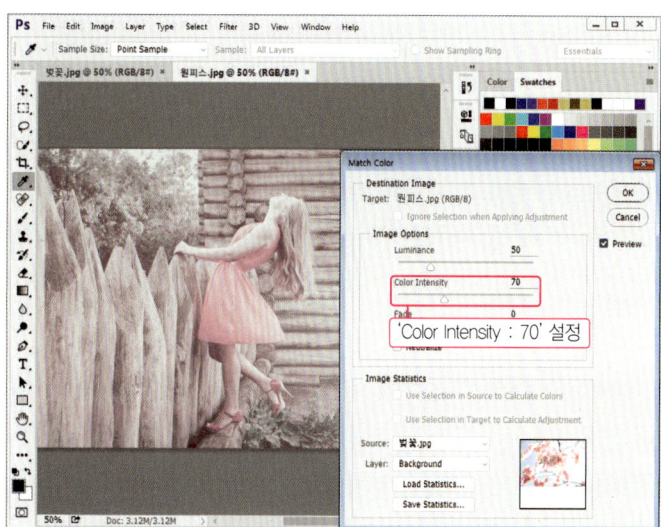

05 'Neutralize'를 체크하여 색상을 자연스럽게 중화시키고 'OK' 버튼을 클릭합니다.

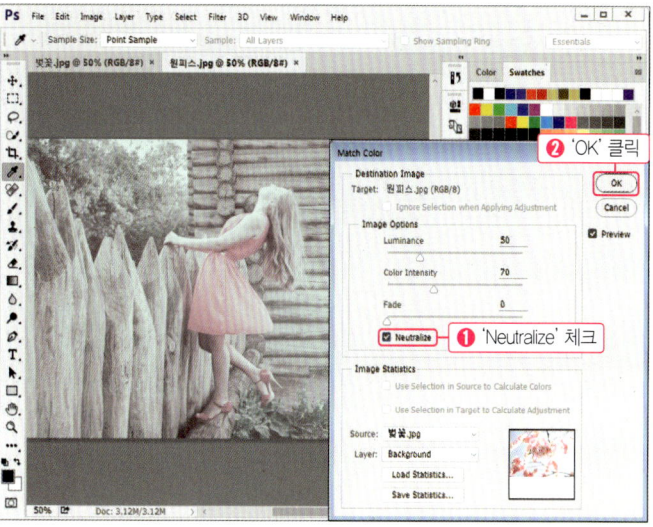

색상 대치하기
Replace Color, Channel Mixer

Replace Color는 스포이트 툴( )로 이미지 영역을 선택하여 색상을 변경하며, Channel Mixer는 채널 색상을 선택하여 색상을 변경합니다. 두 가지 기능을 이용하여 장미 색상을 변경해 보겠습니다.

📁 [준비파일] 6장\부케.jpg   📁 [완성파일] 6장-완성\부케(완성).psd

01 파일 불러오기
'부케.jpg' 파일을 불러옵니다.

02 Replace Color로 색상 변경하기
[Image]-[Adjustments]-[Replace Color] 메뉴를 클릭하여 Replace Color 대화상자가 나타나면 Fuzziness의 값을 '180'으로 조정한 후, 스포이트 툴( )로 장미를 클릭합니다. Selection이 설정되어 있는 상태에서 흰색의 선택 영역을 확인할 수 있습니다.

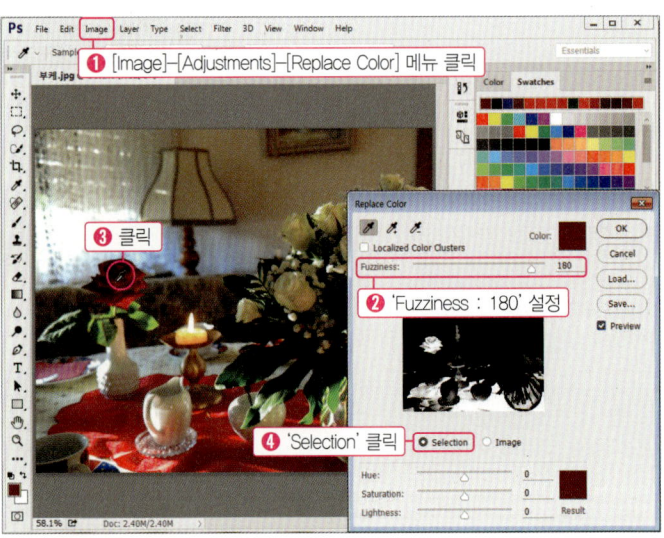

03 Hue를 '-110'으로 설정하여 파란 색상으로 변경합니다.

05 버튼을 클릭한 다음 미처 선택되지 않은 장미 영역을 클릭하고 Fuzziness를 '200'으로 확장합니다. 'OK' 버튼을 클릭합니다.

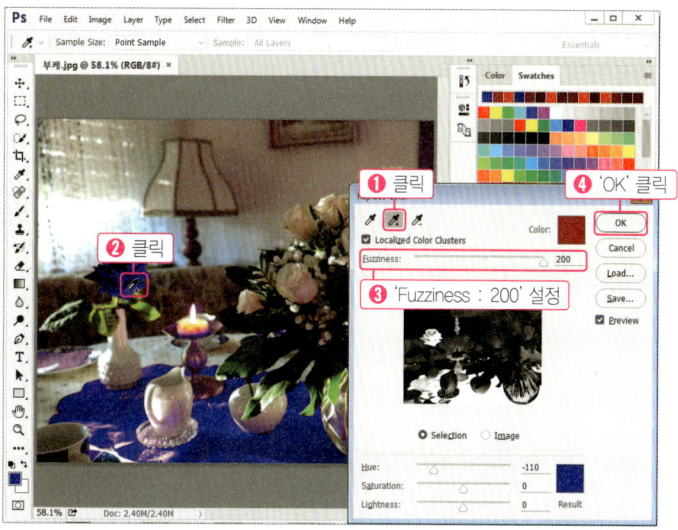

06 히스토리 브러시 툴( )을 클릭한 후, 장미를 제외한 푸르게 변한 영역을 드래그하여 지웁니다.

07 Channel Mixer로 색상 변경하기
빠른 선택 툴( )을 클릭한 후, 흰색 장미 전체를 선택합니다. Shift를 누른 채 클릭하면 추가되고, Alt를 누른 채 클릭하면 선택 영역이 제거됩니다.

08 Adjustments 패널의 Channel Mixer( ) 버튼을 클릭합니다.

09 Properties 패널이 나타나면 Output Channel을 'Green'으로 선택하고, Red를 '-200%'로 설정합니다.

10 Output Channel을 'Blue'로 선택한 후, Red를 '-70%'으로 설정하여 빨간 장미로 색상을 변경합니다.

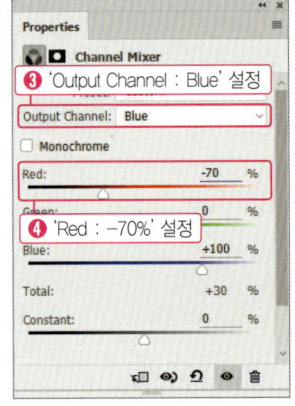

11 커튼 사이로 비치는 빛 만들기

Adjustments 패널의 Levels( ) 버튼을 클릭합니다.

12 중간 톤 슬라이더( )를 오른쪽으로 이동하여 '0.5'로 설정합니다. 중간 톤에서 섀도 톤 영역을 어둡게 조절합니다.

13 [Filter]-[Filter Gallery] 메뉴를 클릭합니다. 대화상자에서 'Halftone Pattern'을 설정한 후, Size를 '12', Contrast를 '0', Pattern Type을 'Line'으로 설정하고 'OK' 버튼을 클릭합니다.

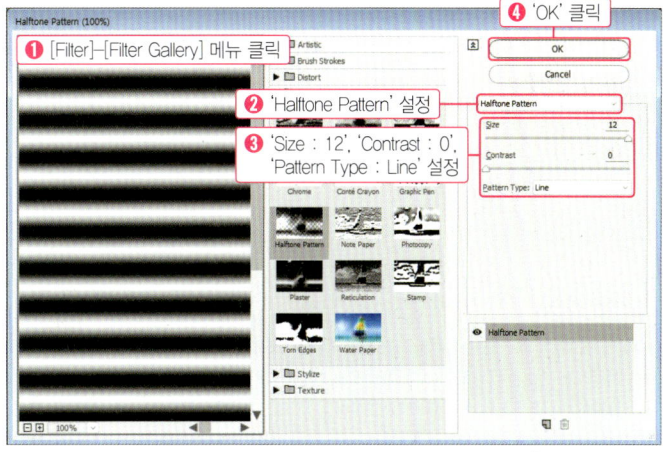

14 Ctrl+T를 눌러 변형 박스가 나타나면 Ctrl을 누른 채 왼쪽 아래 모서리 점을 이동하여 사다리꼴 모양으로 변형한 후, Enter를 누릅니다.

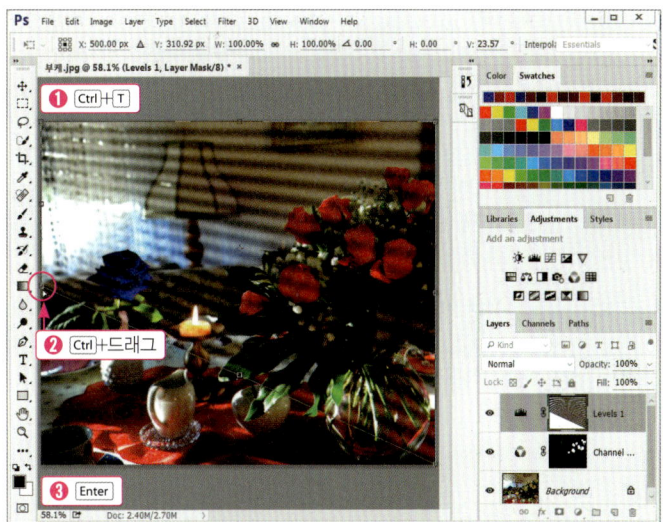

15 브러시 툴( )을 클릭한 후, 옵션바에서 크기를 '200', Opacity를 '50%'로 설정하여 이미지의 빛을 자연스럽게 지워서 경계를 부드럽게 만듭니다.

Do It Yourself

 **다이내믹한 사진으로 변신하기**

나무 사진을 다이내믹한 HDR 사진 느낌으로 만들어 봅니다.

 [준비파일] 6장\우드.jpg   [완성파일] 6장-완성\우드(완성).jpg

How to HDR Toning에서 'Preset : Surrealistic'으로 설정

 **배경의 채도를 자연스럽게 낮추기**

책을 제외한 이미지의 채도를 자연스럽게 낮춥니다.

 [준비파일] 6장\슈즈.jpg   [완성파일] 6장-완성\슈즈(완성).jpg

How to 다각형 올가미 툴(￦.) 로 책 선택 ➡ 선택 반전 ➡ Vibrance에서 Vibrance를 '-100'으로 설정 ➡ 선택 해제

다른 색감으로 변경하기
배경의 색상을 제거하고 꽃을 빨강색으로 변경해 봅니다.

📁 **[준비파일]** 6장\플라워.jpg 📁 **[완성파일]** 6장-완성\플라워(완성).psd

BEFORE

AFTER

> **How to** Hue/Saturation 조정 레이어 생성 ➔ 채도 낮춤 ➔ 조정 레이어의 마스크 영역에서 꽃 이미지만 검정으로 칠함 ➔ Hue/Saturation 조정 레이어 생성 ➔ 색상 변경 ➔ 채도 높임

무지개 색상으로 변경하기
Hue/Saturation의 조정 레이어와 클리핑 마스크를 활용하여 무지개 색상의 꽃으로 변경해 봅니다.

📁 **[준비파일]** 6장\무지개꽃.psd 📁 **[완성파일]** 6장-완성\무지개꽃(완성).psd

BEFORE

AFTER

> **How to** Hue/Saturation 조정 레이어 생성 ➔ 'Colorize' 체크 ➔ 색상과 채도, 명도 보정
> (두 번째 레이어부터는 조정 레이어에 클리핑 마스크 적용)

Adobe Photoshop CC & CS6

CHAPTER 07

생동감 있는 이미지
다중 모드와 채널

채널은 다루기 까다로운 기능인만큼 고급 유저로 가는 관문이 됩니다. 채널에 대해서 제대로 마스터한다면 이미지를 구성하는 색상의 원리도 이해할 수 있고, 색상의 수정과 선택 영역의 저장, 별색의 활용, 마스크를 이용한 이미지의 특수 효과까지 폭넓게 활용을 할 수 있습니다.

SECTION 083 색상 모드 이해하기
Color 모드

'모드'는 이미지를 표현하는 색상 방식을 말합니다. 스캐너, 모니터, 프린터 등 출력 장치에 맞는 색상 유형을 선택하여 작업할 수 있도록 8개의 색상 모드가 있고, 고유의 색상 채널을 갖고 있습니다.

색상과 이미지 모드(Mode) 이해

- 색상 모드는 결과물이 흑과 백이 뚜렷하고, 파일 크기가 작은 이미지를 만들 경우 Bitmap 모드, 흑백 사진과 같은 음영의 계조가 있는 이미지를 만들 경우 Grayscale 모드, 빛에 의한 모니터 상에 표현될 이미지라면 RGB 모드, 인쇄물로 사용할 이미지는 CMYK 모드로 선택합니다.

Bitmap 모드

- 검은색과 흰색의 점(Dot, Pixel)의 조밀도 간격으로 이미지의 명암을 표현합니다.
- RGB와 CMYK 등의 색상 모드는 Grayscale 모드의 변환을 거쳐서 색상 정보를 버리고 Bitmap 모드로 변환할 수 있습니다.
- 1bit로 이미지를 표현하기 때문에 파일 크기가 가장 작습니다.

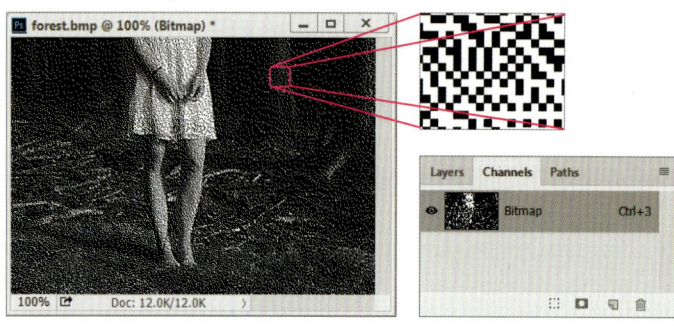

Grayscale 모드

- 256단계의 회색 음영 모드로, 색상과 채도가 없습니다. 0단계는 검정이고, 1~254까지는 회색 음영 단계로 숫자가 클수록 점점 진해지며, 255단계는 흰색으로 나타냅니다.
- 색상 적용을 하려면 RGB나 CMYK로 모드를 변경한 후 색상을 부여하면 됩니다.

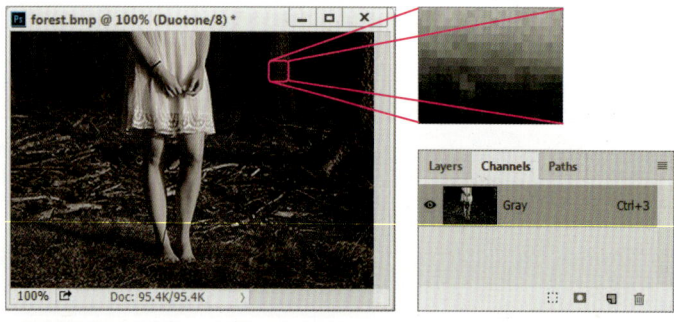

Duotone 모드

- 2가지 색상을 이용하여 256단계의 톤으로 이미지를 구성합니다.
- 출력을 하려면 대부분 CMYK 4가지 색상을 혼합하여 이미지를 표현하지만, Duotone 모드는 사용자가 별색을 2~4까지 지정하여 이미지를 표현할 수 있습니다.

Indexed Color 모드

- 색상의 수를 256개 이하로 제한하여 이미지를 표현하는 색상 모드입니다.
- 파일 용량을 줄여야 하는 웹용 이미지나 멀티미디어, 게임 이미지를 제작할 때 사용하거나 여러 장을 만들어야 하는 애니메이션 파일을 만들 때 사용합니다.

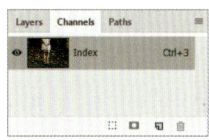

RGB Color 모드

- RGB는 빛의 삼원색으로 Red(빨강), Green(녹색), Blue(파랑)를 기본 색상으로 하여 밝기 값에 의해 모니터 상에서 표현되는 색상이므로, 채도가 뛰어나며 색상 표현도 자유롭습니다.
- 대부분의 파일 포맷과 모든 필터가 RGB 모드에서 지원되기 때문에 이미지 보정이나 페인팅, 합성 작업이 RGB 모드에서 이루어지고 마지막 단계에서 출력 용도에 맞추어 다른 이미지 모드로 변경하여 사용합니다.

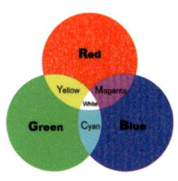

CMYK Color 모드

- 인쇄에 사용되는 색상 모드로, Cyan(청록), Magenta(마젠타), Yellow(노랑), Black(검정) 4개의 색상 채널로 구성됩니다.
- 인쇄 색상은 빛의 색상보다 범위가 좁기 때문에 CMYK 변경 시 RGB 색상을 모두 표현하지 못하므로 탁하게 나올 수 있습니다.
- CMYK 모드로 작업을 하면 일부 필터와 메뉴를 사용할 수 없기 때문에 RGB 모드에서 작업하고 마지막 작업 완료 단계에서 CMYK 모드로 변경하는 것이 좋습니다.

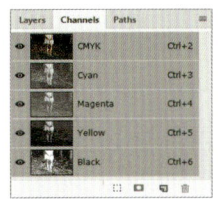
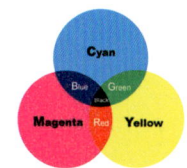

Lab Color 모드

- Lab Color 모드는 세 개의 채널을 이용하는 색상 모드로, 밝기의 'Lightness'와 Green에서 Magenta 사이의 색 단계를 가지는 'a축', Blue에서 Yellow 사이의 색 단계를 가지는 'b축'으로 색 체계가 구성됩니다.
- RGB에서 CMYK로 변환하게 되면 색상의 채도가 낮아지는 현상을 중간에 Lab Color 모드를 거치면 이미지의 순도와 채도를 보존하여 밝기만으로 색상의 변화를 어느 정도 줄일 수 있습니다.

 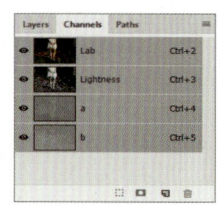 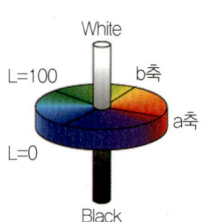

Multichannel 모드

- 채널마다 256단계의 회색으로 이미지를 구성합니다.
- RGB나 CMYK 채널에서 한 개의 채널을 제거하면 Multichannel 모드로 변환된 색상 채널이 만들어집니다.
- 별색의 회색 이미지로 프린트하거나 Scitex CT 포맷으로 프린트하는 특수한 목적으로 사용합니다.

 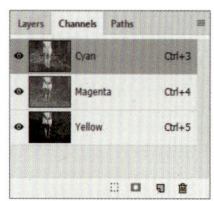

Gamut Warning

- RGB 모드에서 작업하면서 CMYK 모드로 변환되었을 때 변색되는 부분을 회색 영역으로 미리 확인할 수 있습니다.
- [View]-[Gamut Warning] 메뉴를 클릭하거나 Shift + Ctrl + Y 를 누릅니다.

▲ RGB 모드   ▲ Gamut Warning   ▲ CMYK 모드

SECTION 084 스크린 톤 이미지 만들기
Grayscale 모드, Bitmap 모드

만화에서 배경 또는 음영을 처리하기 위해 사용하는 스크린 톤을 Grayscale 모드와 Bitmap 모드를 이용하여 만들어 보겠습니다.

[준비파일] 7장\천사.jpg   [완성파일] 7장-완성\천사(완성).jpg

01 파일 불러오기
'천사.jpg' 파일을 불러옵니다.

02 복사하여 클립보드에 저장하기
Ctrl+A를 눌러 전체 이미지를 선택한 후, Ctrl+C를 눌러 복사합니다.

03 비트맵 모드로 변경하기
Ctrl+D를 눌러 선택 영역을 해제한 후, [Image]-[Mode]-[Grayscale] 메뉴를 클릭합니다. 색상 정보를 버리겠냐는 메시지가 나타나면 'Discard' 버튼을 클릭합니다.

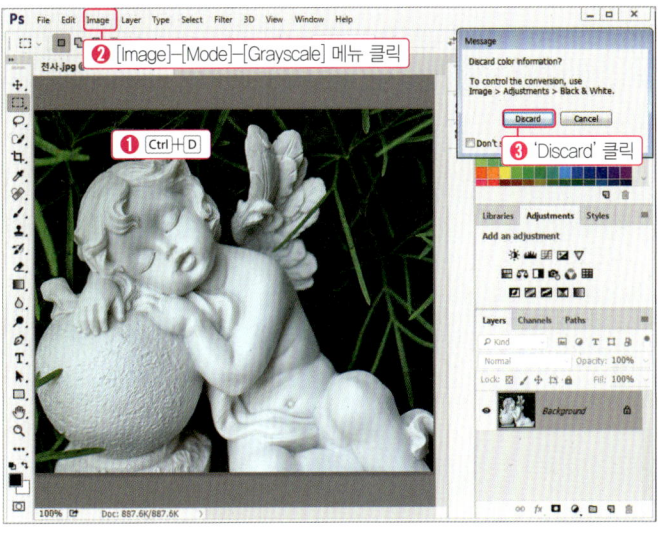

04 [Image]-[Mode]-[Bitmap] 메뉴를 클릭합니다. Bitmap 대화상자가 나타나면 Use를 'Halftone Screen'으로 설정하고 'OK' 버튼을 클릭합니다.

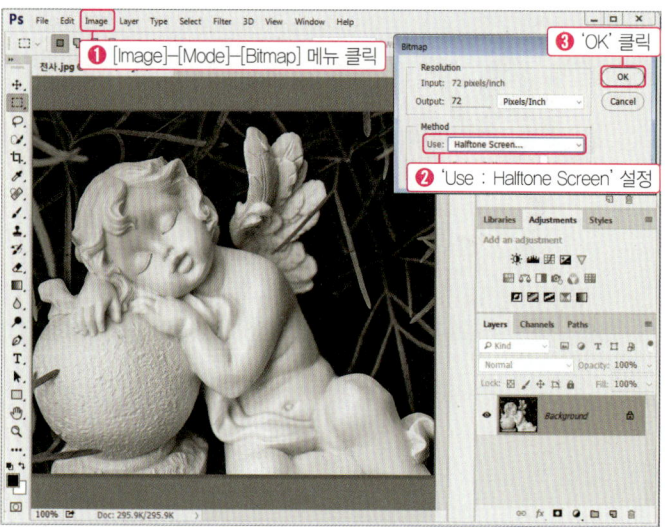

05 Halftone Screen 대화상자가 나타나면 Shape를 'Cross'로 변경하고 'OK' 버튼을 클릭합니다.

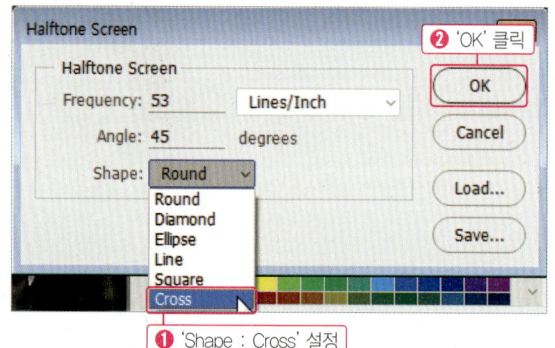

06 RGB 모드 변경하여 복사한 이미지 붙이기

RGB 모드로 변경하기 위해 먼저 Grayscale 모드로 변경합니다. [Image]-[Mode]-[Grayscale] 메뉴를 클릭하고 크기 비율을 묻는 대화상자가 나타나면 Size Ratio는 '1'로 설정하고 'OK' 버튼을 클릭합니다.

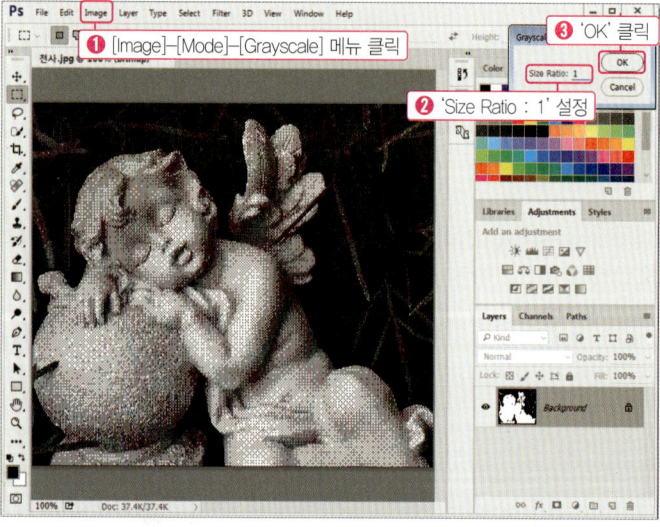

07 [Image]-[Mode]-[RGB Color] 메뉴를 클릭한 다음 Ctrl+V를 눌러 복사한 이미지를 붙여서 'Layer 1'을 생성하고 'Layer 1' 레이어를 더블 클릭합니다.

08 세밀하게 불투명도 주기

Layer Style 대화상자가 나타나면 Blend IF에서 'This Layer'의 흰색 슬라이더를 Alt를 누른 채 클릭하여 분리합니다. 분리한 왼쪽 슬라이더를 '60'까지 드래그하고 'OK' 버튼을 클릭합니다.

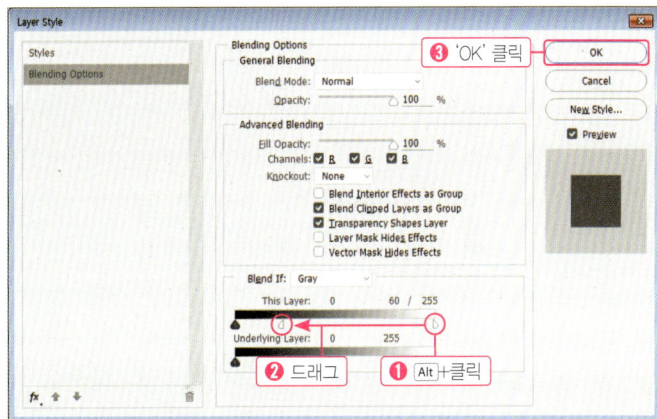

09 스크린 톤 깔끔하게 지우기

Layers 패널에서 Create a new layer ( ) 버튼을 클릭하여 'Layer 2' 레이어를 생성합니다.

10 히스토리 브러시 툴( )을 클릭한 후, 옵션바의 브러시 크기를 다양하게 조절하며 배경의 스크린 톤을 지웁니다.

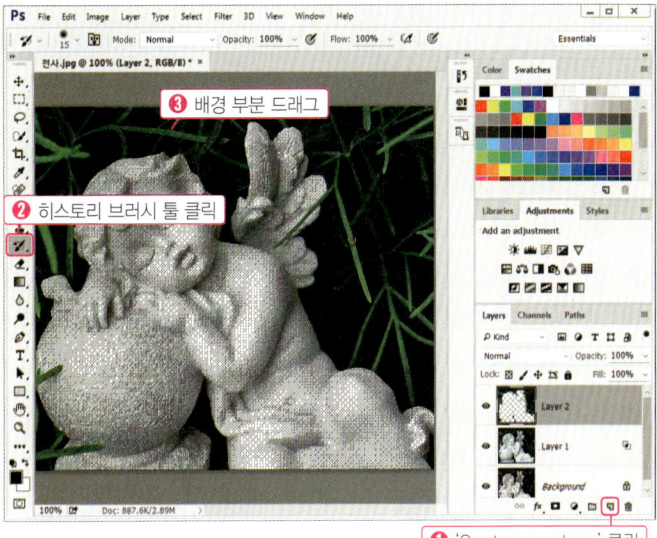

SECTION 085 그레이스케일로 단순화 이미지 만들기

Grayscale 모드

흑백 이미지를 생성하기 전에 이미지의 색상 대비를 더 높여 뚜렷한 흑백 이미지를 만들어 보고, 흑백의 단계를 줄여 단순화한 이미지를 만들어 보겠습니다.

📁 [준비파일] 7장\웨딩드레스.jpg   📁 [완성파일] 7장-완성\웨딩드레스(완성).jpg

01 파일 불러오기

'웨딩드레스.jpg' 파일을 불러옵니다.

02 노출 조절로 대비를 높이기

[Image]-[Adjustments]-[Exposure] 메뉴를 클릭한 다음 Exposure 대화상자에서 Exposure를 '1.5'로 설정하고 'OK' 버튼을 클릭합니다.

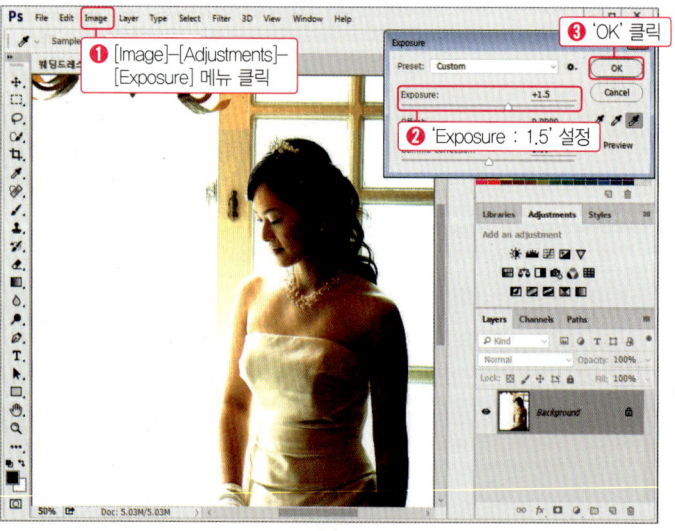

❶ [Image]-[Adjustments]-[Exposure] 메뉴 클릭
❷ 'Exposure : 1.5' 설정
❸ 'OK' 클릭

03 흑백 이미지로 변경하기

[Image]-[Mode]-[Grayscale] 메뉴를 클릭한 다음 메시지가 나타나면 'Discard' 버튼을 클릭합니다.

> **TIP** 흑백 이미지를 생성하기 위한 방법
> - 방법 1 : [Image]-[Mode]-[Grayscale] 메뉴 이용
> - 방법 2 : [Image]-[Adjustments]-[Desaturate] 메뉴 이용
> - 방법 3 : [Image]-[Adjustments]-[Gradient Map] 메뉴 이용

04 복사하여 클립보드에 저장하기

Ctrl+A를 눌러 모두 선택한 다음 Ctrl+C를 눌러 복사하고 Ctrl+D를 눌러 선택을 해제합니다.

05 가우시안 블러 적용하기

[Filter]-[Blur]-[Gaussian Blur] 메뉴를 클릭한 후, Gaussian Blur 대화상자에서 Radius를 '5.0'으로 설정하고 'OK' 버튼을 클릭합니다.

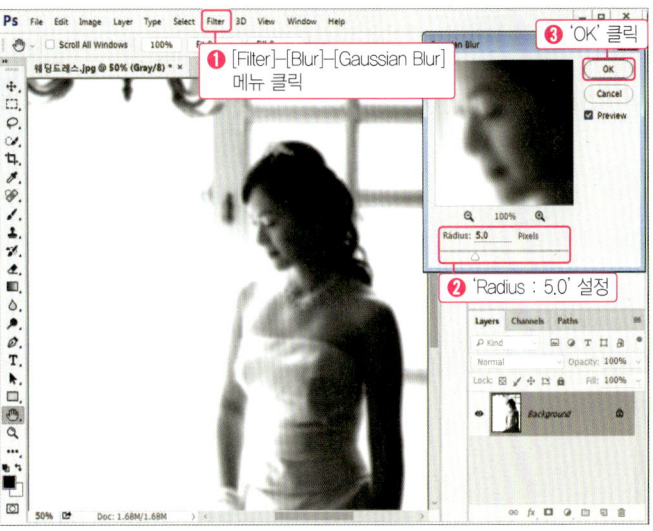

06 포스터화하여 단순화하기

[Image]-[Adjustments]-[Posterize] 메뉴를 클릭한 후, Posterize 대화상자에서 Levels를 '5'로 설정하고 'OK' 버튼을 클릭합니다.

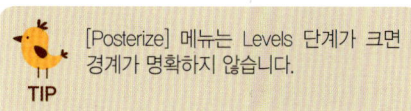

TIP [Posterize] 메뉴는 Levels 단계가 크면 경계가 명확하지 않습니다.

07 복사한 이미지 붙이기

Ctrl+V를 눌러 복사한 이미지를 붙입니다.

08 블렌드 모드 적용하기

블렌드 모드를 'Multiply'로 설정하여 아래 배경 이미지와 합성합니다.

SECTION 086

다중 색조 듀오톤 이미지 만들기
Duotone 모드

듀오톤 모드(Duotone Mode)는 그레이스케일 모드로 변경한 후 설정 가능하며, 보통 검정과 다른 색상 한 가지를 사용하여 원하는 톤으로 만듭니다. 세피아 색상처럼 따뜻한 분위기의 톤이나 웨딩 사진처럼 분위기 있는 사진을 연출할 때 사용합니다.

[준비파일] 7장\웨딩.jpg   [완성파일] 7장-완성\웨딩(완성).jpg

01 파일 불러오기

'웨딩.jpg' 파일을 불러옵니다.

02 복사본 만들기

Layers 패널에서 'Background' 레이어를 Create a new layer() 버튼으로 드래그하여 'Background copy' 레이어를 생성합니다.

03 블러 적용하기

[Filter]-[Blur]-[Gaussian Blur] 메뉴를 클릭한 후, Gaussian Blur 대화상자에서 Radius를 '5.0'으로 설정하고 'OK' 버튼을 클릭합니다.

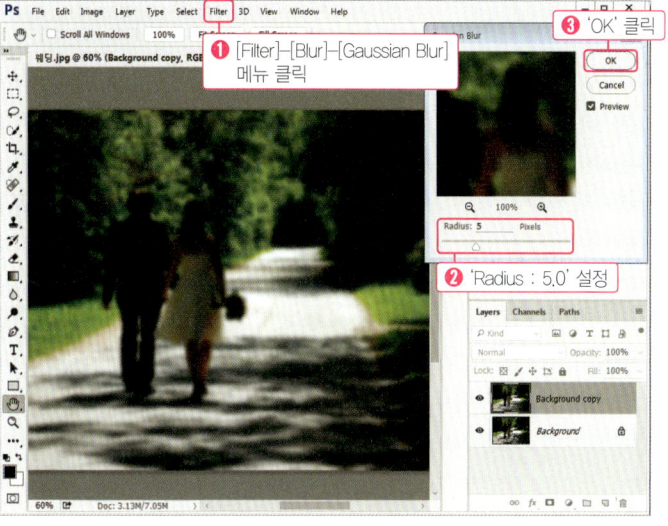

04 Grayscale 모드 만들기

'Background copy' 레이어의 블렌드 모드를 'Linear Dodge(Add)'로 설정합니다.

05
[Image]-[Mode]-[Grayscale] 메뉴를 클릭합니다. 모드를 적용하기 전에 레이어를 붙이겠냐는 메시지가 나타나면 'Don't Flatten' 버튼을 클릭합니다.

TIP 색상 모드를 Duotone 모드나 Bitmap 모드로 변경하려면 먼저 Grayscale 모드로 변환해야 합니다.

06
색상 정보를 버리겠냐는 메시지가 나타나면 'Discard' 버튼을 클릭합니다.

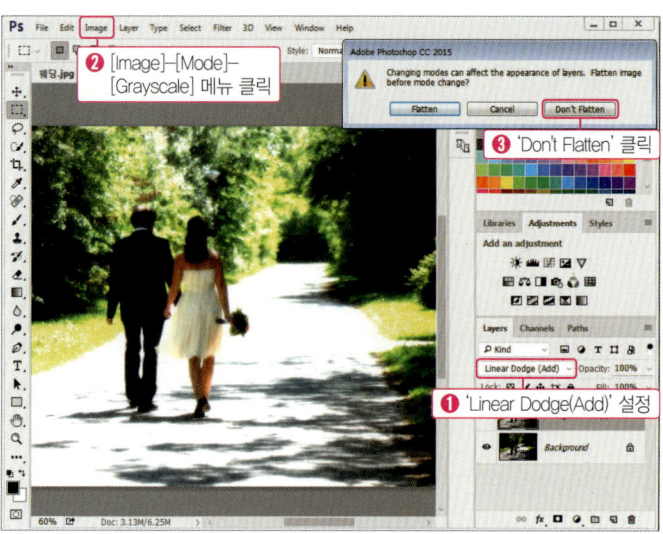

07 Duotone 모드 적용하기

[Image]-[Mode]-[Duotone] 메뉴를 클릭한 다음 Duotone Options 대화상자에서 Preset을 'mauve 4655 bl 1'로 설정합니다.

08 Type에서 'Tritone'을 설정한 후, Ink 3 목록이 활성화 되면 'M20+Y50'을 입력하고 색상을 클릭합니다.

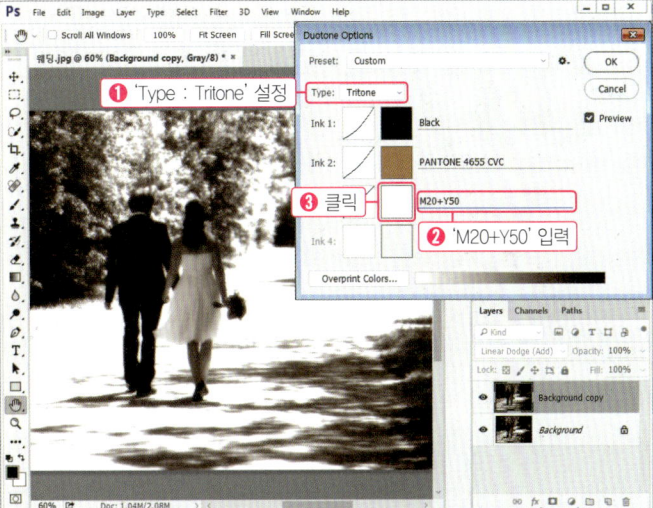

 TIP Type에서 잉크 색상을 4개(Monotone, Duotone, Tritone, Quadtone)까지 설정하여 톤을 구성할 수 있습니다.

09 Color Picker 대화상자가 나타나면 M을 '20%', Y를 '50%'으로 입력하고, 'OK' 버튼을 클릭합니다.

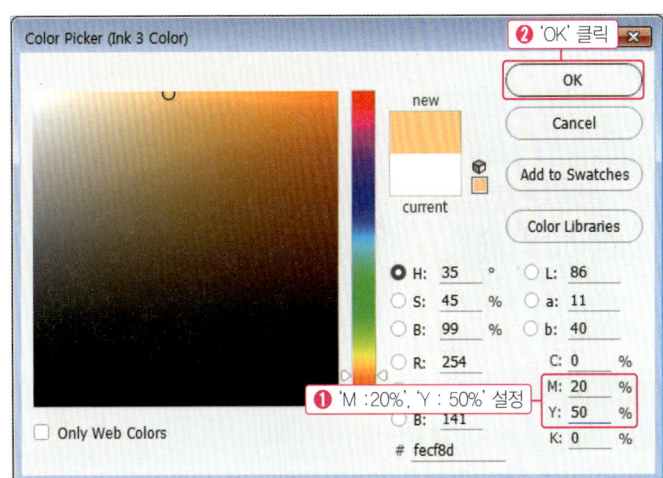

10 Duotone Options 대화상자도 'OK' 버튼을 클릭합니다. 세피아 색상의 듀오톤 이미지를 완성하였습니다.

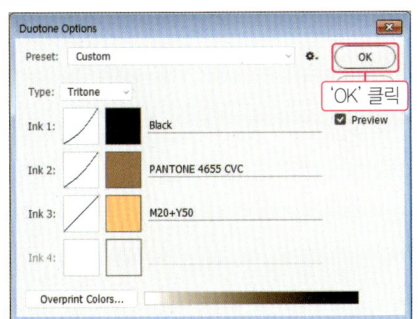

SECTION 087 색상과 선택 영역을 저장하는 채널
Channels 패널

채널은 색상 정보를 가지고 있는 기본적인 '색상 채널', 선택 범위를 저장하여 만들어지는 '알파 채널', 인쇄에서 별색을 사용하기 위한 '스팟 채널'로 구분할 수 있습니다.

RGB 색상 채널

- RGB 채널은 빨간색 정보를 가진 Red 채널, 녹색 정보를 가진 Green 채널, 파란색 정보를 가진 Blue 채널로 구성되어 있습니다.
- 각 Red, Green, Blue 색상 채널의 밝기 값을 수정하면 RGB 채널의 색상, 명도, 채도가 조정되어 나타납니다.
- 가장 위에 위치한 RGB 채널을 선택하면 나머지 색상 채널이 모두 선택됩니다.

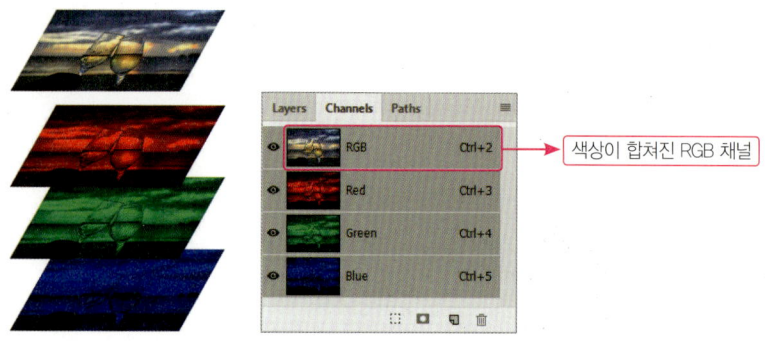

▲ RGB 모드일 때 Channels 패널

CMYK 색상 채널 : Cyan(청록), Magenta(자홍), Yellow(노랑), Black(검정)

- CMYK 채널은 청록색의 정보를 가진 Cyan 채널, 자홍색의 정보를 가진 Magenta 채널, 노란색 정보를 가진 Yelow 채널, 검은색의 정보를 가진 Black 채널로 구성되어 있습니다.
- CMYK 채널은 Cyan, Magenta, Yellow, Black 색상 채널이 더해진 채널로, 각 색상 채널은 잉크의 비율 값으로서 각 채널의 밝기를 조절하면 CMYK 색상 채널의 색상, 명도, 채도가 조정되어 나타납니다.

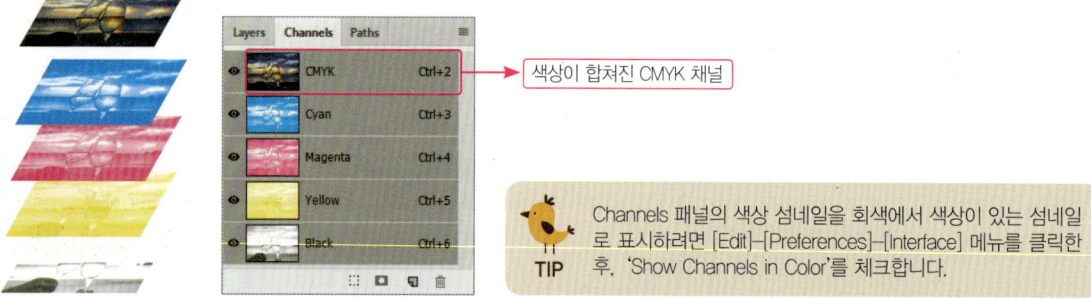

▲ CMYK 모드일 때 Channels 패널

TIP Channels 패널의 색상 섬네일을 회색에서 색상이 있는 섬네일로 표시하려면 [Edit]-[Preferences]-[Interface] 메뉴를 클릭한 후, 'Show Channels in Color'를 체크합니다.

스팟 채널

- 스팟 채널(Spot Channel)은 인쇄할 이미지를 제작할 때 사용하며 CMYK 색상으로 표현하지 못하는 특수한 색, 금색, 형광색 등의 영역을 별도의 채널로 만들어 저장하는 일종의 색상 채널입니다.
- 스팟 채널을 인쇄하려면 별도의 잉크 즉, 별색과 C, M, Y, K 필름판 외에 별도의 필름판이 추가적으로 사용되기 때문에 추가 비용이 발생합니다. 별색 채널을 보내려면 파일을 DCS 2.0 형식이나 PDF로 저장합니다.
- 스팟 채널을 생성하려면 Channels 패널의 메뉴(☰)에서 'New Spot Channel'을 클릭합니다.

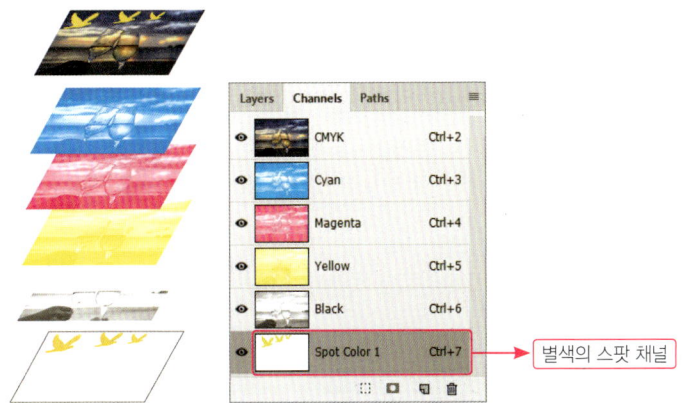

▲ PANTONE 컬러의 스팟 채널이 저장된 Channels 패널

알파 채널

- 색상 정보를 저장한 채널을 제외한 새로 추가된 채널을 알파 채널(Alpha channel)이라고 합니다.
- 알파 채널(Alpha Channel)은 선택 영역을 저장하는데 주로 사용하고, 256단계의 음영을 이용하여 선택 영역을 불러올 수 있습니다.
- 선택 영역이 지정된 상태에서 [Select]-[Save Selection] 메뉴를 클릭하면 알파 채널을 생성할 수 있습니다.
- [Select]-[Load Selection] 메뉴를 클릭하면 저장한 알파 채널의 선택 영역을 불러올 수 있습니다.

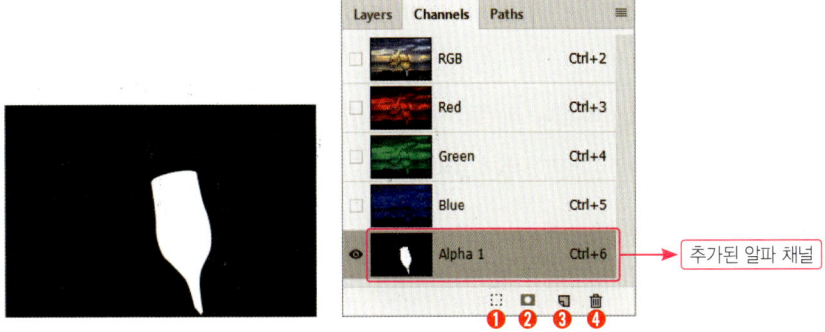

▲ 알파 채널이 저장된 Channels 패널

❶ ▯ (Load channel as selection) : 채널을 선택 영역으로 불러옵니다.
❷ ▯ (Save selection as channel) : 선택 영역을 채널로 저장합니다.
❸ ▯ (Create new channel) : 새 채널을 만듭니다. 채널을 이 버튼 위로 끌어 놓으면 채널이 복사됩니다.
❹ ▯ (Delete current channel) : 현재 선택된 채널을 삭제합니다.

SECTION 088 색상으로 분리된 색상 채널로 보정하기

RGB 색상 채널

R, G, B의 원색 채널이 모여 색상 채널을 구성하는데, 각 채널의 밝기를 변경하여 색상을 변경해 보겠습니다.

📁 **[준비파일]** 7장\정원.jpg   📁 **[완성파일]** 7장-완성\정원(완성).jpg

01 파일 불러오기
'정원.jpg' 파일을 불러옵니다.

02 'Red' 채널에서 붉은색 추가하기
붉은 색상 톤을 추가하기 위해 Channels 패널의 'Red' 채널을 클릭합니다.

❶ Channels 탭 클릭
❷ 'Red' 클릭

03 [Image]-[Adjustments]-[Brightness/Contrast] 메뉴를 클릭한 후, 대화상자에서 Brightness를 '70'으로 설정하고 'OK' 버튼을 클릭합니다.

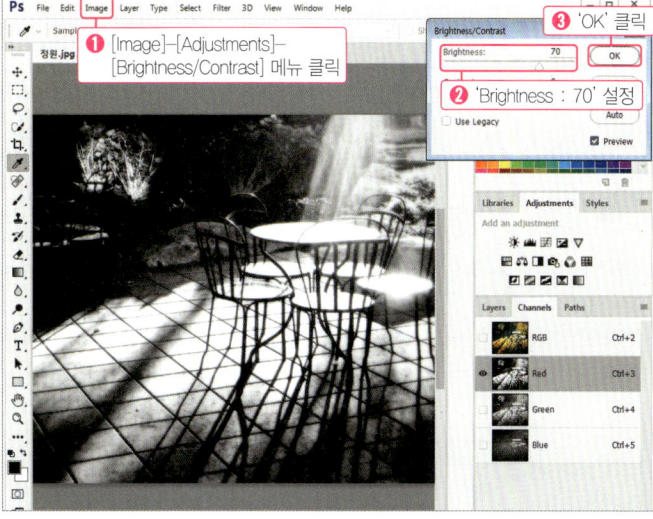

TIP 'Red' 채널을 밝게 보정하면 붉은색이 증가하고, 반대로 어둡게 보정하면 붉은색이 빠져 보색인 색상, 즉 초록색이 증가합니다.

04 'RGB' 채널의 눈 아이콘을 클릭해 모든 이미지를 표시합니다. 'Red' 채널에 밝은 톤이 추가되어 붉은 색상이 추가된 것을 확인합니다.

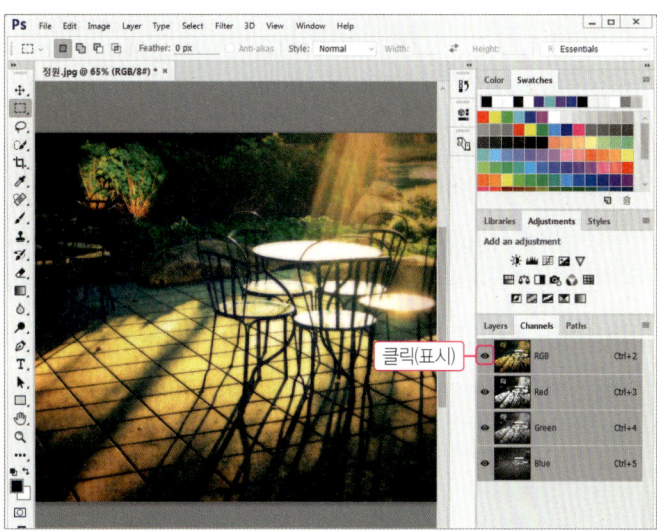

05 'Green' 채널에서 붉은색 추가하기
Ctrl+4를 눌러 'Green' 채널만 활성화합니다.

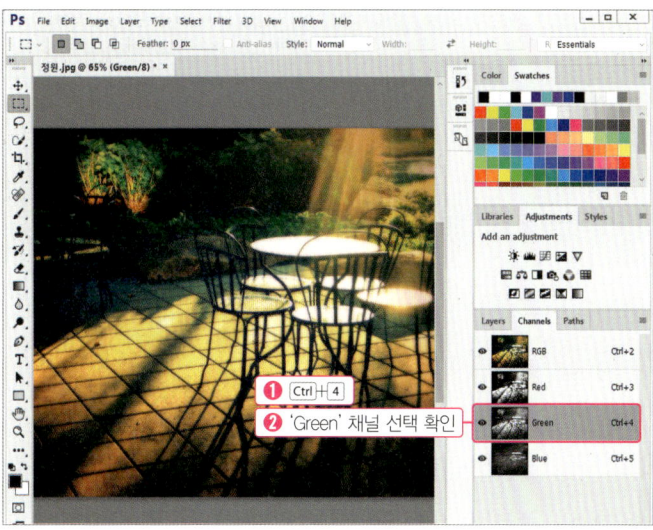

06 [Image]–[Adjustments]–[Brightness/Contrast] 메뉴를 클릭한 후, 대화상자에서 Brightness를 '-20'으로 설정하고 'OK' 버튼을 클릭합니다.

 TIP RGB 이미지의 눈 아이콘이 활성화되어 이미지가 모두 보이지만 'Green' 채널만 선택되어 있기 때문에 'Green' 채널에만 밝기가 적용됩니다.

07 'Red' 채널에서 붉은색 빼기

'Red' 채널을 클릭하여 활성화한 후, 올가미 툴( )을 클릭합니다. 옵션바의 Feather를 '50px'으로 설정하고 뒤쪽의 나무 두 그루를 선택합니다.

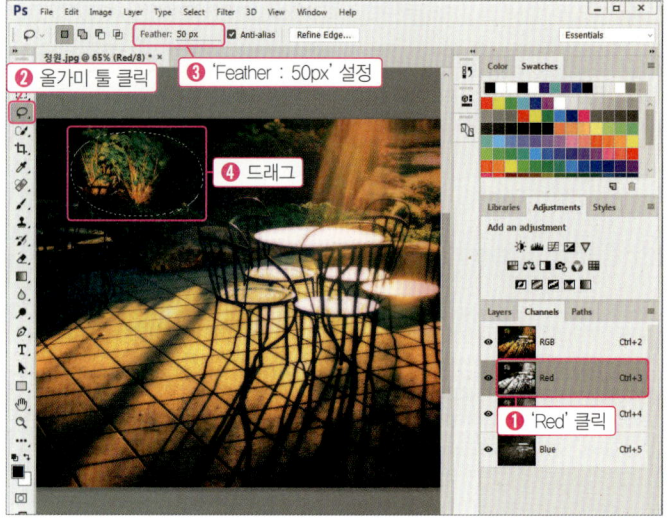

08 [Image]–[Adjustments]–[Brightness/Contrast] 메뉴를 클릭한 후, Brightness를 '-100', Contrast를 '-50'으로 설정하고 'OK' 버튼을 클릭합니다.

09 Ctrl+D를 눌러 선택 영역을 해제합니다.

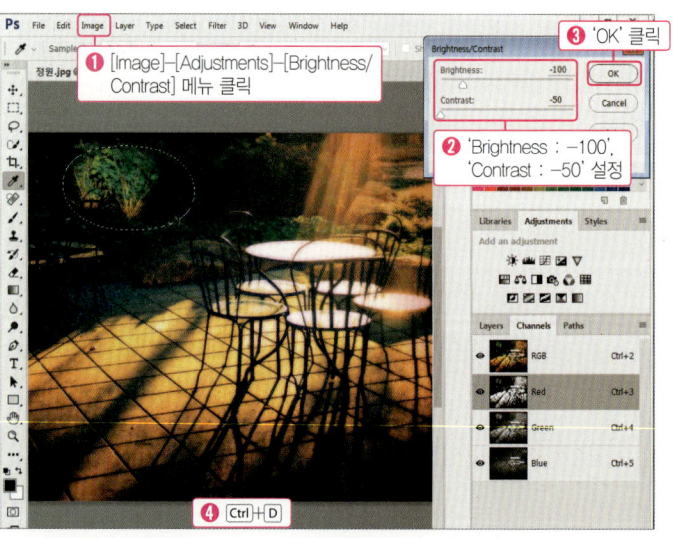

SECTION 089 알파 채널을 이용하여 붓선 만들기
알파 채널

알파 채널은 이미지의 합성이나 특수한 효과를 목적으로 사용됩니다. 마스크처럼 256 단계의 음영으로 저장하며, 흰색 영역은 선택 영역으로 불러올 수 있고, 검은색 영역은 선택 영역으로 불러올 수 없습니다.

📁 **[준비파일]** 7장\선화.jpg, 핑크배경.jpg   📁 **[완성파일]** 7장-완성\선화(완성).psd

01 파일 불러오기
'선화.jpg' 파일을 불러옵니다.

02 선 추출하여 알파 채널에 저장하기
Channels 패널에서 'Blue' 채널을 선택하고 Create new channel( ) 버튼으로 드래그합니다.

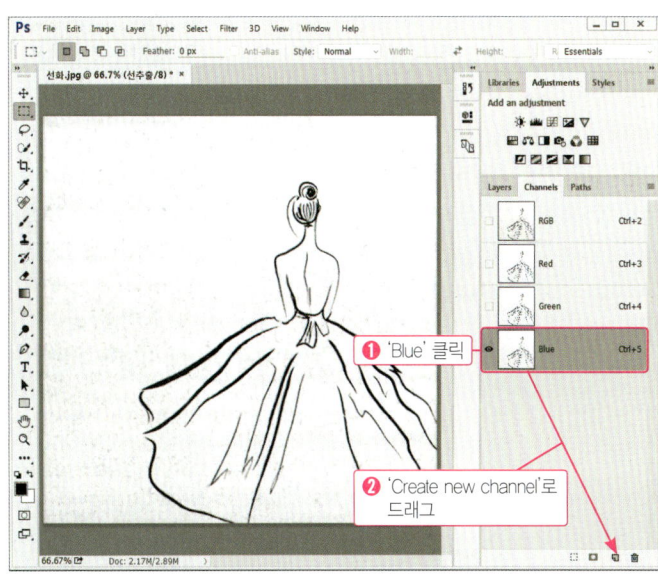

03 'Blue Copy' 채널이 생성되면 '선추출'로 이름을 변경합니다.

04 Ctrl+I를 눌러 이미지를 반전합니다.

05 [Image]-[Adjustments]-[Posterize] 메뉴를 클릭하고 Posterize 대화상자에서 Levels를 '4'로 설정하고 'OK' 버튼을 클릭합니다.

TIP 흰색 영역은 선택으로 불러와서 활성화되는 영역이고, 검은색 영역은 비활성화되는 영역입니다.

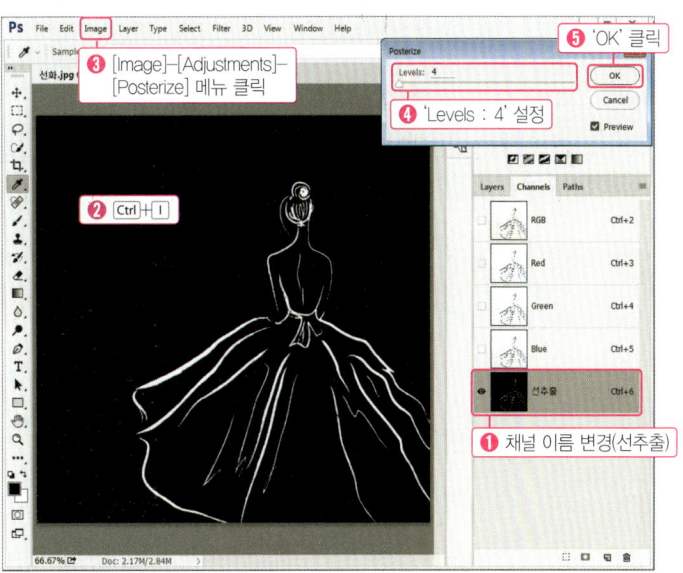

06 '선추출' 채널을 Create new channel (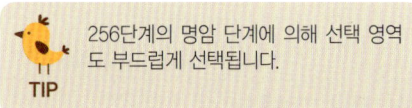) 버튼으로 드래그하여 '선추출 Copy' 채널을 생성합니다.

07 [Filter]-[Blur]-[Gaussian Blur] 메뉴를 클릭하고 Gaussian Blur 대화상자에서 Radius는 '5'로 설정하고 'OK' 버튼을 클릭합니다.

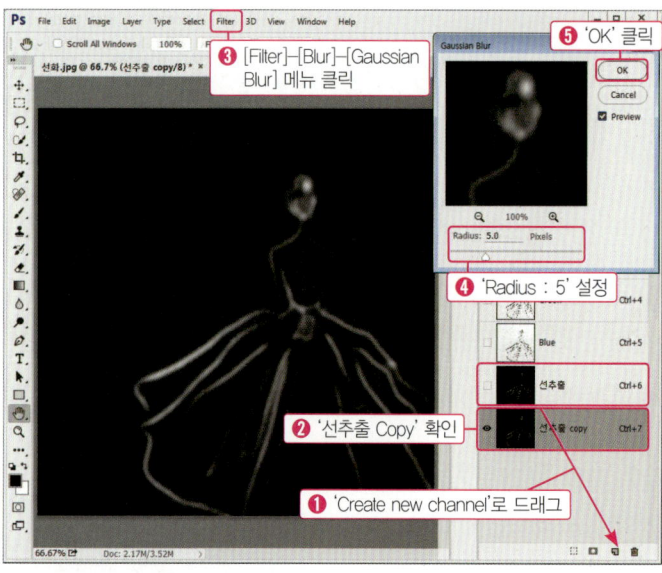

> **TIP** 256단계의 명암 단계에 의해 선택 영역도 부드럽게 선택됩니다.

08 [Filter]-[Filter Gallery] 메뉴를 클릭합니다. 대화상자에서 'Dry Brush'를 선택한 후, Brush Size를 '1', Brush Detail '3', Texture '3'으로 설정하고 'OK' 버튼을 클릭합니다.

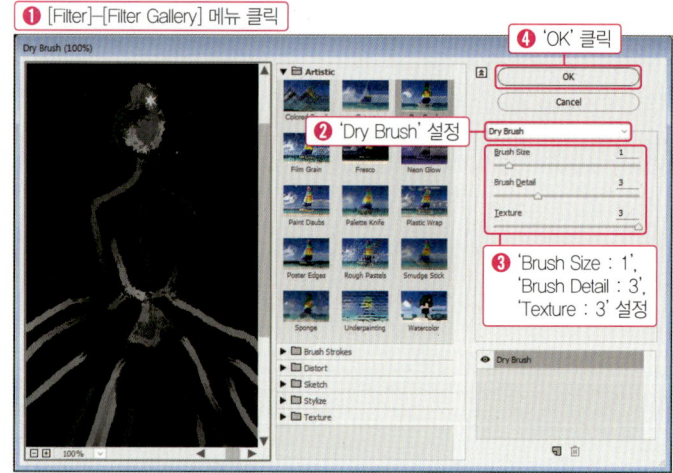

09 지우개 툴(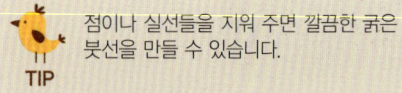)로 불필요한 배경의 흰색 선들을 지우고, 블러 툴로는 도드라진 선 외곽을 칠하여 선을 부드럽게 만듭니다.

10 'RGB' 채널을 클릭합니다.

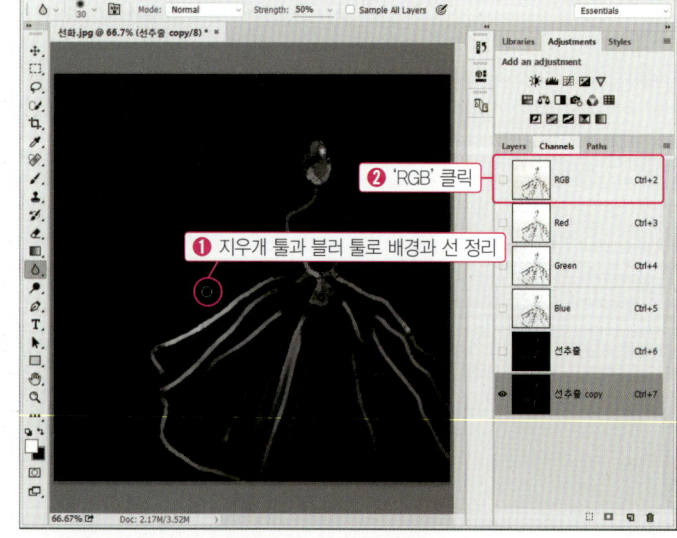

> **TIP** 점이나 실선들을 지워 주면 깔끔한 굵은 붓선을 만들 수 있습니다.

11 배경 파일 불러오기

[File]-[Place Embeded] 메뉴를 클릭하고 '핑크배경.jpg' 파일을 불러옵니다. 파일이 들어오면 Enter 를 눌러 실행합니다. [Layer]-[Rasterize]-[Smart Object] 메뉴를 실행합니다.

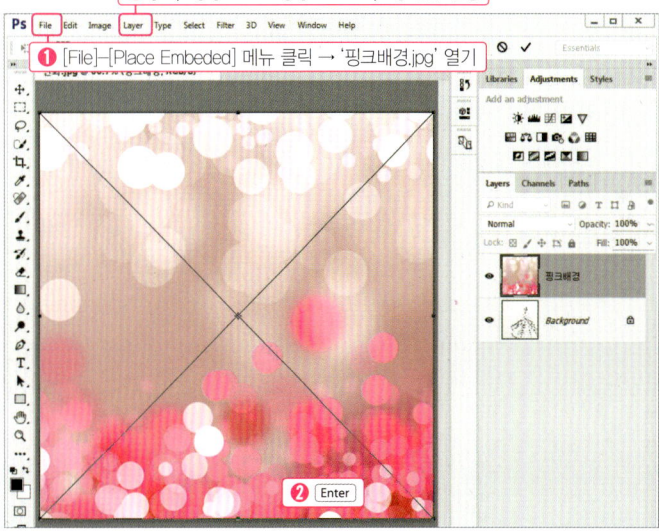

12 붓선 만들기

Layers 패널의 Create a new layer( ) 버튼을 클릭하여 레이어를 생성한 후, 레이어 이름을 '붓선'으로 변경합니다.

13

[Select]-[Load Selection] 메뉴를 클릭하고 Load Selection 대화상자에서 Channel을 '선추출 copy'로 설정하고 'OK' 버튼을 클릭합니다.

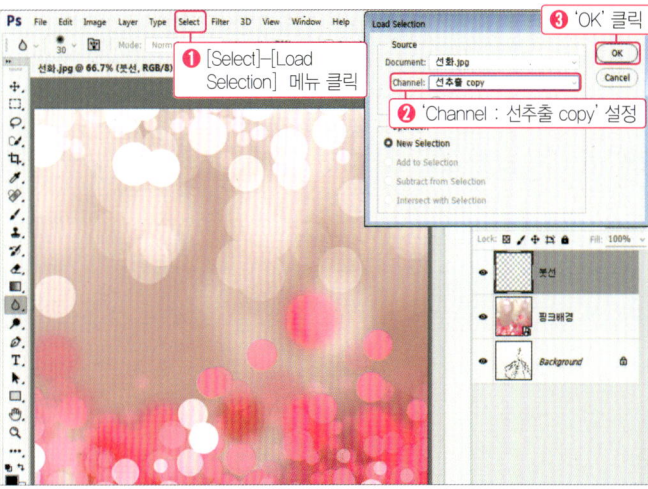

14 전경색이 검은색인 상태에서 Alt + Delete 를 눌러 검은색을 채운 다음 Ctrl + D 를 눌러 선택 영역을 해제합니다.

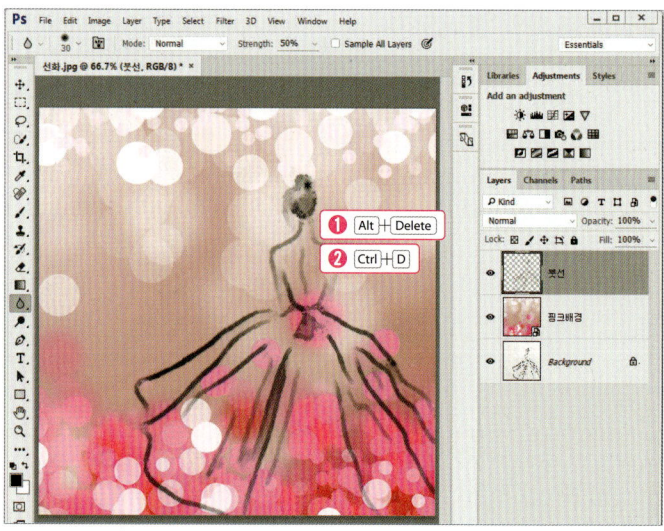

15 '붓선'을 Create a new layer( ) 버튼으로 드래그하여 레이어를 생성한 후, 레이어 이름을 '붓선2'로 변경합니다.

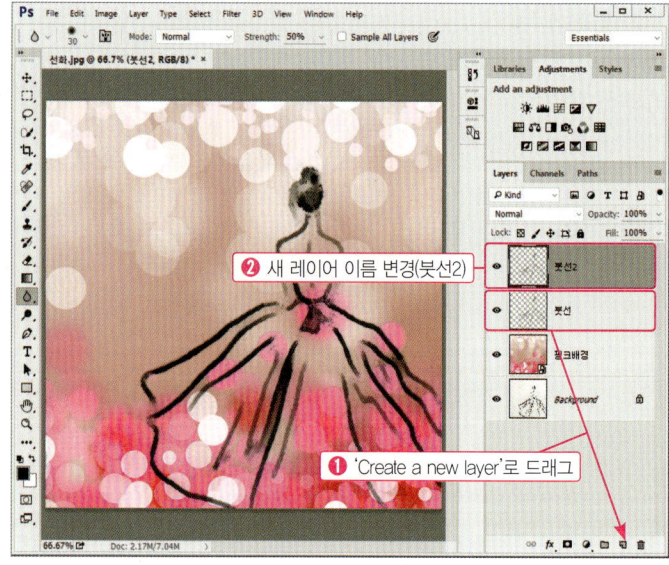

16 [Select]-[Load Selection] 메뉴를 클릭한 후, Load Selection 대화상자에서 Channel을 '선추출'로 설정하고 'OK' 버튼을 클릭합니다.

17 선택 영역을 축소하기 위해 [Select]-[Modify]-[Contract] 메뉴를 클릭한 후, 대화상자에서 Contract By를 '1'로 설정하고 'OK' 버튼을 클릭합니다.

18 전경색이 검은색인 상태에서 Alt + Delete 를 눌러 검은색을 채우고 Ctrl + D 를 눌러 선택 영역을 해제합니다.

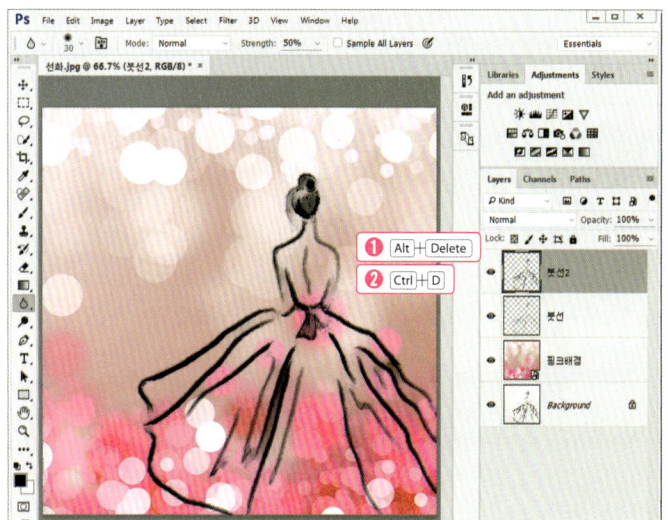

19 [Filter]-[Other]-[Minimum] 메뉴를 클릭하고 Radius를 '3', Preserve를 'Roundness'로 설정하고 'OK' 버튼을 클릭합니다.

20 블러 툴( )을 클릭하고 부자연스러운 선 외곽을 드래그하여 자연스럽게 뭉갭니다.

 TIP 알파 채널은 파일을 저장할 때 Photoshop, PDF, TIFF, PSB 또는 RAW 형식으로 저장하는 경우에만 유지되고, DCS 2.0 형식으로 저장하면 별색 채널만 유지됩니다. 다른 파일 형식으로 저장하면 채널 정보가 손실될 수도 있습니다.

Do It Yourself

흑백의 포스터 이미지 만들기
사진을 흑백 이미지로 변경하고 포스터라이즈 명령을 주어 이미지를 단순화해 봅니다.

📁 **[준비파일]** 7장\포토그래퍼.jpg 📁 **[완성파일]** 7장-완성\포토그래퍼(완성).jpg

How to [Image]-[Mode]-[Grayscale] 메뉴 클릭 ➡ [Image]-[Adjustments]-[Posterize] 메뉴 클릭 ➡ 'Levels : 5'로 설정

블루 색상 이미지 만들기
Blue 채널과 히스토리 브러시 툴을 이용하여 블루가 추가된 이미지로 만들어 봅니다.

📁 **[준비파일]** 7장\다이빙.jpg 📁 **[완성파일]** 7장-완성\다이빙(완성).jpg

How to Channels 패널의 'Blue' 채널 선택 ➡ [Image]-[Adjustments]-[Brightness/Contrast] 메뉴 클릭 ➡ 'Brightness'를 '150', 'Contrast'를 '70'으로 밝기 보정 ➡ 'RGB' 채널 선택 ➡ 히스토리 브러시 툴( ) 선택 ➡ 하늘 부분 원본으로 복구

 ## 비트맵 이미지 만들기
Grayscale 모드와 Bitmap 모드를 이용하여 비트맵 이미지로 만들어 봅니다.

📁 **[준비파일]** 챕터7\복싱.jpg   📁 **[완성파일]** 챕터7-완성\복싱(완성).jpg

> **How to** [Image]-[Mode]-[Grayscale] 메뉴 클릭 ➡ [Image]-[Mode]-[Bitmap] 메뉴 클릭 ➡ Use를 'Halftone Screen'으로 설정 ➡ Shape은 'Cross'로 설정

 ## 홀로그램 이미지 만들기
Red 채널과 Green 채널의 색상 채널을 어긋나게 이동하여 홀로그램 이미지를 만들어 봅니다.

📁 **[준비파일]** 챕터7\소년.jpg   📁 **[완성파일]** 챕터7-완성\소년(완성).jpg

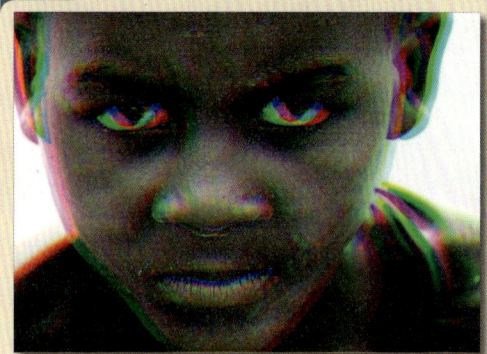

> **How to** IChannels 패널의 'Red' 채널 선택 ➡ 이동 툴(✥)을 선택 한 후 오른쪽 아래로 이동 ➡ 'Green' 채널 선택 한 후 왼쪽 아래로 이동 ➡ 'RGB' 채널 선택한 후, 자르기 툴(‡)로 윤곽 정리하기

Adobe Photoshop CC & CS6

CHAPTER 08

확대해도 깨지지 않는 벡터 방식 활용하기

포토샵에서 벡터 방식을 사용할 수 있는 도구들은 문자 툴, 펜 툴, 셰이프 툴입니다. 포토샵은 이미지의 보정이 장점인 비트맵 기반으로 만들어졌지만 점차 벡터 방식의 기능들을 추가하고 있습니다. 이번장에서는 벡터 방식의 문자, 패스, 셰이프에 대해 알아보겠습니다.

SECTION 090 문자 입력 살펴보기
문자 툴

문자 툴로 입력하는 방법은 워드프로세서 기능과 유사하지만 이미지 위에 다양한 방법으로 디자인을 전개할 수 있습니다. 이미지 위에 클릭할 때, 이어서 문장을 이어갈 때, 패스 위에, 패스 안에서 마우스 포인터가 변경되는 의미를 유념하여 살펴봅니다.

문자 툴의 종류

포토샵에는 4가지 문자 툴을 제공합니다. 문자를 입력하기 전에 문자 레이어(벡터)를 생성하는 문자 툴을 사용할 것인가, 일반 레이어(비트맵)에 선택 영역으로 만들어지는 선택 영역 문자 툴을 선택할 것인가를 먼저 결정해야 합니다.

■ 가로쓰기 툴(T. , T) / 세로쓰기 툴(IT. , T)

가로쓰기 툴(Horizontal Type Tool)과 세로쓰기 툴(Vertical Type Tool)을 이용하면 편집이 용이한 벡터 방식의 문자 레이어가 생성되면서 입력됩니다.

▲ 가로쓰기 툴로 입력 완성

▲ 세로쓰기 툴로 입력 완성

■ 가로쓰기 선택 영역 문자 툴(T. , T) / 세로쓰기 선택 영역 문자 툴(IT. , T)

가로쓰기 선택 영역 문자 툴(Horizontal Type Mask Tool)과 세로쓰기 선택 영역 문자 툴(Vertical Type Mask Tool)을 이용하면 픽셀 방식의 비트맵 이미지로 선택 영역을 만들고 일반 레이어에 입력됩니다. 입력 완료 전 마스크 상태에서 문자의 편집이 가능합니다.

▲ 가로쓰기 선택 영역 문자 툴로 입력 중인 마스크 상태

▲ 가로쓰기 선택 영역 문자 툴로 입력 완성

문자 입력 방법

■ 클릭하여 문자 입력하기

가로쓰기 툴을 선택한 후, 마우스 포인터가 [I]로 변경될 때 클릭하여 입력합니다. 클릭하는 순간 새로운 문자 레이어가 생성됩니다. 줄을 변경하려면 [Enter]를 누르고, 문자 입력을 완료하려면 [Ctrl]+[Enter]를 누릅니다. 문자를 이어 쓰려면 입력된 문자 뒤에 마우스 포인터가 [I]로 변경될 때 클릭한 후, 입력합니다.

■ 드래그하여 문자 영역 지정하고 입력하기

가로쓰기 툴을 선택한 후, 마우스 포인터가 [I]로 변경될 때 드래그하여 사각 영역을 만들고 입력합니다.

▲ 가로쓰기 툴이 [I]일 때 클릭

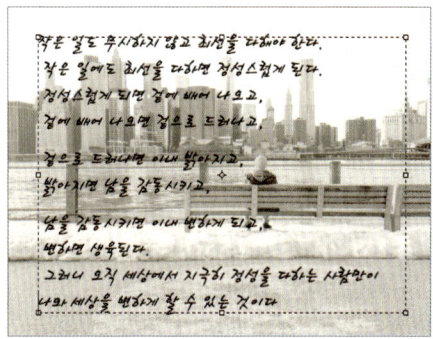
▲ 가로쓰기 툴이 [I]일 때 드래그

■ 패스 모양을 따라 입력하기

패스를 작성한 후, 가로쓰기 툴을 선택합니다. 마우스 포인터를 선 위로 이동하여 [↙]로 변경될 때 클릭하여 입력합니다.

■ 패스 영역 안에 입력하기

패스를 작성한 후, 가로쓰기 툴을 선택합니다. 마우스 포인터를 패스 영역 안으로 이동하여 ⓘ로 변경될 때 클릭하여 입력합니다.

▲ [↙]일 때 클릭 후 입력

▲ ⓘ일 때 클릭 후 입력

가로쓰기 툴 옵션바

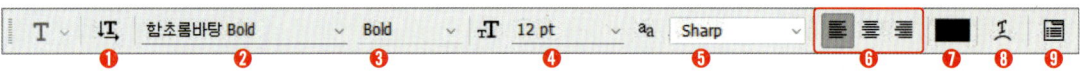

❶ ▥ **(문자 회전)** : 클릭하면 가로 문자는 세로로, 세로 문자는 가로로 바꿉니다.
❷ **글꼴 종류** : 서체, 글꼴 모양을 설정합니다.
❸ **글꼴 스타일** : 글꼴의 형태를 Roman, Italic, Bold, Bold Italic으로 설정합니다.
❹ ⫪T **(문자 크기)** : 문자의 크기를 설정합니다.
❺ ªa **(안티 에일리어싱)** : 에일리어싱(픽셀의 계단화 현상)을 완화하는 안티-에일리어싱(anti-aliasing)의 여러 가지 스타일을 제공합니다.

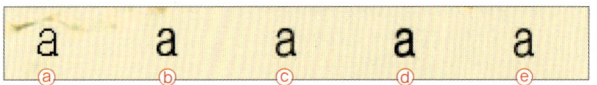

ⓐ **None** : 안티 에일리어싱 적용을 하지 않습니다.
ⓑ **Sharp** : 경계가 거칠게 보입니다.
ⓒ **Crisp** : 경계가 안쪽으로 축소되며 부드럽게 보입니다.
ⓓ **Strong** : 경계가 진하게 확장되어 보입니다.
ⓔ **Smooth** : 경계가 부드럽게 보입니다.

❻ ▤, ▥, ▦ : 왼쪽, 중앙, 오른쪽 정렬 방식을 설정합니다.
❼ **색상** : 문자 색상을 설정합니다.
❽ ⌁ **(Create Warped Text)** : Wrap Text 대화상자를 불러옵니다. 설정값에 의해 문자나 문단의 모양을 왜곡하여 변형합니다. 레스터라이즈(Rasterize)하여 비트맵화 한 문자나 'Faux Bold'를 적용한 경우는 사용할 수 없습니다.

▲ Arc 적용

▲ Bulge 적용

▲ Flag 적용

❾ ▤ **(Toggle the Character and Paragraph panels)** : 클릭하면 Character 패널과 Paragraph 패널을 표시하거나 숨깁니다.

TIP 문자를 레스터라이즈하면 다른 컴퓨터로 파일을 이동했을 때 제어판에 폰트가 없더라도 글자 모양이 변경되지 않습니다. 그러나 문자가 픽셀화 되었기 때문에 수정하기가 어렵습니다.

SECTION 091 문자 및 문단 패널 살펴보기

Character 패널, Paragraph 패널

옵션바에서는 기본적인 옵션을 제공하고 있는 반면 좀 더 디테일한 옵션을 설정하려면 Character 패널과 Paragraph 패널을 이용합니다. Character 패널은 문자 속성 옵션을 제공하고 Paragraph 패널은 문단 속성 옵션을 제공합니다.

Character 패널 : 문자 편집하기

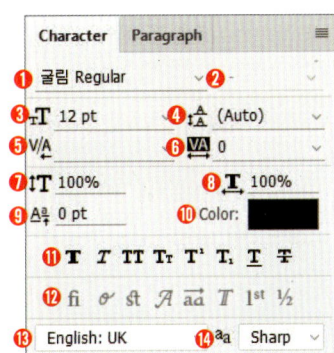

❶ 글꼴 종류를 설정합니다.
❷ 글꼴의 스타일을 설정합니다.
❸ 문자 크기를 지정합니다.
❹ 줄 간격을 조절합니다.
❺ 글자 사이 간격을 조절합니다.
❻ 자간을 조절합니다.
❼ 문자의 세로 길이를 조절합니다.
❽ 문자의 가로 길이를 조절합니다.
❾ 첨자 만들 때 기준선을 조절합니다.
❿ 문자 색상을 지정합니다.
⓫ 문자 속성을 지정(진하게, 기울임, 대문자, 소문자, 위첨자, 아래첨자, 밑줄, 중간줄) 합니다.
⓬ 오픈 타입의 글꼴에 한하여 합자, 작은 대문자, 분수 같은 특수문자나 기호 등의 기능이 활성화됩니다.
⓭ 영어권 언어인 프랑스어, 독일어, 이탈리아어 등을 입력할 때 해당 언어를 선택하면 하이픈 기능과 맞춤법 기능이 적용됩니다.
⓮ 안티 에일리어싱의 처리를 선택합니다.

Paragraph 패널 : 단락 편집하기

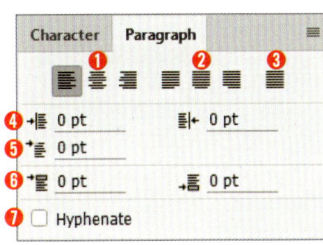

❶ 문단 정렬 방식으로 왼쪽 정렬, 중앙 정렬, 오른쪽 정렬입니다.
❷ 양쪽 정렬하되 마지막 줄을 왼쪽 정렬, 중앙 정렬, 오른쪽 정렬합니다.
❸ 양쪽 정렬합니다. 마지막 줄도 강제 양쪽 정렬합니다.
❹ 왼쪽 들여 쓰기와 오른쪽 들여 쓰기를 설정합니다.
❺ 첫 행 들여 쓰기를 설정합니다.
❻ 단락 앞 간격과 단락 뒤 간격을 설정합니다.
❼ 체크하면 영어 단어가 길어 다음 줄로 넘어간 경우 하이픈을 표시합니다.

SECTION 092 문자 왜곡하여 타이포그래피 만들기
Wrap Text

문자를 이용하여 시각적 이미지로 그래픽화 하는 것을 타이포그래피라고 합니다. Warp Text 기능을 이용하여 재미난 타이포그래피를 만들어 보겠습니다.

📁 [준비파일] 8장\기타.psd   📁 [완성파일] 8장-완성\기타(완성).psd

01 파일 불러오기
'기타.psd' 파일을 불러옵니다.

02 문자 입력하기
가로쓰기 툴()을 클릭한 후, 옵션바에서 글꼴을 'Stencil Std Bold', 크기를 '70pt'로 설정합니다. Swatches 패널에서 'Darker Magenta Red' 색상을 클릭한 다음 이미지 창을 클릭하고 'MUS'를 입력합니다.

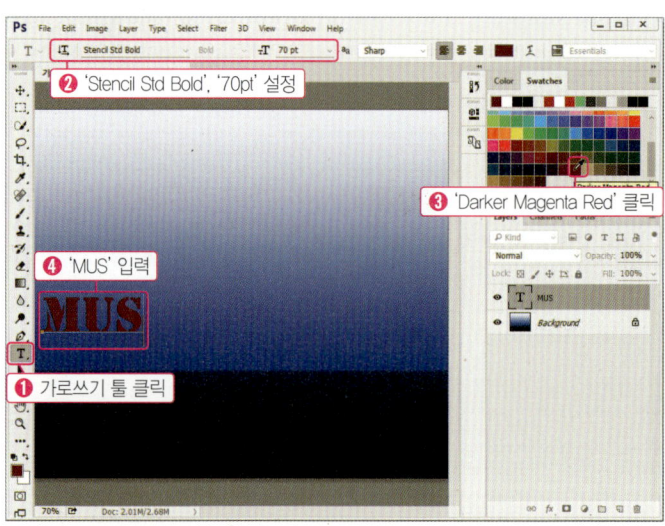

03 크기를 '60pt'으로 설정하고 'IC'를 입력합니다.

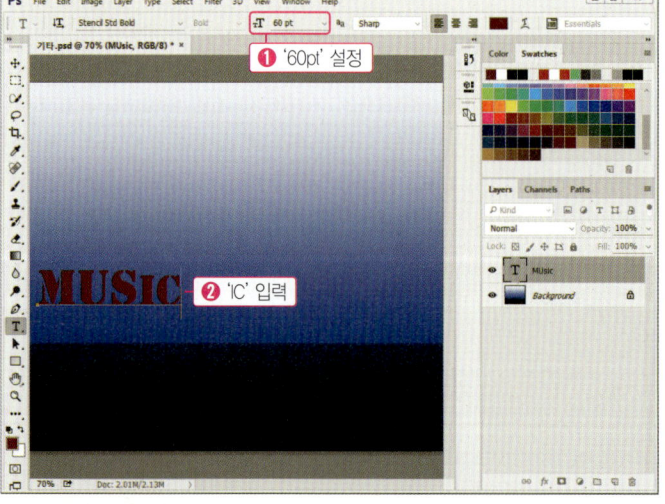

TIP 글꼴 이름 한글로 보기
[Edit]-[Preferences]-[Type] 메뉴를 클릭한 후 [Show Font Names in English]의 체크를 해제하면 글꼴을 한글로 볼 수 있습니다.

04 Warp Text 'Arc Upper' 설정하기

옵션바의 'Warp Text(ㅈ)'를 클릭합니다. Warp Text 대화상자에서 Style을 'Arc Upper', Bend를 '+70'으로 설정하고 'OK' 버튼을 클릭합니다. Ctrl+Enter를 누르면 설정이 적용됩니다.

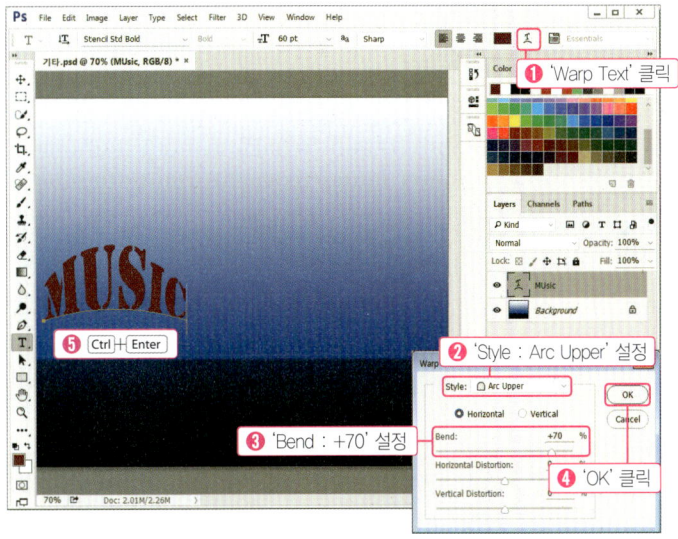

05
새롭게 다시 입력하기 위해 마우스 포인터의 모양이 I로 변경될 때 클릭한 후, 'IS'를 입력합니다. 문자의 위치를 변경하려면 문자 밖으로 이동하면 마우스 포인터가 ▶︎로 변경될 때 드래그하여 이동할 수 있습니다.

 TIP 마우스 포인터의 모양이 I인 상태에서 클릭하면 문자가 새로 입력되어 문자 레이어가 새로 생성되지만, I(테두리가 있는)인 상태에서 클릭하면 기존 문자에 이어서 입력되어 레이어가 새로 생성되지 않습니다.

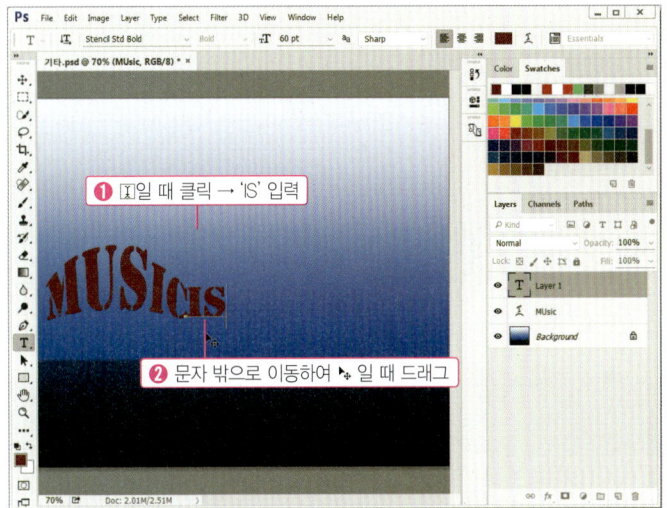

06
옵션바의 'Warp Text(ㅈ)'를 클릭합니다. 대화상자에서 Style을 'Arc Upper', Bend를 '-70'으로 설정하고 'OK' 버튼을 클릭합니다. Ctrl+Enter를 누릅니다.

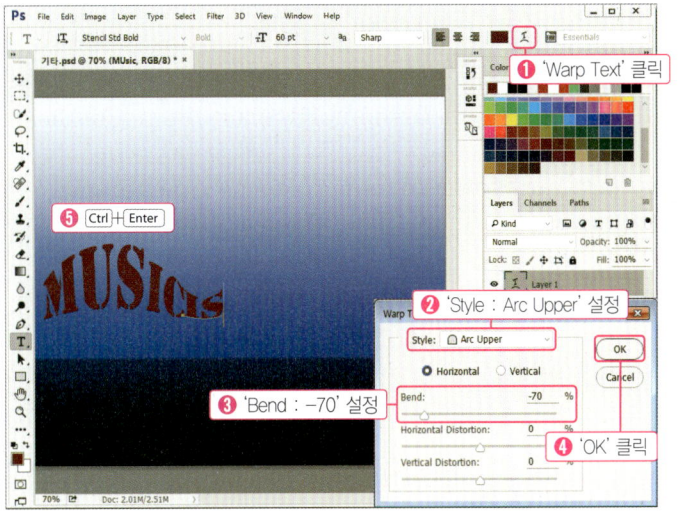

07 특수문자 입력하기

옵션바에서 크기는 '70pt', Swatches 패널에서 'White'로 설정하고 'MYLI'를 입력합니다. 한/영을 눌러 한글 모드로 변환한 후, 'ㅁ'을 입력하고 한자를 누릅니다. 특수문자 목록이 나타나면 '★'을 클릭합니다.

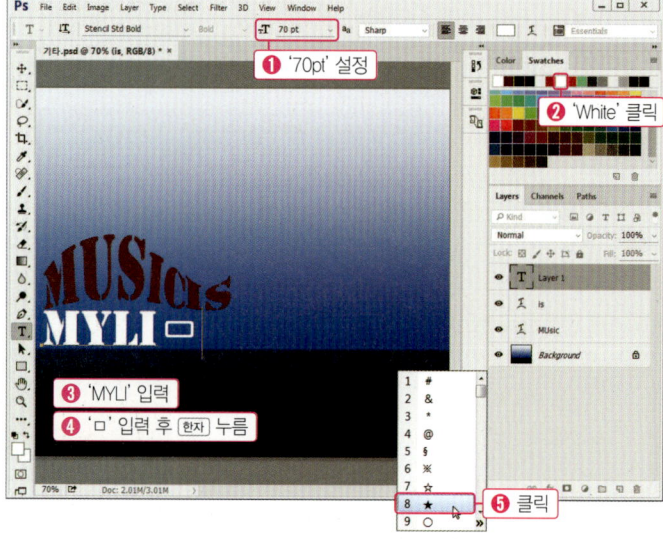

08

별을 드래그하여 블록으로 설정하고 크기를 '50pt'로 줄이고 블록은 해제합니다.

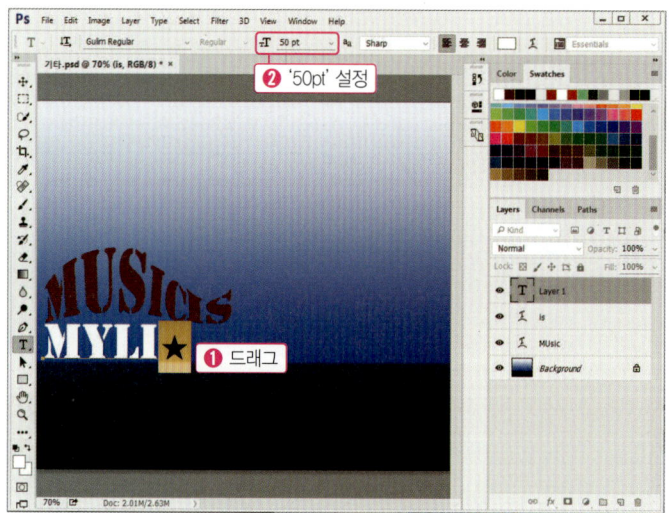

09 Warp Text 'Arc Lower' 설정하기

옵션바의 'Warp Text ⍊'를 클릭합니다. 대화상자에서 Style을 'Arc Lower', Bend를 '+70'으로 설정하고 'OK' 버튼을 클릭합니다. Ctrl+Enter를 누릅니다.

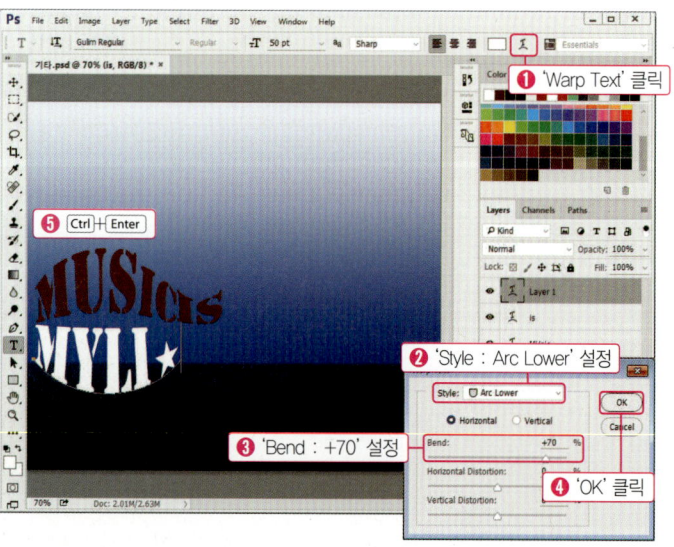

10 마우스 포인터의 모양이 I로 변경될 때 클릭한 후, 글꼴은 'Stencil Std Bold', 크기는 '50pt'로 설정하고 'FE'를 입력합니다.

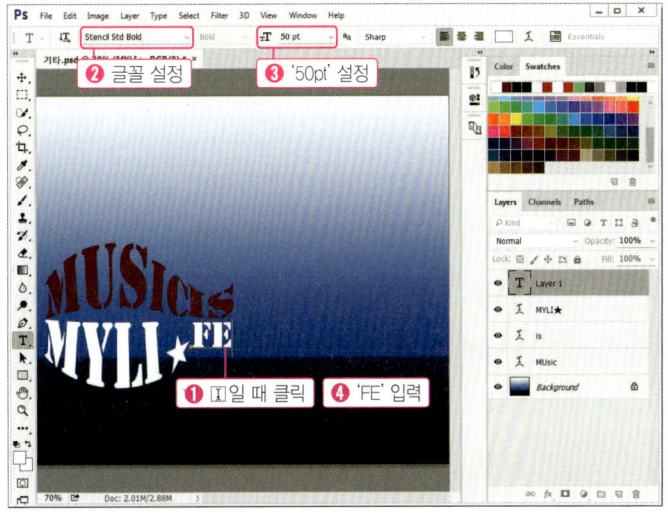

11 옵션바의 'Warp Text(工)'를 클릭합니다. 대화상자에서 Style을 'Arc Lower', Bend를 '+100'으로 설정하고 'OK' 버튼을 클릭합니다. Ctrl+Enter를 누릅니다.

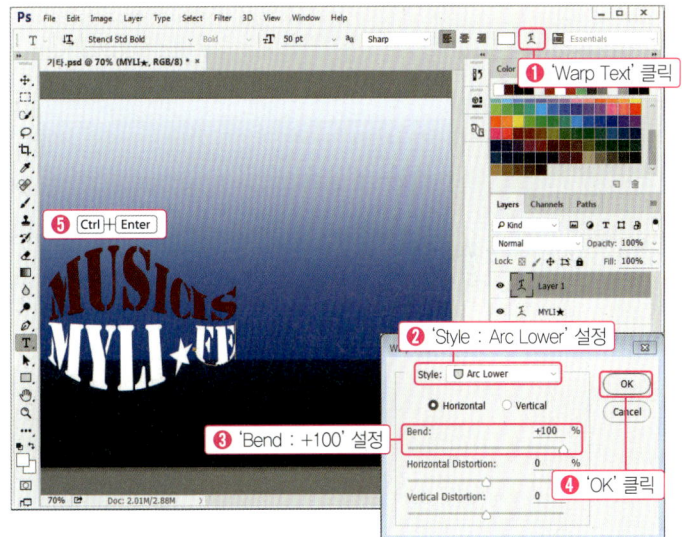

12 기타 헤드 만들기

Paths 패널을 클릭한 다음 Ctrl을 누른 채 '기타헤드' 패스의 섬네일을 클릭합니다.

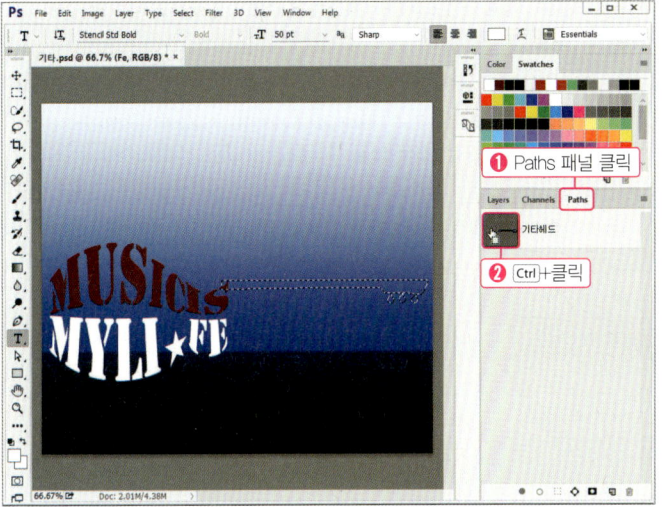

13 Layers 패널의 Create a new layer (📄) 버튼을 클릭해 'Layer 1' 레이어를 생성한 후, Alt + Delete 를 눌러 전경색(흰색)을 채웁니다. Ctrl + D 를 눌러 선택 영역을 해제합니다.

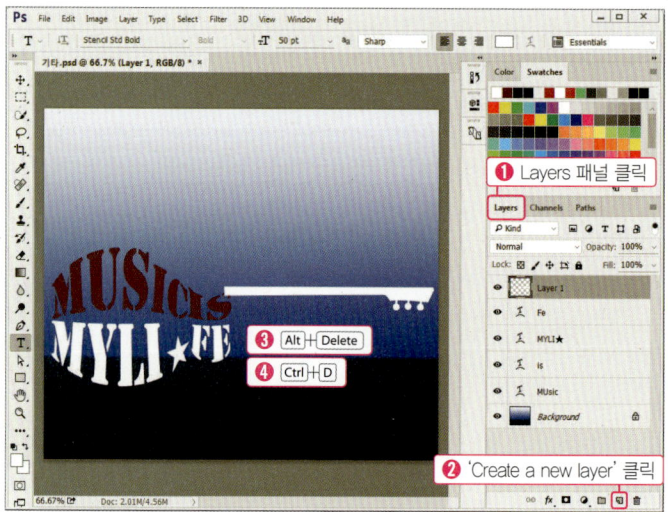

14 마우스 포인터의 모양이 I로 변경될 때 클릭한 후, 글꼴은 '함초롬돋움 Bold', 크기는 '13pt', 색상은 'Darker Magenta Red' 색상을 설정합니다. '참 신기하죠? 기쁠 때는 리듬이 슬플 때는 노랫말이 들리네요.'라고 입력한 후, Ctrl + Enter 를 누릅니다.

15 Warp Text 기능을 사용한 레이어를 모두 선택한 후, Ctrl + T 를 눌러 변형 박스가 나타나면, 옵션바에서 W를 '90%'를 입력(H는 자동으로 '90%' 설정)하고 Enter 를 눌러 적용합니다.

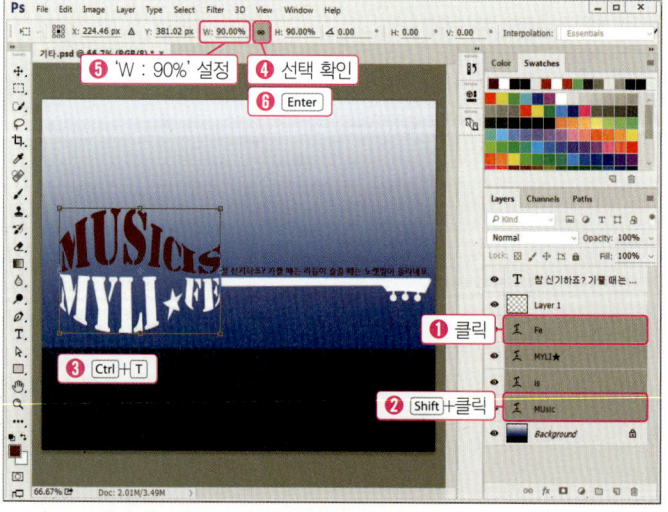

17 Background 레이어를 제외한 모든 레이어를 선택한 다음 Ctrl+T를 누른 후 옵션바의 각도는 '-25'로 설정합니다. 그림처럼 위치를 조정한 후, Enter를 누릅니다.

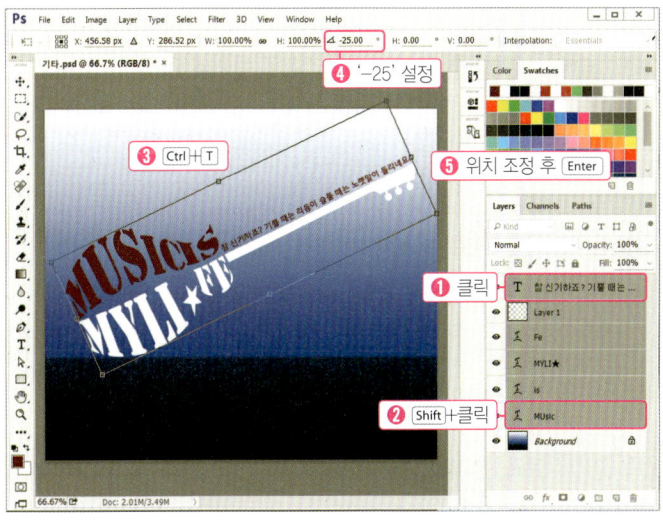

18 그림자 만들기
'MYLI★' 레이어를 클릭한 후, Create a new layer( ) 버튼으로 드래그합니다.

19 Ctrl+T를 누른 후, 변형 박스가 나타나면 옵션바의 H를 '-100%'로 설정합니다. 그림처럼 위치를 조정한 후, Enter를 누릅니다.

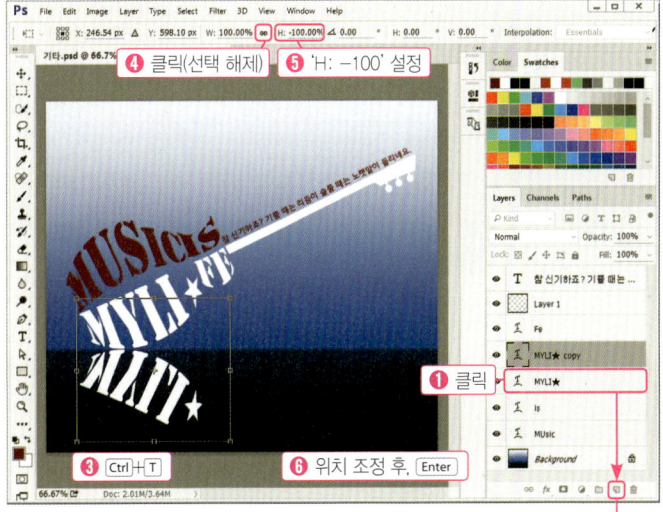

20 Add layer mask( ) 버튼을 클릭하여 레이어 마스크를 생성합니다.

21 그레이디언트 툴( )을 클릭한 후, 위에서 아래로 드래그하고 Opacity를 '50%'로 설정합니다.

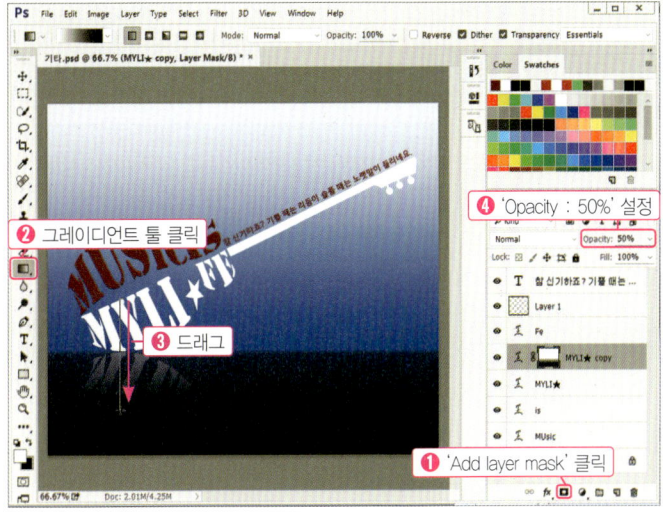

SECTION 093 문자 배치 활용하기
Character 패널

문자의 글꼴, 크기, 색상 등의 기본적인 설정은 옵션바를 이용하여 설정할 수 있습니다. 조금 더 자세한 문자 속성은 Character 패널을 이용합니다.

📁 **[준비파일]** 8장\포스터.jpg　　📁 **[완성파일]** 8장-완성\포스터(완성).psd

01 파일 불러오기
'포스터.jpg' 파일을 불러옵니다.

02 문자 입력하기1
가로쓰기 툴(T.)을 클릭한 후, 옵션바에서 글꼴을 '함초롬돋움 Bold', 크기를 '70pt'로 설정하고, Swatches 패널에서 'CMYK Yellow' 색상을 클릭합니다. 이미지 창을 클릭한 다음 '모딜리아니'를 입력하고 Enter 를 눌러 줄을 바꾸고 '잔느'를 입력합니다.

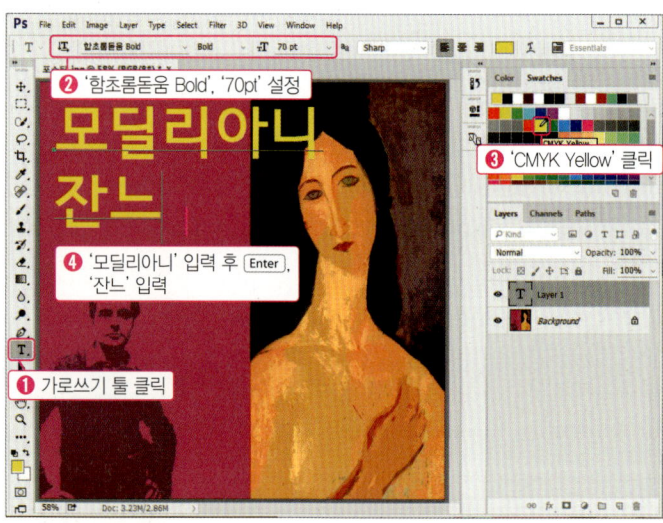

03 Character 패널 열기
Ctrl + A 를 눌러 문자를 모두 선택합니다. 옵션바에서 🔳를 클릭하여 Character 패널을 불러온 후, 행간을 '72pt', 자간을 '-100', 문자의 가로 길이를 '60%'로 설정합니다. Ctrl + Enter 를 눌러 입력을 마칩니다.

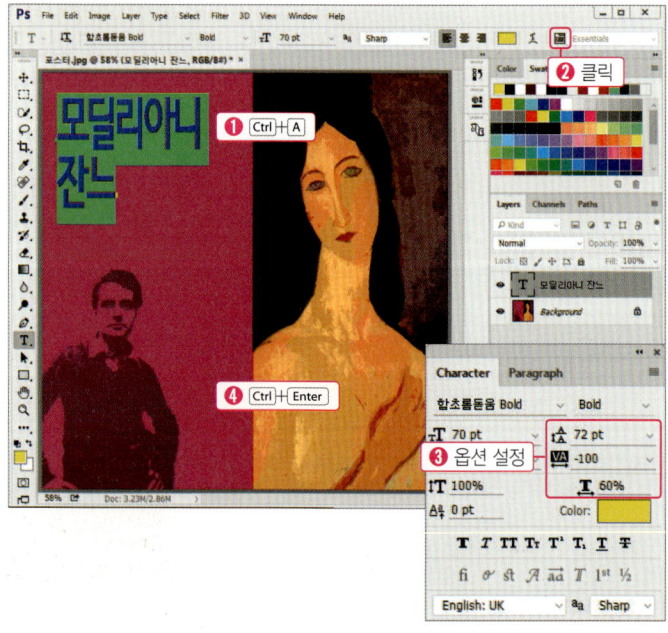

04 문자 입력하기2

마우스 포인터를 이동하여 모양이 I일 때 클릭합니다. 커서가 깜빡이면 Character 패널에서 옵션을 설정합니다.

[Character 패널 옵션]
- 글꼴 : 함초롬돋움 Regular
- 크기 : 36pt, 행간 : Auto
- 자간 : -100
- 가로 길이 : 90%
- Color : ffffff

05
'행복하고'를 입력한 후, Enter 를 누르고 '슬픈사랑'을 입력합니다.

06 한자 입력하기

Space Bar 를 눌러 한 칸 띄어 쓰고 '전'을 입력합니다. 바로 한자 를 눌러 한자 목록이 나타나면 '펼 전'을 선택합니다.

07
'展'을 블록으로 선택하고 Character 패널 옵션을 설정합니다. Ctrl + Enter 를 누릅니다.

[Character 패널 옵션]
- 글꼴 : 함초롬바탕 Bold
- 크기 : 50pt
- 행간 : 24pt
- 가로 길이 : 100%

08 문자 입력하기3

마우스 포인터를 이동하여 모양이 일 때 클릭합니다. 커서가 깜빡이면 Character 패널에서 옵션을 설정하고 '천국에서도 당신의 모델이 되어 드릴께요'라고 입력합니다.

[Character 패널 옵션]
- 글꼴 : 함초롬돋움 Regular
- 크기 : 20pt
- 행간 : Auto
- 자간 : -50
- 가로 길이 : 40%
- Color : fff200

09 Wrap Text 설정하기

옵션바에서 Wrap Text( )를 클릭합니다. Wrap Text 대화상자에서 Style을 'Flag'로 선택한 후, 'OK' 버튼을 클릭합니다. 위치 이동 후 Ctrl + Enter 를 누릅니다.

TIP 문자 밖으로 이동하면 마우스 포인터가 로 변경될 때 드래그하여 이동할 수 있습니다.

10 문자 입력하기4

마우스 포인터를 이동하여 모양이 일 때 클릭합니다. Character 패널에서 옵션을 설정하고 'MODIGLIANI'라고 입력합니다.

[Character 패널 옵션]
- 글꼴 : Arial Bold
- 크기 : 36pt
- 자간 : 0
- 가로 길이 : 55%
- Color : 00a99d

11 한 칸 띈 후, Character 패널에서 옵션을 설정하고 '&'를 입력합니다. 위치 이동 후 Ctrl+Enter를 누릅니다.

[Character 패널 옵션]
- 글꼴 : 함초롬돋움 Regular
- 크기 : 72pt
- 가로 길이 : 70%
- Color : ffffff

12 문자 입력하기5

마우스 포인터 모양이 I일 때 클릭한 다음 옵션바에서 ≡를 클릭하고 Character 패널에서 옵션을 설정합니다.

[Character 패널 옵션]
- 글꼴 : 함초롬돋움 Bold
- 크기 : 14pt
- 가로 길이 : 80%
- Color : fff200

13 '4.04-8.02 2017'을 입력하고 줄을 바꾸고 '예술의 전당 하나람 미술관'이라고 입력합니다. '예술의 전당'을 블록으로 선택하고 색상(00a99d)을 변경하고 Ctrl+Enter를 누릅니다.

14 도형 모양 넣기

Layers 패널에서 Create a new layer(🔲)를 클릭하여 'Layer 1' 레이어를 생성하고 전경색(00a99d)을 변경합니다.

15 사각형 선택 툴(▭)로 그림처럼 드래그한 후, Alt+Delete를 누릅니다. Ctrl+D를 눌러 선택을 해제합니다.

비트맵과 벡터 방식의 이해

이미지를 표현하는 방식은 픽셀로 이루어진 비트맵 이미지와 연산하여 생성되는 벡터 이미지로 구분할 수 있습니다. 각 속성을 이해해 보도록 합니다.

📢 비트맵 방식 : Bitmap

- 각 픽셀(Pixel)은 정보를 가지고 색상을 처리하기 때문에 픽셀 수가 많으면 이미지를 구성하는 단위당 표현할 수 있는 픽셀이 많아 선명하게 처리할 수 있습니다. 그러나 해상도와 파일 용량이 커집니다.
- 일반 사진처럼 연속적인 톤을 가진 사실적 이미지를 표현하기에 적합하고 확대하는 경우 이미지가 뭉개집니다.

▲ 비트맵 이미지는 확대하면 픽셀 뭉개짐 현상 발생

📢 벡터 방식 : Vector

- 선이나 면을 만드는 점을 베지어 곡선의 수학적 연산을 통해 색상을 입혀 처리하는 방식입니다. 확대하거나 축소하여도 기준점의 위치 정보를 기억하고 재연산되어 색상이 입혀지기 때문에 깨끗한 출력물을 얻을 수 있고 파일 용량이 작습니다.
- 문자, 아이콘, 로고, CI, BI와 같은 색상 수가 적은 이미지를 표현하기에 적당합니다.

▲ 벡터 이미지는 확대해도 이미지의 손상이 없음

📢 스마트 오브젝트로 전환하기 : Convert to Smart Object

- 스마트 오브젝트는 원본의 속성을 유지해 줍니다. 크기를 변경해도 이미지를 손상시키지 않고, 벡터 이미지에 적용할 수 없었던 보정 메뉴와 필터 효과를 적용할 수 있습니다. 벡터 방식의 장점과 비트맵 방식의 속성을 가집니다.
- 비트맵 이미지를 스마트 오브젝트화 하려면 [Layer]-[Smart Objects]-[Convert to Smart Object] 메뉴를 이용합니다.
- 외부에서 이미지를 가지고 올 때 [File]-[Place Embedded] 메뉴를 이용하면 자동으로 스마트 오브젝트화 됩니다.
- 스마트 오브젝트로 전환되면 Layers 패널의 섬네일에 스마트 오브젝트 표시 아이콘(📄)이 보여집니다.

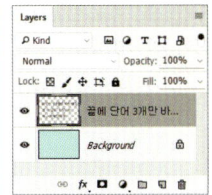
▲ 비트맵 문자는 크기 변형 시 이미지 퀄리티 손상

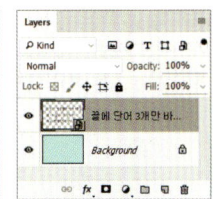
▲ 스마트 오브젝트는 크기 변형에도 이미지 퀄리티 유지

👍 벡터 문자 레이어 이해하기

- 가로쓰기 툴(T.)과 세로쓰기 툴(⫯T.)로 작성한 벡터 문자는 Layers 패널에 문자 레이어가 생성됩니다.
- Character 패널, Paragraph 패널을 사용할 수 있어 편집이 용이하지만, 보정 메뉴와 필터 같은 비트맵 기능은 사용할 수 없습니다.

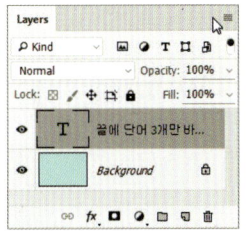
▲ 'T' 모양의 벡터 형식 문자 레이어

👍 비트맵으로 전환하기 : Rasterize to layer

- 벡터 문자는 [Type]-[Rasterize to layer] 메뉴를 클릭하면 벡터 문자에서 비트맵화되어 그림과 같은 일반 레이어로 변경됩니다.
- 다른 컴퓨터에서 파일 이동 시 사용한 글꼴이 없다면 다른 글꼴로 대치되어 레이아웃이 변경되기 때문에 마지막 작업 단계에서 문자 속성을 비트맵화하는데, 이를 '레스터라이즈(Rasterize)'라 합니다.

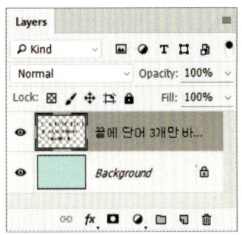
▲ 비트맵 형식의 일반 레이어

👍 패스로 전환하기 : Create Work Path

- 벡터 문자는 [Type]-[Create Work Path] 메뉴를 클릭하면 Paths 패널에 'Work Path'로 저장되며, Path의 속성을 이용할 수 있습니다.
- 문자 레이어가 그대로 있기 때문에 Character 패널, Paragraph 패널도 사용할 수 있습니다.

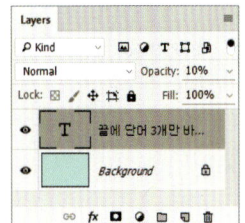

👍 셰이프로 전환하기 : Convert to Shape

- 벡터 문자는 [Type]-[Convert to Shape] 메뉴를 클릭하면 Paths 패널에 나타납니다. 더블 클릭하면 패스로 저장됩니다.
- 문자 레이어가 셰이프 레이어로 바뀌기 때문에 셰이프의 속성을 이용할 수 있지만, Character 패널, Paragraph 패널은 사용할 수 없습니다.

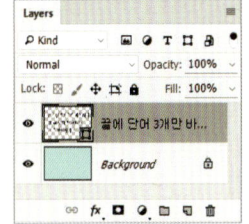

SECTION 094 패스를 활용한 문자 만들기
Path 문자, Character 패널, Character Styles 패널

패스를 생성한 후 패스 위에 또는 패스 안에 문자를 넣어 사각의 틀을 벗어난 재미난 문자를 만들어 보겠습니다.

[준비파일] 08장\라떼.psd [완성파일] 08장-완성\라떼(완성).psd

01 파일 불러오기
'라떼.psd' 파일을 불러옵니다.

02 노트 이용하기
첫 번째 주석(📝)을 더블 클릭합니다. Notes 패널이 나타나면 내용을 드래그한 후 Ctrl+C를 눌러 복사합니다.

03 패스 위에 문자 넣기
Paths 패널을 클릭한 후, '향' 패스를 클릭하여 활성화 합니다. 패스가 잘보이지 않으면 패스 선택 툴(▶)을 선택한 후, 드래그하여 활성화합니다.

04 가로쓰기 툴(T.)을 클릭한 후, 패스 위로 마우스 포인터를 이동합니다. 마우스 포인터가 로 변경되면 클릭한 후, 를 클릭해 Character 패널에서 옵션을 설정합니다.

[Character 패널 옵션]
- 글꼴 : 함초롬돋움 Bold
- 크기 : 14pt
- 행간 : 30pt
- 자간 : -100
- 가로 길이 : 95%
- Color : ffffff

05 Ctrl+V를 눌러 복사한 문자를 붙여넣고, Ctrl+Enter를 눌러 입력을 완료합니다. Layers 패널을 클릭하여 문자 레이어를 확인합니다.

06 '제목' 스타일 만들기

마우스 포인터 모양이 로 변경되면 클릭한 다음 Character 패널에서 옵션을 변경하고 '카푸치노'라고 입력합니다.

[Character 패널 옵션]
- 글꼴 : 함초롬바탕 Bold
- 크기 : 50pt
- Color : fff200

07 카푸치노를 드래그한 후, [Window]-[Character Styles] 메뉴를 클릭하여 Character Styles 패널을 불러옵니다. Create new character style( ) 버튼을 클릭하여 'Character Style 1+' 스타일이 생성되면 더블 클릭합니다.

08 Character Style Options 대화상자가 나타나면 Style Name을 '대제목'으로 입력하고 'OK' 버튼을 클릭합니다. Character Styles 패널에 '대제목+' 스타일이 만들어졌습니다.

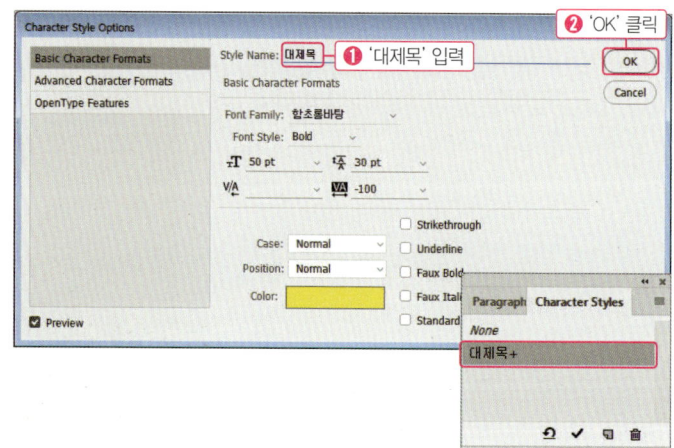

09 '본문' 스타일 만들기

패스 위의 문자를 선택한 후, (일부를 선택해도 됨) Character Styles 패널의 Create new character style( )버튼을 클릭합니다. 'Character Style 1+' 스타일이 생성되면 더블 클릭합니다.

10 Character Style Options 대화상자가 나타나면 Style Name을 '본문'이라고 입력하고 'OK' 버튼을 클릭합니다. Character Styles 패널에 '본문' 스타일이 만들어졌습니다.

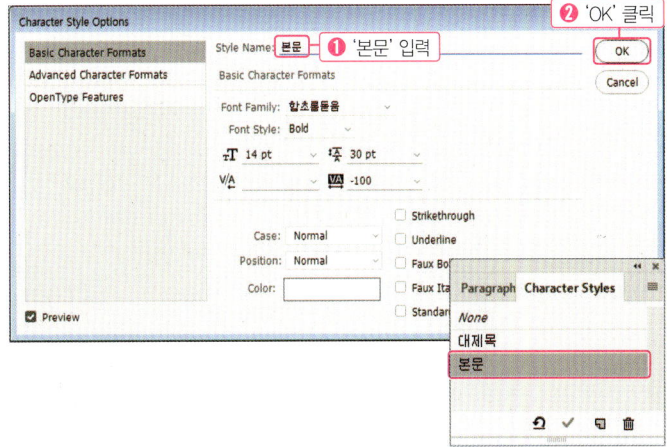

11 패스 안에 문자 넣기

두 번째 주석(📝)을 더블 클릭합니다. Notes 패널의 내용을 모두 드래그하여 선택하고 Ctrl+C를 눌러 복사합니다.

12 Layers 패널에서 '큰컵' 레이어를 클릭합니다.

13 Paths 패널의 'Path 1' 패스를 클릭한 후, 패스 안으로 마우스 포인터를 이동합니다. 마우스 포인터가 ⓘ로 변경되면 클릭한 후, Ctrl+V를 눌러 복사한 문자를 붙여 넣습니다. Character Styles 패널에서 본문 스타일이 활성화되어 적용되었습니다. Ctrl+Enter를 눌러 실행합니다.

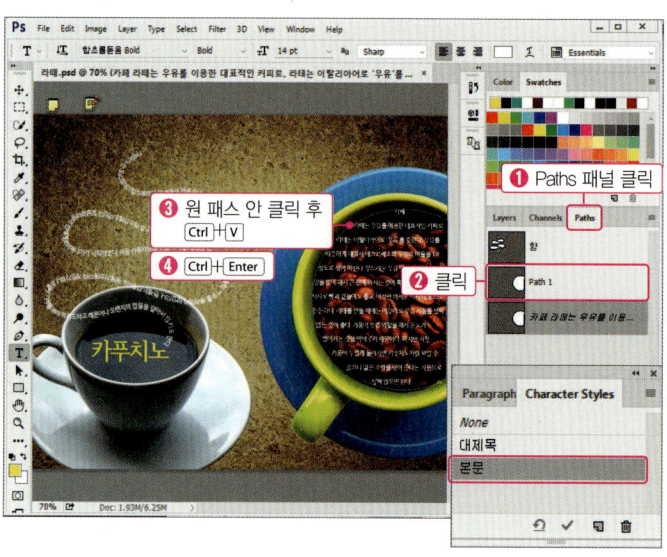

14 Character Styles(제목) 적용하기
새로운 문자 레이어를 생성한 후, '카페라떼'라고 입력하고 더블 클릭하여 블록으로 선택합니다.

15 Character Styls 패널에서 '대제목'을 클릭하여 적용합니다. Ctrl+Enter를 눌러 입력을 완성합니다.

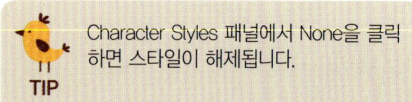

TIP: Character Styles 패널에서 None을 클릭하면 스타일이 해제됩니다.

SPECIAL SECTION 어도비에서 제공하는 Typekit (타입킷)의 글꼴 사용하기

어도비 크리에이티브 클라우드(Adobe Creative Cloud)에 가입한 사용자는 동기화하여 원하는 폰트를 제공받을 수 있습니다. 어도비 아이디가 없는 사용자는 회원 가입 후 폰트를 제공받을 수 있습니다.

💬 어도비 크리에이티브 클라우드 실행

01 바탕 화면이나 윈도 시작 메뉴에서 어도비 크리에이티브 클라우드 바로 가기 아이콘(🔘)을 클릭하여 실행합니다. 어도비 크리에이티브 클라우드 앱 창이 나타나면 [에셋]-[글꼴]을 클릭하고 'Typekit 글꼴 추가' 버튼을 클릭합니다.

02 'Decorative' 버튼을 클릭하여 장식 폰트를 보이게 한 후 원하는 폰트를 클릭합니다. 여기서는 'Stencil Std'를 클릭합니다.

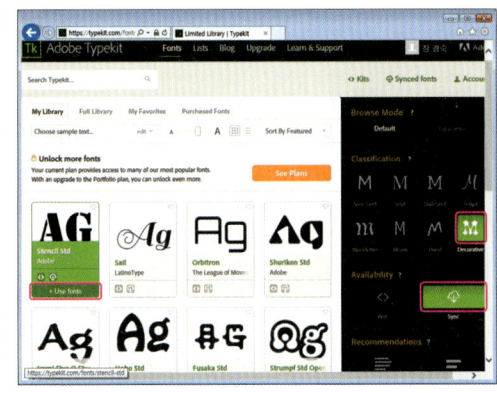

03 'Sync selected fonts' 버튼을 클릭하여 동기화 합니다. 'Close' 버튼을 클릭합니다.

04 가로쓰기 툴(T.)을 선택하고 옵션바의 글꼴을 클릭하면 폰트가 추가된 것을 확인할 수 있습니다.

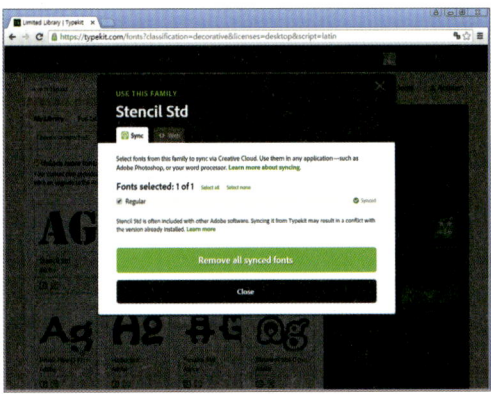
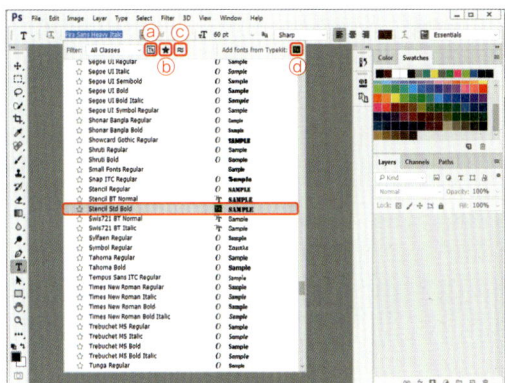

ⓐ 🄃 : Typekit 글꼴을 보여 줍니다.
ⓑ ★ : 즐겨찾기 한 글꼴을 보여 줍니다.
ⓒ ≈ : 비슷한 글꼴을 보여 줍니다.
ⓓ 🄃 : Adobe Typekit 사이트를 방문하여 Typekit의 글꼴을 추가할 수 있습니다.

SECTION 095 패스의 모든 것
펜 툴, 패스 선택 툴, Paths 패널

패스는 정확하게 이미지를 선택할 수 있고 저장하여 보관할 수 있기 때문에 많이 사용하는 기능입니다. 일일이 점과 점을 찍거나 드래그하여 베이지어 곡선의 연산법으로 패스를 생성하기 때문에 초보 사용자들은 어려워하는 기능이므로 충분한 연습이 필요합니다.

펜 툴(, P)

- 펜 툴(Pen Tool)로 만들어진 직선이나 곡선을 '패스'라고 합니다. 패스는 색상을 적용하기 전에도 화면에서는 보이지만 출력되지 않는 일종의 가이드와 같은 역할을 하는 경로의 선입니다.
- 옵션 바에서 두 가지 속성 중에 선택할 수 있습니다.

▲ 펜 툴 옵션바

❶ **Path** : 패스는 색칠되지 않은 채 생성되며 Paths 패널에 'Work Path'로 나타납니다. Paths 패널에서 관리되며 선택 영역 지정, 면, 테두리를 색상으로 칠할 수 있습니다.

❷ **Shape** : 셰이프는 면과 테두리가 칠해진 채 패스와 레이어로 생성됩니다. Layers 패널에 셰이프 레이어로 저장되며, 동시에 Paths 패널에 임시 저장됩니다.

❸ **Pixels** : 펜 툴이 아닌 셰이프 툴을 다룰 때 활성화되며, 셰이프를 비트맵 이미지로 만들 때 사용합니다.

패스의 구성

여러 개의 세그먼트가 연결된 선을 '패스'라 합니다.

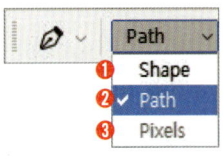

❶ **세그먼트(Segment)** : 두 점 사이를 연결한 선입니다.
❷ **기준점(Anchor Point)** : 직선이나 곡선을 만들 때 기준이 되는 점입니다.
❸ **방향선(Direction Line)** : 곡선의 형태를 조절하는 선입니다.
❹ **방향점(Direction Point)** : 방향선의 끝점으로, 방향선의 각도와 길이를 조절합니다.

직선 그리기

- 펜 툴을 이용하여 직선을 만들려면 기준점마다 클릭합니다.
- 닫힌 면으로 완료하려면 시작점으로 되돌아온 후, 펜 툴에 동그라미가 표시( )될 때 클릭합니다.

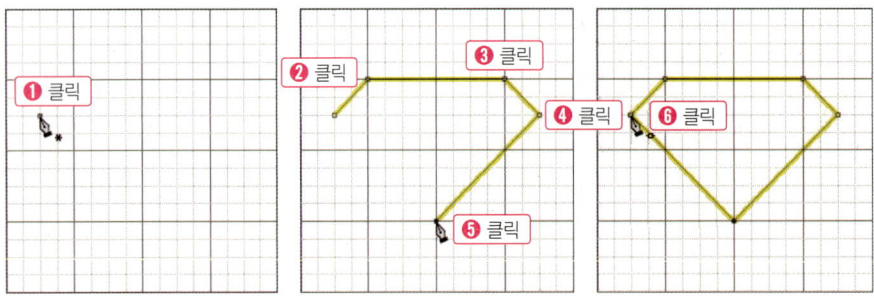

▲ 시작점 클릭　　　　▲ 닫힌 면을 완성하려면 되돌아와서 시작점을 클릭

곡선 그리기

- 시작점을 클릭한 후, 새로운 지점에서 마우스 왼쪽 버튼을 누른 채 이리 저리 움직여 원하는 곡선 모양이 나왔을 때 버튼에서 손가락을 뗍니다.
- Ctrl 을 누르면 마우스 포인터가 직접 선택 툴( )로 변경되는데, 이때 빈 곳을 클릭하면 열린 선으로 완료되어 패스의 선이 더 이상 따라 오지 않습니다.

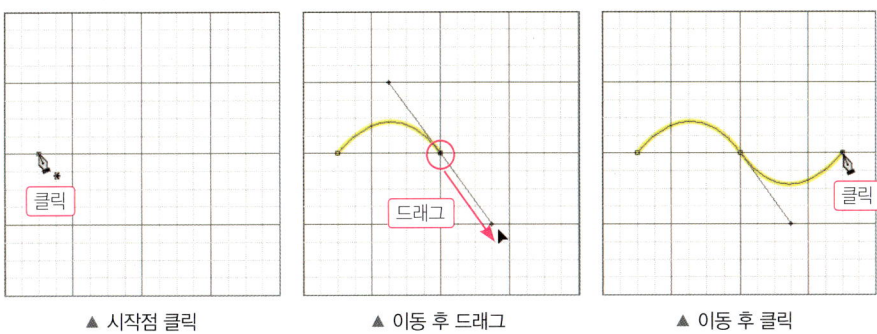

▲ 시작점 클릭   ▲ 이동 후 드래그   ▲ 이동 후 클릭

앵커 포인트 추가 툴( )

앵커 포인트 추가 툴(Add Anchor Point Tool)은 패스 위에서 사용할 수 있습니다. 패스를 클릭하면 기준점이 추가됩니다. 추가된 기준점을 직접 선택 툴( )로 이동하거나 방향선을 조절하여 모양을 변경할 수 있습니다.

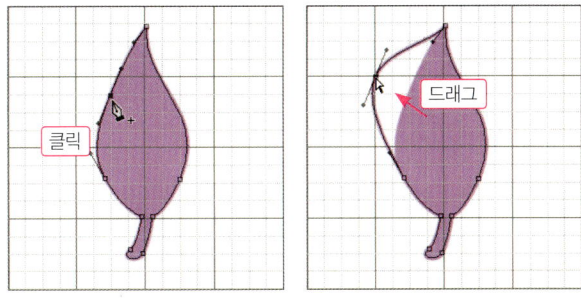

▲ 패스 위 클릭 : 기준점 추가   ▲ 직접 선택 툴로 이동하여 변형

앵커 포인트 삭제 툴( )

앵커 포인트 삭제 툴(Delete Anchor Point Tool)은 패스의 기준점 위에서 사용할 수 있으며, 기준점을 클릭하면 삭제되어 패스가 변형됩니다.

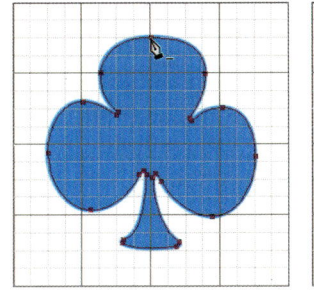 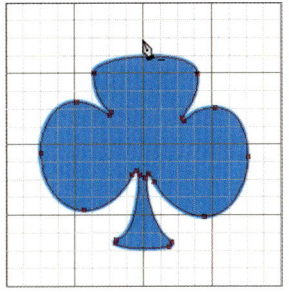

▲ 기준점 위 클릭   ▲ 기준점 삭제 : 패스 변형

포인트 전환 툴( )

- 포인트 전환 툴(Convert Point Tool)은 기준점의 속성을 변경합니다.
- 방향선이 없는 직선의 기준점을 드래그하면 방향선이 만들어져 곡선이 됩니다. 반대로 방향선이 있는 기준점을 클릭하면 방향선이 삭제되어 직선이 됩니다.

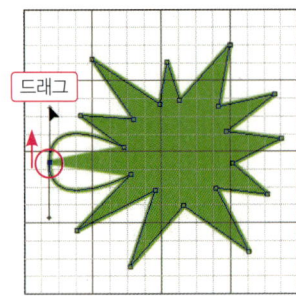

▲ 기준점 위 드래그 : 직선 패스를 곡선으로 변경   ▲ 기준점 위 클릭 : 곡선 패스를 직선으로 변경

프리폼 펜 툴(, P)

- 프리폼 펜 툴(Freeform Pen Tool)은 마우스를 누른 채로 이동하면 자동으로 기준점이 생성되어 대략적인 모양의 패스가 만들어집니다.
- 패스를 수정하려면 직접 선택 툴( )로 기준점을 이동하고 방향선을 조절하여 패스를 수정합니다.

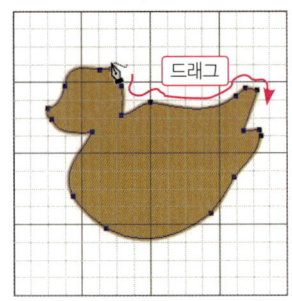 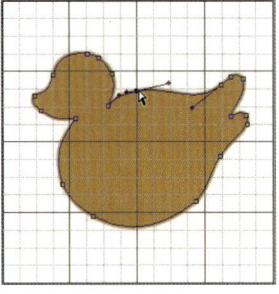

▲ 드래그   ▲ 직접 선택 툴로 기준점과 방향선을 드래그

패스 선택 툴(, A)

패스 선택 툴(Path Selection Tool)은 패스를 일부만 클릭하거나 드래그하여도 패스 전체를 선택할 수 있어 이동하거나 전체를 선택할 때 편리합니다.

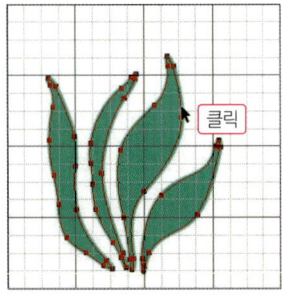 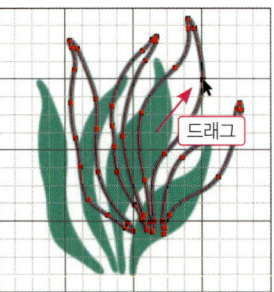

▲ 패스 클릭   ▲ 드래그하여 이동

직접 선택 툴(, A)

- 직접 선택 툴(Direct Selection Tool)은 부분적으로 기준점, 방향점, 방향선 등을 선택할 수 있기 때문에 패스를 수정할 수 있습니다.
- Delete 를 눌러 패스를 삭제할 수 있고, 펜 툴( )로 끊긴 패스의 기준점을 클릭하여 연결할 수 있습니다.

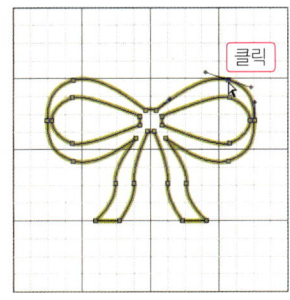
▲ 패스 클릭

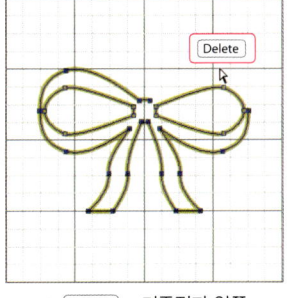
▲ Delete : 기준점과 양쪽 패스가 삭제

Paths 패널

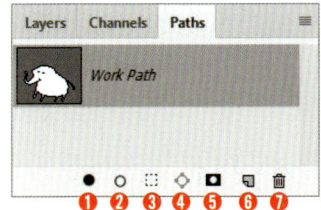

❶ **Fill path with foreground color(전경색으로 패스 채우기)** : 선택된 패스의 내부를 전경색으로 칠합니다.
❷ **Stroke path with brush(브러시로 윤곽선 그리기)** : 선택된 패스의 윤곽을 브러시의 설정된 두께로 전경색으로 칠합니다.
❸ **Load path as selection(선택 영역 만들기)** : 패스를 선택 영역으로 활성화합니다.
❹ **Make work path from selection(선택 영역을 패스로 만들기)** : 선택 영역을 'Work Path'로 만듭니다. 선택 영역이 활성화되어 있을 때만 선택할 수 있습니다.

▲ 전경색으로 칠하기

▲ 전경색으로 테두리 칠하기

▲ 패스를 선택 영역으로 만들기

▲ 선택 영역을 패스로 만들기

❺ **Add a mask(마스크 추가하기)** : 마스크를 추가합니다.
❻ **Create new path(새 패스 만들기)** : 새 패스를 만듭니다. 작업 중인 'Work Path'를 드래그하면 저장되고, 저장된 패스를 드래그하면 복사됩니다.
❼ **Delete current path(패스 삭제하기)** : 선택된 패스를 삭제합니다.

SECTION 096 직선, 곡선 패스 연습하기
펜 툴, Paths 패널

패스는 정확한 선택 영역을 만들어 저장해두면 필요할 때마다 불러 사용할 수 있기 때문에 실무에서 많이 사용합니다. 여러 번 연습해 감을 익히는 것이 중요하며, 직선부터 연습한 후 다양한 곡선을 연습해 봅니다.

📁 **[준비파일]** 8장\패스연습.jpg   📁 **[완성파일]** 8장-완성\패스연습(완성).jpg

01 파일 불러오기

'패스연습.jpg' 파일을 불러온 후, 돋보기 툴(🔍)로 작업 부분을 드래그하여 확대합니다.

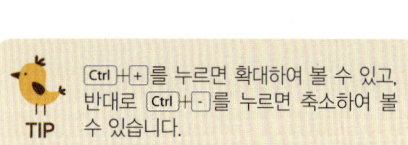

TIP: Ctrl + + 를 누르면 확대하여 볼 수 있고, 반대로 Ctrl + - 를 누르면 축소하여 볼 수 있습니다.

02 직선 패스 만들기

Paths 패널의 Create new path(📄) 버튼을 클릭해 'Path 1'을 만들고, 펜 툴(✒️)로 'a' 지점을 클릭합니다.

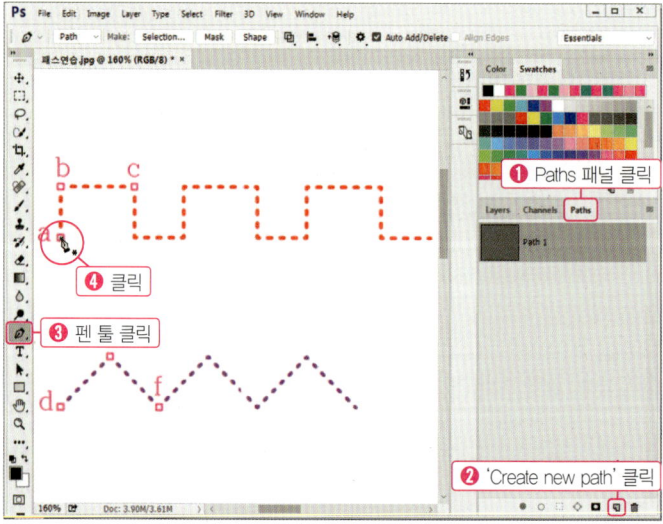

03 'b' 지점으로 이동한 후, 클릭하고, 계속해서 'c' 지점으로 이동하여 클릭합니다. 패스가 연결되어 생성됩니다.

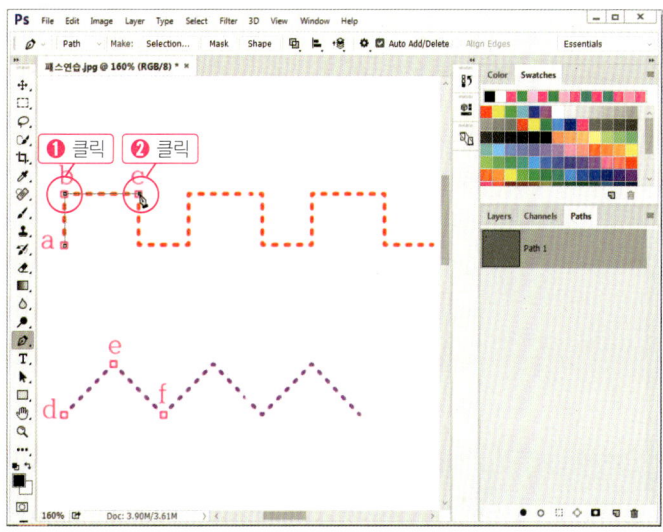

04 점선의 끝까지 계속 모서리를 클릭하여 패스를 완성합니다. Ctrl을 누른 채 빈 곳을 클릭하면 선이 따라 오지 않습니다.

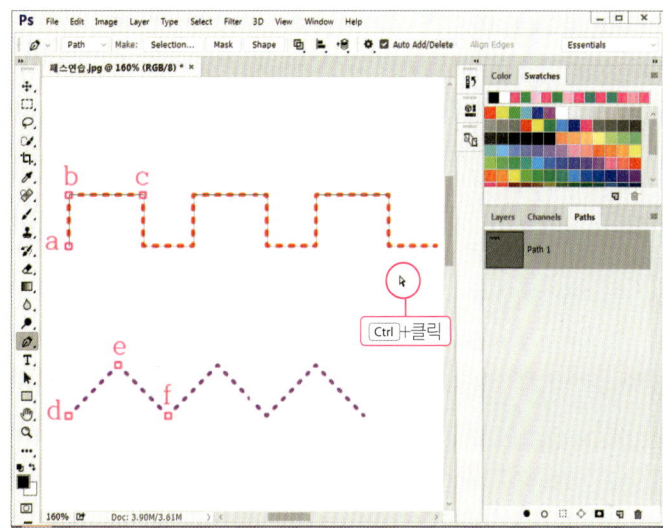

> **TIP** Ctrl을 누르면 마우스 포인터가 직접 선택 툴(▶)로 변경되어 빈 곳을 클릭하면 패스를 끝낼 수 있습니다.

05 'd' 지점을 클릭합니다.

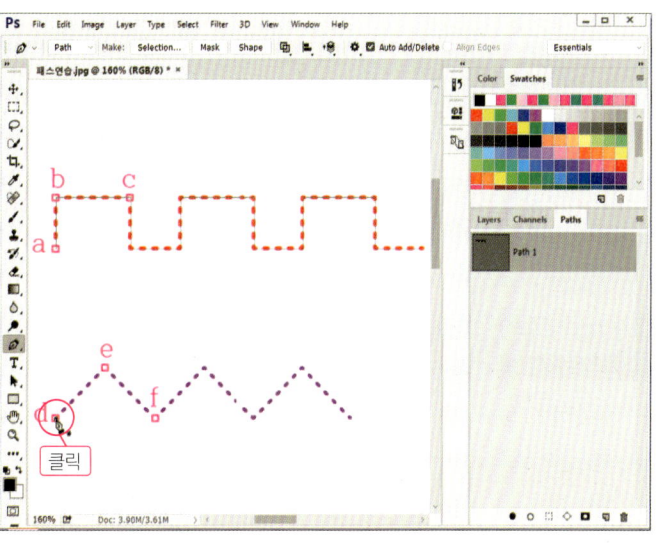

06 'e' 지점으로 이동한 후, 클릭하여 패스를 만듭니다.

07 같은 방법으로 점선의 끝까지 모서리를 클릭하여 패스를 생성합니다. 연결을 끝내고 싶을 때는 Ctrl 을 누른 채 빈 곳을 클릭합니다.

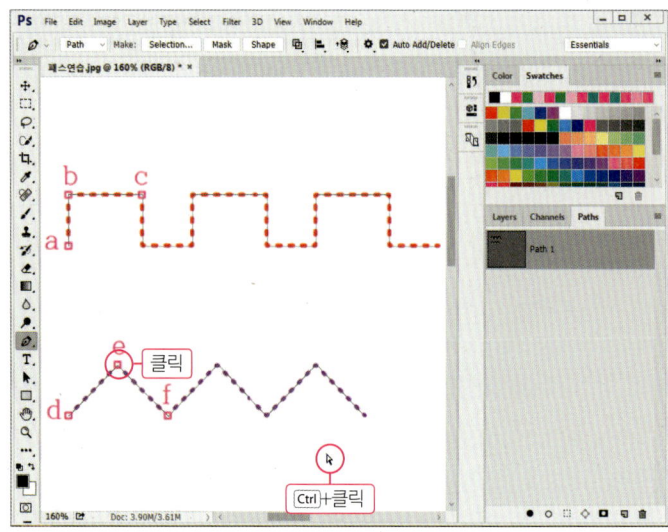

08 곡선 패스 만들기

아래로 이동한 후 'g' 지점을 클릭하고 'h' 지점에서 오른쪽으로 드래그하여 곡선을 만듭니다. 계속해서 'i' 지점을 클릭한 후, 'j' 지점에서 드래그합니다.

09 같은 방법으로 곡선을 생성하고 Ctrl 을 누른 채 빈 곳을 클릭하여 완성합니다.

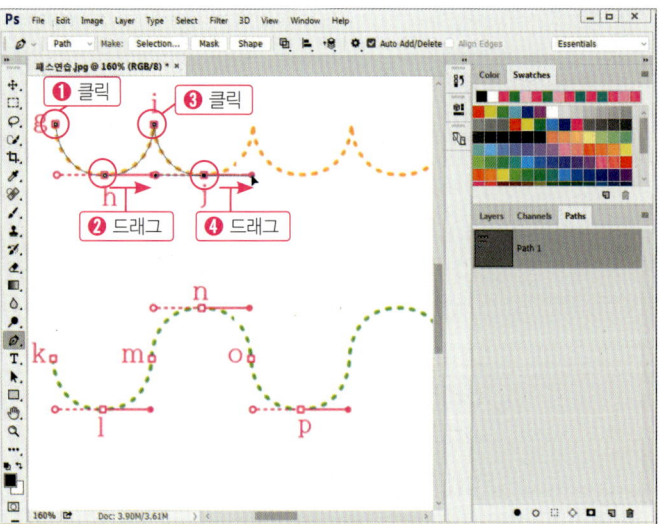

 TIP 그림의 방향점과 기준점 표시 설명
- 분홍 실선(─)은 드래그할 이동거리의 방향점
- 분홍 점선(┄o)은 자동으로 생기는 방향점
- 빈 사각(□)은 한번 지나가는(클릭이나 드래그) 기준점
- 채워진 사각(■)은 두 번 지나가는(Alt +클릭) 기준점

10 'k' 지점을 클릭한 후, 'l' 지점에서 드래그하고, 계속해서 'm' 지점을 클릭한 다음 'n' 지점에서 드래그한 다음 'o' 지점을 클릭한 후, 'p' 지점에서 드래그합니다.

11 같은 방법으로 클릭, 드래그를 반복하여 패스를 완성합니다.

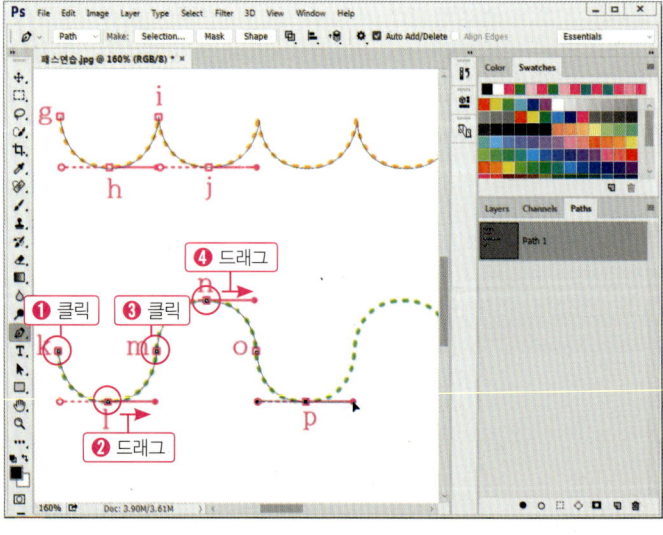

12 스크롤을 내린 후, 'q' 지점을 클릭한 다음 'r' 지점에서 드래그하고 Alt 를 누른 채 다시 'r' 지점을 클릭합니다. 's' 지점에서 드래그한 후, Alt 를 누른 채 's' 지점을 클릭하고, 't' 지점에서 드래그한 다음 Alt 를 누른 채 't' 지점을 클릭합니다.

13 같은 방법으로 패스를 완성합니다.

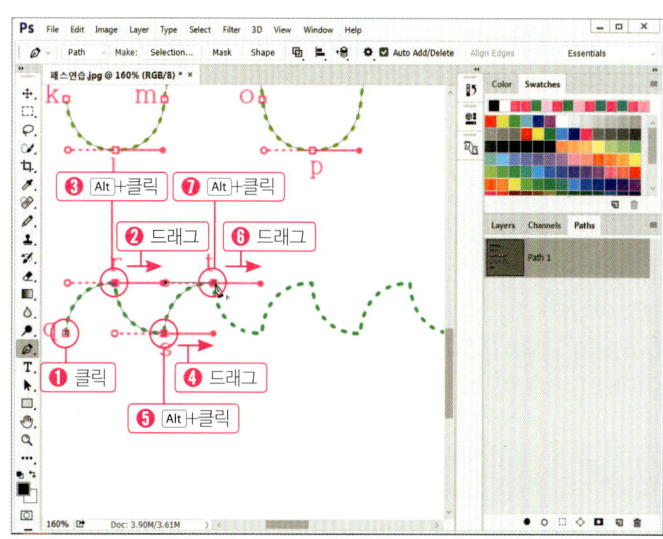

 TIP Alt 를 누른 채 기준점을 클릭하면 방향선이 끊겨 다음 패스 작성 시 클릭이나 드래그로 자유롭게 그릴 수 있습니다.

14 '잎새' 패스 만들기

Paths 패널의 Create new path( ) 버튼을 클릭해 'Path 2'를 생성한 후, '잎새'로 수정합니다.

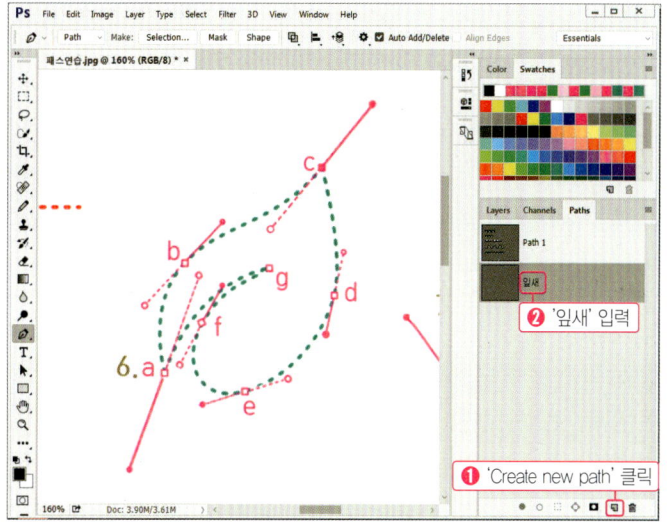

 TIP Space Bar 를 누르면 마우스 포인터가 손바닥 툴( )로 변경되어 작업 중에 화면을 이동할 수 있습니다.

15 'a' 지점 클릭 후, 'b' 지점 드래그, 'c' 지점을 드래그한 다음 Alt 를 누른 채 'c' 지점을 클릭합니다. 계속해서 'd' 지점 드래그, 'e' 지점 드래그, 'f' 지점 드래그, 'g' 지점을 드래그한 후, Alt 를 누른 채 'g' 지점을 클릭합니다. 마지막으로 'a' 지점을 드래그하여 완성합니다.

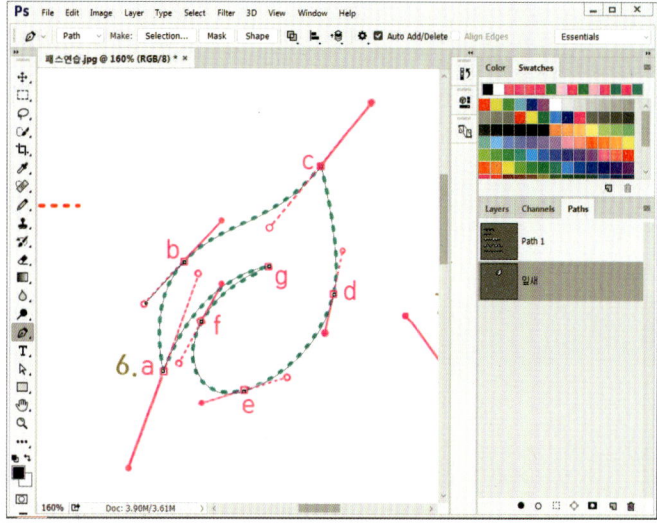

16 '새1' 패스 만들기

화면 비율을 조정하여 새 이미지가 보이게 한 후, Paths 패널의 Create new path( ) 버튼을 클릭해 'Path 2'를 생성한 후, '새1'로 수정합니다.

17

'a' 지점 클릭, 'b' 지점 클릭, 'c' 지점을 드래그한 후, [Alt]를 누른 채 'c' 지점을 클릭합니다. 'd' 지점 드래그, [Alt]를 누른 채 'd' 지점 클릭, 'e' 지점 드래그, [Alt]를 누른 채 'e' 지점 클릭, 'f' 지점 드래그, [Alt]를 누른 채 'f' 지점 클릭, 'g' 지점에서 드래그, [Alt]를 누른 채 'g' 지점 클릭, 'a' 지점을 클릭하여 완성합니다.

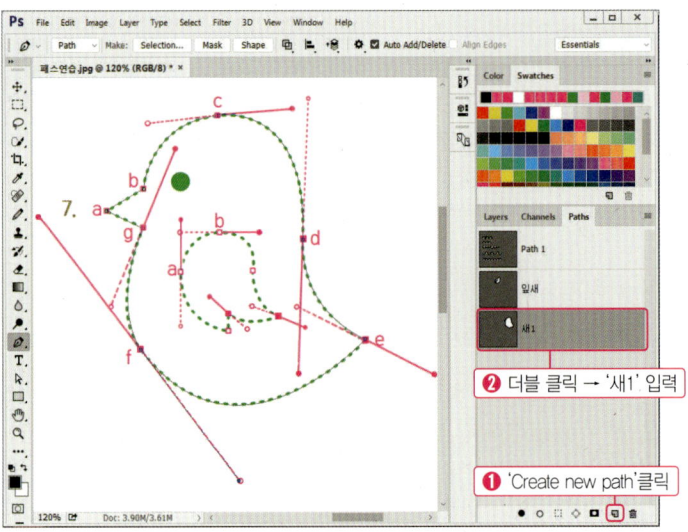

18 '새1 날개' 패스 만들기

Paths 패널의 Create new path( ) 버튼을 클릭해 'Path 2'를 생성한 후, '새1 날개'로 수정합니다. 'a' 지점 클릭, 'b' 지점을 드래그한 후 계속해서 날개 패스를 만듭니다.

19 '새1 눈' 패스 만들기

Paths 패널의 Create new path( ) 버튼을 클릭해 'Path 2'를 생성한 후, '새1 눈'으로 수정합니다. 원 모양 패스를 만듭니다.

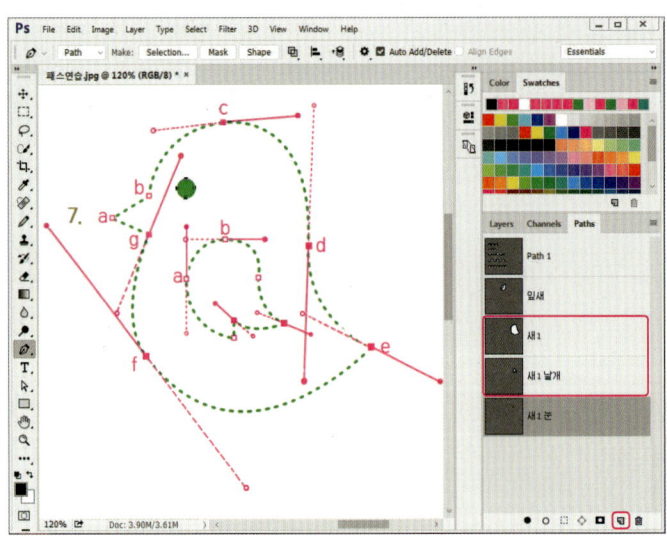

20

같은 방법으로 또 다른 참새 패스를 만들어 보도록 합니다.

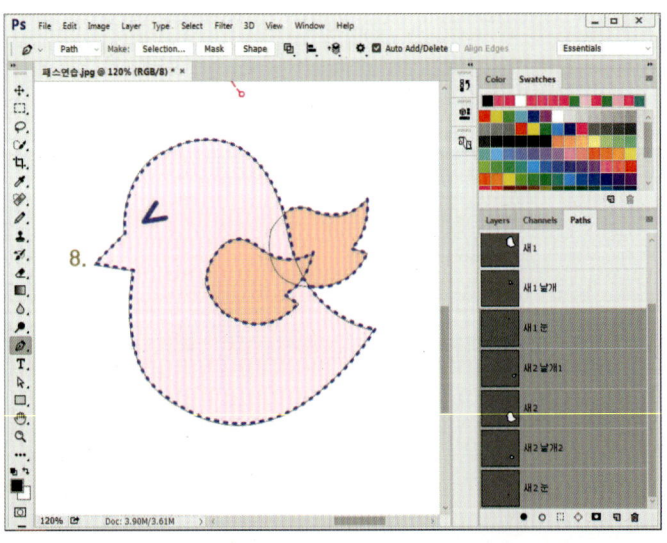

SECTION 097 패스를 선택 영역으로 만들어 합성하기

펜 툴, Paths 패널, 레이어 마스크

이미지의 윤곽을 따라 패스를 생성한 후 Paths 패널에 저장한 패스를 선택 영역으로 불러와서 레이어 마스크를 이용하여 합성하는 방법을 알아보겠습니다.

[준비파일] 08장＼와인잔.jpg, 해변.psd   [완성파일] 8장-완성＼해변(완성).psd

01 파일 불러오기

'와인잔.jpg' 파일을 불러온 후, 정밀하게 보기 위해 돋보기 툴( )로 와인잔을 드래그하여 확대합니다.

02 패스 만들기

펜 툴( )을 클릭한 후, 옵션바에서 툴 모드가 'Path'인 것을 확인하고 시작점을 클릭합니다. 두 번째 지점으로 이동한 후, 드래그합니다.

03 Alt 를 누른 채 기준점을 클릭합니다.

 TIP 패스 방향의 각을 많이 틀 때는 기준점을 클릭하여 방향선을 끊으면 다음에 패스를 만들 때 방향선이 따라 오지 않아 패스를 만들 때 자유롭습니다.

04 세 번째 지점으로 이동한 후, 드래그합니다.

 TIP 실수했을 때
- 전 단계로 되돌아가기 : Alt + Ctrl + Z
- 다시 단계별로 되돌아오기 : Shift + Ctrl + Z

05 네 번째 지점으로 이동한 후, 드래그합니다.

 TIP 다음 지점으로 이동하고 드래그하는 방식으로 패스를 만듭니다. 중간에 어려우면 Alt 를 누른 채 기준점을 클릭하여 방향선을 끊고 다시 기준점을 클릭하고 이동하여 드래그합니다.

06 같은 방법으로 패스를 만들고 마지막 시작 지점으로 돌아와 마우스 포인터의 모양이 아이콘으로 변경되면 클릭하여 완성합니다.

07 패스 저장하기

Paths 패널에서 'Work Path' 패스를 더블 클릭합니다. Save Path 대화상자가 나타나면 '와인잔'을 입력하고 'OK' 버튼을 클릭합니다.

08 패스로 선택 영역 만들기

Ctrl+0을 눌러 이미지 창에 맞게 이미지를 모두 보이게 합니다. Ctrl을 누른 채 '와인잔' 패스의 섬네일을 클릭하여 선택 영역으로 만듭니다. Ctrl+C를 눌러 복사하고 Ctrl+W를 눌러 '와인잔.jpg' 파일을 닫습니다.

 TIP 패스를 선택하고 하단의 Load path as selection( )을 누르면 선택 영역을 만들 수 있습니다.

09 파일 불러와 합성하기

Ctrl+O를 눌러 '해변.psd' 파일을 불러오고 Ctrl+V를 눌러 복사한 이미지를 붙여 넣습니다.

10 와인 잔 일부 숨기기

Layers 패널의 Add layer mask( ) 버튼을 클릭하여 레이어 마스크를 생성합니다. 그레이디언트 툴( )을 클릭한 후, 레이어 마스크가 활성화된 상태에서 아래에서 위로 드래그합니다.

11 노을 이미지 일부 숨기기

'노을' 레이어를 선택한 후, Add layer mask( ) 버튼을 클릭한 다음 그레이디언트 툴( )로 위에서 아래로 드래그합니다.

12 물에 잠긴 상황 연출하기

'노을' 레이어의 섬네일을 클릭한 후, 원형 선택 툴(○.)로 Alt 를 누른 채 와인잔 아래를 드래그하여 선택 영역을 만듭니다.

13

[Filter]-[Distort]-[ZigZag] 메뉴를 클릭한 후, 대화상자에서 Amount를 '100', Ridges를 '7'로 입력하고 'OK' 버튼을 클릭합니다.

14

Ctrl + D 를 눌러 선택 영역을 해제합니다. 'Layer 1' 레이어의 마스크 섬네일을 선택하고 브러시 툴(✎.)로 좀 더 자연스럽게 지워 완성합니다.

SECTION 098 패스를 활용하여 복제 변형하기
Path 복제, Brush 패널

패스를 복제하는 방법과 브러시 설정에 의한 패스의 테두리를 칠하는 방법을 이용하여 재미난 일러스트를 만들어 보겠습니다.

[준비파일] 08장\들녁.psd   [완성파일] 08장-완성\들녁(완성).psd

01 파일 불러오기
'들녁.psd' 파일을 불러옵니다.

02 선택 영역으로 패스 만들기
Ctrl 을 누른 채 Layers 패널에서 '코끼리' 레이어의 섬네일을 클릭하여 선택 영역을 불러옵니다.

03
Paths 패널에서 Alt 를 누른 채 Make work path from selection(◇) 버튼을 클릭합니다. 대화상자에서 Tolerance를 '0.5'로 설정하고 'OK' 버튼을 클릭합니다.

TIP Tolrction를 0.5에서 10.0까지 설정할 수 있으며, 수치가 작을수록 정밀한 패스가 만들어집니다.

04 '코끼리' 패스로 저장하기

Paths 패널에 'Work Path'가 생성되면, 더블 클릭하여 Name을 '코끼리'로 입력하고 'OK' 버튼을 클릭합니다.

05 선택 패스 해제하기

Paths 패널 안의 빈 곳을 클릭하여 패스 활성화를 해제합니다.

06 새 패스 생성하기

펜 툴( )로 'a' 지점을 클릭한 후, 'b' 지점에서 왼쪽으로 드래그하여 패스를 생성합니다.

07 계속해서 'C' 지점에서 아래로 드래그한 후, 'D' 지점에서 클릭합니다.

08 패스 복제하기

패스 선택 툴( )을 클릭한 후, 패스를 클릭하여 선택합니다. Ctrl+C를 눌러 복사하고 Ctrl+V 눌러 복사한 이미지를 붙여 넣습니다.

09 패스 회전하기

Ctrl+T를 눌러 변형 박스를 불러온 후, ✥(중심점)을 오른쪽 패스 시작점으로 드래그하여 이동합니다. 왼쪽 위 모서리에서 마우스 포인터가 ↻일 때 드래그하여 회전(6°)합니다. Enter를 눌러 실행합니다.

10 변형 명령 후 반복 복제하기

Shift+Ctrl+Alt+T를 9번 반복 눌러 실행합니다.

TIP
- 패스를 변형(이동, 회전, 축소, 확대)한 후 [Edit]-[Transform Path]-[Again] 명령 또는 Shift+Ctrl+T 단축키를 이용하면 반복 변형할 수 있습니다.
- 패스를 변형한 후 복제까지 하면서 반복 변형하려면 Shift+Ctrl+Alt+T 단축키를 사용해야 합니다.

11 '선' 패스로 저장하기

'Work Path' 이름 부분을 더블 클릭한 후, 대화상자에서 Name을 '선'으로 입력하고 'OK' 버튼을 클릭합니다.

12 브러시 마크 만들기

브러시 툴( )을 클릭한 후, 옵션바의 버튼을 클릭합니다. Brush 패널이 나타나면 Size를 '20px', Roundness를 '20%', Hardness를 '90%', Spacing을 '1000%'로 설정합니다.

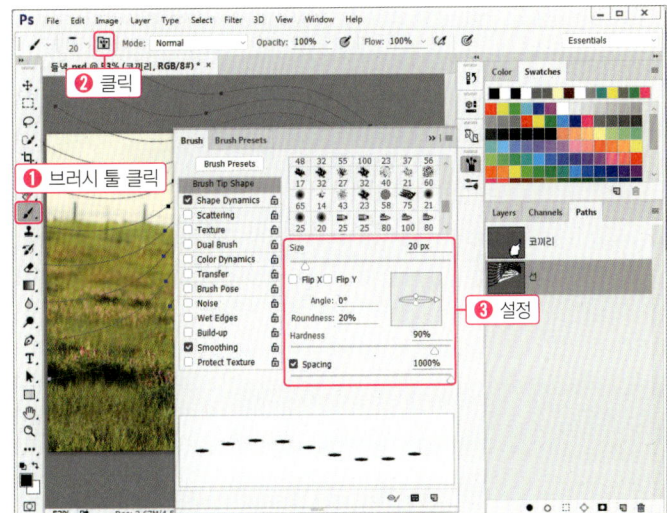

13

'Shape Dynamics' 목록을 선택하고 Size Jitter를 '50%', Control을 'Direction'으로 설정합니다.

14

'Scattering' 목록을 클릭하고 Scatter를 '200%', Count를 '1'로 설정합니다. 패널 픽셀 닫기( ) 버튼을 클릭하여 브러시 패널을 닫습니다.

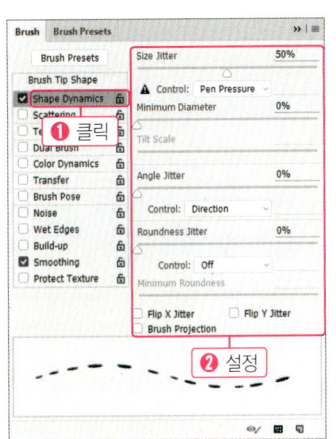
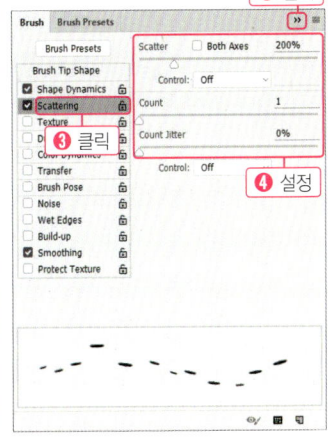

15 패스를 이용하여 선 만들기

Layers 패널에서 Create a new layer ( ) 버튼을 클릭하여 'Layer 1' 레이어를 생성합니다.

16 전경색을 '흰색'으로 설정한 후, Paths 패널에서 Alt 를 누른 채 Stroke path with brush(○) 버튼을 클릭합니다. Tool을 'Brush'로 설정하고 'OK' 버튼을 클릭합니다.

17 옵션바에서 브러시 크기를 '50', Opacity를 '40%'로 설정한 후, '선' 패스를 Stroke path with brush(○) 버튼으로 드래그합니다.

18 패스를 셰이프로 변환하기

'코끼리' 패스를 선택한 후, 펜 툴( )을 클릭하고 옵션바에서 'Path'로 설정된 상태에서 'Shape' 버튼을 클릭합니다. '*Shape1 Shape Path*' 임시 패스가 생성됩니다.

19 Layers 패널을 살펴보면 'Shape 1' 레이어가 자동으로 생성되어 있습니다. 옵션바에서 'Shape'로 설정합니다.

20 셰이프 면과 선 색 변경하기

옵션바에서 Fill은 'No color', Stroke의 선 색상은 '흰색', 선 두께는 '5px', 선 타입은 점선으로 설정합니다.

SPECIAL SECTION
패스의 유용한 기능

이미지의 윤곽을 따라 패스를 생성하는 것을 '누끼 딴다'라고 하며 실무에서 많이 사용하는 기능으로 선택은 물론, 영역을 보관하고 저장하는 방법을 확실히 알아두기 바랍니다.

패스를 이용하여 레이어 마스크 만들기

[준비파일] 8장\토이패스.jpg

패스 자체는 벡터 방식이기 때문에 파일 용량이 작고 손실 압축 형식인 '*.jpg' 파일로 저장해도 패스는 사라지지 않고 저장되어 있습니다.

01 '토이패스.jpg' 파일을 불러온 후, Paths 패널에서 'Toy' 패스를 선택합니다.

02 Load path as selection( ) 버튼을 클릭하여 선택 영역으로 지정합니다.

 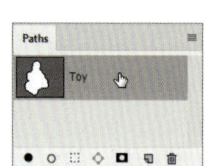  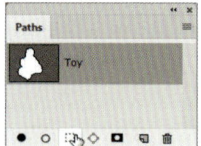

03 선택 영역으로 불러온 상태에서 Layers 패널에서 레이어 마스크( ) 버튼을 클릭합니다. 배경이 숨겨지고 레이어 마스크가 생성된 것을 확인할 수 있습니다. 레이어 마스크는 '*.jpg' 파일로 저장하면 사라지고 '*.psd' 파일로 저장해야 보관됩니다.

 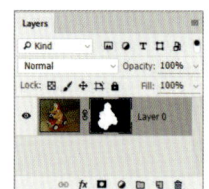

클리핑(Clipping) 패스 만들어 타 프로그램으로 가져가기

클리핑은 '오려낸다'는 뜻입니다. 패스 윤곽을 클리핑하여 '*.eps' 파일로 저장하면, 배경을 제외하고 패스 영역 안의 이미지만 다른 프로그램으로 가져갈 수 있습니다.

01 Paths 패널의 메뉴에서 'Clipping Path'를 선택합니다. 대화상자가 나타나면 Flatness를 '1'로 설정합니다.

02 [File]-[Save As] 메뉴로 최종 저장할 때 '*.EPS'로 저장합니다. 타프로그램에서 그림을 삽입해 봅니다.

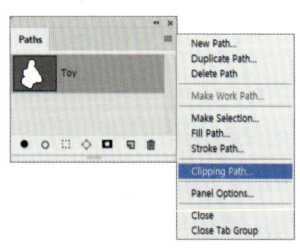 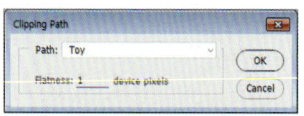 

▲ 패스가 선택된 상태   ▲ Clipping Path 실행   ▲ '파워포인트' 프로그램에서 불러온 결과

SECTION 099 기본적인 도형이 모여 있는 도구
셰이프 툴, Shape 패널

기본적인 모양의 셰이프 툴과 사용자 셰이프 툴을 제공하고 있으며, 옵션을 통해 변형하여 사용할 수 있습니다. 원하는 셰이프가 없다면 펜 툴로 만들고 셰이프로 저장하면 언제든지 사용할 수 있습니다.

사각형 툴(□., U) / 둥근 사각형 툴(○., U) / 원형 툴(○., U)

이미지 창에 클릭하면 대화상자가 나타나 도형의 크기를 직접 입력할 수 있으며, Properties 패널도 나타나 셰이프의 속성을 설정할 수도 있습니다.

▲ 클릭하면 나타나는 옵션 상자에서 크기를 지정하여 생성

❶ **Width/Heigh** : 가로/세로 크기를 지정합니다.
❷ **From Center** : 체크하면 중앙에서 만들어집니다.

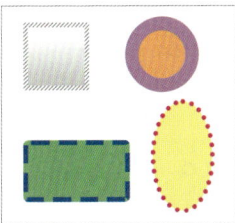

다각형 툴(○., U)

다각형이나 별 모양을 그릴 수 있습니다.

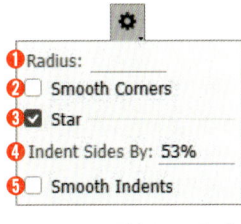

▲ 옵션바의 ✦ (셰이프 옵션) 버튼을 클릭하여 세부 옵션을 지정한 후, 드래그하여 도형 생성

❶ **Radius** : 다각형의 반경을 설정합니다.
❷ **Smooth Corners** : 다각형의 모서리를 둥글립니다.
❸ **Star** : 별 모양을 만듭니다.
❹ **Indent Sides By** : 별의 꼭짓점을 들어가게 합니다.
❺ **Smooth Indents** : Indent Sides By를 체크해야 사용할 수 있고 들어간 라인을 둥글게 합니다.

선 툴(／., U)

선이나 화살 모양을 그릴 수 있습니다.

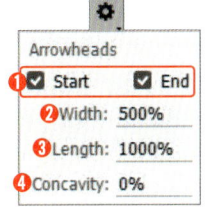

❶ **Start/End** : 시작 지점/끝 지점에 화살표를 생성합니다.
❷ **Width** : 화살의 가로 너비를 설정합니다.
❸ **Length** : 화살의 세로 길이를 설정합니다.
❹ **Concavity** : 화살의 모양을 설정합니다.

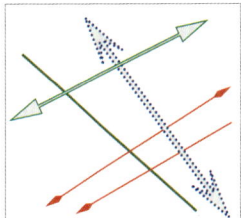

사용자 셰이프 툴(, U) : 저장된 도형 불러오기

사용자 셰이프 툴( )의 옵션바(Custom Shape picker)에서 ⌄ 버튼을 클릭하면 기본 도형이 제공되며 ✸ 버튼을 클릭하면 메뉴가 나타나 그룹별로 더 많은 도형들을 불러 올 수 있습니다.

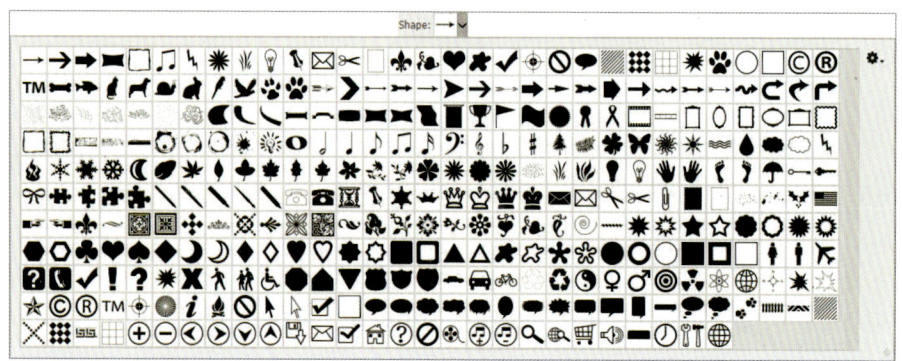

셰이프 Properties 패널

셰이프의 면 색, 테두리 색, 모양 등 속성을 변경할 수 있습니다.

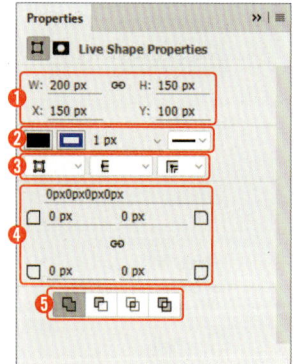

❶ W/H, X/Y : 가로, 세로 크기와 가로, 세로 위치를 설정합니다.
❷ 면 색, 테두리 색, 테두리 두께, 테두리 타입(실선, 점선)을 설정합니다.
❸ 테두리의 위치를 설정합니다.
　ⓐ Align( ) : 패스의 안쪽, 중심, 바깥쪽을 설정합니다.
　ⓑ Caps( ) : 열린 패스인 경우 시작 지점과 끝 지점의 테두리를 설정합니다.
　ⓒ Corners( ) : 테두리의 모서리 둥글기를 설정합니다.
❹ 테두리 네 각의 모서리 둥글기를 설정합니다.
❺ 셰이프 영역의 옵션을 설정합니다.

Stroke 대화상자

셰이프 테두리의 모양을 변경할 수 있습니다.

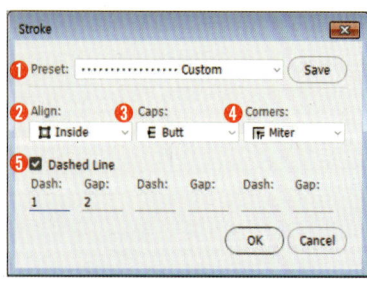

❶ Preset : 셰이프 테두리의 사전 설정을 제공합니다. 변경한 설정을 저장할 수 있습니다.
❷ Align : 테두리의 안쪽, 중간, 바깥쪽을 설정합니다.
❸ Caps : 선 또는 점선의 시작과 끝의 모양을 설정합니다.
❹ Corners : 테두리의 모서리 모양을 설정합니다.
❺ Dashed Line : 점선의 모양(Dash : 선, Gap : 간격)을 3세트까지 설정하여 다양한 점선을 만들 수 있습니다.

▲ 옵션바의 'Set shape stroke type'에서 'More Options' 버튼 클릭하여 표시

셰이프 툴 옵션바

❶ **Pick tool mode(툴 모드)** : 도형의 세 가지 타입의 속성을 선택합니다.
  ⓐ **Shape(셰이프)** : Layers 패널에 셰이프 레이어와 Paths 패널에 패스로 만들어집니다. 패스를 포함한 레이어로 패스 툴을 이용하여 수정이 가능합니다.
  ⓑ **Paths(패스)** : Paths 패널에 'Work Path'로 만들어집니다.
  ⓒ **Pixels(픽셀)** : 전경색의 비트맵 방식으로 만들어지며, 일반 레이어에 칠해집니다(문자 레이어나 셰이프 레이어에 칠할 수 없습니다).

▲ Shape : 셰이프 레이어와 패스 생성

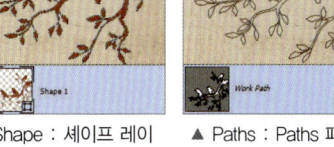
▲ Paths : Paths 패널에 패스 생성

▲ Pixels : 일반 레이어에 생성

❷ **Fill(칠)** : 셰이프의 면을 색상 없음, 단색, 그레이디언트, 패턴 중에서 선택합니다.

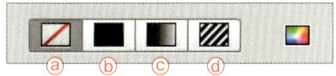

▲ No Color(색상 없음)

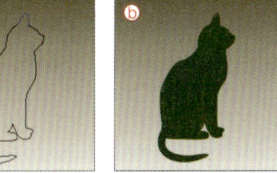
▲ Solid Color(단색)

▲ Gradient(그레이디언트)

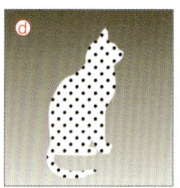
▲ Pattern(패턴)

❸ **Stroke(테두리)** : 셰이프의 테두리를 색상 없음, 단색, 그레이디언트, 패턴 중에서 선택합니다.
❹ **Set shape stroke width(테두리 두께 설정)** : 테두리의 두께를 설정합니다.
❺ **Set shape stroke type(테두리 타입 설정)** : 테두리의 실선, 점선의 타입을 설정합니다.

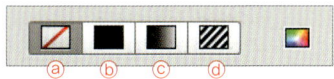

▲ No Color(색상 없음)

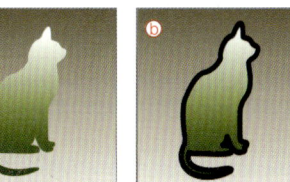
▲ Solid Color(단색)

▲ Gradient(그레이디언트)

▲ Pattern(패턴)

❻ **W/H** : 셰이프의 가로, 세로 길이를 조절합니다.
❼ **Path operations(패스 영역)** : 셰이프의 영역 추가, 제거, 교차, 교차 제외 등의 옵션을 조절합니다.
❽ **Path alignment(패스 정렬)** : 셰이프들의 위치를 정렬, 간격 정렬합니다.
❾ **Path arrangement(패스 배열)** : 셰이프들의 위, 아래 순서를 정돈합니다.
❿ ✱ (셰이프 옵션) : 셰이프의 크기와 비율을 세부적으로 조절합니다.

SECTION 100 셰이프 등록하고 적용하기
Define Custom Shape

셰이프를 만들어 등록하면 언제든지 일반 셰이프처럼 사용할 수 있습니다. 여러 개의 패스를 합치거나 빼서 하나의 셰이프를 제작하는 방법과 셰이프를 등록하고 적용하는 방법에 대해 알아봅니다.

📂 **[준비파일]** 8장\셰이프.jpg, 참새배경.psd   📂 **[완성파일]** 8장-완성\참새배경.psd(완성)

01 파일 불러오기

'셰이프.jpg' 파일을 불러온 후, 돋보기 툴(🔍)로 이미지를 확대합니다.

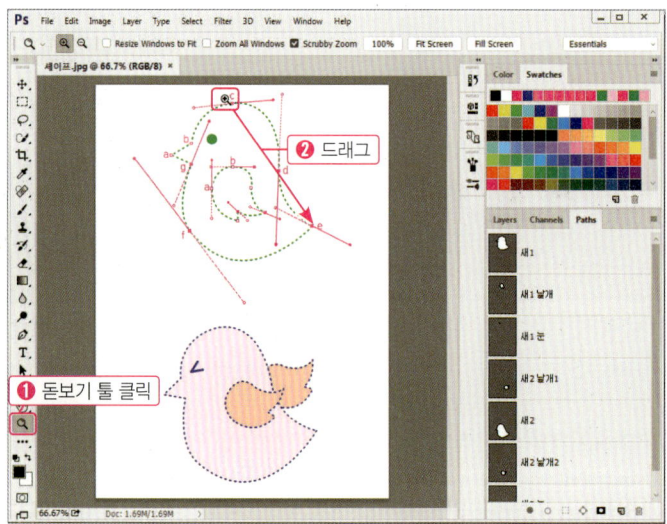

02 셰이프 영역 만들기1

Paths 패널에서 [Shift]를 누른 채 클릭하여 '새1', '새1날개', '새1눈' 패스를 다중 선택합니다. 펜 툴(✒️)을 클릭하고 옵션바의 'Shape' 버튼을 클릭합니다. 교차된 부분이 셰이프 영역에서 빠집니다.

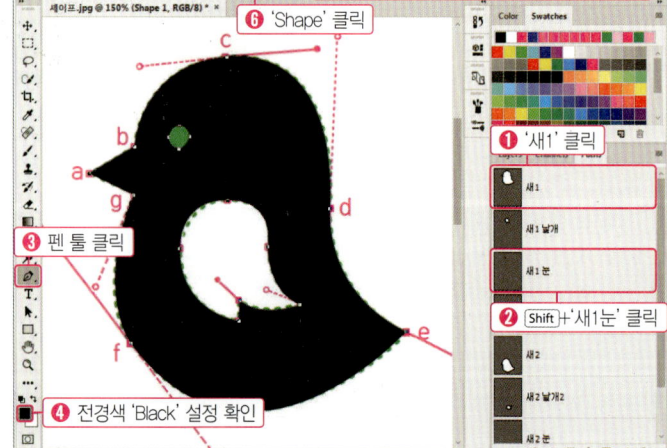

TIP Path operations(패스 영역) 값이 ▣(Exclude Overlapping Shapes)가 설정되어 있기 때문에 교차된 영역이 제거됩니다.

03 '새1'을 클릭하고 Ctrl 을 누른 채 '새1눈'의 패스를 다중 선택합니다. 펜 툴( )의 옵션바에서 'Shape' 버튼을 클릭합니다.

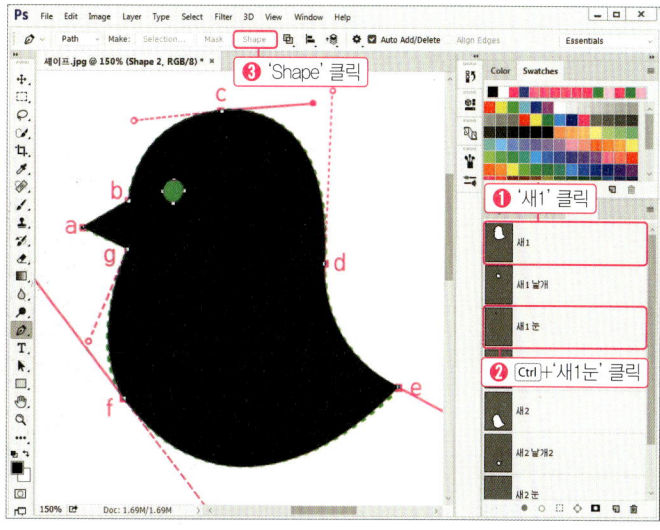

04 '참새 1' 셰이프 등록하기

[Edit]-[Define Custom Shape] 메뉴를 클릭한 후, 대화상자가 나타나면 '참새1'이라고 입력하고 'OK' 버튼을 클릭합니다.

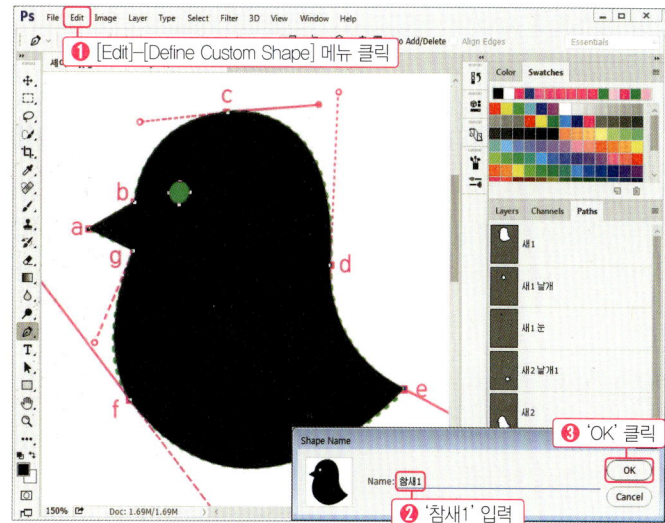

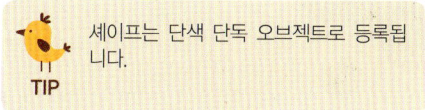

셰이프는 단색 단독 오브젝트로 등록됩니다.

TIP

05 셰이프 영역 만들기2

아래 이미지로 화면을 이동한 후, '새2날개1'을 클릭하고 Shift 를 누른 채 '새2눈'을 클릭하여 '새2날개1', '새2', '새2날개2', '새2눈'의 패스를 다중 선택합니다. 펜 툴( )의 옵션바에서 'Shape' 버튼을 클릭합니다. 새의 날개 부분이 선택 영역에서 빠졌습니다.

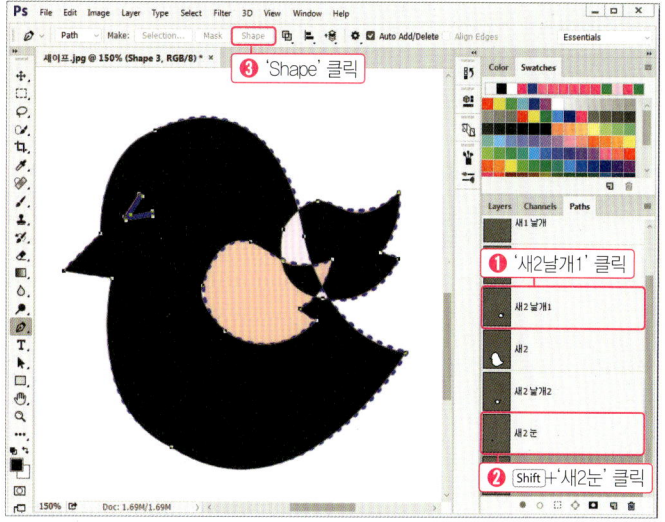

06 패스 선택 툴( )로 그림처럼 드래그하여 '새2 눈'을 제외하고 선택합니다. 옵션바의 Combine Shapes( )를 클릭합니다.

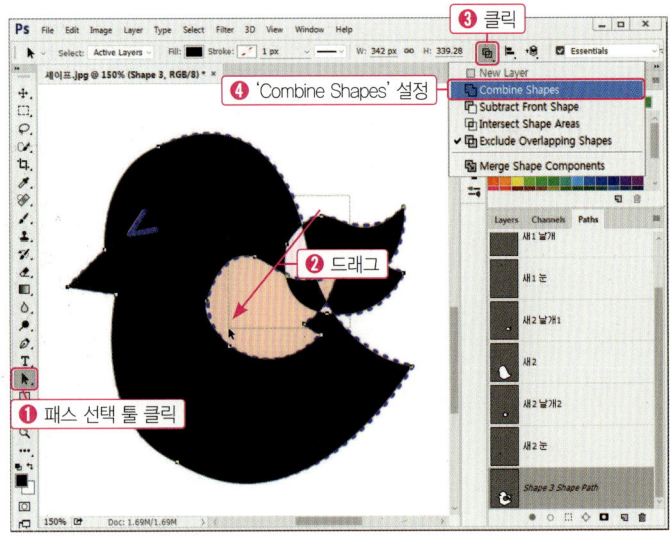

07 '참새 2' 셰이프 등록하기

[Edit]-[Define Custom Shape] 메뉴를 클릭한 후, 대화상자에서 '참새2'라고 입력하고 'OK' 버튼을 클릭합니다.

08 등록한 셰이프 적용하기

'셰이프.jpg'를 닫고, '참새배경.psd'를 불러옵니다. 사용자 셰이프 툴( )을 클릭한 후, 옵션바의 (Custom Shape picker)를 클릭하고 '참새1'을 클릭합니다.

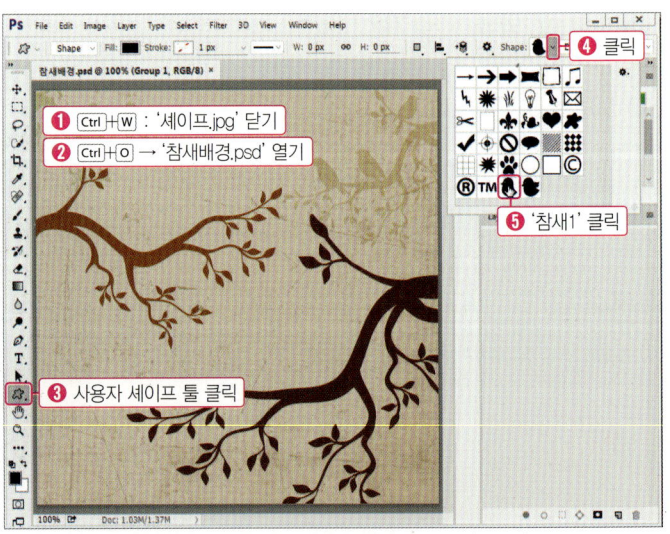

09 Shift를 누른 채 드래그하여 'Shape 1' 레이어를 생성합니다. Enter를 누르면 셰이프 레이어가 완성됩니다.

10 다시 다른 곳에 드래그하여 'Shape 2' 레이어를 생성하고 Enter를 누릅니다.

11 옵션바의 (Custom Shape picker)를 클릭한 후, '참새2'를 선택하여 드래그합니다. Shift를 누른 채 다른 참새 이미지를 추가합니다.

12 Ctrl+T를 눌러 변형 박스가 나타나면 옵션바의 W를 '-100'으로 설정하고 Enter를 눌러 완성합니다.

SECTION 101 셰이프 다양하게 사용하기
문자 툴, 셰이프 툴

문자와 다양한 셰이프를 사용하여 간단한 광고 팝업창을 만들어 보겠습니다.

[준비파일] 08장\썸머.jpg   [완성파일] 08장-완성\썸머(완성).jpg

01 파일 불러오기
'썸머.jpg' 파일을 불러옵니다.

02 문자 입력하기
가로쓰기 툴(T.)을 클릭한 후, 옵션바에서 글꼴을 'Stencil Std Bold', 크기를 '80pt'로 설정하고, Swatches 패널에서 전경색 'RGB Red' 색상을 클릭합니다. 적당한 위치를 클릭한 후, 'SUMMER SALE'이라고 입력하고 Ctrl+Enter를 누릅니다.

03 문자 모양내기
Ctrl+J를 눌러 문자 레이어를 복제한 후, Ctrl+Shift+→를 눌러 옆으로 이동합니다. 문자를 더블 클릭하여 블록으로 선택한 후 전경색/배경색 전환(⇄) 버튼을 클릭해 전경색을 흰색으로 전환합니다.

TIP
- Ctrl+Shift+방향키 : 10 Pixel 간격으로 이동
- Ctrl+방향키 : 1 Pixel 간격으로 이동

05 화살표 문자 만들기

선 툴(✏)을 클릭한 후, 전경색/배경색 전환(⇆) 버튼을 클릭해 전경색을 'RGB Red'로 전환합니다. 옵션바에서 셰이프 옵션을 누른 후, 다음과 같이 옵션을 설정하고, 적당한 위치에 드래그하여 삽입합니다.

[Shape 옵션]
- 'Start' 체크
- Width : 100%
- Length : 100%
- Concavity : 50%

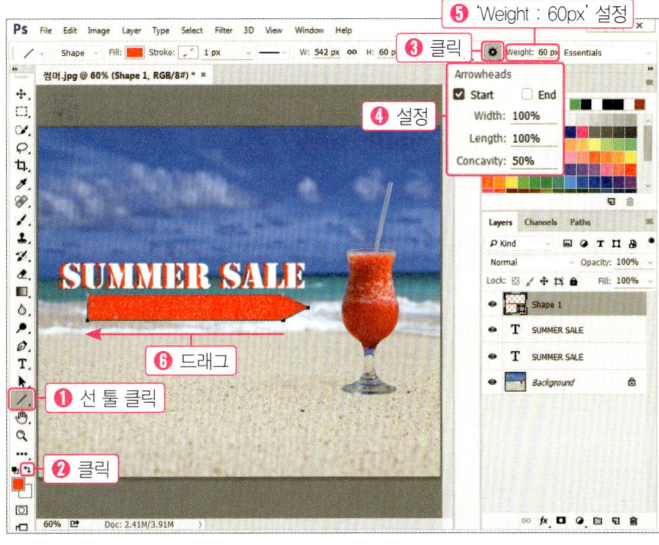

06

Ctrl+J를 눌러 'Shape 1 copy'를 생성합니다. [Filter]-[Blur]-[Motion Blur] 메뉴를 클릭한 후, 경고 상자가 나타나면 'Rasterize' 버튼을 클릭합니다.

07

Motion Blur 대화상자가 나타나면 Angle을 '0', Distance '100'을 설정하고 'OK' 버튼을 클릭합니다.

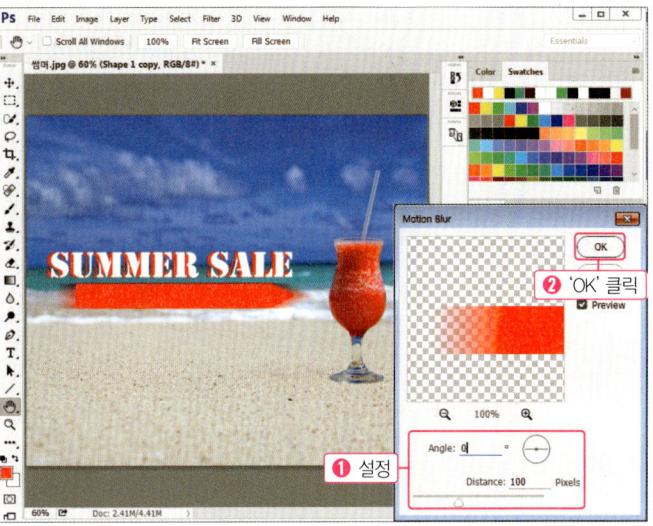

08 가로쓰기 툴(T.)을 클릭한 후, Ctrl +Shift를 누른 채 왼쪽 방향키(←)를 4번 눌러 바람 효과를 준 화살표를 왼쪽으로 이동합니다.

09 옵션바에서 글꼴을 '함초롬돋움 Bold', 크기를 '36pt', Swatches 패널에서 'White'를 클릭합니다. '여름상품 클리런스 세일!!'이라고 입력하고 Ctrl+Enter를 누릅니다.

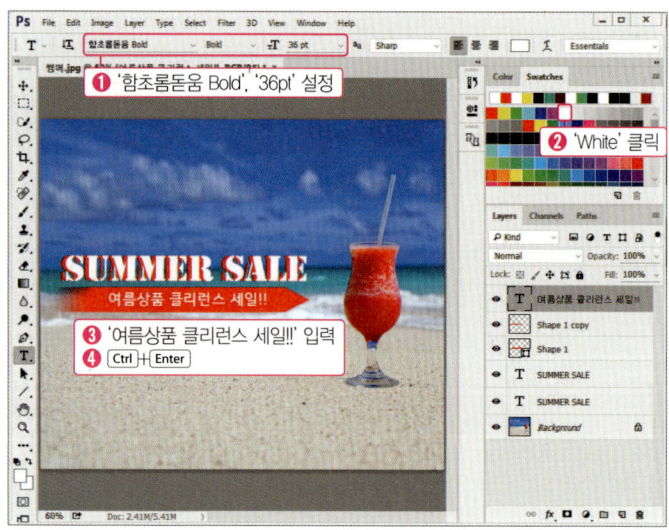

10 맨 위 '여름상품 클리런스 세일!!' 문자 레이어가 선택된 상태이므로 Shift를 누른 채 맨 아래 문자 레이어를 클릭하여 다중 선택합니다. Ctrl+T를 눌러 변형 박스가 나타나면 옵션바의 Angle을 '-15'로 입력하고 Enter를 누릅니다.

11 태양 빛 만들기

제일 위에 태양 빛 레이어를 만들기 위해 현재 제일 위쪽 문자 레이어를 클릭하여 활성화합니다.

12
다각형 툴( )을 클릭한 후, 옵션바에서 다음과 같이 옵션을 설정하고 적당한 위치에 드래그하여 삽입합니다.

[Shape 옵션]
- 'Smooth Corners' 체크
- 'Star' 체크
- Indent Sides By : 99%
- 'Smooth Indents' 체크

13
[Filter]-[Blur]-[Gaussian Blur] 메뉴를 클릭합니다. 경고 상자가 나타나면 'Convert To Smart Object' 버튼을 클릭합니다.

14 Gaussian Blur 대화상자가 나타나면 Radius를 '5'로 설정하고 'OK' 버튼을 클릭합니다.

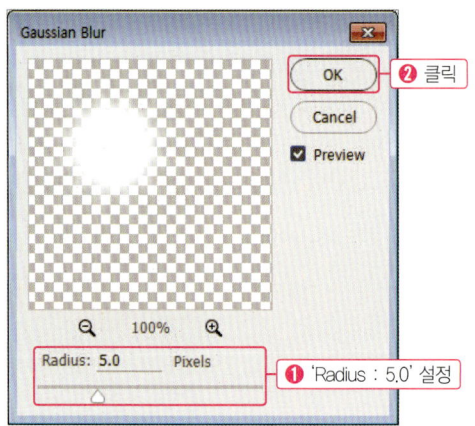

15 사용자 셰이프 툴( )을 클릭한 후, 옵션바의 (Custom Shape picker)를 클릭합니다. 픽커 창이 나타나면 을 눌러 'All'을 클릭합니다. 대치하겠느냐는 대화상자가 나타나면 'Append' 버튼을 클릭합니다.

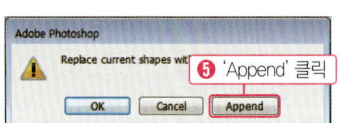

16 'Artistic 7'을 선택한 후, 드래그하여 삽입합니다. Layers 패널의 Opacity를 '30%'로 설정한 후, Enter 를 눌러 완료합니다.

시작 | 선택&편집 | 리터칭 | 페인팅 | 레이어 | 보정 | 색상모드&채널 | **벡터** | 필터 | 자동화&동영상&3D | 활용 **·347**

SECTION 102 셰이프 모서리와 테두리 점선 만들기

Dynamic Round Corners, Shape Stroke Type

모서리 모양이 다른 단추를 삽입하고, 가장자리를 꾸며 팝업창을 꾸며봅니다.

[준비파일] 08장\썸머세일.jpg   [완성파일] 08장-완성\썸머세일(완성).jpg

01 파일 불러오기
'썸머세일.jpg' 파일을 불러 옵니다.

02 버튼 만들기
둥근 사각형 툴(□.)을 클릭합니다. 옵션바에서 Fill은 'No Color', Stroke는 'RGB Red', '5px'를 설정합니다.

03
드래그하여 도형을 삽입한 후, Properties 패널이 나타나면 ∞ 를 클릭하여 링크(연결)를 해제합니다. 오른쪽 아래 코너의 둥글기를 '50px'로 입력하고 Enter 를 누른 다음 패널 닫기(»)) 버튼을 클릭합니다.

04 가로쓰기 툴(T.)을 클릭한 후, 옵션 바에서 글꼴을 '함초롬돋움 Bold', 크기를 '36pt', 색상은 'RGB Red'를 선택합니다.

05 도형 안으로 마우스 포인터를 이동합니다. 마우스 포인터의 모양이 ⓘ이면 셰이프 영역 안에서 입력되니 Enter를 눌러 셰이프 레이어를 비활성화합니다. 마우스 포인터의 모양이 I일 때 클릭한 후, '할인전 go~go~'라고 입력하고 Ctrl+Enter를 누릅니다.

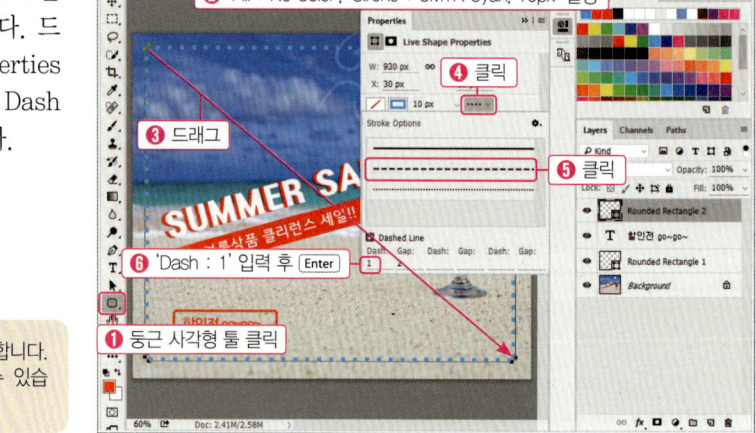

06 테두리 꾸미기

둥근 사각형 툴(☐.)을 선택한 후, 옵션 바에서 Fill은 'No Color', Stroke는 'CMYK Cyan', '10px'를 설정합니다. 드래그하여 도형을 삽입한 후, Properties 패널이 나타나면 Dashed Line의 Dash를 '1'로 입력하고 Enter를 누릅니다.

TIP: Dash는 선, Gap은 간격을 설정합니다. 3 세트의 선의 모양을 설정할 수 있습니다.

07 패스의 선 모양은 그림처럼 설정합니다. Align은 '중앙', Caps는 '둥글기', Corners는 '둥글기'로 설정하고 ∞를 해제하고 오른쪽 아래 코너의 둥글기를 '300px'로 입력하고 패널 닫기(≫) 버튼을 클릭합니다.

08 Layers 패널의 Add a layer style (fx.)을 클릭한 후, 'Bevel & Emboss'를 선택합니다. 대화상자가 나타나면 Style을 'Pillow Emboss', Depth를 '300%', Size를 '7px'로 설정하고 'OK' 버튼을 클릭합니다.

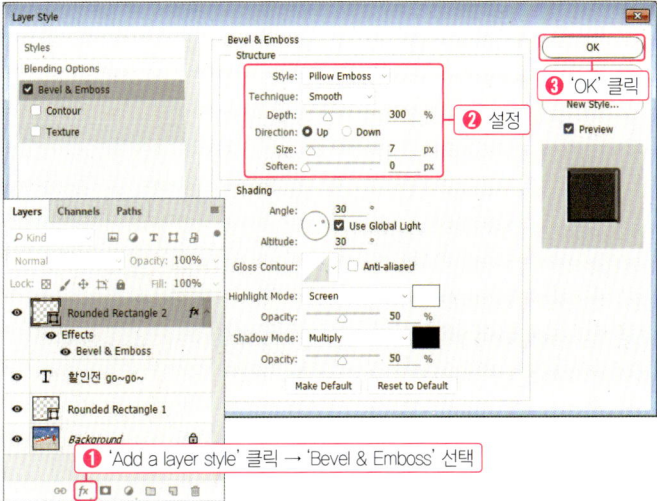

09 Ctrl을 누른 채 'Rounded Rectangle 2' 섬네일을 클릭하여 선택 영역을 만들고, Shift+Ctrl+I를 눌러 선택 영역을 반전합니다.

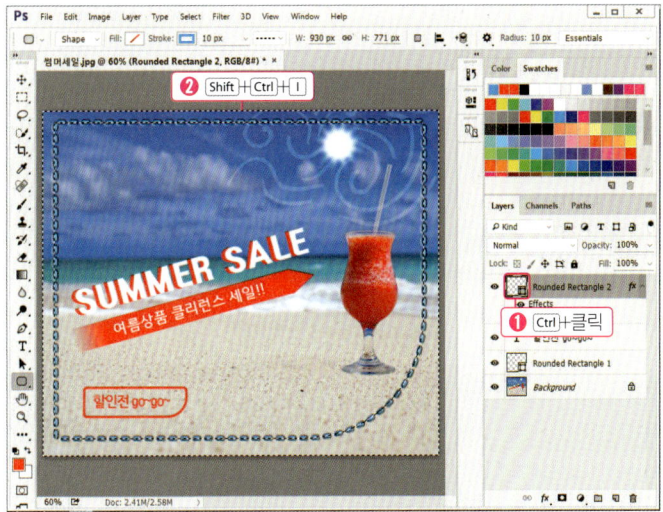

10 'Background' 레이어를 선택한 후, Layers 패널의 Create a new layer( )를 클릭합니다. 'Layer 1' 레이어가 생성되면 Alt+Delete를 눌러 색상을 채우고 Ctrl+D를 눌러 선택 영역을 해제합니다.

11 Layers 패널에서 'Rounded Rectangle 2' 레이어를 클릭하고 Ctrl+T를 눌러 변형 박스가 나타나면 옵션바에서 링크(∞)를 클릭한 후, H를 '95%'로 입력하여 설정하고 Enter를 눌러 입력을 완료합니다. 다시 Enter를 눌러 셰이프의 선택을 해제합니다.

12 Layers 패널의 'Layer 1' 레이어를 클릭한 후, [Filter]-[Filter Gallery] 메뉴를 클릭합니다.

13 대화상자에서 'Halftone Pattern'을 선택한 후, Size를 '12', Contrast를 '50', Pattern Type은 'Dot'로 설정하고 'OK' 버튼을 클릭합니다.

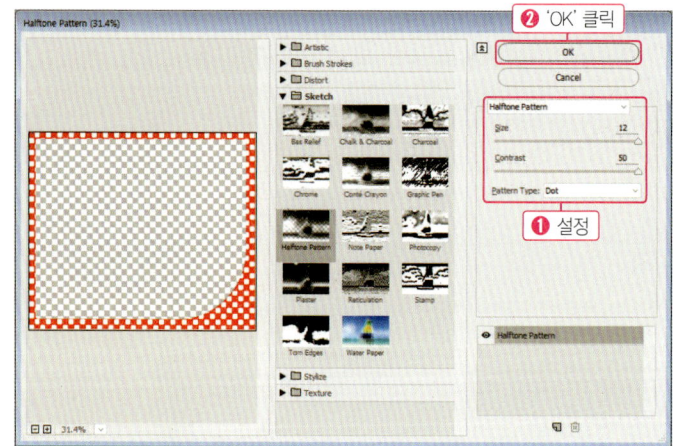

14 'Layer 1' 레이어의 블렌드 모드를 'Darker Color'로 설정합니다.

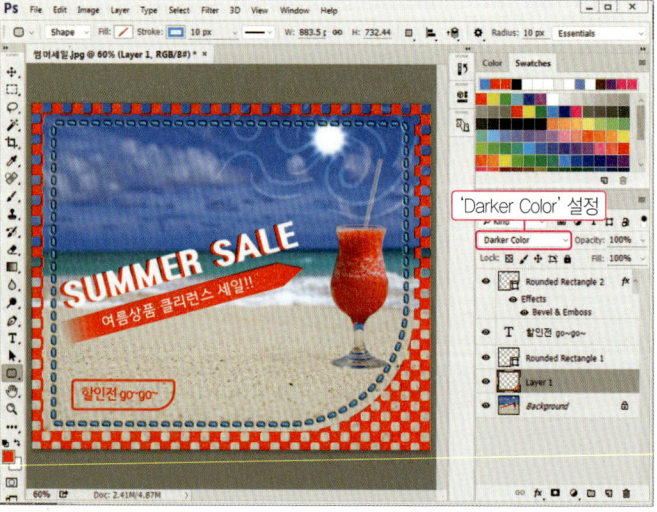

Do It Yourself

 **패스를 따라 흐르는 문자 디자인하기**

패스를 생성하고 마치 새가 울어대는 것처럼 패스를 따라 흐르는 문자를 만들어 봅니다.

📁 **[준비파일]** 8장\스탠드업.jpg 📁 **[완성파일]** 8장-완성\스탠드업(완성).psd

How to 펜 툴(✎)을 사용하여 나선형 패스 생성 ➡ 삽입된 주석(📄) 클릭 후, Notes 패널에서 문장 복사 ➡ 가로쓰기 툴(T)로 패스 위에 복사한 글자 붙여넣기 ➡ Wrap Text 적용

 **패스를 활용한 크리스마스 트리 만들기**

크리스마스 트리를 패스로 만들고 각각 저장하여 색상과 레이어 스타일을 적용해 봅니다.

 TIP Ctrl + K 를 눌러 Guides, Grid&Slices 목록에서 'Gridline Every : 1Centimeters, Subdivisions : 2'로 설정하고 Ctrl + ' 를 눌러 그리드를 보이게하고 작업을 하면 정확한 패스를 만들기 쉽습니다.

📁 **[준비파일]** 8장\트리.jpg 📁 **[완성파일]** 8장-완성\트리(완성).psd

How to 펜 툴(✎)을 사용하여 트리 패스 분리 ➡ 레이어를 생성하여 색상을 채움 ➡ 레이어 스타일로 그림자와 테두리 적용

Adobe Photoshop CC & CS6

CHAPTER 09

초간단 특별한 변신! 필터!

카메라의 필터는 렌즈에 부착하여 특수한 효과의 사진을 얻기 위해 사용합니다. 포토샵의 필터도 마찬가지로 특별한 이미지를 생성하기 위해 만들어졌습니다. 어떤 필터들이 어떤 기능들을 하는지 살펴보겠습니다.

SECTION 103 Filter(필터) 메뉴 살펴보기

포토샵에서 제공하고 있는 필터는 매우 다양합니다. 하지만, 비슷한 효과를 나타내는 필터끼리는 묶여 있기 때문에 그룹지어 생각하고 설정값을 변경하며, 여러 번 실행하다 보면 필터마다 특성을 쉽게 이해할 수 있습니다. 먼저, 어떻게 그룹지어 있는지 살펴보도록 하겠습니다.

포토샵 필터는 스캔 받은 이미지나 카메라로 찍은 사진의 질을 향상시키기 위한 Blur, Sharpen, Despeckle 등의 보정용 필터, Adaptive Wide Angle, Lens Correction, Liquify, Vanishing Point, Distort 처럼 형태를 교정하는 필터, 그 외에 Filter Gallery, Stylize, Pixelate처럼 회화적이거나 특수한 효과를 만들어 내는 필터로 구성되어 있습니다.

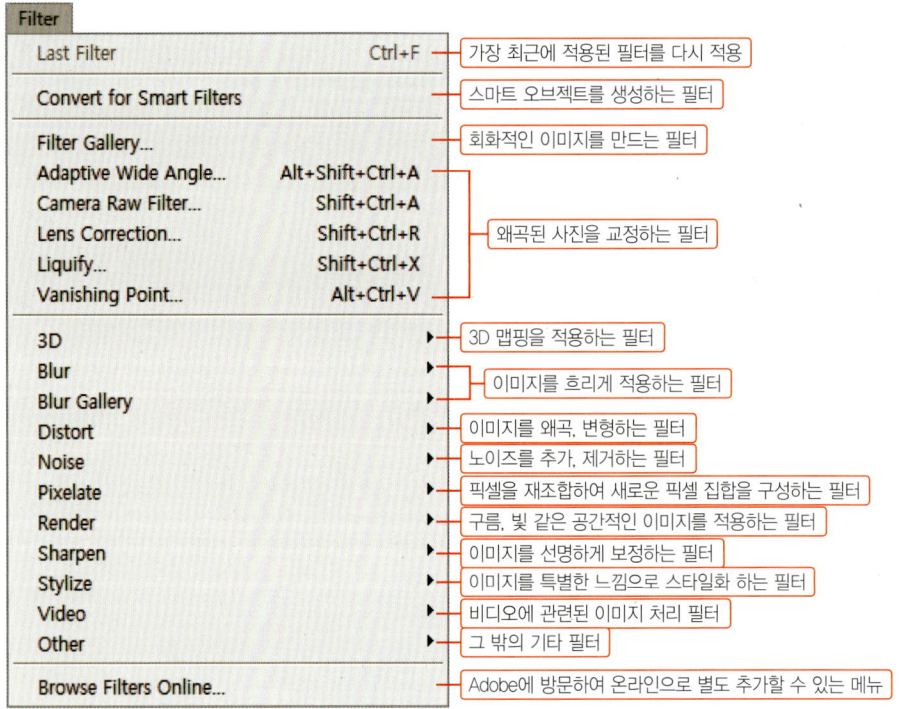

Last Filter 메뉴

- 필터를 사용한 후, 같은 필터 적용값으로 적용해야 하는 경우에 사용하는 메뉴입니다.
- Last Filter 필터의 다른 값을 적용하고 싶다면 [Alt]를 누른 채 Last Filter 메뉴를 클릭합니다. 대화상자가 나타나면 옵션을 변경할 수 있습니다.

Convert for Smart Filters 메뉴

스마트 필터(Smart Filters)로 적용한, 후 다른 필터를 적용하면 원본의 변형 없이 레이어처럼 따로 관리되어 적용되기 때문에 필요할 때마다 필터를 수정하여 적용할 수 있어 편리합니다.

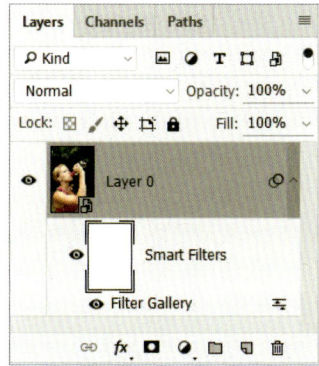

Fade 메뉴

방금 전에 적용한 필터를 완화시키고 싶을 때 [Edit]-[Fade *사용필터명* (Shift+Ctrl+F)] 메뉴를 적용하여 Opacity(불투명도)를 낮출 수 있고, 원본과 필터를 적용한 이미지에 블렌드 모드를 주어 합성할 수도 있습니다.

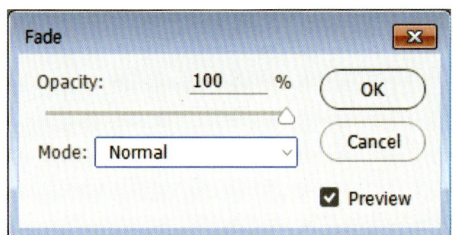

> **TIP** Cancel 버튼의 변화
> - Alt 를 누르고 있으면 Reset 버튼으로 변경되어 이전 수치 변경으로 되돌아갑니다.
> - Ctrl 을 누르고 있으면 Default 버튼으로 변경되어 최초 포토샵의 초기값으로 되돌아갑니다. 그러나 블러 같은 특별히 수치의 기본값을 필요로 하지 않는 필터들은 적용되지 않고 Filter Gallery처럼 복잡한 옵션을 갖는 필터에만 적용됩니다.

SECTION 104 미리 보면서 여러 필터 한번에 적용하기

Filter Gallery

Filter Gallery를 사용하면 적용 결과를 미리 보면서 필터를 적용할 수 있습니다. 또한, 여러 개의 필터를 함께 적용할 수 있어 다양한 효과를 만들어낼 수 있습니다.

Filter Gallery(필터 갤러리) 대화상자

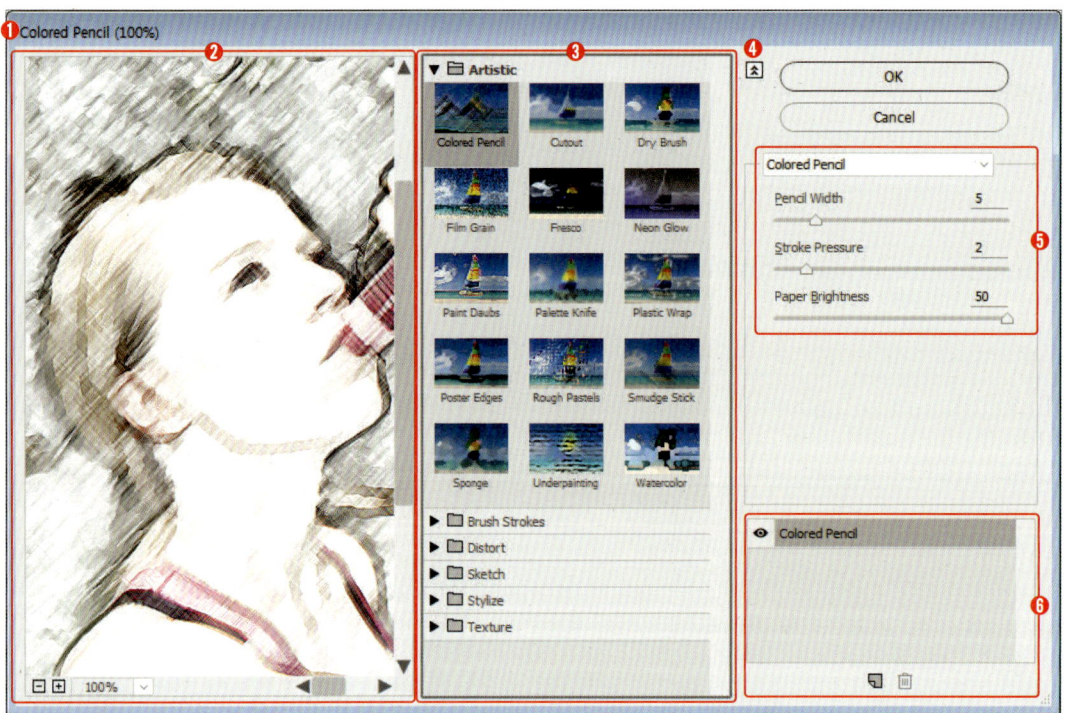

❶ **Title** : 적용된 필터의 이름을 확인합니다.
❷ **미리 보기 창** : 적용한 결과 이미지를 확인합니다.
❸ **필터 목록** : 비슷한 종류별로 필터가 6개의 폴더로 그룹지어 있습니다. 폴더를 클릭하면 필터들이 섬네일로 나열되어 있습니다.
❹ **확장/축소 버튼** : 클릭하여 필터 목록을 표시하거나 숨길 수 있습니다.
❺ **Filter Option** : 삼각 단추를 클릭해 필터를 선택하고, 필터의 세부 옵션을 설정합니다.
❻ **필터 효과 레이어** : 적용한 필터는 레이어로 표시되며, 효과 레이어를 추가하여 필터의 조합을 조절할 수 있습니다.

SECTION 105 회화적인 그림으로 변신하기
Filter Gallery – Artistic

회화적인 느낌으로 표현하는 예술 효과의 필터들을 Gallery라는 대화상자로 구성하여 소개하고 있습니다.

Artistic(예술효과)

① Colored Pencil(색연필)
색연필로 그린 느낌을 표현합니다. 배경색이 바탕색으로 적용되고, 사선으로 효과를 표현합니다.

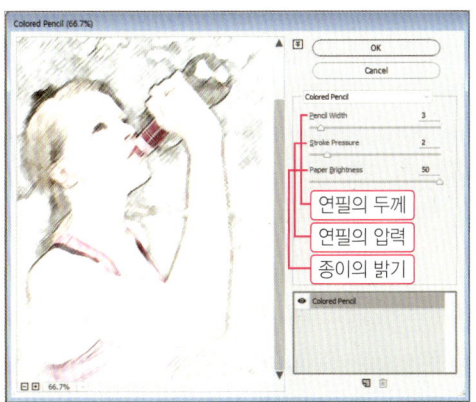

② Cutout(오려내기)
색상을 단순화하여 비슷한 색상은 한 면을 만들고 색의 대비가 많이 나는 색상은 서로 다른 면으로 만듭니다.

③ Dry Brush(드라이 브러시)
이미지에 물을 적게 묻혀 거친 붓으로 그린 유화적인 효과를 줍니다.

④ Film Grain(필름 그레인)
알갱이나 점들이 뿌려진 효과를 만듭니다. 이미지의 밝은 부분에 더 큰 점을 추가할 수 있습니다.

⑤ Fresco(프레스코)
프레스코 벽화 기법은 회반죽이 마르기 전에 물감을 칠하는 방법입니다. 대조가 높고 어두운 느낌을 표현합니다.

⑥ Neon Glow(네온 광선)
이미지의 밝은 부분에 네온 효과가 나타납니다.

⑦ Paint Daubs(페인트 바르기)
페인팅 붓으로 덧칠한 효과를 만듭니다.

⑧ Palette Knife(팔레트 나이프)
캔버스에 나이프로 물감을 으깨면서 엷게 편 번진 효과를 냅니다.

⑨ Plastic Wrap(비닐 랩)
이미지 위에 투명 랩을 씌운 효과처럼 만듭니다.

⑩ Poster Edges(포스터 가장자리)
이미지에 포스터 효과를 적용한 것처럼 단순화하고 윤곽을 검정 테두리로 둘러싼 기법입니다.

⑪ Rough Pastels(거친 파스텔)
질감이 있는 종이 위에 거친 파스텔로 그린 효과를 만듭니다.

⑫ Smudge Stick(문지르기)
물감이 마르기 전에 사선으로 문질러서 결을 만드는 기법입니다.

⑬ Sponge(스펀지)
젖은 스펀지에 물감을 묻혀 이미지에 찍은 듯한 효과를 만듭니다.

⑭ Underpainting(언더 페인팅)
질감이 있는 종이 위에 텍스처를 적용하여 그린 효과를 만듭니다.

⑮ Watercolor(수채화)
수채화처럼 붓칠의 경계는 마르면서 진하게 겹쳐 그린 효과를 만듭니다.

TIP Underpainting(언더 페인팅) 효과의 Texture는 Brick(벽돌), Burlap(굵은 삼베), Canvas(캔버스), Sandstone(모래)을 설정할 수 있습니다. 사용자가 임의로 텍스처를 만들어 *.PSD 파일로 저장하면 Load Texture로 불러서 사용할 수 있습니다.

SECTION 106 여러 개의 필터 효과 동시에 적용하기

Filter Gallery- Artistic, Convert for Smart Filters

Filter Gallery 대화상자의 필터 효과 레이어를 추가하여 여러 개의 필터를 동시에 적용해 보겠습니다.

📁 [준비파일] 9장\물병.jpg   📁 [완성파일] 9장-완성\물병(완성).jpg

01 파일 불러오기

'물병.jpg' 파일을 불러온 후, [Filter]-[Convert for Smart Filters] 메뉴를 클릭합니다. 재편집이 가능한 스마트 오브젝트로 변환하겠냐는 대화상자가 나타나면 'OK' 버튼을 클릭합니다.

02 Filter Gallery 대화상자 열기

[Filter]-[Filter Gallery] 메뉴를 클릭합니다.

03 Poster Edges 필터 적용하기

[Artistic]-[Poster Edges]를 클릭하고, Edge Thickness를 '2', Edge Intensity를 '2', Posterization을 '2'로 설정합니다.

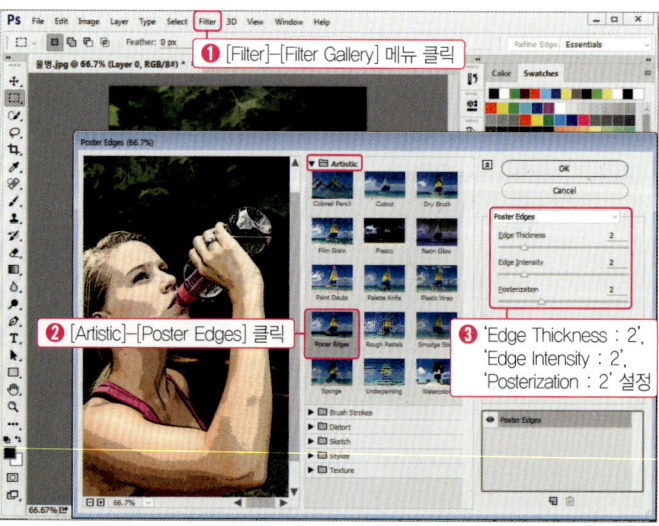

04 필터 추가하기

New effect layer() 버튼을 클릭합니다.

05 Cutout 필터로 변경하기

[Artistic]-[Cutout]을 클릭하고 Number of Levels를 '2', Edge Simplicty를 '0', Edge Fidelity를 '1'로 설정합니다.

> **TIP** 효과가 적용된 각 레이어를 클릭하여 수치 값을 다시 변경할 수 있습니다.

06 필터 추가하기

New effect layer() 버튼을 클릭합니다.

07 Poster Edges 필터로 변경하기

[Artistic]-[Poster Edges]를 클릭합니다. Edge Thickness를 '10', Edge Intensity를 '10', Posterization를 '0'으로 설정하고 'OK' 버튼을 클릭합니다.

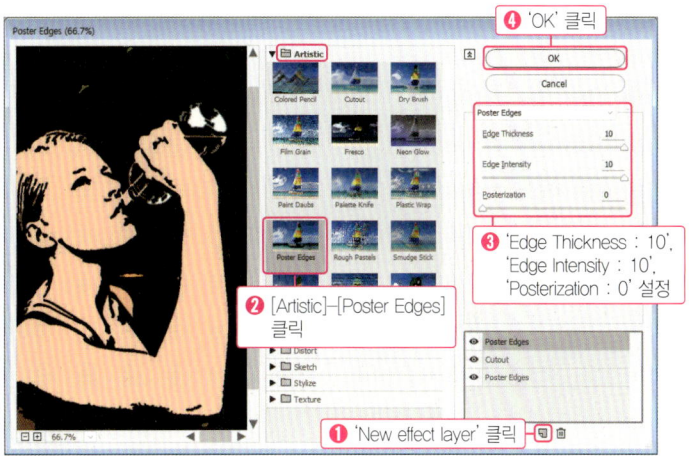

08 세 단계의 필터 효과가 적용되었습니다.

SECTION 107 붓 터치 그림으로 변신
Filter Gallery-Brush Strokes

Brush Strokes 필터는 Artistic 필터처럼 회화적인 분위기를 만들지만 좀 더 붓 터치 위주로 회화적인 분위기를 표현합니다.

Brush Strokes(브러시 칠 효과)

① Accented Edges(강조된 가장자리)
색상의 대비로 경계를 강조하는 필터입니다.

② Angled Strokes(방향성 있는 붓 터치)
붓 터치의 방향을 조절하여 유화적으로 그린 효과를 줍니다.

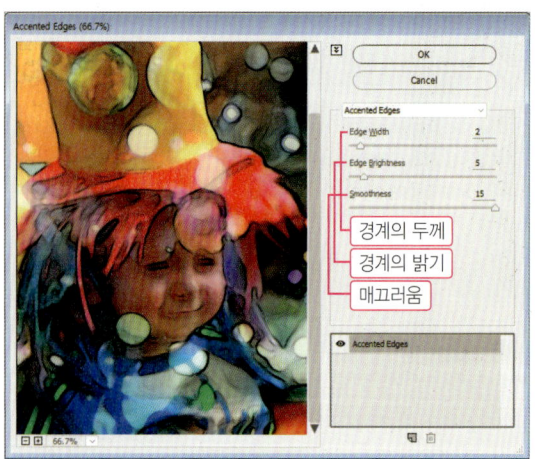

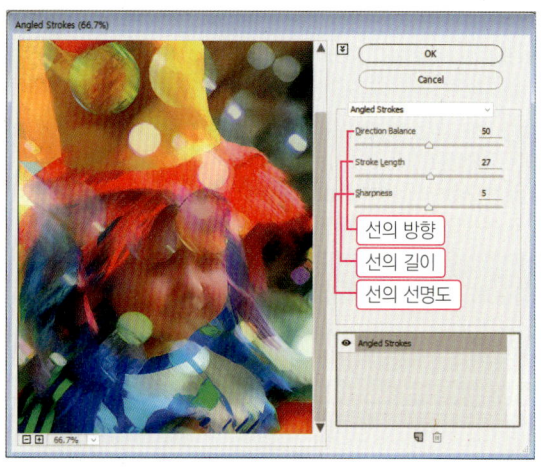

③ Crosshatch(그물눈)
그물처럼 교차해서 연필로 그린 효과를 만듭니다.

④ Dark Strokes(어두운 획)
음영을 이용하여 붓 터치를 다르게 하여 그린 효과를 만듭니다.

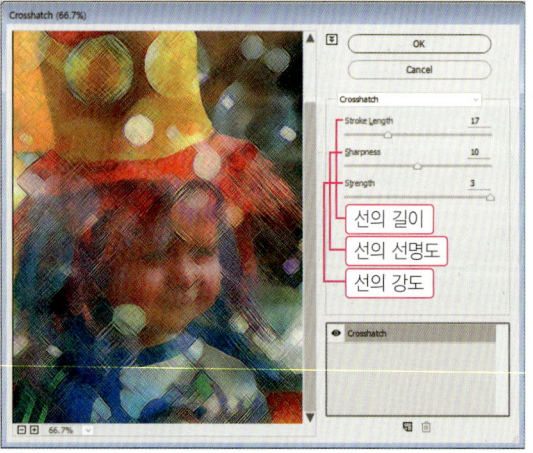

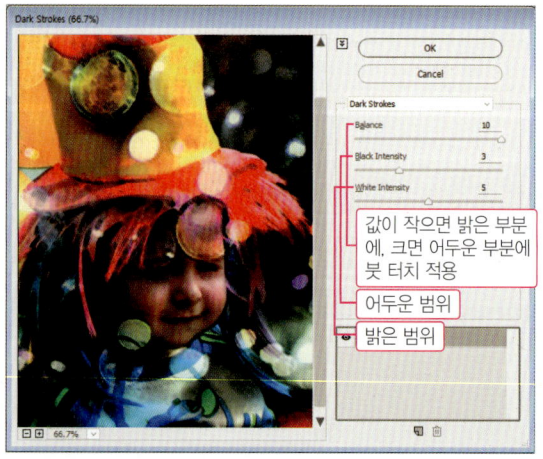

⑤ Ink Outlines(잉크 윤곽선)
윤곽을 펜으로 덧칠한 느낌을 만듭니다.

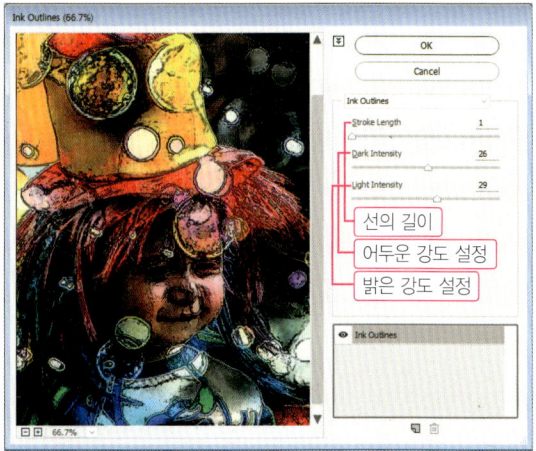

⑥ Spatter(뿌리기)
스프레이로 물감을 뿌린 효과를 만듭니다.

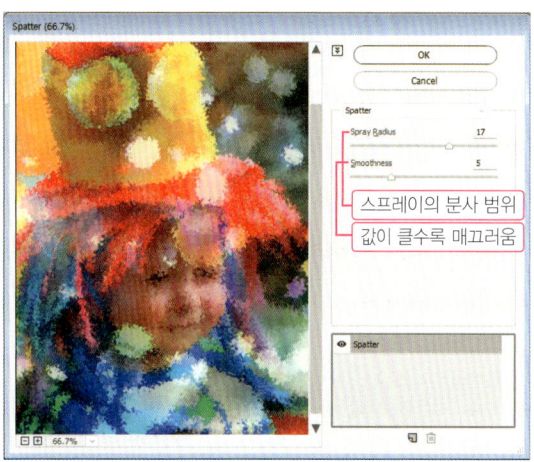

⑦ Sprayed Strokes(스프레이 획)
스프레이로 뿌린 효과가 나타나고 경계 부분이 흩어지는 효과를 만듭니다.

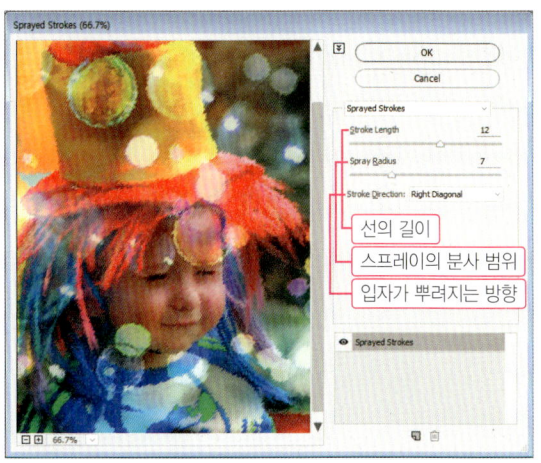

⑧ Sumi-e(수미에)
화선지 위에 먹을 묻힌 붓으로 그린 효과를 만듭니다.

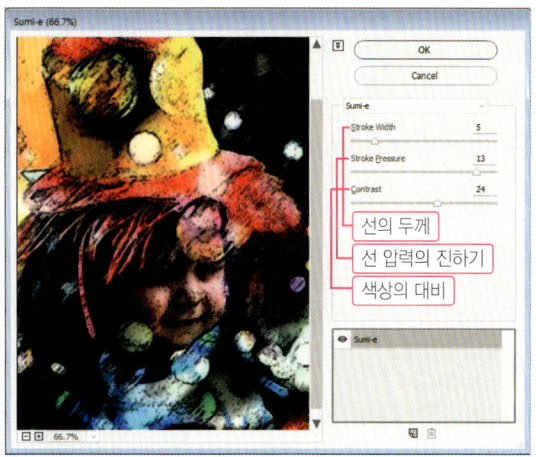

TIP

어떤 필터는 특정 이미지 모드에서만 적용(예를 들면 Artistic 필터의 경우 CMYK 모드나 Lab 모드에서는 사용할 수 없음)할 수 있습니다. 먼저 RGB 모드로 변경하여 필터를 적용한 후, 원래 모드로 바꾸어야 합니다.

SECTION 108 왜곡된 그림으로 변신
Filter Gallery-Distort

Distort 필터는 형태를 변형, 왜곡합니다. [Filter]-[Distort] 메뉴로 따로 분리되어 있지만, 좀 더 회화적인 느낌의 Distort 필터 3개는 따로 Filter Gallery 이미지 카테고리 안에 넣어 제공하고 있습니다.

Distort(변형 효과)

① Diffuse Glow(광산 확산)
작은 알갱이 같은 점들이 뿌려져 밝은 부분이 발광(發光)되는 효과를 만듭니다.

 배경색을 흰색으로 설정하고 효과를 주면 안개 낀 듯 효과를 얻을 수 있습니다.

② Glass(유리)
이미지 위에 유리판을 얹어서 본 듯한 효과를 만듭니다.

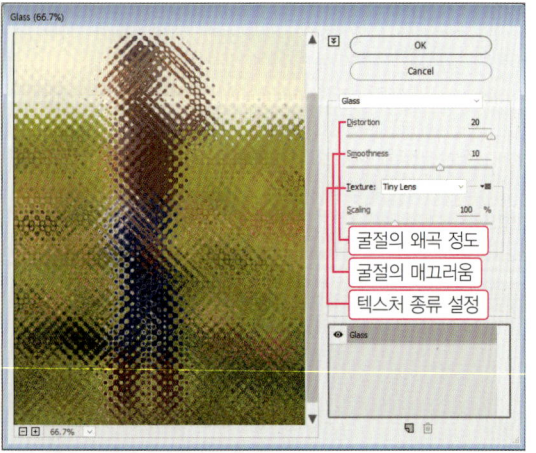

③ Ocean Ripple(바다 물결)
잔잔한 물결 안에 이미지가 잠긴 느낌으로 표현합니다.

SECTION 109 스케치 그림으로 변신
Filter Gallery-Sketch

Sketch 필터는 페인팅보다는 스케치나 드로잉 위주의 회화적인 분위기를 연출하는 필터로 구성되어 있습니다. 툴박스의 전경색과 배경색만을 이용하여 스케치 효과를 만듭니다.

Sketch(스케치 효과)

① Base Relief(저부조)
전경색은 그림자 색, 배경색은 빛색인 입체적으로 돌출하여 조각한 이미지를 만듭니다.

② Chalk & Charcoal(분필과 목탄)
분필과 목탄으로 그린 효과를 만듭니다. 배경색을 분필로 그린 거친 효과를 내고, 전경색을 목탄으로 부드럽게 그린 효과를 만듭니다.

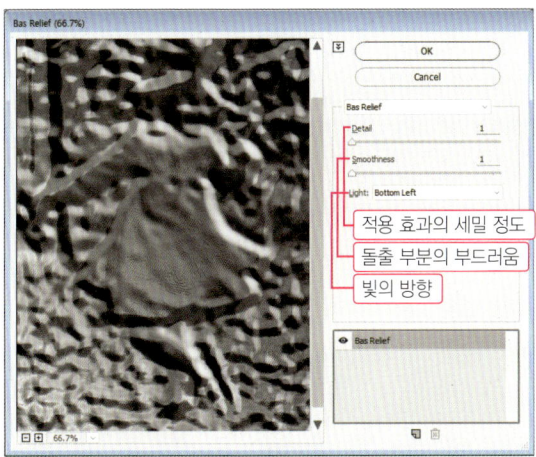

③ Charcoal(목탄)
배경색의 종이에 전경색의 목탄을 이용하여 사선으로 그린 효과를 만듭니다.

④ Chrome(크롬)
이미지를 회색으로 바꾸면서 금속 질감의 효과를 만들어 줍니다.

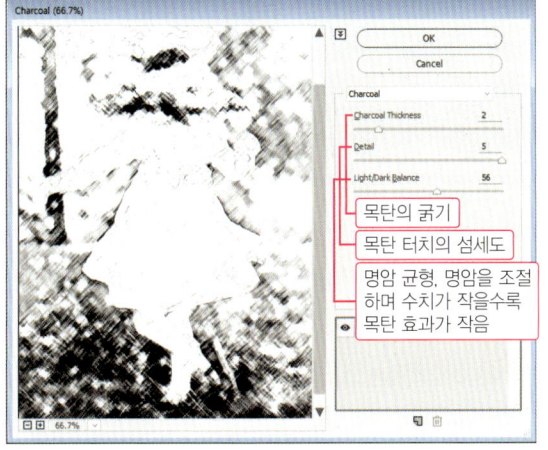

⑤ Conte Crayon(크레용)
질감 있는 종이에 크레용으로 그린 효과로 전경색은 어두운 부분에, 배경색은 밝은 부분에 적용됩니다.

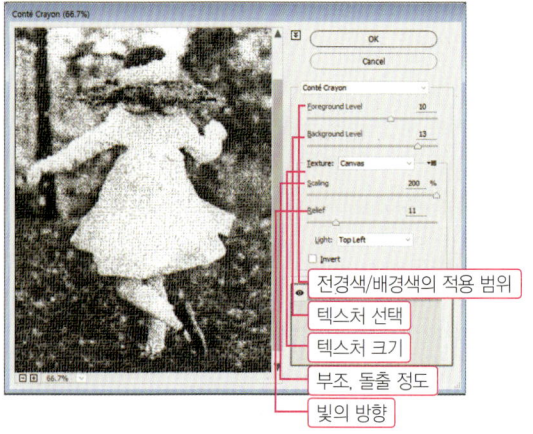

⑥ Graphic Pen(그래픽 펜)
가는 펜으로 이미지를 스케치한 효과를 만듭니다.

⑦ Halftone Pattern(하프톤 패턴)
인쇄에서 사용되는 망점을 통해 보는듯한 효과로 전경색은 망점을, 종이색은 배경색을 만듭니다.

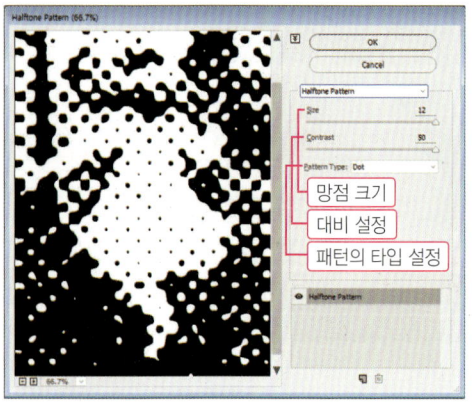

⑧ Note Paper(메모지)
질감이 있는 종이 위에 이미지를 단순화하고 명도차에 의해 엠보싱 효과를 주는 필터입니다.

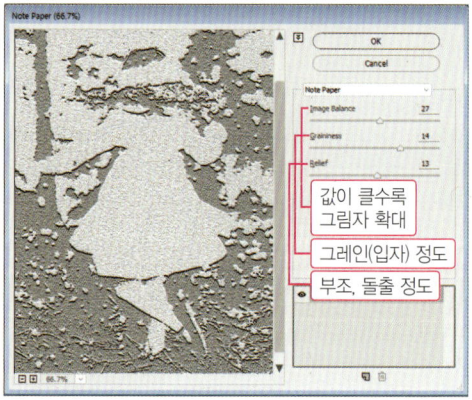

⑨ Photocopy(복사)
복사기로 복사한 듯 대비가 심한 부분을 경계로 남기면서 이미지를 단순화합니다.

⑩ Plaster(석고)
석고를 반죽하여 덧바른 것처럼 입체적인 느낌을 만듭니다.

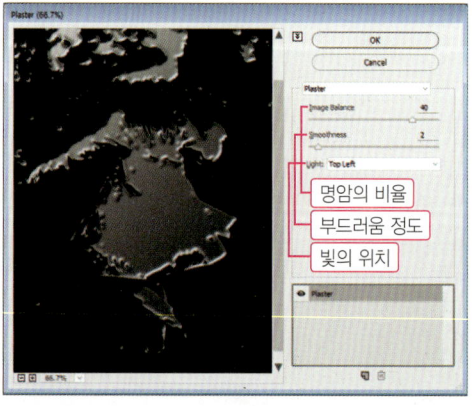

⑪ Reticulation(망사 효과)
이미지에 망사를 올리고 물감으로 찍은 효과를 만듭니다.

⑫ Stamp(도장)
고무도장으로 전경색의 물감을 사용하여 배경색의 종이 위에 찍은 효과를 만듭니다.

⑬ Torn Edges(가장자리 찢기)
이미지의 경계부분이 찢긴 듯 거칠게 표현합니다.

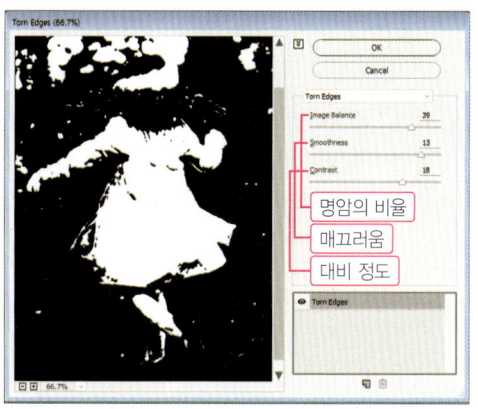

⑭ Water Paper(물종이)
젖은 종이 위에 그림을 그려 이미지가 번진 효과를 줍니다.

[Filter Gallery]-[Stylize(스타일 효과)]

⑮ Glowing Edges(가장자리 광선 효과)
경계 부분을 밝은 선으로 만들고 그 선이 발광하는 효과를 만들어줍니다.

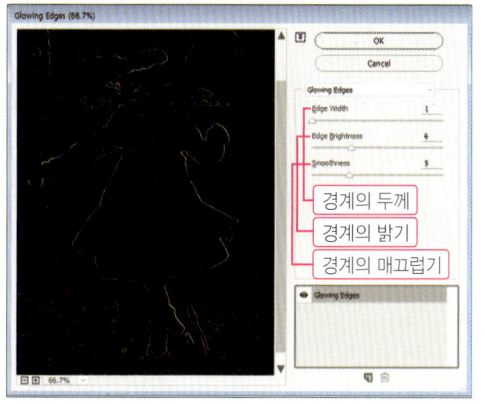

> **TIP** **10가지 입자의 종류**
> Regular(작은 입자), Soft(부드러운 작은 입자), Sprinkles(배경색의 작은 입자), Clumped(응집된 덩어리의 입자), Contrasty(대비가 강한 입자), Enlarged(확장된 입자), Stippled(전경색과 배경색으로 뿌려줌), Horizontal(검은 가로줄), Vertical(검은 세로줄), Speckle(얼룩진 입자 표현)

SECTION 110 텍스처 그림으로 변신
Filter Gallery-Texture

이미지에 독특한 질감이나 텍스처를 적용하는 필터들로 구성되어 있습니다.

Texture(텍스처 효과)

① Craquelure(균열)
벽면이 갈라져 균열이 간 것처럼 표현합니다.

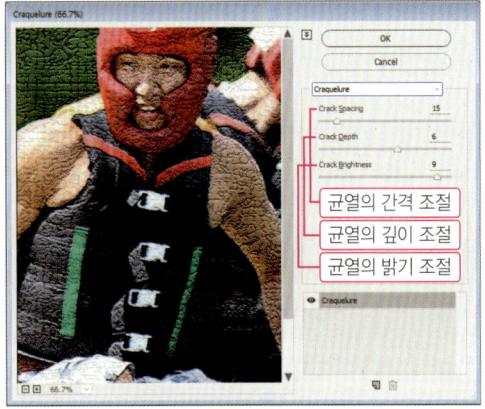
- 균열의 간격 조절
- 균열의 깊이 조절
- 균열의 밝기 조절

② Grain(그레인)
10가지 종류의 작은 입자나 알갱이가 뿌려진 효과를 표현합니다.

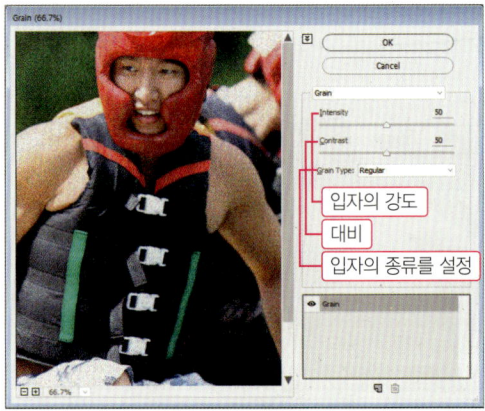
- 입자의 강도
- 대비
- 입자의 종류를 설정

③ Mosaic Tiles(모자이크 타일)
불규칙한 모자이크 타일 효과를 표현합니다.

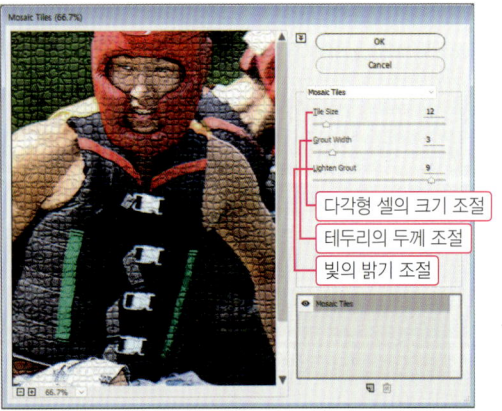
- 다각형 셀의 크기 조절
- 테두리의 두께 조절
- 빛의 밝기 조절

④ Patchwork(이어붙이기)
사각의 천 조각을 이어 붙인 이미지를 표현합니다.

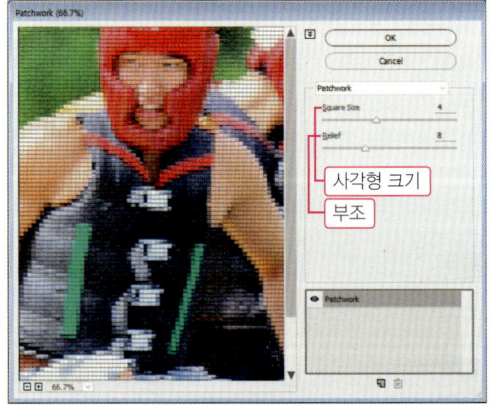
- 사각형 크기
- 부조

TIP Stained Glass(채색 유리) 필터는 유리를 장식하는 다각형의 스테인드 글라스 효과를 표현합니다. Texturizer(텍스처화) 필터는 이미지에 독특한 질감을 만드는 텍스처를 만들어줍니다.

SECTION 111

굴곡 보정하기
Adaptive Wide Angle

`CS6`

광각 렌즈나 어안 렌즈(Fish Eye Lens)를 사용하여 찍은 사진은 굴곡이 심해 왜곡된 사진이 나타나곤 하는데, 각 옵션을 조절하여 이를 교정하는 필터입니다.

Adaptive Wide Angle 대화상자

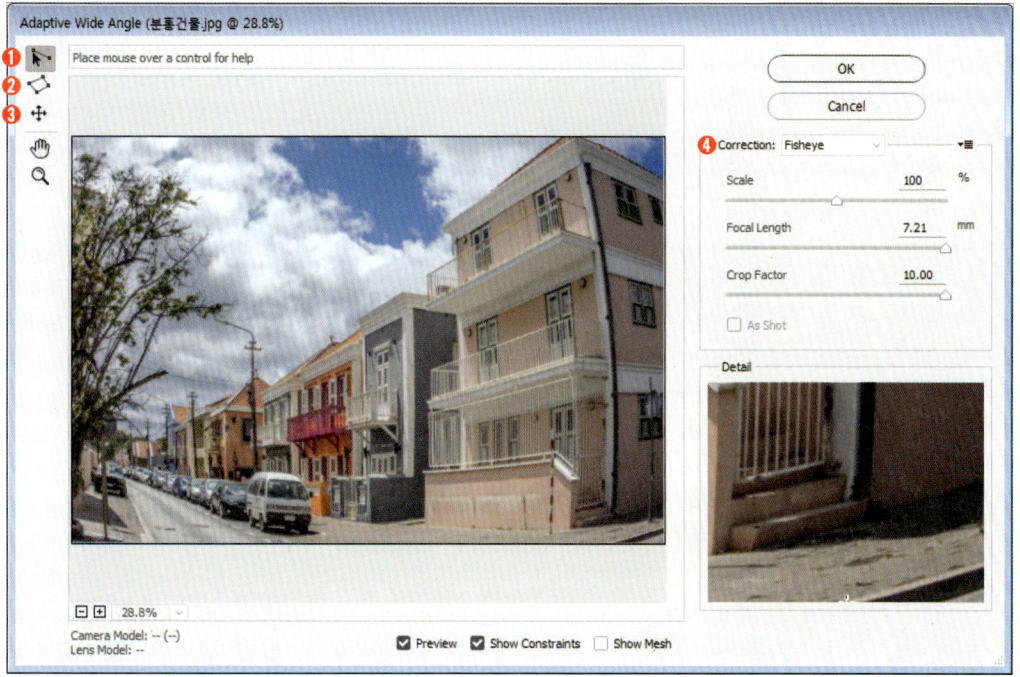

❶ **Constraint Tool(제한 툴)** : 휘어 있는 이미지에 기준선을 만들어 왜곡된 이미지를 바르게 교정합니다.
❷ **Polygon Constraint Tool(다각형 제한 툴)** : 사각 기준 영역을 만들어 옵션을 조절하며 왜곡을 보정합니다.
❸ **Move Tool(이동 툴)** : 이미지를 이동합니다.
❹ **Correction(교정)** : Fisheye(어안), Perspective(원근), Auto(자동), Full Spherical(원형의 구) 중에 선택합니다.
　- **Scale(비율)** : 크기를 적용합니다.
　- **Focal Length(초점 거리)** : 중심에서부터의 초점 거리로 수치가 클수록 변형이 적습니다.
　- **Crop Factor(크롭 팩터)** : 크롭 팩터 길이를 적용합니다.

SECTION 112 볼록 렌즈로 촬영한 사진 교정하기

Adaptive Wide Angle

어안 렌즈로 촬영한 사진은 구부러져 보이는 데 패스를 이용하여 손쉽게 똑바로 펴보겠습니다.

[준비파일] 9장\분홍건물.jpg   [완성파일] 9장-완성\분홍건물(완성).psd

01 '분홍건물.jpg' 파일을 불러온 후, [Filter]-[Adaptive Wide Angle] 메뉴를 클릭합니다.

02 왜곡된 부분 교정하기

Correction은 'Fisheye'로 설정된 상태에서 다각형 제한 툴( )을 클릭한 후, 사각형의 시작 지점을 클릭하고 끝 지점까지 계속 클릭하여 처음 지점으로 되돌아옵니다.

03 나머지 옵션은 다음과 같이 설정합니다. Scale를 '85', Focal Length를 '5', Crop Factor를 '5.17'로 설정합니다.

04 제한 툴( )을 클릭한 후, 똑바로 펼 도로의 시작 지점을 클릭하고 도로의 끝 지점으로 이동하여 클릭합니다.

05 투명 윤곽 잘라내기

자르기 툴( )을 클릭한 후, 왜곡된 부분을 피면서 생긴 투명 픽셀을 제외하고 드래그한 다음 Enter를 눌러 실행합니다.

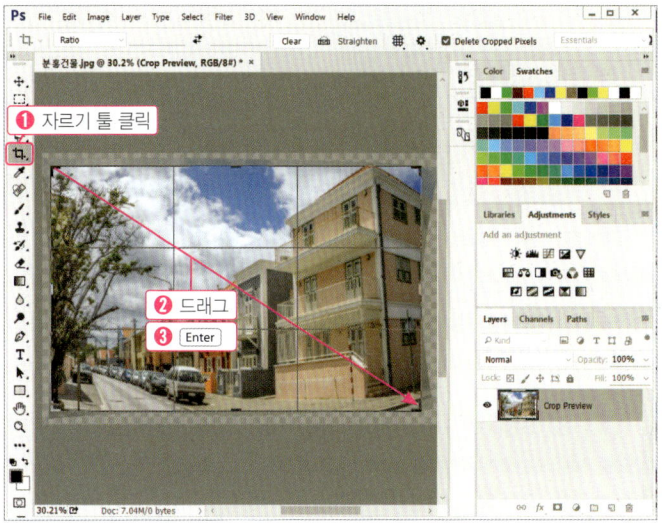

SECTION 113 카메라 RAW 파일 보정
Camera Raw Filter

ORF(올림푸스), NEF, NRW(니콘), CRW, CR2(캐논), ARW(소니) 등 각 회사마다 고유의 파일 확장자가 있으나, 통상 Raw 파일이라고 부릅니다. 이 파일들을 전문적으로 처리할 수 있는 Adobe Camera Raw(ACR) 기능이 CC 버전부터 필터로 적용할 수 있게 되었습니다.

Camera Raw Filter 대화상자

❶ Zoom Tool(🔍, 돋보기 툴(Z)) : 이미지를 확대하거나 축소합니다.
❷ Hand Tool(✋, 손바닥 툴(H)) : 확대하여 보이지 않은 이미지를 드래그하여 봅니다.
❸ White Balance Tool(🖉, 흰색 균형 툴(I)) : 클릭한 지점을 기준으로 색상을 보정합니다.
❹ Color Sampler Tool(🖉, 색상 샘플러 툴(S)) : 최대 9개의 색상 샘플을 볼 수 있습니다.
❺ Targeted Adjustment Tool(🖉, 타깃 보정 툴(T)) : 드래그한 지점을 기준으로 색상, 채도, 광도, 흑백을 보정합니다.
❻ Spot Removal Tool(🖉, 스폿 제거 툴(B)) : 흠이 있는 곳을 클릭하거나 드래그하여 복원합니다.
❼ Red Eye Removal Tool(👁, 레드 아이 툴(E)) : 붉은 눈동자의 색상을 보정합니다.
❽ Adjustment Brush Tool(🖌, 보정 브러시 툴(K)) : 브러시 영역 안을 드래그하면서 보정합니다.
❾ Graduated Tool(◧, 점차적 필터 툴(G)) : 드래그한 영역을 선형으로 점차적으로 보정합니다.

❿ Radial Tool(ⓞ , 방사형 필터 툴(J)) : 드래그한 영역을 방사형으로 보정합니다.
⓫ 전체 화면 모드( ) : 클릭하면 전체 화면으로 표시되고 다시 클릭하면 원래 크기로 되돌아옵니다.
⓬ 히스토그램 그래프 : 히스토그램 그래프에서 직접 각 영역(Blacks, Shadows, Exposure, Highlights, Whites)을 드래그하여 조절할 수 있습니다. 검정 슬라이더(▲)는 Highlights, Shadows 색날림 경고 아이콘입니다.
⓭ 탭 아이콘 : 보정 기능을 탭 아이콘으로 모아 놓은 공간입니다.
⓮ 옵션 창 : 선택한 보정 기능에 대한 세부 옵션 창입니다.
⓯ 전후 보기 교체( ) : 보정 전후를 클릭할 때 마다 순차적으로 수직으로 수평으로 보여줍니다. 메뉴를 길게 누르면 메뉴가 나타납니다.
⓰ 전후 설정 교체( ) : 보정 전과 후의 설정을 서로 바꿉니다.
⓱ 이전으로부터 현재 설정 복사( ) : 보정한 설정을 이전 이미지에 동기화합니다.
⓲ 설정 되돌리기( ): 패널의 설정을 초기값으로 되돌립니다.

새로워진 미리 보기

전후 보기 교체( ) 버튼을 누를 때 마다 4가지(Before/After)의 미리 보기 화면으로 전환합니다.

▲ Before/After Left/Right   ▲ Before/After Left/Right Split

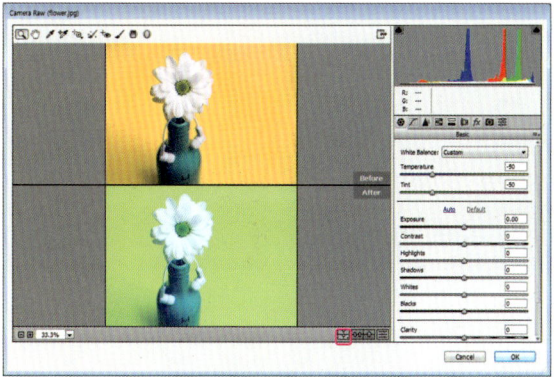 

▲ Before/After Top/Bottom   ▲ Before/After Top/Bottom Split

Basic 탭

Basic 탭에서는 이미지의 기본적인 색온도, 색조, 명암, 명료도, 채도 같은 색감이나 선명도을 보정합니다.

❶ **White Balance(흰색 균형)** : 카메라 설정값
❷ **색온도와 색조**
　- **Temperature(색온도)** : 광원의 따뜻하거나 차가운 색온도를 조절합니다.
　- **Tint(색조)** : 왼쪽(-)으로 이동하면 녹색 기운, 오른쪽(+)으로 이동하면 자주색 기운의 색조를 조절합니다.
❸ **자동 보정(Auto, Default)** : ACR이 제공하는 초기값
　- **Exposure(노출)** : 노출(ⓐ번 영역)을 조절하여 어둡거나 밝은 이미지를 만듭니다. 범위를 벗어나면 이미지의 영역이 빨갛게 변합니다.
　- **Contrast(대비)** : 색상의 대비를 조절하여 대비가 강하거나 뿌연 이미지를 만듭니다.
　- **Highlights(가장 밝은 영역)** : 밝은 영역(ⓓ번 영역)의 명암을 조절합니다.
　- **Shadows(가장 어두운 영역)** : 어두운 영역(ⓑ번 영역)의 명암을 조절합니다.
　- **Whites(흰색 영역)** : 흰색 영역(ⓔ번 영역)을 확장/축소합니다.
　- **Blacks(검정 영역)** : 검정 영역(ⓐ번 영역)을 확장/축소합니다.
❹ **명료도와 채도**
　- **Clarity(명료도)** : 명료하게, 밝은 픽셀은 더 밝게 어두운 픽셀은 더 어둡게. -값이면 픽셀을 뭉갭니다.
　- **Vibrance(활기)** : 활기 있게, 왼쪽(-)으로 이동하면 색이 흐려집니다.
　- **Saturation(채도)** : 왼쪽(-)으로 이동하면 색이 흐려지고 (+)로 이동하면 색이 강해집니다.

▲ Temperature : 30

▲ Temperature : -50

▲ Clarity : 50

▲ Clarity : -70

Tone Curve 탭

커브를 움직여 직관적으로 이미지의 명암을 조절합니다.

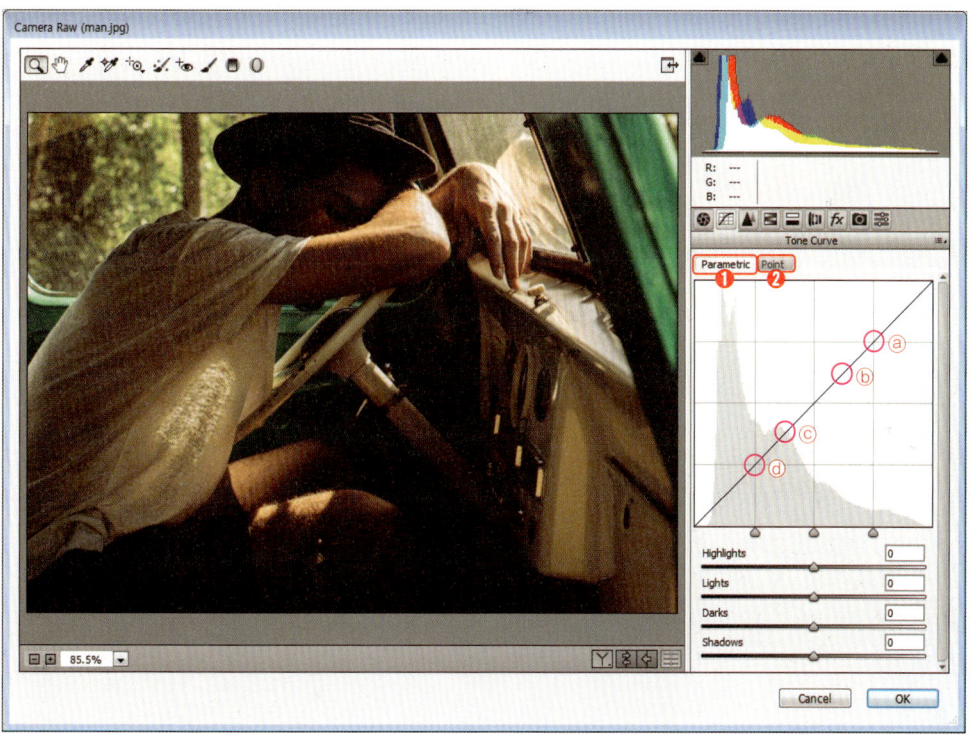

❶ **Parametric(증폭)** : 슬라이더를 이동하여 4개 영역을 조절하여 조정합니다.
  - **Highlights (가장 밝은 영역)** : 가장 밝은 영역(ⓐ번 영역)을 보정합니다.
  - **Lights(밝은 영역)** : 밝은 영역(ⓑ번 영역)을 보정합니다.
  - **Darks(어두운 영역)** : 어두운 영역(ⓒ번 영역)을 보정합니다.
  - **Shadows(가장 어두운 영역)** : 가장 어두운 영역(ⓓ번 영역)을 보정합니다.

❷ **Point(점)** : 커브를 직접 드래그하여 보정합니다.
  - **Curve** : 커브 종류를 설정할 수 있습니다. 클릭하면 포인트가 생겨 이동할 수 있고 Ctrl을 누른 채 클릭하면 포인트를 삭제할 수 있습니다.
  - **Channel** : RGB, Red, Green, Blue 채널 별로 커브를 조절합니다.

▲ Highlights: 100   ▲ Lights :100

▲ Darks:-100   ▲ Shadows:-100

Detail 탭

경계가 불분명한 이미지를 선명하게 만들고 노이즈를 감소시키는 옵션으로 구성되어 있습니다.

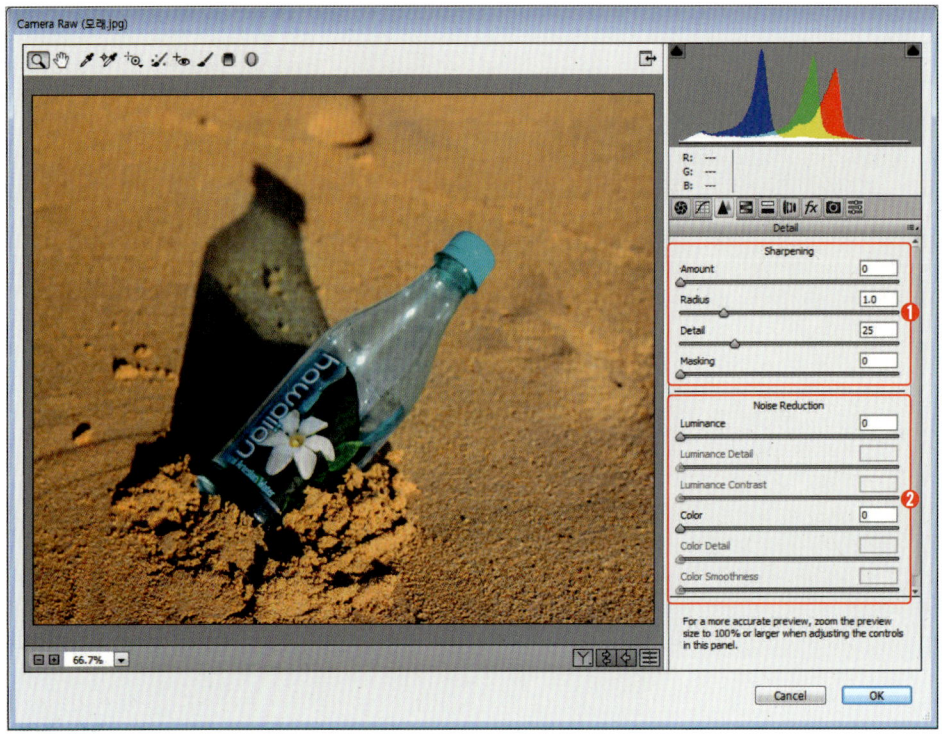

❶ **Sharpening(선명 효과)** : 선명도를 조절합니다.
- **Amount(양)** : 입자의 선명도를 조절합니다.
- **Radius(반경)** : 선명한 반경을 조절합니다.
- **Detail(세부 묘사)** : 입자의 세밀한 정도를 조절합니다.
- **Masking(마스크)** : 이미지의 면은 선명도 조절에서 제외시킵니다.

❷ **Noise Reduction(노이즈 감소)** : 노이즈가 감소합니다.
- **Luminance(광도)** : 밝기에 따라 노이즈를 감소합니다.
- **Luminance Detail(광도 세부 묘사)** : 좀 더 세밀하게 밝기에 따라 노이즈를 감소합니다.
- **Luminance Contrast(광도 대비)** : 대비의 강약을 조절합니다.
- **Color(색상)** : 색감을 조절합니다.
- **Color Detail(색상 세부 묘사)** : 좀 더 세밀하게 색감을 조절합니다.
- **Color Smoothness** : 색감을 부드럽게 완화합니다.

▲ Amount : 150, Radius : 3.0

▲ Luminance : 100, Luminance Detail : 50

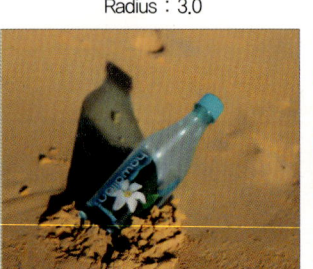

▲ Luminance : 100, Luminance Detail : 0

▲ Amount : 150, Luminance : 100

HSL/Grayscale 탭
사진에서 영역을 지정하여 색상, 채도, 밝기를 색상으로 변경합니다.

❶ **Convert to Grayscale(흑백 전환)** : 흑백 이미지로 변환합니다.
❷ **Hue(색조)** : 원색의 색상을 선택한 후 슬라이더를 이동하여 색상을 변경합니다.
❸ **Saturation(채도)** : 원색의 색상을 선택한 후 슬라이더를 이동하여 채도를 변경합니다.
❹ **Luminance(광도)** : 원색의 색상을 선택한 후 슬라이더를 이동하여 밝기를 변경합니다.

▲ Hue, Blues:100, Purples:100

▲ Saturation, Blues:100, Purples:100

▲ Luminance, Blues:100, Purples:100

▲ Convert to Grayscale 체크, Blues:100, Purples:100

Split Toning 탭

사진의 밝은 영역과 어두운 영역을 구분하여 색상과 채도를 조절한 후, 색상과 채도의 균형을 조절합니다.

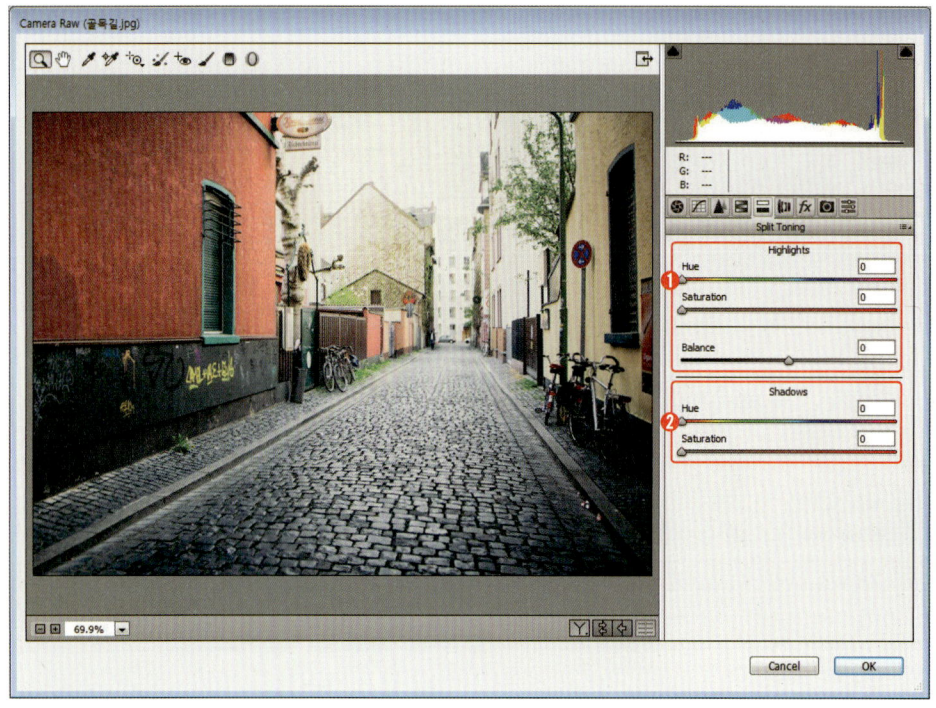

❶ **Highlights (가장 밝은 영역)** : 밝은 영역에 반영합니다.
 – **Hue(색조)** : 이미지에서 밝은 영역의 색상을 변경합니다.
 – **Saturation(채도)** : 이미지에서 밝은 영역의 채도를 변경합니다.
 – **Balance(균형)** : 색상과 채도의 균형을 조절합니다.
❷ **Shadows(가장 어두운 영역)** : 어두운 영역에 반영합니다.
 – **Hue(색조)** : 이미지에서 어두운 영역의 색상을 변경합니다.
 – **Saturation(채도)** : 이미지에서 어두운 영역의 채도를 변경합니다.

▲ Highlights, Saturation : 50

▲ Highlights, Hue : 70, Saturation : 70

▲ Shadows, Saturation : 50

▲ Shadows, Hue : 70, Saturation : 70

Lens Corrections 탭

카메라 렌즈에 의해 왜곡된 사진의 변형을 교정하거나 일부러 왜곡된 이미지를 생성하고 비네팅 현상이 일어난 사진도 제거하거나 반대로 생성할 수 있습니다.

❶ **Color(색상)** : Remove Chromatic Aberration(색수차와 제거)에 관련된 옵션입니다. 색수차는 파장에 따라 굴절률이 달라져서 생기는 렌즈의 수차로 Defringe(제거) 옵션으로 감소시킬 수 있습니다.

❷ **Upright** : 왜곡을 자동 교정합니다.
   - Off : 교정 취소
   - Auto : 자동 원근 교정
   - Level : 가로 원근 조정
   - Vertical : 세로 원근 교정
   - Full : 가로 세로 원근 조정

❸ **Transform(변형)** : 형태를 변형합니다.
   - Distortion(왜곡) : 이미지를 올록볼록하게 변형합니다. 왼쪽(-)으로 이동하면 볼록한 형태입니다.
   - Vertical(수직): 사다리꼴로 세로로 늘립니다.
   - Horizontal(수평) : 사다리꼴로 가로로 늘립니다.
   - Rotate(회전) : 이미지를 회전합니다.
   - Scale(비율) : 이미지의 크기를 확대 축소합니다.
   - Aspect(종횡비율) : 측면의 비율을 조절합니다.

❹ **Lens Vignetting(렌즈 비네팅)** : 외곽을 어둡게 비네팅 효과를 적용합니다.
   - Amount(양) : 외곽을 어둡거나 밝게 비네팅 효과를 적용합니다.
   - Midpoint(중간점) : 비네팅 영역의 중간 너비를 조절합니다.

▲ Distortion : 100

▲ Distortion : −100, Scale : 80

▲ Lens Vignetting, Amount : −100

▲ Lens Vignetting, Amount : −100, Midpoint : 0

Effects 탭

로모 카메라로 찍은 사진처럼 노이즈를 추가하거나 사진의 가장자리를 어둡게 하여 중앙의 이미지를 집중시키는 비네팅 효과를 생성합니다.

❶ **Dehaze(디헤이즈)** : 안개를 제거하거나 생성합니다.
  – **Amount(양)** : 안개 양을 늘리거나 줄입니다.
❷ **Grain(그레인)** : 그레인, 노이즈를 적용합니다.
  – **Amount(양)** : 노이즈의 적용 정도로 양을 조절합니다.
  – **Size(비율)** : 노이즈의 크기를 조절합니다.
  – **Roughness(거칠기)** : 노이즈의 부드럽기와 거친 정도를 조절합니다.
❸ **Post Crop Vignetting(크롭 후 비네팅)** : 크롭한 것처럼 테두리를 만들거나 비네팅 효과를 적용합니다.
  – **Amount(양)** : 사진의 가장자리를 어둡게 하거나 밝게 하여 비네팅 효과를 만듭니다.
  – **Midpoint(중간점)** : 사진의 중간 비네팅 영역을 조절합니다.
  – **Roughness(거칠기)** : 비네팅 모양의 거칠기를 조절합니다.
  – **Feather(페더)** : 비네팅 경계 영역의 부드럽기를 조절합니다.
  – **Highlights(밝은 영역)** : 밝은 영역을 조절합니다.

▲ Dehaze, Amount : 100

▲ Dehaze, Amount : −100

▲ Post Crop Vignetting, Amount : 100

▲ Post Crop Vignetting, Amount : −100

Camera Calibration 탭

빛의 삼원색인 Red, Green, Blue의 색상을 기본으로 하여 색상을 변경하고 채도를 조절합니다.

❶ **Shadows(가장 어두운 영역)** : 초록에서 자주색 계열까지 보정합니다.
❷ **Red Primary(빨강 계열)** : 이미지의 빨간 색상에 대해 색상과 채도를 보정합니다.
❸ **Green Primary(녹색 계열)** : 이미지의 초록 색상에 대해 색상과 채도를 보정합니다.
❹ **Blue Primary(파란 계열)** : 이미지의 파란 색상에 대해 색상과 채도를 보정합니다.

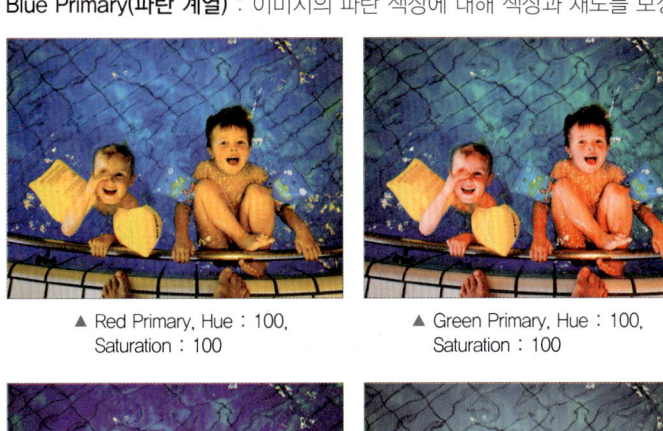

▲ Red Primary, Hue : 100, Saturation : 100　　▲ Green Primary, Hue : 100, Saturation : 100

▲ Blue Primary, Hue : 100, Saturation : 100　　▲ Blue Primary, Saturation : −100

SECTION 114 디헤이즈를 이용하여 안개 제거하기

Camera Raw Filter

카메라 로우 필터에서 새롭게 선보인 Dehaze(안개 제거) 기능을 이용하여 안개를 제거해 보고 Vignetting(비네팅)을 이용하여 테두리를 넣어보겠습니다.

[준비파일] 9장\안개.jpg   [완성파일] 9장-완성\안개(완성).jpg

01 '안개.jpg' 파일을 불러온 후, [Filter]-[Camera Raw Filter] 메뉴를 클릭합니다.

02 안개 제거하기

Effects 탭을 클릭하여 Dehaze를 '100'으로 설정하여 안개를 제거합니다.

03 Before/After 화면 보기

전후 보기 교체(`Y`) 버튼을 클릭하고 화면 전환을 통해 이미지를 비교해 봅니다. 4번 더 클릭해 원래의 보기 모드로 되돌아옵니다.

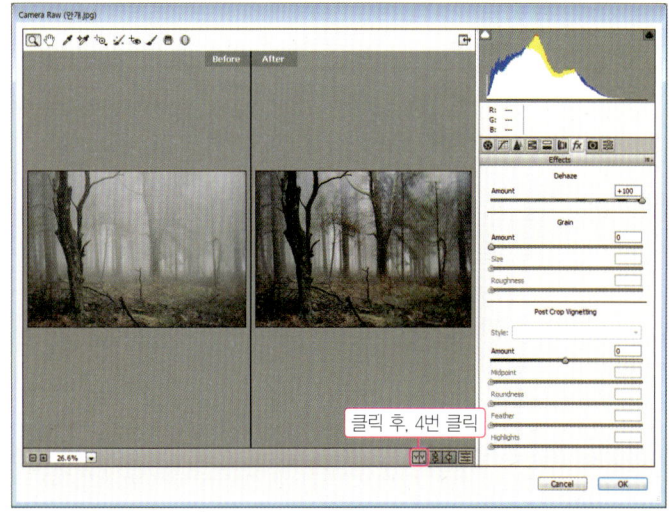

04 보정하기

점차적 필터 툴(`■`)을 클릭한 후, 위에서 아래로 드래그합니다. Graduated Filter 옵션 창에서 Temperature를 '20'으로 설정합니다. 드래그한 영역이 선형으로 점차적으로 보정됩니다.

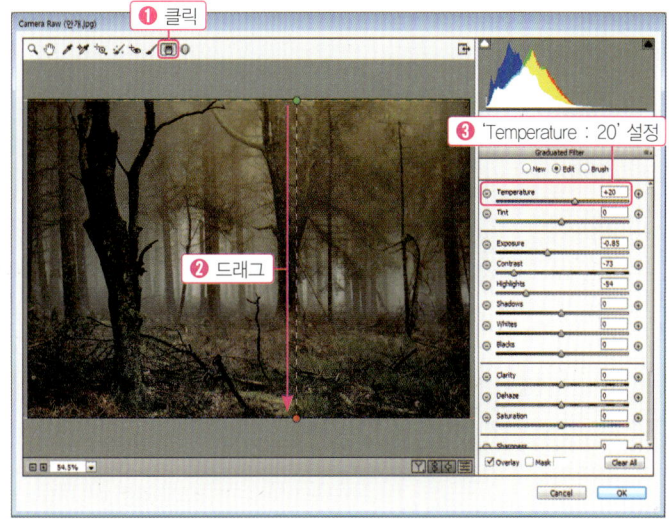

05 테두리 주기

Effects 탭의 옵션을 활성화하기 위하여 먼저 돋보기 툴(`Q`)을 클릭하고 Post Crop Vignetting 항목에서 Amount를 '100', Midpoint를 '0', Roundness를 '-100'으로 설정하여 테두리를 생성한 다음 'OK' 버튼을 클릭합니다.

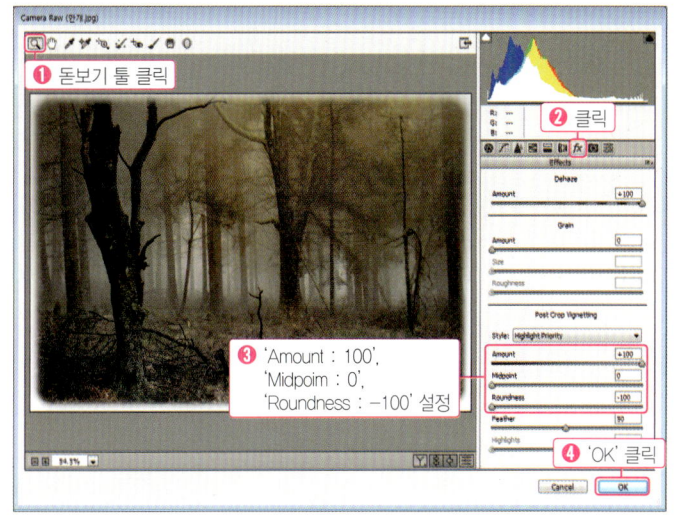

SECTION 115 왜곡된 렌즈 효과 교정하기
Lens Correction

Lens Correction 필터를 이용해 광각이나 망원 촬영 시 왜곡된 오목 렌즈 사진이나 볼록 렌즈 사진을 보정하거나 가장자리가 어두워진 비네팅 효과를 교정할 수 있습니다. 반대로 오목 렌즈나 볼록 렌즈를 사용한 사진을 만들 수도 있습니다.

Lens Correction(렌즈 교정) 대화상자

❶ **Remove Distortion Tool**(, 왜곡 제거 툴) : 오목하거나 볼록하게 변형된 부분을 교정합니다.
❷ **Straighten Tool**(, 똑바르게 하기 툴) : 드래그한 영역을 기준으로 똑바르게 합니다.
❸ **Move Greed Tool**(, 격자 이동 툴) : 격자를 이동할 수 있습니다.
❹ **Auto Correction**(자동 교정) : 카메라 제조업체, 모델, 렌즈 모델을 설정하면 기하학적 왜곡, 색수차, 비네팅을 자동 교정해줍니다.
❺ **Geometric Distortion**(기하학적 왜곡) : 오목하거나 볼록한 왜곡을 교정합니다.
❻ **Chromatic Aberration**(색수차) : 이미지 경계 색상의 어긋나는 색수차 현상을 교정합니다.
❼ **Vignette**(비네팅) : 렌즈로 인한 외곽의 어두워지는 비네팅 효과를 추가합니다.
  – **Amount**(양) : 값이 커질수록 이미지의 가장자리가 밝아지고, 작아질수록 어두워집니다.
  – **Midpoint**(중간점) : 적용될 영역의 너비를 지정합니다.
❽ **Transform**(변형) : 사진을 변형시킵니다.
  – **Vertical Perspective**(수직 원근) : 카메라를 상하로 기울여 찍은 효과입니다
  – **Horizontal Perspective**(수평 원근) : 카메라를 좌우로 기울여 찍은 효과입니다.
  – **Angle**(각도) / **Scale**(비율) : 이미지를 회전하고 비율을 변형합니다.

SECTION 116 기울어진 앵글 변경하기
Lens Correction

기울어진 피사의 사탑을 렌즈 교정 필터를 이용하여 바로 세워 보겠습니다.

📁 [준비파일] 9장\피사.jpg   📁 [완성파일] 9장-완성\피사(완성).jpg

01 '피사.jpg' 파일을 불러온 후, [Filter]-[Lens Correction] 메뉴를 클릭합니다.

02 Show Grid를 체크한 후, 똑바르게 하기 툴(📷)을 선택하고 이미지에서 수직으로 맞출 부분을 드래그합니다.

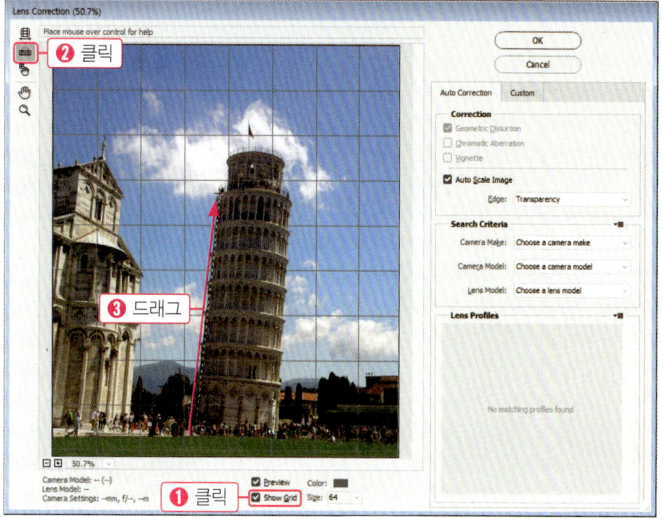

03 이미지가 똑바로 펴지는 것을 확인할 수 있습니다. Custom 탭을 클릭하면 Angle에 기울기 각도가 표시됩니다.

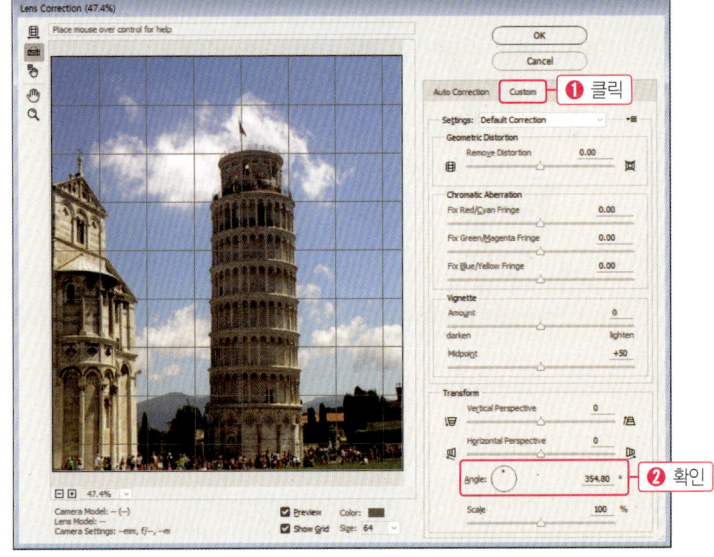

> **TIP** 피사의 사탑은 5.5°기울었다고 합니다. Angle에 354.5를 직접 입력해도 됩니다.

04 Vertical Perspective를 '-50'으로 설정하여 수직 원근을 조절합니다. 'OK' 버튼을 클릭합니다.

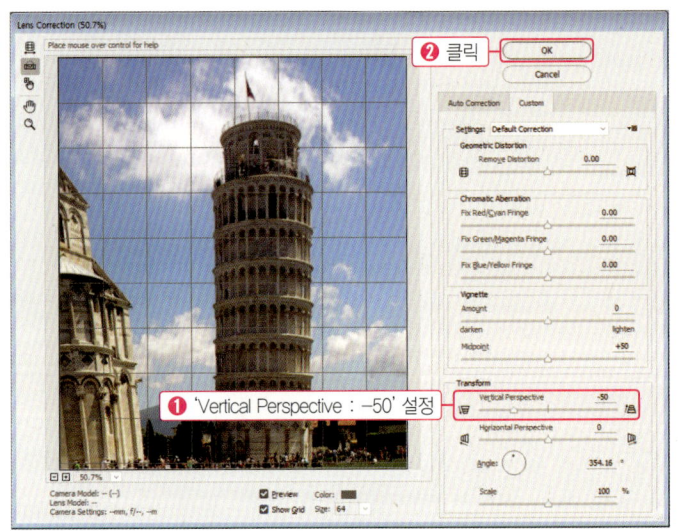

05 기울어진 피사의 사탑이 똑바로 섰습니다.

SECTION 117 픽셀을 밀어 유동화하기
Liquify

이미지의 픽셀을 연장시켜 끊김 없이 구부리거나 비틀고, 확장, 축소, 반사시키는 기능입니다. 옵션에서 Mesh(그물)를 이용하면 이미지가 어떻게 변형되었는지 쉽게 구분할 수 있습니다.

Liquify(픽셀 유동화) 대화상자

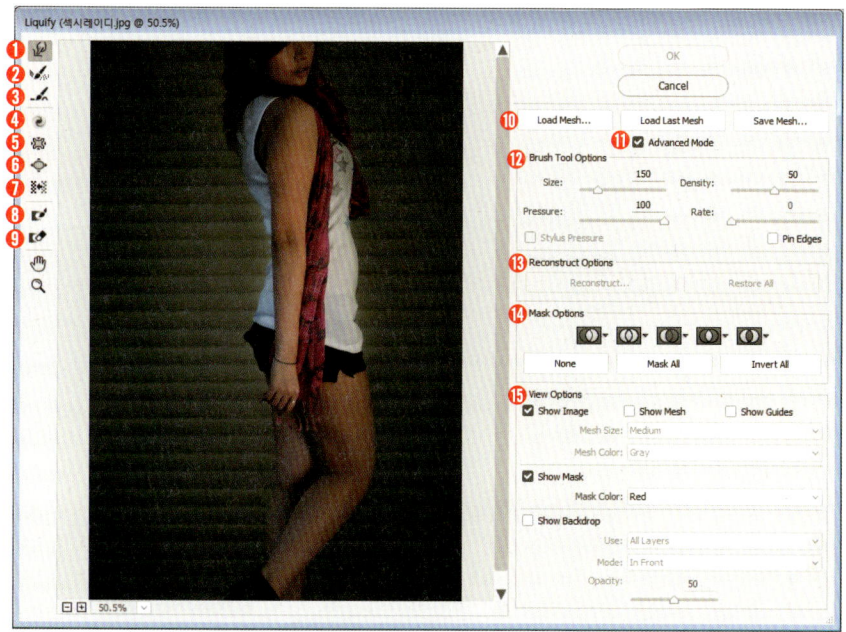

❶ Forward Wrap Tool(, 뒤틀기 툴(X)) : 드래그하여 픽셀을 밀어냅니다.
❷ Reconstruct Tool(, 재구성 툴(R)) : 드래그하여 변형된 이미지를 복구합니다.
❸ Smooth Tool(, 부드럽기 툴(E)) : 변형된 부분을 부드럽게 펴줍니다.
❹ Twirl Clockwise Tool(, 시계 방향 돌리기 툴(C)) : 시계 방향으로 이미지가 돌아갑니다.
❺ Pucker Tool(, 오목 툴(S)) : 중앙 영역으로 픽셀이 오므라들면서 이미지가 축소됩니다.
❻ Bloat Tool(, 볼록 툴(B)) : 중앙 영역으로부터 픽셀이 부풀려지면서 이미지가 확대됩니다.
❼ Push Left Tool(, 왼쪽 밀기 툴(O)) : 위로 드래그하면 왼쪽으로 밀어 변형합니다.
❽ Freeze Mask Tool(, 마스크 고정 툴(F)) : 마스크 영역을 만들어 변형이 일어나지 않게 칠합니다.
❾ Thaw Mask Tool(, 마스크 고정 해제 툴(D)) : 붉은 영역의 마스크 영역을 지워 마스크를 해제합니다.
❿ Load Mash(메시 불러오기) / Load Last Mash (마지막 사용한 메시 불러오기)/ Save Mash(메시 저장) : 저장한 작업을 불러와 자동 작업. 마지막에 사용한 작업을 다시 불러와 자동 작업. 작업한 결과를 저장합니다.
⓫ Advanced Mode(확장 모드) : 체크하면 전체 옵션이 확장되어 나타납니다.
⓬ Brush Tool Options(브러시 옵션) : 브러시의 크기, 밀도, 압력, 비율 등을 조절할 수 있습니다.
⓭ Reconstruct Options(재구성 옵션) : 사용자가 변형시킨 이미지를 재구성하거나 원래대로 복구합니다.
⓮ Mask Options(마스크 옵션) : 이미지가 변형되지 않게 Mask 영역을 세부적으로 변경할 수 있습니다.
⓯ View Options(보기 옵션) : 보기 옵션 설정으로 그물 모양의 메시, 마스크 영역, 배경과의 보기를 설정합니다.

SECTION 118 가상으로 몸매 성형해보기
Liquify

픽셀을 밀어 이미지를 연장하거나 확장, 축소하여 작은 가슴이나 엉덩이는 볼륨 있게 수정하고, 굵은 팔뚝은 슬림하게 보이도록 만들어봅니다.

[준비파일] 9장\섹시 레이디.jpg   [완성파일] 9장-완성\섹시 레이디.jpg

01 '섹시 레이디.jpg' 파일을 불러온 후, [Filter]-[Liquify] 메뉴를 클릭합니다.

02 Forward Wrap Tool( )을 클릭한 후, 'Advanced Mode'를 체크하여 옵션을 확장합니다. Size를 '150', Density를 '50', Pressure를 '100'으로 설정한 다음 이미지 위에 마우스 포인터를 놓고 바깥쪽으로 조금씩 드래그하여 가슴을 키워봅니다.

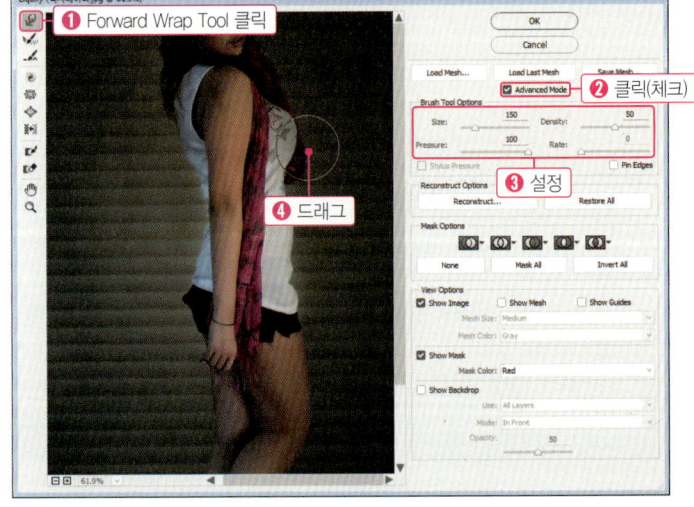

TIP Reconstruct Tool( )을 선택한 후, 부자연스러운 곳은 지워줍니다.

03 Pucker Tool()을 클릭한 후, Size를 '150', Density를 '30', Rate를 '10'으로 설정하여 두꺼운 팔뚝을 클릭, 이동하여 클릭하는 방법으로 축소합니다. 같은 방법으로 나온 배도 축소합니다.

TIP 한 번에 드래그하면 부자연스럽게 축소되므로 클릭하는 방법으로 사용하고 볼록 나온 배 부분도 클릭하여 안으로 넣습니다. Forward Wrap Tool( )을 사용하여 밀거나 당기면서 변형하여 봅니다.

04 Bloat Tool( )을 클릭한 후, Size를 '100', Density를 '50', Rate를 '80'으로 설정하여 엉덩이 부분을 클릭하여 확대한 다음 'OK' 버튼을 클릭합니다.

05 밋밋한 몸매를 볼륨 있는 몸매로 완성했습니다.

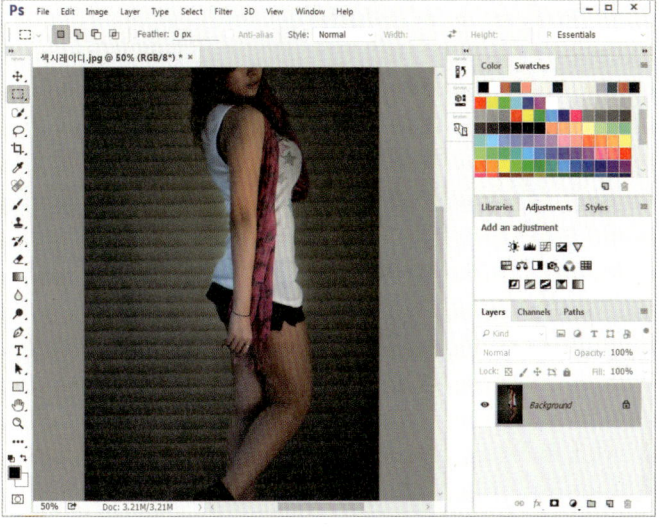

SECTION 119 원근감 있는 사진 합성하기
Vanishing Point

Vanishing Point는 소실점이란 뜻으로, 이미지를 그대로 복제하거나 연장하는 것이 아니라 소실점을 유지하면서 복제하거나 이미지를 맵핑할 수 있습니다.

Vanishing Point(소실점) 대화상자

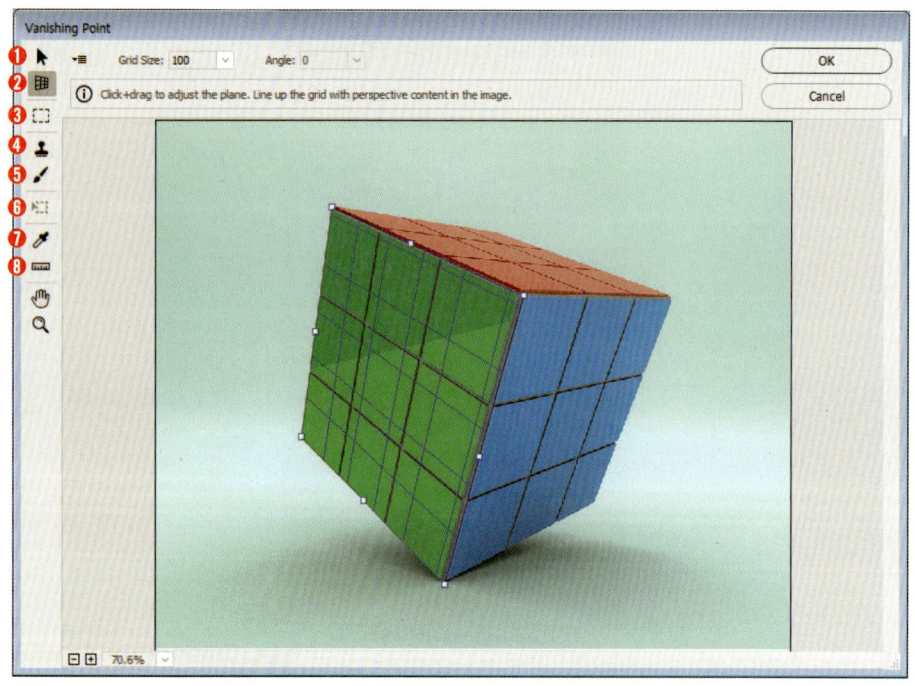

❶ **Edit Plane Tool**(, 평면 편집 툴(V)) : 생성된 평면을 선택하거나 크기를 조절합니다.
❷ **Create Plane Tool**(, 평면 만들기 툴(C)) : 원근법 형태로 평면을 생성하는 도구입니다.
❸ **Marquee Tool**(, 선택 윤곽 툴(M)) : 사각 영역을 선택합니다.
❹ **Stamp Tool**(, 도장 툴(S)) : Alt 를 누른 채 클릭하여 기준점을 설정하고, 이동하여 드래그하며 원근감 있게 표현합니다.
❺ **Brush Tool**(, 브러시 툴(B)) : 먼 곳은 가늘게, 근거리는 굵게 원근감을 살려 채색합니다.
❻ **Transform Tool**(, 변형 툴) : 이미지를 변형합니다.
❼ **Eyedropper Tool**(, 스포이트 툴(I)) : 브러시의 색상을 선택합니다.
❽ **Measure Tool**(, 측정 툴(R)) : 거리를 측정합니다.

SECTION 120 큐브에 입체적 사진 합성하기
Vanishing Point

입체적인 큐브 면에 복사 이미지를 여러 면에 붙이고 자연스럽게 소실점을 맞춰 보겠습니다.

[준비파일] 9장\보트.jpg, 큐브.jpg   [완성파일] 9장-완성\보트(완성).jpg

01 '보트.jpg' 파일을 불러온 후 Ctrl + A , Ctrl + C 를 눌러 복사합니다.

02 Ctrl + W 를 눌러 창을 닫습니다.

03 '큐브.jpg' 파일을 불러온 후 Layers 패널에서 Create a new layer( ) 버튼을 클릭하여 새 레이어를 생성합니다. [Filter]-[Vanishing Point] 메뉴를 클릭합니다.

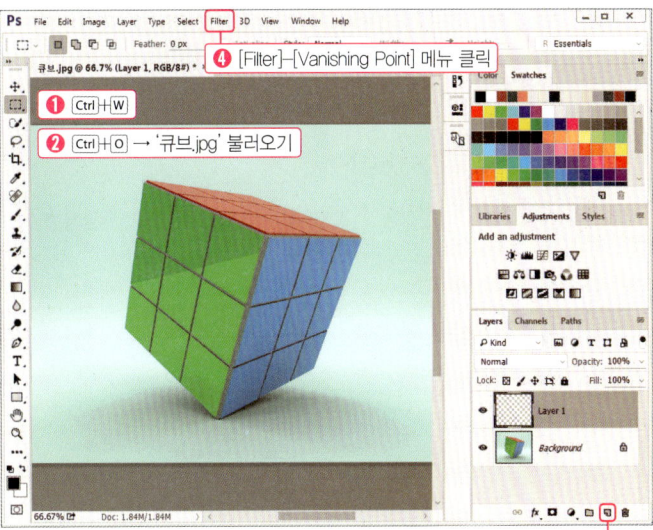

04 Vanishing Point 대화상자가 나타나면 평면 생성 툴(▦)을 클릭한 후, 그림처럼 4개의 점을 클릭합니다. 면을 생성하면 자동으로 평면 편집 툴(▶)로 변경되며, 4 모서리 점을 이동하여 크기를 맞춥니다.

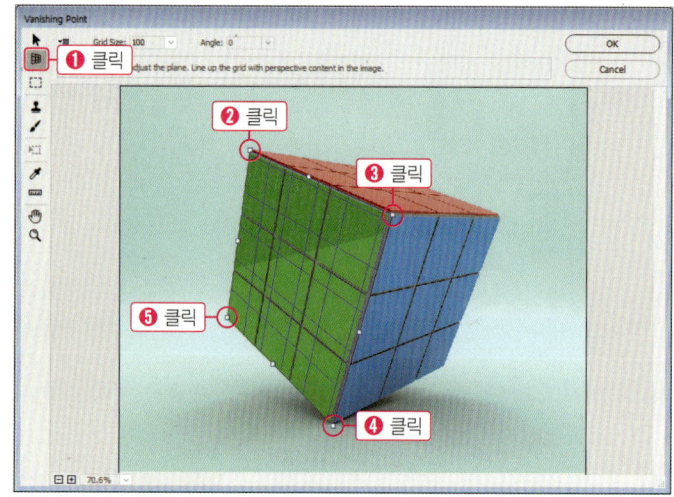

05 다시 평면 생성 툴(▦)을 클릭한 후, 중간점을 바깥쪽으로 드래그합니다. 연장되어 사각형이 만들어집니다. 자동으로 평면 편집 툴(▶)로 변경되면 모서리 점을 조절하여 그림에 맞춥니다.

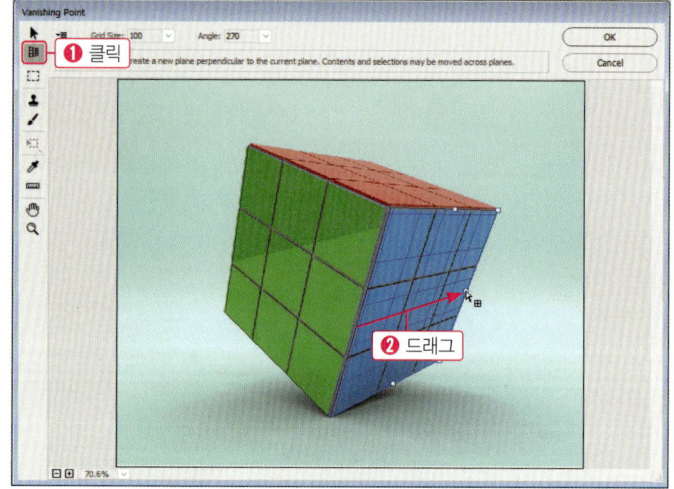

06 Ctrl+V를 눌러 이미지를 붙입니다.

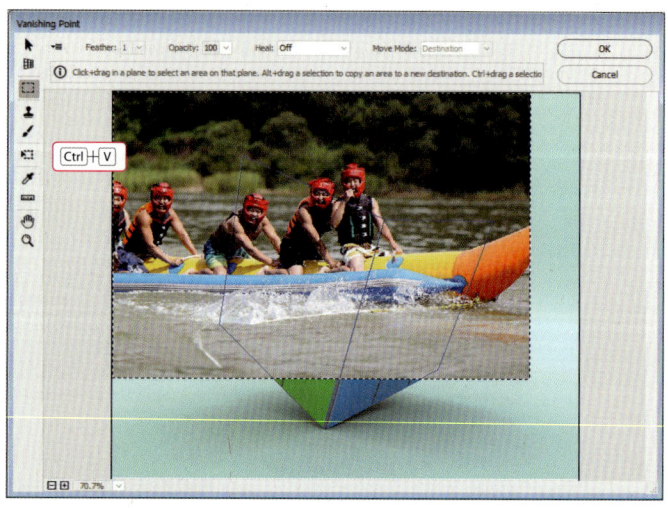

07 변형 툴( )을 클릭하고 사각 안쪽으로 드래그하여 크기를 줄입니다. 위치를 조절하면 자동으로 사각 이미지 안으로 들어옵니다.

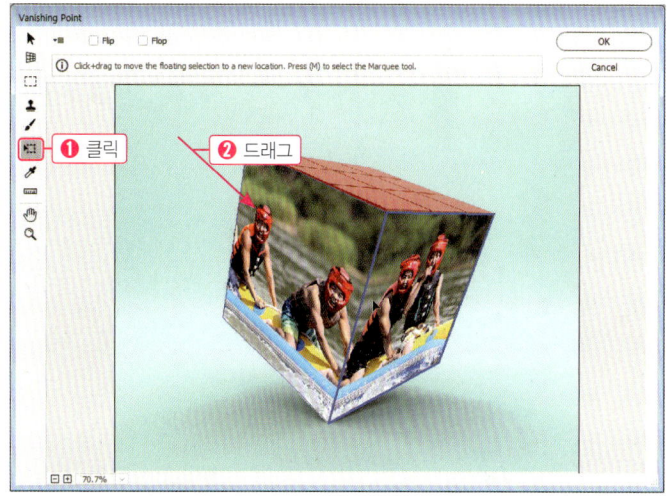

08 같은 방법으로 평면 생성 툴( )을 클릭한 후, 윗면의 사각을 만듭니다.

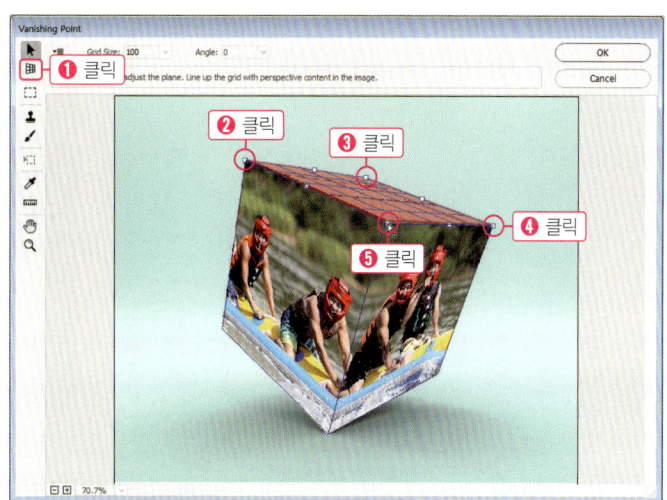

09 Ctrl+V를 눌러 이미지를 붙입니다. 변형 툴( )을 클릭하고 크기를 줄이고 회전하여 완성되면 'OK' 버튼을 클릭합니다.

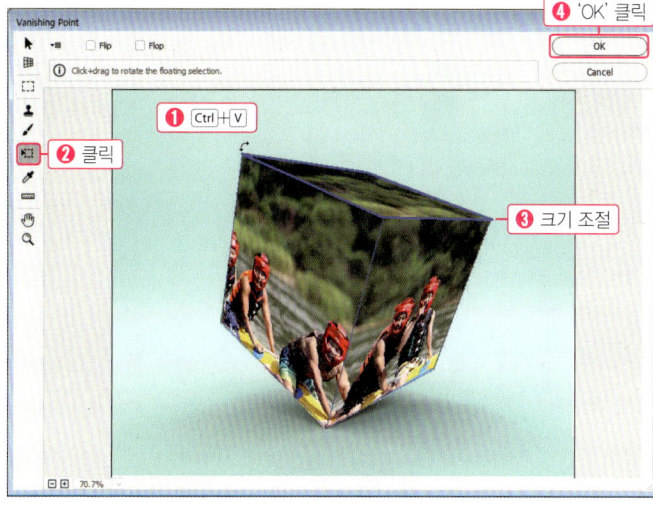

SECTION 121 아웃포커스처럼 흐릿하게 만들기
Blur

블러 필터는 카메라의 초점이 맞지 않은 것처럼 이미지를 흐리게 하거나 속도감을 주어 이미지를 흐리게 하는 필터로 구성되어 있습니다. 그 외에도 이미지에 노이즈가 보이거나 모아레(Moire) 현상이 생겼을 때 블러를 적용하여 제거할 수 있습니다.

Blur(흐림 효과)

① Average(평균)
픽셀의 평균값을 계산하여 나타내기 때문에 보통 회색으로 나타납니다.

② Blur/Blur More(흐리게/더 흐리게)
블러 필터는 이미지의 픽셀들을 부드럽게 합니다. 블러 모아 필터는 블러 필터를 더욱 강하게 준 것입니다.

③ Box Blur(상자 블러)
사각 박스 모양으로 흔든 듯한 블러 효과를 표현합니다.

④ Gaussian Blur(가우시안 블러)
가우시안 블러 필터는 수치에 의해 단계적으로 적용할 수 있습니다.

⑤ Lens Blur(렌즈 흐림 효과)
사용자가 선택 영역을 미리 지정하거나 블러의 모양, 밝기, 노이즈 등 세밀하게 블러를 적용할 수 있도록 구성되어 있습니다.

⑥ Motion Blur(동작 흐림 효과)
모션 블러 필터는 속도감을 주어 움직이는 듯한 효과를 줍니다.

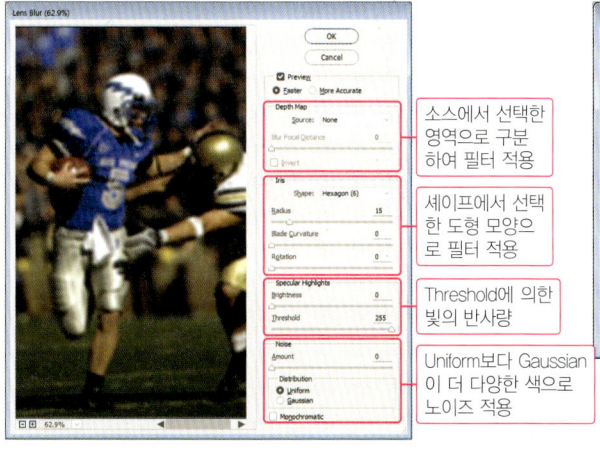

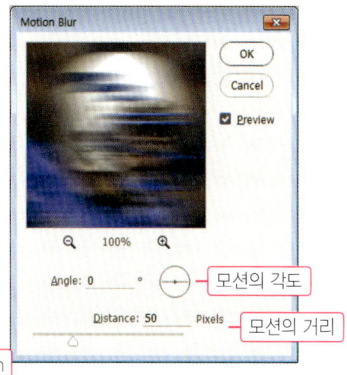

⑦ Radial Blur(방사형 흐림 효과)
카메라로 회전시켜 찍은 효과나 줌 효과를 만듭니다.

⑧ Shape Blur(모양 흐림 효과)
선택한 셰이프의 모양으로 블러의 형태를 결정합니다.

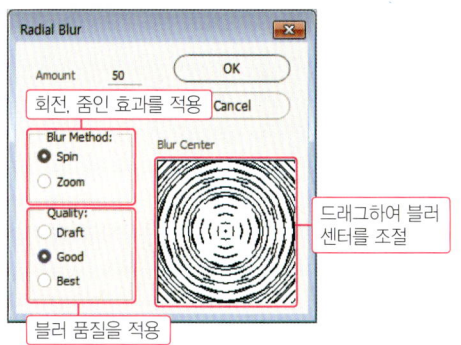

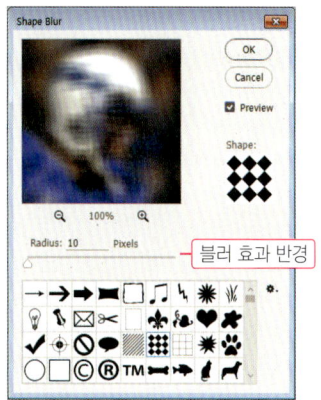

⑨ Smart Blur(고급 흐림 효과)
똑똑한 블러라는 뜻으로 전체적인 윤곽은 유지하면서 블러를 실행합니다.

⑩ Surface Blur(표면 흐림 효과)
Threshold에서 설정한 기준값으로 이미지의 배경 표면을 흐리게 합니다.

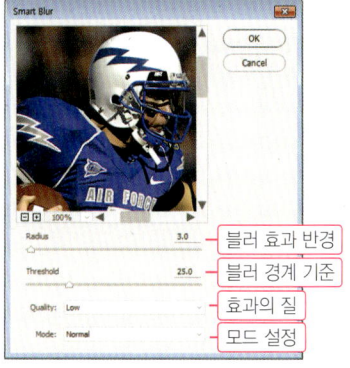

SECTION 122 다양한 방향성의 블러 만들기
Blur Gallery

Blur Gallery에서는 핀을 생성하여 각 핀 마다 다른 값의 블러를 적용할 수 있는 5가지의 블러를 제공하고 있습니다. 'Path Blur'와 'Spin Blur'는 CC 버전에서 새롭게 추가된 기능입니다.

Blur Gallery(흐림 효과)

① Field Blur(필드 블러)
여러 개의 블러 핀을 클릭하여 만든 후, 각기 다른 블러 값을 설정할 수 있고 Delete 를 누르면 삭제할 수 있습니다.

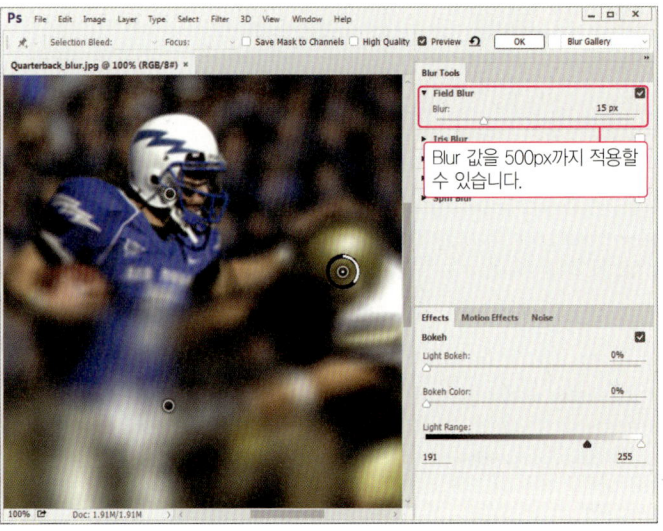

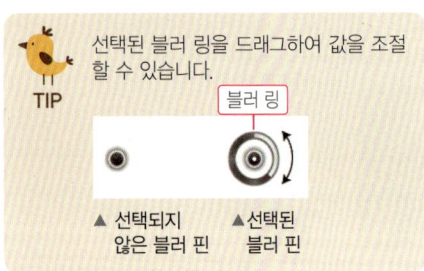

② Iris Blur(조리개 블러)
중심에서 밖으로 퍼져나가는 원 모양의 아웃 포커싱 효과를 만들 수 있습니다. 각도와 범위를 조절해서 원하는 부분만 선명하게 하고 영역 밖의 부분은 흐리게 할 수 있는 효과입니다.

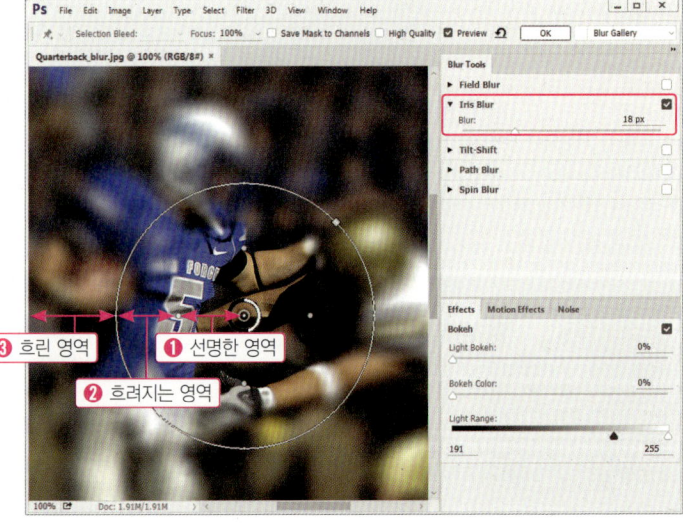

③ Tilt-Shift(기울기 - 이동)
수평(위와 아래)으로 블러 효과를 적용할 수 있습니다. 점선과 직선을 이동하여 간격을 조절하고, 점에 마우스를 위치하면 회전할 수 있습니다.

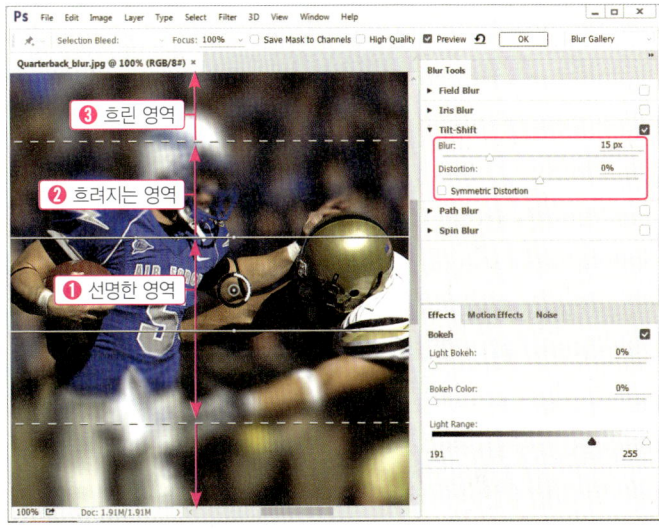

TIP
- Blur : 500px까지 적용할 수 있습니다.
- Distortion : 블러의 왜곡 정도를 조절합니다.
- Symmetric : 대칭으로 왜곡 정도를 조절합니다.

④ Path Blur(패스 블러)
클릭하여 패스 선을 만들고 패스의 방향으로 블러를 적용할 수 있습니다. 더블 클릭하면 패스 선을 끝낼 수 있습니다.

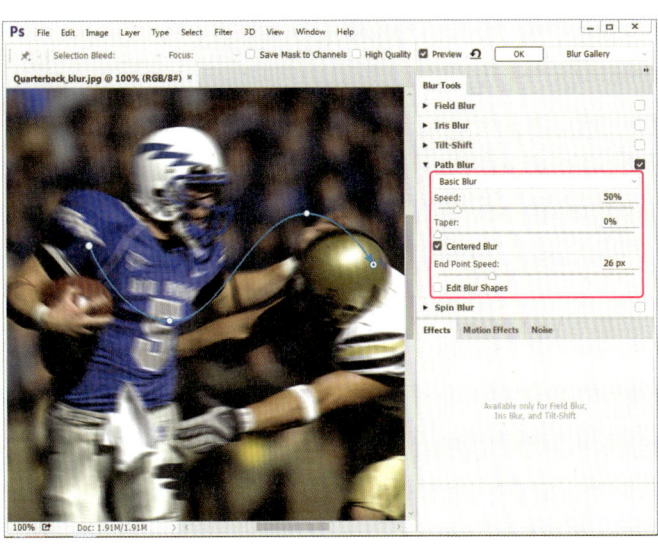

TIP
- Speed : 500%까지 적용할 수 있습니다.
- Taper : 블러의 사라지는 양을 조절합니다.
- Centered Blur : 중앙을 중심으로 적용합니다.
- End Point Speed : 선의 양 끝에 추가하여 블러를 줄 수 있습니다.
- Edit Blur Shapes : 블러 셰이프를 조절합니다.

⑤ Spin Blur(스핀 블러)
중앙에서 회전하는 느낌의 블러입니다.

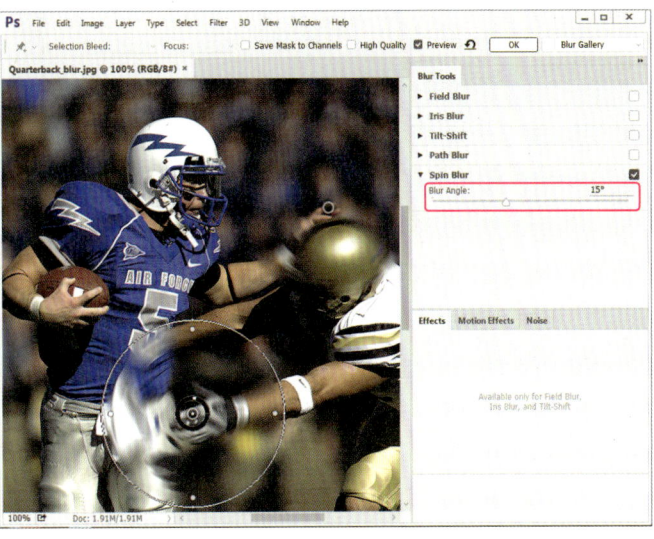

TIP
- Blur Angle : 회전 속도를 조절합니다.

SECTION 123 이미지 왜곡하여 변형하기
Distort

Distort 필터는 이미지의 형태를 변형, 왜곡시키는 필터로 구성되어 있습니다.

Distort(왜곡)

① Displace(변위)

*.PSD 파일의 맵 소스를 불러 이미지의 픽셀을 재배치하여 변형합니다.

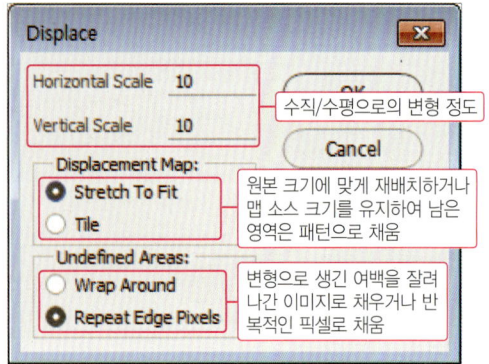

- 수직/수평으로의 변형 정도
- 원본 크기에 맞게 재배치하거나 맵 소스 크기를 유지하여 남은 영역은 패턴으로 채움
- 변형으로 생긴 여백을 잘려나간 이미지로 채우거나 반복적인 픽셀로 채움

② Pinch(핀치)

이미지를 볼록 렌즈나 오목 렌즈를 통해 보는 효과를 만듭니다.

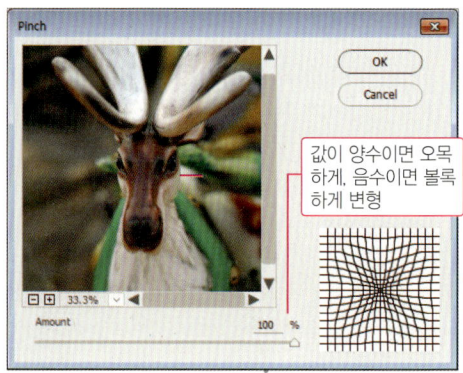

- 값이 양수이면 오목하게, 음수이면 볼록하게 변형

③ Polar Coordinates(극좌표)

이미지를 동글게 말리게 하거나 M 모양으로 이미지를 변형합니다.

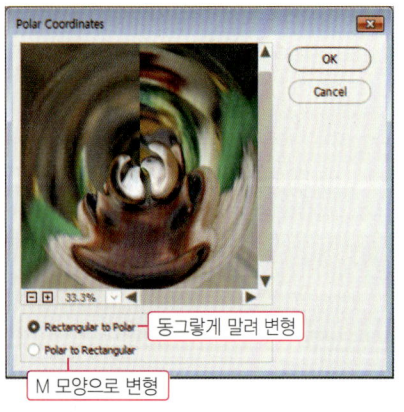

- 동그랗게 말려 변형
- M 모양으로 변형

④ Ripple(잔물결)

물결 모양의 파동이 일어난 것 같은 효과를 줍니다.

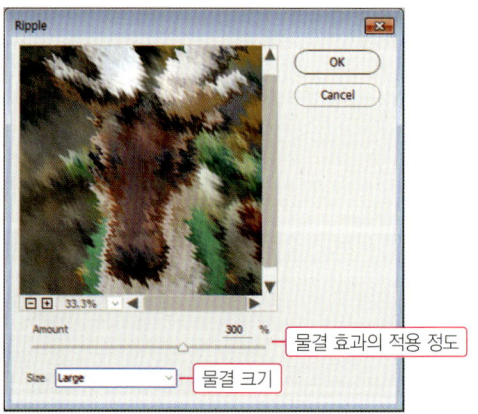

- 물결 효과의 적용 정도
- 물결 크기

⑤ Shear(기울임)
클릭과 드래그로 만든 곡선의 형태로 이미지를 밀어 왜곡합니다.

⑥ Spherize(구형화)
볼록이나 오목 렌즈를 통해 본 듯한 효과와 수평, 수직 방향의 원기둥 형태로 변형합니다.

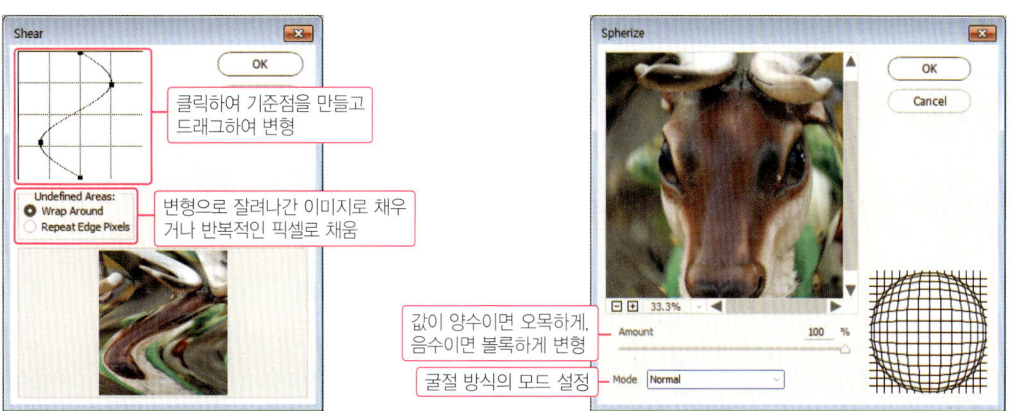

⑦ Twirl(돌리기)
소용돌이처럼 회전하는 효과를 만듭니다.

⑧ Wave(파형)
Sine(싸인 곡선), Triangle(삼각형), Square(사각형)의 물결 효과를 만들고 여러 옵션으로 다양한 형태의 물결을 만들 수 있습니다.

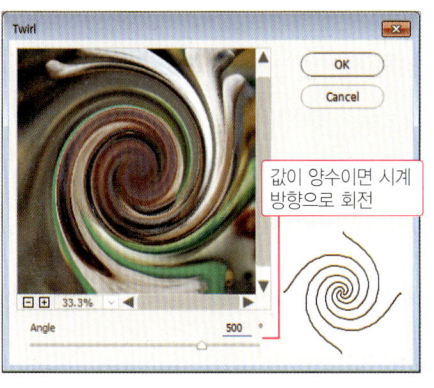
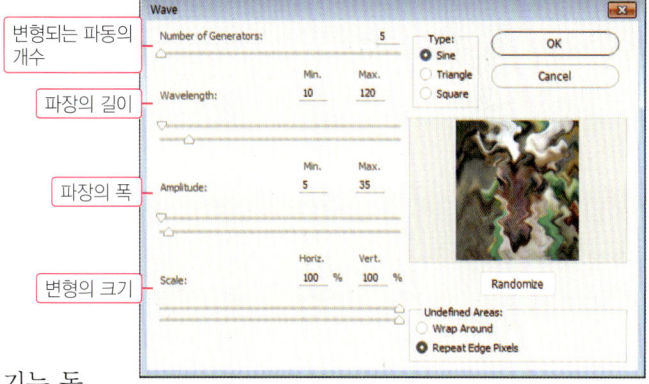

⑨ ZigZag(지그재그)
지그재그 필터는 수면 위에 돌을 던지면 생기는 동심원의 효과를 만듭니다.

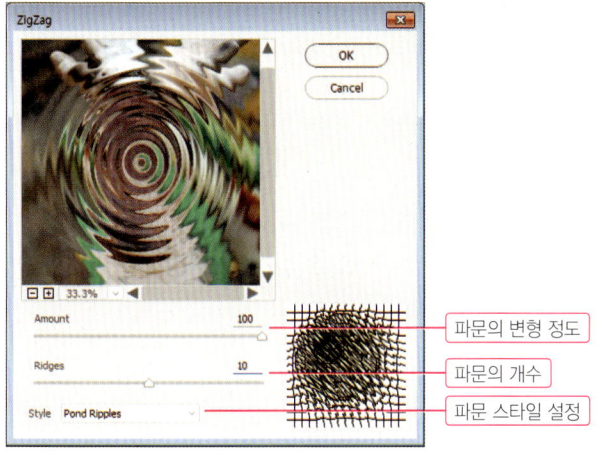

SECTION 124 이미지 잡티 추가/제거하기
Noise

노이즈 필터는 인위적으로 잡티를 만들거나 이미지에 이미 생긴 잡티나 노이즈를 제거하는 필터로 구성되어 있습니다.

Noise(잡티)

① **Add Noise(노이즈 추가)**
이미지에 색상과 명도가 다른 픽셀들을 불규칙적으로 뿌려 줍니다.

② **Despeckle(노이즈 제거)**
노이즈를 제거하고 경계를 제외한 나머지 픽셀을 평균화하여 노이즈를 제거합니다.

③ **Dust & Scratches(먼지와 스크래치)**
윤곽은 제외하고 먼지와 흠집을 제거합니다.

④ **Median(중간값)**
범위를 설정한 만큼 범위 안의 픽셀을 종합하여 평균 색상을 만들어 노이즈를 제거합니다. 평균화되는 범위가 클수록 노이즈가 감소하여 색상이 뭉개지면서 수채화 느낌을 냅니다.

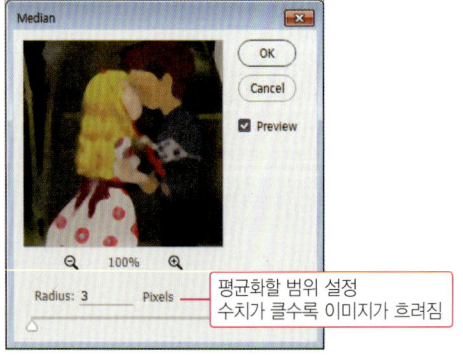

⑤ **Reduce Noise(노이즈 감소)**
노이즈를 제거하거나 감소합니다.

SECTION 125 픽셀의 재조합으로 새 이미지 만들기
Pixelate

픽셀을 재조합, 조직화하여 픽셀화하는 필터로 구성되어 있습니다.

Pixelate(픽셀화)

① Color Halftone(색상 하프톤)
인쇄물을 고배율로 보았을 때의 하프톤 망점을 생성합니다. 각 색상별로 망점을 만드는데, CMYK의 경우 4가지 색의 망점 효과가 생성됩니다.

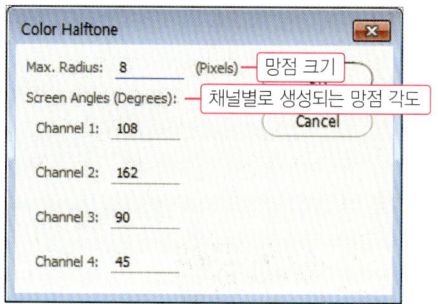

② Crystallize(수정화)
픽셀을 다각형의 모양으로 마치 크리스털의 표면과 같은 효과를 만듭니다.

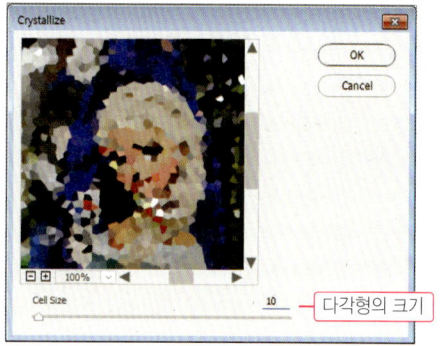

③ Facet(단면화)
균등화함으로 색상을 단순하고 부드럽게 만듭니다

④ Fragment(분열)
이미지에 진동하는 느낌을 줄 때 사용하면 효과적입니다.

⑤ Mezzotint(동판화)
메조틴트는 동판화의 일종으로 점을 찍은 느낌이나 선을 그은 모양을 표현합니다.

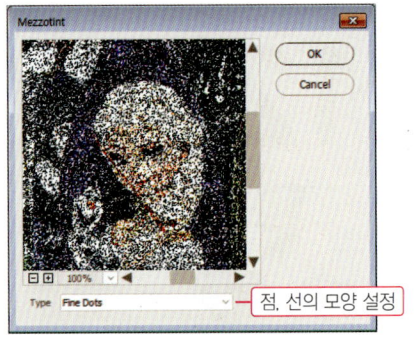

⑥ Mosaic(모자이크)
픽셀을 사각의 형태로 모자이크 효과를 만듭니다.

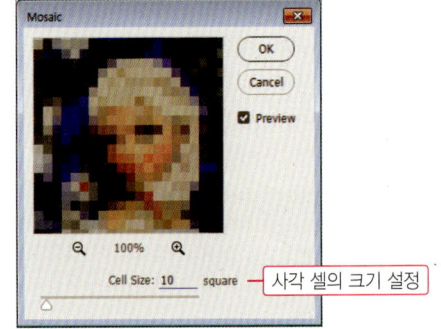

⑦ Pointillize(점묘화)
점묘화 느낌을 줍니다. 툴박스의 배경 색상이 점들의 바탕 색상이 됩니다.

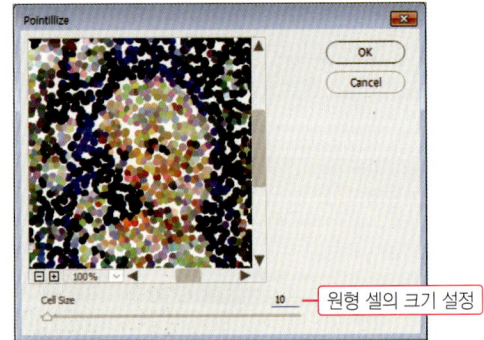

SECTION 126 **공간에 필터주기**
Render

Render 필터는 특수한 공간적인 분위기를 나타내는 필터로 구성되어 있습니다.

Render(렌더)

① Clouds(구름 효과)
전경색과 배경색의 색상을 섞어 구름 모양을 만듭니다. Alt 를 누른 채 명령을 실행하면 대비가 강한 구름을 만들 수 있습니다.

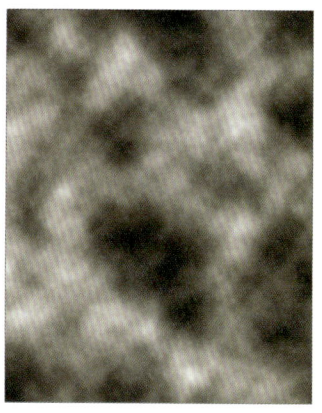

② Difference Clouds(구름 효과 2)
기존의 이미지를 구름 모양으로 만들면서 'Difference' 모드로 합성되어 나타납니다.

③ Fibers(섬유)
섬유 질감을 표현합니다.

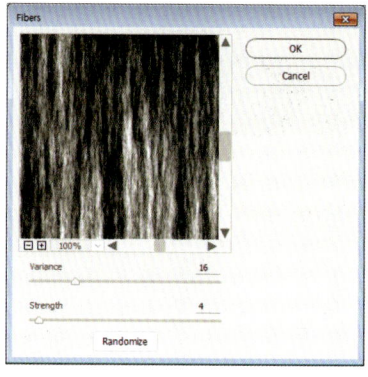

④ Lens Flare(렌즈 플레어)
렌즈 플레어 필터는 사진을 찍을 때 카메라의 렌즈에 태양광이나 조명이 반사 될 때 생기는 반사광을 표현합니다.

TIP Lighting Effects(조명 효과)는 이미지 위에 다양한 조명을 설치한 다음 색상, 밝기, 각도를 설정하여 인위적인 조명 효과를 연출합니다.

SECTION 127 또렷하고 선명한 사진 만들기
Sharpen

Sharpen 필터는 흐린 이미지를 선명하게 보정하는 필터로 어느 정도 초점이 맞지 않은 사진을 보정할 수 있습니다. 과도하게 수치를 적용하면 원색의 픽셀들이 너무 도드라지게 나타날 수 있으므로 주의해야 합니다. CC 버전에서 'Shake Reduction', 'Smart Sharpen' 필터가 새롭게 추가되었습니다.

Sharpen(선명도)

① Shake Reduction(흔들기 감소)
흔들림을 보정하기 위한 필터로 흔들린 방향을 찾아 보정합니다.

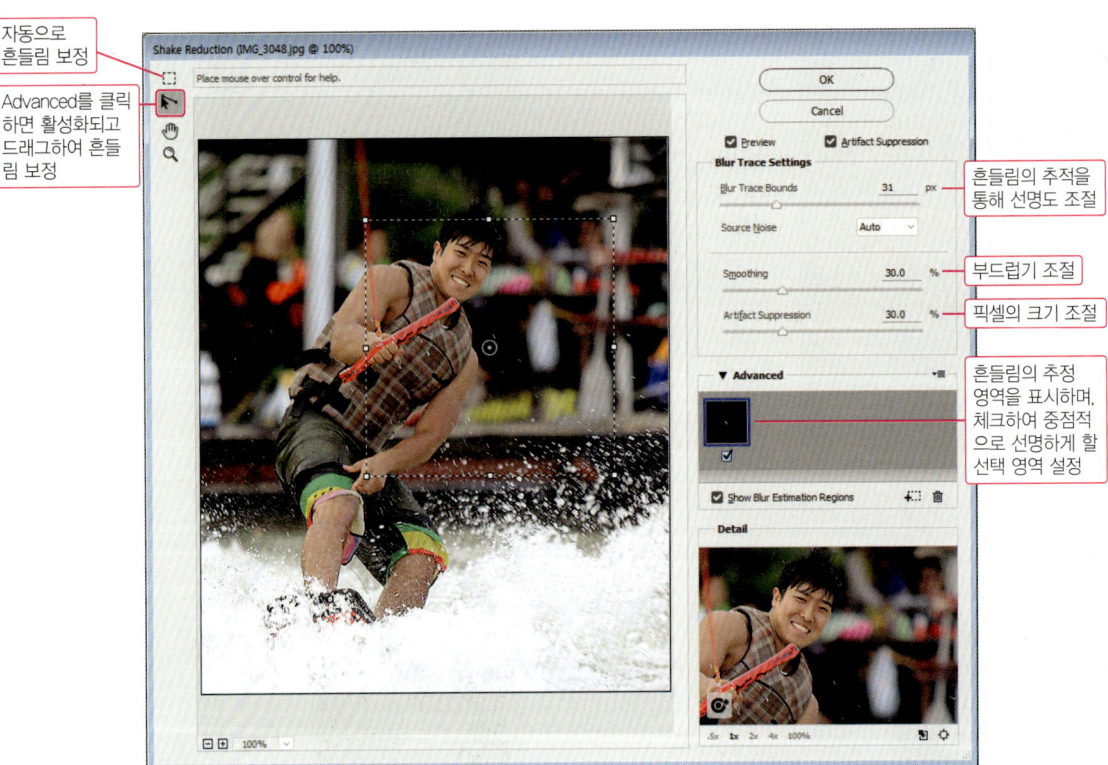

② Sharpen(선명하게)
샤픈 필터는 픽셀의 색상과 채도 대비를 높여 주기 때문에 흐릿한 이미지를 선명하게 만들 때 주로 사용합니다.

③ Sharpen Edges(가장자리 선명하게)
이미지의 경계 부분을 더욱 차이 나게 하여 더욱 뚜렷하게 합니다.

④ Sharpen More(더 선명하게)
Sharpen을 2번 더 적용한 것과 같습니다.

▲ Sharpen

▲ Sharpen Edges

▲ Sharpen More

⑤ Smart Sharpen(고급 선명 효과)
선명도 정도, 노이즈 제거, 어두운 영역과 밝은 영역을 구분하여 세밀하게 선명도를 조절합니다.

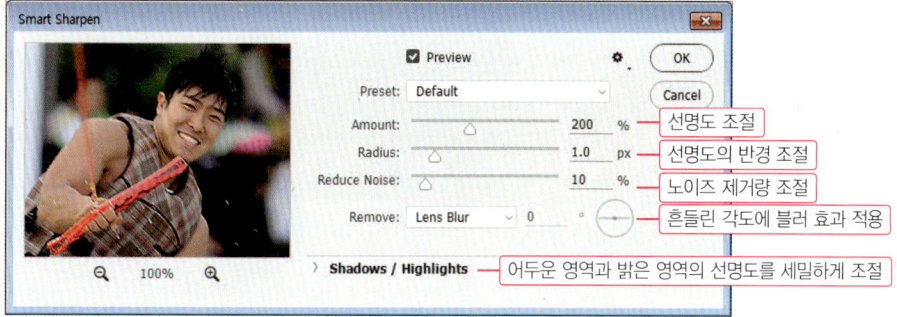

⑥ Unsharpen Mask(언샤프 마스크)
샤픈 정도를 사용자가 세밀하게 설정하여 사용할 수 있습니다.

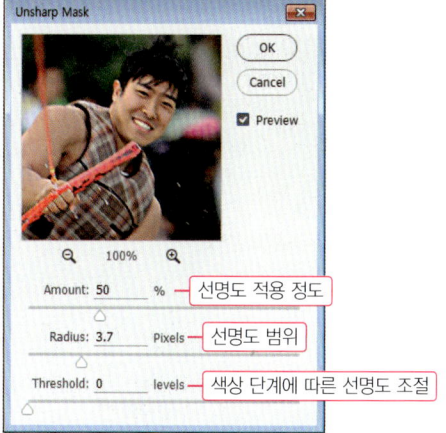

SECTION 128 독특한 이미지 스타일 만들기
Stylize

Stylize 필터는 이미지의 스타일 자체를 변화시켜 원래의 모양과 확연히 다른 특별한 스타일을 만드는 필터들로 구성되어 있습니다.

Stylize(스타일)

① Diffuse(확산)
이미지의 경계 픽셀을 흩뿌려 거칠게 만듭니다.

② Emboss(엠보스)
이미지를 중화 톤으로 만들면서 양각이나 음각의 입체감을 표현해 줍니다.

- 전체의 경계에 픽셀을 분산
- 어두운 부분의 경계에만 적용
- 밝은 부분의 경계에만 적용
- 전체적으로 부드럽게 번지게 적용

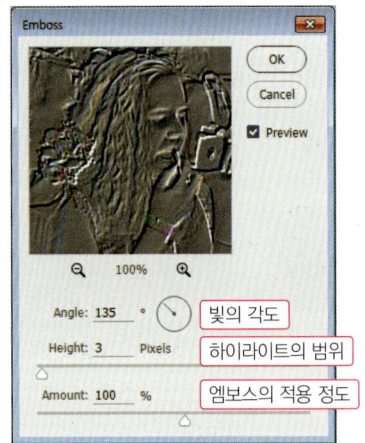

- 빛의 각도
- 하이라이트의 범위
- 엠보스의 적용 정도

③ Extrude(돌출)
직육면체나 피라미드 모양으로 돌출한 형태로 표현합니다.

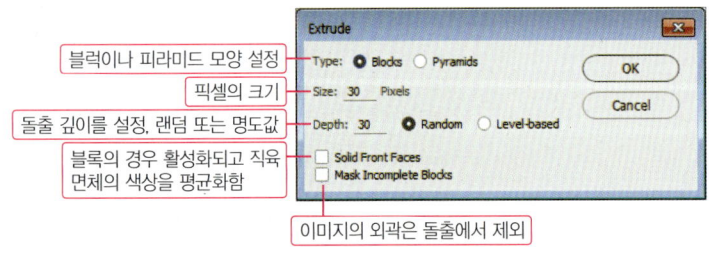

- 블럭이나 피라미드 모양 설정
- 픽셀의 크기
- 돌출 깊이를 설정, 랜덤 또는 명도값
- 블록의 경우 활성화되고 직육면체의 색상을 평균화함
- 이미지의 외곽은 돌출에서 제외

④ Find Edges(가장자리 찾기)
이미지의 경계를 찾아 진한 선으로 긋고 나머지는 흰 색상으로 채웁니다.

⑤ Solarize(솔라이즈)
사진 현상 기법 중의 하나로 일부러 필름을 빛에 노출시켜 사진의 어두운 부분의 명도는 그대로 두고 밝은 부분을 반전시키는 효과를 만듭니다.

⑥ Tiles(타일)
타일 필터는 타일 조각으로 분할하는 효과를 표현합니다.

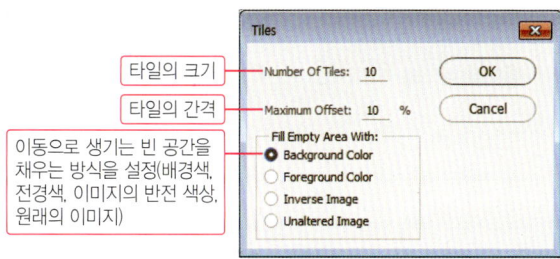

⑦ Trace Contour(윤곽선 추적)
경계 부분을 선의 형태로 만들어주고 나머지 부분은 흰 색상으로 단순화합니다.

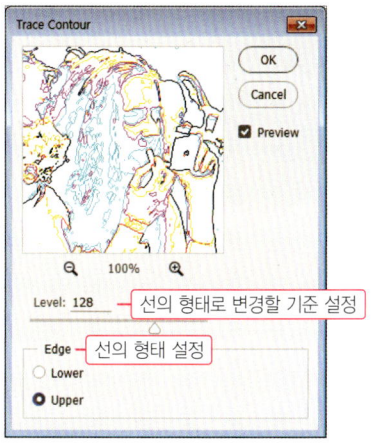

⑧ Wind(바람)
바람이 불어 이미지가 날리는 효과를 만듭니다.

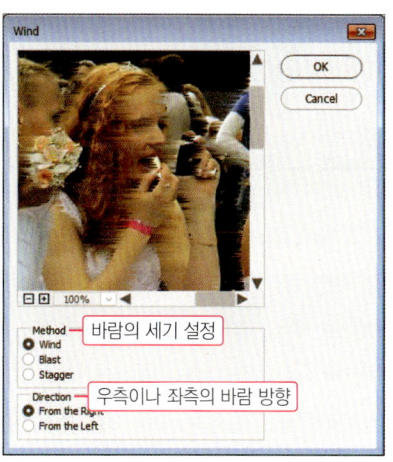

SECTION 129 그 밖의 필터 적용하기
Other

그 밖의 그룹에 포함되지 않은 기타 필터들을 알아보겠습니다.

Other(기타)

① Custom(사용자 정의)
수치를 넣어 사용자가 임의로 필터를 만들 수 있으나 복잡한 연산 과정을 거치기 때문에 쉽게 예측할 수 없습니다.

② High Pass(하이패스)
명도차가 많이 나는 경계를 밝게 해주며 나머지 영역은 중화 톤으로 만듭니다.

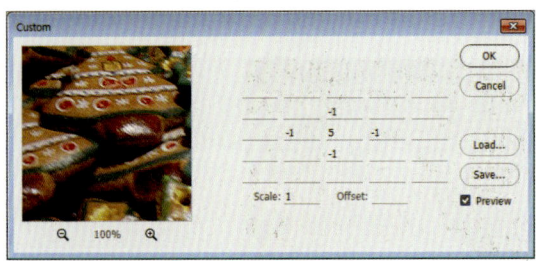

③ HSB/HSL
색조, 채도, 밝기를 채널로 분류하여 이미지를 표현합니다.

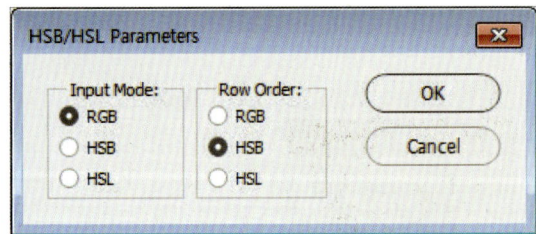

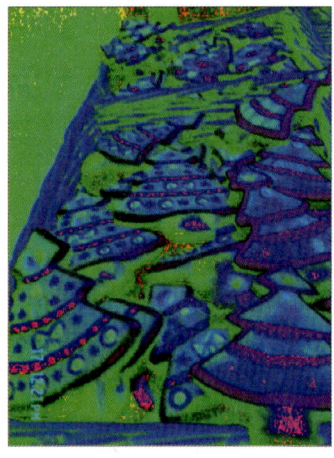

④ Maximum(최대값)
이미지 내에서 가장 밝은 픽셀을 확장합니다.

⑤ Minimum(최소값)
이미지 내에서 가장 어두운 픽셀을 확장합니다.

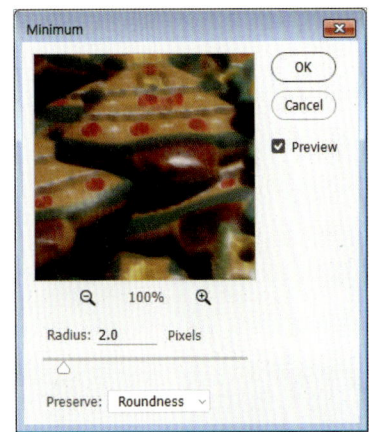

⑥ Offset(오프셋)
입력한 수치만큼 가로, 세로로 이미지를 이동합니다.

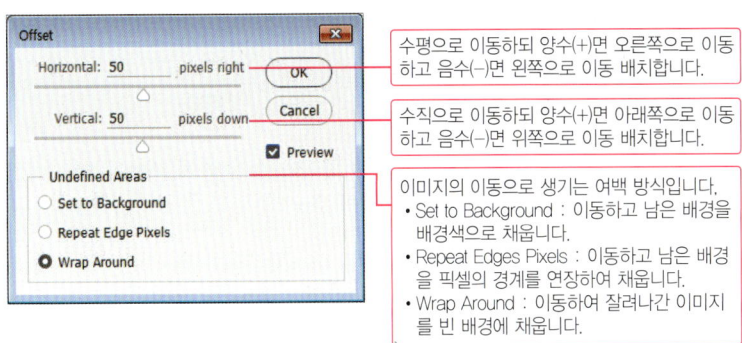

수평으로 이동하되 양수(+)면 오른쪽으로 이동하고 음수(-)면 왼쪽으로 이동 배치합니다.

수직으로 이동하되 양수(+)면 아래쪽으로 이동하고 음수(-)면 위쪽으로 이동 배치합니다.

이미지의 이동으로 생기는 여백 방식입니다.
• Set to Background : 이동하고 남은 배경을 배경색으로 채웁니다.
• Repeat Edges Pixels : 이동하고 남은 배경을 픽셀의 경계를 연장하여 채웁니다.
• Wrap Around : 이동하여 잘려나간 이미지를 빈 배경에 채웁니다.

Do It Yourself

 **회화적인 이미지 만들기**

폭포 이미지를 Filter Gallery 메뉴를 이용하여 회화적인 이미지를 만들어봅니다.

📁 **[준비파일]** 9장\폭포.jpg 📁 **[완성파일]** 9장-완성\폭포.(완성).jpg

BEFORE

AFTER

How to [Filter]–[Filter Gallery] 메뉴 클릭 ➡ [Brush Strokes]–[Accented Edges] 적용(Edge Width : 2, Edge Brightness : 30, Smoothness : 5) ➡ (New effect layer) 버튼을 클릭 ➡ [Artistic]–[Palette Knife] 적용(Stroke Size : 5, Stroke Detail : 2, Softness : 4) 메뉴 적용

 **비오는 이미지 만들기**

노이즈를 생성한 후, 모션 효과를 적용하여 비가 오는 이미지를 만들어 봅니다.

📁 **[준비파일]** 9장\홍콩.jpg 📁 **[완성파일]** 9장-완성\홍콩(완성).psd

BEFORE

AFTER

How to Ctrl+J를 눌러 'Layer 1' 생성 ➡ [Filter]–[Noise]–[Add Noise] 메뉴 적용 (Amount : 50, Uniform 설정, Monochromatic 체크) ➡ [Filter]–[Blur]–[Motion Blur] 메뉴 적용(Angle : -60, Distance : 50) ➡ 'Layer 1'의 블렌드 모드를 'Lighten', Opacity '50%' 설정

 **패턴을 이용한 일러스트 이미지 만들기**
필터를 이용하여 망점을 생성한 일러스트 이미지를 만들어 봅니다.

[준비파일] 9장\돌고래.jpg   [완성파일] 9장-완성\돌고래(완성).jpg

 Ctrl + J 를 눌러 'Layer 1' 생성 ➡ [Image]-[Adjustments]-[Threshold]-(Threshold Levels : 80) ➡ [Filter]-[Filter Gallery] 메뉴 클릭 ➡ [Sketch]-[Halftone Pattern] 적용(Size : 4, Contrast : 50, Pattern Type : Dot) ➡ 'Layer 1'의 블렌드 모드를 'Overlay', Opacity '50%' 설정

 **블러를 이용한 역동적인 이미지 만들기**
블러를 이용하여 정지 이미지를 역동적인 이미지로 만들어 봅니다.

[준비파일] 9장\자전거.jpg   [완성파일] 9장-완성\자전거(완성).psd

Ctrl + J 를 눌러 'Layer 1' 생성 ➡ [Filter]-[Blur Gallery] 메뉴 클릭 ➡ [Spin Blur] 적용 (Blur Angle 20°) ➡ [Path Blur] 적용 (Speed 100%) 적용 ➡ Layer 패널의 ■ 를 생성하여 레이어 마스크에 브러시 툴(✓.)을 선택하고 드래그하여 피사체를 지움

Adobe Photoshop CC & CS6

CHAPTER 10

그 밖의 포토샵 고급 스킬

포토샵은 자동화 작업, 영상 작업, 3D 작업 등 다양한 영역으로 그 범주를 넓혀 가고 있으며, 버전이 업그레이드 될 때마다 섬세한 작업을 할 수 있도록 기능들이 디테일해지고 있습니다.
이번 장은 액션이나 배치 등의 자동화 기능 작업과 정지 이미지, 동영상 파일 제작·편집 작업, 3D 이미지 제작 및 텍스처 변경 작업 등을 실습해 보겠습니다.

SECTION 130 문자 입력 살펴보기
Action 패널, Batch 대화상자

반복적인 작업이 많은 경우 액션 기능을 이용하여 기록하고 재생하면 작업 시간을 단축할 수 있습니다. 폴더를 지정해 주는 배치 기능까지 이용한다면 자동화 작업과 일괄적인 작업이 동시에 수행되어 작업이 간결해집니다.

Action(액션)과 배치(Batch)

Action(액션)은 포토샵에서 작업한 과정을 녹화해 두고 필요시 언제든 파일을 열어 실행할 수 있습니다. 반복적인 명령을 실행할 경우 효과적이지만 파일을 하나씩 불러와서 실행해야 합니다. 하지만 배치(Batch) 기능을 이용하여 폴더를 지정해주면 폴더 안의 파일들은 한번에 액션 명령을 일괄적으로 적용하여 저장해주기 때문에 일일이 파일을 불러오지 않아도 됩니다.

Action 패널

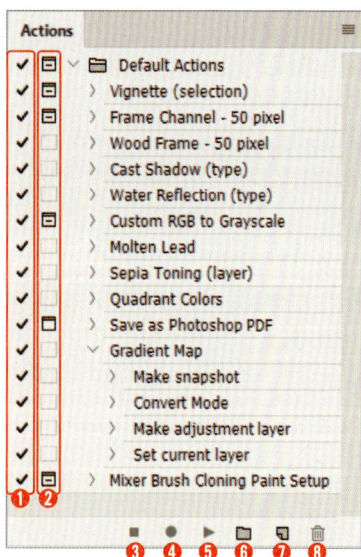

❶ 항목 체크 버튼(✔) : 해제하면 해당 항목은 건너뜁니다.
❷ 대화상자 표시(▭) : 대화상자가 있음을 표시합니다. 실행 중에 대화상자가 나타나면 사용자가 옵션값을 지정합니다.
❸ Stop Playing/Recording(■ , 정지) : 액션의 실행이나 녹화를 중지합니다.
❹ Begin Record(● , 녹화) : 작업 과정을 녹화합니다.
❺ Play Selection(▶ , 재생) : 액션을 실행합니다.
❻ Create New Set(▭ , 새 세트) : 새 액션 세트를 생성합니다.
❼ Create New Action(▯ , 새 액션) : 새 액션을 만듭니다.
❽ Delete(🗑 , 삭제) : 선택한 액션, 폴더, 명령을 지웁니다.

> **TIP** Command(커맨드 : 하나의 명령) 〈 Action(액션 : 명령의 모음) 〈 Set(세트 : 액션의 모음).

Batch 패널

Batch(배치)란 여러 개의 묶음을 의미하는 말로, 프로그램을 미리 설정해 두었다가 사용자와의 대화 없이 단번에 일괄적으로 처리하는 방식을 의미합니다.

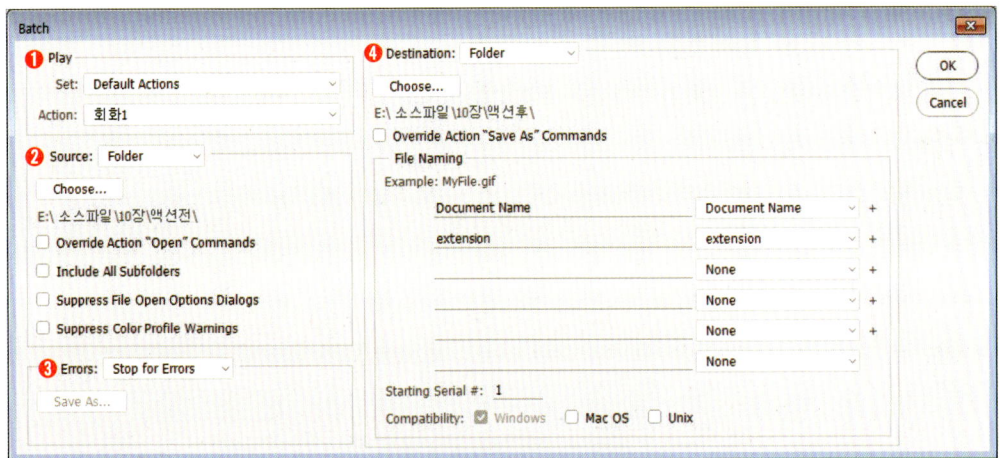

❶ Play(실행)
- Set : 실행할 액션이 들어 있는 세트를 선택합니다.
- Action : 실행할 액션을 선택합니다.

❷ Source(소스)
- Choose : 실행할 파일이 있는 원본 폴더를 선택합니다.
- Override Action "Open" Commands : 액션 명령 중에 "Open" 명령이 있을 경우 실행하지 않습니다.
- Include All Subfolders : 선택한 폴더의 하위 폴더까지 액션을 실행합니다.

❸ Errors(에러)
- 에러 발생 시 중지하고 에러 원인을 텍스트 파일로 저장합니다.

❹ Destination(결과)
- Choose : 결과물이 저장될 폴더를 선택합니다.
- Override Action "Save As" Commands : 액션 명령 중에 "Save As" 명령이 있을 경우 실행하지 않습니다.
- File Naming : 실행을 마친 파일에 새로운 이름을 부여할 때 사용하는 옵션입니다.

SECTION 131 액션과 배치를 이용하여 회화적인 이미지 만들기

Action 패널, Batch 대화상자

이미지에 액션 작업을 녹화하고 재생하여 보겠습니다. 그리고 배치 기능을 이용하여 여러 장의 파일을 일괄적으로 자동 수행하는 방법도 알아보겠습니다.

[준비파일] 10장\레스토랑, 항구.jpg, '액션전' 폴더   [완성파일] '10장-완성\액션후' 폴더

01 액션 저장하기

'레스토랑.jpg' 파일을 불러온 후, [Window]-[Actions] 메뉴를 클릭합니다. Actions 패널이 나타나면 Create New Action( ) 버튼을 클릭합니다.

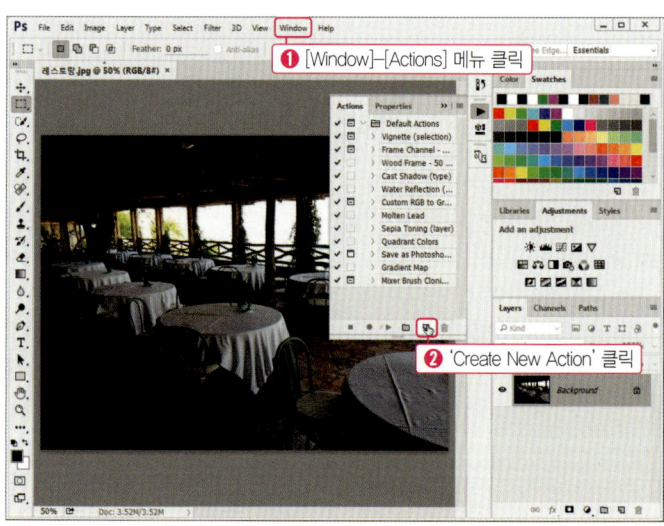

02
대화상자가 나타나면 Name을 '회화1', Function Key를 'F12'로 설정하고 'Record' 버튼을 클릭합니다.

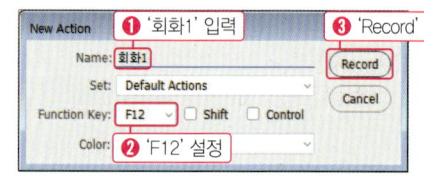

03 Actions 패널에 녹화(●) 버튼이 활성화되어 녹화가 시작됩니다.

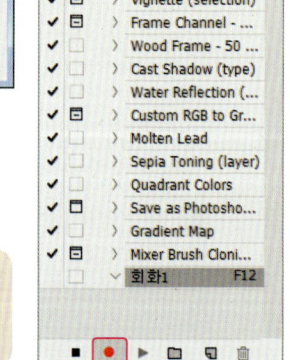

 TIP 선택 툴을 사용한 작업, 페인팅 툴을 사용한 작업, 패스나 채널을 사용한 작업, 보기 메뉴 사용 등은 Actions 패널에 기록되지 않거나 작업이 제한됩니다.

04 [Filter]-[Filter Gallery] 메뉴를 클릭합니다. 기본 초기값(Ctrl을 누른 채 'Cancel' 버튼 클릭)으로 입력하고 Artistic 폴더의 Rough Pastels 목록을 설정하고 'OK' 버튼을 클릭합니다.

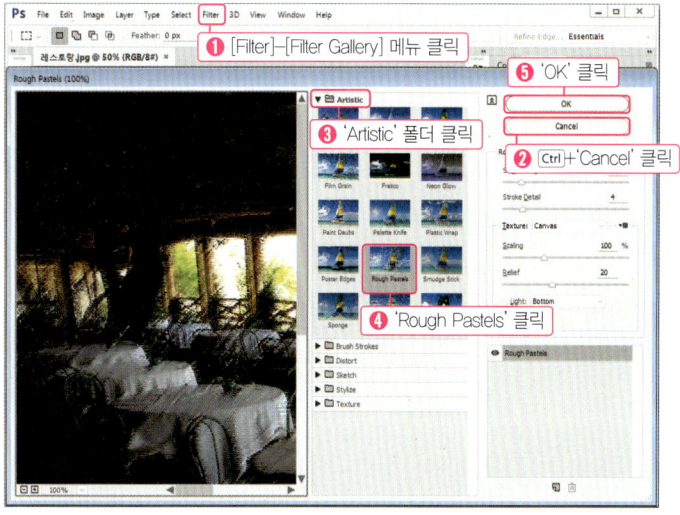

05 '회화1' 액션 항목 아래에 'Filter Gallery' 항목이 생성되었습니다.

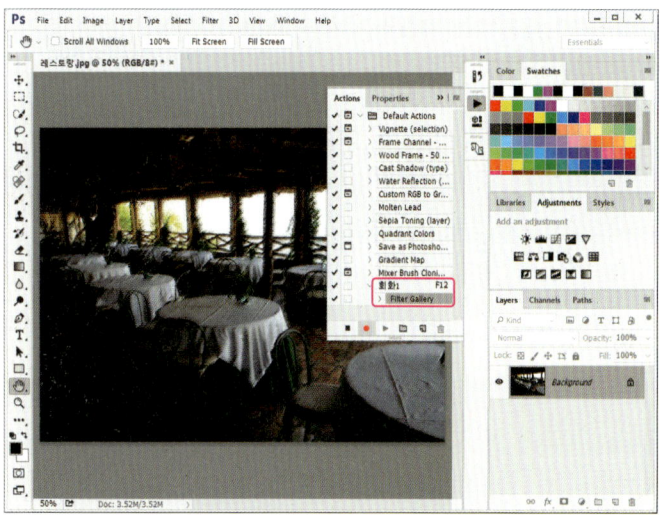

06 [Image]-[Image Size] 메뉴를 클릭하여 대화상자가 나타나면 Width를 '960Pixcls'으로 설정합니다. 다른 항목이 자동 변경되면 'OK' 버튼을 클릭합니다. Image Size 항목이 생성되었습니다.

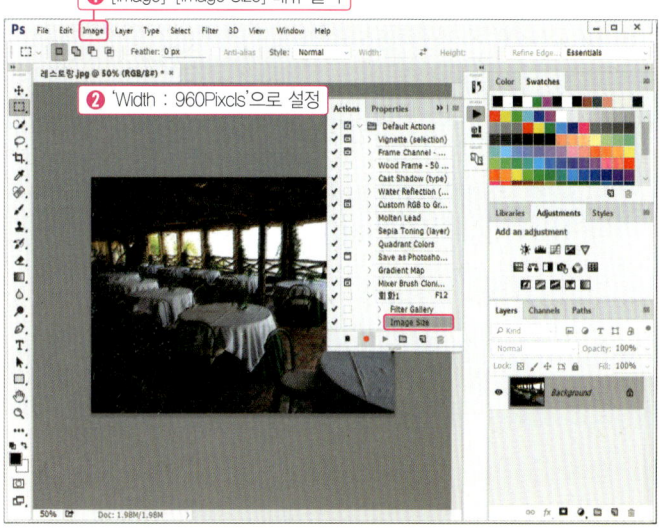

07 [File]-[Save As] 메뉴를 클릭하여 대화상자가 나타나면 이름은 그대로 '레스토랑'으로 하고 '액션후' 폴더를 선택하고 '저장' 버튼을 클릭합니다.

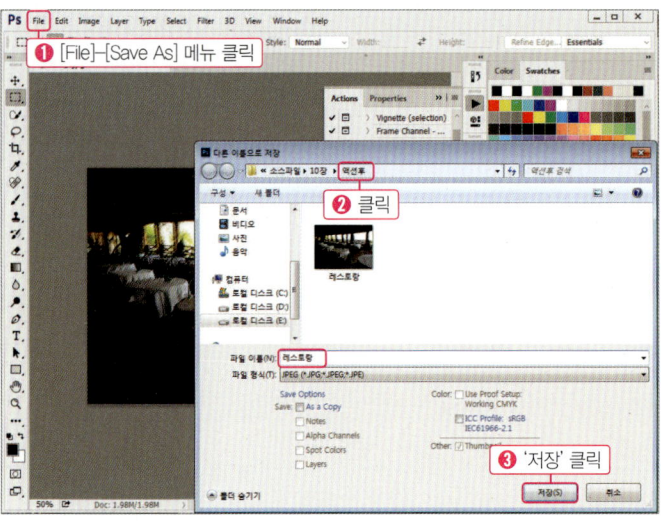

08 정지(■) 버튼을 클릭하고 Ctrl+W를 눌러 파일을 닫습니다.

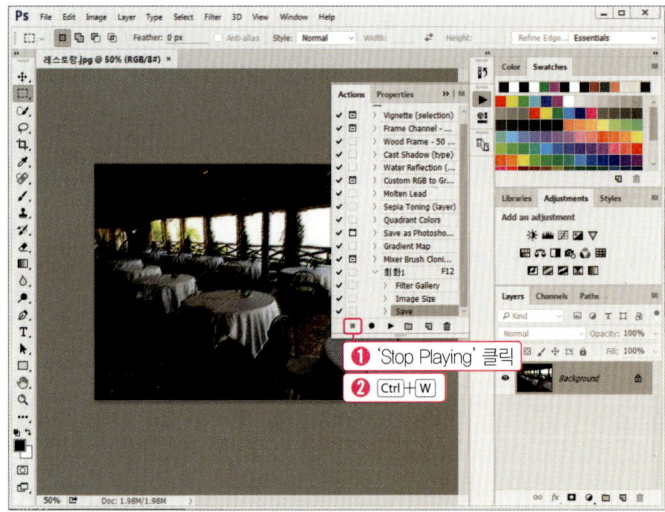

09 새 파일에 액션 적용하기
액션을 적용할 새로운 '항구.jpg' 파일을 불러옵니다.

10 Actions 패널에서 '회화1'을 선택하고 재생(▶) 버튼을 클릭합니다.

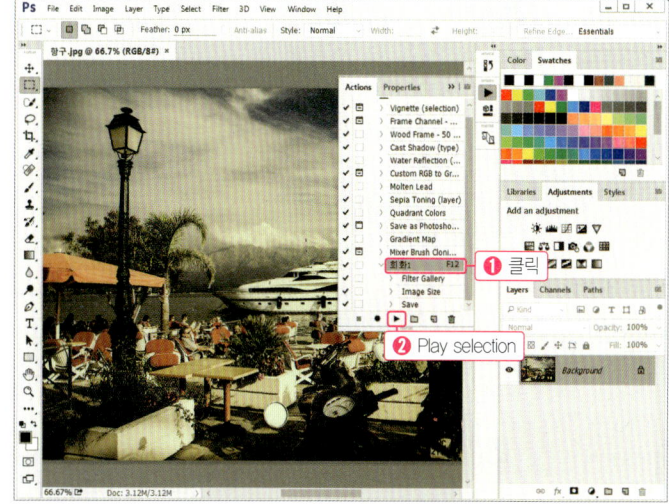

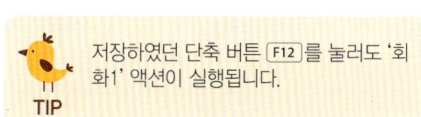
저장하였던 단축 버튼 F12 를 눌러도 '회화1' 액션이 실행됩니다.

11 순식간에 액션이 실행되어 'Rough Pastels' 필터와 'Image Size', 'Save' 명령이 실행되었습니다. Ctrl+W 를 눌러 파일을 닫습니다.

12 '액션후' 폴더에 '항구' 파일이 자동 추가 저장된 것을 확인할 수 있습니다.

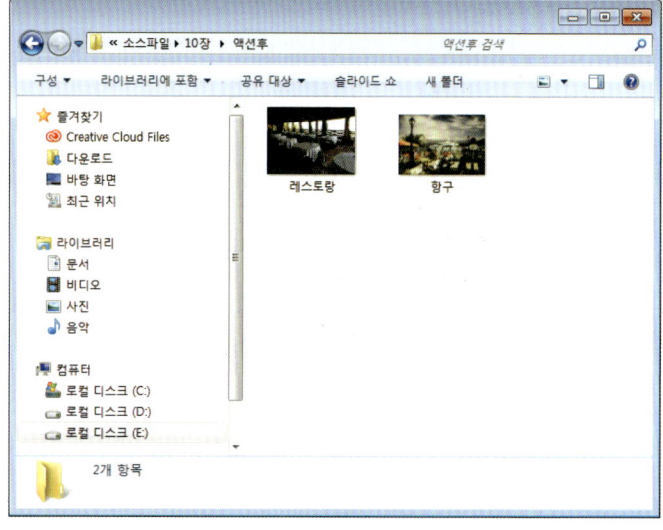

13 배치 실행하기

[File]-[Automate]-[Batch] 메뉴를 클릭합니다.

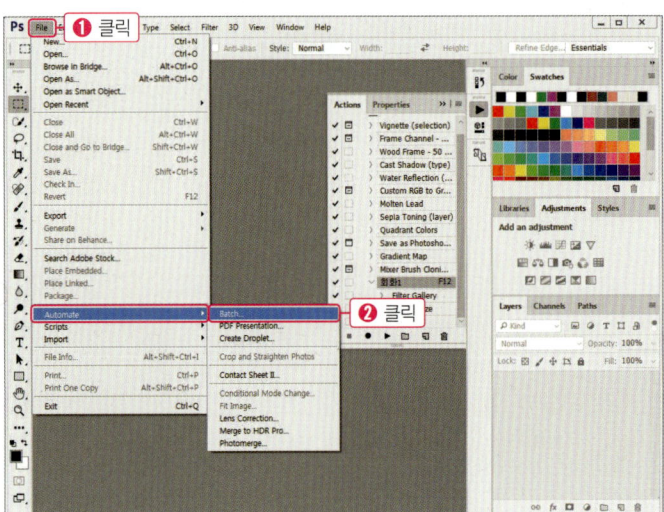

TIP 액션은 열려 있는 파일에서만 작업이 이루어지지만 배치 기능까지 세팅하여 이용한다면 일일이 이미지를 열지 않아도 원본 폴더와 저장 폴더만 지정하면 자동으로 저장 폴더에 액션이 적용된 이미지가 저장됩니다.

14 Action은 '회화1', Source는 'Folder'를 설정하고, 'Choose' 버튼을 클릭해 경로를 따라 '액션전' 폴더를 선택합니다.

15 Destination은 'Folder'로 설정하고, 'Choose' 버튼을 클릭해 경로를 따라 '액션후' 폴더를 선택하고 'OK' 버튼을 클릭합니다.

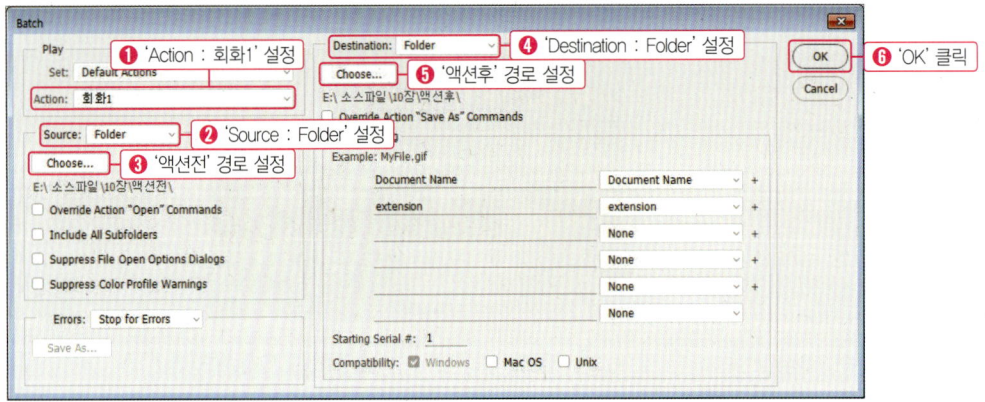

16 순식간에 소스 폴더로 지정한 이미지들이 '회화1' 액션이 재생되었습니다. '액션후' 폴더 파일을 확인하면 '회화1' 액션이 실행된 이미지들을 확인할 수 있습니다.

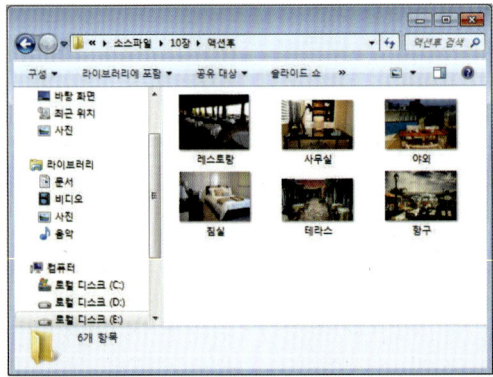

| 시작 | 선택&편집 | 리터칭 | 페인팅 | 레이어 | 보정 | 색상모드&채널 | 벡터 | 필터 | 자동화&동영상&3D | 활용 | •421

SECTION 132 여러 파일을 한 번에 불러오고 한 번에 저장하기

Load Files into Stack, Layers to Files

여러 파일을 하나의 파일과 레이어로 분리하여 불러 올 수 있고, 한 번에 많은 이미지의 사이즈를 조절하고 개별 파일로 다시 저장할 수 있습니다. 많은 양의 사진을 관리할 때 사용하면 시간을 단축 할 수 있습니다.

📁 [준비파일] 10장\'Scripts로드' 폴더   📁 [완성파일] 10장-완성\스크립트파일.psd, 'Export저장' 폴더

01 여러 파일 한꺼번에 불러오기

[File]-[Scripts]-[Load Files into Stack] 메뉴를 클릭합니다.

02 대화상자가 나타나면 Use를 'Folder'로 설정하고 'Browse' 버튼을 클릭합니다.

03 'Scripts로드' 폴더를 선택하고 'OK' 버튼을 클릭합니다.

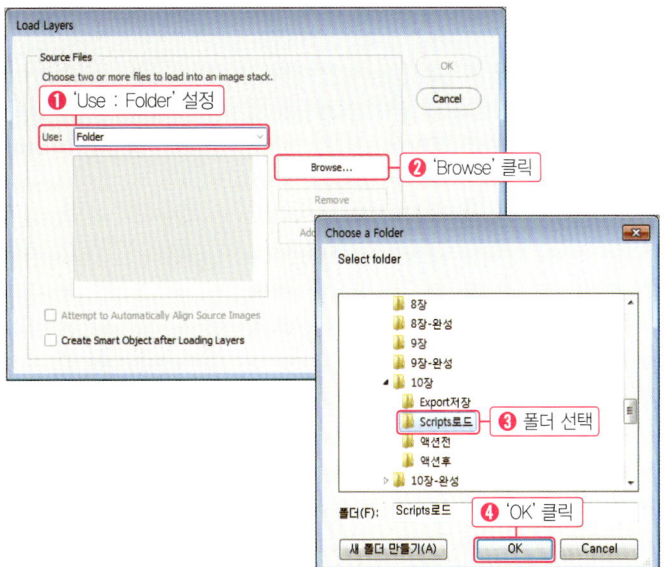

04 폴더 안의 파일들이 점차적으로 나타납니다. 'OK' 버튼을 클릭합니다.

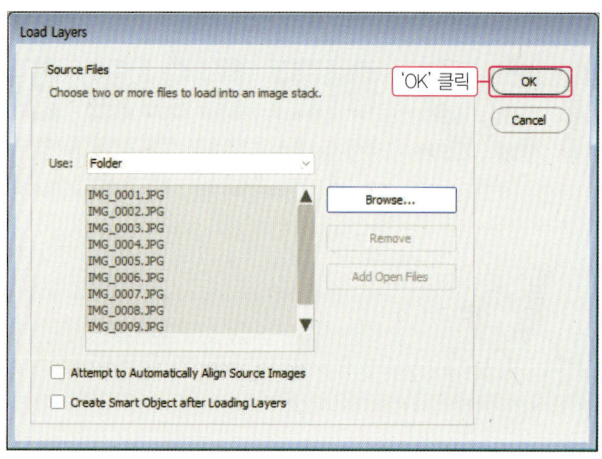

05 Ctrl+0을 눌러 화면에 모두 보이게 합니다. 'Untitled1.psd' 파일이 자동 생성되며, Layers 패널에 파일 이름과 확장자를 유지한 채 레이어로 분리되어 들어 왔습니다.

06 이미지 크기 조절하기

[Image]-[Image Size] 메뉴를 클릭합니다. Width(가로)를 '800pixels'로 설정하면 세로도 비율에 맞게 자동 수정됩니다. 'OK' 버튼을 클릭합니다.

07 이미지 사이즈가 작아진 것을 확인할 수 있습니다. Ctrl+S를 눌러 '스크립트파일.psd'로 저장합니다. Photoshop Format Options 대화상자가 나타나면 'OK' 버튼을 클릭합니다.

08 개별 레이어로 저장하기
[File]-[Export]-[Layers to Files] 메뉴를 클릭합니다.

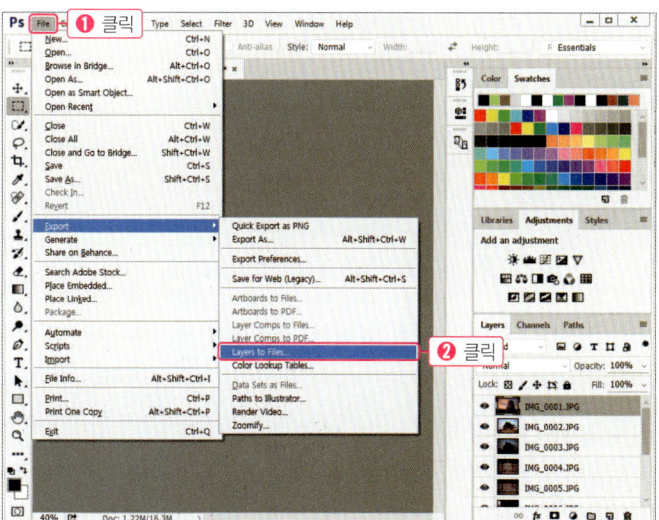

09 대화 상자가 나타나면 'Browse' 버튼을 클릭합니다.

10 경로를 따라 'Export저장' 폴더를 선택하고 'OK' 버튼을 클릭합니다.

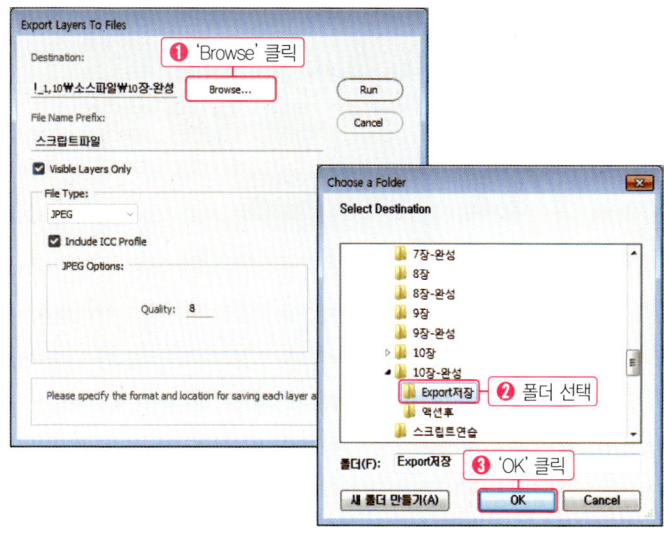

11 파일 이름 앞에 붙을 이름을 '스크립트실습'으로 입력한 후, File Type을 'JPEG', Quality를 '9'로 설정하고 'Run' 버튼을 클릭합니다.

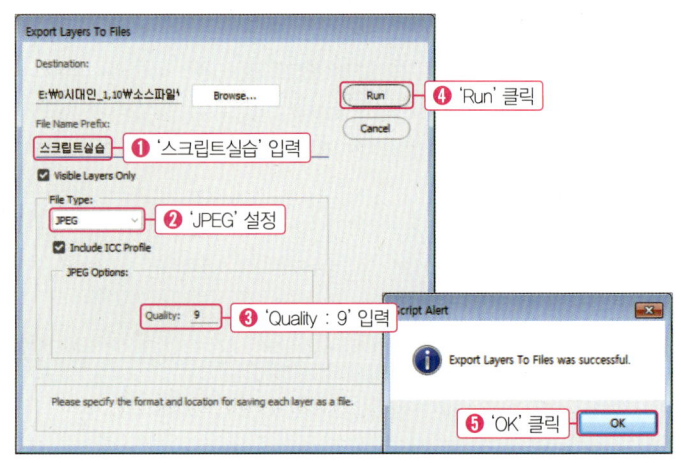

12 자동으로 레이어가 저장됩니다. 성공 메시지가 나타나면 'OK' 버튼을 클릭합니다.

13 저장한 'Export저장' 폴더를 살펴보면 '스크립트실습_0000_캐릭터' 순으로 '파일명_4자리 숫자_레이어명'으로 파일명이 명명되어집니다.

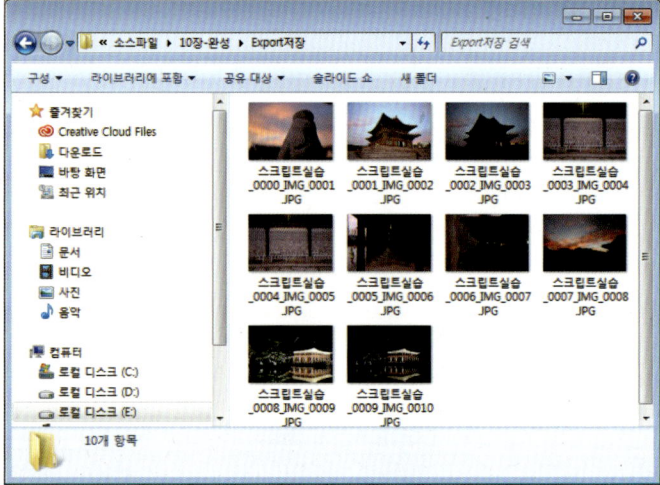

TIP Image Assets
- [File]-[Generate]-[Image Assets] 메뉴를 클릭하면 아무런 옵션 설정 없이 간단하게 개별적인 레이어로 저장할 수 있습니다.
- Layers 패널에서 파일 확장자를 *.JPG, *.GIF, *.PNG로 개별 변경하면 변경한 확장자로 저장됩니다.
- 현재 파일이 저장된 경로에 자동으로 '파일명_Assets' 폴더가 생성되면서 폴더 안에는 레이어 이름으로 파일명이 되어 저장되어 있습니다.

SECTION 133 포토샵으로 동영상 편집하기
Timeline 패널

Timeline 패널은 프레임 단위로 애니메이션을 만드는 Frame Animation Timeline 패널과 클립을 이용하여 비디오를 사용하는 Video Timeline 패널로 구분합니다.

프레임 애니메이션 방식의 Timeline 패널

Frame Animation Timeline 패널은 프레임의 연속적인 그림들로 움직이는 GIF 애니메이션을 만들 때 주로 사용하며 특별한 기술이나 플러그인 없이 브라우저에서 작동한다는 장점을 가지고 있습니다.

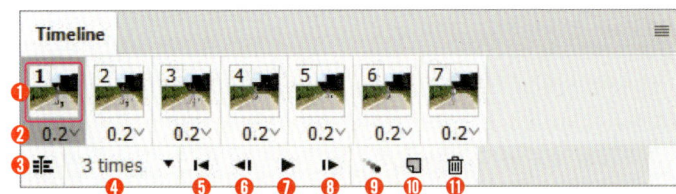

① **Frame(프레임)** : 각각의 프레임을 표시합니다.
② **Selects frame delay time(재생 속도 선택)** : 해당 프레임의 재생 속도를 조절할 수 있습니다.
③ **Convert to video timeline(, 타임 라인으로 전환)** : 클릭하면 비디오 타임 라인 모드로 전환됩니다.
④ **Selects looping options(재생 횟수 선택)** : 애니메이션의 재생 횟수를 선택할 수 있습니다.
⑤ **Selects first frame(, 처음 프레임)** : 첫 번째 프레임을 선택합니다.
⑥ **Selects previous frame(, 이전 프레임)** : 현재 선택된 프레임을 기준으로 한 단계 앞 프레임을 선택합니다.
⑦ **Plays/Stop animation(/ , 재생/정지)** : 재생 중인 애니메이션을 재생/정지시킵니다.
⑧ **Selects next frame(, 다음 프레임)** : 현재 선택된 프레임 바로 뒤 프레임을 선택합니다.
⑨ **Tweens animation frames(, 트윈)** : 프레임과 프레임 사이를 트윈해서 자동으로 프레임을 생성합니다.
⑩ **Duplicates selected frames(복사)** : 앞에 있는 프레임을 복사해서 새로운 프레임을 생성합니다.
⑪ **Deletes selected frames(삭제)** : 선택한 프레임을 삭제합니다.

Tween 대화상자

트윈이란 프레임과 프레임 사이에 자동으로 중간 장면(위치, 불투명도, 레이어 이펙트)을 삽입하는 것입니다.

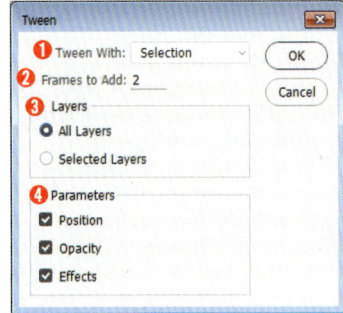

① **Tween With** : 현재 선택한 프레임과 어떤 프레임 사이에 새 프레임을 추가할 것인지를 설정합니다.
② **Frames to Add** : 트윈을 적용할 프레임 수를 입력합니다.
③ **Layers** : 트윈을 적용할 레이어(모든 레이어, 선택된 레이어만)를 선택합니다.
④ **Parameters** : 제작할 애니메이션 효과 방식(위치, 불투명도, 레이어 이펙트)을 선택합니다.

비디오 타임라인 방식의 Timeline 패널

Video Timeline 패널은 클립 재생 시간과 속성 등을 통해 영상 편집을 하는 곳으로, 외부 동영상을 불러와 장면 전환, 모션을 적용하는 기능을 제공하고 있습니다.

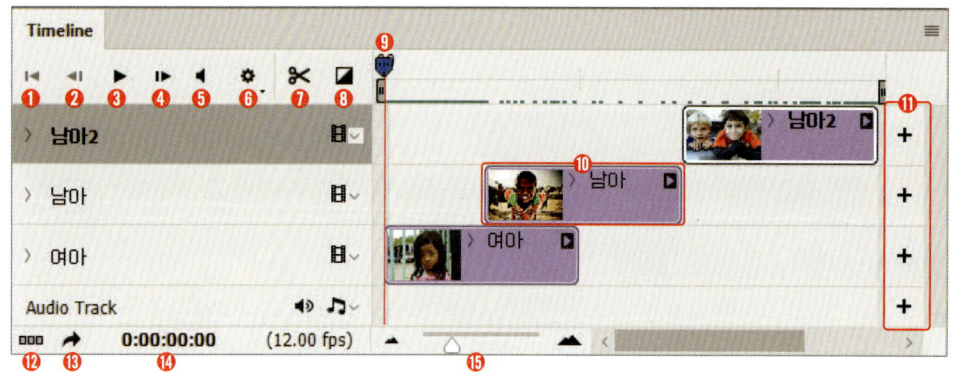

❶ **Go to first frame**(, 처음 프레임) : 첫 번째 프레임으로 이동합니다.
❷ **Go to previous frame**(, 이전 프레임) : 현재 선택된 프레임 바로 앞 프레임으로 이동합니다.
❸ **Plays/Stop**(/ , 재생/정지) : 영상을 재생/정지시킵니다.
❹ **Go to next frame**(, 다음 프레임) : 현재 선택된 프레임 바로 뒤 프레임으로 이동합니다.
❺ **Enable Audio playback**(, 오디오 재생) : 오디오를 사용합니다.
❻ **Set Playback Option**(, 재생 설정) : 해상도와 영상의 반복 여부를 설정합니다.
❼ **Split at Playhead**(, 자르기) : 클립을 자릅니다.
❽ **Select a transition and drag to apply**(, 장면 전환) : 페이드 되는 장면 전환 효과를 설정합니다.
❾ **Playhead**(, 플레이 헤드) : 현재 프레임을 표시하고 드래그하여 원하는 프레임으로 이동합니다.
❿ **Clip(클립)** : 미디어(동영상, 오디오) 파일은 클립 단위로 위치합니다. 선택하면 흰 테두리가 보입니다.
⓫ **Add media to track**(미디어 추가) : 영상을 추가할 때 사용합니다.
⓬ **Convert to frame animation**(, 프레임 애니메이션으로 전환) : 클릭하면 프레임 애니메이션 모드로 전환됩니다.
⓭ **Render Video**(, 비디오 렌더링) : 렌더링 대화상자가 나타나며 크기와 퀄리티 등을 설정하여 렌더링 할 수 있습니다.
⓮ **Scrub to set time** : 플레이 헤드( )의 현재 위치 시간을 표시합니다.
⓯ **Control timeline megnification**(줌 슬라이더) : 타임라인의 클립 간격을 축소하거나 확대하여 봅니다. ( )를 눌러 확대하거나 축소하여 봅니다.

SECTION 134 트윈 방식의 GIF 동영상 만들기
Frame Animation Timeline 패널

GIF 애니메이션의 주된 형식인 프레임 바이 프레임 애니메이션을 만들고 트윈 방식의 애니메이션으로 마무리해 보겠습니다.

[준비파일] 10장\달리기.psd   [완성파일] 10장-완성\달리기(완성).psd, 달리기.gif

01 비디오 클립으로 변환하기

Ctrl+O를 눌러 '달리기.psd' 파일을 불러온 후, [Window]-[Timeline] 메뉴를 클릭합니다.

02

Timeline 패널에서 'Create Video Timeline'을 클릭합니다.

03 프레임 애니메이션으로 변환하기

Timeline 패널의 프레임 애니메이션으로 전환(▭▭▭) 버튼을 클릭합니다.

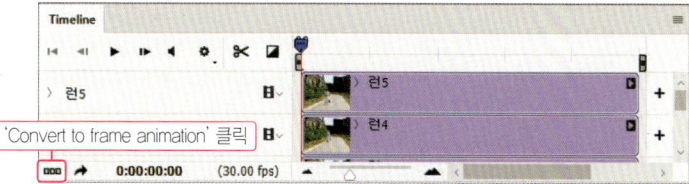

04 레이어를 프레임으로 전환하기

Timeline 패널의 메뉴 버튼(≡)을 클릭하여 'Make Frames From Layers'를 클릭합니다.

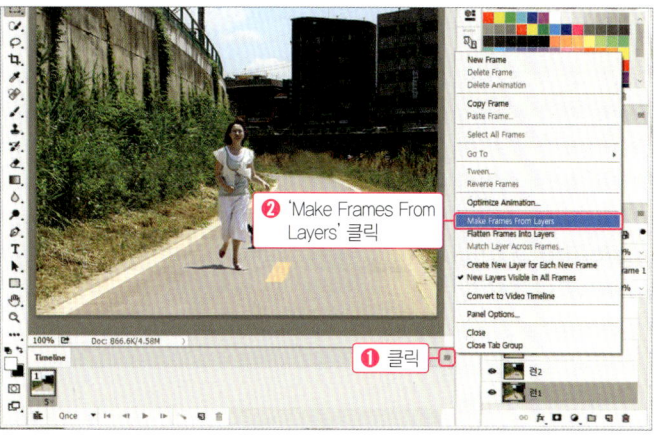

05 재생 속도 주기

첫 번째 프레임을 클릭하고 Shift를 누른 채 마지막 프레임을 클릭하여 전체 프레임을 선택합니다.

06 프레임의 재생 속도를 클릭하여 메뉴가 나타나면 '0.2'를 선택합니다.

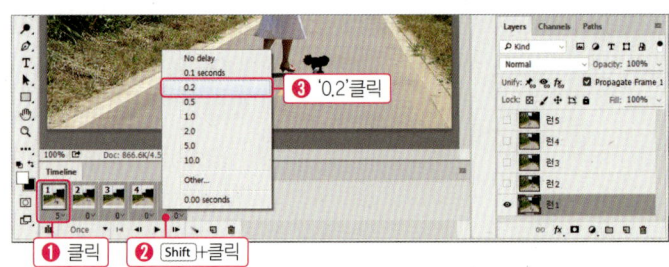

07 트윈 효과 주기 순서

Timeline 패널에서는 1Frame을 클릭하고 Layers 패널에서 '런2' 레이어의 눈 아이콘( )과 레이어 목록을 클릭하여 활성화한 후, Opacity를 '0%'로 설정합니다.

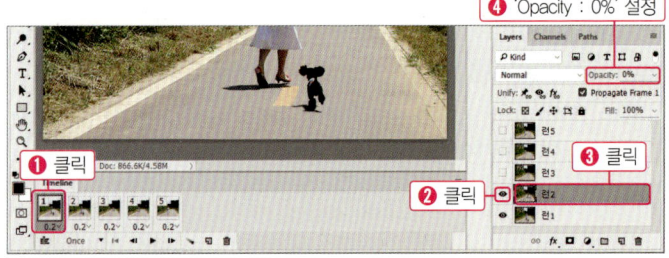

08 Timeline 패널에서 2Frame을 클릭합니다. Layer 패널에서 '런1' 레이어의 눈아이콘을 클릭하고 '런2' 레이어의 Opacity를 '100%'로 설정합니다.

> **TIP** '런1' 레이어와 '런2' 레이어의 눈 아이콘( )이 켜져 있어야 두 레이어 사이에 생성되는 레이어에 투명도가 적용되지 않아 자연스럽습니다.

09 프레임1과 프레임2를 선택하고 트윈( ) 버튼을 클릭합니다.

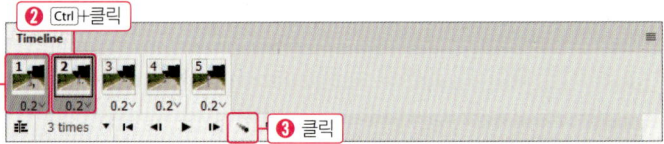

10 대화상자가 나타나면 Frames to Add를 '2'로 설정하고 'OK' 버튼을 클릭합니다. '런1' 레이어와 '런2' 레이어 사이에 중간 프레임이 생성되었습니다.

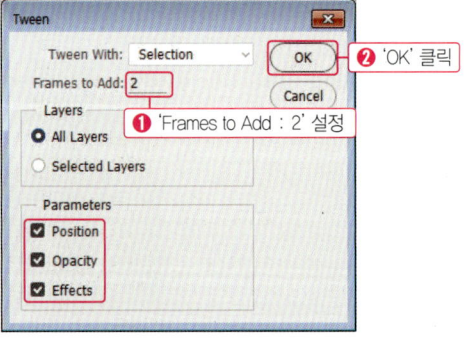

11 같은 방법으로 '런2' 레이어와 '런3' 레이어 사이, '런3' 레이어와 '런4' 레이어, '런4' 레이어와 '런5' 레이어 사이에 중간 프레임을 생성합니다.

12 GIF 동영상 이미지로 저장하기

[File]-[Export]-[Save for Web] 메뉴를 클릭합니다.

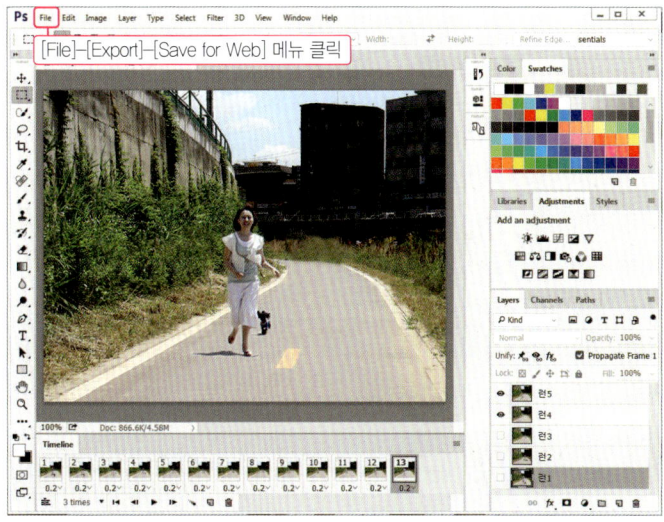

13 대화상자가 나타나면 [4-Up] 탭의 두 번째 창을 클릭하고 'Save' 버튼을 클릭합니다.

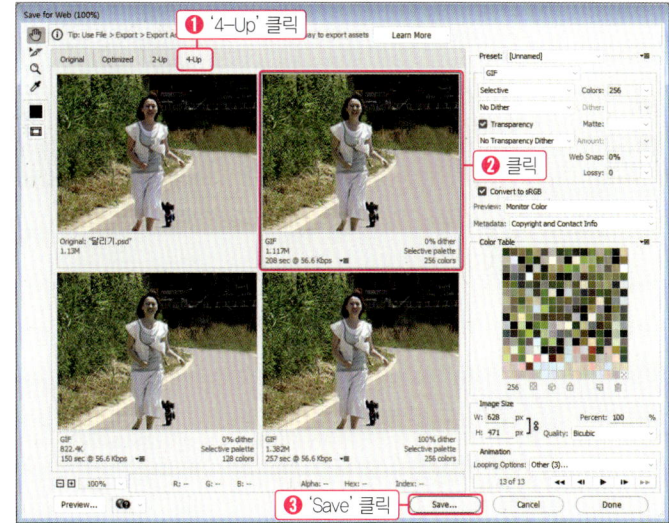

14 Save Optimized As 대화상자가 나타나면 Format은 'Images Only'로 그대로 두고 '저장' 버튼을 클릭합니다.

TIP **Save for Web 대화상자**

포토샵에서 웹 이미지를 최적화하기 위해 사용하는 [Save for Web] 대화상자에서는 파일 종류 설정, 퀄리티 설정, 분할한 영역 개별 저장, 애니메이션 프레임 크기, 퀄리티 설정 등의 기능을 제공합니다.

- **Tool** : 분할 툴( )로 조각낸 이미지를 분할 선택 툴( )로 개별 선택할 수 있는 기능과 보기 툴에 관련한 툴입니다.
- **이미지 창** : 각 창을 클릭하여 옵션을 설정하며, 4개의 창까지 이미지를 비교하여 볼 수 있습니다. 현재 선택한 이미지의 정보 (파일 용량, 초당 비트수 색상수)를 표시합니다.
- **Preview** : 최적화한 이미지를 브라우저에서 표시합니다.
- **Preset** : GIF, JPG, PNG, WBMP 파일 포맷의 설정값을 지정할 수 있습니다.
- **Color Table** : 256개의 색상으로 제한하는 GIF의 경우 표시됩니다. 이곳에서 컬러를 삭제하거나 수정하는 등의 작업을 합니다.
- **Image Size** : 이미지 크기와 품질을 설정합니다.
- **Animation controls** : 설정값을 변경하면 애니메이션을 재생하여 비교해 봅니다.

SECTION 135 동영상 편집하고 보정하기
Video Timeline 패널

가장 기본적인 편집인 영상을 자르고 분리 배치, 장면 전환, 보정을 실습해 보겠습니다.

📁 [준비파일] 10장\홀리데이.mp4   📁 [완성파일] 10장-완성\홀리데이(완성).psd

01 3D 작업환경 설정하기

Ctrl+O를 눌러 '홀리데이.mp4' 파일을 불러온 후, Select a workspace를 'Motion'으로 설정합니다.

'Motion' 설정

02 클립(동영상) 확장하여 보기

▲을 클릭하여 클립의 길이를 확장합니다.

03 재생(▶) 버튼을 클릭하면 플레이 헤드(♦)가 움직이면서 영상이 재생됩니다.

❷ 'Play' 클릭
❶ 'Zoom in timeline' 클릭

TIP 플레이 헤드(♦)는 이미지 창에 현재 프레임의 영상을 보여줍니다. 드래그하여 원하는 위치로 이동할 수 있으며, 위치에 따라 편집에서 중요한 기준 역할을 합니다.

04 플레이 헤드( ) 이동하기

Timeline 패널의 메뉴 버튼( )을 클릭하여 [Go To]-[Time]을 클릭합니다.

05
대화상자가 나타나면 Set Time(시간 설정)을 '0;00;08;11'로 입력하고 'OK' 버튼을 클릭합니다.

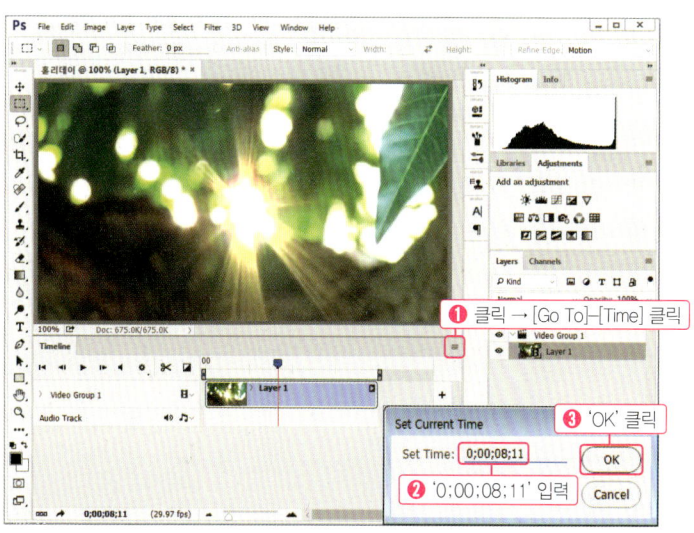

 TIP 플레이 헤드( )를 드래그하여 이동해도 되지만 정확한 시간으로 위치하려면 Set Current Time 메뉴를 이용합니다.

06 클립(동영상) 자르기

클립이 활성화된 상태에서 자르기( ) 버튼을 클릭하여 클립을 분리합니다. 플레이 헤드( )의 위치를 기준으로 잘렸습니다. Layers 패널에는 'Layer 1 copy' 레이어가 생성되었습니다.

07 클립(동영상) 자르고 지우기

같은 방법으로 Set Time(시간 설정)을 '0;00;17;00'으로 설정한 후, 자르기( ) 버튼을 클릭하여 클립을 분리합니다.

08
마지막 분리한 클립을 선택하고 Delete 를 누릅니다.

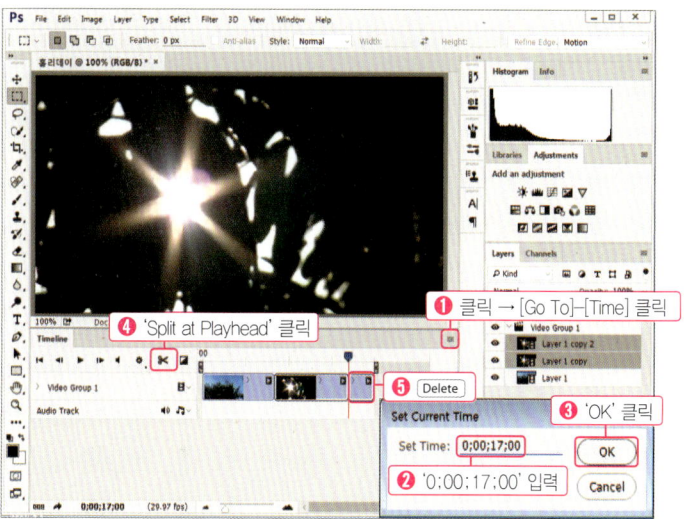

09 분리한 클립(동영상) 배치하기

Layers 패널에는 'Layer 1 copy' 레이어를 빈곳으로 길게 드래그합니다.

 TIP 짧게 드래그하면 'Layer 1' 바로 아래로 배치되며 클립의 순서가 변경되니 주의해야 합니다.

10 Layers 패널에 'Layer 1 copy' 레이어가 Video Group 1 그룹에서 분리되었습니다. Timeline 패널에서도 분리된 것을 확인할 수 있습니다.

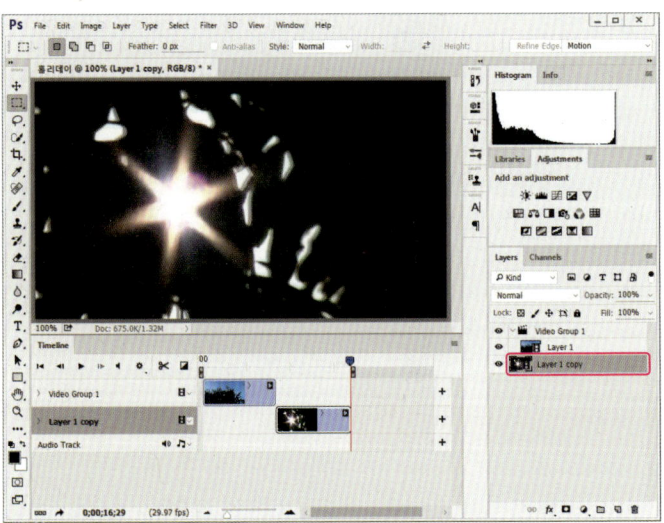

11 'Layer 1 copy' 클립을 선택하고 앞으로 드래그하여 'Layer 1' 클립과 반 정도 겹치게 놓습니다.

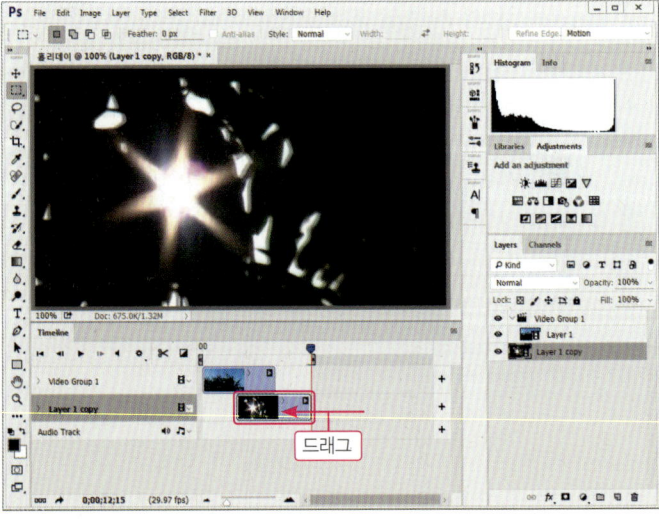

12 장면 전환 효과 주기

장면 전환(■) 버튼을 클릭한 후, 메뉴가 나타나면 Duration(지속시간)을 '4s'로 설정하고 'Fade'를 'Video Group 1' 클립의 뒤쪽으로 드래그여 놓습니다.

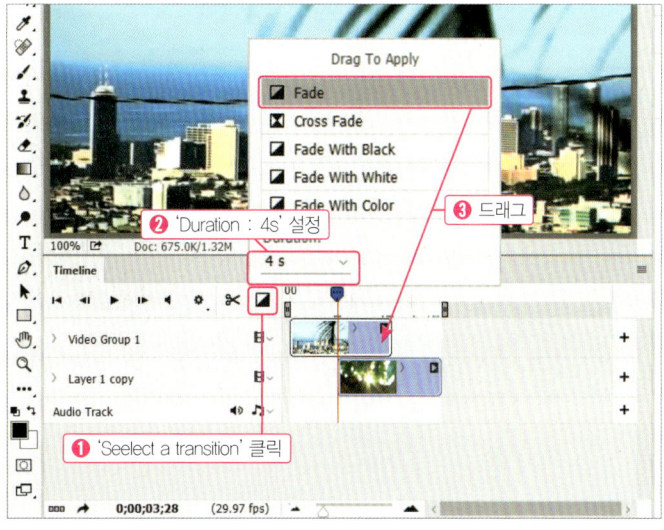

13
플레이 헤드(♦)를 클립 시작 위치로 드래그하여 이동합니다. 재생(▶) 버튼을 클릭해 영상을 재생하면 클립이 교차되는 부분에 페이드 효과가 적용되어 이미지가 서서히 교차되어 나타납니다.

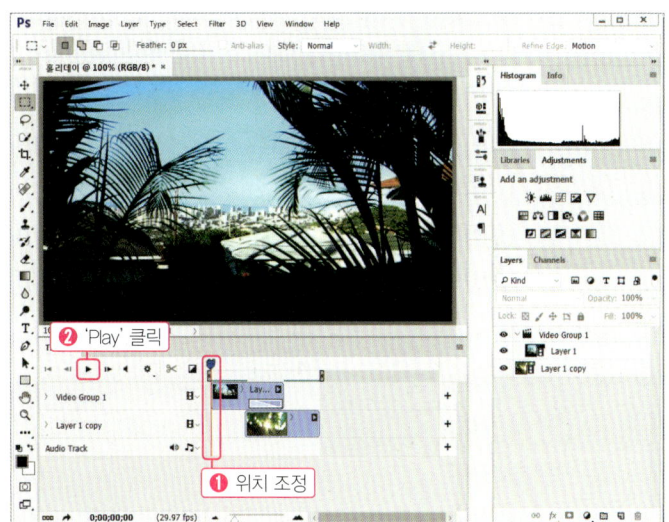

14 동영상 보정하기

Adjustments 패널의 Color Lookup (▦)을 클릭합니다. Layers 패널에 조정 레이어가 생성되었습니다.

15
'Color Lookup 1' 레이어를 'Video Group 1' 레이어 위로 드래그하여 그룹에서 분리합니다.

16 'Color Lookup 1' 클립의 끝으로 마우스 포인터를 이동합니다. 마우스 포인터가 ↔로 변경되면 프레임의 맨 뒤로 드래그합니다.

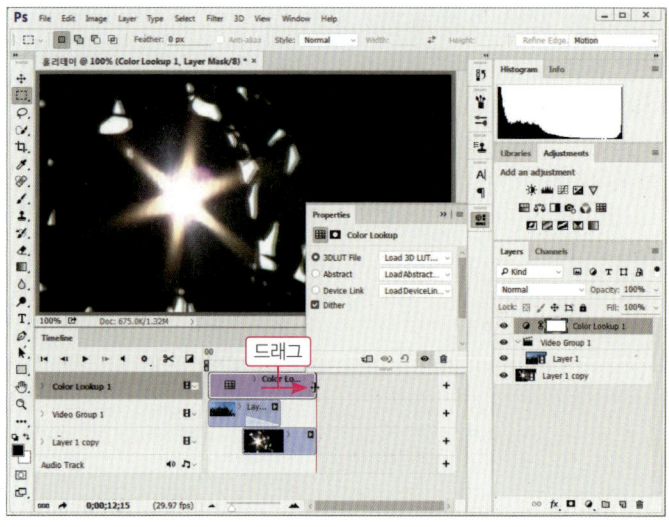

17 Properties 패널에서 3DLUT File을 'Candlelight.CUBE'로 설정하여 전체 동영상 이미지에 색상을 보정합니다.

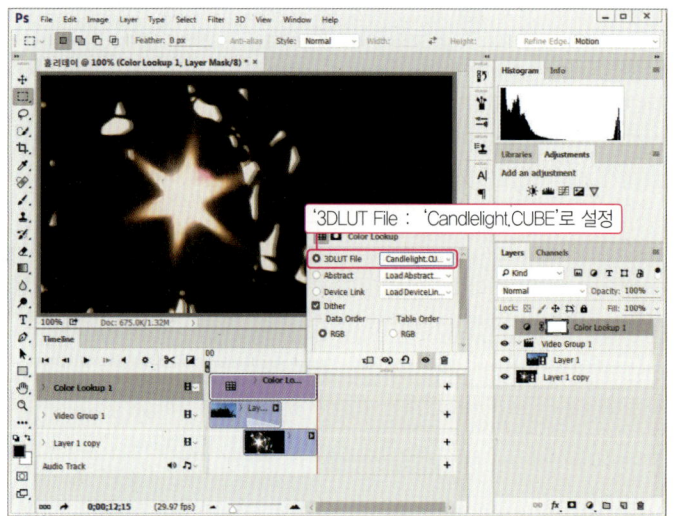

18 처음 프레임(⏮) 버튼을 클릭해 첫 프레임으로 이동합니다.

19 재생(▶) 버튼을 클릭해 영상을 재생해봅니다.

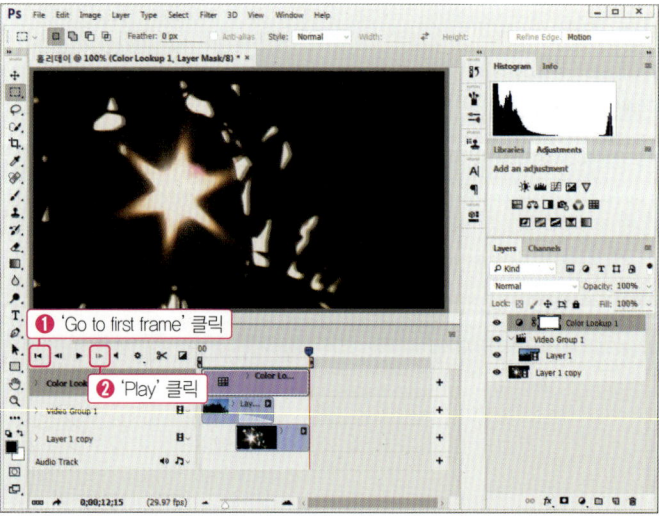

시작 | 선택&편집 | 리터칭 | 페인팅 | 레이어 | 보정 | 색상모드&채널 | 벡터 | 필터 | 자동화&동영상&3D | 활용 · 435

SECTION 136 정지 화상을 동영상으로 만들고 편집하기

Video Timeline 패널

스틸 이미지에 프레임을 추가하고 모션 효과를 주어, 움직이는 동영상을 만들어 보고 문자도 삽입해 모션 효과를 넣어 보겠습니다.

[준비파일] 10장\아이들.psd   [완성파일] 10장-완성\아이들(완성).psd, 아이들(완성).mp4

01 정지 이미지를 동영상으로 만들기

'아이들.psd' 파일을 불러온 후, Select a workspace를 'Motion'으로 설정합니다.

02 Timeline 패널에서 'Create Video Timeline'을 클릭합니다.

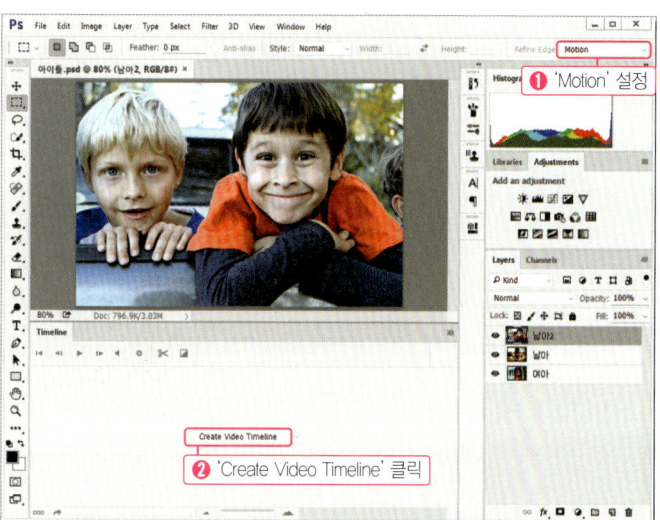

03 초당 프레임 설정하기

레이어 수만큼 동영상 클립이 3개 생성되었습니다. Timeline 패널의 메뉴 버튼(≡)을 클릭한 후, 'Set Timeline Frame Rate'를 클릭합니다. Frame Rate는 '12'로 설정하고 'OK' 버튼을 클릭합니다.

TIP 일반적으로 Frame Rate(속도의 비율)는 초당 24fps, 30fps를 사용합니다. 즉 초당 24장, 30장의 정지 화면이 출력된다고 보면 됩니다. 여기서는 용량을 고려하여 12fps를 사용했습니다.

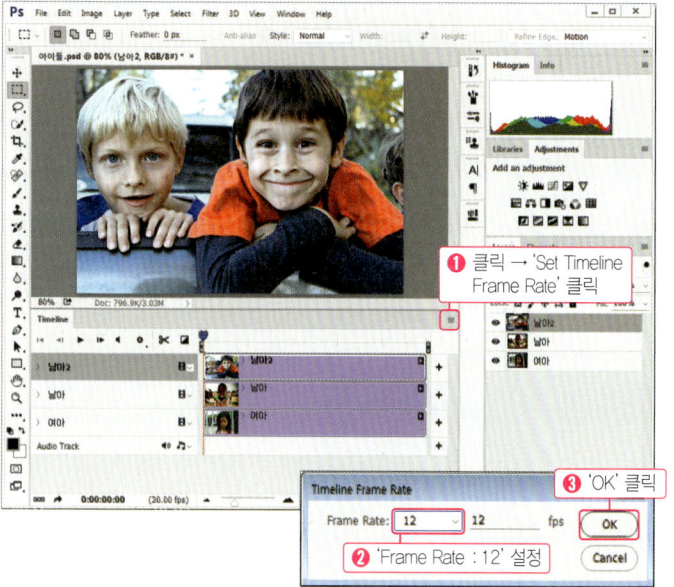

04 클립 연결하기

'남아' 클립을 뒤로 드래그하여 '여아' 클립과 반정도 겹쳐 놓습니다. '남아2' 클립은 '남아' 클립 뒤로 드래그합니다.

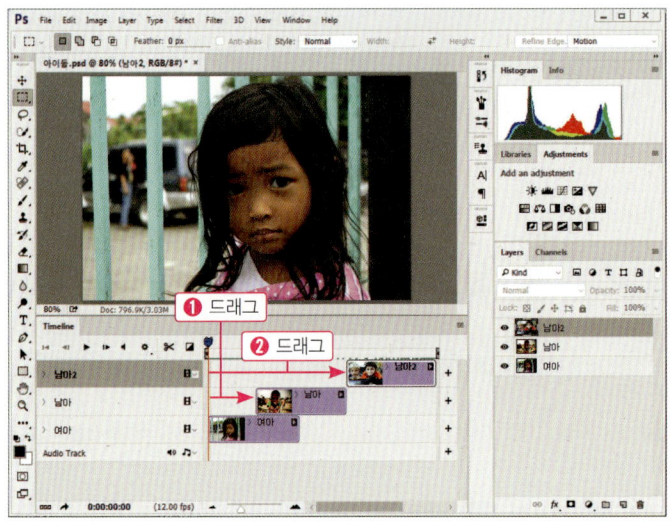

05 클립 길이 늘리기

'남아' 클립 끝을 드래그하여 '남아2' 클립과 겹치게 합니다.

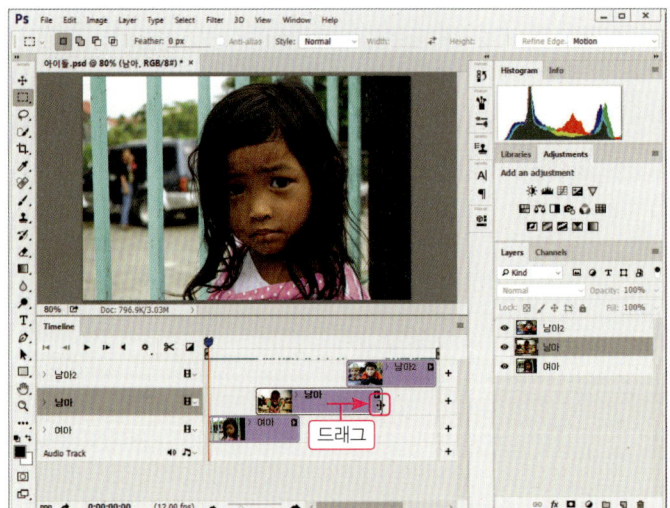

06 장면 전환 효과주기

플레이 헤드( )를 '여아' 클립 끝으로 이동한 후, 장면 전환( ) 버튼을 클릭하여 메뉴가 나타나면 'Fade'를 클릭하고 '남아' 클립의 앞으로 드래그합니다.

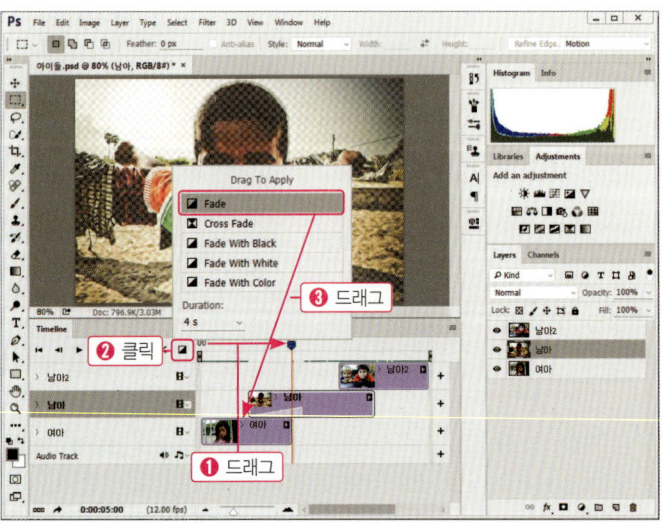

07 페이드 클립 길이가 '여아' 클립보다 길면, 길어진 길이만큼 '남아' 클립이 반투명하게 보입니다. 페이드 클립 뒤로 마우스 포인터를 이동한 후 ✥로 변경되면 '여아' 클립이 끝나는 위치까지 드래그하여 길이를 조절합니다.

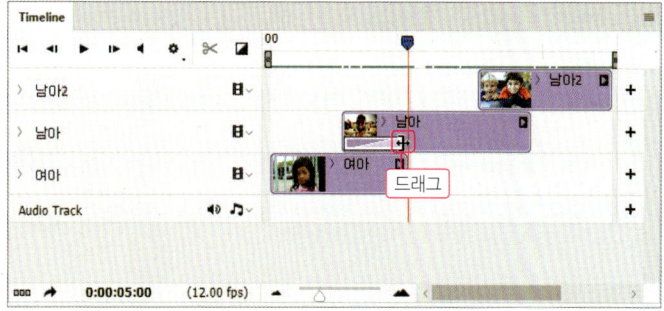

08 '남아2' 클립에도 같은 방법으로 장면 전환 효과를 줍니다.

09 '여아' 클립에 모션 주기

'여아' 클립을 선택하여 활성화하고 마우스 오른쪽 버튼을 클릭하여 메뉴가 나타나면 'Rotate & Zoom'을 선택합니다. 메뉴가 나타나면 기본에서 Enter 를 누릅니다.

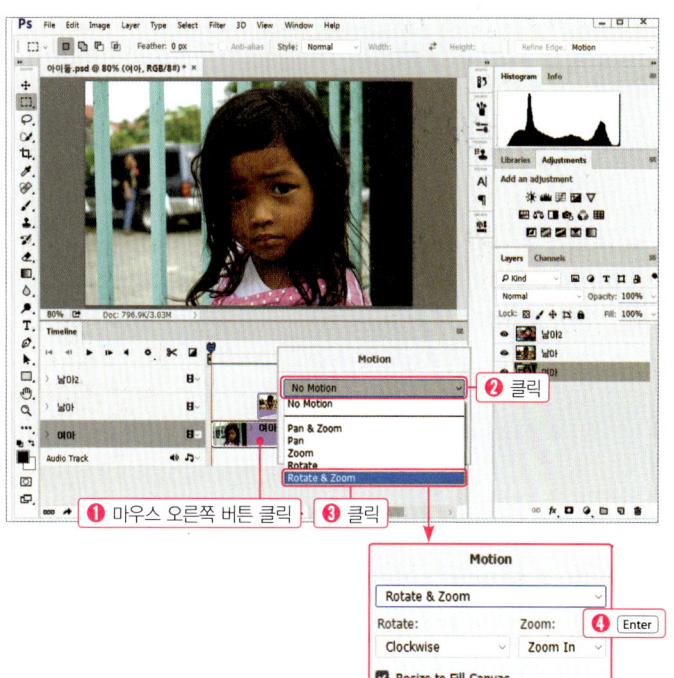

10 '남아', '남아2' 클립에 모션 주기

같은 방법으로 '남아' 클립과 '남아2' 클립에도 모션을 줍니다.

11 문자 입력하기

플레이 헤드(■)를 '남아2' 시작 위치로 이동한 후, 가로쓰기 툴(T.)을 선택하고 옵션바에서 글꼴은 '함초롬돋움 Bold', 크기는 '20pt', '중앙정렬', 'ffffff'로 설정합니다. 이미지 창을 클릭하고 'All for one and One for All.'로 입력하고 Ctrl+Enter를 누릅니다.

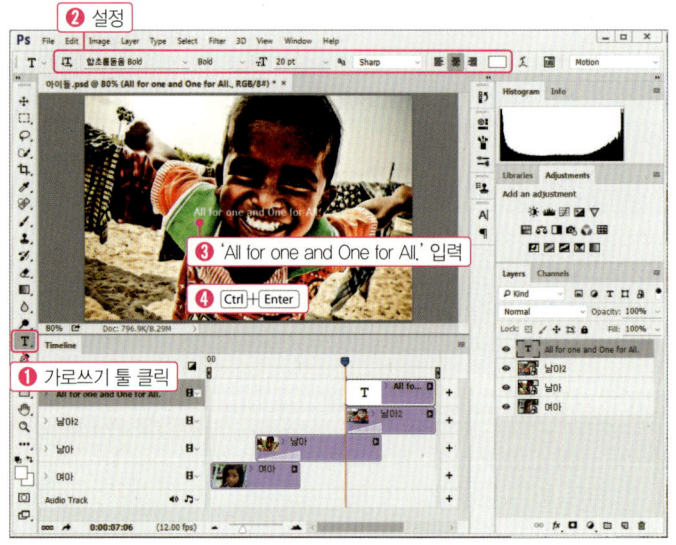

12 문자 크기 변형 효과주기

플레이 헤드(■)의 위치가 문자 시작 지점인 것을 확인합니다. 'All for one~' 문자 앞의 확장(▶) 버튼을 클릭하고 Transform의 타이머 아이콘(⏱)을 클릭합니다. 노란 색상의 키프레임(◆)이 생성됩니다.

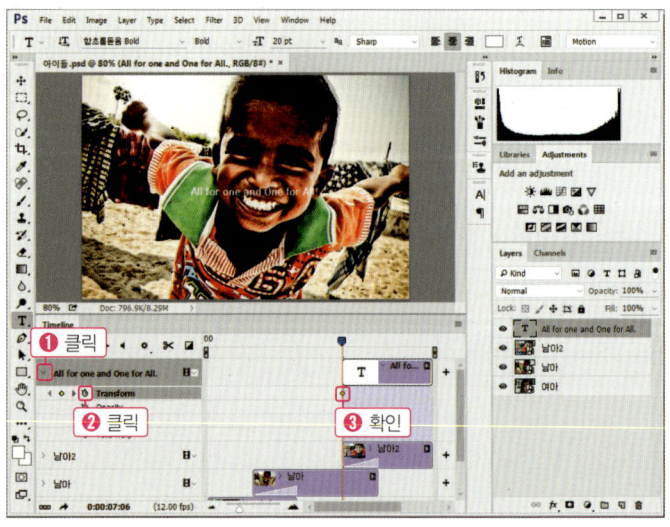

13 플레이 헤드(▼)를 문자 끝보다는 조금 앞 지점에 놓고 키프레임(◆)을 클릭합니다.

14 Ctrl+T를 눌러 옵션바의 W와 H를 '250%'로 입력하고 Enter를 눌러 실행합니다.

15 영상을 재생해 보고 나중에 수정할 수 있으니 Shift+Ctrl+S를 눌러 다른 이름으로 저장합니다.

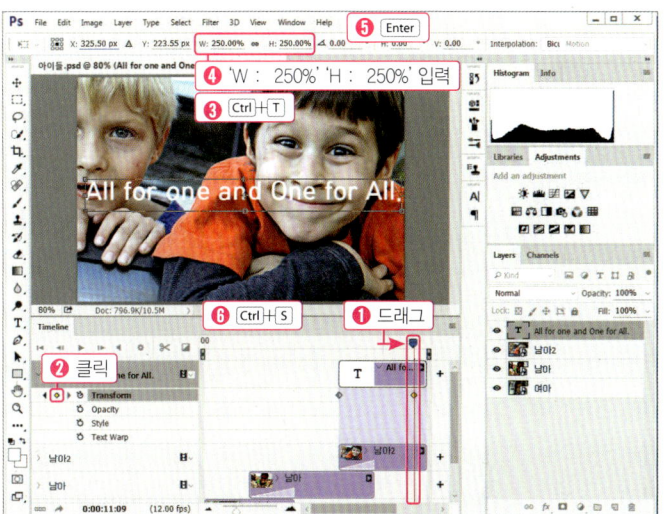

16 렌더링하기

다른 환경에서도 영상을 보기 위해 영상을 추출해야 합니다. [File]-[Export]-[Render Video] 메뉴를 클릭합니다. 대화상자가 나타나면 옵션을 설정하고 'Render' 버튼을 클릭합니다.

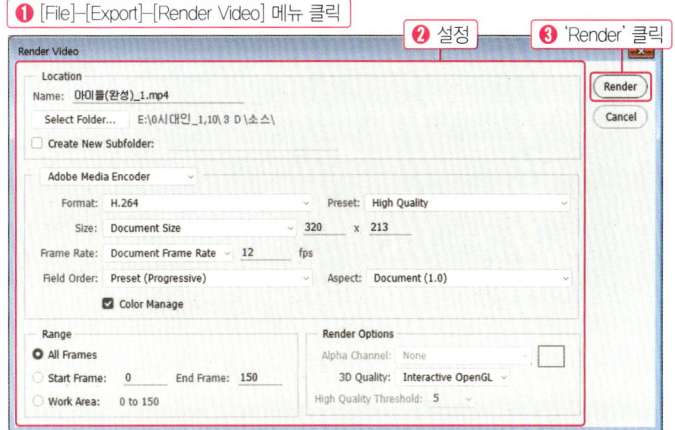

TIP **[Render Video] 대화상자**
영상 편집 후, 마지막에 영상 추출을 위해 렌더링 과정을 거치는데 컴퓨터 사양에 따라 몇 시간이 걸릴 수 있습니다.
- Location : 저장할 이름과 경로 위치를 설정합니다.
- Adobe Media Encoder : 저장할 동영상의 종류와 크기, 화질, 초당 프레임 수 등을 설정합니다.
- Range : 저장할 범위를 선택할 수 있습니다.
- Render Options : 동영상의 옵션을 설정합니다. 알파 채널 또는 3D 퀄리티를 적용할 수 있습니다.
- Render : 동영상 파일을 만듭니다.

SECTION 137 3D 환경 살펴보기
3D 패널, (3D) Properties 패널

3D 환경에서 자주 사용하는 3D 패널과 Properties 패널에 대해 알아보겠습니다.

3D 작업 환경

3D 개체와 배경을 편집하려면 해당 이미지를 이미지 창에서 선택하거나 레이어 형식으로 제공하는 3D 패널에서 각 요소를 선택하고 Properties 패널에서 옵션을 수정할 수 있습니다.

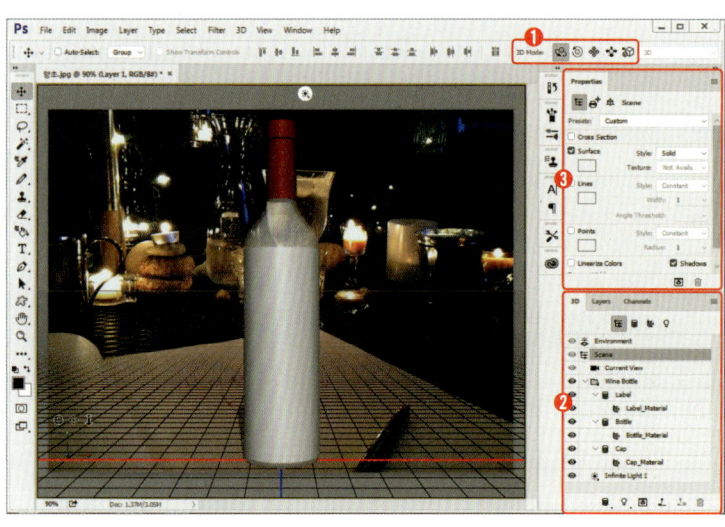

❶ **3D Mode** : 이동 툴(✥.)을 선택한 상태에서 활성화 됩니다. 3D 개체를 선택하면 개체를 움직이는 툴로 사용되며, 배경을 선택하면 카메라를 움직이는 툴로 사용됩니다.

ⓐ 회전 툴(⊙, Rotate the 3D Object / Oribit the 3D Camera) : X, Y축을 중심으로 개체/카메라를 회전합니다.

ⓑ 돌리기 툴(⊙, Roll the 3D Object / Roll the 3D Camera) : Z축을 중심으로 개체/카메라를 회전합니다.

ⓒ 팬 툴(✥, Drag the 3D Object / Pen the 3D Camera) : 개체/카메라를 X 또는 Y축 방향으로 패닝(이동)합니다.

ⓓ 슬라이드 툴(✥, Slide the 3D Object / Slide the 3D Camera) : 개체/카메라를 Z축(앞뒤)을 중심으로 드래그하여 이동합니다. 원근감을 줄 수 있습니다.

ⓔ 비율 툴(⊙ / ▪, Scale the 3D Object / Zoom the 3D Camera) : 개체/카메라를 드래그하여 비율에 맞추어 크기를 조절할 수 있습니다. 위로 드래그하면 확대, 아래로 드래그하면 축소됩니다.

❷ **3D 패널** : 구성 요소가 레이어 형식으로 표시되고 해당 요소를 선택하면 Properties 패널이 변경되어 옵션을 설정할 수 있습니다.

ⓐ **Whole scene(전체 장면)** : 장면에 대한 설정으로 환경, 현재 보기, 무한 광원, 카메라 보기 등을 선택합니다.

ⓑ **Meshes(메시)** : 객체를 구성하는 그물 모양의 폴리건, 메시에 대한 모양을 설정하고, 그림자의 유무를 설정합니다.

ⓒ **Materials(재질)** : 재질에 대한 옵션을 설정합니다.

ⓓ **Light(조명)** : 조명에 대한 설정으로 조명의 유형(Point light , Spot light, Infinite light), 색상, 조도와 어두운 영역, 조명 밝기 감소를 조절할 수 있습니다

❸ **Properties 패널** : 3D 패널에서 지정한 편집 요소에 대한 옵션을 설정합니다.

1. Environment(환경)

객체가 아닌 배경을 클릭하면 나타나는 옵션으로 전체적인 공간 환경을 설정합니다.

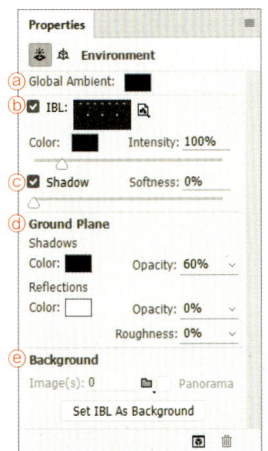

ⓐ **Global Ambient** : 전체적인 주변 색상(전체 조명)을 지정합니다.
ⓑ **IBL(Image Basic Lighting)** : 이미지를 기반한 조명을 지정합니다.
ⓒ **Shadow** : 그림자를 설정합니다.
ⓓ **Ground Plane** : 지표면에 대한 그림자와 반사에 대해 설정합니다.
ⓔ **Background** : 배경에 대해 설정합니다.

2. Scene(장면)

장면 설정 옵션으로 표면, 선, 포인트에 대한 옵션을 설정하며 렌더링 방식을 설정합니다.

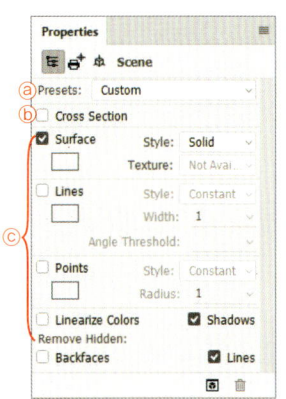

ⓐ **Presets** : 미리 설정되어 있는 렌더링 방식을 설정합니다.
ⓑ **Cross Section** : 체크하면 횡단면으로 볼 수 있습니다.
ⓒ **사용자 지정 옵션** : 표면, 선, 포인트에 대한 스타일 옵션을 설정합니다.

3. Mesh(메시)

메시에 대한 모양을 설정하고, 그림자의 유무를 설정합니다.

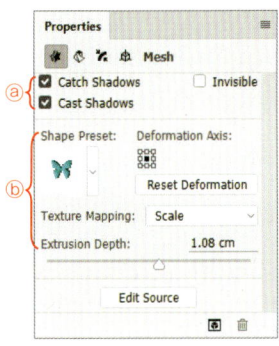

ⓐ **그림자 설정** : 그림자를 보이게 하거나 보이지 않게 설정합니다.
ⓑ **사용자 지정 옵션** : 돌출 형태를 설정하고 돌출 두께를 설정합니다.

4. Materials(재질)

사실적인 물체에 가깝도록 텍스처 재질에 대한 빛, 반사, 굴절 같은 옵션을 설정합니다.

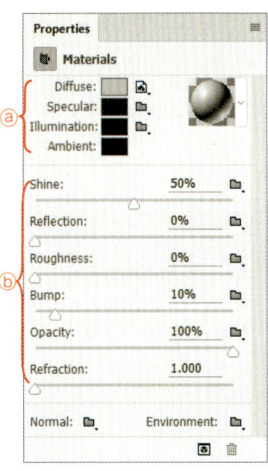

ⓐ **Material Picker** : 포토샵에서 제공하는 텍스처를 설정할 수 있습니다. Diffuse(확산), Specular(완전 반사), Illumination(어두운 조명), Ambient(주변광)를 설정합니다.
ⓑ **사용자 지정 옵션** : Shine(빛), Reflection(반사도), Roughness(거칠음), Bump(범프), Opacity(불투명도), Refraction(굴절)을 설정합니다.

5. 3D Camera

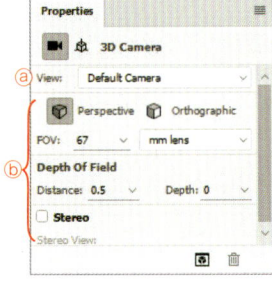

ⓐ **View** : 카메라 보기 모드를 선택합니다.
ⓑ **사용자 지정 옵션** : 원근, 정사영에 대한 시야와 필드 심도의 거리, 깊이를 조절할 수 있으며 스테레오 여부를 체크합니다.

6. Light(조명)

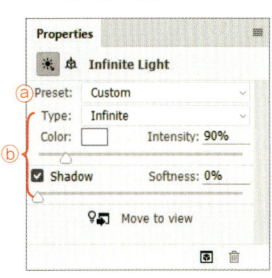

ⓐ **Presets** : 미리 설정되어 있는 조명 방식을 설정합니다.
ⓑ **사용자 지정 옵션** : 조명 타입을 Point light, Spot light, Infinite light 중에 설정할 수 있고, 색상, 강도, 그림자 등을 설정합니다.

SECTION 138 입체감 있는 3D 문자 만들기
3D 패널

3D 문자를 만들 때 3D 환경에서 조절해도 되지만, 가급적이면 2D 환경에서 가능한 작업(크기, 위치, 회전, 색상 등)은 미리 설정해 놓고 3D 작업을 하는 것이 효율적입니다. 문자에 두께(Extrude)를 주어 3D 입체 문자를 만들어봅니다.

[준비파일] 10장\꽝.psd   [완성파일] 10장-완성\꽝(완성).psd

01 3D 작업 환경으로 전환하고 두께 주기

'꽝.psd' 파일을 불러온 후, Layers 패널에서 'W' 레이어가 선택된 상태입니다. [Type]-[Extrude to 3D] 메뉴를 클릭합니다.

02 3D 작업 환경으로 전환하겠느냐는 메시지가 나타나면 'Yes' 버튼을 클릭합니다.

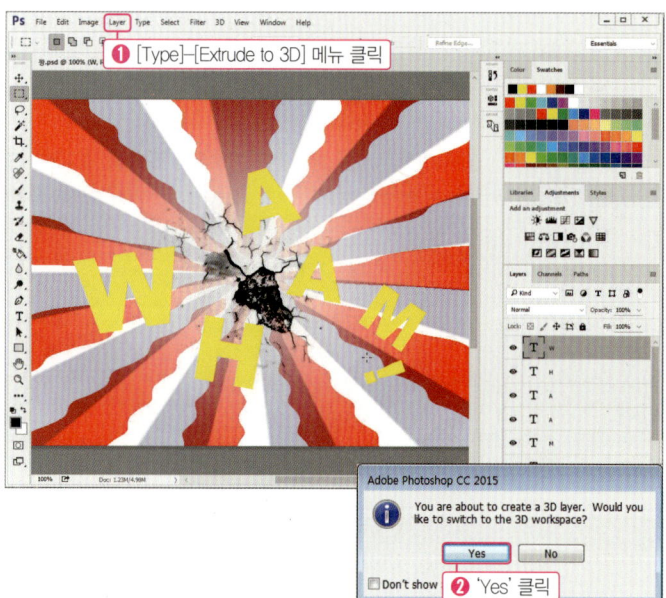

03 3D 환경으로 변환되었습니다. 3D 패널과 Properties 패널이 나타납니다. 이미지 창의 'W'를 클릭합니다.

04 두께 모양 조절하기

Shape Preset을 클릭하여 'Taper Shrink'로 설정합니다. 뒤로 갈수록 두께가 줄어드는 모양입니다.

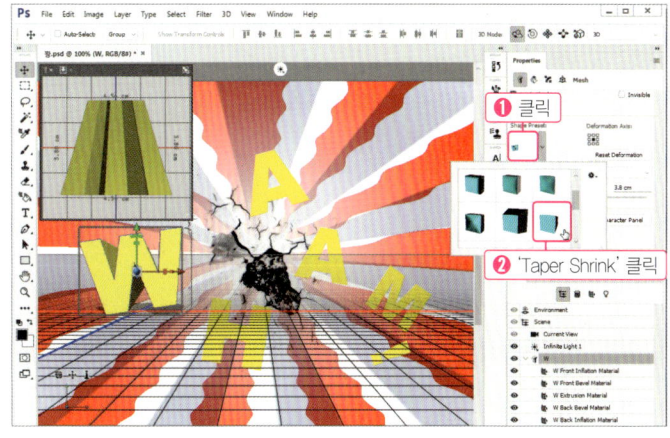

05 위치 수정하기

마우스 포인터가 'W'문자 바깥으로 이동하여 회전(🔄)모양으로 변경되었을 때 왼쪽 위로 드래그하여 그림처럼 위치를 수정합니다.

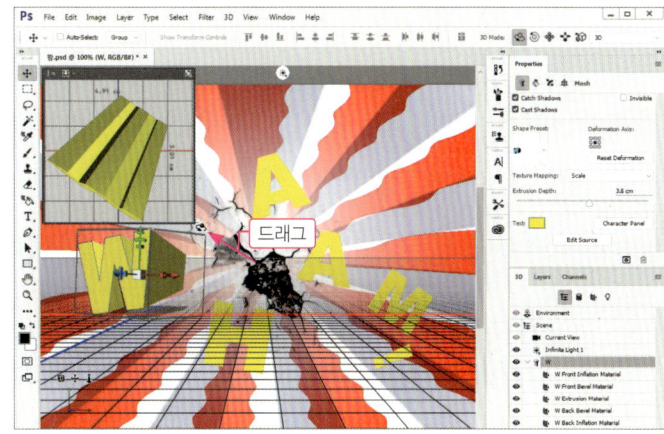

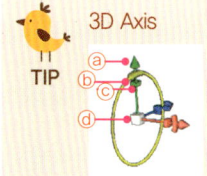

TIP 3D Axis

ⓐ Move item along axis(이동 핸들) : 위치를 이동합니다.
ⓑ Rotate item(회전 핸들) : 회전합니다.
ⓒ Compress or elongate item(비율 핸들) : 한 방향으로 줄이거나 늘릴 수 있습니다.
ⓓ Resize item(전체 비율 핸들) : 정비율로 확대와 축소를 할 수 있습니다.
    X축: 빨간색, Y축: 녹색, Z축 :파란색

06 문자 색상 변경하기

Text의 색상(▢)을 클릭하면 Color Picker 대화상자가 나타납니다. 푸른색('R : 83', 'G : 212', 'B : 244')을 선택하고 'OK' 버튼을 클릭합니다.

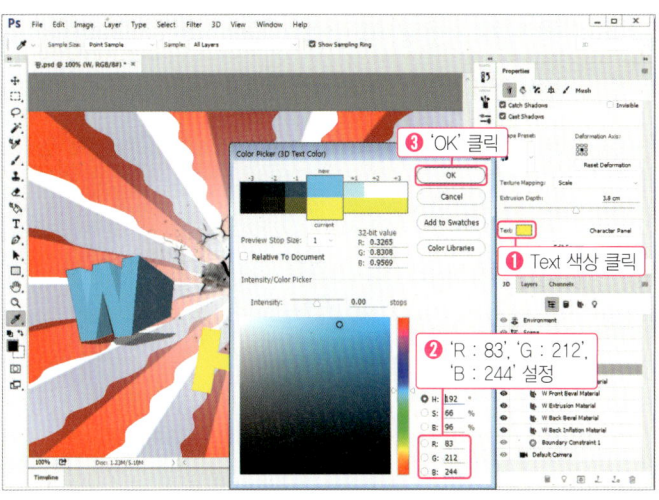

07 H 문자에 3D 효과 주기

Layers 패널을 클릭한 다음 'H' 레이어를 클릭하여 활성화합니다. [Type]-[Extrude to 3D] 메뉴를 클릭합니다.

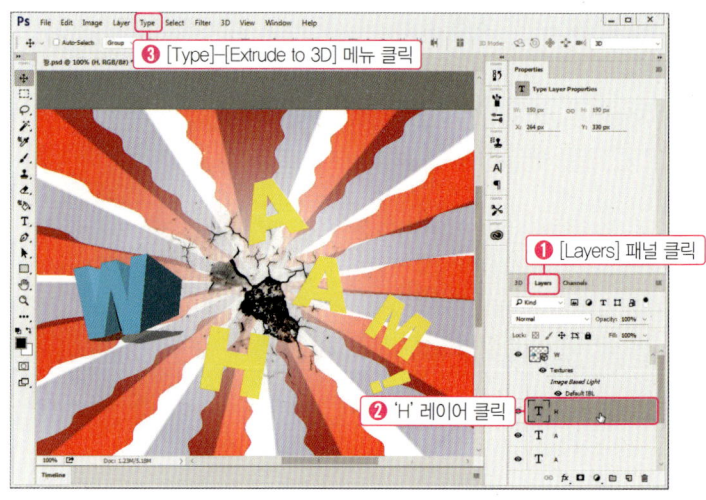

08 두께 깊이 조절하기

3D 패널과 Properties 패널이 나타납니다. 두께의 깊이를 수정하기 위해 Extrusion Depth의 값을 '3.1cm' 입력합니다.

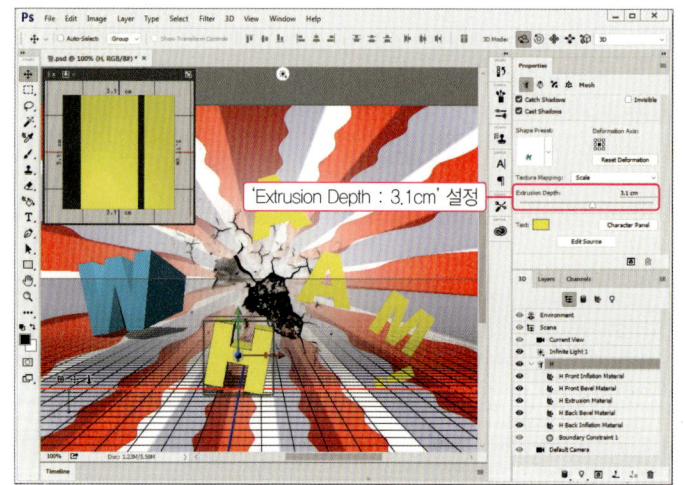

09 다른 문자도 두께를 주고 두께 모양, 위치 수정, 문자 색상을 변경하여 완성합니다.

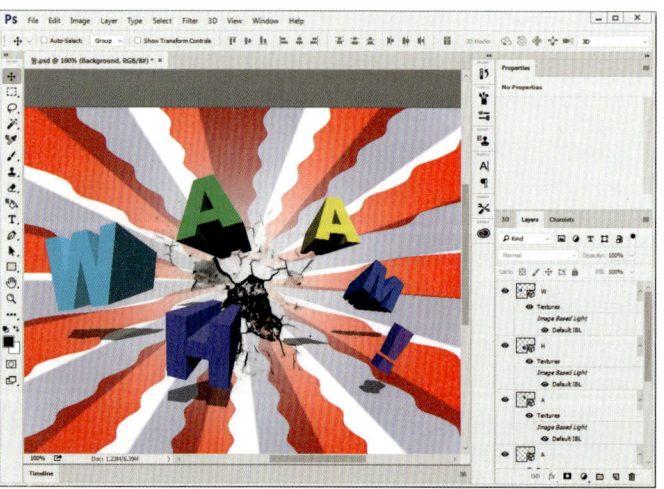

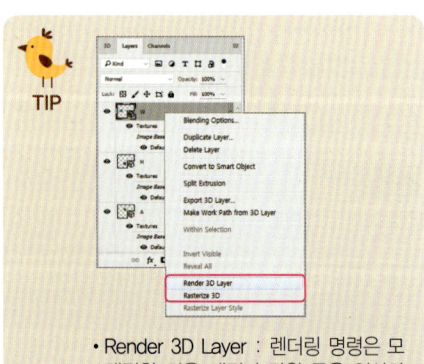

- **Render 3D Layer** : 렌더링 명령은 모델링한 것을 재질과 광원 등을 연산하여 사실감 있게 화면을 만들어줍니다. 마지막 완성 단계에서 사용하며, 해상도가 높을수록 시간이 많이 소요됩니다.

- **Rasterize 3D** : 레스터 라이즈화하여 일반 레이어의 속성을 갖습니다. 렌더링 명령을 주지 않고 레스터화하면 시간은 절약되지만 이미지가 거칩니다.

SECTION 139 와인 병에 라벨 적용하기
Materials 패널, 3D Paint Properties 패널

포토샵에서 제공하는 와인 병 소스를 불러오고 Materials(재질)의 텍스처를 이용하여 라벨을 적용해 보겠습니다.

[준비파일] 10장\양초.jpg, 라벨.psd   [완성파일] 10장-완성\양초(완성).psd

01 3D 작업환경 설정하기
'양초.jpg' 파일을 불러온 후, Select a workspace를 '3D'로 설정합니다.

02
Layers 패널에서 Create a new layer( ) 버튼을 클릭하여 'Layer 1'을 생성합니다.

03 3D 소스 가져오기
[3D]-[New Mesh from Layer]-[Mesh Preset]-[Wine Bottle] 메뉴를 클릭합니다.

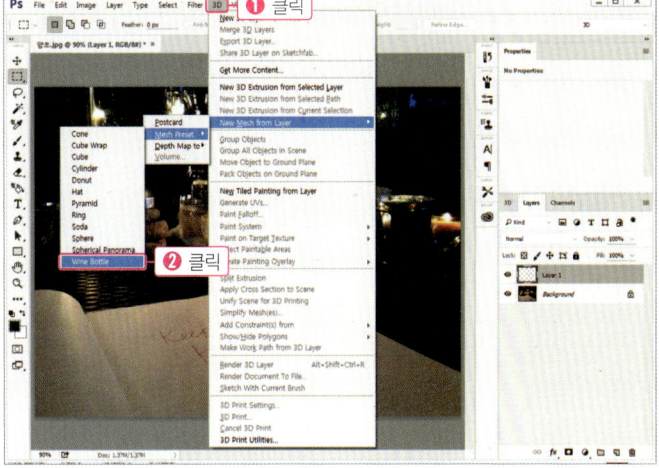

 TIP 3D 패널의 Mesh from Preset에서 'Wine Bottle'을 설정하고 'Create' 버튼을 클릭해도 됩니다.

04 포토샵에서 제공하는 와인 병이 나타납니다.

TIP 기본적으로 재질에 맞추어 텍스처들이 설정되어 있고 Cap(뚜껑), Bottle(병), Label(라벨)로 구성되어 있습니다. 각 요소들을 이미지 창에서 클릭하여 옵션을 변경할 수 있습니다.

05 뚜껑 재질 색상 설정하기

Cap(뚜껑)을 두 번 클릭하여 Properties 패널에 Materials(재질)이 보이게 합니다. Diffuse의 색상(▢)을 클릭하면 Color Picker 대화상자가 나타나며, 'R: 123', 'G:0', 'B:0'을 설정한 후, 'OK' 버튼을 클릭합니다.

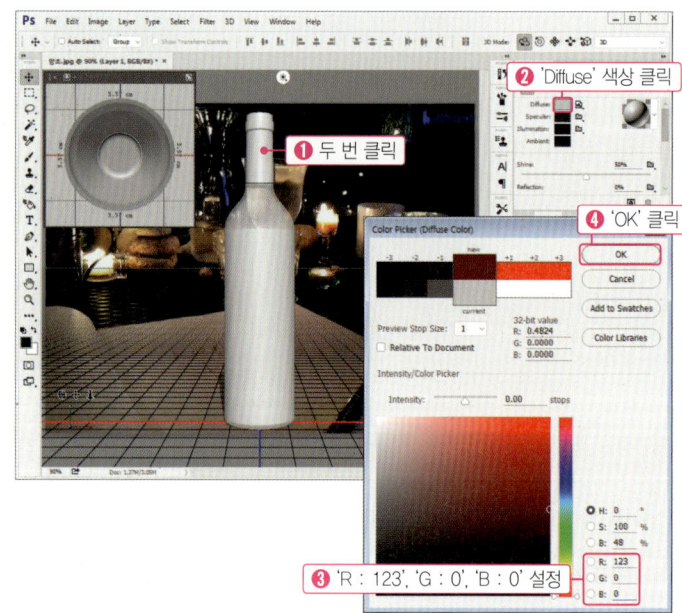

TIP Cap(뚜껑)을 한 번 클릭하면 Properties 패널에 Mesh가 나타나고, 다시 한 번 더 클릭하면 Materials(재질)가 보입니다.

06 Cap(뚜껑)의 색상이 변경된 것을 확인할 수 있습니다.

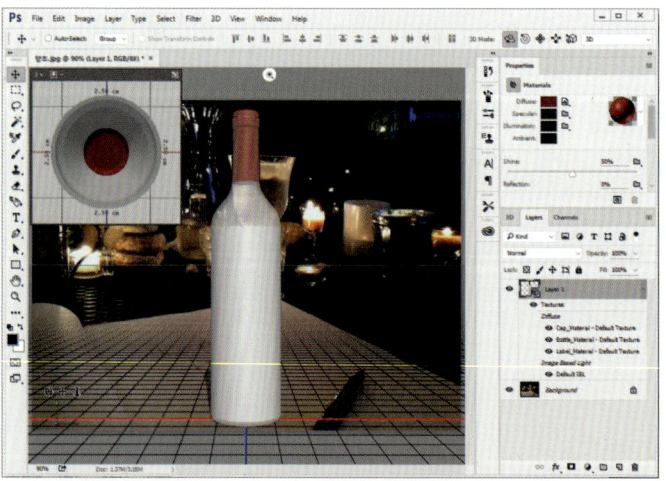

07 병 재질 색상 설정하기

Bottle(병)을 천천히 두 번 클릭하여 Properties 패널에 Materials이 보이게 합니다. Diffuse의 색상(   )을 클릭하여 Color Picker 대화상자가 나타나면 'R: 30', 'G:0', 'B:0'을 설정한 후, 'OK' 버튼을 클릭합니다.

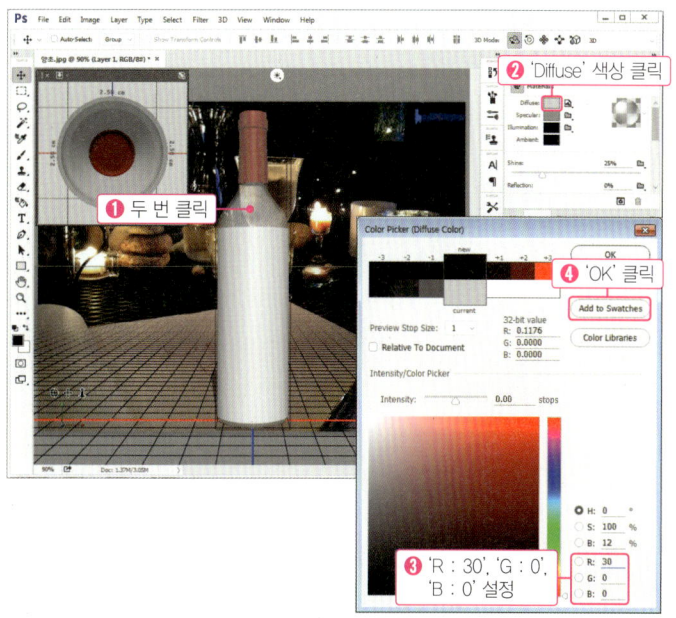

08

Bottle(병)의 색상이 변경된 것을 확인할 수 있습니다.

09 라벨 재질(Materials)의 그림 설정하기

Layers 패널에서 'Label_Materials-Default Texture' 레이어를 더블 클릭합니다.

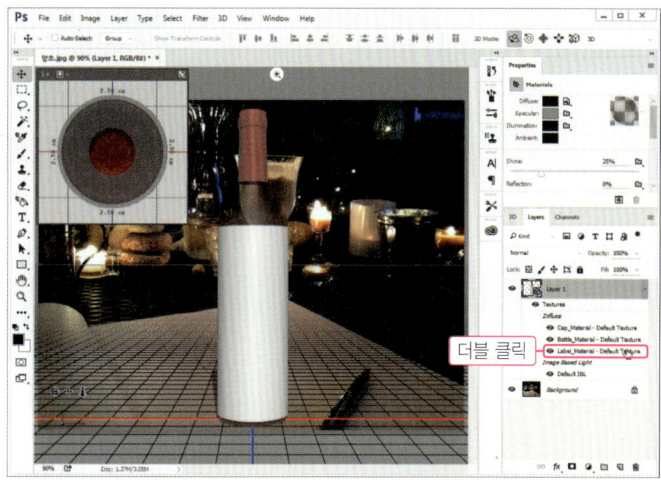

10 3D Paint Properties 패널 살펴보기

'Layer 1.psb' 파일이 나타나고 3D Paint Properties 패널로 전환됩니다. Properties 패널의 옵션을 변경하거나 라벨의 평면도에 원하는 그림을 그리면 바로 라벨에 적용됩니다. 여기서는 미리 만들어 놓은 밑그림을 적용해 보겠습니다.

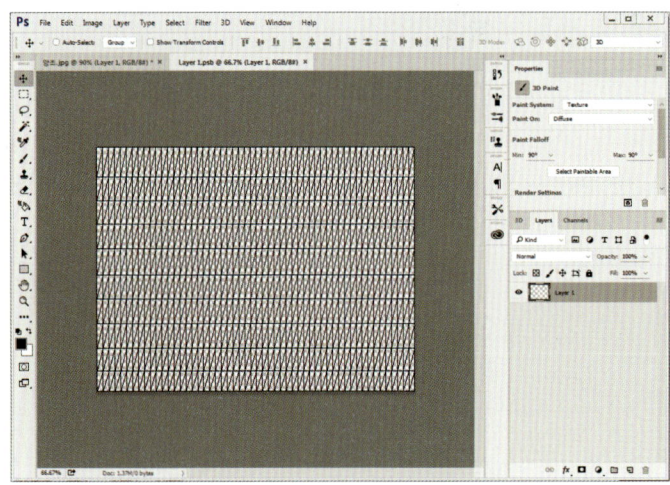

11
Ctrl+O를 눌러 '라벨.psd' 파일을 불러오고 Ctrl+A, Ctrl+C를 눌러 모두 복사합니다.

12
Ctrl+W를 눌러 '라벨.psd' 탭을 닫고 'Layer 1.psb' 파일을 활성화한 후, Ctrl+V를 눌러 복사한 라벨을 붙입니다. Ctrl+T를 눌러 변형 박스가 나타나면 옵션바의 W를 '60%'로 입력하고 ∞를 누른 후, 위치를 조절하고 Enter를 누릅니다.

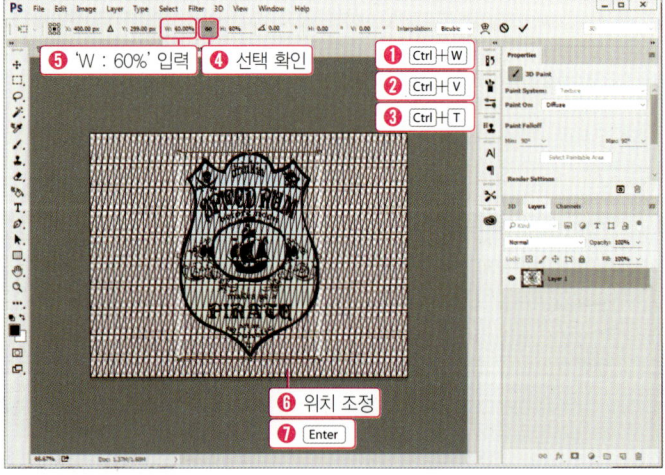

13 '양초. jpg' 탭을 클릭하여 확인해보면 라벨 텍스처가 자동으로 적용되어 있습니다.

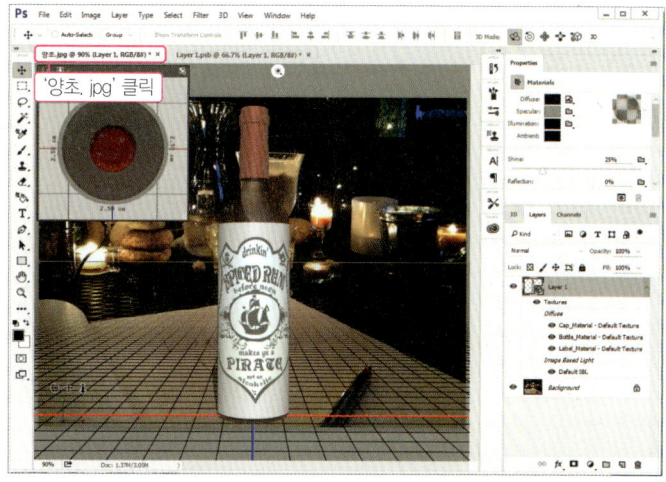

14 라벨 길이 줄이기

이미지 창에서 라벨을 클릭하면 3D Axis가 나타납니다. 마우스 포인터를 녹색의 Y축 비율 핸들에 놓으면 노란색으로 변경되는데 이때 노란 사각 비율 핸들(☐)(Scale Along Y)을 아래로 드래그하여 라벨의 길이를 줄입니다.

15 라벨 위치 변경하기

마우스 포인터를 녹색의 Y축 이동 핸들에 놓으면 노란색으로 변경되는데, Y축 이동 핸들(노란 원뿔(Move Along Y, (▲))을 위로 드래그하여 위치를 이동합니다.

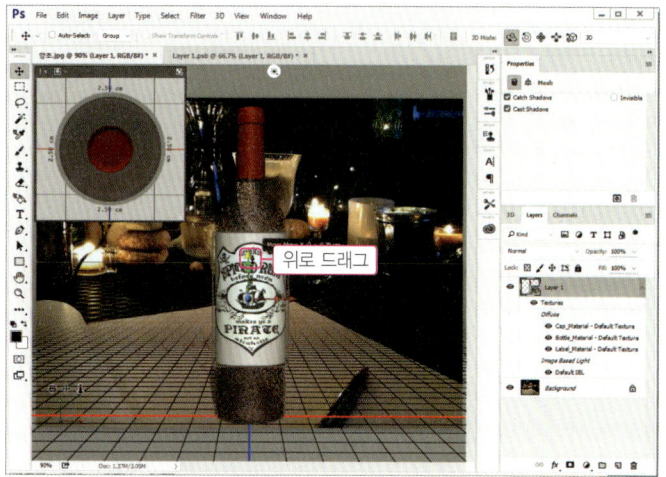

16 라이트 지정하기

기본으로 Infinite light 광원이 설정되어 있고 라이트 아이콘을 클릭하여 핸들러가 나타나면 아래로 조금 드래그하여 와인 뒤로 그림자를 숨깁니다.

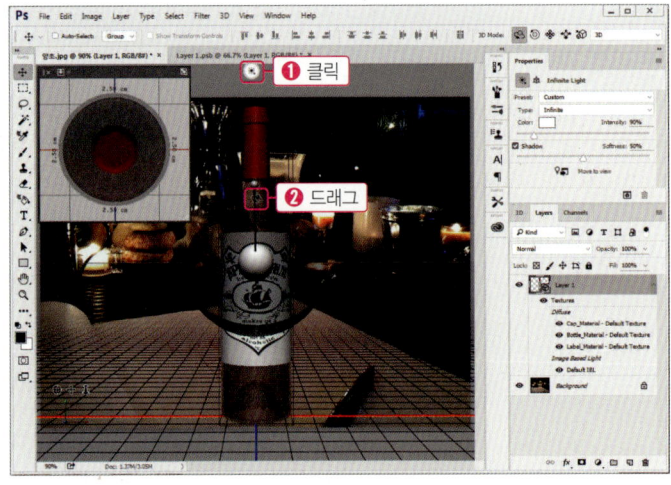

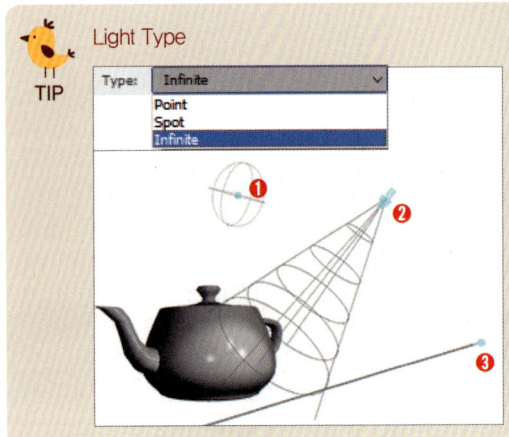

TIP Light Type

- **Point light** : 백열전구처럼 한 점원에서 모든 방향으로 동일하게 뻗어나가는 광원입니다.
- **Spot light** : 스포트라이트라고 해서 무대 조명처럼 한 곳을 집중해서 비추는 광원입니다.
- **Infinite light** : 방향성 광원으로 한 방향으로 무한히 뻗어나가는 광원입니다.

17

'Layer 1' 레이어를 선택하고 마우스 오른쪽 버튼을 클릭하여 'Render 3D Layer'를 클릭합니다. 렌더링 소요시간이 몇 분에서 몇 십분 정도 걸립니다.

18 3D 레스터라이즈화 하기

Ctrl+J를 눌러 'Layer 1 copy'를 생성하고 마우스 오른쪽 버튼을 클릭하여 'Rasterize 3D'를 클릭합니다. 'Layer 1' 원본은 보관합니다.

19 후보정하기

Ctrl+M을 누르고, Curves 대화상자가 나타나면 커브를 'S' 모양으로 드래그하여 보정한 다음 'OK' 버튼을 클릭하여 완성합니다.

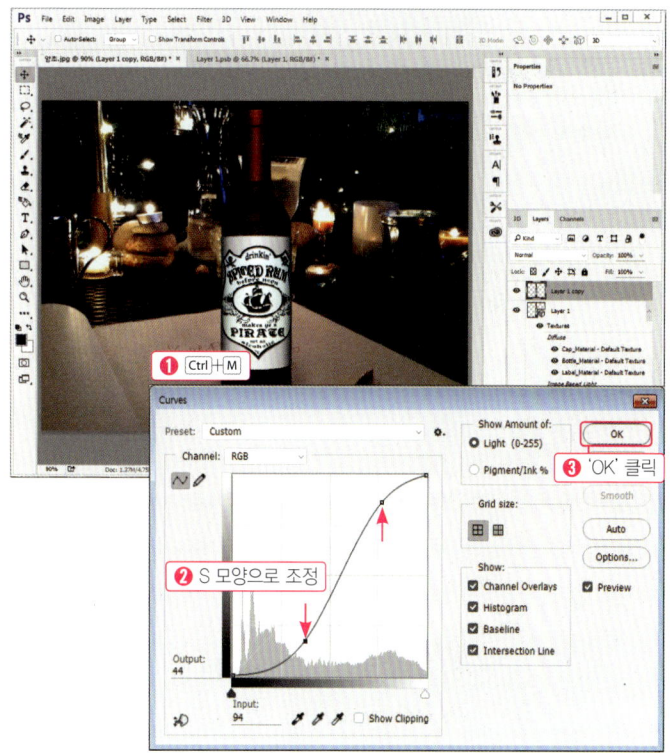

Do It Yourself

 **액션을 이용하여 액자 이미지 만들기**
Action 패널의 기본값으로 저장된 자동화 기능을 이용하여 액자 이미지를 만들어 봅니다.

[준비파일] 10장\보이.jpg   [완성파일] 10장-완성\보이(완성).psd

BEFORE

AFTER

 Actions 패널에서 'Quadrant Colors' 클릭 ➡ ▶ 버튼 클릭 ➡ 'Wood Frame' 클릭 ➡ ▶ 버튼 클릭

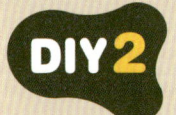 **장면 전환 효과주기**
정지 이미지를 동영상 이미지로 전환하고 장면 전환 효과를 적용해 봅니다.

[준비파일] 10장\곰돌이.psd   [완성파일] 10장-완성\곰돌이(완성).psd

BEFORE

AFTER

 Timeline 패널에서 'Create Video Timeline'을 클릭 ➡ Frame Rate를 '10'으로 설정 ➡ 클립들을 겹쳐놓기 ➡ 겹쳐진 부분에 장면 전환(◨) 버튼을 클릭하여 'Fade' 효과주기

시작 | 선택&편집 | 리터칭 | 페인팅 | 레이어 | 보정 | 색상모드&채널 | 벡터 | 필터 | 자동화&동영상&3D | 활용 · 453

여러 파일을 한 번에 불러오고 한 번에 저장하기

여러 사진 파일을 하나의 파일로 불러온 후, 크기를 조정하고 개별 파일로 다시 저장하여 봅니다.

[준비파일] 챕터10\풋볼 폴더   [완성파일] 챕터10-완성\풋볼(완성) 폴더

BEFORE
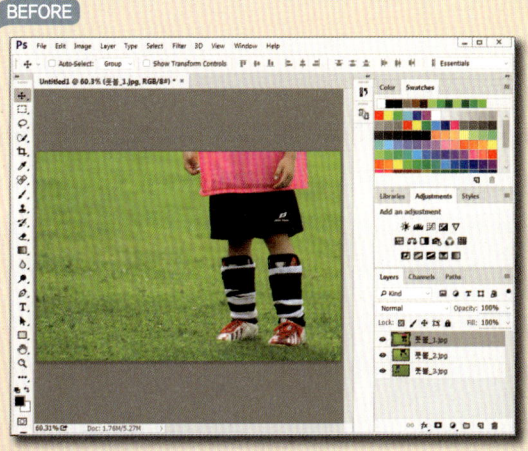

AFTER
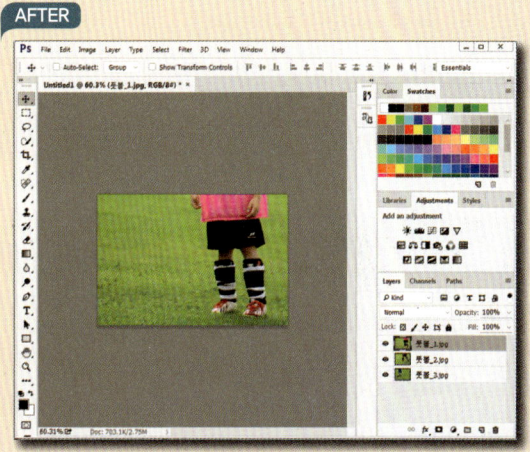

How to [File]–[Scripts]–[Load Files into Stack] 메뉴 클릭 ➡ Use를 'Folder'로 설정, 'Browse' 버튼을 클릭, '풋볼' 폴더 클릭 ➡ [Image]–[Image Size] 메뉴 클릭, Width(가로)를 '600pixels' 설정 ➡ [File]–[Export]–[Layers to Files] 메뉴를 클릭하고 'Browse' 버튼 클릭, '풋볼(완성)' 폴더 선택, File Name Prefix를 '실습'으로 설정, 'Run' 클릭

동영상 이미지 색감 보정하기

동영상 이미지를 불러온 후, Adjustments 패널에서 색감을 보정하고 저장하여 봅니다.

[준비파일] 10장\검은고양이.psd   [완성파일] 10장-완성\검은고양이(완성).psd

BEFORE
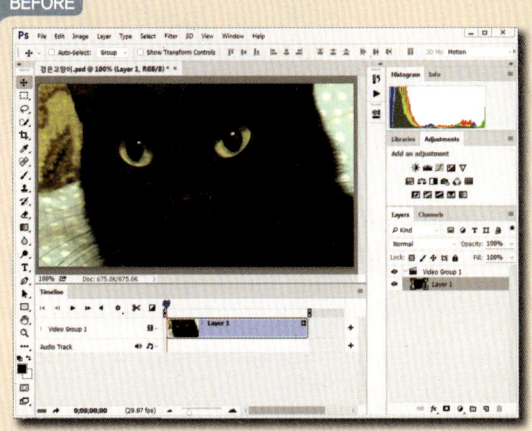

AFTER
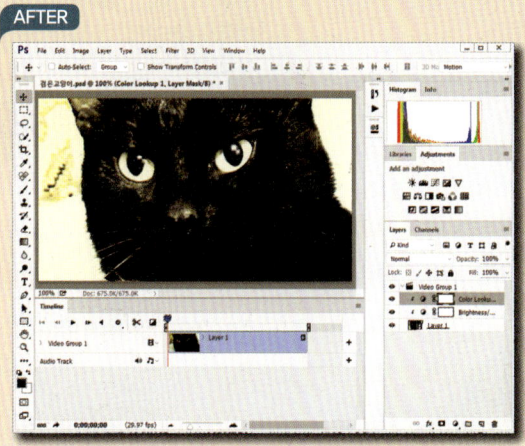

How to 작업 환경 설정 버튼을 'Motion'으로 설정 ➡ Adjustments 패널에서 ☀(Brightness/Contrast) 버튼을 클릭 하여 Brightness를 '150', Contrast를 '100'으로 설정 ➡ ▦(Color Lookup) 버튼을 클릭 하여 3DLUT File을 'FoggyNight.3DL'로 설정

Adobe Photoshop CC & CS6

CHAPTER 11

실무 활용

지금까지 배운 기능을 토대로 종합적인 메뉴와 툴을 사용한 실무 활용 예제를 따라해 보겠습니다. 실무적인 내용의 예제를 중심으로 이번 장까지 모두 마스터 한다면 여러분의 실력은 한 단계 더 업그레이드 될 것이며, 이제 더 이상 포토샵 초보자가 아닙니다.

실무 활용 001 캐릭터 엠블럼 만들기

연필로 스케치한 캐릭터를 사진을 찍어 메일로 전송한 후, 포토샵 파일로 불러와 캐릭터의 선을 추출하는 방법을 소개합니다. 패스와 문자를 이용한 둥근 엠블럼을 제작하고, 마지막으로 돌출 간판이나 머그컵에 앰블럼을 적용해 보겠습니다.

[준비파일] 11장＼고양이.jpg, 종이질감.jpg, 돌출간판.jpg   [완성파일] 11장-완성＼고양이(완성).psd

▲ 돌출 간판에 디자인한 엠블럼 이미지를 적용

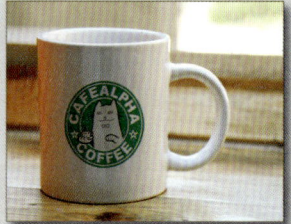

▲ 엠블럼을 머그컵에 'Warp' 기능을 이용하여 적용

Work Flow Chart

Step 01_캐릭터 이미지 선 추출하기

Step 02_종이 질감과 합성하기

Step 03_원형 엠블럼 만들기

Step 04_엠블럼 간판에 합성하기

   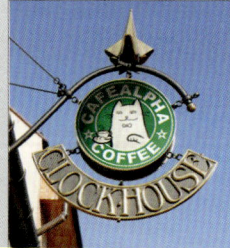

01 파일 불러오기

Ctrl+O를 눌러 '고양이.jpg' 파일을 불러옵니다.

TIP 아크릴 간판을 제작하는 곳에 직접 가거나 온라인으로 본인이 디자인한 파일을 보내면 수일 안으로 둥근 원형 돌출 간판을 받아 볼 수 있습니다. 둥근 원형 돌출 간판의 경우 가장 대중적인 사이즈는 지름이 50cm, 60cm, 70cm까지 있습니다.

02 'Blue' 채널 복제하기

Channels 패널에서 'Blue' 채널을 Create new channel( ) 버튼으로 드래그하여 'Blue Copy' 채널을 생성합니다.

03 Levels를 이용하여 검은 선 추출하기

Ctrl+L을 눌러 Levels 대화상자가 나타나면 Input Levels의 값을 '0', '0.1', '200'으로 설정하고 'OK' 버튼을 클릭합니다.

04 배경 정리하기

지우개 툴( )을 클릭한 후, 배경의 지저분한 점들을 깨끗이 지워 줍니다.

05 '라인추출' 채널 이미지 반전하기

'Blue' 채널의 이름을 '라인추출'로 변경한 후, Ctrl + I 를 눌러 색상을 반전합니다.

06 '면추출' 채널 생성하고 선 닫기

'라인추출' 채널을 Create new channel ( ) 버튼으로 드래그하여 '라인추출 Copy' 채널을 생성하고 이름을 '면추출'로 변경합니다.

07 지우개 툴( )로 고양이의 열린 선을 연결하여 닫아 줍니다.

08 고양이 면 만들기

전경색/배경색 전환( ) 버튼을 클릭하여 전경색이 흰색인 상태에서 페인트 통 툴( )로 고양이 안쪽을 클릭하여 색상을 흰색으로 채웁니다.

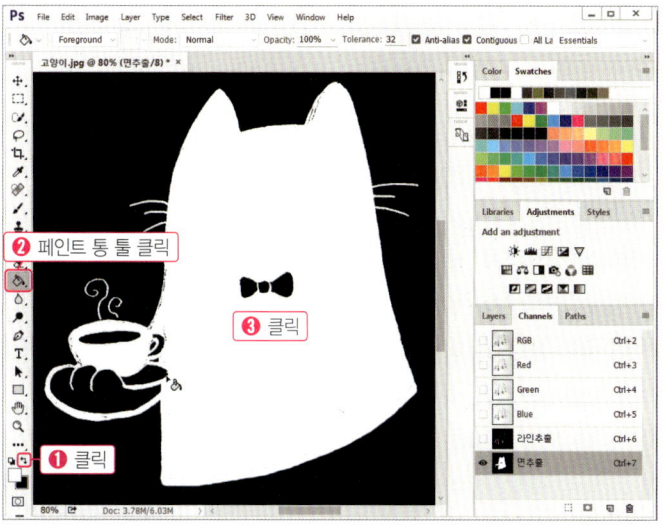

09

지우개 툴( )로 불필요한 선들을 모두 지웁니다.

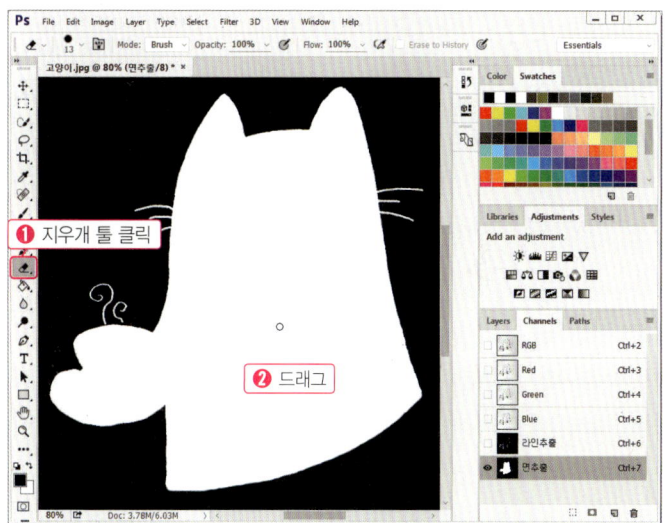

10 '종이질감' 파일 불러오기

Ctrl+2를 눌러 RGB 채널을 활성화합니다. Layer 패널을 클릭하고 [File]-[Place Linked] 메뉴를 클릭하여 '종이질감.jpg' 파일을 불러온 후, Enter를 누릅니다.

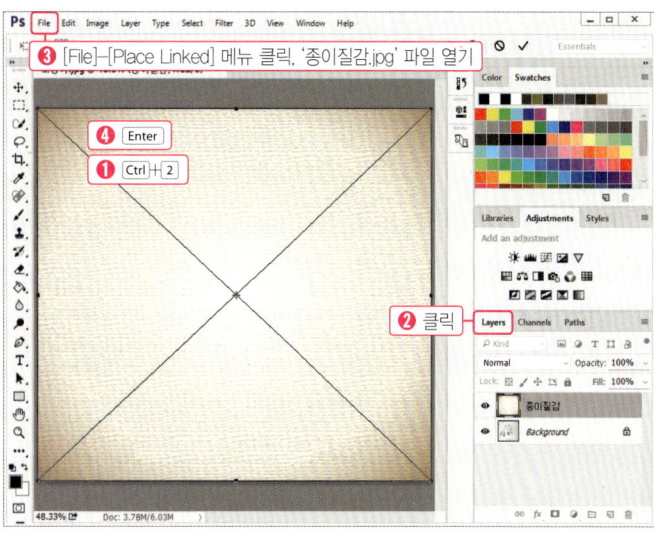

11 [Layer]-[Rasterize]-[Smart Object] 메뉴를 클릭하여 레스터라이즈화 합니다.

12 '라인추출' 선택 영역 불러오기

[Select]-[Load Selection] 메뉴를 클릭하고 대화상자가 나타나면 Channel을 '라인추출'로 설정하고 'OK' 버튼을 클릭합니다.

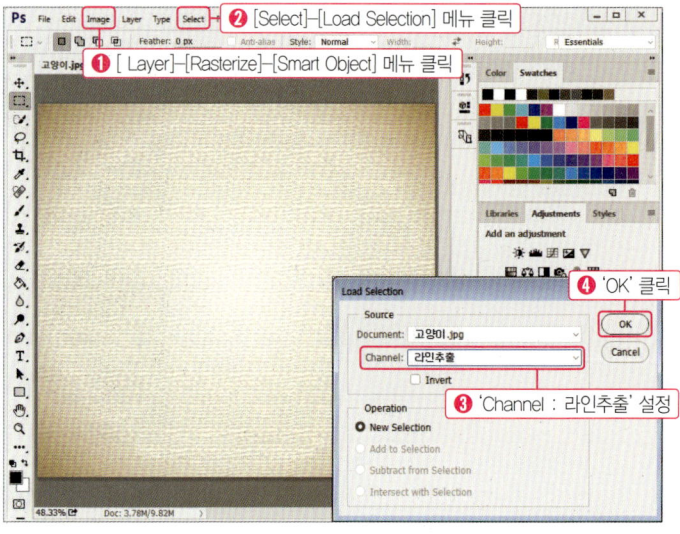

13 선택 영역 검정색으로 채우기

전경색이 검정색인 상태에서 Alt + Delete 를 눌러 전경색을 채웁니다.

14 '면추출' 선택 영역 불러와 복사하기

[Select]-[Load Selection] 메뉴를 클릭하고 대화상자가 나타나면 Channel을 '면추출'로 설정하고 'OK' 버튼을 클릭합니다.

15 Ctrl + C 를 눌러 복사한 후, Ctrl + W 를 눌러 닫습니다.

16 새 이미지 창 만들기

Ctrl+N을 눌러 대화상자가 나타나면 Name을 '알파'로 입력한 후, 옵션을 설정하고 'OK' 버튼을 클릭합니다.

[NEW 옵션]
- Width : 900Pixels
- Height : 900Pixels
- Resolution : 72 Pixels/Inch
- Background Contents : Other...
  (C:18, M:21, Y:35, K:0)

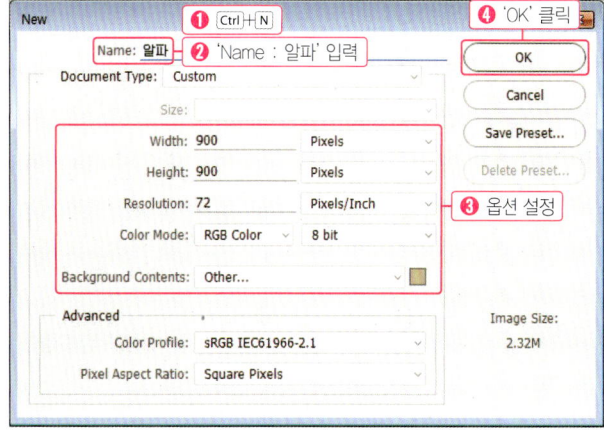

17 가이드선 만들기

[View]-[New Guide Layout] 메뉴를 클릭하여 대화상자가 나타나면 그림처럼 옵션을 설정한 후, 'OK' 버튼을 클릭합니다.

[NEW Guide Layout 옵션]
Columns
- Number : 1
- Width : 450Px
- Gutter : 0Px

Rows
- Number : 1
- Height : 450Px
- Gutter : 0Px

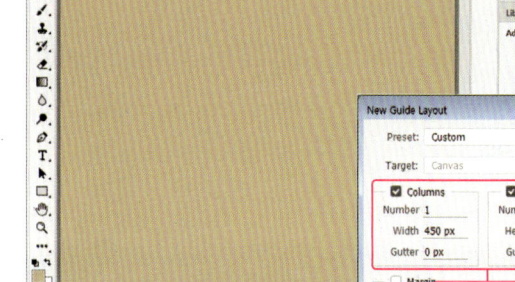

18 엠블럼 배경 원 그리기

원형 툴(◯)을 클릭한 후, 옵션바의 Fill 색상은 'CMYK Green', Strok의 색상은 'White', 두께는 '10px'로 설정합니다.

19

가이드의 중앙 교차점을 클릭합니다. Create Ellipse 대화상자가 나타나면 'Width : 700px', 'Height : 700px', From Center를 체크하고 'OK' 버튼을 클릭합니다.

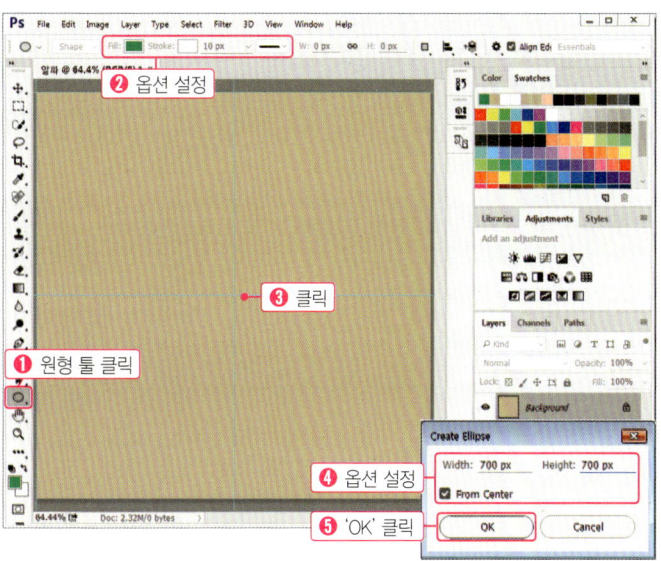

20 Alt 를 누른 채 마우스 포인터를 가이드의 중앙 교차점으로 가져가 로 변경되면 클릭합니다. Create Ellipse 대화상자가 나타나면 'Width : 430px', 'Height : 430px', From Center를 체크하고 'OK' 버튼을 클릭합니다.

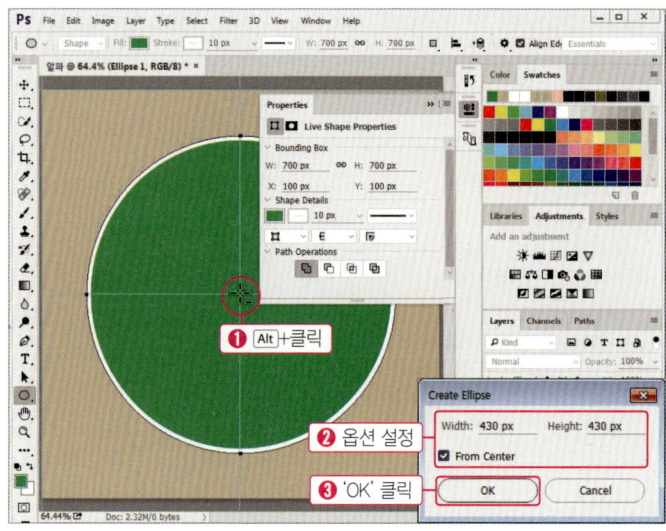

21 구멍이 뚫린 원이 만들어집니다. Properties 패널의 닫기(») 버튼을 클릭합니다.

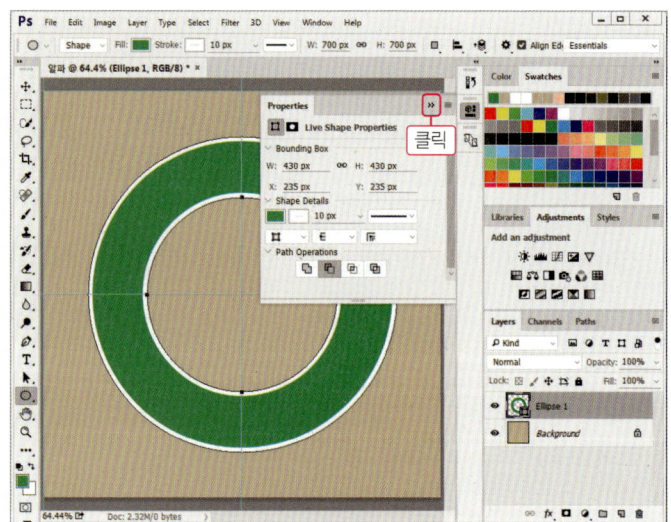

22 CAFEALPHA 글자 입력하기
가로쓰기 툴(T.)을 클릭한 후, 옵션바의 버튼을 클릭합니다.

23 Character 패널 옵션을 지정합니다.

[Character 패널 옵션]
· 글꼴 : Arial Black   · 크기 : 120 pt
· 색 : white(흰색)

24 마우스 포인터를 작은 원 패스 위로 이동하면 로 변경될 때 클릭하고 'CAFEALPHA'라고 입력합니다.

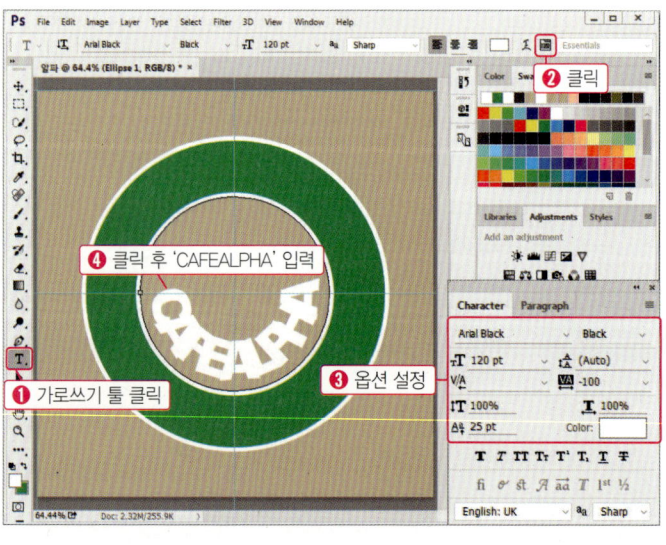

25 Ctrl을 누른 채 원 패스를 클릭하여 마우스 포인터가 ↕로 변경되면 문자가 나타날 때까지 회전하여 드래그합니다.

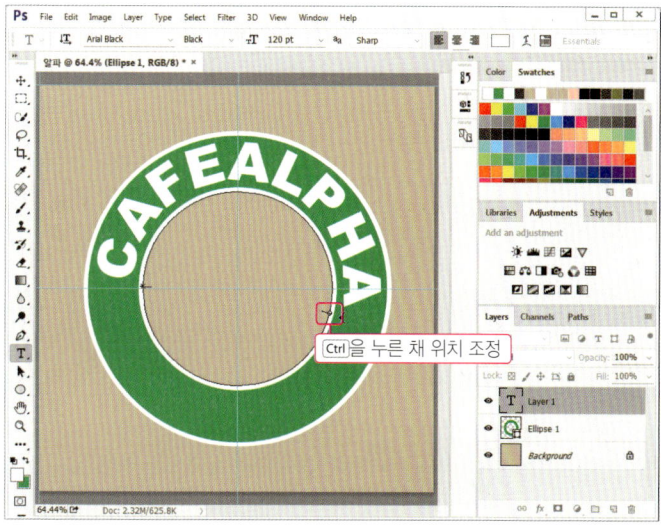

26 'P'와 'H' 사이를 클릭하여 마우스 포인터를 놓고 '-100'을 입력하여 글자 간격을 좁힙니다. Ctrl+Enter를 눌러 완성합니다.

27 COFFEE 글자 입력하기

같은 방법으로 아래쪽에 'COFFEE'를 입력하고 위치를 맞춥니다.

28 별 그리기

다각형 툴(⬠.)을 선택하고 옵션바에서 Radius는 '50px', Star는 체크하고, Indent Sides By는 '53%'로 설정한 후, Sides를 '5'로 입력하고 이미지에 적당한 크기로 드래그합니다.

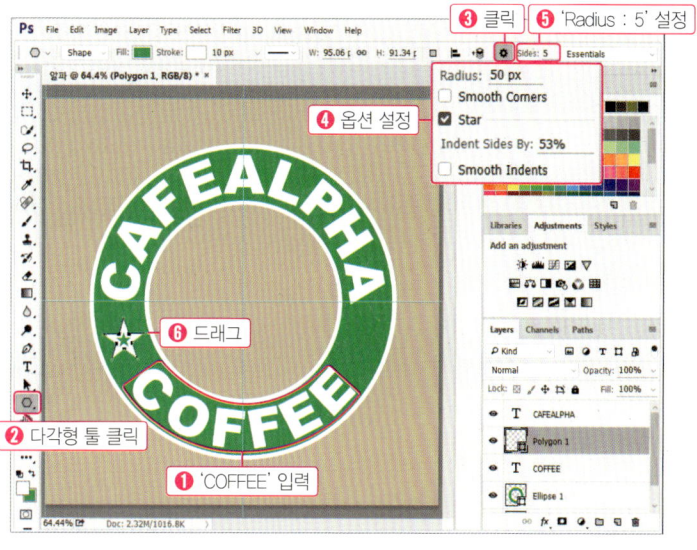

29 Ctrl+Alt를 누른 채 별을 드래그하여 복사합니다.

 TIP
- Ctrl을 누른 채 드래그하면 이동할 수 있고 Alt를 누른 채 드래그하면 복제할 수 있습니다.
- Ctrl+Alt를 동시에 누른 채 이동하면 이동과 복사가 동시에 이루어집니다.

30 고양이 가져와 정리하기

Ctrl+V를 눌러 15번에서 복사한 이미지를 붙입니다.

31 Ctrl+T를 눌러 변형 박스가 나타나면 W를 '62%'로 설정하고 Enter를 누릅니다.

32 Ctrl을 누른 채 'Ellipse 1' 레이어의 섬네일을 클릭하여 선택 영역을 불러옵니다.

33 지우개 툴( )로 엠블럼 원 밖으로 나온 고양이 몸통을 지웁니다.

34 엠블럼 배경 원 만들기

Layers 패널의 'Background'를 선택한 후, 원형 툴( )을 클릭합니다. 옵션바의 Fill의 색상은 'CMYK Green', Stroke는 'No Color'로 설정하고, 가이드의 중앙 교차점을 클릭합니다.

35
Create Ellipse 대화상자가 나타나면 Width는 '730px', Heigh는 '730px', From Center를 체크하고 'OK' 버튼을 클릭합니다.

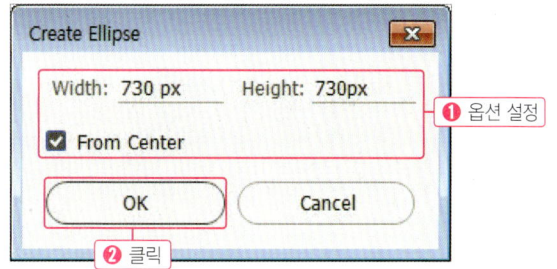

36
Layers 패널의 'Background' 레이어 위에 'Ellipse 2' 레이어가 생성되었습니다.

37
[View]-[Show]-[Guides] 메뉴를 클릭하여 체크를 해제해 가이드를 가립니다.

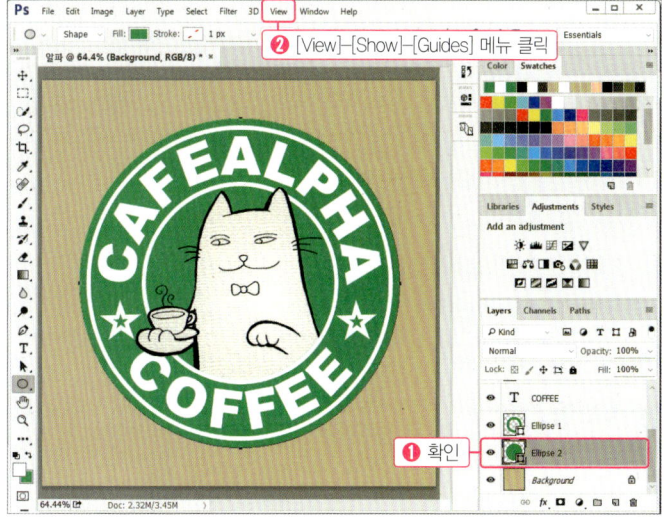

38 엠블럼 복사하기

Ctrl을 누른 채 'Ellipse 2' 레이어의 섬네일을 클릭하여 선택 영역을 불러옵니다.

39
[Edit]-[Copy Merged] 메뉴를 클릭하여 선택 영역안의 보이는 모든 이미지를 복사한 후, Ctrl+W를 눌러 이미지 창을 닫습니다.

40 돌출 간판 이미지 불러오기

Ctrl+O를 눌러 '돌출간판.jpg' 파일을 불러옵니다. Ctrl+V를 눌러 복사한 이미지를 붙입니다.

41 간판 크기에 맞추기

Ctrl+T를 눌러 변형 박스가 나타나면 옵션바의 ∞를 해제하고 W는 '54%', H는 '47%'로 설정하고 위치를 맞춘 후, Enter를 누릅니다.

42 Layers 패널의 Add a layer style (fx.) 버튼을 클릭하고 Bevel Emboss를 클릭합니다. Layer Style 대화상자가 나타나면 'Bevel & Emboss'의 옵션을 설정하고 'OK' 버튼을 클릭합니다.

[Bevel & Emboss 옵션]
- Style : Inner Bevel
- Dept : 100%
- Size : 100Px
- Angle : −48°
- Altitude : −26°

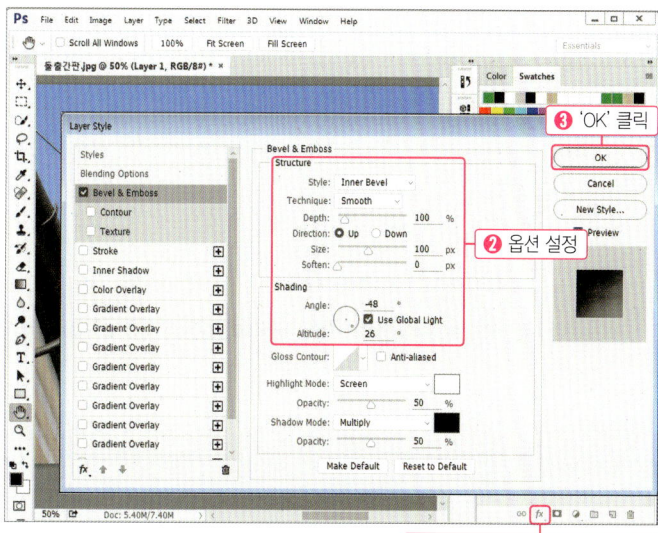

43 전체 이미지를 확인하기 위해 Tab 을 누릅니다. 만약 원래 패널이 있는 상태로 되돌아오려면 다시 Tab 을 누릅니다.

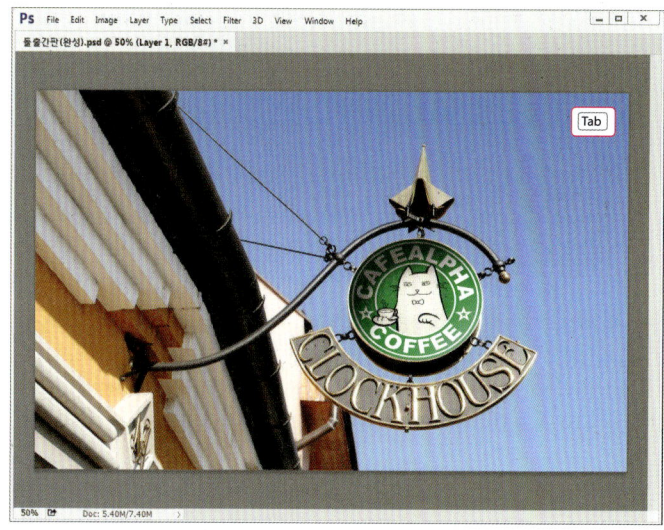

TIP 머그컵.jpg 파일을 불러온 후 Ctrl+V를 눌러 **38**번에서 복사한 이미지를 붙입니다. Ctrl+T를 눌러 W : 28%, H : 30% 설정한 후, [Edit]-[Tramform]-[Wrop] 메뉴를 클릭하고 그림처럼 변형 박스의 조절점을 변경한 다음 Enter 를 눌러 실행합니다.

실무 활용 002 CD & DVD 재킷 만들기

스트리트 댄서의 동작에 따라 페인트 물감이 뿌려지는 역동적인 느낌과 브러시와 다양한 색상을 이용하여 배경 질감을 만든 후, CD 재킷 크기에 맞춰 이미지 비율을 조정하는 합성 예제를 만들어 보겠습니다.

📁 **[준비파일]** 11장\비보이.jpg, 페인트-1.jpg, 페인트-2.jpg, 페인트-3.jpg, 페인트-4.jpg, 앞재킷.psd, BB_HiRes_Splatter_CS1.abr
📁 **[완성파일]** 11장-완성\앞재킷(완성).psd

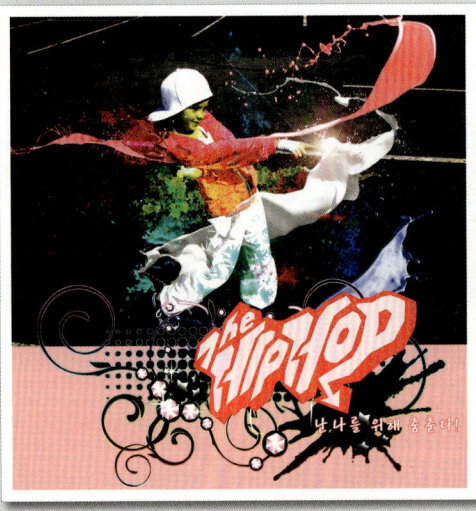

▲ 완성 이미지

▲ CD 재킷에 디자인한 이미지를 적용

Work Flow Chart

Step 01_얼굴 색상 변경하기

Step 02_페인트 효과주기

Step 03_브러시로 배경 칠하고 라이트 주기

Step 04_로고 넣고 재킷 사이즈 맞추기

   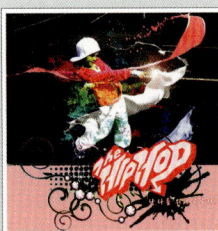

- CD&DVD 표면 인쇄 규격: 내경 20mm, 외경 118mm
- 재킷 속지 인쇄 규격: 앞면 120mm*120mm, 뒷면 120mm*150mm

01 'Background' 복제하기

'비보이.jpg' 파일을 불러옵니다. Layer 패널에서 'Background'를 Create a new layer( ) 버튼으로 드래그하여 'Background Copy' 레이어를 생성합니다.

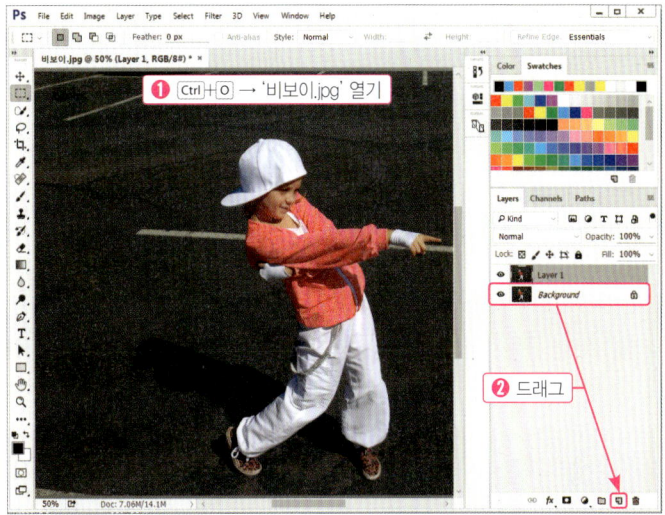

02 얼굴 색상 변경하기

상태 표시줄의 화면 배율을 200%로 조정한 후, Space Bar 를 누르고 마우스 포인터가 손바닥 툴( )로 변경되면 이미지의 얼굴이 보이게 화면을 드래그 합니다. 다각형 올가미 툴( )을 선택한 후, 얼굴과 머리, 목을 클릭하며 선택합니다.

03

Layer 패널에서 Create adjustment layer( ) 버튼을 클릭하고 Solid Color를 클릭합니다. 대화상자가 나타나면 CMYK에서 Y를 '100'으로 설정하고 다른 값은 '0'으로 설정한 다음 'OK' 버튼을 클릭합니다.

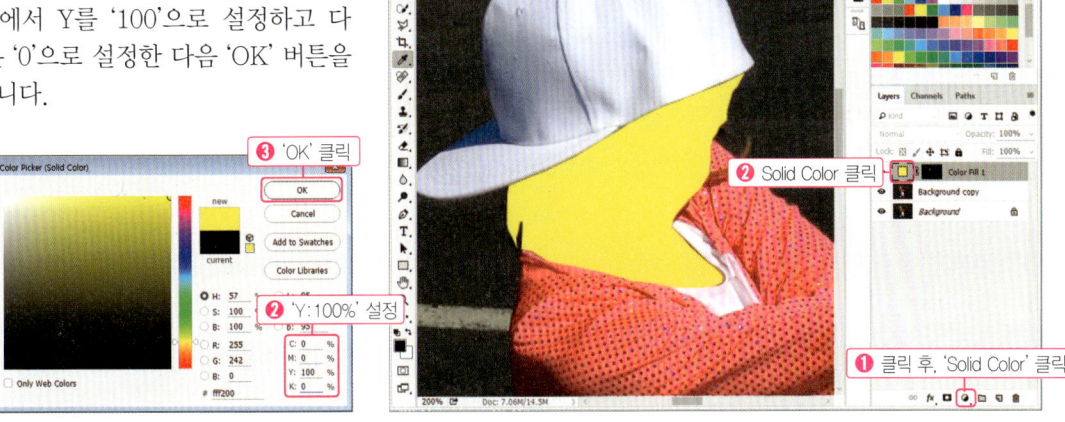

04 블렌드 모드를 'Color'로 설정합니다.

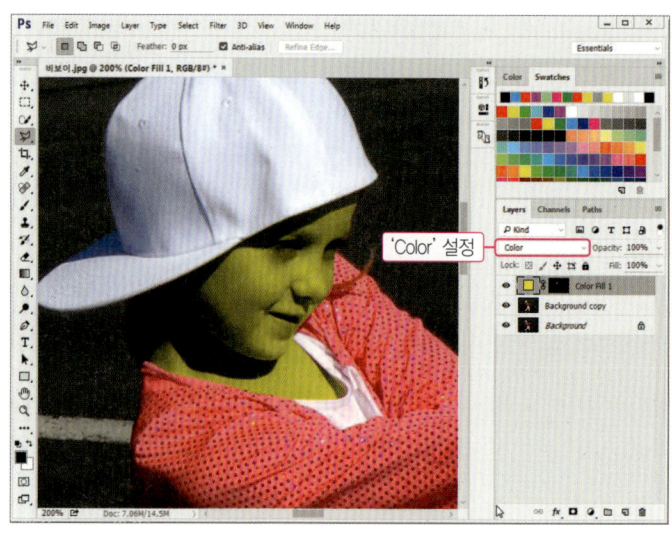

05 신발 색상 변경하기

같은 방법으로 다각형 올가미 툴( )로 양쪽 신발을 선택하고 색상('C:100', 'M:100', 다른 값은 '0')을 변경합니다. 블렌드 모드도 'Color'로 설정합니다.

06 '페인트1' 레이어 칠하기

'페인트-1.jpg' 파일을 불러온 후, 마술봉 툴( )을 클릭하고 옵션바에서 Contiguous의 체크를 해제합니다. 배경을 클릭하여 선택하고 Shift+Ctrl+I를 눌러 선택을 반전한 다음 Ctrl+C를 눌러 복사하고 Ctrl+W를 눌러 창을 닫습니다.

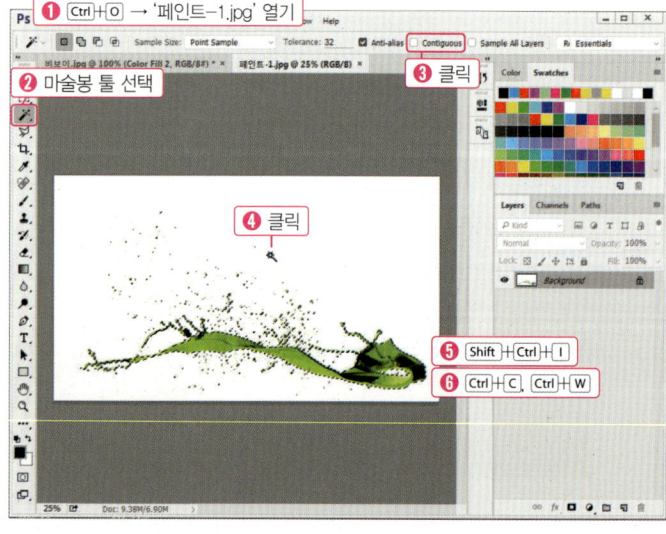

07 툴 패널에서 손바닥 툴( )을 더블 클릭하여 전체 이미지가 보이게 하고, Ctrl+V를 눌러 복사한 이미지를 붙입니다. 'Layer 1'은 '페인트1'로 이름을 변경합니다.

08 Ctrl+T를 눌러 변형박스가 나타나면 'W:35%, H:35%'로 설정하고 위치 이동후, Enter를 누릅니다.

09 스포이트 툴( )로 어깨 부분을 클릭하여 전경색을 추출합니다.

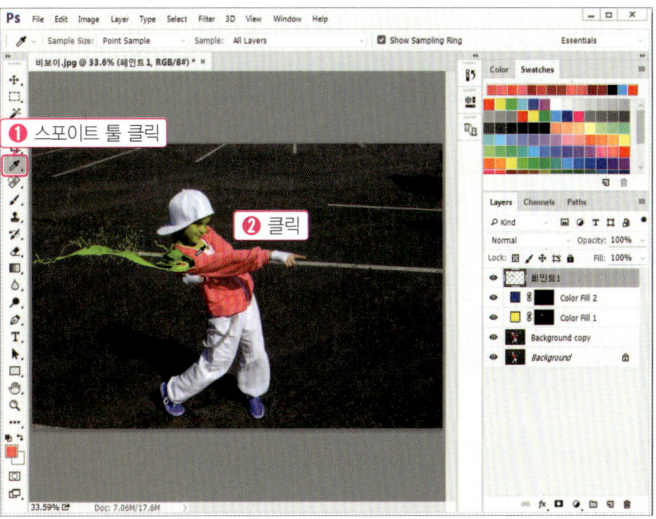

10 Layer 패널에서 Create a new layer (　) 버튼을 클릭해 'Layer 1' 레이어를 생성합니다. Alt + Delete 를 눌러 전경색을 채운 후, Alt + Ctrl + G 를 눌러 클리핑 마스크를 실행하고 블렌드 모드를 'Color'로 변경합니다.

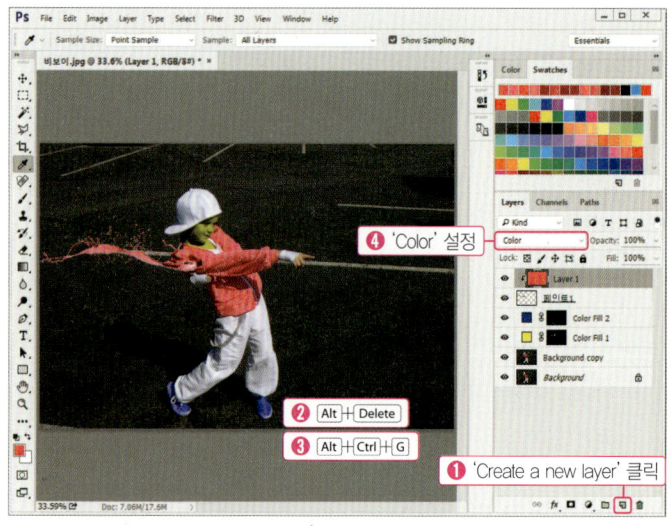

11 '페인트1' 레이어를 선택하고 [Layer]-[Matting]-[Defringe] 메뉴를 클릭합니다. 대화상자가 나타나면 Width를 '5'로 설정하고 'OK' 버튼을 클릭합니다.

12 Layer 패널에서 Add a mask(　) 버튼을 클릭하여 레이어 마스크를 생성한 다음 브러시 툴(　)을 클릭한 후, 옵션바의 브러시 크기를 '50px', Opacity를 '50%'로 설정합니다. 단축키 X 를 번갈아가며 누르면서(전경색과 배경색을 변경) 배경을 드래그하여 '페인트1' 이미지가 자연스럽게 나타나도록 칠하고, 'Layer 1'을 선택합니다.

13 '페인트2' 레이어 칠하기

같은 방법으로 '페인트-2.jpg' 파일을 불러온 후 물감 영역만 선택하여 복사하고 붙입니다(**06**번 참고). `Ctrl`+`T`를 눌러 변형박스가 나타나면 'W:75%', 'H:75%', 'Rotate:30'로 설정하고 위치를 왼쪽 신발에 맞춘 후, `Enter`를 누릅니다.

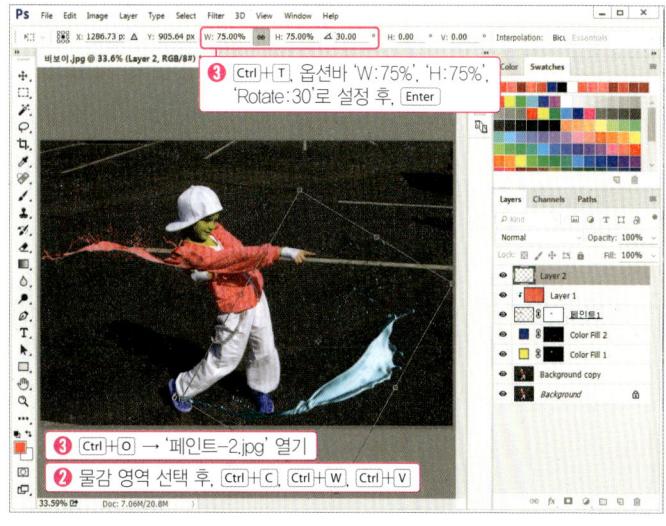

14

'Layer 2'의 이름은 '페인트2'로 입력한 후, `Ctrl`+`U`를 눌러 Hue를 '30'으로 입력하고 'OK' 버튼을 클릭합니다.

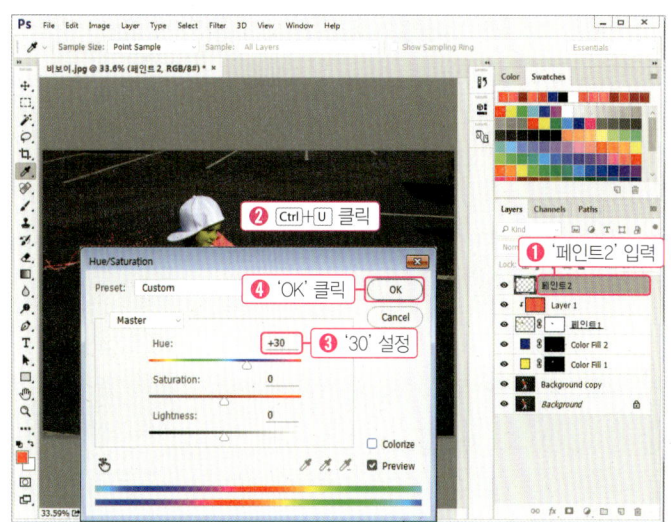

15 '페인트3' 레이어 칠하기

같은 방법으로 '페인트-3.jpg' 파일을 불러온 후, 물감 영역만 선택하여 복사하고 붙입니다. `Ctrl`+`T`를 눌러 변형 박스가 나타나면 'W:50%', 'H:50%', 'Rotate:35'로 설정하고 위치를 맞춘 후, `Enter`를 누릅니다.

16 'Layer 2'의 이름은 '페인트3'으로 입력합니다. 블렌드 모드를 'Lighten'으로 설정합니다.

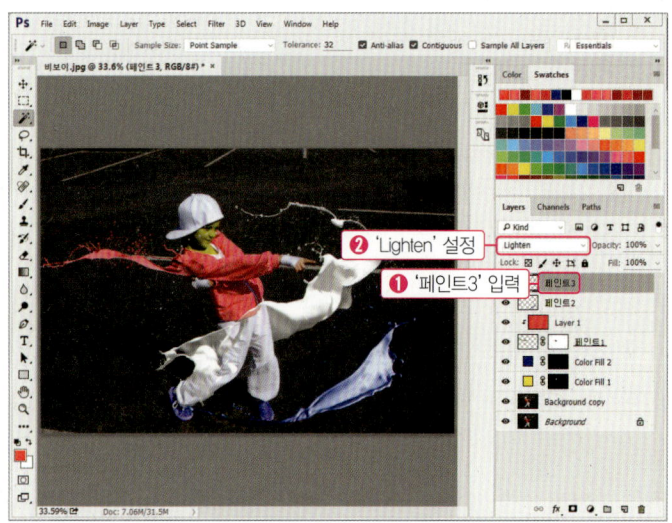

17 '페인트4' 레이어 칠하기

같은 방법으로 '페인트-4.jpg' 파일을 불러온 후, 물감 영역만 선택하여 복사하고 붙입니다. Ctrl+T를 눌러 변형 박스가 나타나면 'W:60%', 'H:60%', 'Rotate:60°'으로 설정하고 손과 겹치게 위치를 맞춘 후, Enter를 누릅니다.

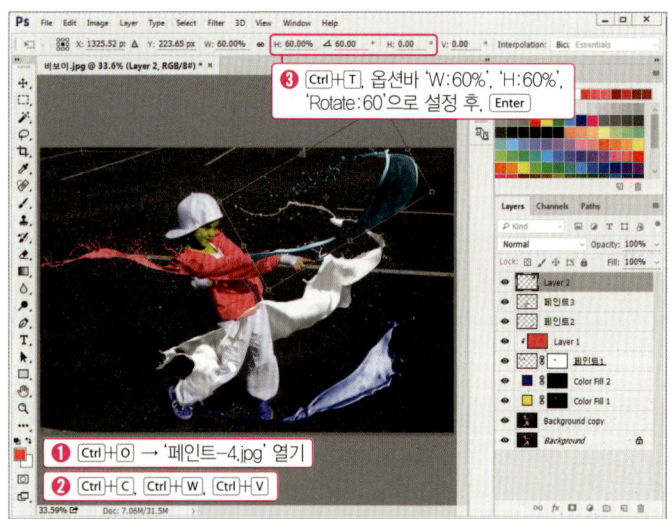

18 Layer 패널에서 Add a mask( ) 버튼을 클릭하여 레이어 마스크를 생성한 후, 브러시 툴( )로 이미지가 자연스럽게 나타나도록 칠합니다. 'Layer 2' 섬네일을 클릭하고 [Image]-[Adjustments]-[Gradient Map] 메뉴를 클릭하여 대화상자가 나타나면 'OK' 버튼을 클릭하고, 'Layer 2'의 이름을 '페인트4'로 입력합니다.

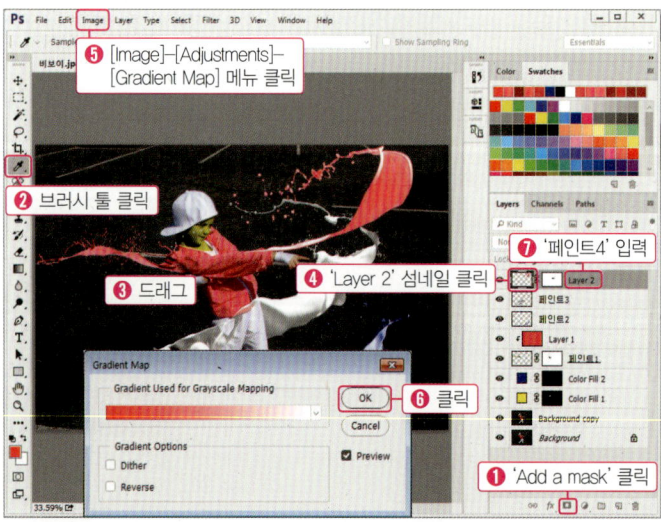

19 'Background Copy' 블렌드 모드 변경하기

'Background Copy' 레이어의 블렌드 모드를 'Vivid Light'로 변경하여 선명한 색상으로 나타나게 합니다.

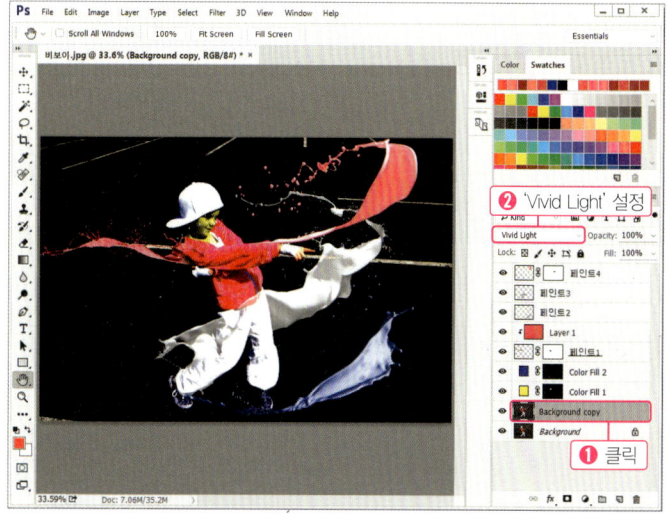

20

'Background' 레이어를 선택한 후, Create a new layer( ) 버튼을 클릭합니다. 'Layer 2' 레이어가 'Background' 레이어 위에 생성되며, '브러시배경'으로 이름을 변경합니다.

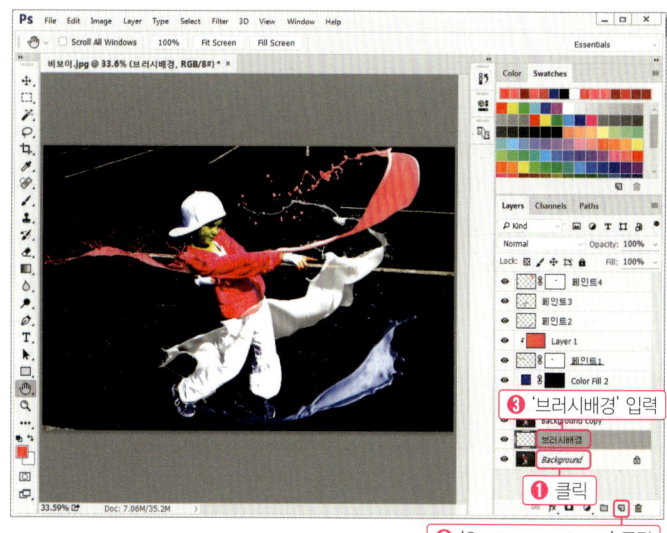

21 브러시 불러오기

브러시 툴( )을 클릭한 후, 브러시 프리셋 픽커( )를 클릭합니다. 버튼을 클릭하여 'Load Brush'를 클릭하고 대화상자가 나타나면 'BB_HiRes-Splatter-CS1'를 클릭하고 'Load' 버튼을 클릭합니다. 브러시 프리셋 픽커의 스크롤을 드래그하면 하단에 브러시가 추가된 것을 확인할 수 있습니다.

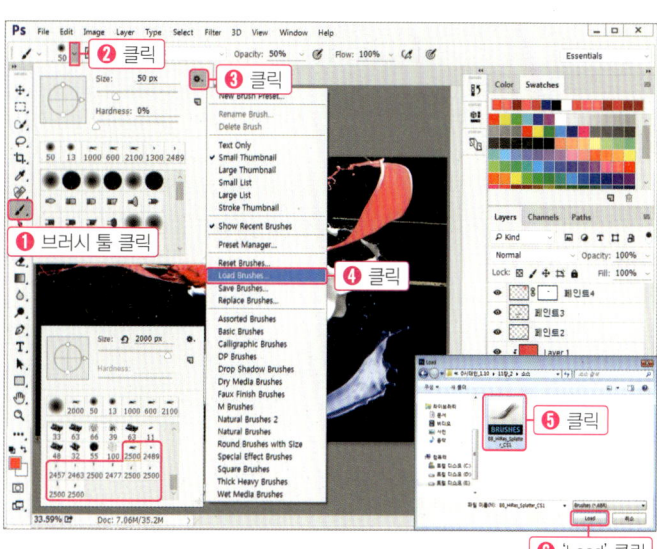

22 브러시 칠하기

불러온 브러시를 이용하여 색상과 크기를 다양하게 하면서 그림처럼 배경을 칠합니다.

23 '라이트' 레이어 만들기

'페인트4' 레이어를 클릭하여 활성화한 후, Ctrl + Alt + Shift + E 를 눌러 보이는 모든 레이어를 하나로 병합하여 'Layer 2'를 생성합니다. 이름을 '라이트'라고 변경합니다.

24

[Filter]-[Render]-[Lens Flare]를 클릭한 후, 대화상자가 나타나면 'Movie Prime'를 설정하고, 카메라 라이트의 위치를 클릭한 다음 'OK' 버튼을 클릭합니다. Ctrl + A , Ctrl + C , Ctrl + W 를 눌러 '라이트' 레이어를 복사하고 창을 닫습니다.

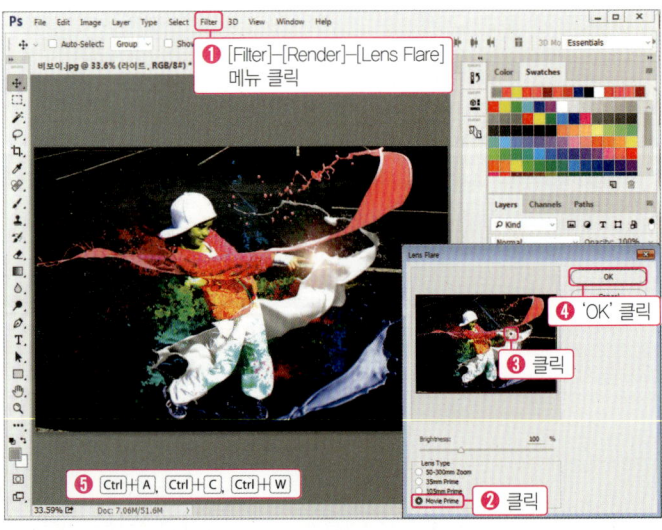

25 앞재킷 크기 맞추기

'앞재킷.psd' 파일을 불러온 후, Ctrl + V 를 눌러 복사한 이미지를 붙입니다.

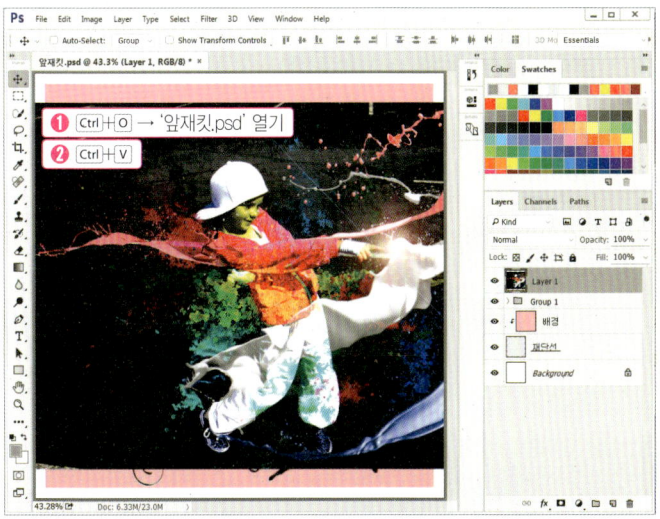

26

Ctrl + [를 눌러 'Layer 1' 레이어를 'Group 1' 레이어 아래로 내리고, Ctrl + T 를 눌러 변형 박스가 나타나면 'W: 77%', 'H: 77%'로 설정하고 위치를 맞춘 후, Enter 를 누릅니다.

27 재단선에 맞추기

'Layer 1' 레이어가 선택된 상태에서 Alt + Ctrl + G 를 눌러 재단선 영역의 윤곽으로 클리핑 마스크를 만듭니다.

실무 활용 003 화장품 광고 만들기

신문 크기는 가로가 12컬럼(37cm)×세로가 15단(51cm)입니다. 이번 예제는 8단 통광고, 37cm×8단(27.2cm) 크기의 화장품 광고 이미지를 만들어 보겠습니다. 보통 인쇄 이미지의 해상도는 300dpi이지만 신문의 종이는 얇기 때문에 잉크가 많이 들어가면 종이가 울기 때문에 150dpi 정도의 해상도로 설정합니다.

[준비파일] 11장\모델.jpg, 물결.jpg, 곡선.jpg, 4종세트.png, 4종.png, 로고.png, 텍스트.png
[완성파일] 11장-완성\광고(완성).psd

▲ 완성 이미지

▲ 신문에 적용한 광고 이미지

Work Flow Chart

Step 01_물결에 반사 이미지 만들기

Step 02_곡선 배경 만들기

Step 03_제품 반사 이미지 만들기

Step 04_로고 넣고 곡선 만들기

01 파일 불러오기

'모델.jpg' 시작 파일을 불러와서 Path 패널을 활성화합니다.

TIP '모델.JPG' 파일은 실무에서 사용하는 '300dpi' 해상도를 갖는 이미지입니다. 모니터 화면에서 확대하여 보아도 솜털까지 보일정도로 섬세하고 선명하다는 것을 확인할 수 있습니다. 실무에서 인쇄 이미지는 이렇게 고해상도 이미지로 작업을 한다는 것을 염두에 두고 감을 익혀둡니다.

02 모델 선택하여 복사하기

Ctrl 을 누른 채 섬네일을 클릭하여 선택영역으로 지정한 다음 Ctrl + C 를 눌러 복사하고, Ctrl + W 를 눌러 파일을 닫습니다.

03 8단 통광고 사이즈 만들기

Ctrl + N 을 눌러 대화상자가 나타나면 Name을 '광고', Width를 '370Millimeters', Height를 '272Millimeters', Resolution을 '150Pixels/Inch'로 설정하고 'OK' 버튼을 클릭합니다.

TIP 신문 광고의 기본 단위는 가로 1컬럼(3cm)×세로 1단(3.4cm)입니다.

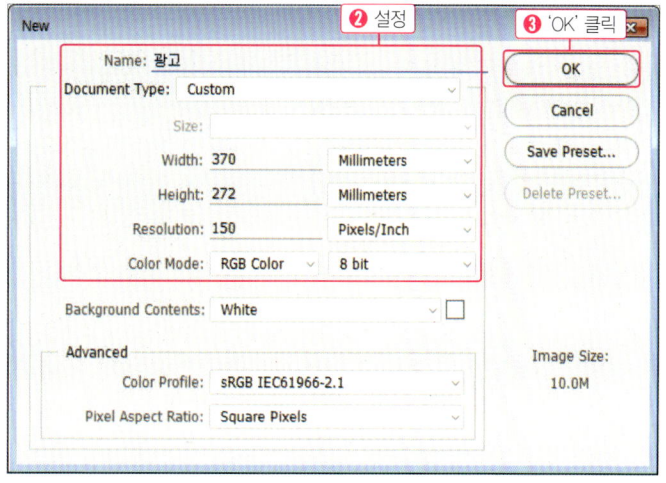

04 이미지 크기 맞추기

Layer 패널을 활성화한 후, Ctrl+V를 눌러 복사한 이미지를 붙이고, Ctrl+T를 누릅니다. 변형 박스가 나타나면 'W: 60%, H:60%'로 설정하고 위치를 이동한 후, Enter를 누릅니다.

05 반사 이미지 만들기

'Layer 1'의 이름을 '모델'로 변경하고 Ctrl+J를 눌러 '모델 copy' 레이어를 생성한 후, Ctrl+T를 눌러 변형 박스가 나타나면 'H:-100%'로 설정하고, 반사 위치를 이동하여 맞춘 후, Enter를 누릅니다. Ctrl+[를 눌러 '모델 copy' 레이어를 '모델' 레이어 아래로 내립니다.

06 '물결' 만들기

'물결.jpg' 파일을 불러온 후, Ctrl+A, Ctrl+C를 눌러 복사하고 Ctrl+W를 눌러 창을 닫습니다.

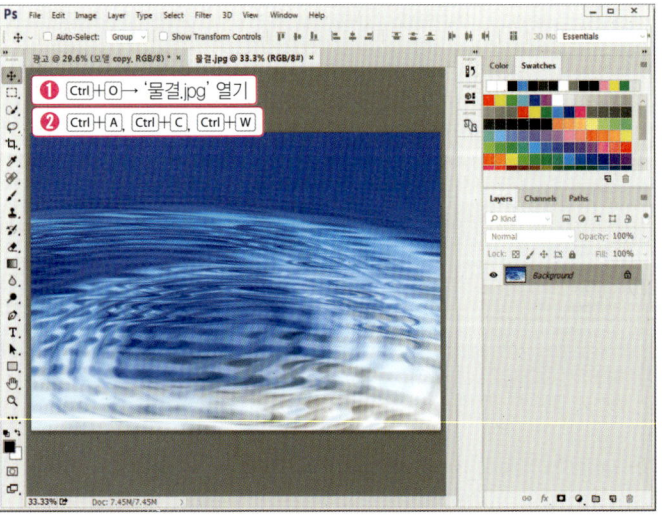

07 Ctrl+V를 눌러 복사한 이미지를 붙이고 Ctrl+T를 눌러 변형박스가 나타나면 'W:120%, H:-50%'로 설정하고 위치를 맞춘 후, Enter를 누릅니다.

08 'Layer 1'의 이름을 '물결'이라고 입력하고 Opacity를 '50%'로 설정합니다.

09 곡선 배경 만들기

'곡선.jpg' 파일을 불러온 다음 Ctrl+A, Ctrl+C를 눌러 복사한 후, Ctrl+W를 눌러 파일을 닫습니다.

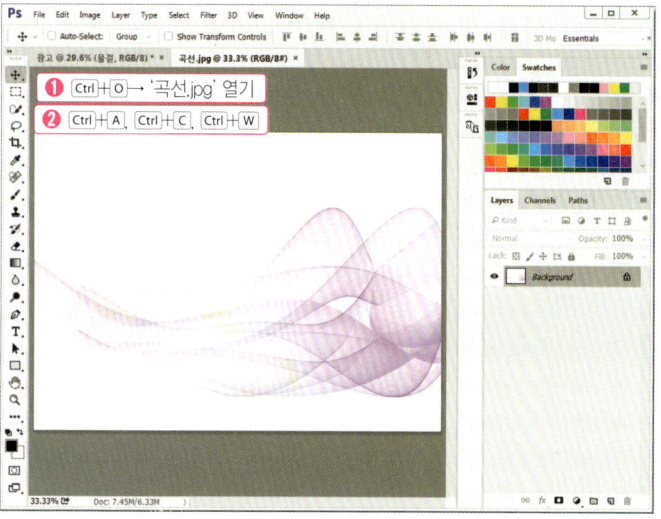

10 Layer 패널에서 'Background' 레이어를 클릭하고 Ctrl+V를 누릅니다. 'Layer 1'의 이름을 '곡선'이라고 입력한 후, Ctrl+T를 눌러 변형 박스가 나타나면 'W:120%, H:120%'로 'Rotate:30°'으로 설정하고, 위치를 맞춘 후, Enter를 누릅니다.

11 Create adjustment layer( ) 버튼을 클릭한 후, Gradient를 클릭합니다. Gradient Fill 대화상자가 나타나면 Angle을 '-90'으로 설정합니다. 그레이디언트바 클릭하고 Gradient Editor 대화상자가 나타나면 푸른색(#6dcff6)에서 투명으로 사라지는 그레이디언트를 설정하고 'OK' 버튼을 클릭합니다. 나머지 대화상자도 'OK' 버튼을 클릭합니다. 'Gradient Fill' 레이어의 블렌드 모드를 'Color'로 설정합니다.

12 '흰색' 레이어, '검정색' 레이어 만들기

'4종세트.png' 파일을 불러온 후, Ctrl+A, Ctrl+C, Ctrl+W를 누른 다음, Ctrl+V를 눌러 복사한 이미지를 붙입니다. Shift+Ctrl+]를 눌러 Layer 패널의 맨 위로 이동합니다. 사각형 선택 툴( )로 흰 박스를 드래그한 후 Shift+Ctrl+J를 눌러 이미지를 분리합니다.

13 'Layer 2'는 '흰색'이라고 이름을 입력하고, 'Layer 1'은 '검정색'이라고 입력합니다. '검정색' 레이어와 '흰색' 레이어의 크기와 위치를 그림처럼 적당히 변경합니다.

14 흰색 그림자 만들기

사각형 선택 툴(□)로 '흰색' 레이어의 왼쪽 면을 선택하고 Ctrl + J 를 눌러 'Layer 1'을 생성합니다. Ctrl + T 를 눌러 변형 박스가 나타나면 'W:100%', 'H:-100%', 'V:35°'로 설정하고 위치를 맞춘 후 Enter 를 누릅니다. 'Layer1'은 '흰색그림자1'로 입력한 후, Opacity를 '50%' 설정합니다.

15 검정색 그림자 만들기

'흰색' 레이어의 오른쪽 면도 같은 방법으로 만들고 '흰색그림자2'라고 입력합니다. Opacity를 '50%'로 낮춥니다.
'검정색' 레이어의 왼쪽 면도 복사하여 그림자를 만들고 '검정색그림자'라고 입력하고 Opacity를 '30%'로 낮춥니다.

16 이미지 불러오고 그림자 생성하기

'4종.png' 파일을 불러온 후, 복사하여 붙이고 변형 박스를 이용하여 크기를 맞추고 '가로'라고 입력합니다.

가로 레이어를 복사하여 '가로 그림자' 레이어를 만든 후, Opacity를 '30%' 설정합니다.

17 '로고', '텍스트' 위치 맞추기

'로고.png', '텍스트.png' 파일을 불러온 후 그림처럼 위치를 맞춘 후, '로고'와 '텍스트'라고 이름을 입력합니다.

18 곡선 만들기

Layer 패널에서 Create a new layer( ) 버튼을 클릭하여 'Layer 1'을 생성한 후, Shift + Ctrl +]를 눌러 레이어 맨위로 위치를 이동합니다. 브러시 툴( )을 클릭한 후, 전경색은 푸른색(#6dcff6)을 선택하고 옵션바의 브러시 크기를 '50px'로 설정한 다음 이미지를 가로로 칠합니다.

19 [Filter]-[Blur]-[Motion Blur] 메뉴를 클릭하고 대화상자가 나타나면 Distance를 '1000'으로 설정하고 'OK' 버튼을 클릭합니다.

20 [Edit]-[Transform]-[Warp] 메뉴를 클릭하고 격자 박스가 나타나면 조절점과 선들을 드래그하여 모양을 변경한 다음 Enter를 누릅니다. 'Layer 1'의 이름을 '푸른선'이라고 입력하고 '모델' 레이어 아래로 내립니다.

 TIP '푸른선' 레이어를 복사하여 크기를 조절하고 회전하여 바람에 날리 듯 여러 선을 만들면 더 자연스럽습니다.

21 모델 후광 만들기

'모델' 레이어를 선택하고 Add a layer style(fx.) 버튼을 클릭한 다음 Outer Glow를 클릭합니다. 대화상자가 나타나면 Opacity를 '20%', Size를 '250px'로 설정하고 'OK' 버튼을 클릭합니다.

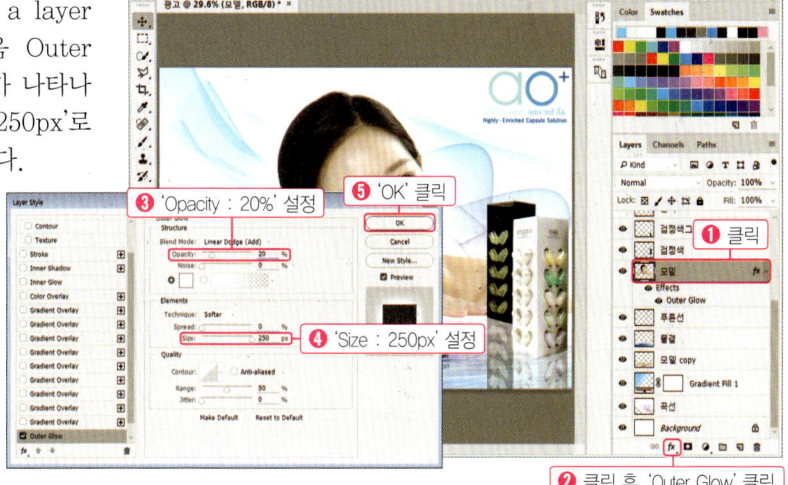

스마트폰 달력 배경 만들기

타인과는 다른 나만의 특별한 이미지를 만들어 폰 배경으로 사용해 보겠습니다. 여기서는 요즘 많이 사용하는 일반적인 스마트폰 배경 사이즈 720×1280 사이즈로 이미지를 만들어 보았습니다.

📁 **[준비파일]** 11장\댄스.jpg, 질감.jpg, 연기.jpg, Displace01.psd

📁 **[완성파일]** 11장-완성\광고(완성).psd

▲ 완성 이미지

▲ 스마트 폰에 적용 이미지

Work Flow Chart

Step 01_ 모델의 크기, 색상 보정하기

Step 02_ 디스플레이스먼트맵 맵핑하기

Step 03_ 질감, 연기 배경 만들기

Step 04_ 텍스트 입력하기

01 달력 사이즈 만들기

Ctrl+N을 눌러 New 대화상자가 나타나면 Name을 '달력', Width를 '720Pixels', Height를 '1280Pixels', Resolution을 '72Pixels/Inch', Background Contents를 검정색으로 설정하고 'OK' 버튼을 클릭합니다.

[NEW 옵션]
- **Width** : 720 Pixels
- **Height** : 1280 Pixels
- **Resolution** : 72 Pixels/Inch
- **Background** Contents : Other... (#000000)

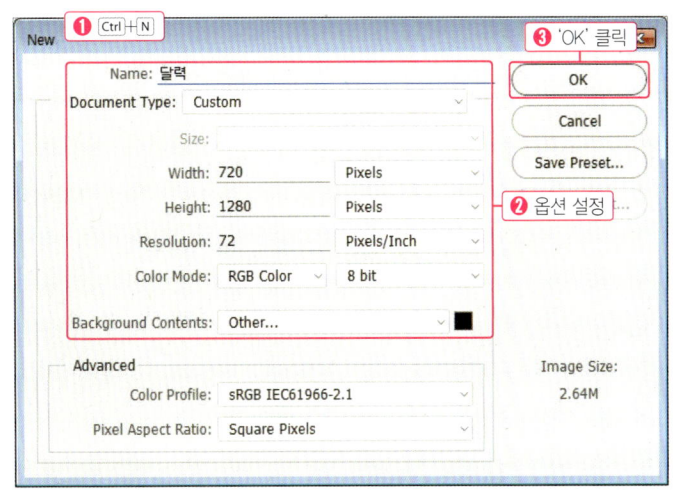

02 모델 불러오기

[File]-[Place Embedded] 메뉴를 클릭하여 '댄스.jpg' 파일을 불러오고, 아래로 드래그하여 위치를 맞춘 후, Enter 를 누릅니다. [Layer]-[Rasterize]-[Smart Object] 메뉴를 클릭합니다.

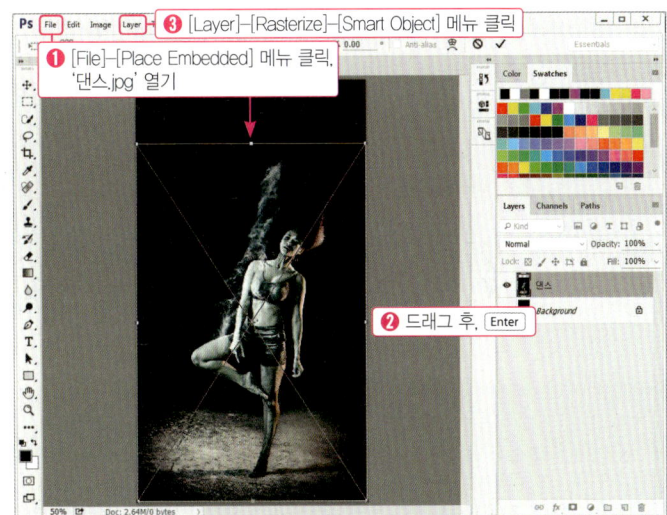

03 모델 이미지 크기 조절하기

사각형 선택 툴( )로 비어 있는 윗부분을 선택하고 스포이트 툴( )로 검정 배경을 클릭하여 색상을 추출합니다.
Alt + Delete 를 눌러 전경색으로 채우고, Ctrl + D를 눌러 선택영역을 해제합니다.

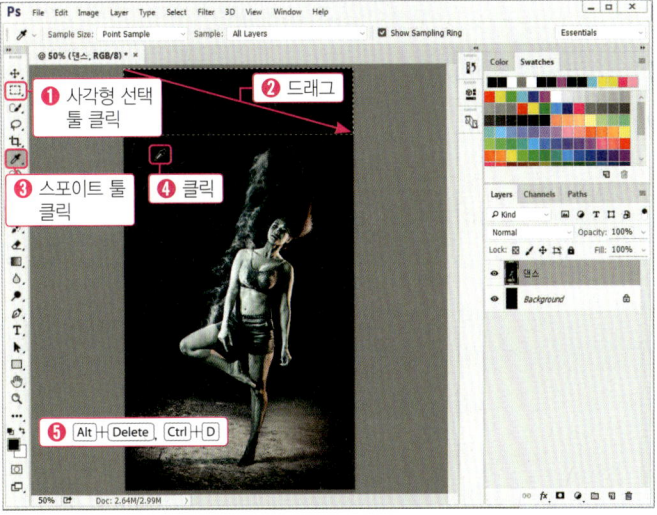

04 모델 이미지 선명하게 조정하기

Ctrl+M을 눌러 대화상자가 나타나면 커브를 'S'모양으로 드래그하고 'OK' 버튼을 클릭합니다.

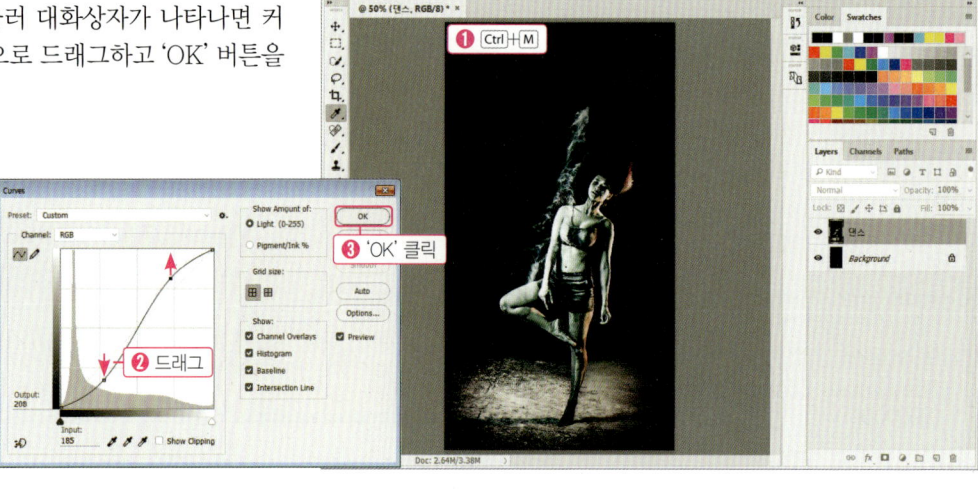

05 디스플레이스먼트맵 맵핑하기

Ctrl+J를 눌러 '모델 copy' 레이어가 생성되면 '디스플레이스먼트맵'이라고 입력합니다. [Filter]-[Distort]-[Displace] 메뉴를 클릭하여 대화상자가 나타나면 옵션을 설정하고 'OK' 버튼을 클릭합니다. 대화상자가 나타나면 'Displace01'을 클릭하고 '열기' 버튼을 클릭합니다.

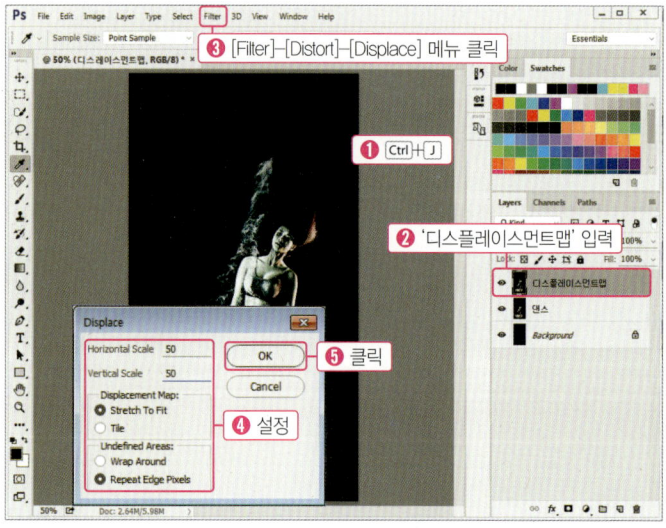

06

Opacity를 '70%'로 설정하여 불투명도를 조절하면 두 개의 이미지로 겹쳐서 보입니다.

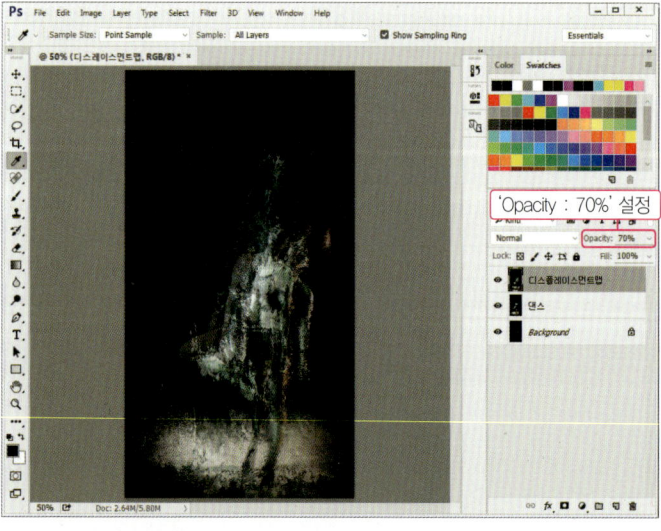

07 이미지를 확대한 다음 이동 툴( )을 클릭하고 이미지를 왼쪽 위로 드래그하여 하나로 보이게 맞춥니다.

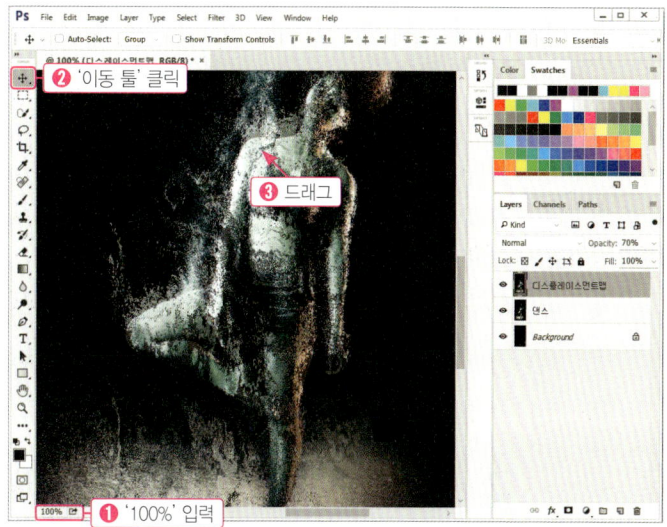

08 Layer 패널의 Add a mask( ) 버튼을 클릭하여 레이어 마스크를 생성합니다. 브러시 툴( )을 클릭한 후, 옵션바의 Mode를 'Dissolve'로 설정합니다. 이미지의 연기가 자연스럽게 나타나도록 브러시 크기와 전경색과 배경색을 전환하며 드래그하여 지웁니다.

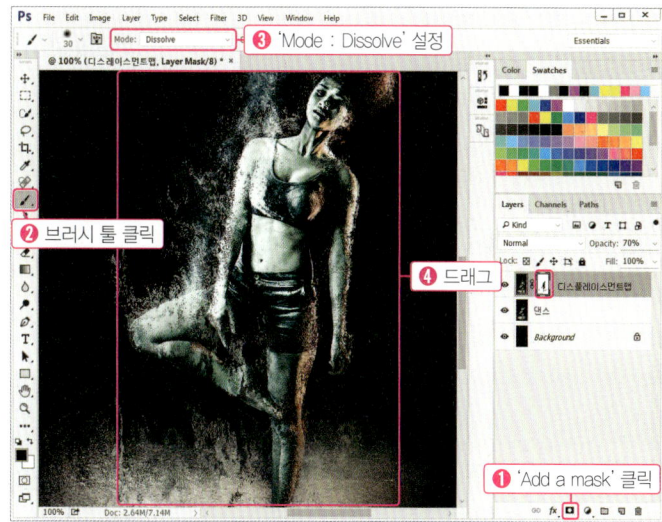

09 전체 이미지 색상 주기

 . 버튼을 클릭한 다음 Gradient를 클릭하여 대화상자가 나타나면 Angle을 '-90'로 설정하고 그레이디언트바를 클릭합니다. Gradient Editor 대화상자가 나타나면 'Blue, Red, Yellow' 그레이디언트를 클릭하고 'OK' 버튼을 클릭한 후, 나머지 대화상자도 'OK' 버튼을 클릭합니다.

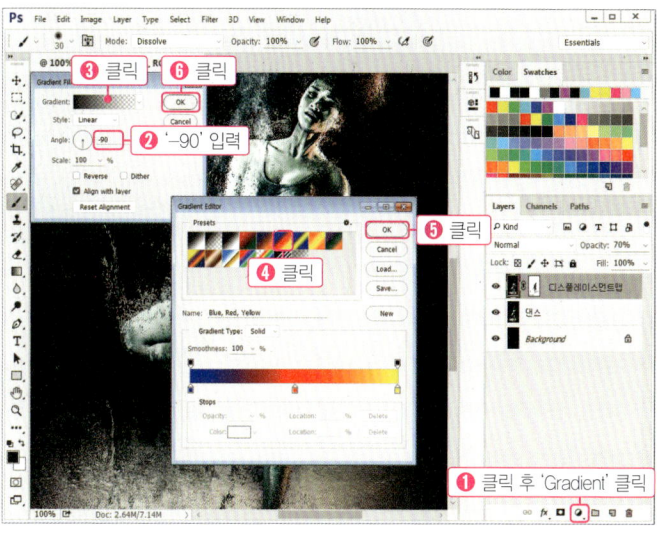

10 배경 질감주기

그레이디언트 필 레이어가 생성되면 Opacity를 '20%'로 설정합니다. 레이어 마스크를 클릭하여 활성화한 후, [Filter]-[Render]-[Clouds] 메뉴를 클릭합니다. 레이어 마스크에 구름 필터가 적용되어 흰색은 배경이 나타나고 검정색은 배경이 가려져 불규칙적인 그레이디언트가 보이도록 적용됩니다.

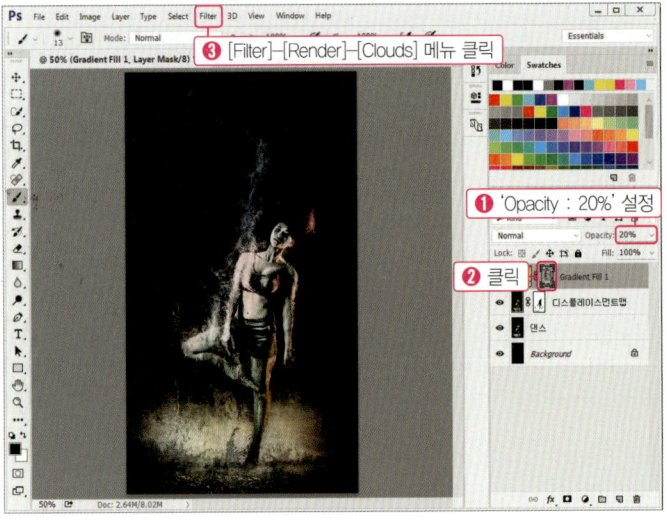

11

[File]-[Place Embedded]를 클릭하여 '질감.jpg' 파일을 불러온 후, 드래그하여 위 아래 크기를 맞추고 Enter를 누릅니다. [Layer]-[Rasterize]-[Smart Object] 메뉴를 클릭합니다.

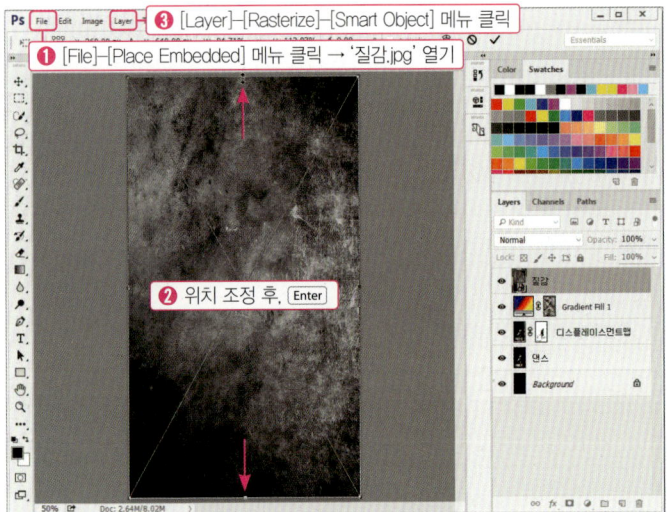

12
블렌드 모드를 'Color Dodge', Opacity를 '30%'로 설정합니다.

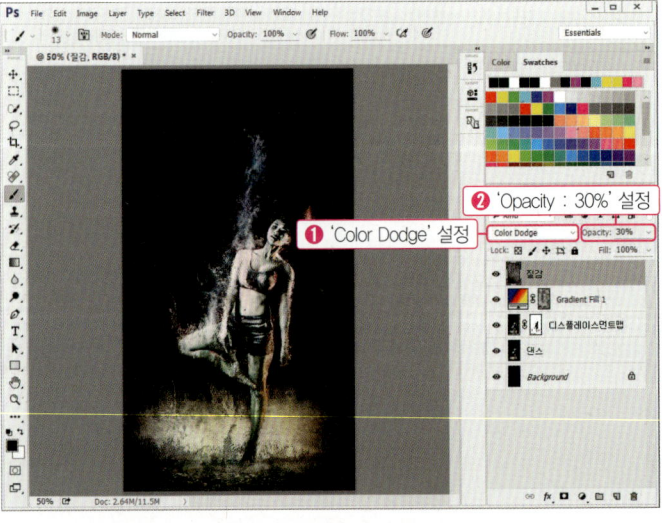

13 빛 생성하기

[File]-[Place Embedded]를 클릭하여 '빛.jpg' 파일을 불러온 후, 크기를 맞추고, Enter 를 누릅니다. [Layer]-[Rasterize]-[Smart Object] 메뉴를 클릭하고 블렌드 모드를 'Color Dodge'로 설정한 다음 Ctrl + T 를 눌러 변형 박스가 나타나면 옵션바의 W는 '110%', H는 '150%'로 설정하고 위치를 맞춘 후 Enter 를 누릅니다.

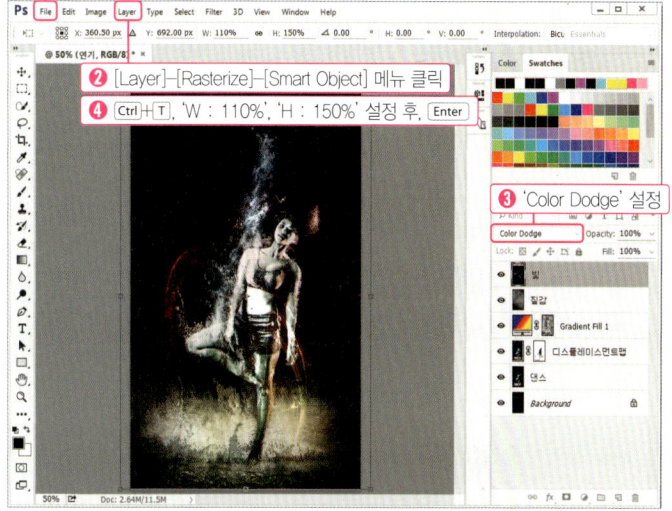

14

Ctrl + J 를 눌러 '빛 Copy' 레이어를 생성하고 [Edit]-[Transform]-[Warp] 메뉴를 클릭하여 격자 박스가 나타나면 빛을 자연스럽게 조절하고 Enter 를 눌러 실행합니다.

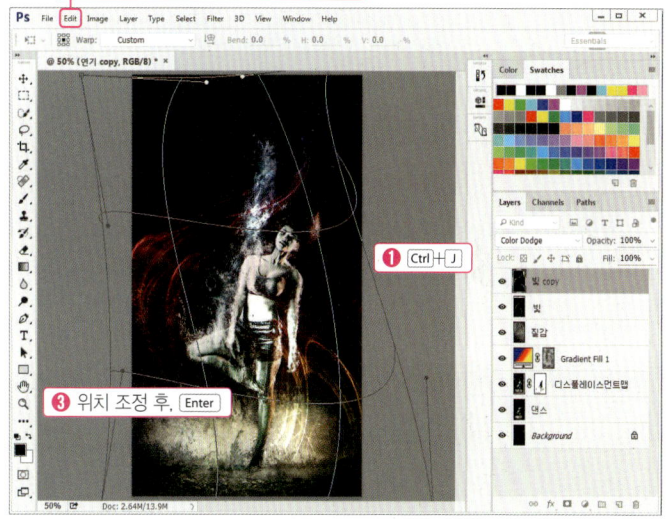

15 문자 입력하기

가로쓰기 툴(T.)을 클릭하고 옵션바에서 글꼴은 'Agency FB Regular', 크기는 '60pt', 색상은 '#ff00ff'로 설정하고 연도와 달을 입력합니다. 날짜와 요일을 색상을 달리하고 크기는 '40pt'로 입력합니다.

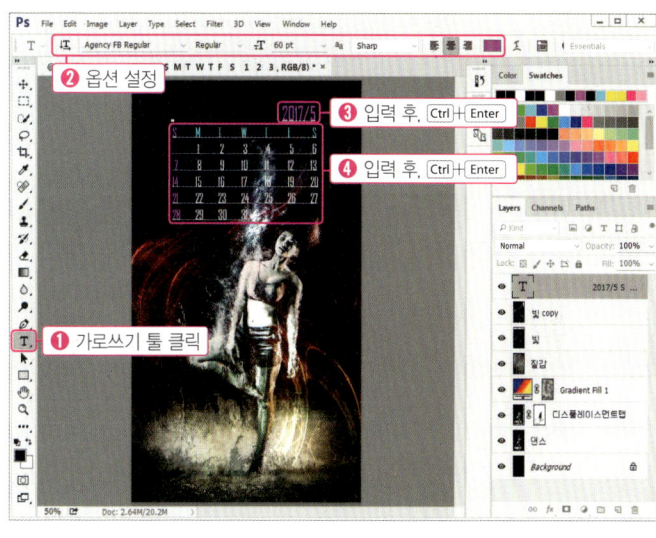

실무 활용 **005** 비사실적인 사과폰 일러스트레이션 작품 만들기

포토샵을 이용하여 상상력을 자극하거나 발상의 전환이라고 할 수 있는 비사실적인 이미지를 만들어 보겠습니다. 구상한 아이디어를 구체화하고 소스를 모아 작품 포트폴리오를 만들어 봐도 좋습니다.

[준비파일] 11장\사과.psd, 배경.jpg, 물방울.jpg, 잎새.jpg　　[완성파일] 11장-완성\배경(완성).psd

▲ 완성 이미지

▲ 딸기를 이용한 제품 이미지

Work Flow Chart

Step 01_사과폰 형태 만들기

Step 02_액정, 부속품 만들기

Step 03_반사 이미지, 물 튕김 합성하기

Step 04_잎새 합성하기

01 사과폰 가이드 만들기

'사과.psd' 파일을 불러온 후, 둥근 사각형 툴(ㅁ.)을 클릭하고 옵션바에서 옵션을 설정한 다음 이미지 창 위를 클릭합니다. 대화상자가 나타나면 'From Center'를 체크하고 'OK' 버튼을 클릭합니다. Properties 패널이 나타나면 'X : 545px', 'Y : 416px'로 설정하고 패널 닫기 버튼(»)을 클릭합니다.

[Round Rection Tool 옵션]
- Pick tool mode : Shape, Fill : None, Stroke : Black, 1px, Rounded Rectangle Tool
- W : 1275px, H : 2400px, Radius : 150px

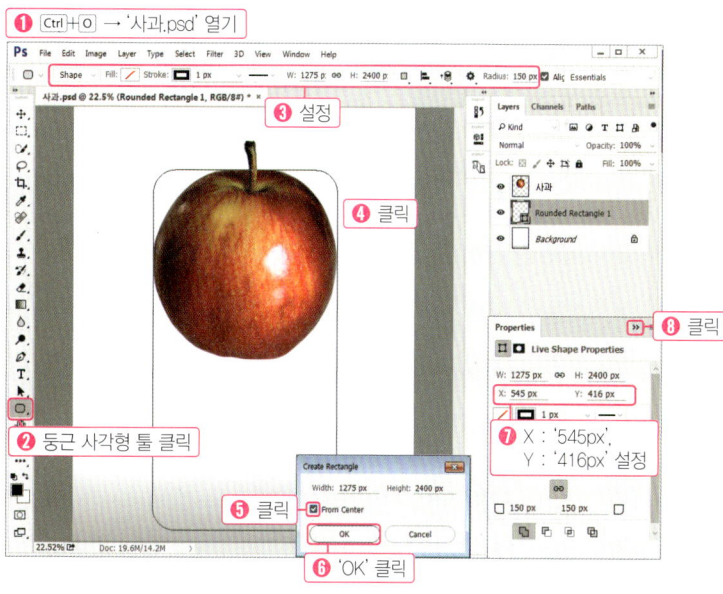

02 사과폰 왼쪽 귀퉁이 만들기

'Rounded Rectangle 1'의 이름을 '가이드'로 입력한 후, '사과' 레이어를 클릭하여 활성화합니다. 올가미 툴(♀.)로 사과의 왼쪽 위를 그림처럼 선택합니다.

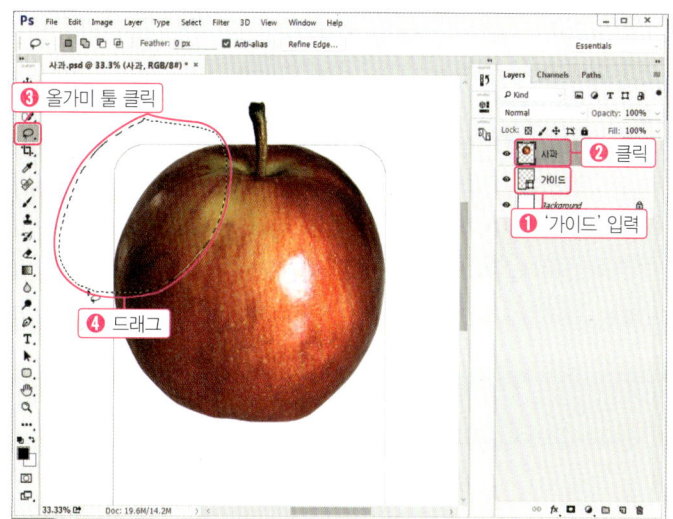

03

Ctrl+J를 눌러 'Layer 1'을 생성하고 [Edit]-[Transform]-[Warp] 메뉴를 클릭해 격자 박스가 나타나면 면을 드래그하여 가이드 이미지에 맞춘 후, Enter 를 누릅니다.

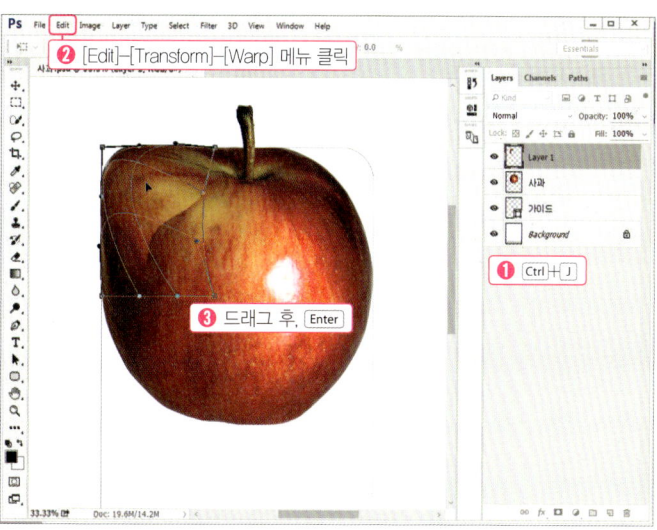

04 Add a mask( ) 버튼을 클릭하여 레이어 마스크를 생성한 다음 브러시 툴( )을 클릭한 후, 옵션바의 브러시 크기와 Opacity를 다양하게 변경하면서 사과의 경계 지웁니다. Ctrl+E를 눌러 아래 레이어와 합칩니다.

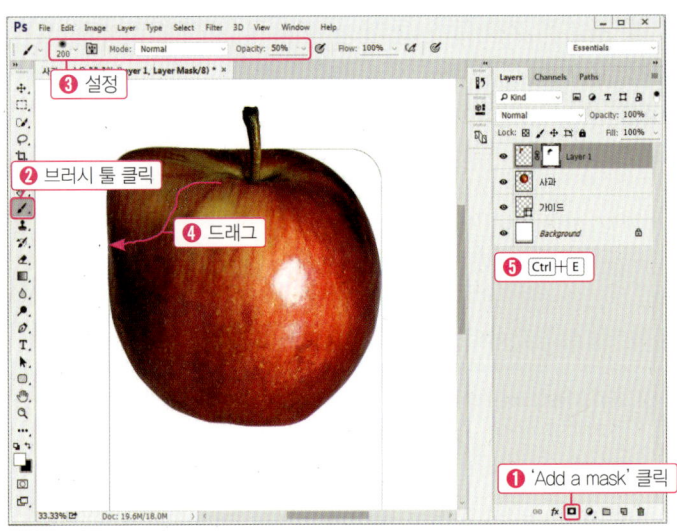

05 사과폰 오른쪽 귀퉁이 만들기

같은 방법으로 사과 오른쪽 귀퉁이를 선택하여 'Layer 1'를 생성하고 'warp'을 이용하여 변형한 후, 마스크를 생성하여 부자연스러운 경계를 지웁니다. Ctrl+E를 눌러 아래 레이어와 합칩니다.

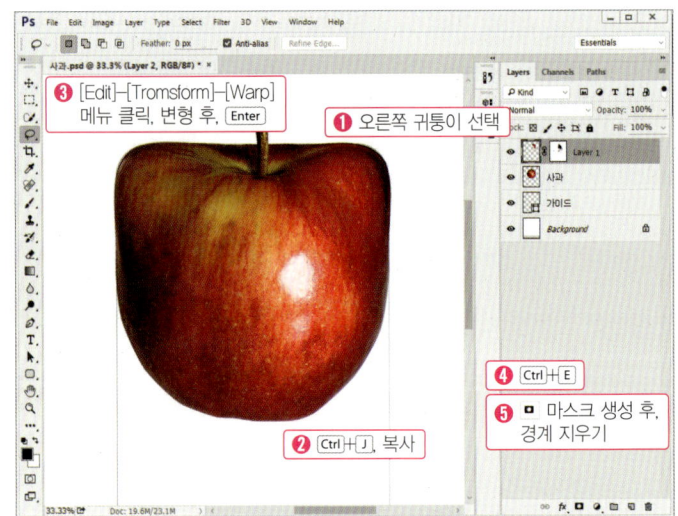

06 사과폰 아래쪽 양 귀퉁이 만들기

Ctrl을 누른 채 마우스 포인터가 이동 툴( )로 변경되면 아래로 드래그하여 가이드에 맞춥니다.

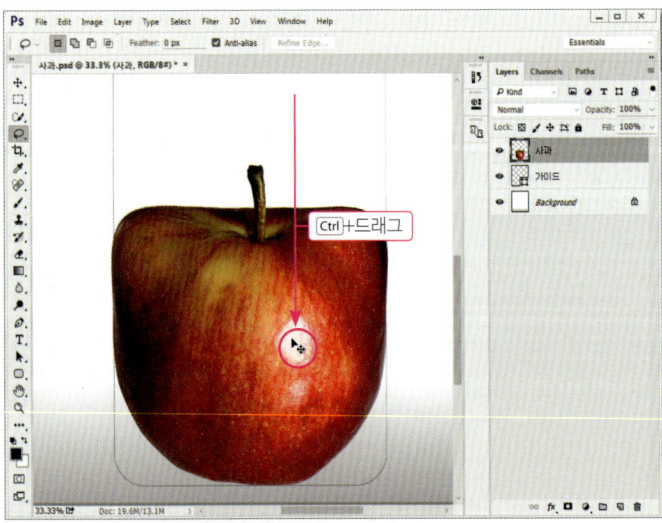

07 위쪽 귀퉁이를 만든 방법과 같은 방법으로 아래쪽 양 귀퉁이를 만들고 레이어를 합쳐 '사과' 레이어를 생성합니다.

08 사과폰 늘리기

Ctrl+J를 눌러 '사과 copy'를 생성한 다음 이동 툴( )을 선택한 후, 위의 가이드에 맞춰 이동합니다.

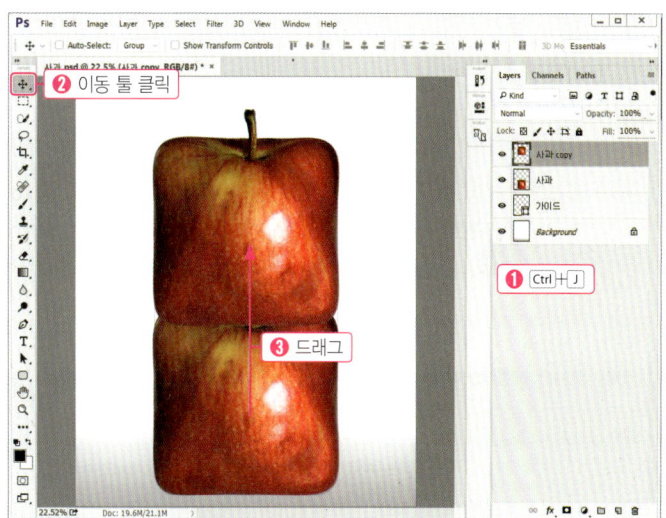

09 사각형 선택 툴( )을 클릭한 다음 사과의 중간부분부터 아래쪽을 드래그하여 선택합니다. Ctrl+T를 눌러 변형 박스가 나타나면 아래쪽을 늘린 후, Enter를 누릅니다. Ctrl+D를 눌러 선택 영역을 해제합니다.

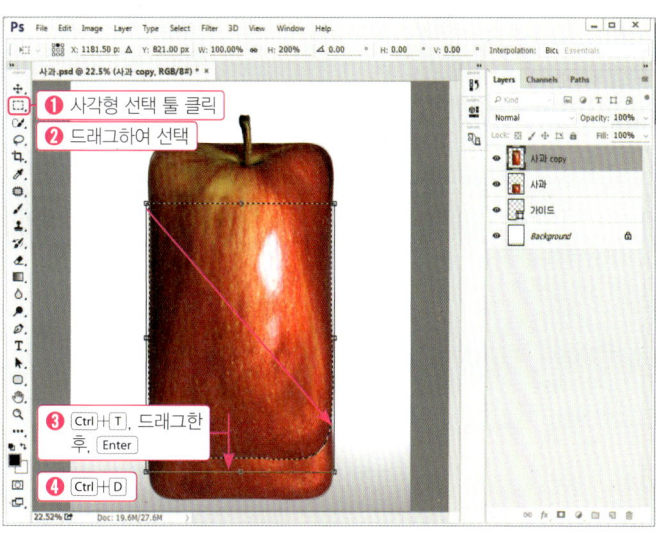

10 Add a mask(▣) 버튼을 클릭하여 레이어 마스크를 생성한 다음 브러시 툴(✎)을 클릭하고 옵션바의 브러시 크기와 Opacity를 다양하게 변경하면서 사과의 경계를 지웁니다. Ctrl+E를 눌러 아래 레이어와 합칩니다.

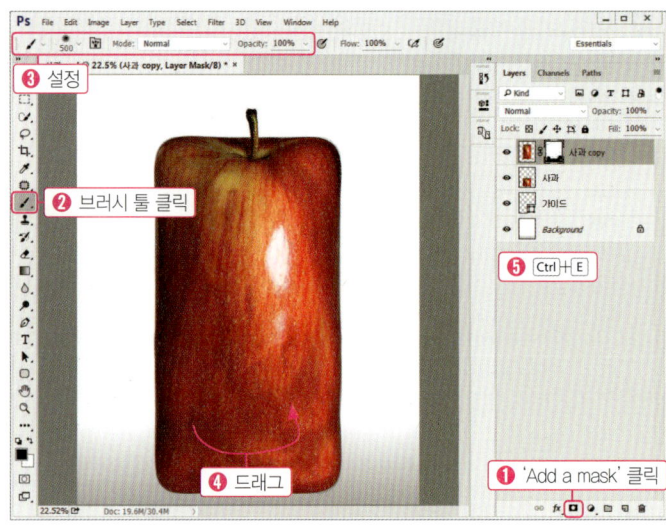

11 액정 만들기

Layer 패널의 '가이드' 레이어를 선택하여 '사과' 레이어 위로 올린 후, Properties 패널을 클릭하여 옵션을 설정하고 패널 닫기 버튼(»)을 클릭합니다.

[Properties 옵션]
- W : 1050px,   • H : 1650px
- X : 655px,   • Y : 750px
- Fill : Black, • Stroke : Black, 1px
- All coner radius values : 50px

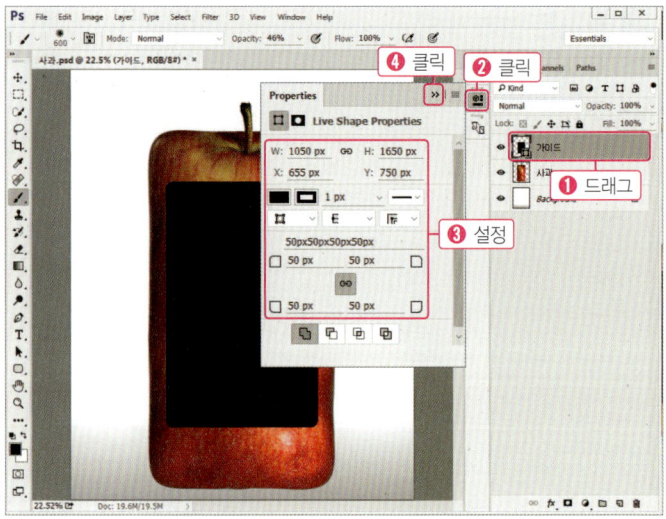

12 '가이드' 레이어의 블렌드 모드를 'Screen'으로 설정한 후, fx 버튼을 클릭하여 Strok를 클릭하여 옵션을 설정합니다. 그레이디언트바를 클릭하여 대화상자가 나타나면 그림처럼 그레이디언트의 색상을 지정하고 'OK' 버튼을 클릭합니다.

[Strok 옵션]
- Size : 7px
- Position : 1nside
- Opacity : 100%
- Angle : 50°

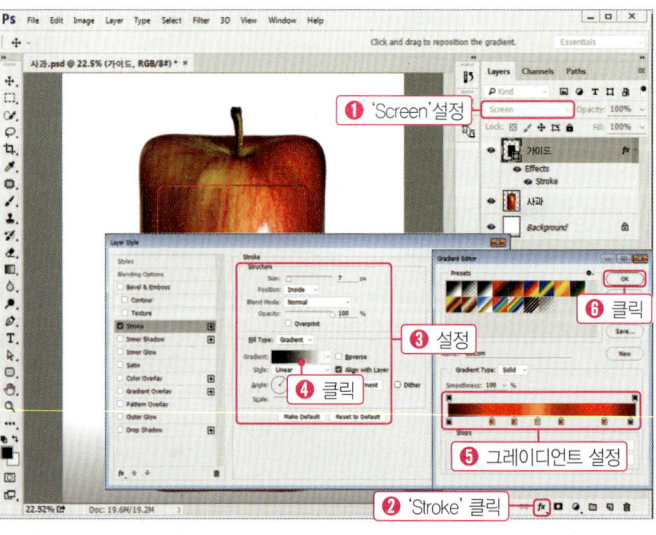

13 'Gradient Overlay' 목록을 클릭하고, 그림처럼 옵션을 설정합니다.

[Gradient Overlay 옵션]
- Blend Mode : Multiply
- Opacity : 100%
- Gradient : 검정색에서 흰색
- Style : Linear
- Angle : -90°
- Scale : 120%

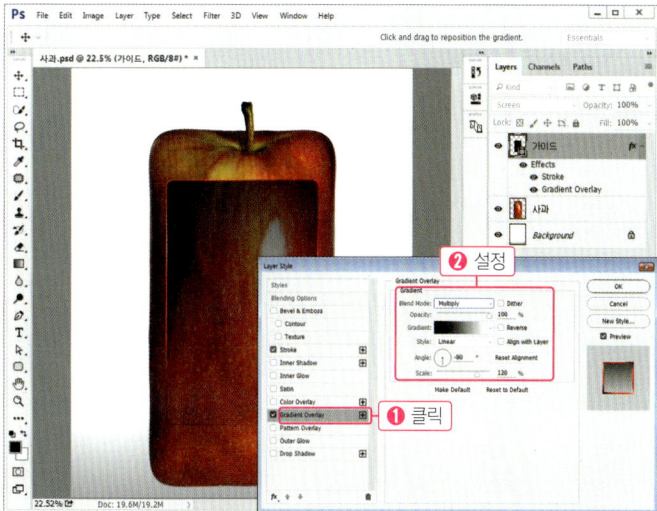

14 'Inner Shadow' 목록을 클릭하고, 그림처럼 옵션을 설정합니다.

[Inner Shadow 옵션]
- Blend Mode : Multiply, 검정색
- Opacity : 50%
- Angle : 50°
- Distance : 100px
- Size : 200px

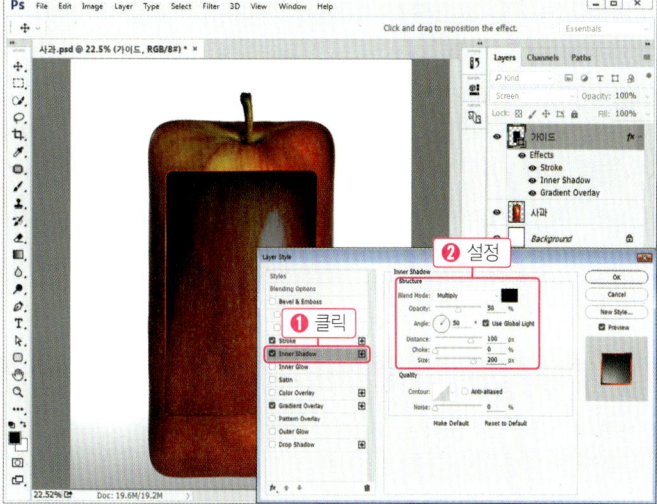

15 'Gradient Overlay'의 ➕ 버튼을 클릭하여 'Gradient Overlay'를 생성한 후, 옵션을 설정합니다. 그레이디언트바를 클릭하여 대화상자가 나타나면 그레이디언트를 설정한 후, 'OK' 버튼을 클릭하고 나머지 대화상자도 'OK' 버튼을 클릭합니다. 작업 화면에서 드래그하여 그레이디언트의 위치를 조정합니다.

[Gradient Overlay 옵션]
- Blend Mode : Screen
- Gradient : 무지개색
- Angle : -120°
- Scale : 100%
- Opacity : 50%
- Style : Angle
- Size : 200px

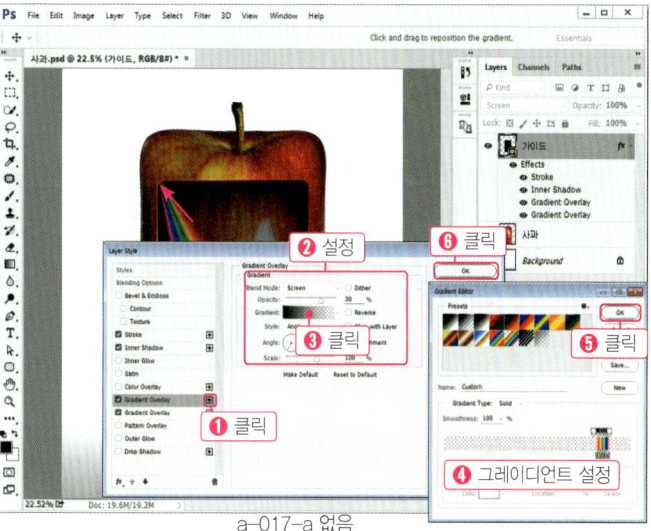

16 버튼을 클릭하여 'Bevel & Emboss' 목록을 클릭하고 옵션을 설정한 다음 'OK' 버튼을 클릭합니다.

[Bevel & Emboss 옵션]
- Style : Inner Bevel
- Dept : 100%
- Size : 3px

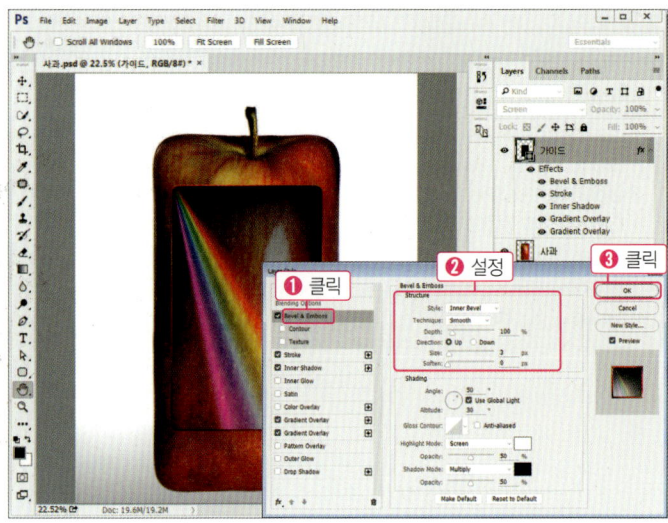

17 Ctrl을 누른 채 '가이드' 섬네일을 클릭하여 선택 영역을 지정하고 [Select]-[Modify]-[Contract] 메뉴를 클릭하여 대화상자가 나타나면 Contract By를 '7'로 입력하고 'OK' 버튼을 클릭합니다.

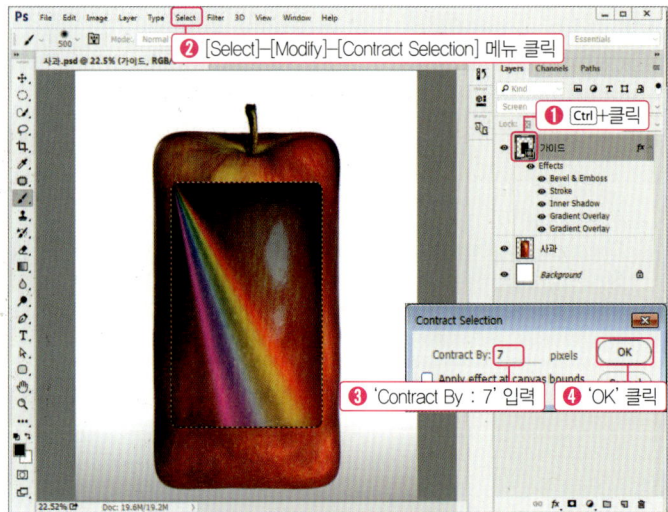

18 버튼을 클릭한 후, Gradient를 선택하여 대화상자가 나타나면 옵션을 설정하고 그레이디언트바를 클릭합니다. 다시 대화상자가 나타나면 그레이디언트를 설정하고 'OK' 버튼을 클릭한 후, 나머지 대화상자도 'OK' 버튼을 클릭합니다.

[Gradient Fill 옵션]
- Style : Linear
- Angle : −90°
- Scale : 100%, Align with layer 체크 해제

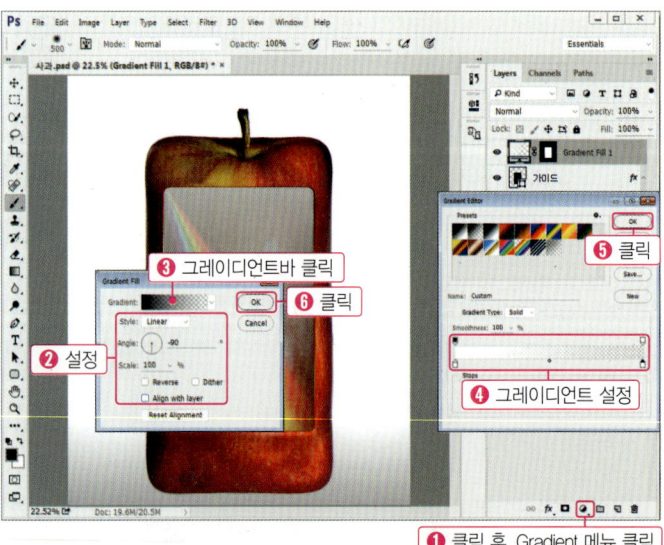

19 레이어 마스크를 클릭하여 활성화한 후, 원형 선택 툴(○.)을 클릭하고 드래그하여 원을 만듭니다. 원을 드래그하여 이동하고 Alt+Delete를 눌러 전경색으로 채웁니다. Ctrl+D를 눌러 선택 영역을 해제합니다.

20 블렌드 모드를 'Linear Dodge (Add)'로 설정하고 Opacity를 '50%'로 설정합니다.

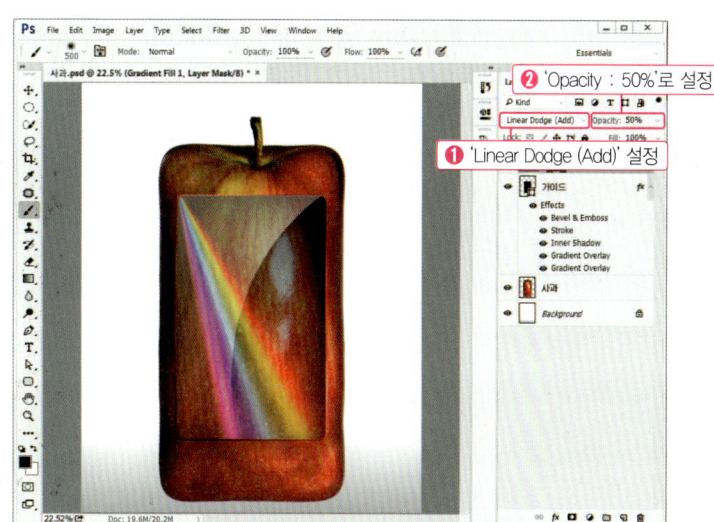

21 '사과' 레이어를 선택한 후, Ctrl+M을 눌러 대화상자가 나타나면 커브를 'S' 모양으로 만들어 선명하게 보정하고 'OK' 버튼을 클릭합니다.

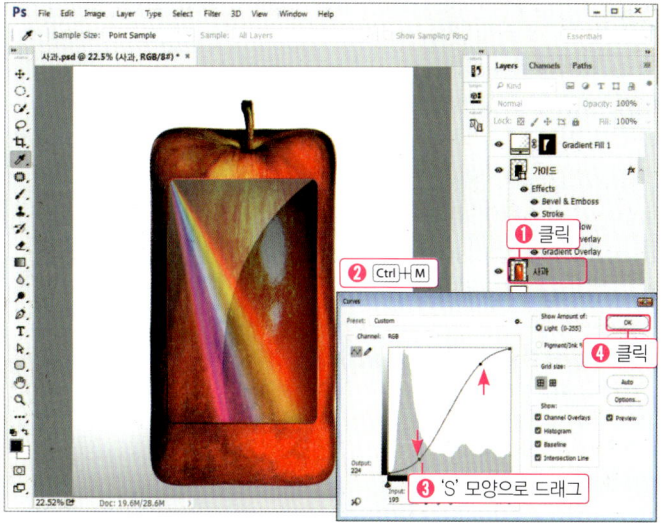

22 원버튼 만들기

원형 선택 툴( )을 클릭한 후, Shift를 누른 채 원을 생성합니다. Ctrl+J를 눌러 'Layer 1'을 생성하고, 레이어 이름은 '원버튼'으로 입력합니다.

23

'가이드' 레이어를 선택한 후, [Layer]-[Layer Style]-[Copy Layer Style] 메뉴 클릭하여 레이어 스타일을 복사합니다. '원버튼' 레이어를 클릭한 후, [Layer]-[Layer Style]-[Paste Layer Style] 메뉴를 클릭하고, 첫 번째 Gradient Overlay 눈 아이콘( )을 클릭합니다.

24 스피커 만들기

둥근 사각형 툴( )을 클릭한 후, 옵션 바에 옵션을 설정하고 이미지 위에서 드래그합니다. [Layer]-[Layer Style]-[Paste Layer Style] 메뉴 클릭하고 'Inner Shadow'부터 두 번째 'Gradient Overlay' 눈 아이콘( )을 드래그하여 레이어 스타일이 보이지 않게 합니다.

[Rounded Rectangle Tool 옵션]
- Pick tool mode : Shape
- Fill : Pattern, Dot1
- Stroke : Black, 1px
- Radius : 100px

25 'Background' 레이어의 눈 아이콘 (👁)을 클릭하여 보이지 않게 한 후, Ctrl + A, Shift + Ctrl + C를 눌러 보이는 전체 레이어 이미지를 모두 복사합니다. Ctrl + W를 눌러 이미지 창을 닫습니다.

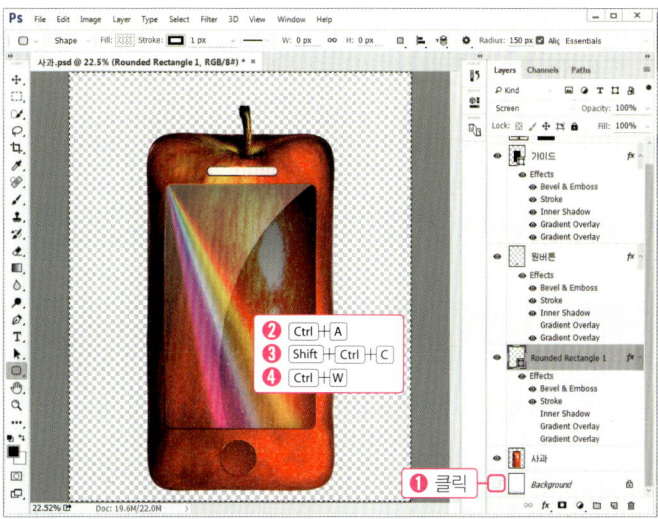

26 이미지 크기 맞추기

'배경.jpg' 파일을 불러온 후, Ctrl + V를 눌러 'Layer 1'을 생성하고, Ctrl + T를 눌러 변형 박스가 나타나면 옵션바에서 'W:50%', 'H:50%'로 줄이고 위치를 맞춘 후, Enter를 누릅니다.

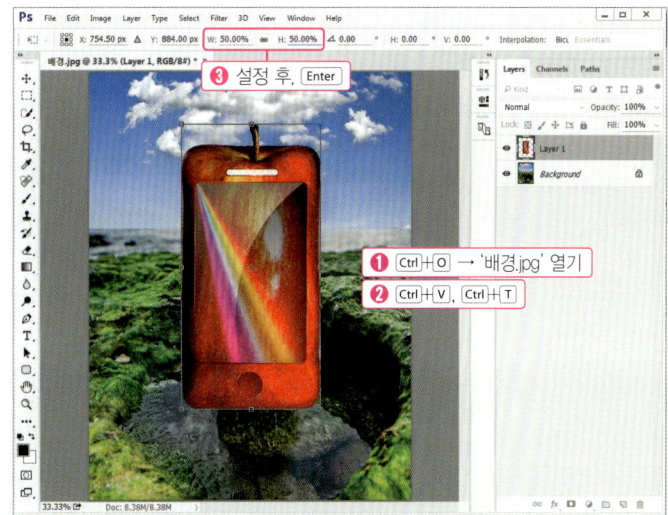

27 반사 이미지 만들기

'Layer 1'을 '사과폰'으로 입력하고 Ctrl + J를 눌러 '사과폰 copy' 레이어를 생성합니다. Ctrl + T를 눌러 H를 '-100%'으로 설정하고 위치를 이동한 후, Enter를 눌러 실행합니다.

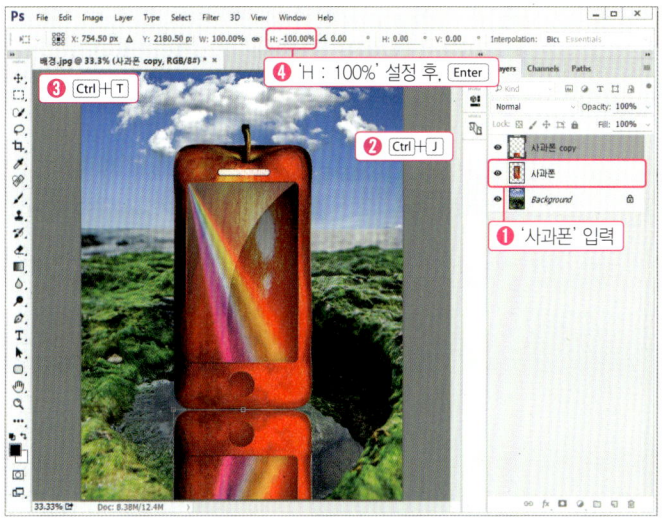

28 '사과폰 copy' 레이어의 이름을 '반사'라고 입력하고 '사과폰' 레이어 아래로 내립니다. 블렌드 모드를 'Darken', Opacity를 '30%'로 설정합니다.

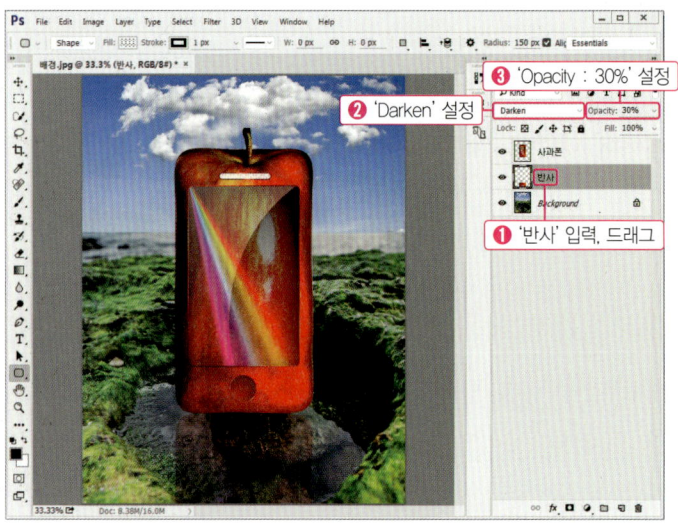

29 물 튕김 합성하기

'사과폰'의 레이어를 클릭하여 활성화한 후, [File]-[Place Embedded] 메뉴를 클릭하여 '물방울.jpg' 파일을 불러옵니다. 옵션바의 'W:40%, H:50%'를 설정하고 위치를 맞춘 후 Enter를 누르고, [Layer]-[Rasterize]-[Smart Object] 메뉴를 클릭합니다.

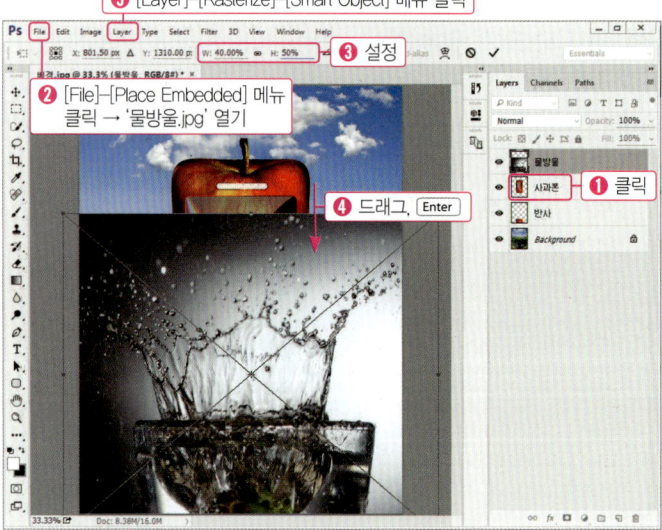

30 블렌드 모드를 'Vivid Light'로 설정하고 Add a mask( ) 버튼을 클릭하여 레이어 마스크를 생성합니다. 브러시 툴( )을 클릭한 후 옵션바의 브러시 크기와 Opacity를 다양하게 변경하면서 부자연스러운 곳은 지웁니다.

31 [Edit]-[Transform]-[Warp] 메뉴를 클릭해 격자 박스가 나타나면 조절점과 면을 조절하여 자연스러운 크라운이 나타나도록 하고 Enter를 누릅니다.

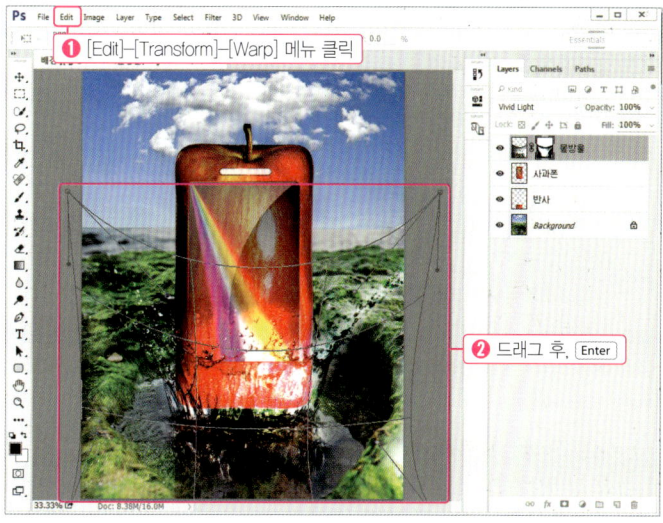

32 '잎새.jpg' 파일을 불러온 후, Path 패널을 클릭하여 활성화합니다. 섬네일을 Ctrl을 누른 채 클릭하여 선택 영역을 불러온 후, Ctrl+C, Ctrl+W를 눌러 선택 영역을 복사하고 이미지 창을 닫습니다.

33 Ctrl+V를 눌러 'Layer 1' 이미지를 생성한 후, Ctrl+T를 눌러 변형 박스가 나타나면 적당한 크기로 조절하고 Enter를 누릅니다. 'Layer 1'의 이름을 '잎새'로 입력하고 Ctrl+J를 눌러 '잎새 copy' 레이어를 생성한 후, 크기와 회전을 변형하여 그림처럼 만듭니다.

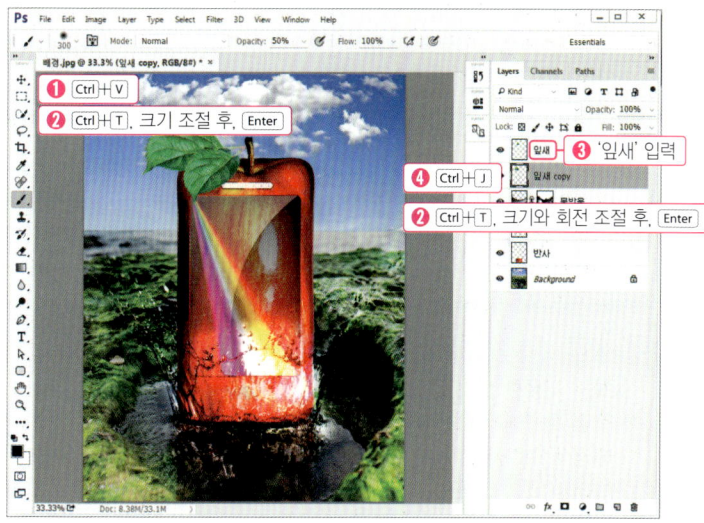

자주 사용하는 기능의
Photoshop 단축키

포토샵으로 이미지 편집을 진행하다 보면 마우스로 메뉴를 선택하는 작업이 번거롭게 느껴집니다. 이럴 때는 자주 사용하는 메뉴의 단축키를 알아두면 좀 더 편리하게 작업을 진행할 수 있습니다.

[파일]
- 새로 만들기 `Ctrl`+`N`
- 작업 창 닫기 `Ctrl`+`W`
- 작업 이미지 저장하기 `Ctrl`+`S`
- 인쇄하기 `Ctrl`+`P`
- 파일 열기 `Ctrl`+`O`
- 작업 창 모두 닫기 `Alt`+`Ctrl`+`W`
- 작업 이미지 다른 이름으로 저장하기 `Shift`+`Ctrl`+`S`
- 포토샵 종료하기 `Ctrl`+`Q`

[편집]
- 이전 단계로 되돌리기(Undo/Redo) `Ctrl`+`Z`
- 한 단계씩 앞으로 되돌리기 `Alt`+`Ctrl`+`Z`
- 이미지 복사하기 `Ctrl`+`C`
- 색 채우기 `Shift`+`F5`
- 한 단계씩 이전으로 되돌리기 `Shift`+`Ctrl`+`Z`
- 이미지 잘라내기 `Ctrl`+`X`
- 이미지 붙여넣기 `Ctrl`+`V`
- 이미지 변형하기 `Ctrl`+`T`

[이미지]
- Levels(레벨) `Ctrl`+`L`
- Hue/Saturation(색조/채도) `Ctrl`+`U`
- Auto Tone `Shift`+`Ctrl`+`L`
- Auto Color `Shift`+`Ctrl`+`B`
- 캔버스 사이즈 `Alt`+`Ctrl`+`C`
- Curves(곡선) `Ctrl`+`M`
- Color Balance (색상 균형) `Ctrl`+`B`
- Auto Contrast `Alt`+`Shift`+`Ctrl`+`L`
- 이미지 사이즈 `Alt`+`Ctrl`+`I`

[레이어]
- 새로운 레이어 만들기 `Shift`+`Ctrl`+`N`
- 새로운 레이어로 잘라내기 `Shift`+`Ctrl`+`J`
- 선택한 레이어 그룹 해제하기 `Shift`+`Ctrl`+`G`
- 레이어 패널에 보이는 레이어만 합치기 `Shift`+`Ctrl`+`E`
- 새로운 레이어로 복사하기 `Ctrl`+`J`
- 선택한 레이어 그룹 만들기 `Ctrl`+`G`
- 아래 레이어와 합치기 `Ctrl`+`E`
- 클리핑 마스크 만들기 `Alt`+`Ctrl`+`G`

[선택]
- 전체 이미지 선택하기 `Ctrl`+`A`
- 다시 선택 영역으로 지정하기 `Shift`+`Ctrl`+`D`
- 모든 레이어 선택하기 `Alt`+`Ctrl`+`A`
- 선택 영역 해제하기 `Ctrl`+`D`
- 선택 영역 반전하기 `Shift`+`Ctrl`+`I`

[보기]
- 이미지 확대해서 보기 `Ctrl`+`+`
- 이미지를 화면 크기에 맞춰 보기 `Ctrl`+`0`
- 눈금자 `Ctrl`+`R`
- 이미지 축소해서 보기 `Ctrl`+`-`
- 이미지를 실제 크기로 보기 `Ctrl`+`1`
- 표시선 `Ctrl`+`H`

[기타]
- 최근 사용한 필터 다시 사용하기 `Ctrl`+`F`
- 작업 화면에서 모든 패널 숨기기 나타내기 `Tab`
- 배경색으로 채우기 `Ctrl`+`Delete`
- 브러시 크기 크게 `]`
- 작업 화면 이동을 위해 손 도구 전환 `Space`
- 전경색으로 채우기 `Alt`+`Delete`
- 전경색과 배경색 바꾸기 `X`
- 브러시 크기 작게 `[`